PONS

Bildwörterbuch
Universal

Englisch
Deutsch

von

Jean-Claude Corbeil

Ariane Archambault

PONS GmbH, Stuttgart

DANKSAGUNGEN (QA INTERNATIONAL)

Unserer besonderer Dank gilt allen Personen, Organisationen und Firmen, die uns bei der Erstellung des *Visual Abridged* die aktuellsten technischen Informationen zur Verfügung gestellt haben.

Canadian Space Agency (Réjean Lemieux, Danièle Laroque, Antoinette Cickello); Claude Arsenault (president, Association des moulins du Québec); Michel Ballarin (soccer pioneer); Pierre Boulé (president, Confort Expert); Centre de formation professionnelle de Sorel-Tracy (Alain Boucher, Jacques Doyon, Andrée-Anne Martin); Pierre Chastenay (Montréal Planetarium); Ève Christian (meteorologist); Luc Cockenpot (Institut du tourisme et de l'hôtellerie de Montréal); Jacques Dancosse (Montréal Biodome); Patrice Desbiens (nuclear engineer); Laval Dupuis (École des métiers de l'équipement motorisé de Montréal); Entreprise Garant (Julie Nolet, Stéphanie Lacroix); Fédération de basketball de France (Julien Guérineau); Fédération de basketball du Québec (Daniel Grimard, Isabelle Watier); Fédération d'haltérophilie du Québec (Augustin Brassard); Caroline Gagné (Studio du Verre); Jacqueline Goy (Institut océanographique de Paris); Christian Guibourt (technical director, Badminton Québec); Michel J. Houle (Hewitt); Hydro-Québec (terminology); Robert Lacerte (sports commentator, Radio-Canada); Robert Lamontagne (Université de Montréal); Lozeau (Alexandre Gagné, Frédéric Montpetit); Olivier-Louis Robert (science journalist); Iris Sautier (silk screen printing); Société Radio-Canada, Service linguistique et Direction générale des communications et images de marque (Annie Nociti Dubois, assistant, internal and institutional communications); Gilles Taillon (executive director, Baseball Québec); Pierre Turcotte (agronomist-plant breeder).

Entwicklung und Herstellung von *The Visual Abridged*:
QA International, ein Verlag der Gruppe **Les Éditions Québec Amérique inc.**
329 De la Commune Street West, 3rd Floor
Montreal, Quebec, Canada H2Y 2E1
T : 514.499.3000 F : 514.499.3010
www.ikonet.com
www.qa-international.com

Französischer Ausgangstext von Jean-Claude Corbeil und Ariane Archambault.

Gedruckt in China.
978-3-12-517848-9
11 10 9 8 7 6 5 4 3 2 16 15 14 13
529 version 4.0.2

VERLAG

QA International, ein Verlag der Gruppe
Les Éditions Québec Amérique inc.
Geschäftsführer: Jacques Fortin
Geschäftsführer (stv.): Caroline Fortin

Redaktionsleiter: Martine Podesto
Künstlerische Leitung: Johanne Plante

REDAKTION

Projektleitung: Anne Rouleau
Redakteure:
Myriam Caron Belzile
Jeanne Dompierre
Catherine Gendreau

TERMINOLOGIE

Beratung: Jean-Claude Corbeil
Sophie Ballarin
Carole Brunet
Hélène Mainville
Kathe Roth
Locordia Communications

ILLUSTRATIONEN

Leitung: Anouk Noël
Manuela Bertoni
Marthe Boisjoly
Érica Charest
Jocelyn Gardner
Guillaume Grégoire
Anik Lafrenière
Alain Lemire
Raymond Martin
Jordi Vinals

HERSTELLUNG

Leitung: Véronique Loranger
Herstellung Druck: Salvatore Parisi

LAYOUT

Leitung: Pascal Goyette
Edgar Abarquez
Karine Lévesque
Fernando Salvador Marroquín
Julie Villemaire

PROGRAMMIERUNG

Leitung: Gabriel Trudeau-St-Hilaire
Marc-André Benjamin
Alex Gagnon
Ronald Santiago

REVISION

Veronica Schami Editorial Services

PREPRESS

Benjamin Dubé
François Hénault

MITARBEIT

QA International möchte folgenden Personen für ihre Mitarbeit an diesem Werk danken:

Jean-Yves Ahern, Danielle Bader, Stéphane Batigne, Jean Beaumont, Sylvain Bélanger, Pascal Bilodeau, Yan Bohler, Mélanie Boivin, Guy Bonin, Catherine Briand, Julie Cailliau, Jessie Daigle, Serge D'Amico, François Fortin, Éric Gagnon, Hélène Gauthier, Mélanie Giguère-Gilbert, Benoît Grégoire, Nathalie Guillo, Claude Laporte, Martin Lemieux, Rielle Lévesque, Émilie McMahon, Philippe Mendes Campeau, Patrick Mercure, Tony O'Riley, Carl Pelletier, Sylvain Robichaud, Michel Rouleau, Claude Thivierge, François Turcotte-Goulet, Gilles Vézina, Kathleen Wynd.

Jean-Claude Corbeil and Ariane Archambault, die den französischen Ausgangstext entwickelten und bei der Bestimmung der Inhalte und der Weiterentwicklung der ersten drei Ausgaben eine entscheidende Rolle spielten, möchte Québec Amérique ausdrücklich danken.

PONS Bildwörterbuch Universal

Redaktion

Wie seine Vorgänger entspricht das aktuelle *PONS Bildwörterbuch Universal* einer Bestandsaufnahme der greifbaren technologisierten Umwelt des heutigen Menschen, der eine Vielzahl von Fachbegriffen aus einem großen Spektrum an Bereichen kennen und anwenden muss. Für die Allgemeinheit gedacht, dient es den unterschiedlichsten privaten oder beruflichen Zwecken – Übersetzen, Werbung, Sprachunterricht, als zusätzliches Unterrichtsmaterial etc. – indem es dem Benutzer ermöglicht, die entsprechenden exakten und richtigen Begriffe zu finden und die Bedeutung eines Wortes abzuklären.

Aufbau des PONS Bildwörterbuchs Universal

Das Buch besteht aus drei Teilen: der Einführung mit der Themenliste und dem Inhaltsverzeichnis, dem Hauptteil, d. h. der ausführlichen Behandlung der einzelnen Themen, und dem alphabetischen Index.
Die Informationen sind hierarchisch, d. h. vom Allgemeinen zum Besonderen, gegliedert: Thema, Unterthema, Titel, Untertitel, Abbildung, Begriff.
Inhaltlich ist das Bildwörterbuch in 18 THEMEN unterteilt, die ihrerseits in noch speziellere UNTERTHEMEN gegliedert sind. Das Thema *Astronomie* ist z. B. in die drei Unterthemen *Himmelskörper, Beobachtung des Weltraums* und *Raumfahrt* unterteilt.
Der TITEL hat mehrere Aufgaben: Er benennt die Abbildung eines bestimmten Gegenstandes, dessen Hauptbestandteile dargestellt sind (z. B. *Außentür*) und vereint unter sich mehrere Abbildungen, die dem gleichen Begriffsfeld angehören, aber eine Vielzahl von Elementen mit jeweils eigener Bezeichnung und eigener Terminologie darstellen (z. B. sind unter dem Titel *Haushaltsgeräte* ein Kühlschrank, eine Tiefkühltruhe etc. dargestellt). Manchmal sind unter einem UNTERTITEL nur die Hauptvertreter einer Gattung, jeweils mit Namen aber ohne Detailbezeichnungen, abgebildet (unter dem Untertitel *Sessel* finden sich z. B. unterschiedliche Modelle von Sesseln).
Die ABBILDUNGEN stellen Gegenstände, Abläufe oder Phänomene und die jeweiligen charakteristischen Einzelheiten, die sie ausmachen, realistisch und genau dar. Sie dienen der Veranschaulichung der einzelnen Begriffe.

Terminologie

Jeder einzelne Begriff des *PONS Bildwörterbuchs Universal* wurde anhand erstklassiger Quellen, dem jeweiligen Spezialisierungsgrad entsprechend, sorgfältig ausgewählt.
Es kommt vor, dass ein und derselbe Gegenstand in verschiedenen Quellen unterschiedlich bezeichnet wird. In solchen Fällen wurde der Begriff gewählt, der von den renommiertesten Autoren am häufigsten verwendet wird. Im INDEX sind alle wesentlichen Begriffe des Wörterbuchs in alphabetischer Reihenfolge aufgeführt. Viele Begriffe wurden zusammengefasst, um die Suche nach bestimmten Abbildungen oder Wörtern zu erleichtern. Z. B. wurden die Begriffe *Vogelmorphologie* und *Vogelskelett* unter einem einzigen Indexeintrag – *Vogel* – mit Verweis auf die entsprechenden Seiten im Buch zusammengefasst.

Möglichkeiten der Benutzung

Der Benutzer hat verschiedene Möglichkeiten, um auf den Inhalt des Bildwörterbuchs zuzugreifen:

• Mittels der THEMEN-Liste oder über das INHALTSVERZEICHNIS in der Einführung.
• Mithilfe des INDEX kann der Benutzer einen Begriff im *PONS Bildwörterbuch Universal* nachschlagen oder sich anhand der Abbildung eine genaue Vorstellung von dessen Bedeutung machen.
• Die größte Besonderheit des Bildwörterbuchs besteht darin, dass die Abbildungen und der hierarchische Aufbau nach Themen es dem Benutzer ermöglichen, einen Begriff selbst dann zu finden, wenn er nur eine vage Vorstellung davon hat, um was es sich dabei handelt. In dieser Hinsicht ist das Wörterbuch einzigartig, da die Handhabung eines jeden anderen Wörterbuchs voraussetzt, dass der Benutzer das Wort bereits kennt.

Eine überarbeitete und erweiterte Ausgabe

Als Folge des internationalen Erfolges der letzten Ausgabe des Bildwörterbuchs von 2002 begann man, an einer neuen Ausgabe zu arbeiten. Alle bereits enthaltenen Themen wurden auf ihre Relevanz und ihre Repräsentativität hin überprüft. Das Thema Fotografie wurde z. B. völlig neugestaltet, um der Verbreitung der digitalen Fotografie Rechnung zu tragen. Viele Geräte aus dem Bereich der Informationstechnologie wurden neu gezeichnet, um die Entwicklungen auf diesem Gebiet wiederzugeben. Das Sonnensystem wurde entsprechend der neuen Klassifizierung der Himmelskörper aktualisiert.
Viele Themen wurden auch erweitert. Dies erfolgte dadurch, dass Vertreter einer Gattung neu aufgenommen wurden (z. B. Fische, Früchte, Kleidung, Fahrzeug- und Fahrradarten etc.), dass zuvor nicht existierende oder wenig verbreitete Gegenstände abgebildet wurden (Smartphones mit Touchscreen, Tablet-Computer etc.), oder dass Diagramme zur Veranschaulichung von Phänomenen oder Prozessen aufgenommen wurden (z. B. der Reproduktionszyklus von Pflanzen oder die digitale Bildbearbeitung).
Neue Themen, wie das Satellitennavigationssystem (GPS), Erdgas und neue medizinische Untersuchungsgeräte sind ebenfalls enthalten. Aus dem ehemals einen Thema Kommunikationstechnik und Büroautomatisierung, wurden angesichts der großen Bedeutung im täglichen Leben zwei Themen, um den jeweiligen Inhalt besser unterteilen zu können.
Viele Abbildungen in dieser Ausgabe wurden komplett neu gezeichnet oder überarbeitet. Alle Abbildungen halten sich jedoch treu an das Motto, das das Bildwörterbuch zu einem Erfolg gemacht hat: Realitätsnähe und Klarheit.

Thema

Es ist immer einsprachig.

Titel

Er ist in der deutschen Sprache angegeben und darunter in kleinerer Schrift in den jeweils anderen Sprachen. Wenn ein Thema mehrere Seiten umfasst, steht der Titel in Grau auf allen Folgeseiten.

Abbildung

Sie dient der Veranschaulichung des zugehörigen Begriffes.

Farbregister

Es befindet sich am Rand. Es kennzeichnet und begleitet die einzelnen Themen, um ein schnelles Auffinden eines bestimmten Abschnitts im Buch zu ermöglichen.

Unterthema

Die Themen gliedern sich in Unterthemen.

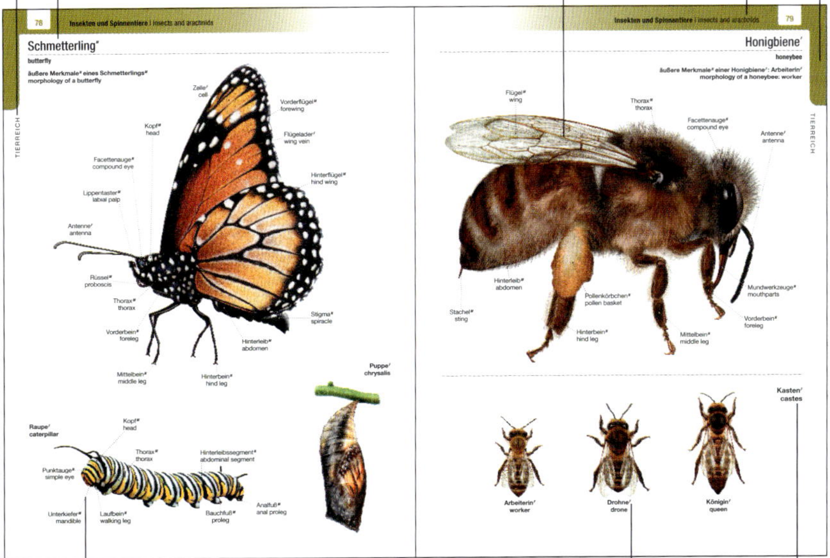

Dünne Linie

Sie verbindet den Begriff mit dem bezeichneten Gegenstand. Wo zu viele Linien das Lesen erschwert hätten, wurden sie durch farbige Codes mit einer Legende, oder – in seltenen Fällen – durch Zahlen ersetzt.

Geschlechtsangabe

F: Femininum
M: Maskulinum
N: Neutrum
Alle deutschen Substantive sind mit einer Genusangabe versehen. Bezeichnungen für Funktionen, die sowohl von Männern als auch von Frauen ausgefüllt werden können, können oft beide Geschlechter haben. In diesen Fällen hängt das dem Wort zuzuordnende Geschlecht von der Figur ab, die in der Abbildung dargestellt ist.

Untertitel

Er vereinigt unter sich Abbildungen von Gegenständen, die derselben Gattung angehören.

Inhaltsverzeichnis

ASTRONOMIE 8
- Himmelskörper ... 8
- Beobachtung des Weltraums ... 13
- Raumfahrt ... 17

ERDE 20
- Geographie ... 20
- Geologie ... 33
- Meteorologie ... 43
- Umwelt ... 49

PFLANZENREICH 56
- Pflanzenwelt ... 56
- Einfache Pflanzen ... 58
- Pflanze ... 61
- Industrielle Nutzung ... 72

TIERREICH 74
- Evolution des Lebens ... 74
- Primitive Lebewesen ... 75
- Weichtiere und Krebse ... 76
- Insekten und Spinnentiere ... 78
- Knochenfische ... 82
- Knorpelfische ... 84
- Amphibien ... 85
- Reptilien ... 86
- Vögel ... 89
- Nagetiere und Hasentiere ... 93
- Raubtiere ... 94
- Huftiere ... 99
- Meeressäugetiere ... 102
- Primaten ... 103

MENSCH 104
- Menschlicher Körper ... 104
- Anatomie ... 108
- Sinnesorgane ... 128

NAHRUNGSMITTEL UND KÜCHE 136
- Versorgung ... 136
- Pflanzliche Nahrungsmittel ... 138
- Tierische Nahrungsmittel ... 159
- Verarbeitete Lebensmittel ... 171
- Lebensmittelbranche ... 182
- Küche ... 187
- Geschirr und Besteck ... 188
- Küchenzubehör ... 196

HAUS 210
- Anlage ... 210
- Bestandteile eines Hauses ... 213
- Konstruktion eines Hauses ... 215
- Heizung ... 219
- Luftaufbereitung ... 222
- Sanitärinstallation ... 224
- Elektrizität ... 226
- Möbel ... 228

HEIMWERKEN UND GARTENARBEIT 244
- Zimmerei ... 244
- Klempnerei und Maurerhandwerk ... 254
- Elektrotechnik ... 255
- Löten ... 256
- Sonstige Ausrüstung ... 257
- Ziergarten ... 258
- Gärtnergeräte ... 259

KLEIDUNG 266
- Herrenkleidung ... 266
- Unisex-Kleidung ... 273
- Damenkleidung ... 274
- Spezialkleidung ... 284
- Kopfbedeckungen ... 288
- Schuhe ... 290
- Kleidungszubehör ... 293

PERSÖNLICHE AUSSTATTUNG 294
- Schmuck und Schönheitspflege ... 294
- Persönliche Artikel ... 300

KUNST UND ARCHITEKTUR 310
- Architektur der Antike ... 310
- Militärarchitektur ... 314
- Westliche Architektur ... 315
- Asiatische und präkolumbische Architektur ... 321
- Architekturelemente ... 322
- Häuser ... 324
- Bildende Künste ... 326
- Darstellende Künste ... 327
- Musik ... 333

KOMMUNIKATION 348
- Schriftliche Kommunikation ... 348
- Fotografie ... 351
- Fernsehen ... 355
- Tonwiedergabesystem ... 359
- Telefonie ... 363

BÜROTECHNIK 366
- Computer-Ausrüstung ... 366
- Netzwerk ... 374
- Büro ... 376

TRANSPORT UND FAHRZEUGE 380

Straßenverkehr ... 380
Straßentransport ... 384
Transport mit Fahrrad ... 410
Schienenverkehr ... 414
Städtischer Schienenverkehr ... 418
Schifffahrt ... 421
Luftverkehr ... 428
Handhabung ... 436
Schwermaschinen ... 438

ENERGIE 442

Geothermie ... 442
Fossile Energie ... 443
Elektrizität aus Wasserkraft ... 448
Kernenergie ... 450
Sonnenenergie ... 452
Windenergie ... 454

WISSENSCHAFT 456

Chemie ... 456
Physik: Elektrizität und Magnetismus ... 458
Physik: Optik ... 460
Messinstrumente ... 464
Wissenschaftliche Symbole ... 467

GESELLSCHAFT 472

Stadt ... 472
Justiz ... 481
Wirtschaft und Finanzwesen ... 482
Bildung ... 486
Religion ... 488
Politik ... 490
Sicherheit ... 497
Gesundheit ... 501

SPORT UND SPIELE 512

Leichtathletik ... 512
Ballsportarten ... 514
Spiele mit Schlägern ... 528
Kunstturnen ... 534
Wassersport ... 536
Kampfsportarten ... 544
Kraftsport ... 546
Reitsport ... 548
Präzisionssport ... 549
Radsport ... 552
Motorsport ... 553
Wintersport ... 556
Rollsport ... 565
Freizeit in der Natur ... 566
Spiele ... 572

ASTRONOMIE 8
ERDE 20
PFLANZENREICH 56
TIERREICH 74
MENSCH 104
NAHRUNGSMITTEL UND KÜCHE 136
HAUS 210
HEIMWERKEN UND GARTENARBEIT 244
KLEIDUNG 266
PERSÖNLICHE AUSSTATTUNG 294
KUNST UND ARCHITEKTUR 310
KOMMUNIKATION 348
BÜROTECHNIK 366
TRANSPORT UND FAHRZEUGE 380
ENERGIE 442
WISSENSCHAFT 456
GESELLSCHAFT 472
SPORT UND SPIELE 512
REGISTER 577

ASTRONOMIE

Sonnensystem[N]

solar system

äußere Planeten[M]
outer planets

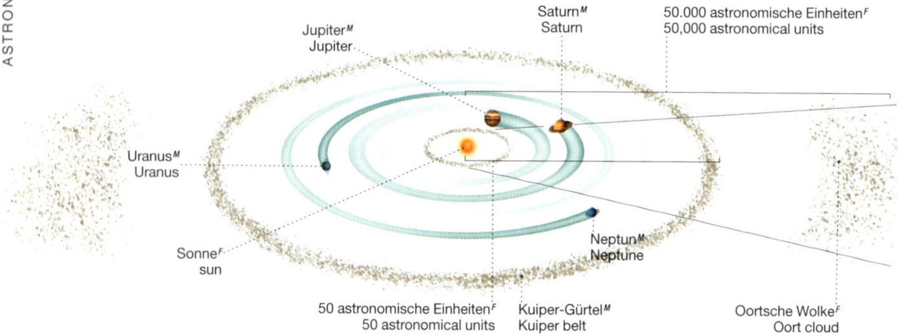

Planeten[M], Monde[M] und Plutoiden[M]

planets, satellites and plutoids

Sonnensystem^{N}

innere Planeten^{M}
inner planets

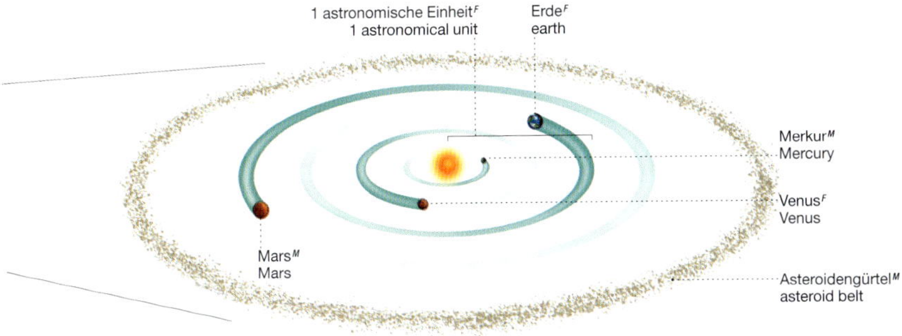

Planeten^{M}, Monde^{M} und Plutoiden^{M}

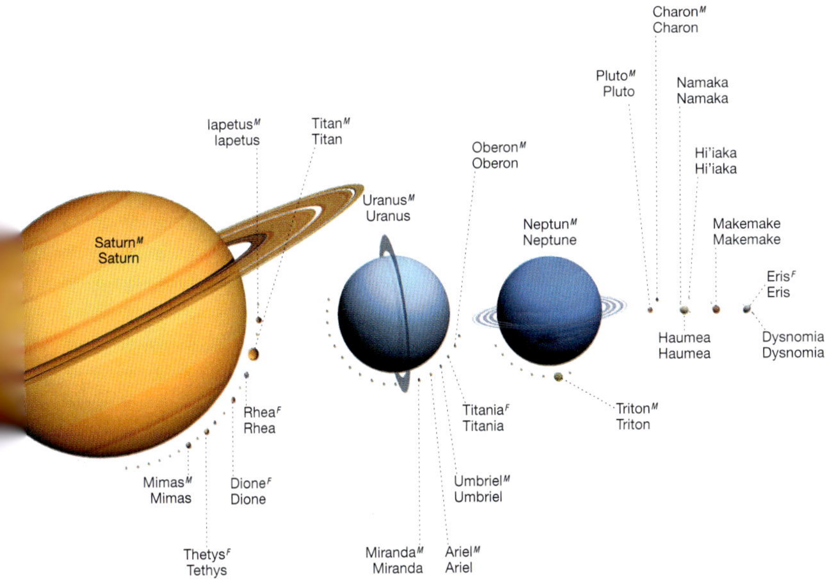

Sonne^{F}

sun

Aufbau^{M} der Sonne^{F}
structure of the sun

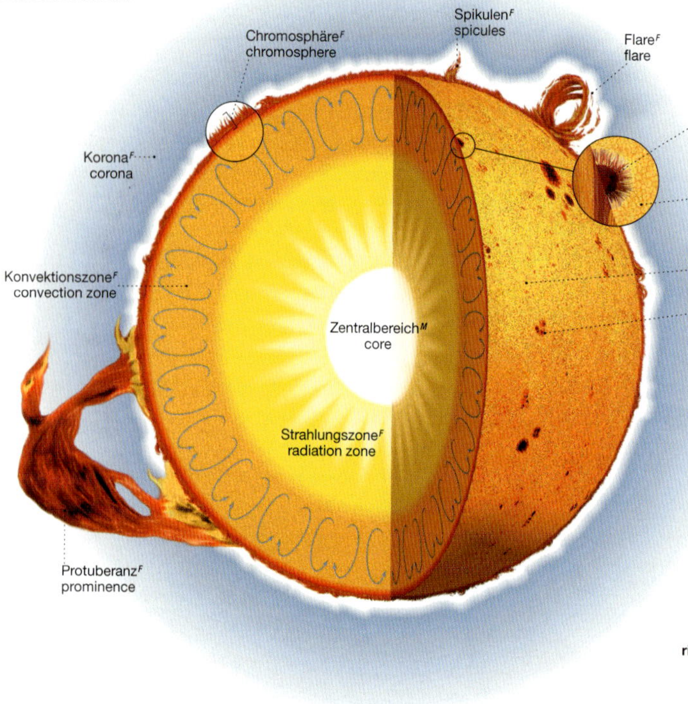

Finsternisarten^{F}
types of eclipses

ringförmige Finsternis^{F}
annular eclipse

partielle Finsternis^{F}
partial eclipse

totale Finsternis^{F}
total eclipse

Sonnenfinsternis^{F}
solar eclipse

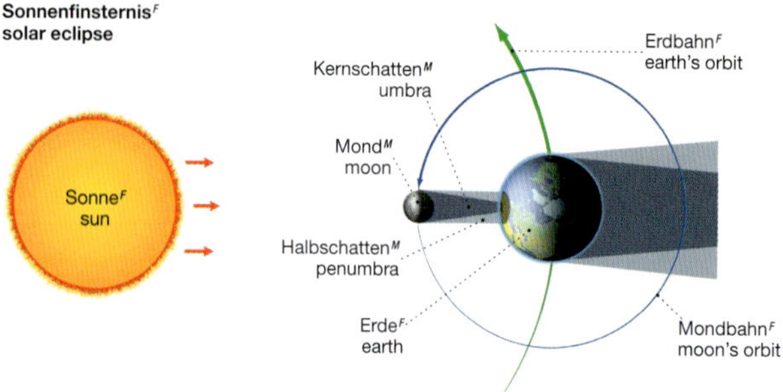

Mond[M]

moon

Finsternisarten[F]
types of eclipses

partielle Finsternis[F]
partial eclipse

totale Finsternis[F]
total eclipse

Oberflächenformationen[F] des Mondes[M]
lunar features

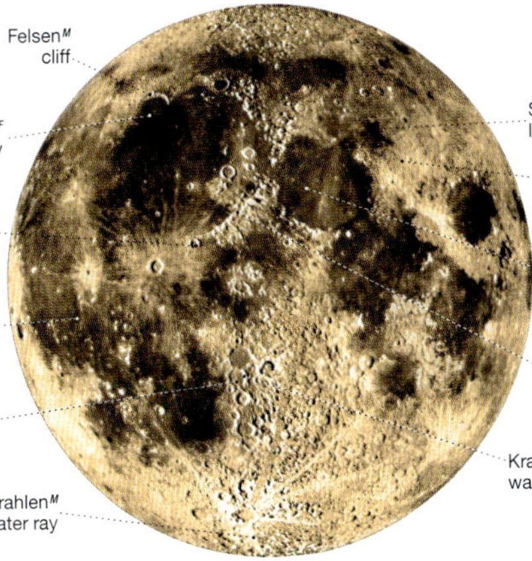

Mondfinsternis[F]
lunar eclipse

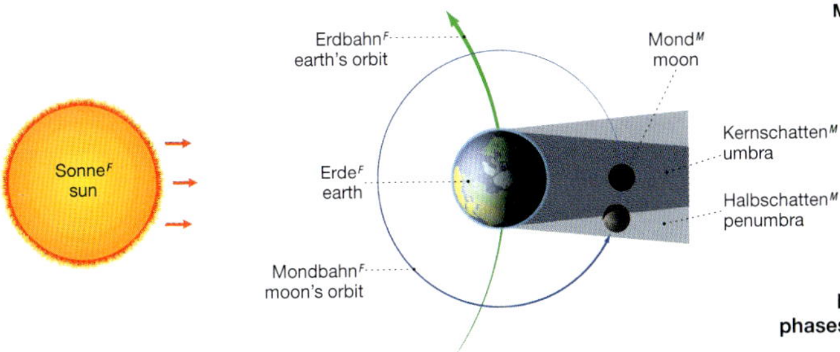

Mondphasen[F]
phases of the moon

Neumond[M]
new moon

Mondsichel[F] (zunehmender Mond[M])
new crescent

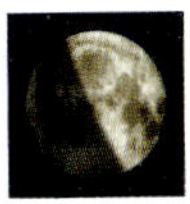

Halbmond[M] (erstes Viertel[N])
first quarter

zunehmender Mond[M]
waxing gibbous

Vollmond[M]
full moon

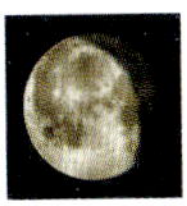

abnehmender Mond[M]
waning gibbous

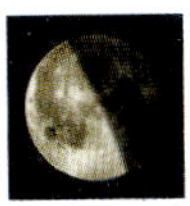

Halbmond[M] (letztes Viertel[N])
last quarter

Mondsichel[F] (abnehmender Mond[M])
old crescent

Komet[M]

comet

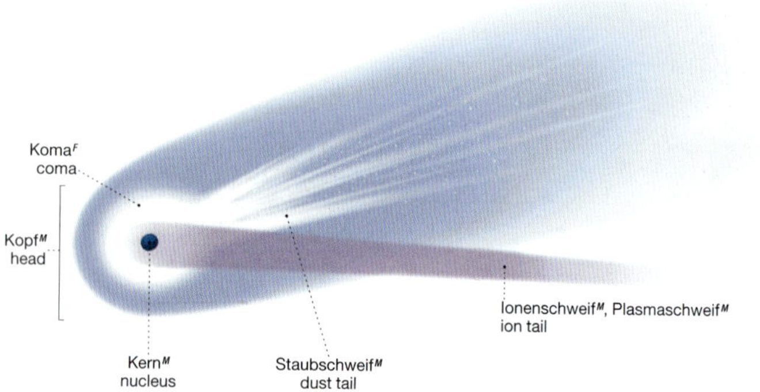

Stern[M]

star

kleine Sterne[M]
low-mass stars

massereiche Sterne[M]
massive stars

Supernova[F]
supernova

Schwarzes Loch[N]
black hole

Roter Riese[M]
red giant

Brauner Zwerg[M]
brown dwarf

Schwarzer Zwerg[M]
black dwarf

Weißer Zwerg[M]
white dwarf

Pulsar[M]
pulsar

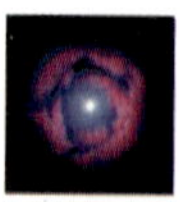
planetarischer Nebel[M]
planetary nebula

Nova[F]
nova

Hauptreihenstern[M]
main-sequence star

Neutronenstern[M]
neutron star

Überriese[M]
supergiant

Galaxie[F]

galaxy

Milchstraße[F]: Ansicht[F] von oben
Milky Way: seen from above

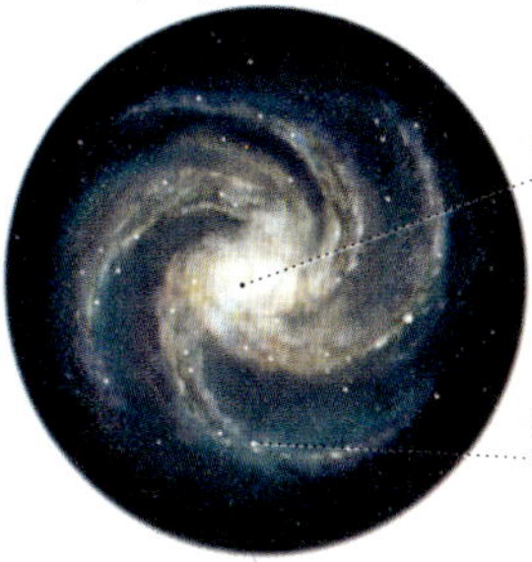

Milchstraße[F]: Seitenansicht[F]
Milky Way: side view

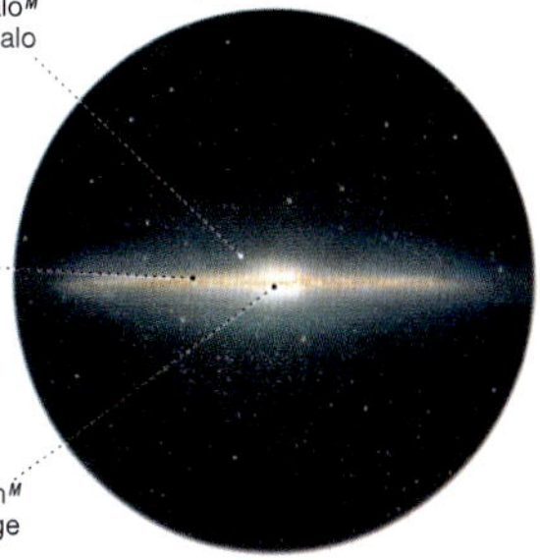

Sternwarte[F]

astronomical observatory

Außenansicht[F]
exterior view

Querschnitt[M] durch eine Sternwarte[F]
section of an astronomical observatory

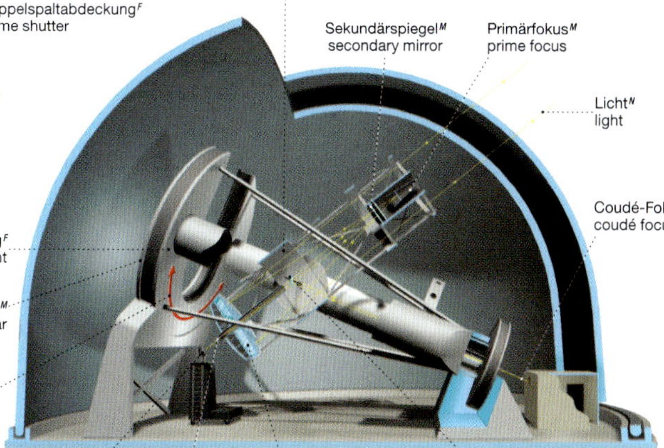

Linsenfernrohr[N]

refracting telescope

Gesamtansicht[F]
general view

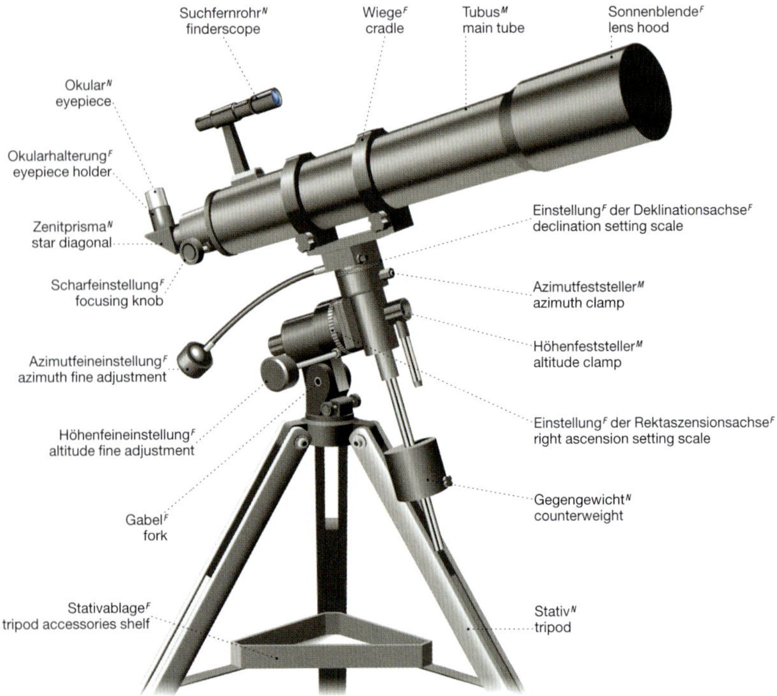

Linsenfernrohr[N] im Querschnitt[M]
section of a refracting telescope

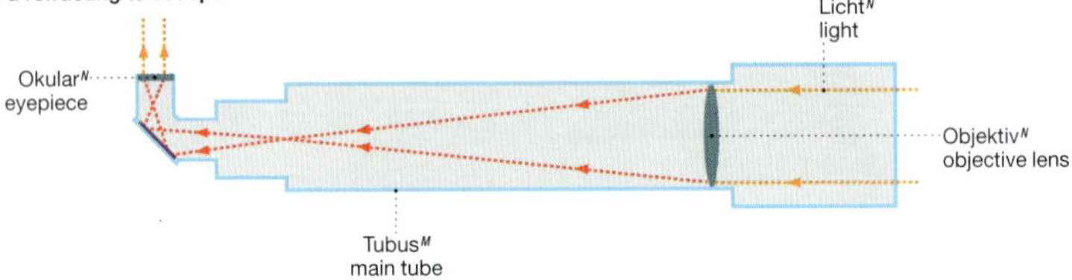

Spiegelteleskop[N]

reflecting telescope

Gesamtansicht[F]
general view

Spiegelteleskop[N] im Querschnitt[M]
section of a reflecting telescope

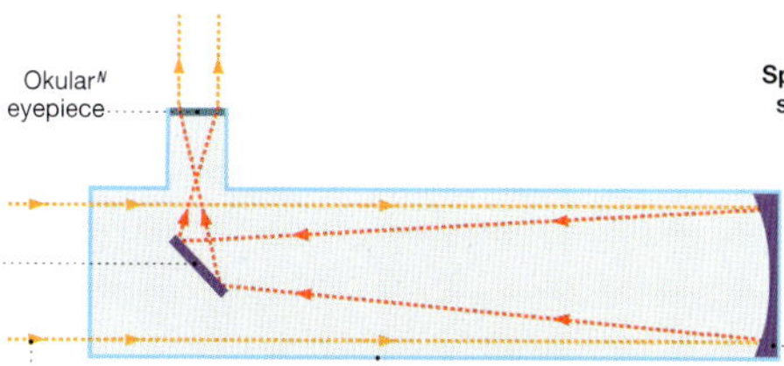

Weltraumteleskop^N

space telescope

Hubble-Weltraumteleskop^N
Hubble Space Telescope

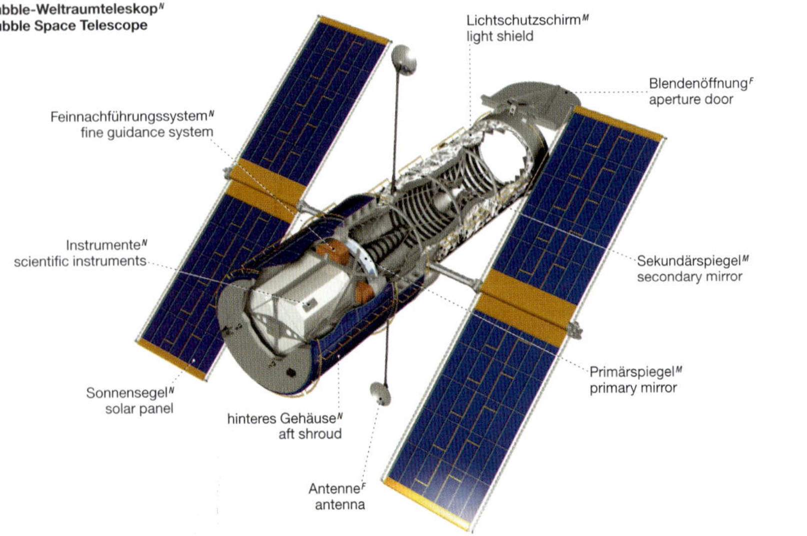

James-Webb-Weltraumteleskop^N
James Webb Space Telescope

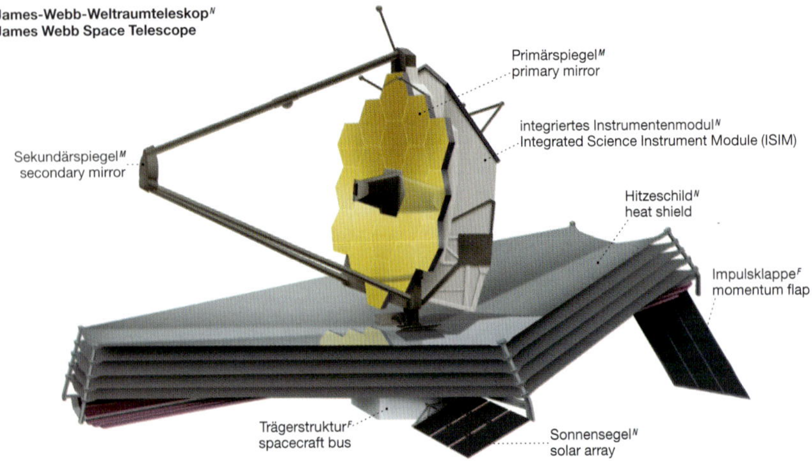

Raumanzug[M]

spacesuit

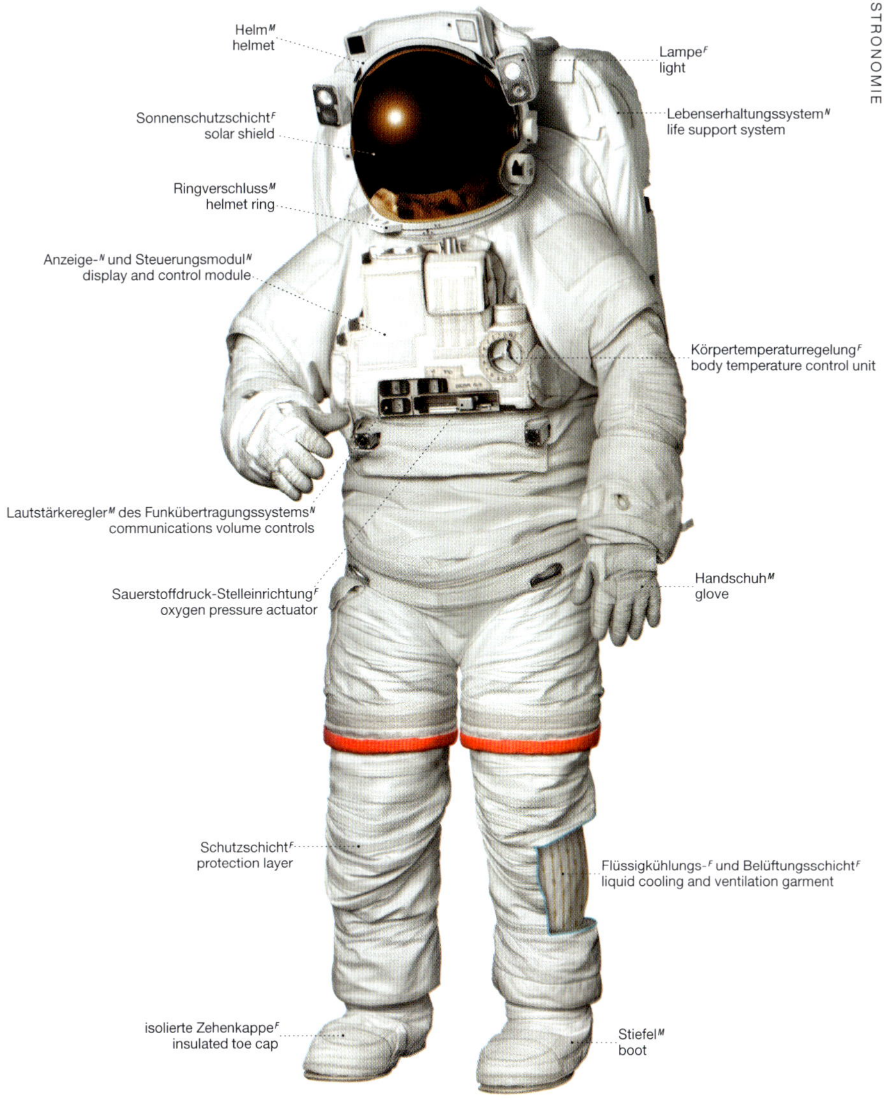

internationale Raumstation^F

international space station

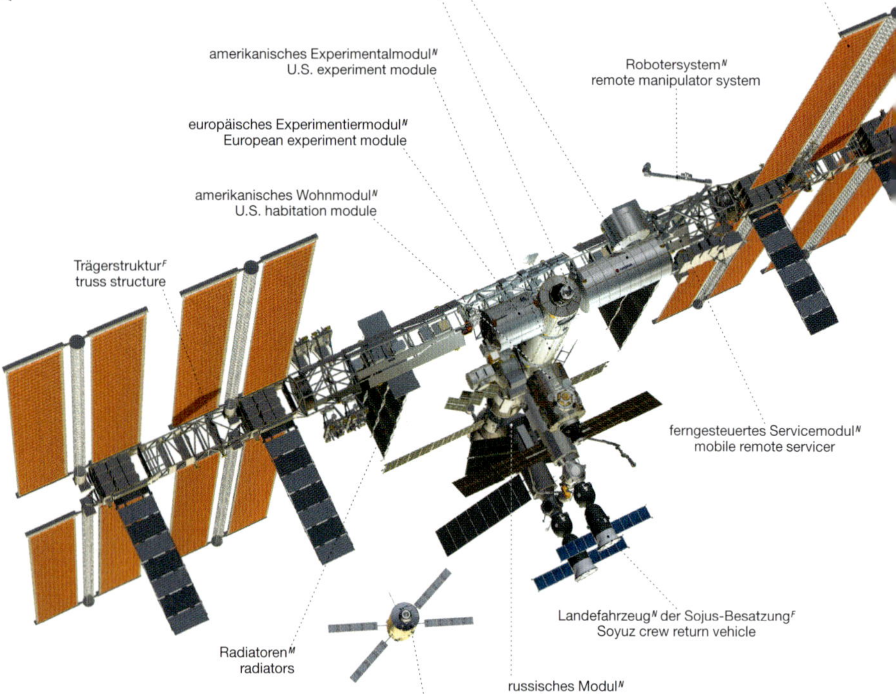

Raumfähre[F]

spaceship

Raumfähre[F] (1981–2011)
space shuttle (1981–2011)

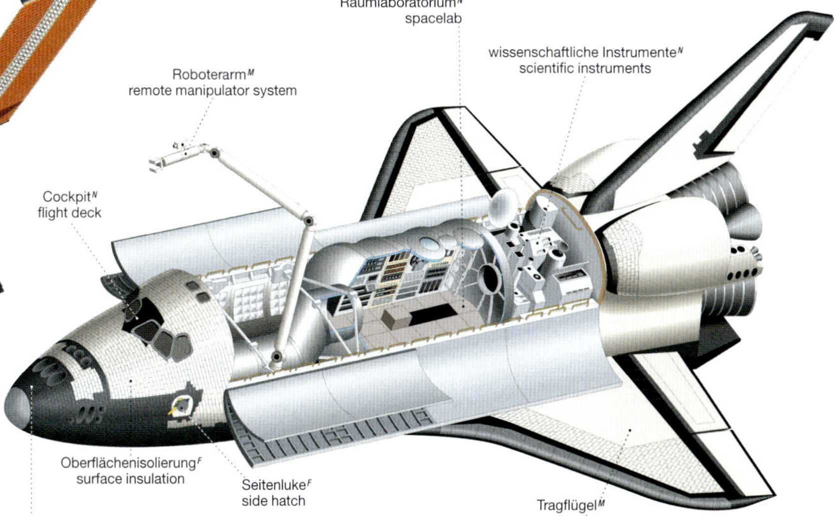

Sojus (1967–)
Soyuz (1967–)

Orion (2015)
Orion (2015)

Apollo (1961–1975)
Apollo (1961–1975)

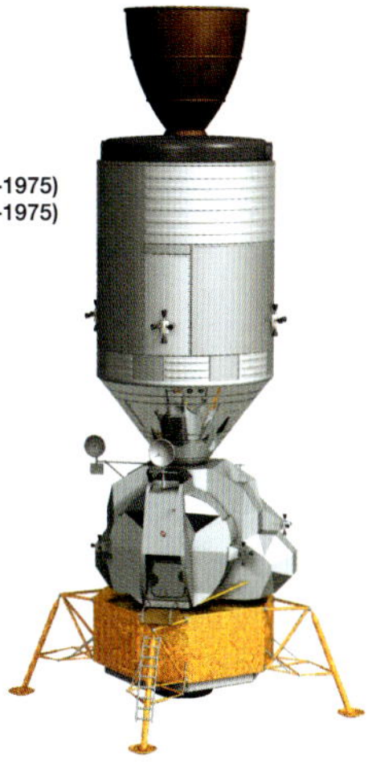

Koordinatensystem^N der Erdkugel^F

earth coordinate system

Gradnetz^N
grid system

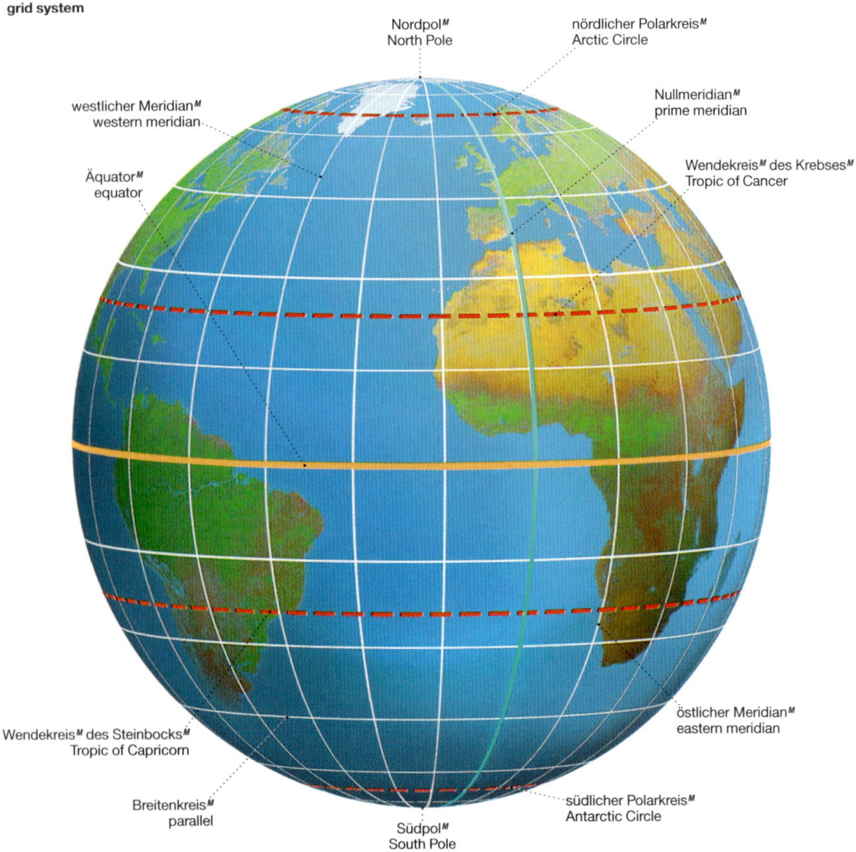

Breitengrade^M
lines of latitude

Längengrade^M
lines of longitude

Koordinatensystem[N] der Erdkugel[F]

Hemisphären[F]
hemispheres

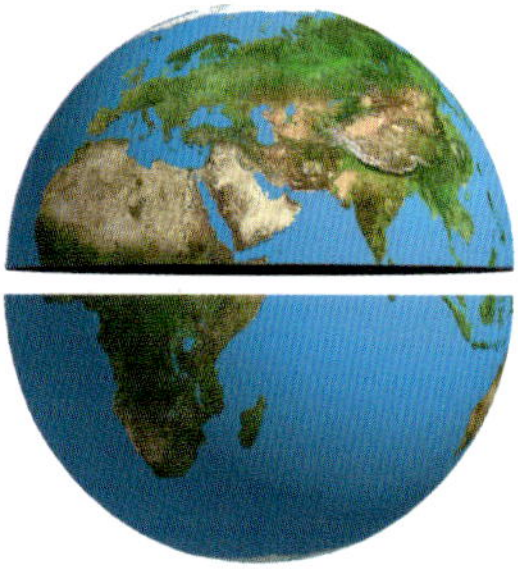

nördliche Hemisphäre[F]
Northern hemisphere

südliche Hemisphäre[F]
Southern hemisphere

westliche Hemisphäre[F]
Western hemisphere

östliche Hemisphäre[F]
Eastern hemisphere

Kartendarstellungen[F]

map projections

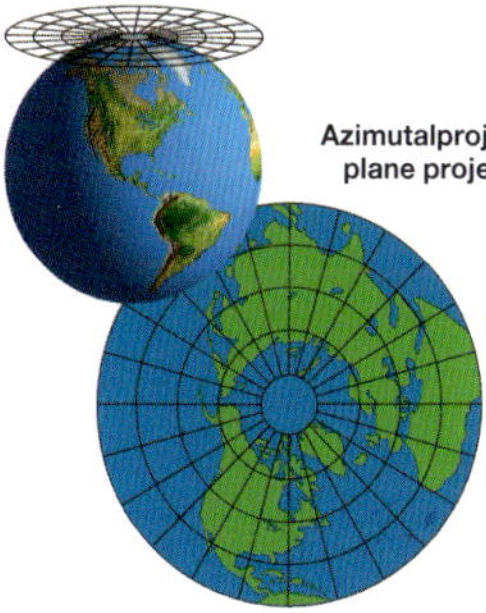

Azimutalprojektion[F]
plane projection

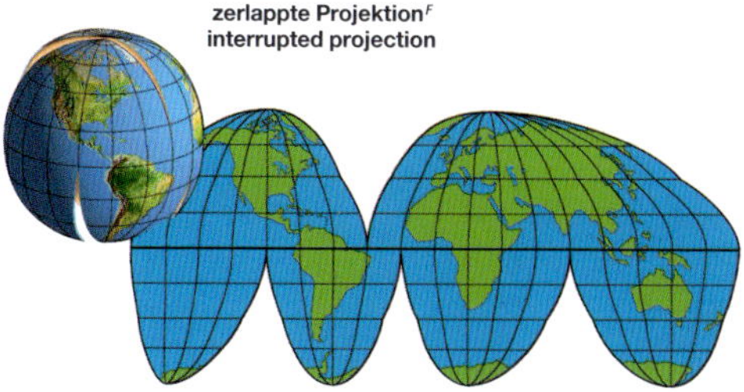

zerlappte Projektion[F]
interrupted projection

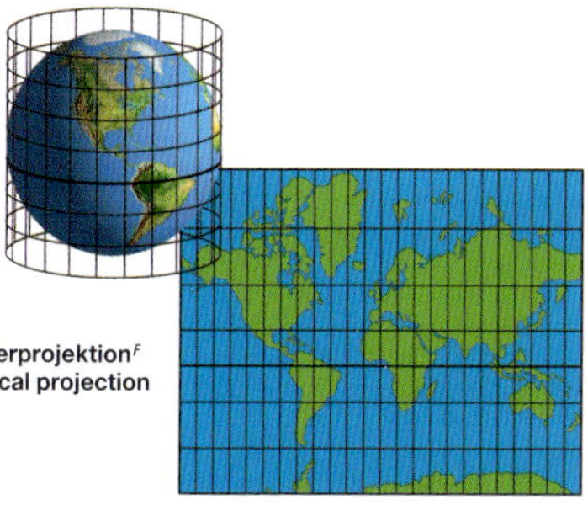

Zylinderprojektion[F]
cylindrical projection

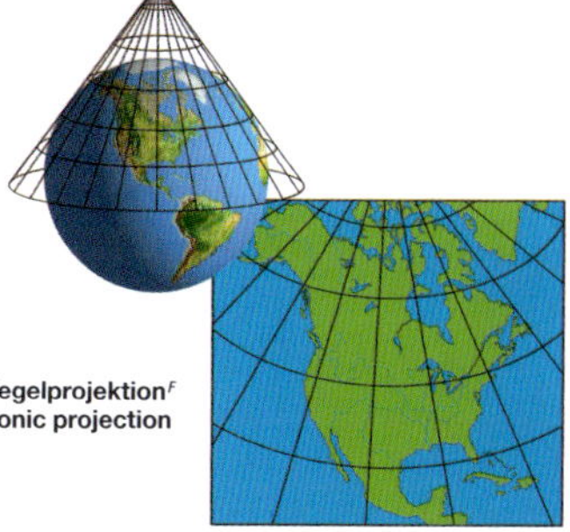

Kegelprojektion[F]
conic projection

Lage^F der Kontinente^M

configuration of the continents

Erdoberfläche^F
planisphere

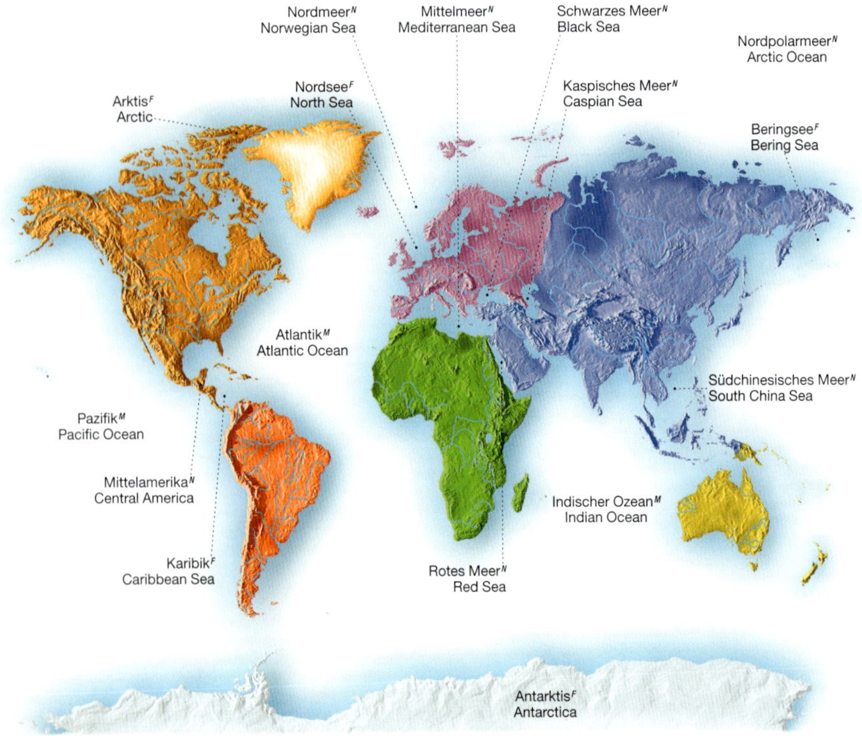

Nordamerika^N
North America

Europa^N
Europe

Südamerika^N
South America

Asien^N
Asia

Ozeanien^N
Oceania

Afrika^N
Africa

Eurasien^N
Eurasia

topografische Kartografie[F]

physical cartography

Legende[F] einer topografischen Karte[F]
physical map legends

topografische Kartografie^F

Arktis^F
Arctic

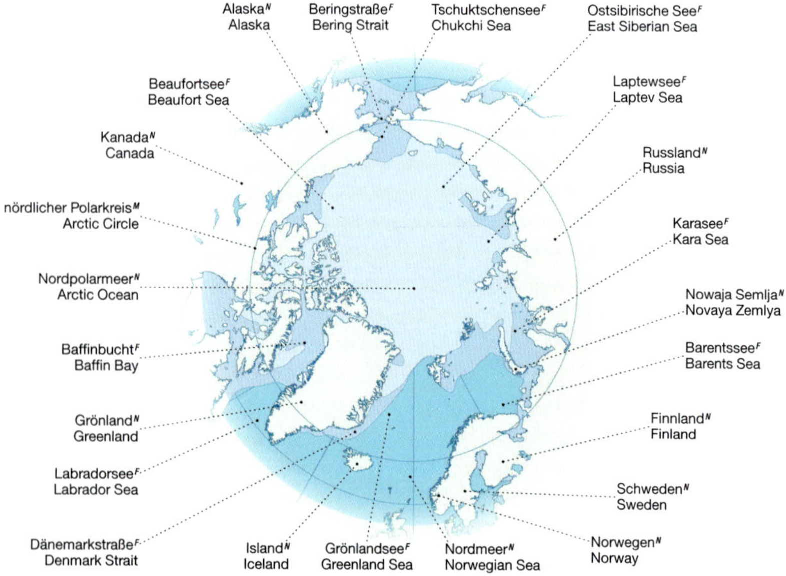

Antarktis^F
Antarctica

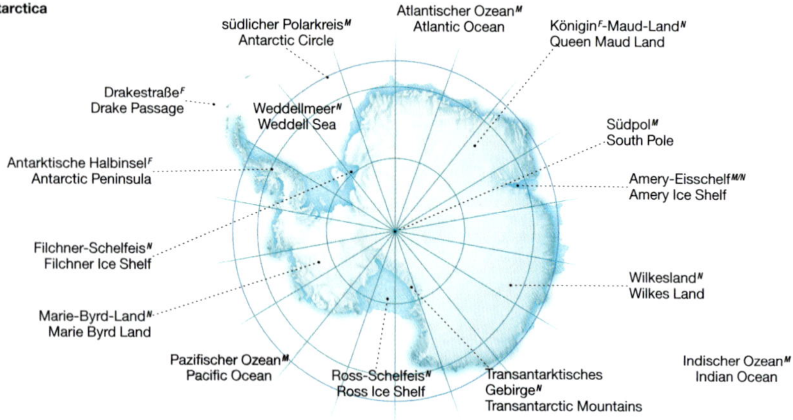

topografische Kartografie[F]

Nordamerika[N]
North America

topografische Kartografie[F]

Südamerika[N]
South America

topografische Kartografie[F]

Europa[N]
Europe

ERDE

topografische Kartografie[F]

Afrika[N]
Africa

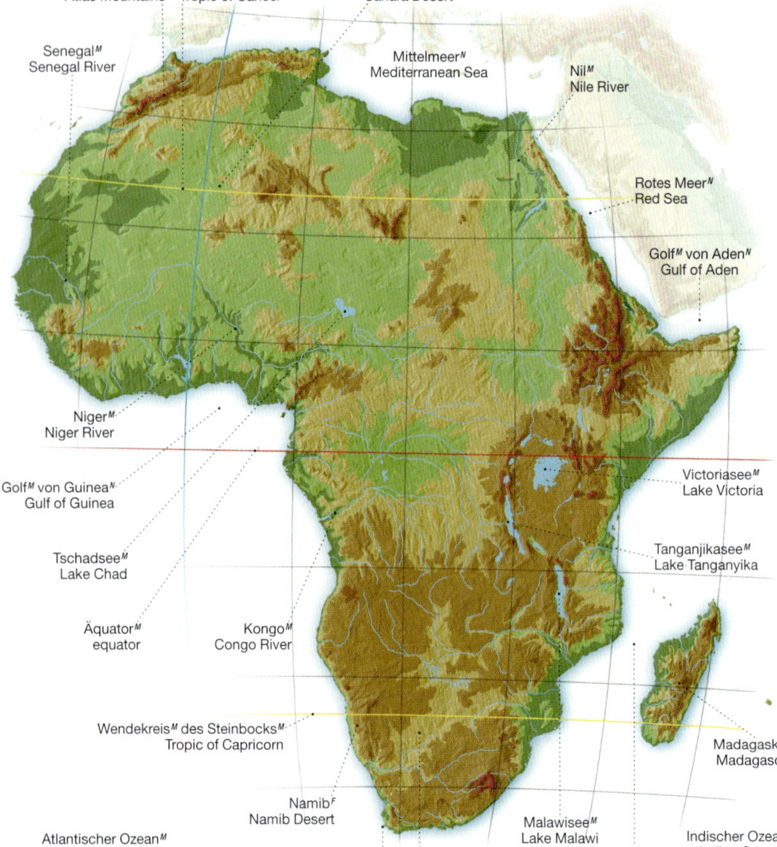

topografische Kartografie^F

Asien^N
Asia

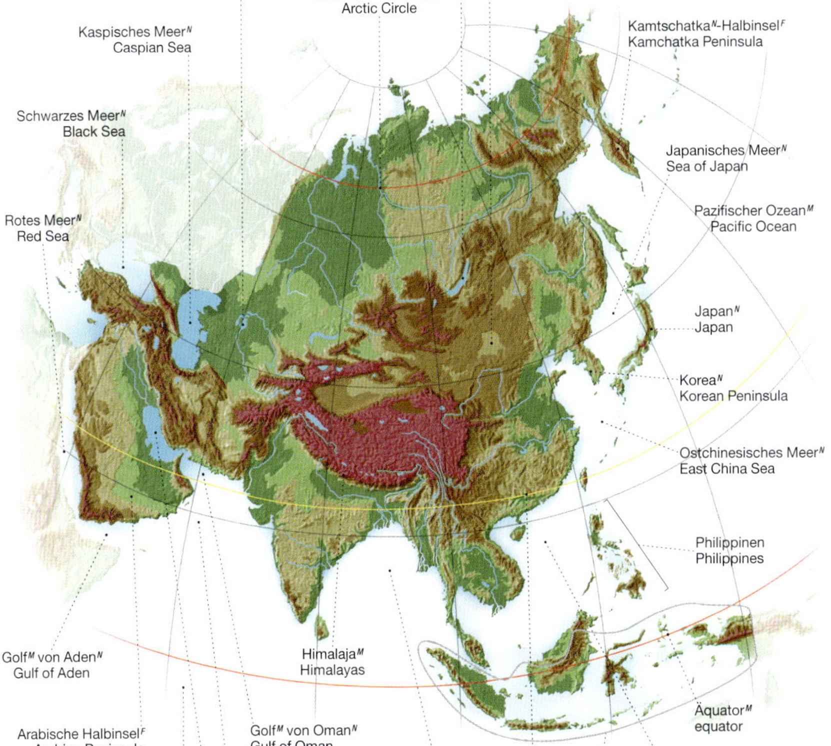

topografische Kartografie[F]

Ozeanien[N]
Oceania

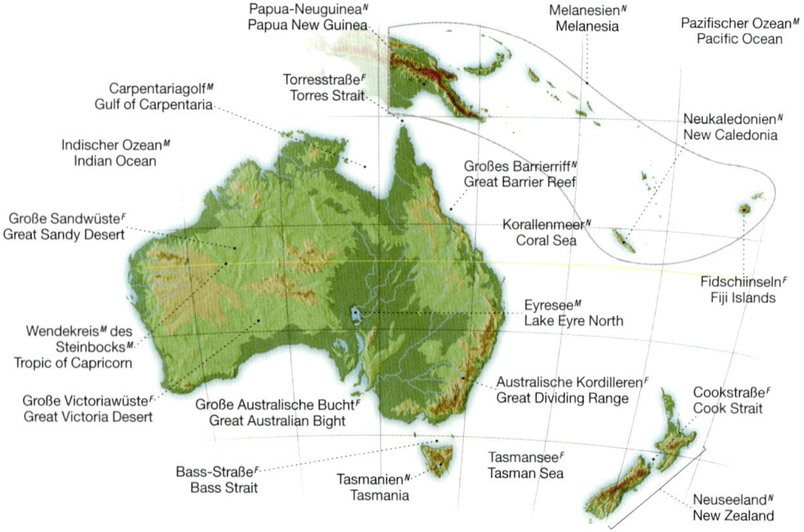

Legende[F] eines Stadtplans[M]
urban map legends

topografische Kartografie[F]

Legende[F] einer Straßenkarte[F]
road map legends

Autobahn[F]
motorway

Straße[F]
road

Autobahnnummer[F]
motorway number

Straßennummer[F]
road number

Rastplatz[M]
rest area

Flughafen[M]
airport

Nationalpark[M]
national park

Raststätte[F]
service area

Ringautobahn[F]
ring road

landschaftlich schöne Strecke[F]
scenic route

Nebenstraße[F]
secondary road

Sehenswürdigkeit[F]
point of interest

politische Kartografie[F]

political cartography

Legende[F] einer politischen Karte[F]
political map legends

Provinz[F]
province

Provinzgrenze[F]
internal boundary

Stadt[F]
city

Staatsgrenze[F]
frontier

Hauptstadt[F]
capital

Bundesstaat[M]
state

Land[N]
country

Fernerkundung[F]

remote sensing

GPS-Navigationssatellitennetz[N]
GPS navigation satellite network

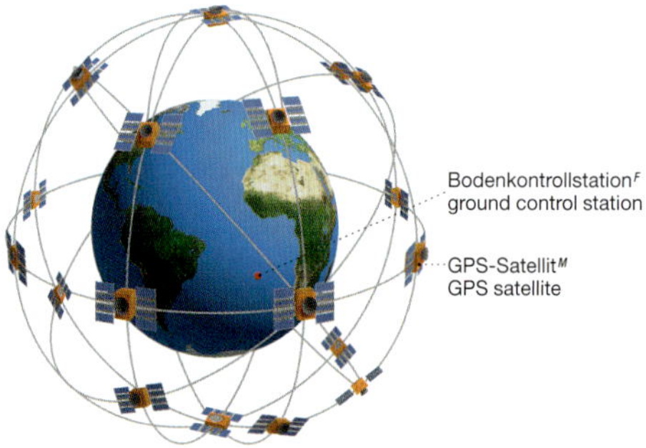

globales Navigationssystem[N] (GPS)
global positioning system (GPS)

Erdaufbau[M]

structure of the earth

Erde[F] im Querschnitt[M]
section of the earth

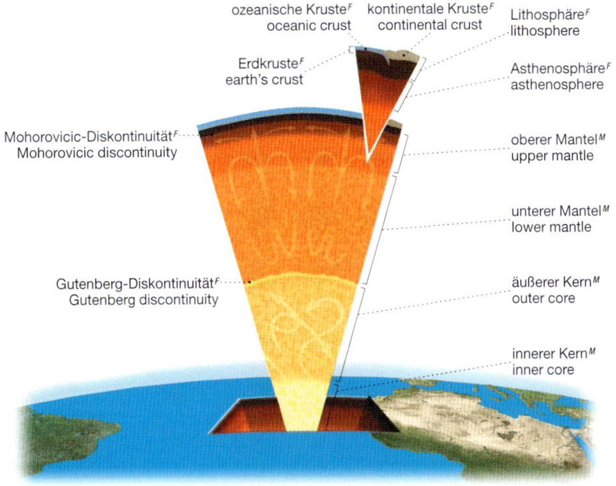

Erdkruste[F] im Querschnitt[M]
section of the earth's crust

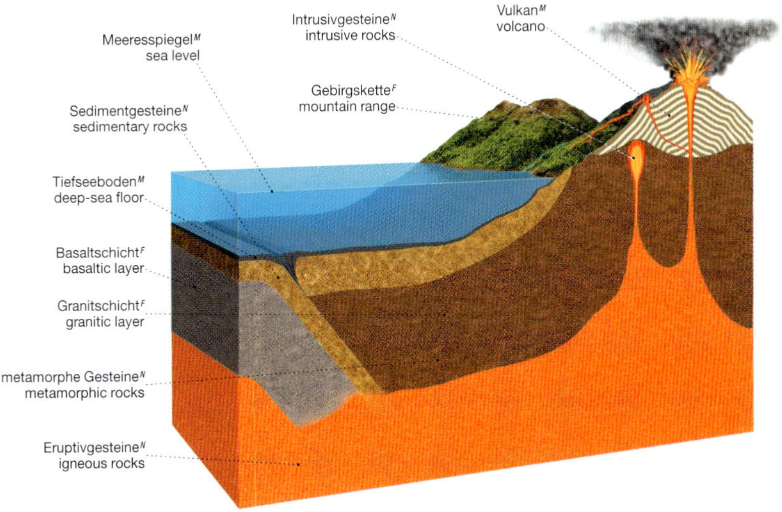

Erdaufbau[M]

Meeresboden[M]
ocean floor

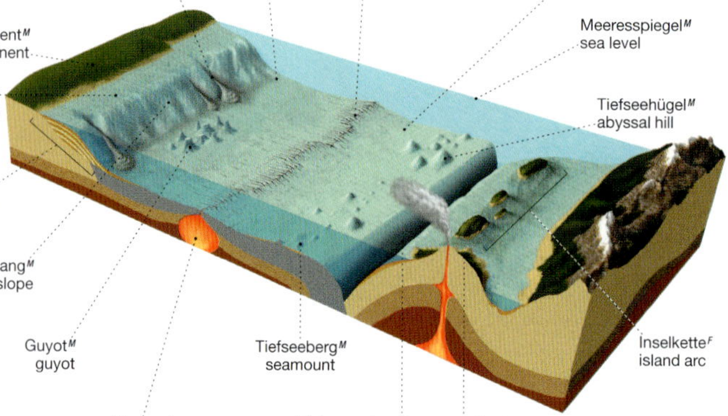

tektonische Platten[F]
tectonic plates

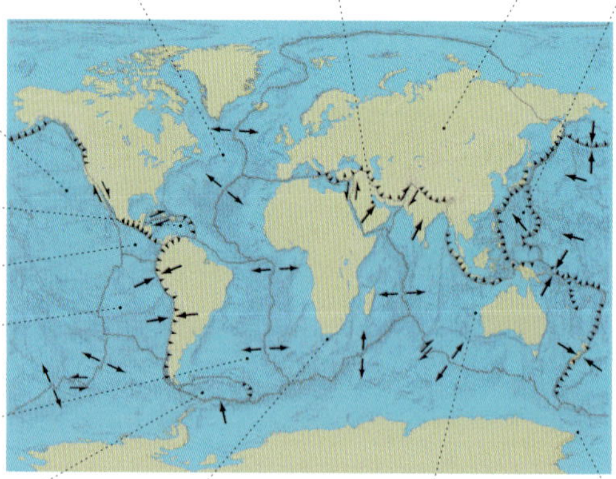

Subduktionszone[F]
subduction

Transformstörungen[F]
transform plate boundaries

konvergierende Plattengrenzen
convergent plate boundaries

divergierende Plattengrenzen
divergent plate boundaries

Erdoberfläche[F]

Earth features

Flusslandschaft[F]
watercourse

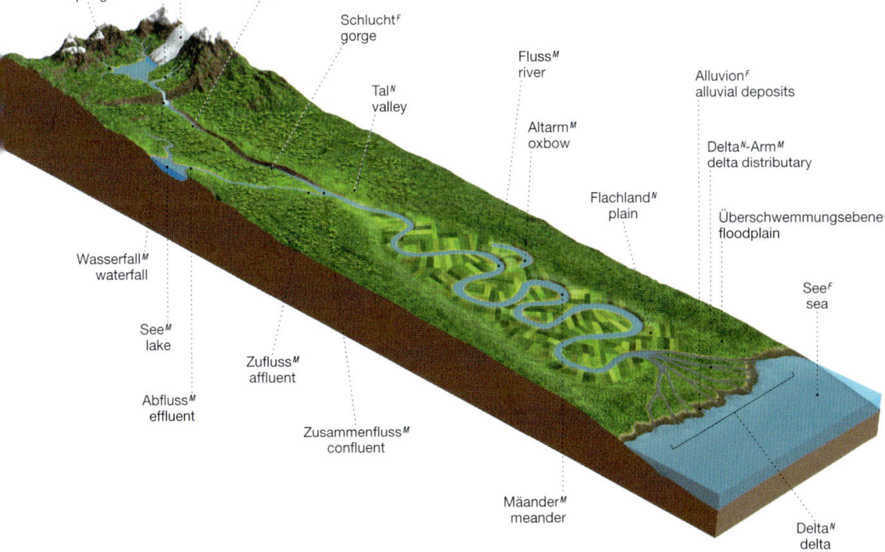

Beispiele[N] für Seen[M]
examples of lakes

Gletschersee[M]
glacial lake

vulkanischer See[M]
volcanic lake

tektonischer See[M]
tectonic lake

Altarm[M]
oxbow lake

Oase[F]
oasis

künstlicher See[M]
artificial lake

Erdoberfläche[F]

typische Küstenformen[F]
common coastal features

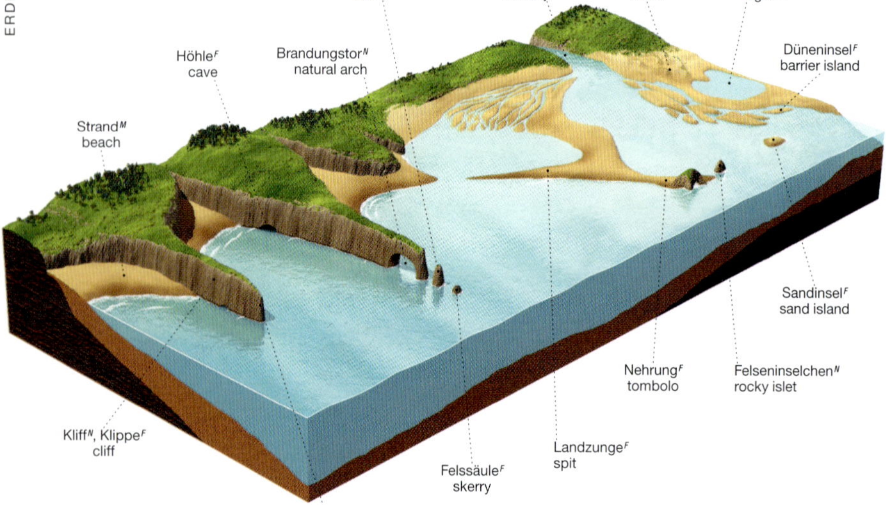

Küstenformen[F]
examples of shorelines

Riffküste[F]
barrier beach

Fjordküste[F]
fjords

Steilküste[F]
shore cliff

Delta[N]
delta

Atoll[N]
atoll

Riasküste[F]
rias

Erdoberfläche^F

Berg^M
mountain

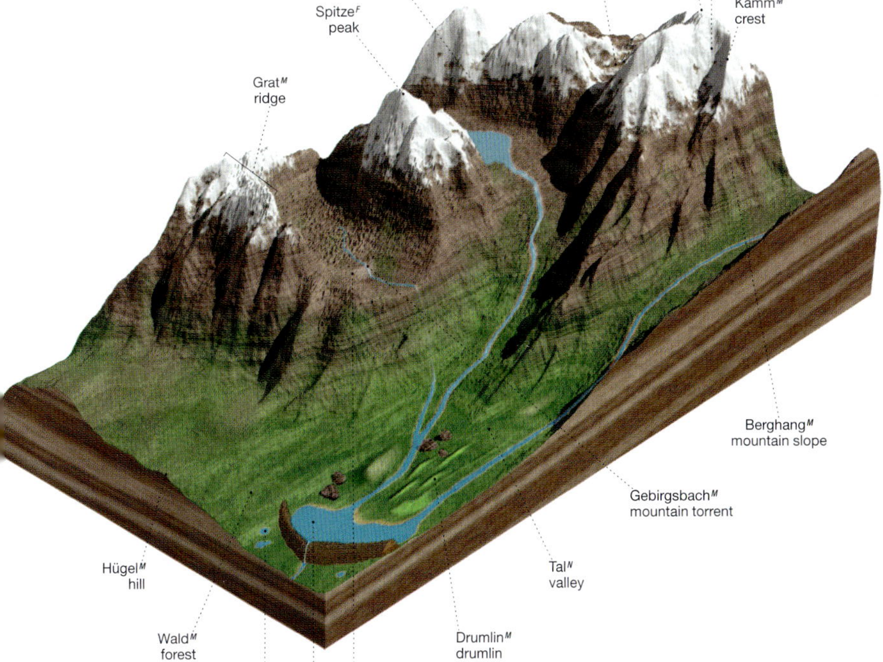

Erdoberfläche[F]

Gletscher[M]
glacier

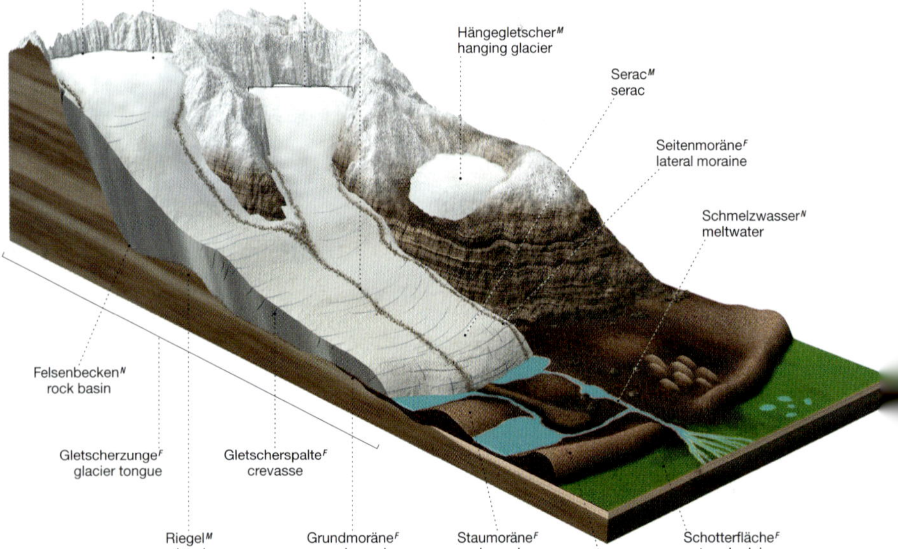

Erdoberfläche[F]

Wüste[F]
desert

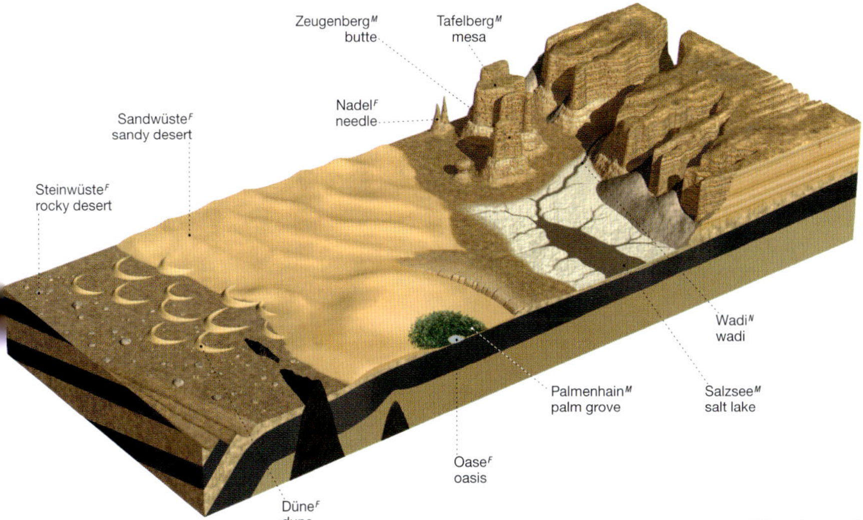

Dünenformen[F]
examples of dunes

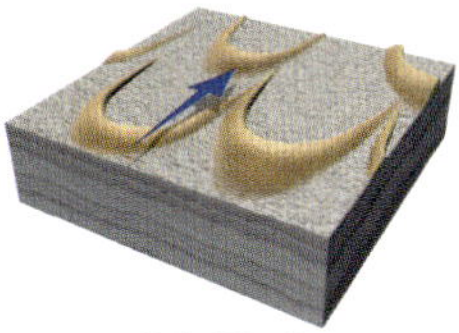

Sicheldüne[F]
crescentic dune

Sterndüne[F]
star dune

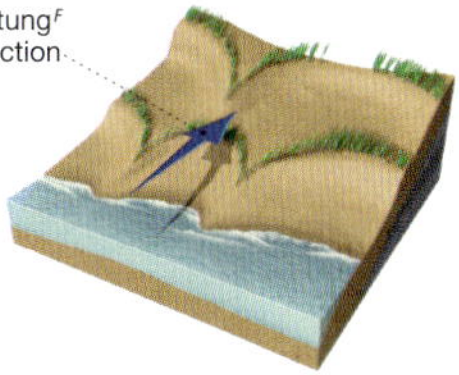

Parabeldüne[F]
parabolic dune

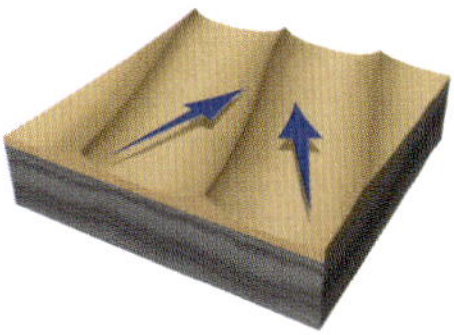

Längsdünen[F]
longitudinal dunes

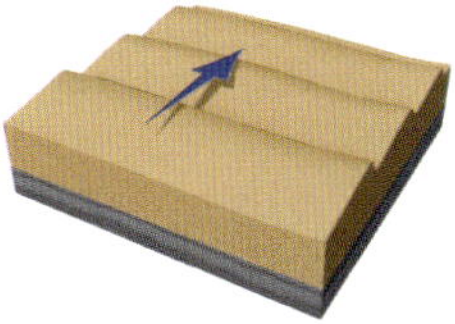

Querdünen[F]
transverse dunes

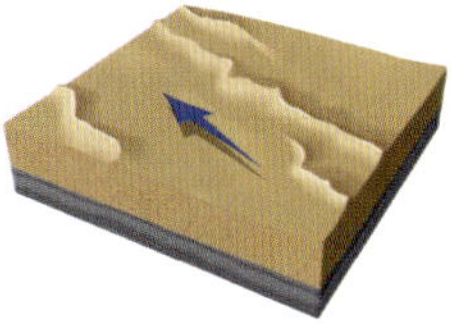

Dünenzug[M]
chain of dunes

geologische Phänomene[N]

geological phenomena

Vulkan[M]
volcano

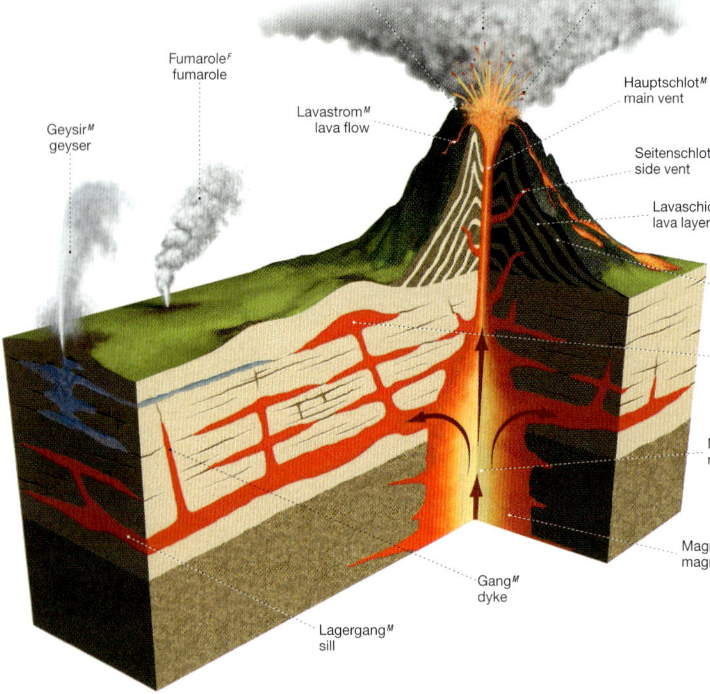

Vulkantypen[M]
examples of volcanoes

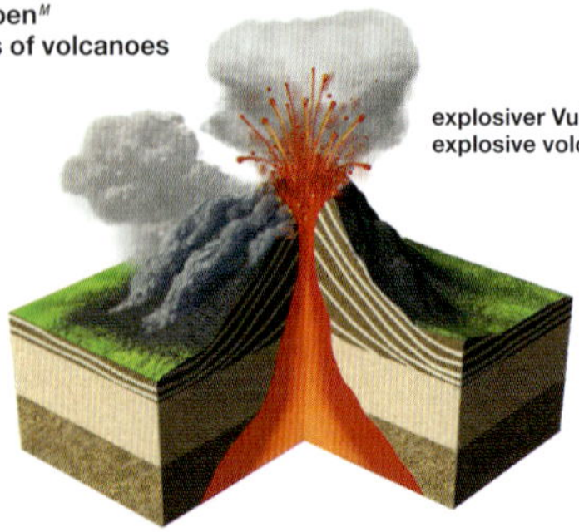

explosiver Vulkan[M]
explosive volcano

effusiver Vulkan[M]
effusive volcano

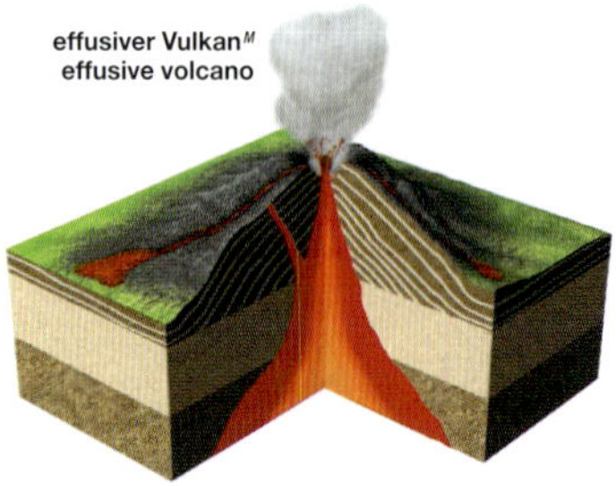

geologische Phänomene[N]

Erdbeben[N]
earthquake

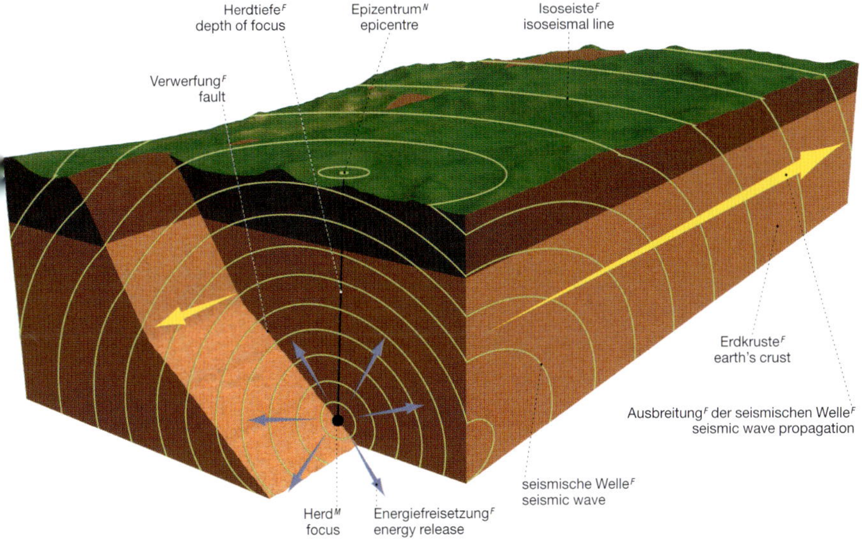

Tsunami[M]
tsunami

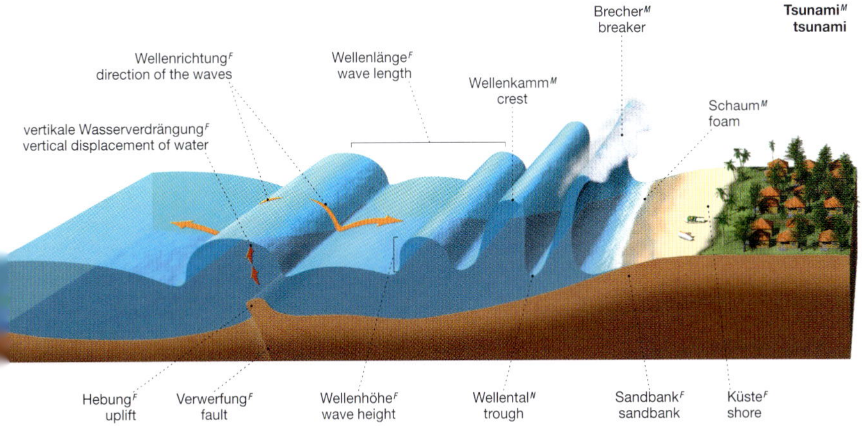

geologische Phänomene[N]

Bodenbewegungen[F]
landslides

Steinschlag[M]
rockslide

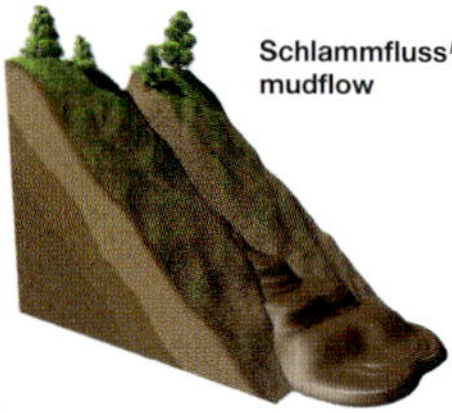

Schlammfluss[M]
mudflow

Bodenkriechen[N]
creep

Erdrutsch[M]
earthflow

Minerale[N]

minerals

Beispiele[N] häufiger reiner Minerale[N]
examples of common pure minerals

Quecksilber[N]
mercury

Chrom[N]
chromium

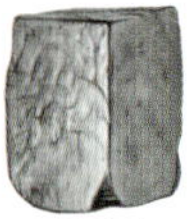

Platin[N]
platinum

Silber[N]
silver

Asbest[N]
asbestos

Aluminium[N]
aluminium

Blei[N]
lead

Uran[N]
uranium

Gold[N]
gold

Nickel[N]
nickel

Eisen[N]
iron

Kupfer[N]
copper

Zinn[N]
tin

Zink[N]
zinc

Titan[N]
titanium

Erdatmosphäre[F] im Querschnitt[M]

profile of the earth's atmosphere

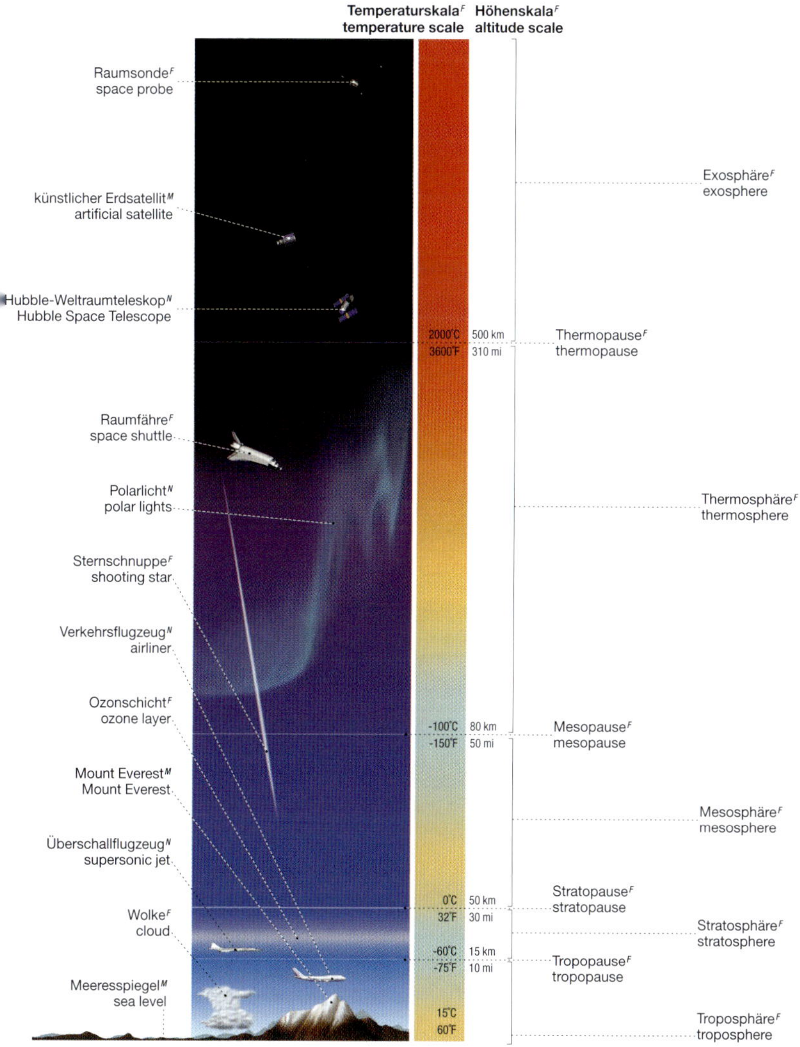

Jahreszeiten[F]

seasons of the year

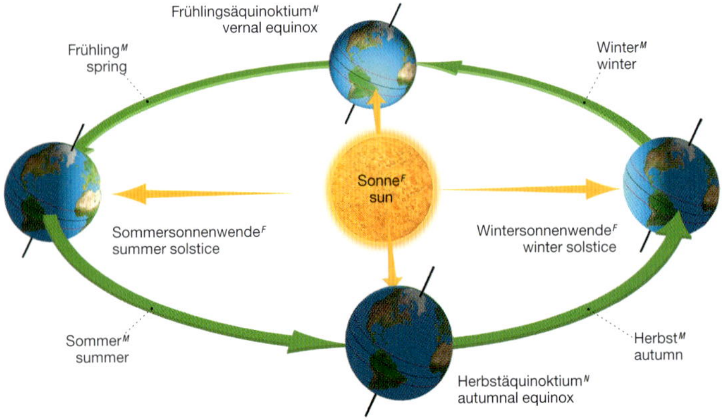

Wetterkarte[F]

weather map

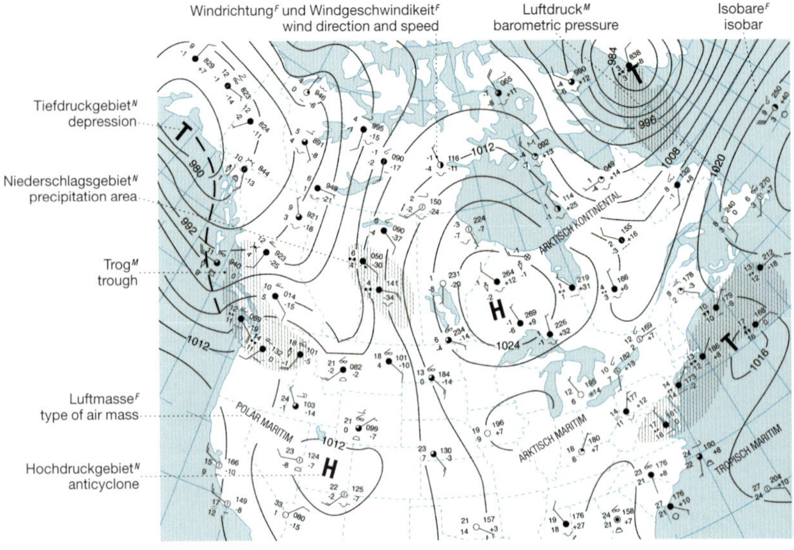

Klimate[N] der Welt[F]

climates of the world

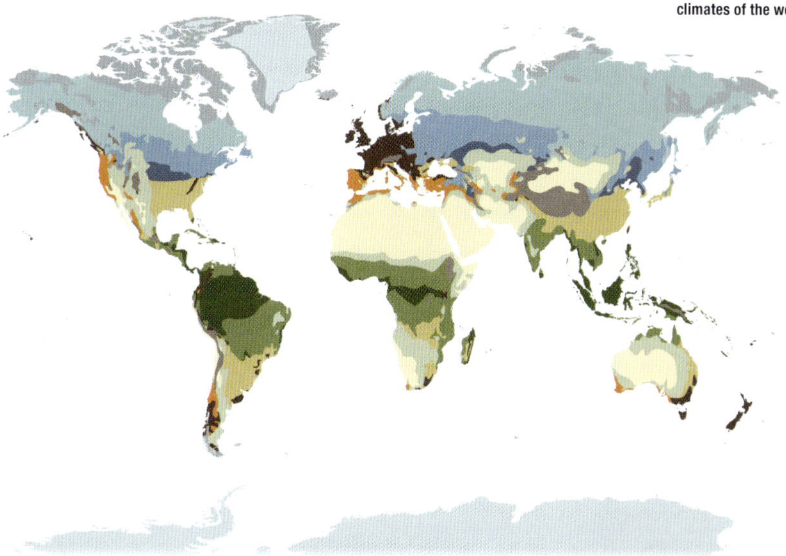

tropische Klimate[N]
tropical climates

tropischer Regenwald[M]
tropical rain forest

tropisch feucht und trocken (Savanne[F])
tropical wet-and-dry (savannah)

kaltgemäßigte Klimate[N]
cold temperate climates

feucht-kontinental - heißer Sommer[M]
humid continental - hot summer

feucht-kontinental - warmer Sommer[M]
humid continental - warm summer

subarktisch
subarctic

warmgemäßigte Klimate[N]
warm temperate climates

feuchte Subtropen
humid subtropical

mediterrane Subtropen
Mediterranean subtropical

maritim
marine

Trockenklimate[N]
dry climates

Steppe[F]
steppe

Wüste[F]
desert

Polarklimate[N]
polar climates

Polartundra[F]
polar tundra

Eiskappe[F]
polar ice cap

Hochlandklimate[N]
highland climates

Hochgebirge[N]
highland

Wolken[F]

clouds

hohe Wolken[F]
high clouds

mittelhohe Wolken[F]
middle clouds

tiefe Wolken[F]
low clouds

Quellwolken[F]
clouds with vertical development

Tornado^M und Wasserhose^F

tornado and waterspout

Wasserhose^F
waterspout

Tornado^M
tornado

tropischer Wirbelsturm^M

tropical cyclone

Bezeichnungen^F **tropischer Wirbelstürme**^M
tropical cyclone names

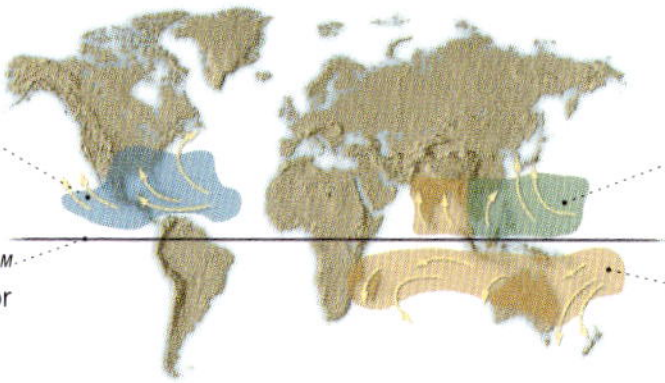

Niederschlag[M]

precipitation

Art[F] von Winterniederschlägen[M]
winter precipitation forms

stürmischer Himmel[M]
stormy sky

Tau[M]
dew

Dunst[M]
mist

Nebel[M]
fog

Reif[M]
rime

Raureif[M]
glazed frost

Vegetationszonen^{F}

vegetation regions

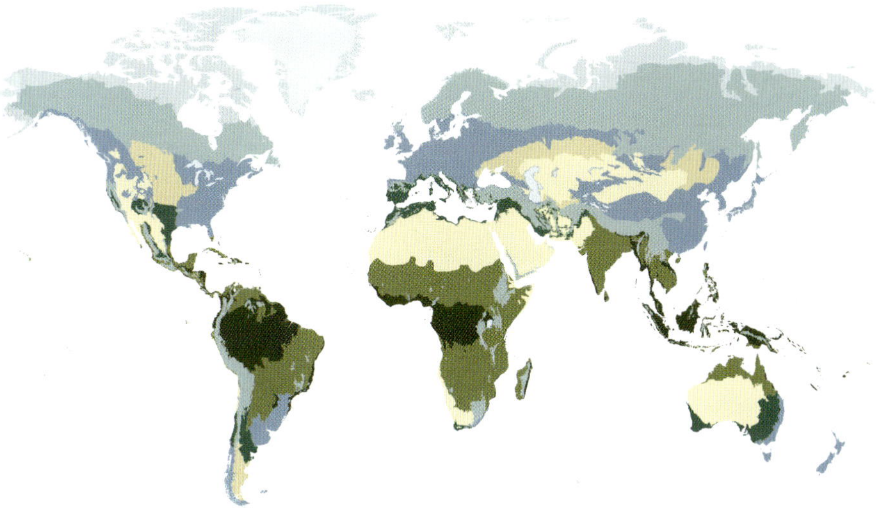

Tundra^{F}
tundra

tropischer Regenwald^{M}
tropical rain forest

Büsche^{M}
scrub

borealer Wald^{M}
boreal forest

gemäßigtes Grasland^{N}
temperate grassland

Wüste^{F}
desert

gemäßigter Wald^{M}
temperate forest

Savanne^{F}
savannah

Fels^{M} und Eis^{N}
rock and ice

Nahrungskette^F

food chain

Nahrungspyramide^F
ecological pyramid

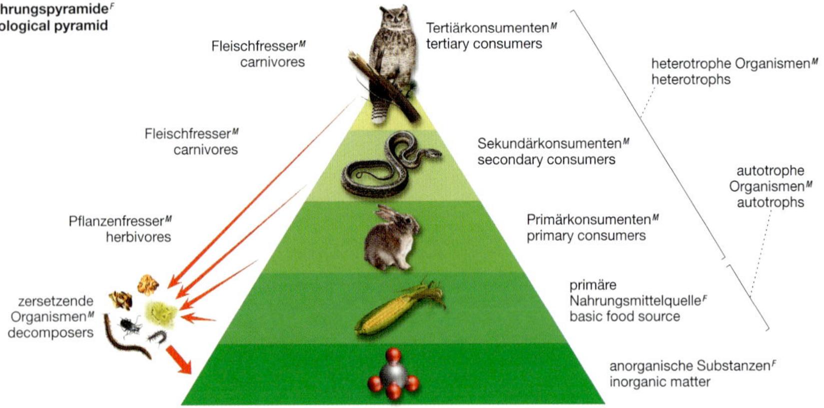

Beispiel^N einer Nahrungskette^F
example of food chain

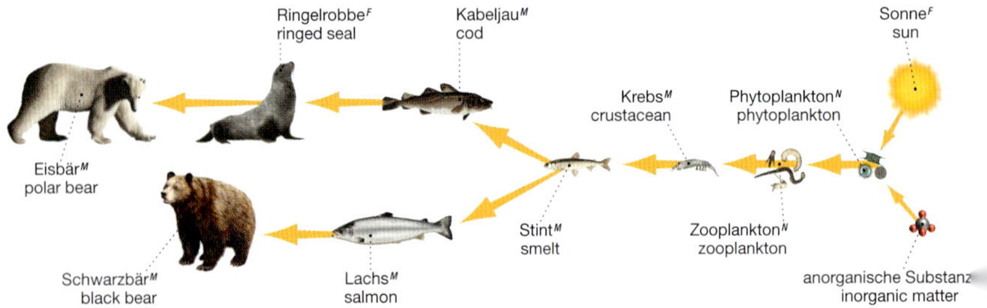

Aufbau^M der Biosphäre^F

structure of the biosphere

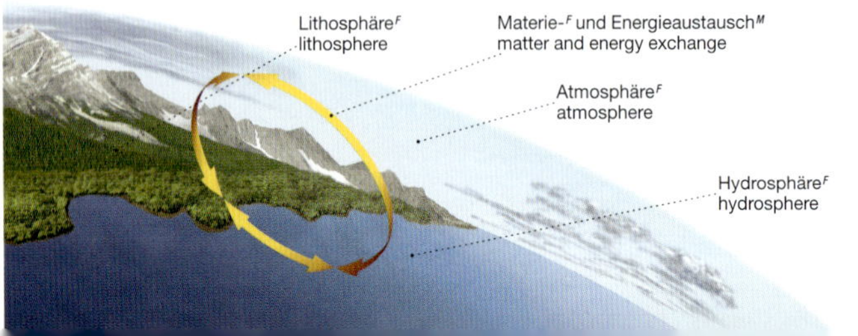

Wasserkreislauf[M]

hydrologic cycle

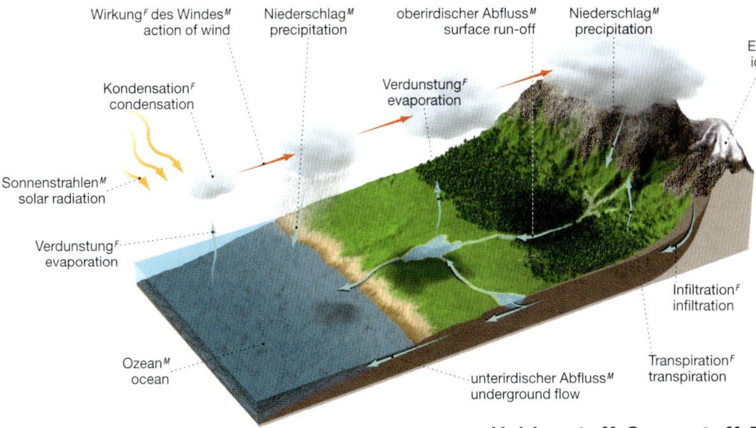

Kohlenstoff-Sauerstoff-Zyklus[M]

carbon-oxygen cycle

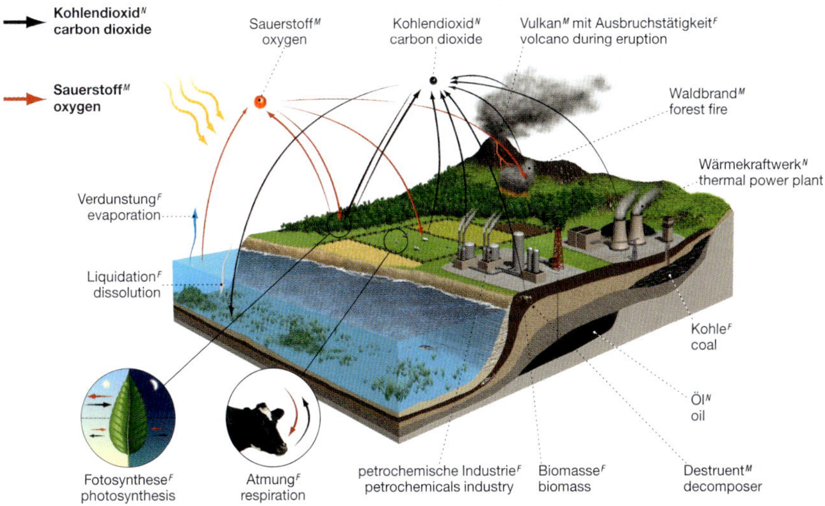

natürlicher Treibhauseffekt^M

natural greenhouse effect

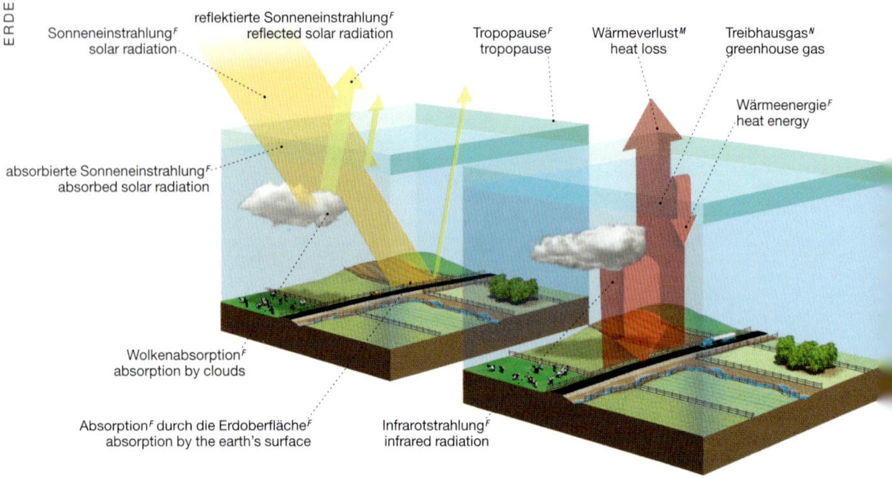

anthropogener Treibhauseffekt^M

enhanced greenhouse effect

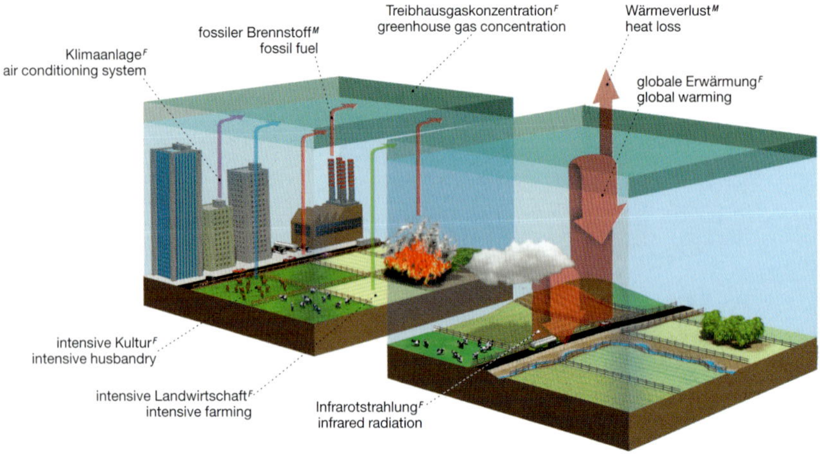

Luftverschmutzung[F]

air pollution

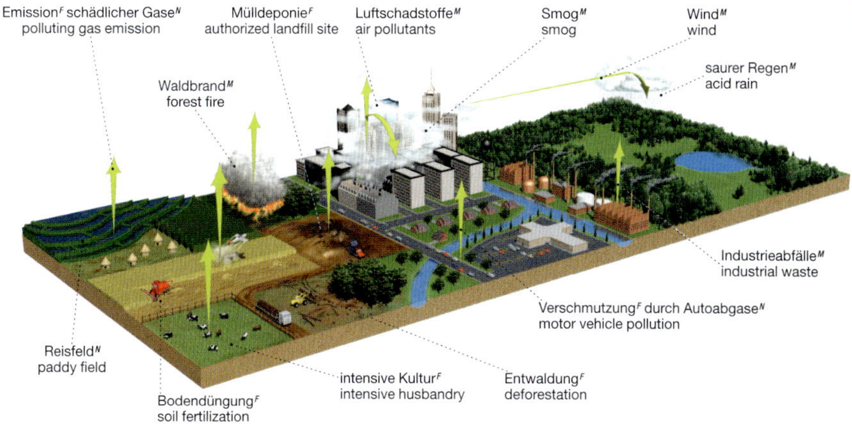

Bodenverschmutzung[F]

land pollution

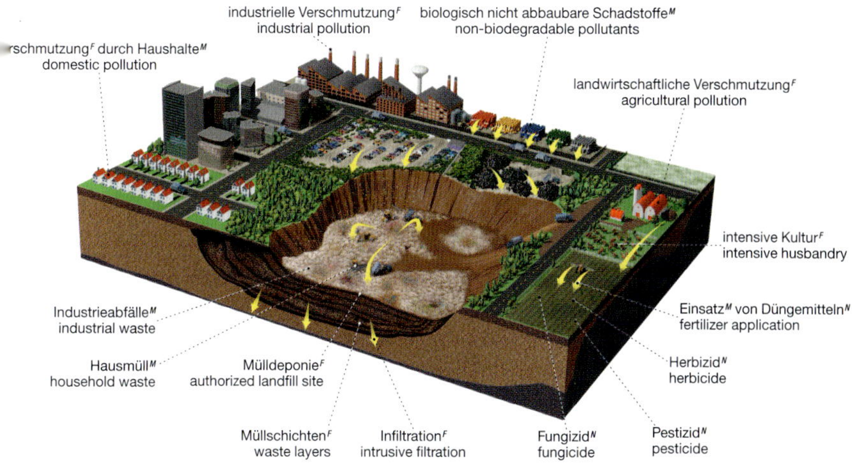

Wasserverschmutzung^F

water pollution

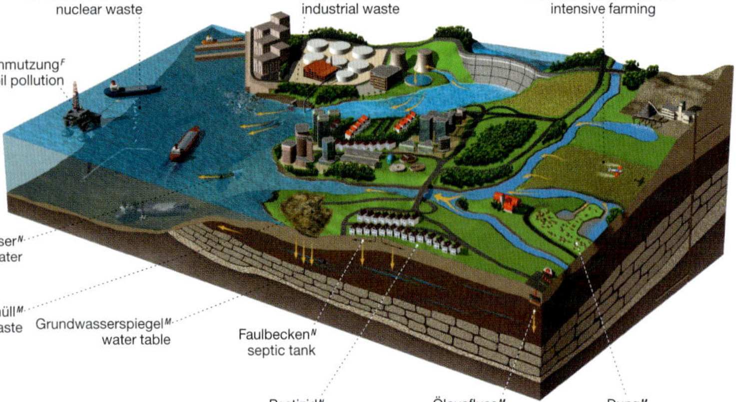

saurer Regen^M

acid rain

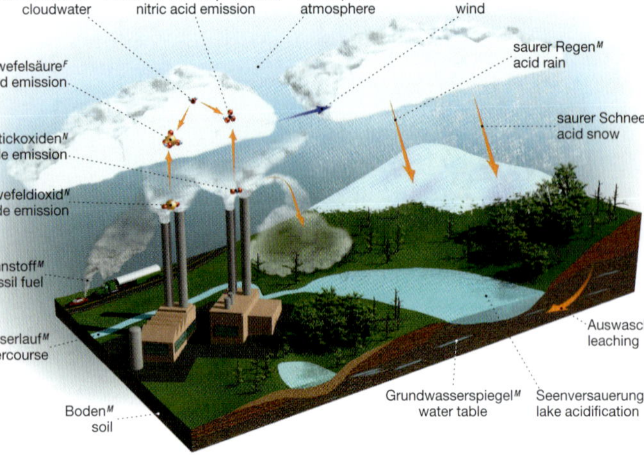

Mülltrennung[F]

selective sorting of waste

Sortieranlage[F]
sorting plant

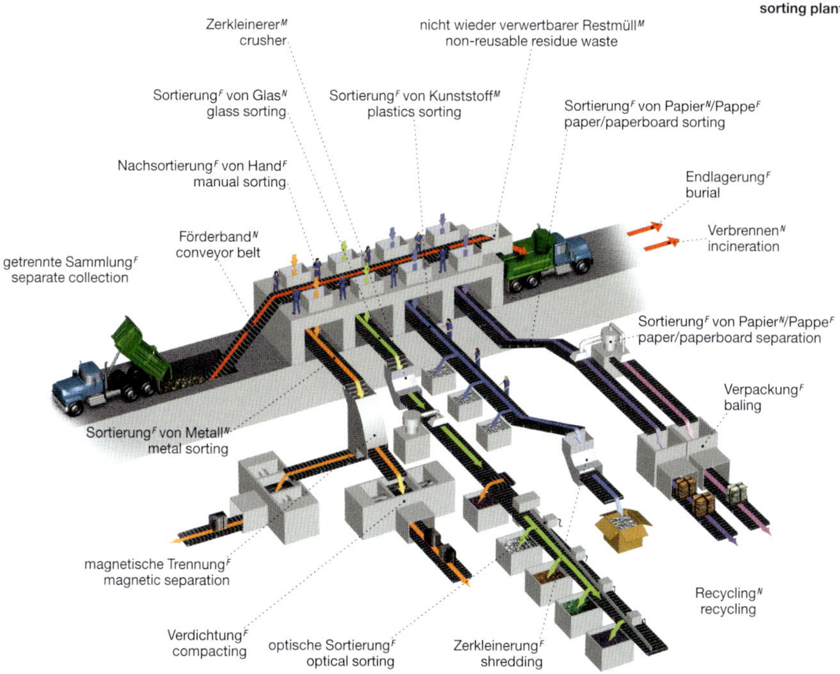

Wertstoff[M]-Sammelbehälter[M]
recycling containers

apier[N]-Sammelbehälter[M]
per recycling container

Altglas[N]-Sammelbehälter[M]
glass recycling container

Altaluminium[N]-Sammelbehälter[M]
aluminium recycling container

Altpapier[N]-Container[M]
paper collection unit

Bioabfallbehälter[M]
recycling bin

Altglas[N]-Container[M]
glass collection unit

Pflanzenzelle[F]

plant cell

Photosynthese[F]

photosynthesis

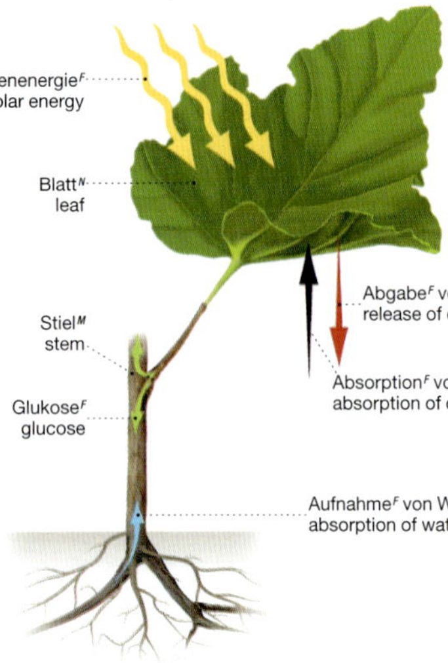

Fortpflanzungszyklus[M]

reproductive cycle

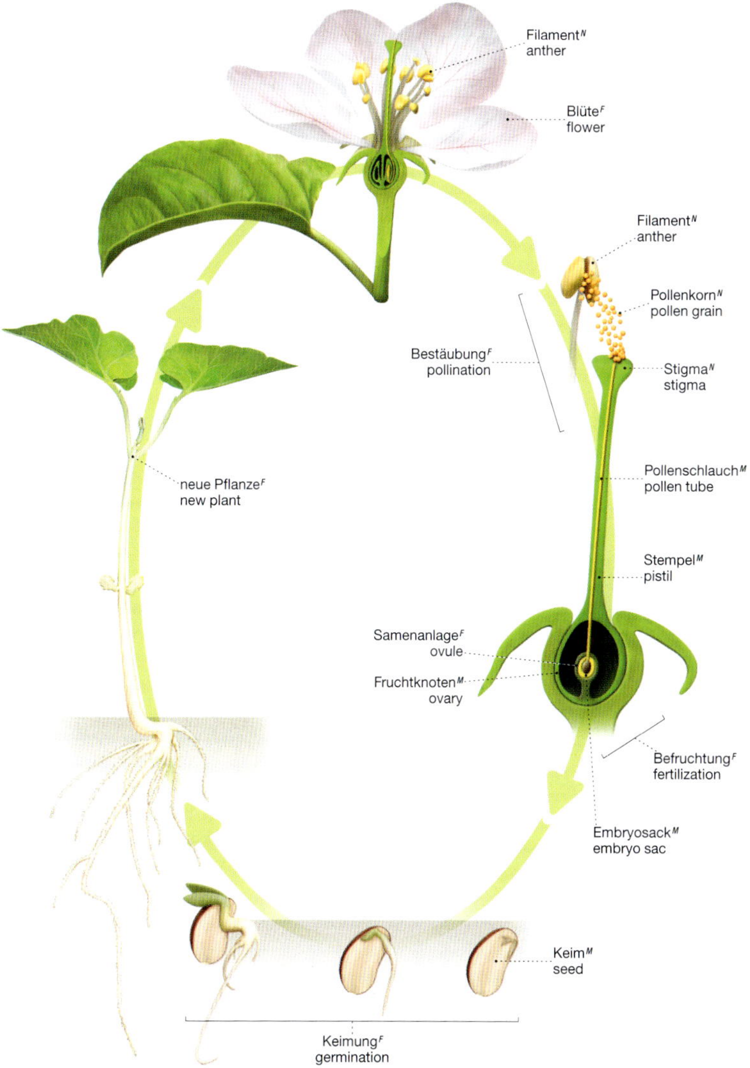

Pflanzenwachstum[N]

plant growth

Samen[M] im Querschnitt[M]
section of a seed

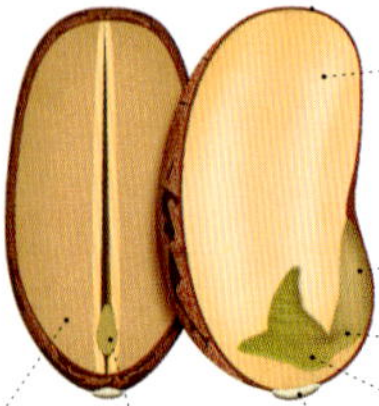

Zwiebel[F] im Querschnitt[M]
section of a bulb

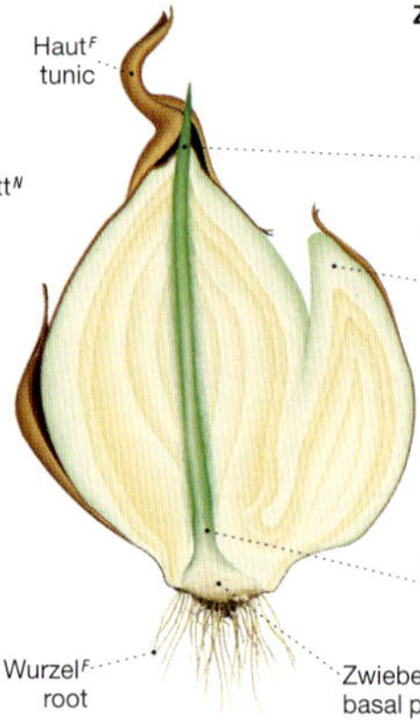

Pilz[M]

mushroom

Aufbau[M] eines Pilzes[M]
structure of a mushroom

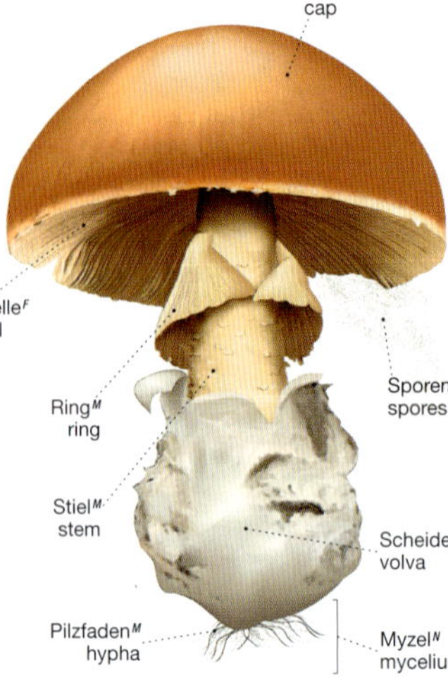

Beispiele[N] für giftige Pilze[M]
examples of poisonous mushrooms

Fliegenpilz[M]
fly agaric

Satansröhrling[M]
Satan's mushroom

Beispiele[N] für tödlich giftige Pilze[M]
examples of deadly poisonous mushrooms

Knollenblätterpilz[M]
destroying angel

Stinkschirmling[M]
star dapperling

Alge[F]

alga

Aufbau[M] einer Alge[F]
structure of an alga

Beispiele[N] für Algen[F]
examples of algae

Rotalge[F]
red alga

Grünalge[F]
green alga

Braunalge[F]
brown alga

Farn[M]

fern

Aufbau[M] eines Farns[M]
structure of a fern

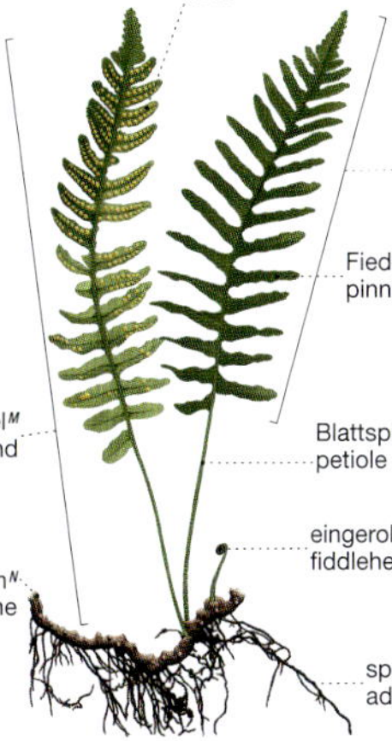

Beispiele[N] für Farne[M]
examples of ferns

Baumfarn[M]
tree fern

gemeiner Tüpfelfarn[M]
common polypody

Nestfarn[M]
bird's nest fern

Flechte[F]

lichen

Aufbau[M] einer Flechte[F]
structure of a lichen

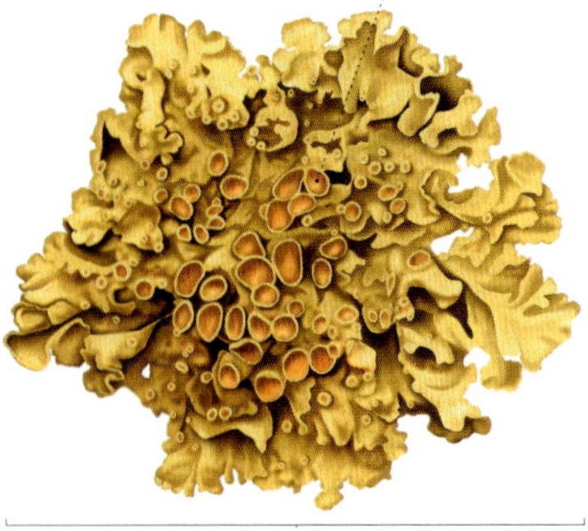

Beispiele[N] für Flechten[F]
examples of lichens

Krustenflechte[F]
crustose lichen

Strauchflechte[F]
fruticose lichen

Laubflechte[F]
foliose lichen

Moos[N]

moss

Aufbau[M] eines Mooses[N]
structure of a moss

Beispiele[N] für Moose[N]
examples of mosses

gemeines Widertonmoos[N]
common hair cap moss

Torfmoos[N]
sphagnum

Pflanzenaufbau[M]

parts of a plant

Aufbau[M] einer Pflanze[F]
structure of a plant

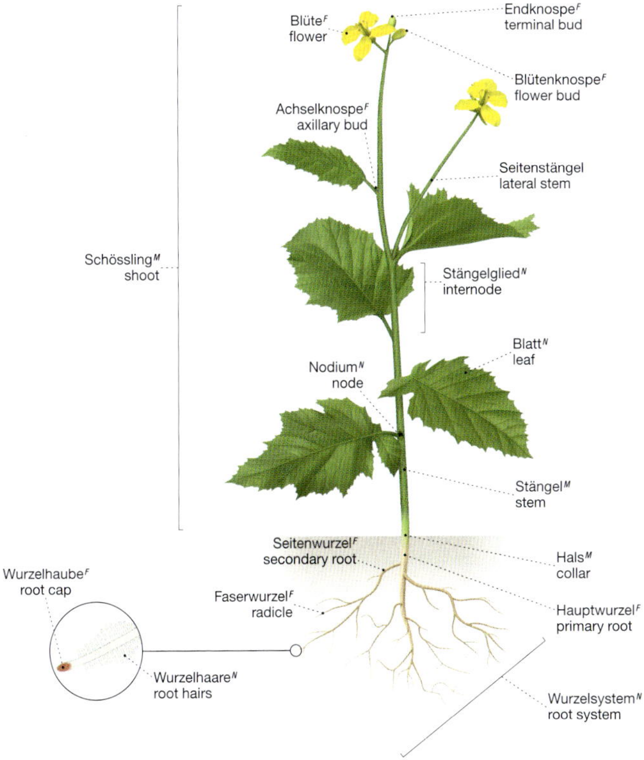

Beispiele[N] für Sprossachsen[F]
examples of stems

Rhizom[N]
rhizome

Ausläufer[M]
stolon

Beispiele[N] für Wurzeln[F]
examples of roots

Haftwurzeln[F]
claspers

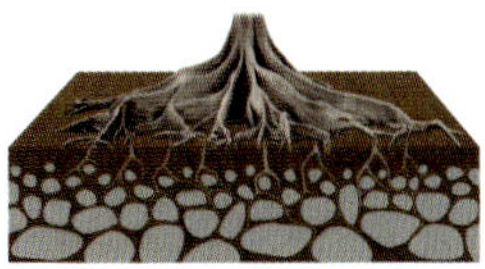

Wurzelausläufer[M]
buttress roots

Blatt[N]

leaf

einfache Blätter[N]
simple leaves

herzförmig
cordate

nierenförmig
reniform

rund
orbiculate

spatelförmig
spatulate

linealisch
linear

pfeilförmig
hastate

eiförmig
ovate

lanzettförmig
lanceolate

schildförmig
peltate

Aufbau[M] eines Blatts[N]
structure of a leaf

zusammengesetzte Blätter[N]
compound leaves

dreizählig
trifoliate

fiederteilig
pinnatifid

handförmig
palmate

paarig gefiedert
paripinnate

unpaarig gefiedert
odd pinnate

Blattränder[M]
leaf margins

gesägt
serrate

doppelt gesägt
doubly toothed

gekerbt
crenate

gewimpert
ciliate

ganzrandig
entire

gebuchtet
lobate

Frucht[F]

fruit

Beispiele[N] für Trockenfrüchte[F]
examples of dry fruits

Schote[F] (Senf[M]) im Querschnitt[M]
section of a silique (mustard)

Kapsel[F] (Mohn[M]) im Querschnitt[M]
section of a capsule (poppy)

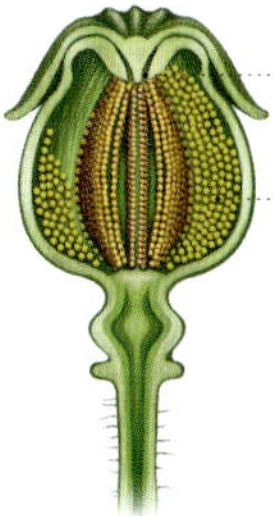

Hülsenfrucht[F] (Erbse[F]) im Querschnitt[M]
section of a legume (pea)

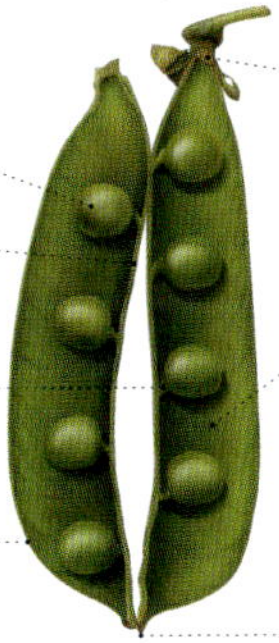

Balgfrucht[F] (Sternanis[M]) im Querschnitt[M]
section of a follicle (star anise)

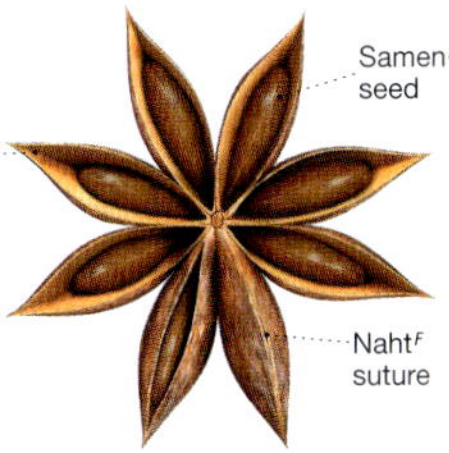

Längsschnitt[M] durch eine Haselnuss[F]
section of a hazelnut

Längsschnitt[M] durch eine Walnuss[F]
section of a walnut

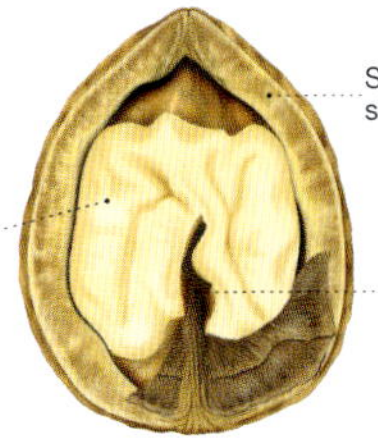

Frucht[F]

fleischige Frucht[F]: Beere[F]
fleshy fruit: berry fruit

wissenschaftliche Bezeichnungen[F]
scientific terms

Weintraube[F] im Querschnitt[M]
section of a grape

gebräuchliche Bezeichnungen[F]
popular terms

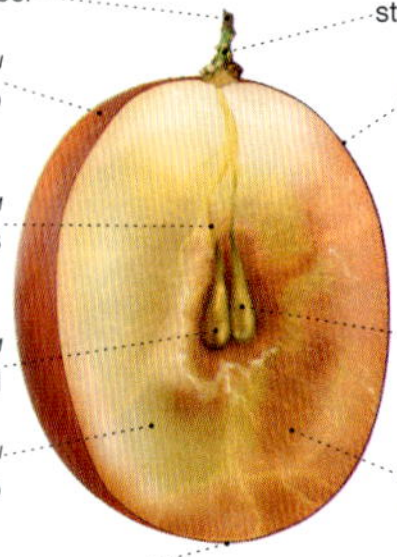

Himbeere[F] im Querschnitt[M]
section of a raspberry

Erdbeere[F] im Querschnitt[M]
section of a strawberry

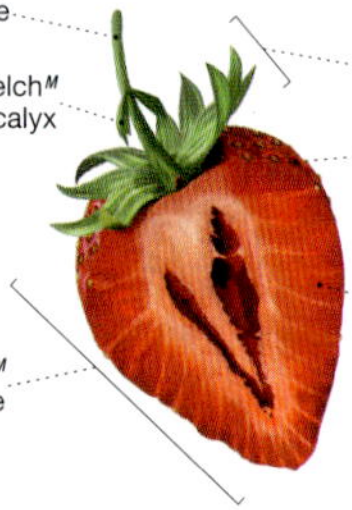

fleischige Frucht[F]: Zitrusfrucht[F]
fleshy fruit: citrus fruit

Orange[F] im Querschnitt[M]
section of an orange

wissenschaftliche Bezeichnungen[F]
scientific terms

gebräuchliche Bezeichnungen[F]
popular terms

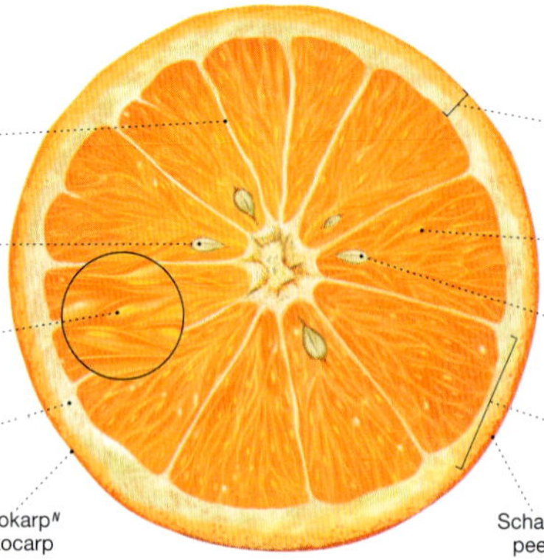

Frucht[F]

fleischige Apfelfrucht[F]
fleshy pome fruit

Apfel[M] im Querschnitt[M]
section of an apple

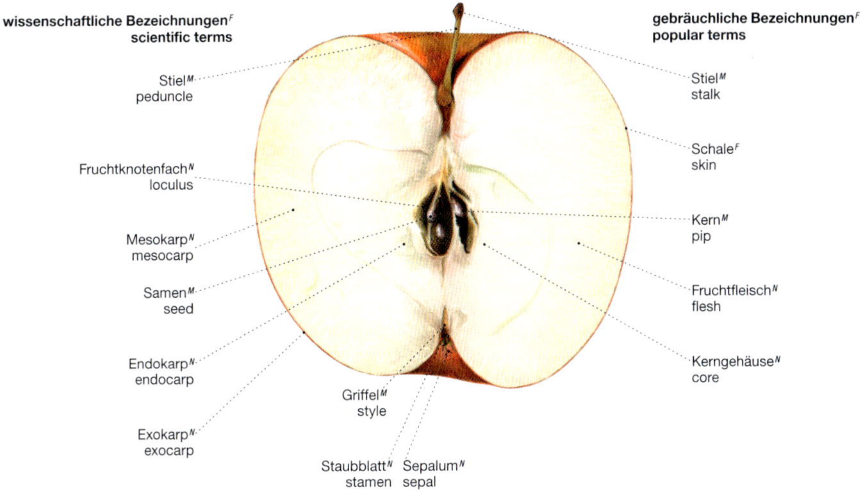

fleischige Steinfrucht[F]
fleshy stone fruit

Pfirsich[M] im Querschnitt[M]
section of a peach

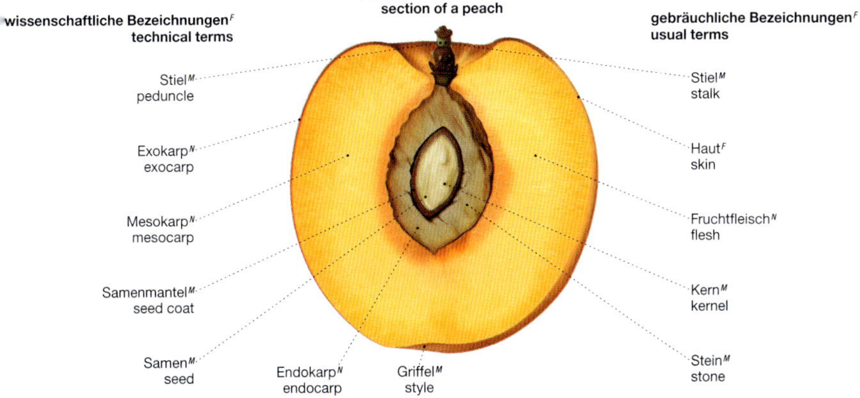

Blüte^{F}

flower

Aufbau^{M} einer Blume^{F}
structure of a flower

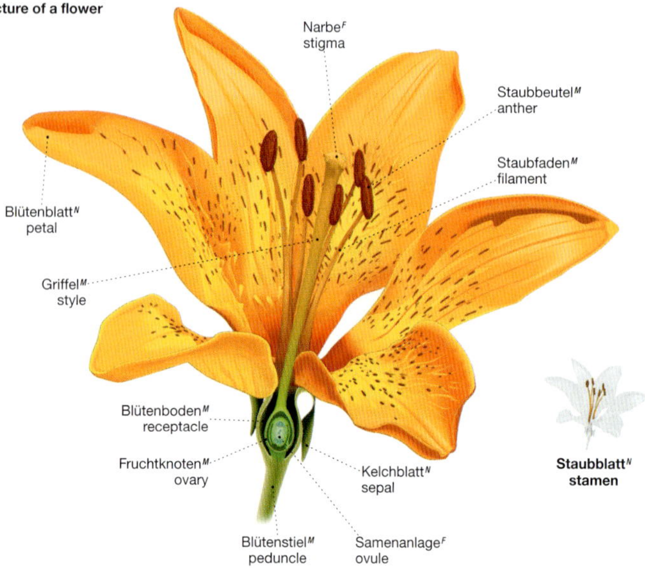

Stempel^{M}
pistil

Blumenkrone^{F}
corolla

Staubblatt^{N}
stamen

Blütenkelch^{M}
calyx

Arten^{F} von Blütenständen^{M}
types of inflorescence

geschlossene Traube^{F}
raceme

eingliedrige Trugdolde^{F}
uniparous cyme

Dolde^{F}
umbel

Körbchen^{N}
capitulum

Ähre^{F}
spike

zweigliedrige Trugdolde^{F}
biparous cyme

Doldentraube^{F}
corymb

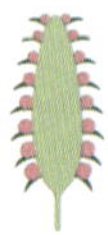
Kolben^{M}
spadix

Blüte^{F}

Beispiele^{N} für Blumen^{F}
examples of flowers

Tulpe^{F}
tulip

Maiglöckchen^{N}
lily of the valley

Nelke^{F}
carnation

Rose^{F}
rose

Orchidee^{F}
orchid

Begonie^{F}
begonia

Lilie^{F}
lily

Veilchen^{N}
violet

Krokus^{M}
crocus

Narzisse^{F}
daffodil

Mohn^{M}
poppy

Distel^{F}
thistle

Stiefmütterchen^{N}
pansy

Hahnenfuß^{M}
buttercup

Gänseblümchen^{N}
daisy

Schlüsselblume^{F}
primrose

Geranie^{F}
geranium

Löwenzahn^{M}
dandelion

Sonnenblume^{F}
sunflower

Baum[M]

tree

Aufbau[M] eines Baumes[M]
structure of a tree

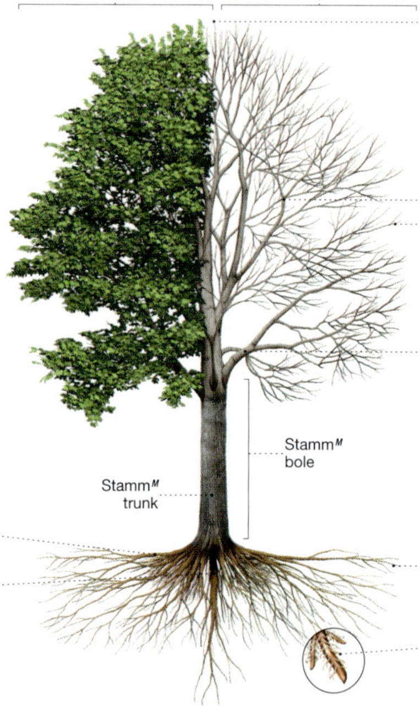

Baumstamm[M] im Querschnitt[M]
cross section of a trunk

Stumpf[M]
stump

Baum^{M}

Beispiele^{N} für Laubhölzer^{N}
examples of broadleaved trees

Eiche^{F}
oak

Birke^{F}
birch

Trauerweide^{F}
weeping willow

Pappel^{F}
poplar

Palme^{F}
palm tree

Ahorn^{M}
maple

Buche^{F}
beech

Walnuss^{F}
walnut

Baum[M]

Beispiele[N] für Laubhölzer[N]

Esche[F]
ash tree

Linde[F]
linden

Ulme[F]
elm

Olivenbaum[M]
olive tree

Affenbrotbaum[M]
baobab

Nadelbaum[M]

conifer

Fortpflanzungsformen[F]
reproduction mode

Pinienkern[M]
pine seed

Zapfen[M]
cone

Ast[M]
branch

weibliche Blütenstände[M]
female cone

männliche Blütenstände[M]
male cone

Beispiele[N] für Nadelblätter[N]
examples of leaves

Kiefernnadeln[F]
pine needles

Fichtennadeln[F]
spruce needles

Tannennadeln[F]
fir needles

Zypressennadeln[F]
scale-like leaves of the cypress

Nadelbaum^{M}

Beispiele^{N} für Nadelhölzer^{N}
examples of conifers

Pinie^{F}
umbrella pine

Libanonzeder^{F}
cedar of Lebanon

Zypresse^{F}
cypress

Fichte^{F}
spruce

Lärche^{F}
larch

Mammutbaum^{M}
redwood

Weymouthskiefer^{F}
Eastern white pine

Tanne^{F}
fir

Getreideindustrie[F]

grain industry

wichtige Getreidepflanzen[F]
main grain plants

Buchweizen[M]
buckwheat

Hirse[F]
millet

Roggen[M]
rye

Längsschnitt[M] durch ein Weizenkorn[N]
section of a grain of wheat

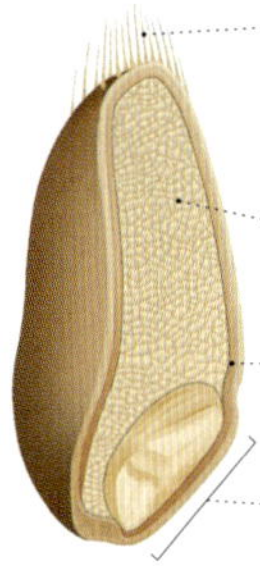

Gerste[F]
barley

Weizen[M]
wheat

Hafer[M]
oats

Mais[M]: Kolben[M]
corn: cob

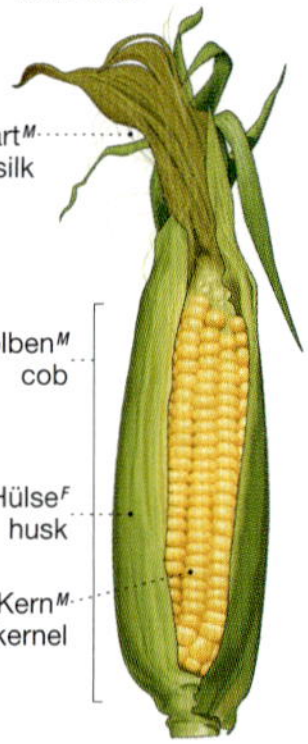

Mohrenhirse[F]
sorghum

Reis[M]
rice

Mais[M]
sweet corn

Textilindustrie[F]

textile industry

Beispiele[N] für Faserpflanzen[F]
examples of fibre plants

Hanf[M]
hemp

Baumwollpflanze[F]
cotton plant

Flachs[M]
linen

Papierindustrie^{F}

paper industry

Papierherstellung^{F} papermaking

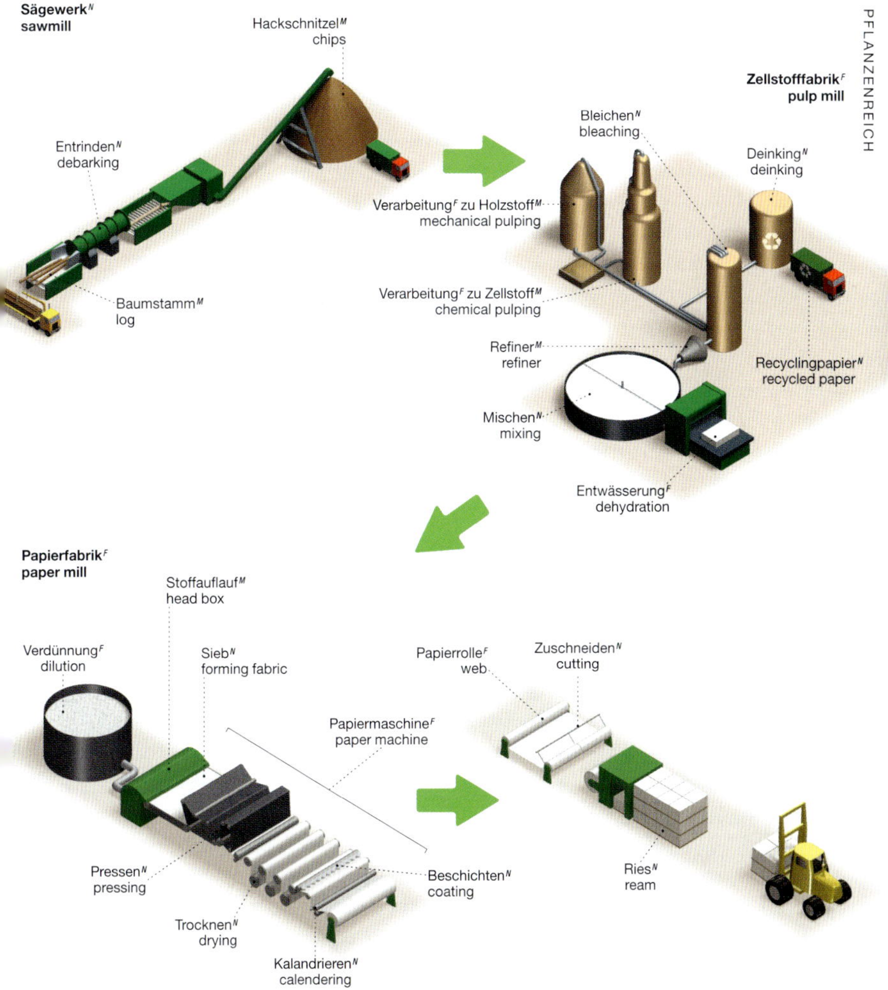

biologische Klassifikation[F]

biological classification

Beispiel[N] für eine Klassifikation[F]: Katze[F]
example of classification: cat

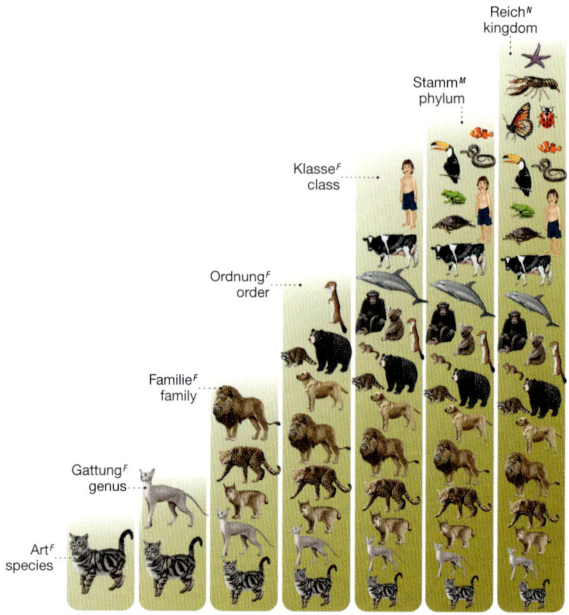

tierische Zelle[F]

animal cell

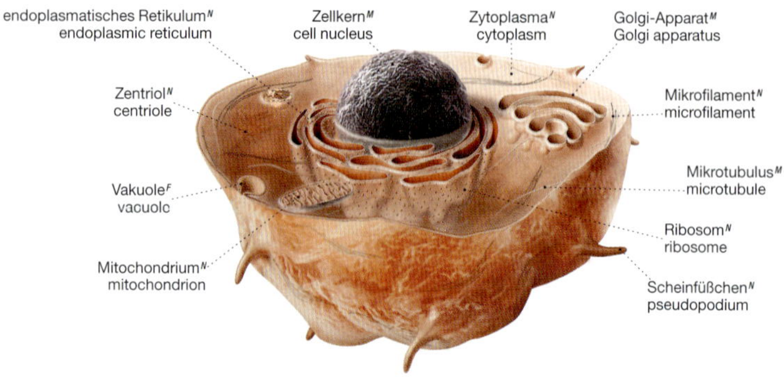

Beispiele[N] für primitive Lebewesen[N]

examples of primitive animals

Amöbe[F]
amoeba

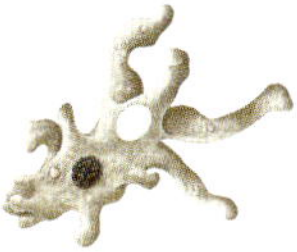

Paramecium[N]
paramecium

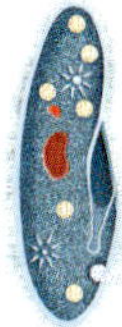

Qualle[F]
jellyfish

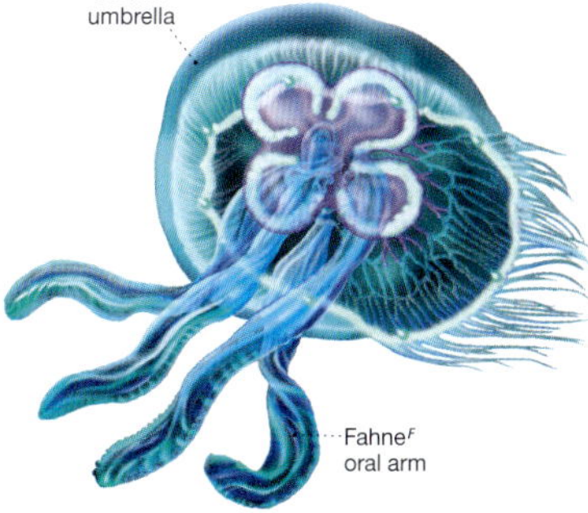

Seestern[M]
starfish

Schwamm[M]
sponge

Regenwurm[M]
earthworm

Hundertfüßer[M]
centipede

Anemone[F]
anemone

Seeigel[M]
sea urchin

Seegurke[F]
holothurian

einschalige Muschel^F

univalve shell

äußere Merkmale^N einer einschaligen Muschel^F
morphology of a univalve shell

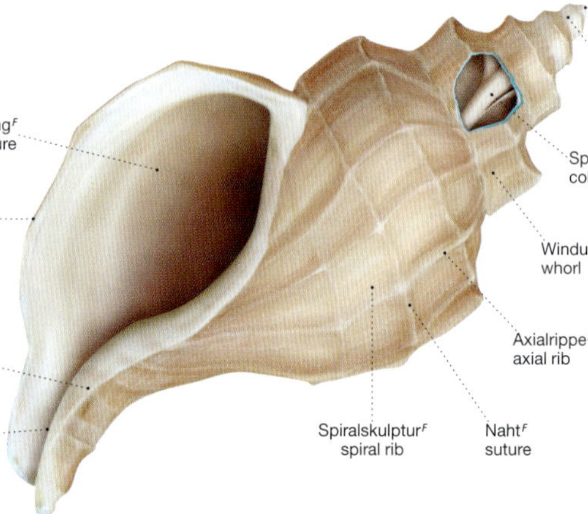

Schnecke^F

snail

äußere Merkmale^N einer Schnecke^F
morphology of a snail

Tintenfisch[M]

octopus

äußere Merkmale[N] eines Tintenfischs[M]
morphology of an octopus

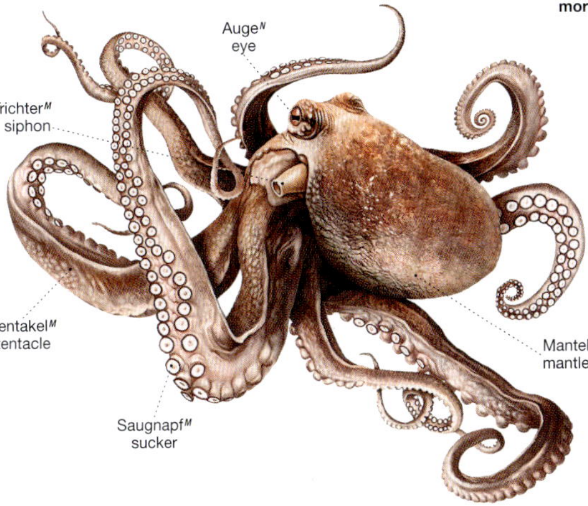

Hummer[M]

lobster

äußere Merkmale[N] eines Hummers[M]
morphology of a lobster

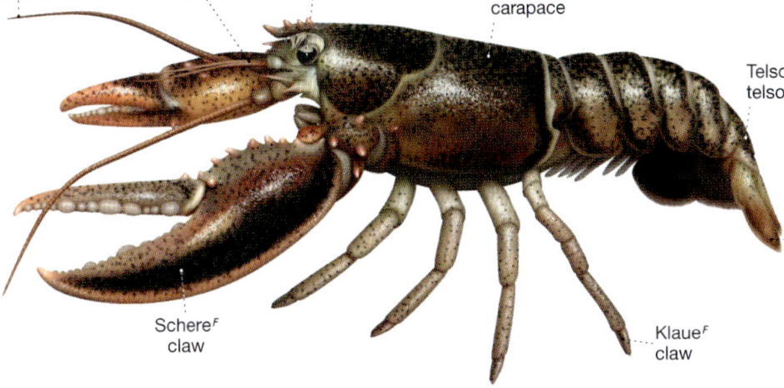

Brustbeine[N]
thoracic legs

Kopfbruststück[N]
cephalothorax

Hinterleib[N]
abdomen

Schwanz[M]
tail

Schmetterling^M

butterfly

äußere Merkmale^N eines Schmetterlings^M
morphology of a butterfly

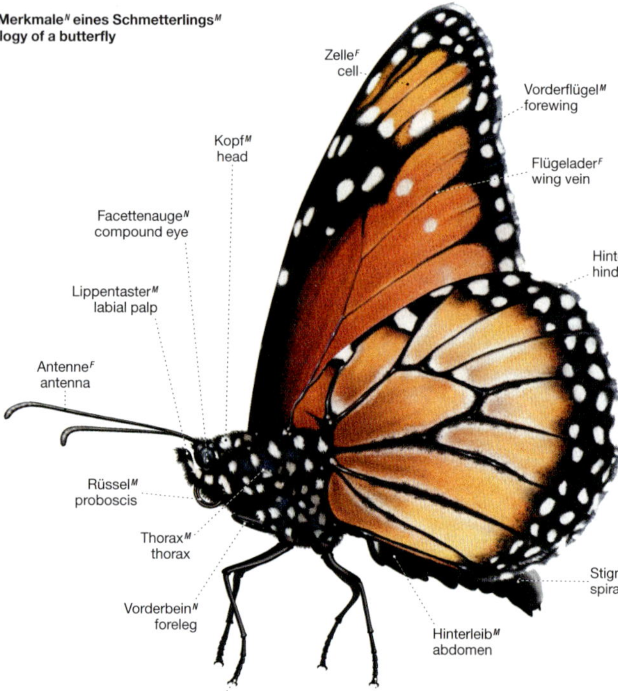

Puppe^F
chrysalis

Raupe^F
caterpillar

Honigbiene[F]

honeybee

äußere Merkmale[N] einer Honigbiene[F]: Arbeiterin[F]
morphology of a honeybee: worker

Kasten[F]
castes

Arbeiterin[F]
worker

Drohne[F]
drone

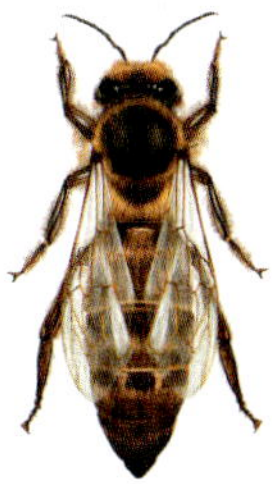

Königin[F]
queen

Spinne[F]

spider

Spinnennetz[N]
spider web

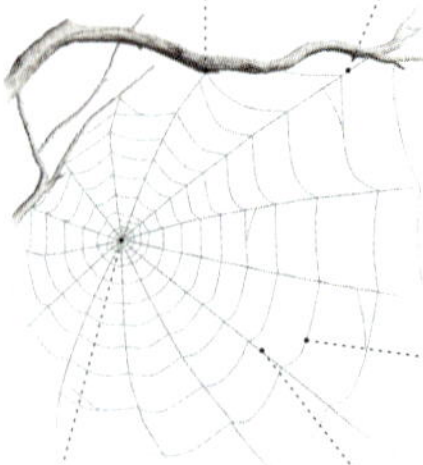

äußere Merkmale[N] einer Spinne[F]
morphology of a spider

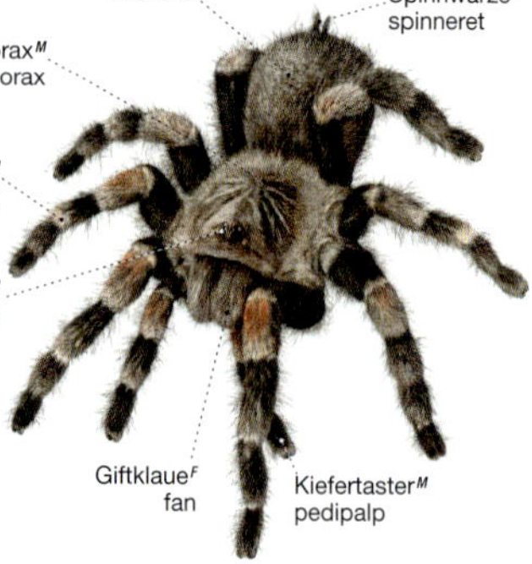

Beispiele[N] für Spinnentiere[N]

examples of arachnids

Krabbenspinne[F]
crab spider

Schwarze Witwe[F]
black widow

Zecke[F]
tick

Wasserspinne[F]
water spider

Gartenkreuzspinne[M]
garden spider

Mexikanische Rotknievogelspinne[F]
red-kneed tarantula

Skorpion[M]
scorpion

Beispiele[N] für Insekten[N]

examples of insects

Gottesanbeterin[F]
mantid

Libelle[F]
dragonfly

Laubheuschrecke[F]
great green bush-cricket

Beispiele^N für Insekten^N

Floh^M
flea

Laus^F
louse

Termite^F
termite

Moskito^M
mosquito

Tsetsefliege^F
tsetse fly

Stinkwanze^F
stink bug

Marienkäfer^M
ladybird

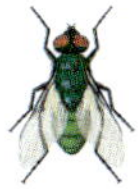
Fliege^F
fly

Ameise^F
ant

Nachtigall^F-Grashüpfer^M
bow-winged grasshopper

Wespe^F
wasp

Hornisse^F
hornet

Bremse^F
horsefly

orientalische Schabe^F
oriental cockroach

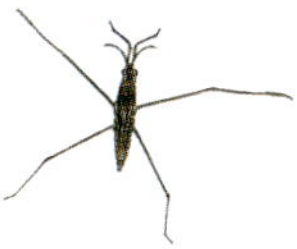
Wasserläufer^M
water strider

Hummel^F
bumblebee

Pillendreher^M
scarab beetle

Atlasspinner^M
atlas moth

Monarchfalter^M
monarch butterfly

Zikade^F
cicada

Maikäfer^M
cockchafer

Flussbarsch[M]

perch

äußere Merkmale[N] eines Flussbarschs[M]
morphology of a perch

Beispiele[N] für Knochenfische[M]

examples of bony fishes

Goldfisch[M]
goldfish

Piranha[M]
piranha

Clownfisch[M]
clown fish

Mondfisch[M]
sunfish

Blauer Marlin[M]
blue marlin

Beispiele[N] für Knochenfische[M]

Fliegender Fisch[M]
flying fish

Diskusbuntbarsch[M]
discus

Tiefsee-Anglerfisch[M]
deep-sea anglerfish

Kugelfisch[M]
blowfish

Lungenfisch[M]
lungfish

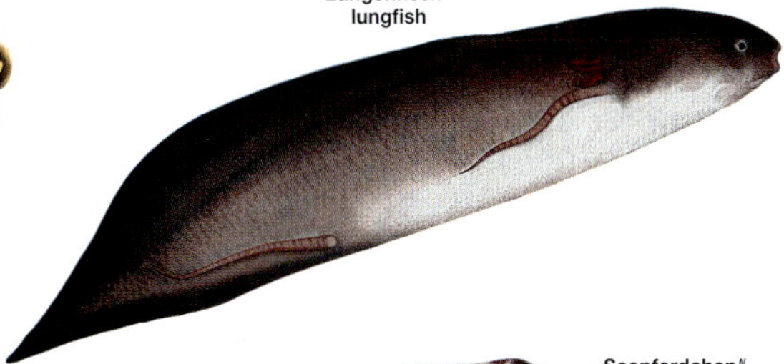

Welsartiger[M]
catfish

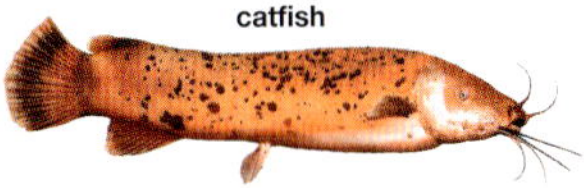

Laternenfisch[M]
lantern fish

Seepferdchen[N]
sea horse

Gemeiner Putzerfisch[M]
bluestreak cleaner wrasse

Papageienfisch[M]
parrot fish

Zitteraal[M]
electric eel

Hai[M]

shark

äußere Merkmale[N] eines Hais[M]
morphology of a shark

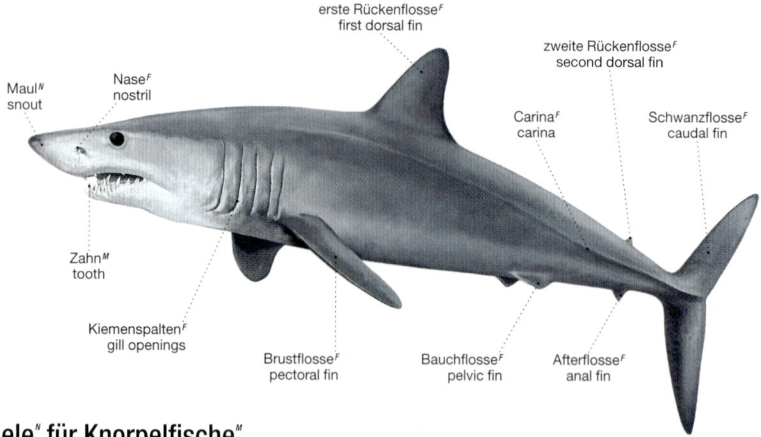

Beispiele[N] für Knorpelfische[M]

examples of cartilaginous fishes

Rochen[M]
skate

Dornhai[M]
spiny dogfish

Sägerochen[M]
sawfish

Weißer Hai[M]
great white shark

Tigerhai[M]
tiger shark

Frosch[M]

frog

äußere Merkmale[N] eines Froschs[M]
morphology of a frog

Beispiele[N] für Amphibien[F]

examples of amphibians

Molch[M]
newt

Wasserfrosch[M]
common frog

Ochsenfrosch[M]
bullfrog

Laubfrosch[M]
tree frog

Salamander[M]
salamander

Waldfrosch[M]
wood frog

gemeine Erdkröte[F]
common toad

Leopardfrosch[M]
northern leopard frog

Schlange^F

snake

äußere Merkmale^N einer Giftschlange^F: Kopf^M
morphology of a venomous snake: head

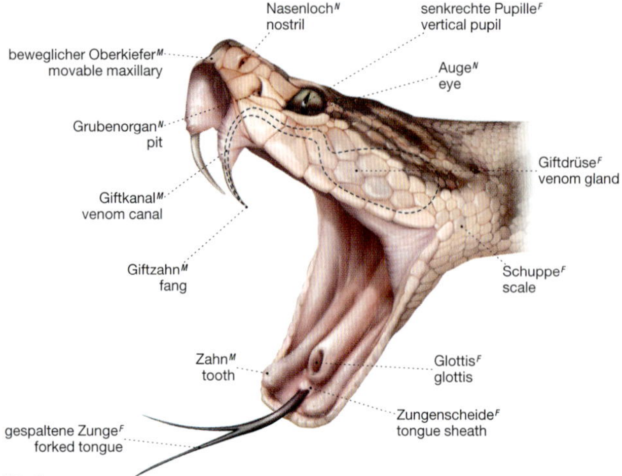

Schildkröte^F

turtle

äußere Merkmale^N einer Schildkröte^F
morphology of a turtle

Beispiele[N] für Reptilien[N]

examples of reptiles

Kobra[F]
cobra

Viper[F]
viper

Ringelnatter[F]
garter snake

Korallennatter[F]
coral snake

Boa[F]
boa

Klapperschlange[F]
rattlesnake

Python[M]
python

Anakonda[F]
anaconda

Beispiele[N] für Reptilien[N]

Gecko[M]
gecko

Eidechse[F]
lizard

Waran[M]
monitor lizard

Chamäleon[N]
chameleon

Leguan[M]
iguana

Kaiman[M]
caiman

Alligator[M]
alligator

Krokodil[N]
crocodile

Vogel^{M}

bird

äußere Merkmale^{N} eines Vogels^{M}
morphology of a bird

Beispiele^{N} für Vogelschnäbel^{M}
examples of bills

Beispiele^{N} für Vogelfüße^{M}
examples of feet

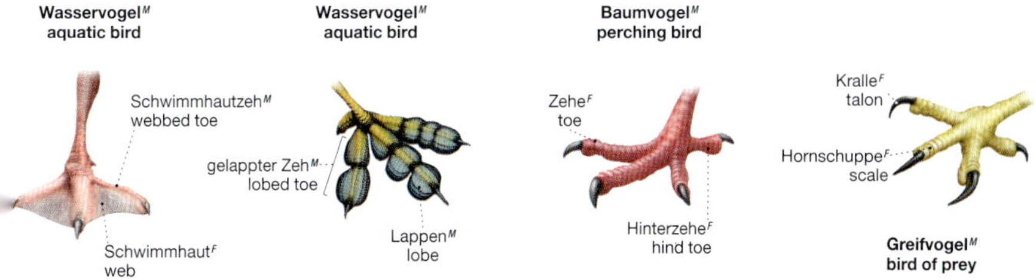

Beispiele^{N} für Landvögel^{M}

examples of terrestrial birds

Gimpel^{M}
bullfinch

Goldzeisig^{M}
American goldfinch

Mauersegler^{M}
swift

Kolibri^{M}
hummingbird

Sperling^{M}
sparrow

Eichelhäher^{M}
jay

Nachtigall^{F}
nightingale

Kiebitz^{M}
lapwing

Rotkehlchen^{N}
European robin

Fink^{M}
finch

Tukan^{M}
toucan

Schwalbe^{F}
swallow

Truthahn^{M}
turkey

Kardinal^{M}
cardinal

Pfau^{M}
peacock

Perlhuhn^{N}
guinea fowl

Strauß^{M}
ostrich

Beispiele[N] für Landvögel[M]

Ara[M]
macaw

Wachtel[F]
quail

Star[M]
starling

Taube[F]
pigeon

Würger[M]
shrike

Sägekauz[M]
northern saw-whet owl

Specht[M]
woodpecker

Kakadu[M]
cockatoo

Falke[M]
falcon

Geier[M]
vulture

Kondor[M]
condor

Rabe[M]
raven

Rebhuhn[N]
partridge

Fasan[M]
pheasant

Uhu[M]
great horned owl

Gans[F]
goose

Huhn[N]
hen

Küken[N]
chick

Hahn[M]
rooster

Adler[M]
eagle

Beispiele[N] für Wasser- und Watvögel[M]

examples of aquatic birds and waders

Seeschwalbe[F]
tern

Ente[F]
duck

Alk[M]
auk

Möwe[F]
gull

Eisvogel[M]
kingfisher

Austernfischer[M]
oystercatcher

Pelikan[M]
pelican

Albatros[M]
albatross

Schwan[M]
swan

Reiher[M]
heron

Pinguin[M]
penguin

Storch[M]
stork

Flamingo[M]
flamingo

Ratte[F]

rat

äußere Merkmale[N] einer Ratte[F]
morphology of a rat

Beispiele[N] für Nagetiere[N]

examples of rodents

Waldmurmeltier[N]
groundhog

Feldmaus[F]
field mouse

Backenhörnchen[N]
chipmunk

Hamster[M]
hamster

Wüstenspringmaus[F]
jerboa

Biber[M]
beaver

Stachelschwein[N]
porcupine

Eichhörnchen[N]
squirrel

Meerschweinchen[N]
guinea pig

Beispiele[N] für Hasentiere[N]

examples of lagomorphs

Hase[M]
hare

Kaninchen[N]
rabbit

Pfeifhase[M]
pika

Hund[M]

dog

äußere Merkmale[N] eines Hundes[M]
morphology of a dog

Beispiele[N] für Hunde[M]

examples of dogs

Chow-Chow[M]
Chow Chow

Yorkshireterrier[M]
Yorkshire terrier

Labrador Retriever[M]
Labrador retriever

Pudel[M]
poodle

Foxterrier[M]
fox terrier

Beispiele^{N} für Hunde^{M}

Schnauzer^{M}
schnauzer

Collie^{M}
collie

Bulldogge^{F}
bulldog

Pomeranian^{M}
Pomeranian

Golden Retriever^{M}
golden retriever

Spaniel^{M}
spaniel

Windhund^{M}
greyhound

Dalmatiner^{M}
Dalmatian

Deutscher Schäferhund^{M}
German shepherd

Bernhardiner^{M}
Saint Bernard

Dänische Dogge^{F}
Great Dane

Katze[F]

cat

Kopf[M] einer Katze[F]
head of a cat

Beispiele[N] für Katzen[F]

examples of cats

Sphynx[F]
sphynx

Abessinierkatze[F]
Abyssinian

Russisch Blau[F]
Russian blue

Amerikanische Kurzhaarkatze[F]
American shorthair

Siamkatze[F]
Siamese

Norwegische Waldkatze[F]
Norwegian forest cat

Manxkatze[F]
Manx

Perserkatze[F]
Persian

Maine Coon[F]
Maine Coon

Bengalkatze[F]
leopard cat

Beispiele^{N} für Raubtiere^{N}

examples of carnivorous mammals

Wiesel^{N}
weasel

Steinmarder^{M}
stone marten

Nerz^{M}
mink

Mungo^{M}
mongoose

Frettchen^{N}
ferret

Stinktier^{N}
skunk

Marder^{M}
marten

Seeotter^{M}
river otter

Dachs^{M}
badger

Wüstenfuchs^{M}
fennec

Hyäne^{F}
hyena

Fuchs^{M}
fox

Waschbär^{M}
raccoon

Puma^{M}
puma

Luchs^{M}
lynx

Vielfraß^{M}
wolverine

Beispiele[N] für Raubtiere[N]

Leopard[M]
leopard

Tiger[M]
tiger

Wolf[M]
wolf

Jaguar[M]
jaguar

Löwe[M]
lion

Gepard[M]
cheetah

Schwarzbär[M]
black bear

Eisbär[M]
polar bear

Pferd^N

horse

äußere Merkmale^N eines Pferdes^N
morphology of a horse

Gangarten^F
gaits

Schritt^M
walk

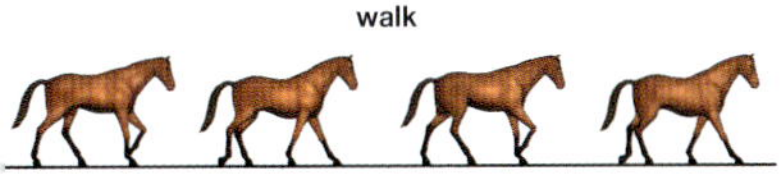

Trab^M
trot

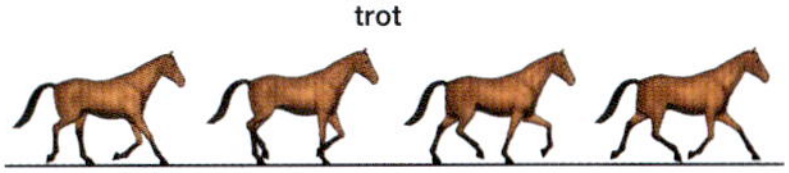

Passgang^M
amble

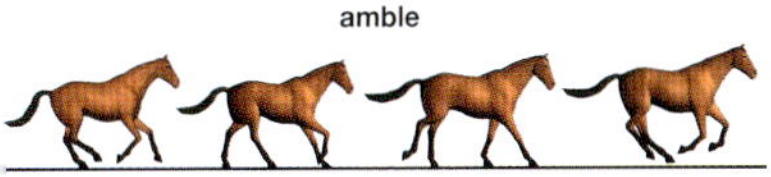

Galopp^M
gallop

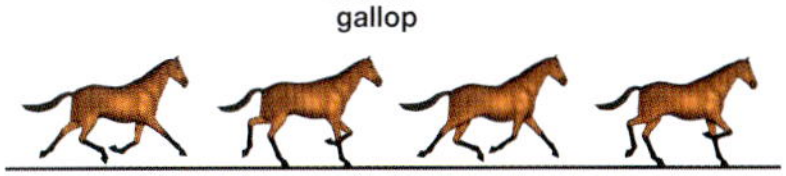

Beispiele[N] für Huftiere[N]

examples of ungulate mammals

Nabelschwein[N]
peccary

Wildschwein[N]
wild boar

Schwein[N]
pig

Schaf[N]
sheep

Okapi[N]
okapi

Antilope[F]
antelope

Ziege[F]
goat

Weißwedelhirsch[M]
white-tailed deer

Lama[N]
llama

Elch[M]
elk

Mufflon[M]
mouflon

Rentier[N]
reindeer

Wapitihirsch[M]
Canadian elk

Esel[M]
ass

Maultier[N]
mule

Pferd[N]
horse

Zebra[N]
zebra

Beispiele[N] für Huftiere[N]

Kuh[F]
cow

Ochse[M]
ox

Kalb[N]
calf

Yak[M]
yak

Nilpferd[N]
hippopotamus

Nashorn[N]
rhinoceros

Trampeltier[N]
Bactrian camel

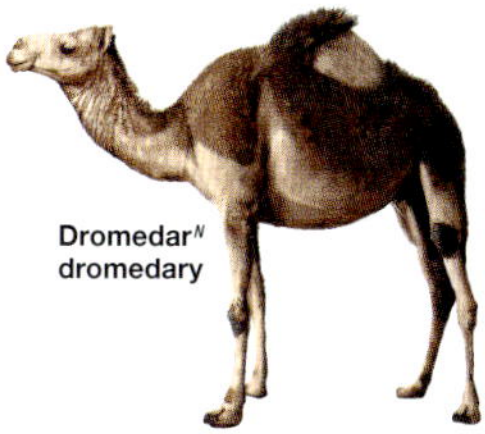

Dromedar[N]
dromedary

Afrikanischer Büffel[M]
Cape buffalo

Giraffe[F]
giraffe

Elefant[M]
elephant

Bison[M]
bison

TIERREICH

Delphin[M]

dolphin

äußere Merkmale[N] eines Delphins[M]
morphology of a dolphin

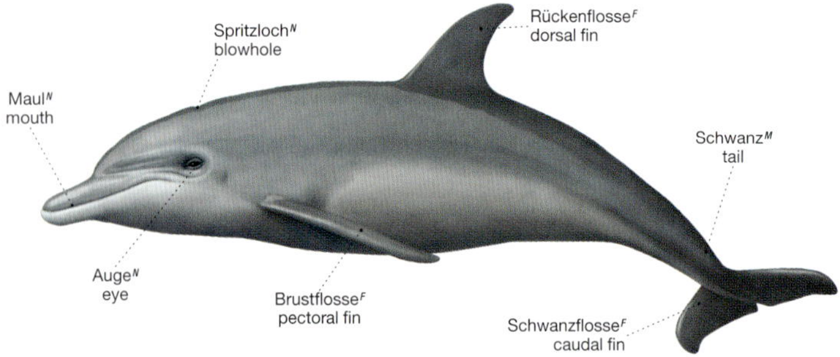

Beispiele[N] für Meeressäugetiere[N]

examples of marine mammals

Walross[N]
walrus

Seelöwe[M]
sea lion

Seehund[M]
seal

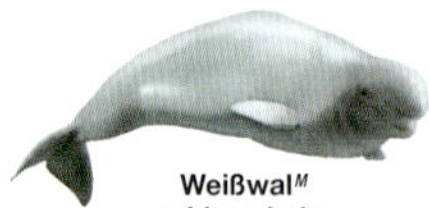

Weißwal[M]
white whale

Nordkaper[M]
northern right whale

Narwal[M]
narwhal

Schwertwal[M]
killer whale

Tümmler[M]
porpoise

Delphin[M]
dolphin

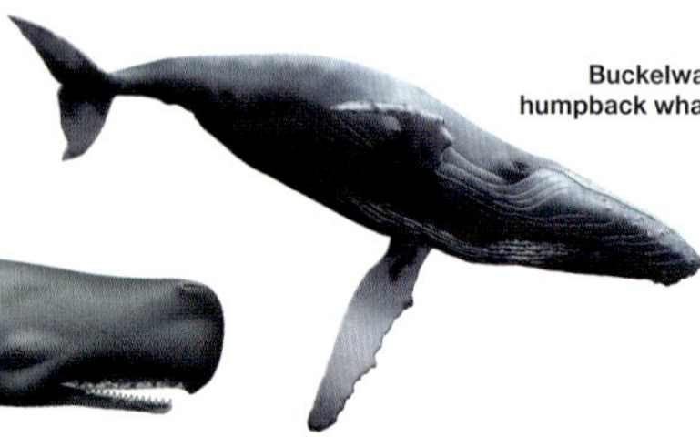

Buckelwal[M]
humpback whale

Pottwal[M]
sperm whale

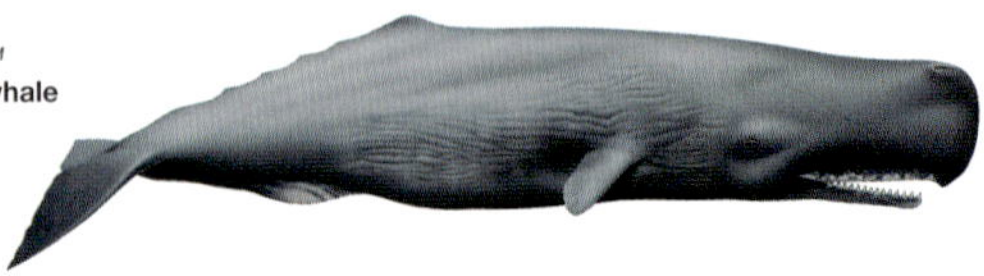

Gorilla^{M}

gorilla

äußere Merkmale^{N} eines Gorillas^{M}
morphology of a gorilla

Beispiele^{N} für Primaten^{M}

examples of primates

Tamarin^{M}
tamarin

Gibbon^{M}
gibbon

Kapuzineraffe^{M}
capuchin

Schimpanse^{M}
chimpanzee

Pinseläffchen^{N}
marmoset

Orang-Utan^{M}
orangutan

Lemure^{M}
lemur

Pavian^{M}
baboon

Makak^{M}
macaque

Mann[M]

man

Vorderansicht[F]
anterior view

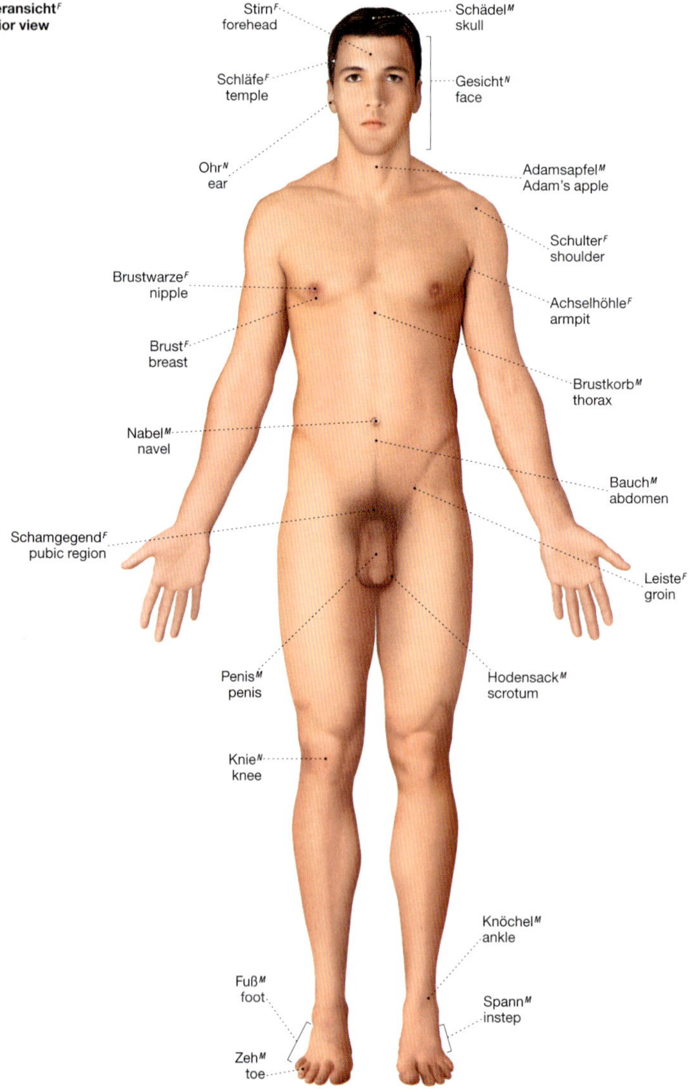

Mann[M]

Rückenansicht[F]
posterior view

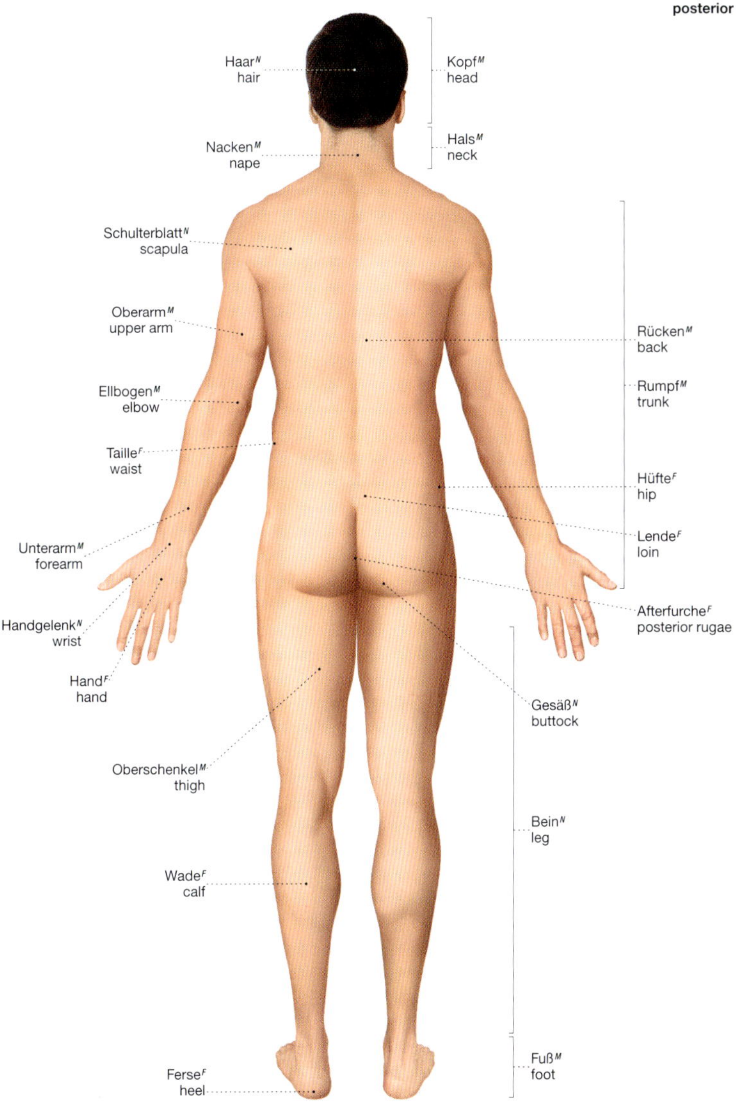

Frau[F]

woman

Vorderansicht[F]
anterior view

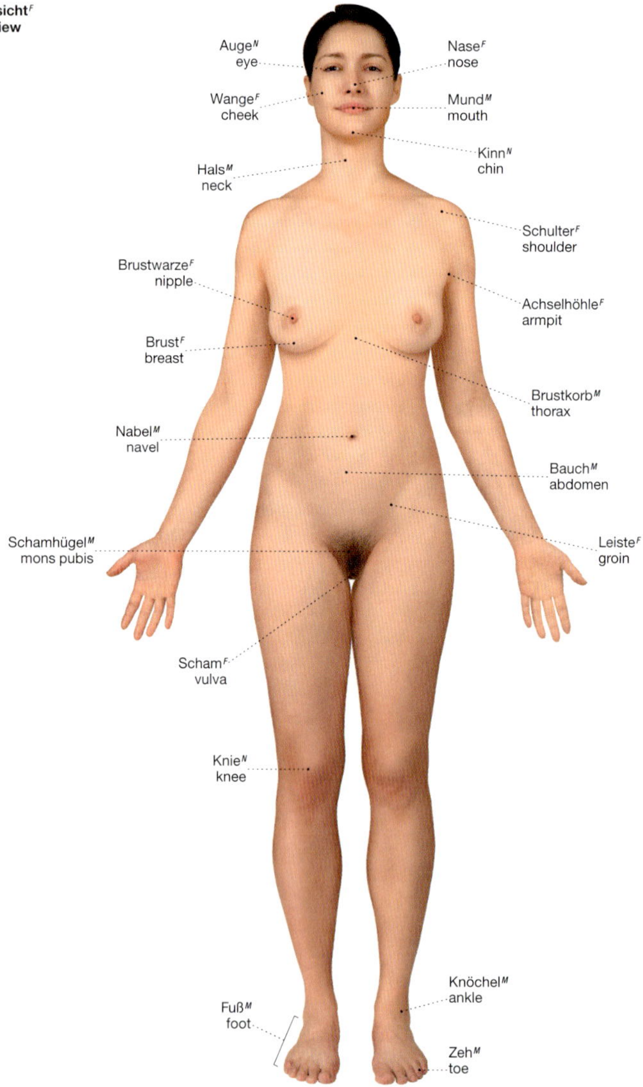

Frau[F]

Rückenansicht[F]
posterior view

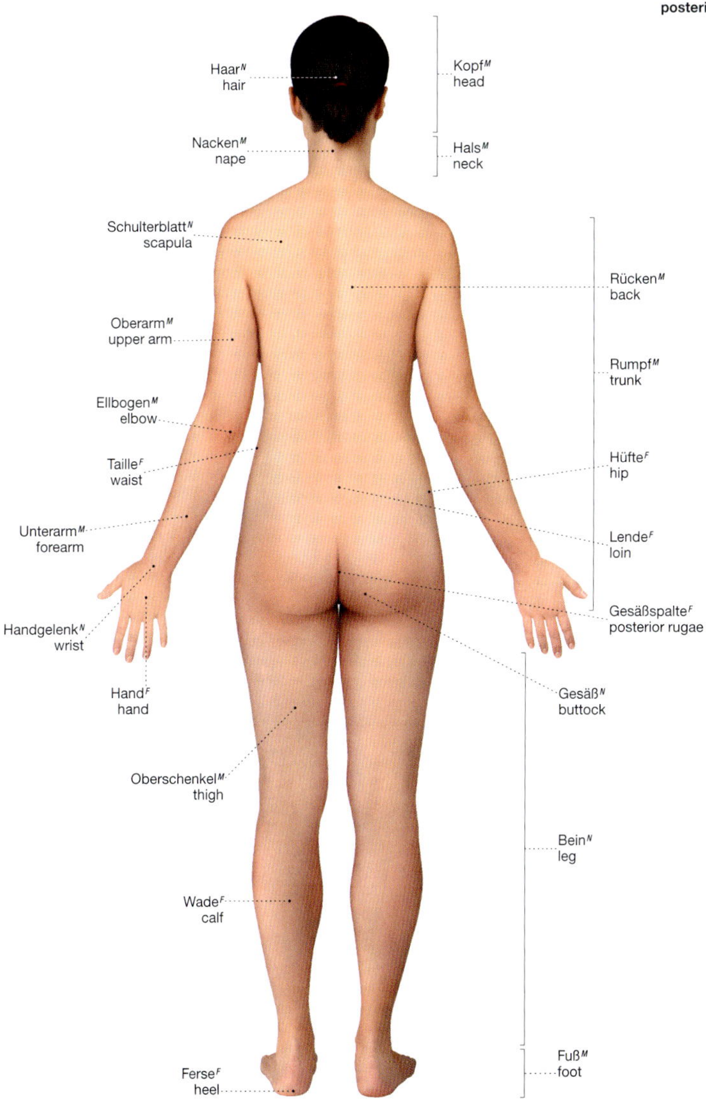

MENSCH

Muskeln[M]

muscles

Vorderansicht[F]
anterior view

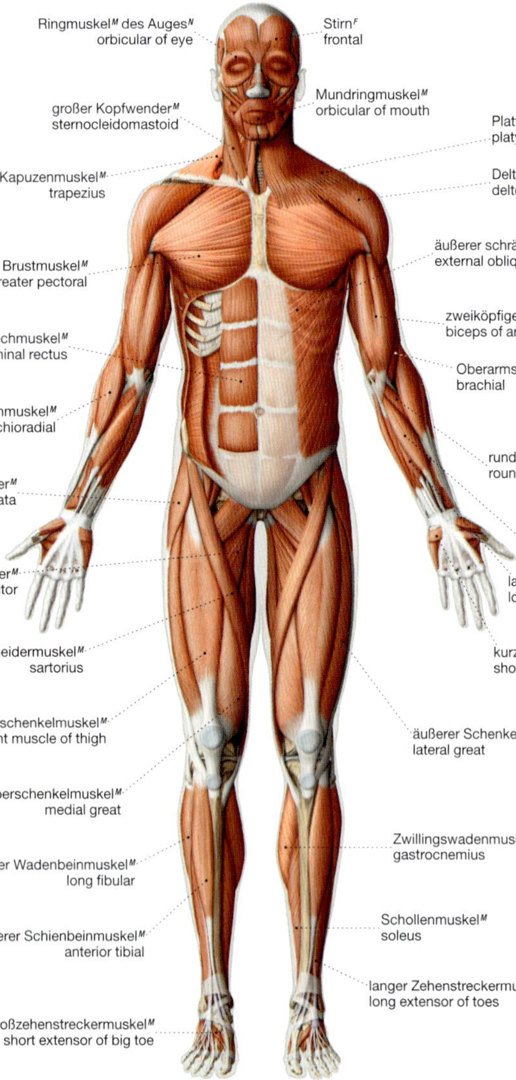

Muskeln[M]

Rückansicht[F]
posterior view

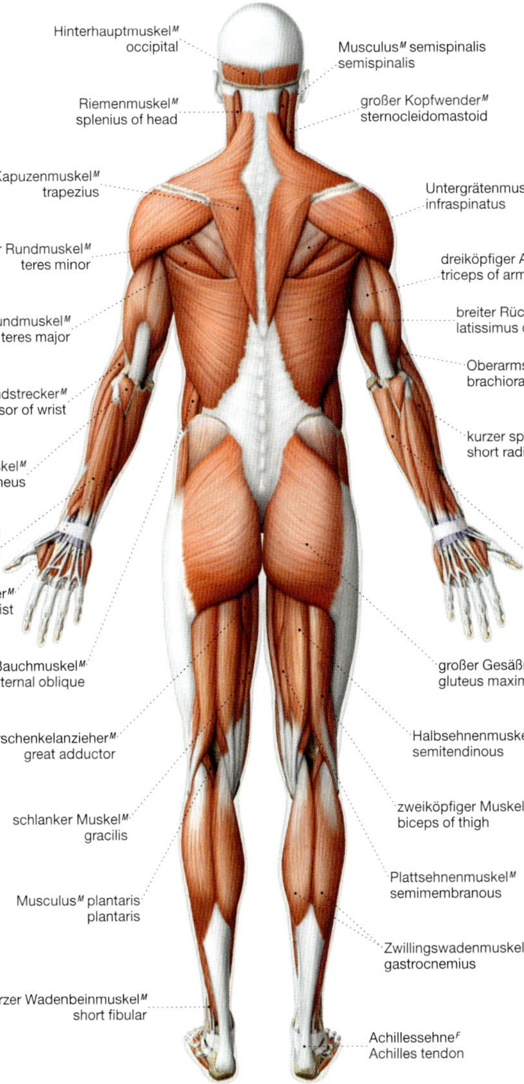

Skelett[N]

skeleton

Vorderansicht[F]
anterior view

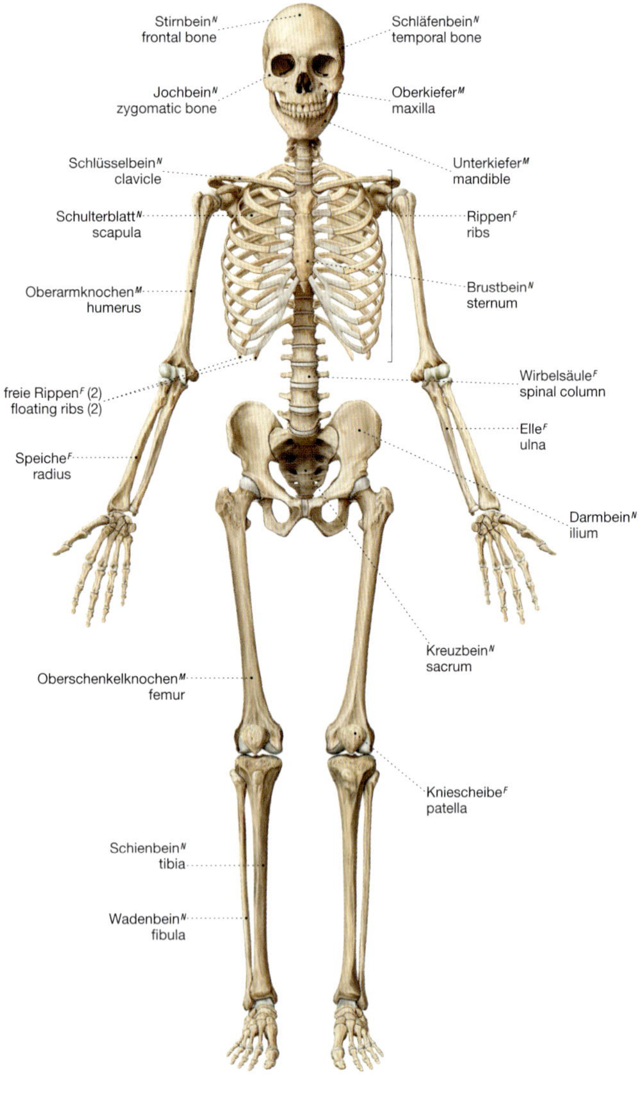

Skelett^N

Rückansicht^F
posterior view

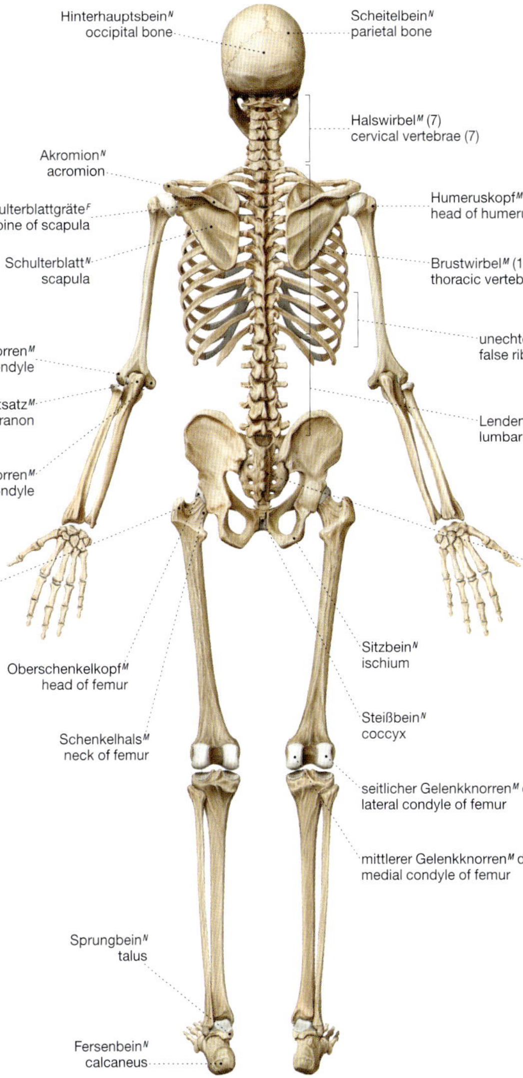

Skelett[N]

Schädel[M]: Seitenansicht[F]
skull: lateral view

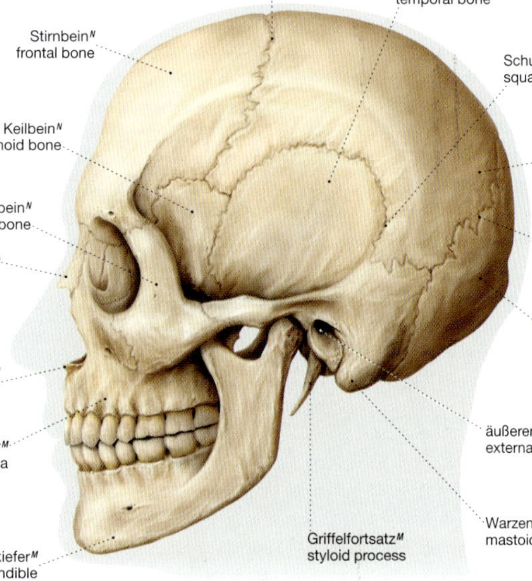

Schädel[M] eines Kindes[N]: Seitenansicht[F]
child's skull: lateral view

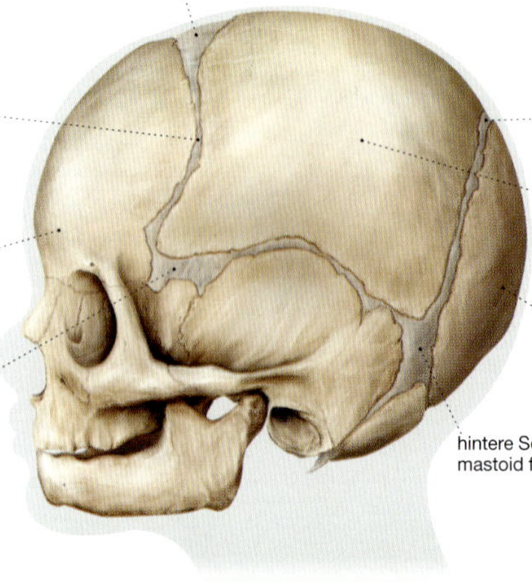

Zähne[M]

teeth

menschliches Gebiss[N]
human denture

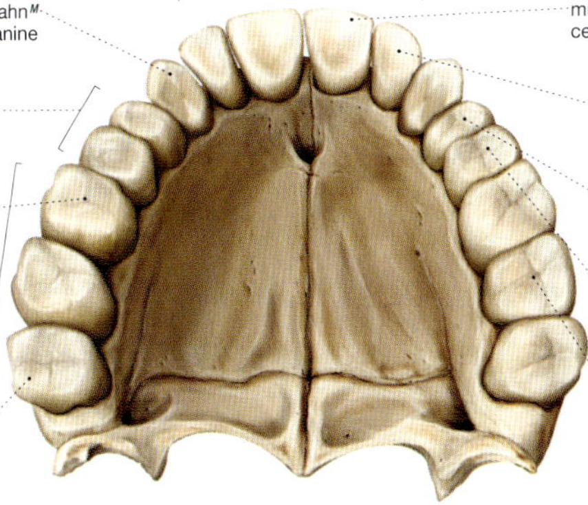

Molar[M] im Querschnitt[M]
section of a molar

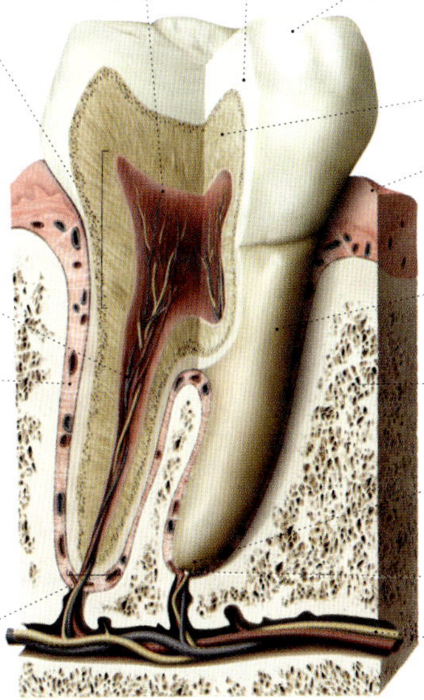

Blutkreislauf^M

blood circulation

Hauptarterien^F
principal arteries

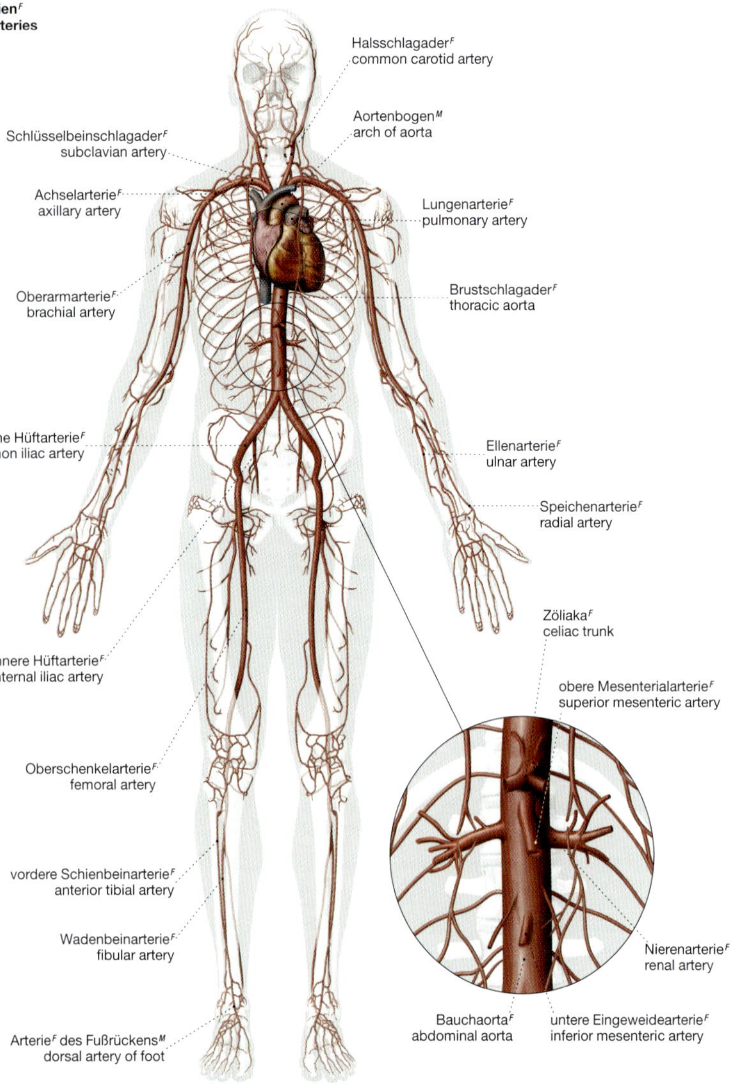

Blutkreislauf^M

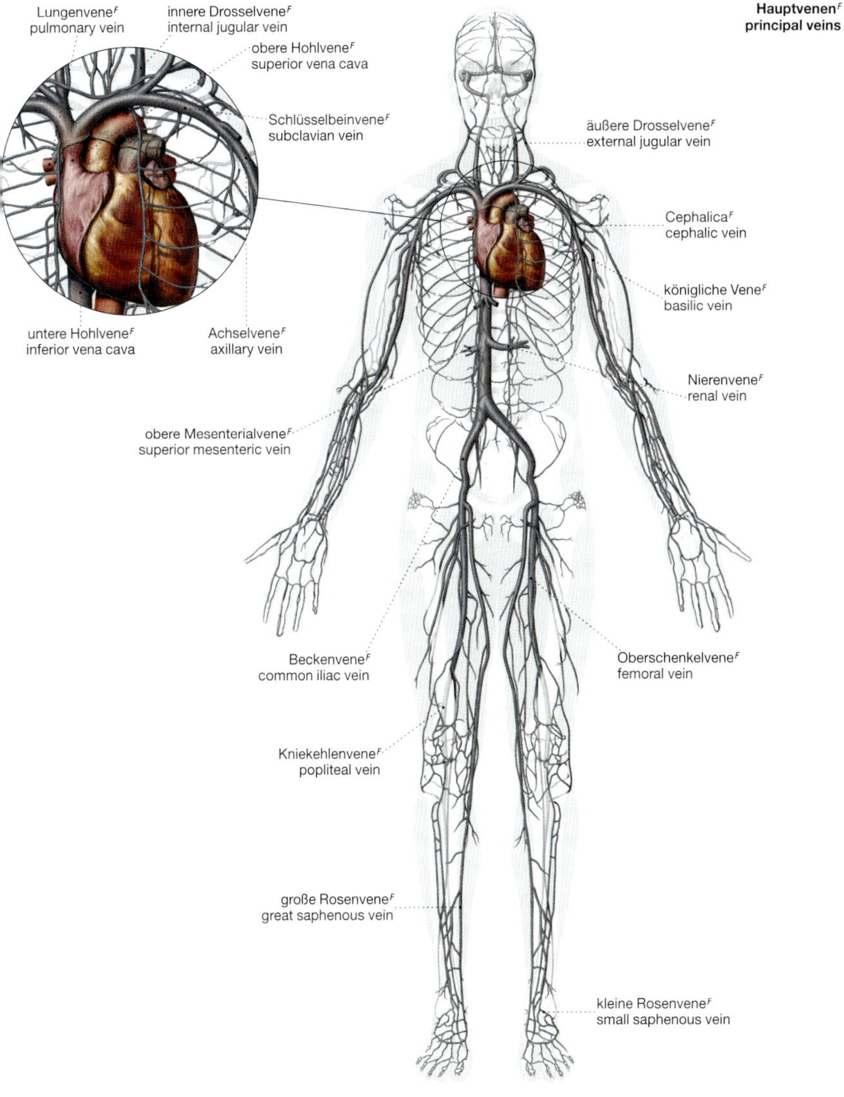

Blutkreislauf^M

großer Blutkreislauf^M
systemic circulation

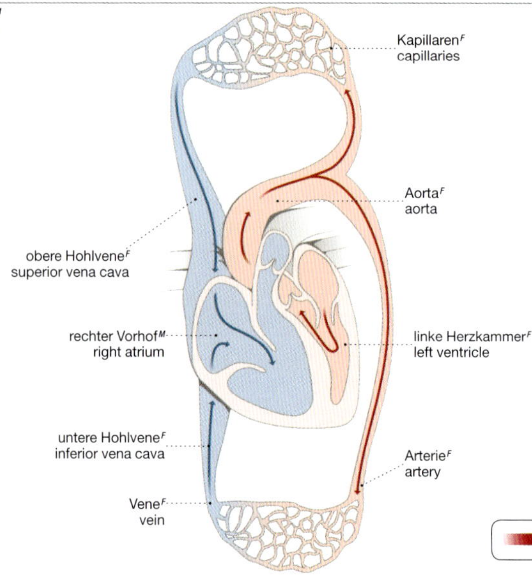

Arterienblut^N
arterial blood

Venenblut^N
venous blood

Lungenkreislauf^M
pulmonary circulation

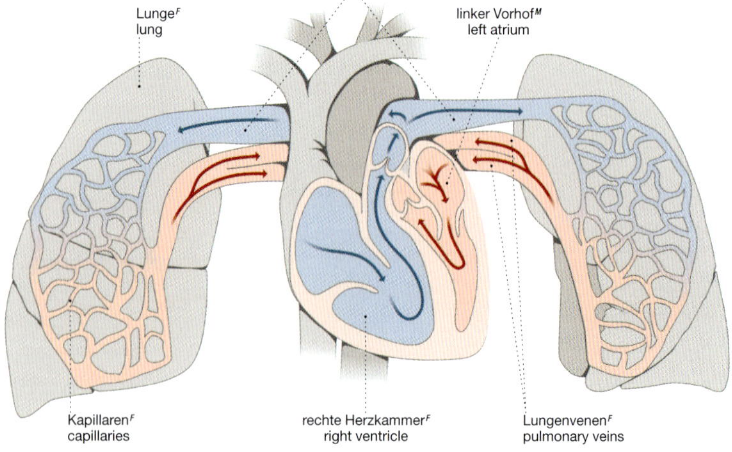

Blutkreislauf[M]

Blutbestandteile[M]
composition of the blood

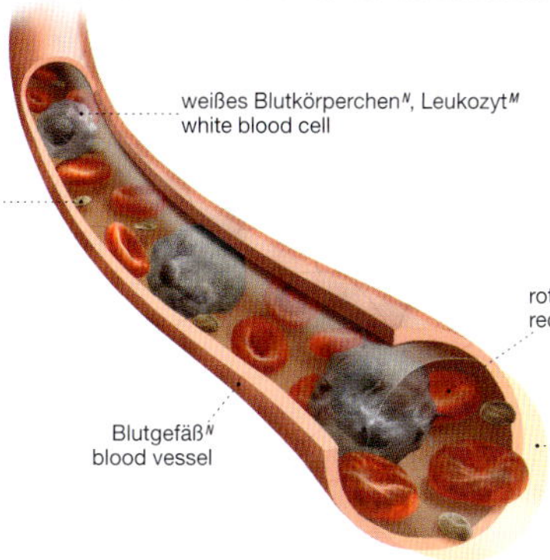

Herz[N]
heart

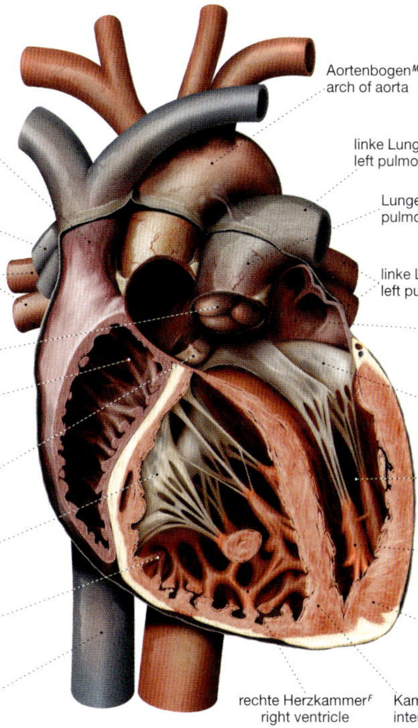

Luftwege[M]

respiratory system

Hauptorgane[N]
main organs

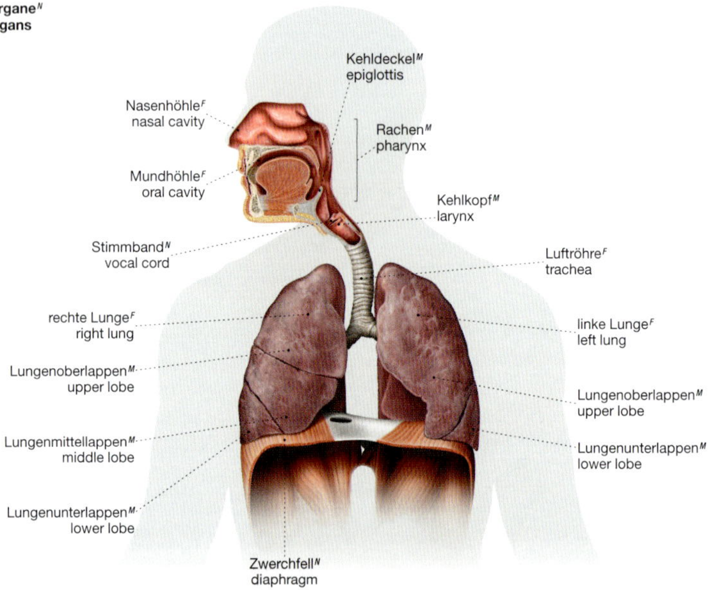

Lungen[F]
lungs

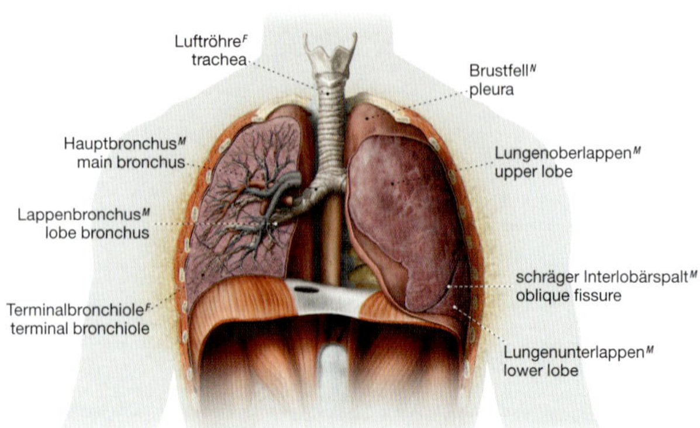

Verdauungsapparat^M

digestive system

Hauptorgane^N
main organs

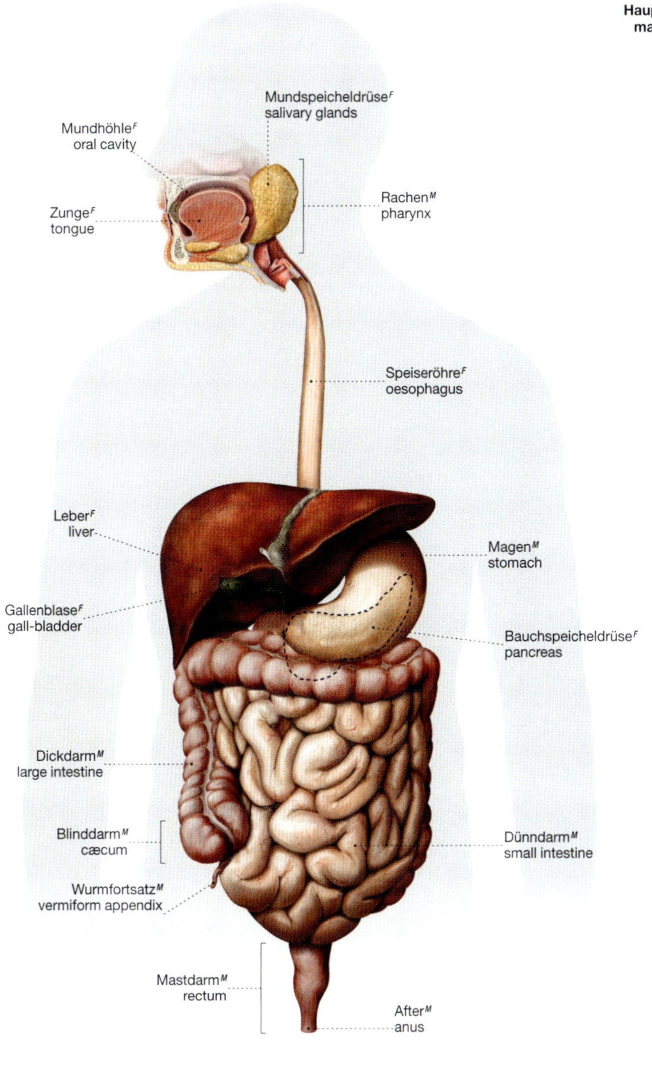

Harnapparat[M]

urinary system

Hauptorgane[N]
main organs

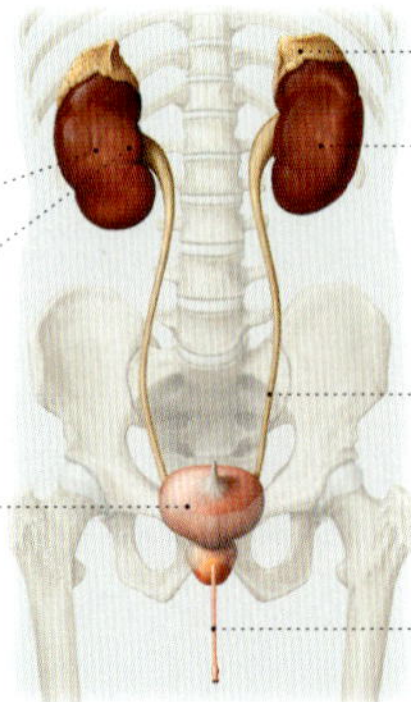

Nieren[F]
kidneys

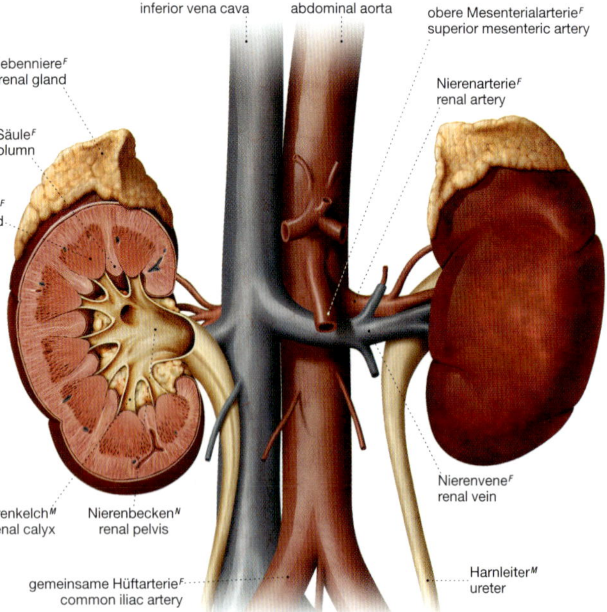

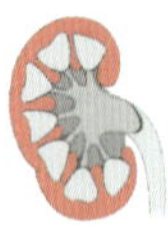

Nierenrinde[F]
renal cortex

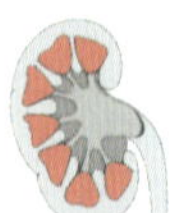

Nierenmark[N]
renal medulla

Nervensystem[N]

nervous system

Struktur[F] des Nervensystems[N]
structure of nervous system

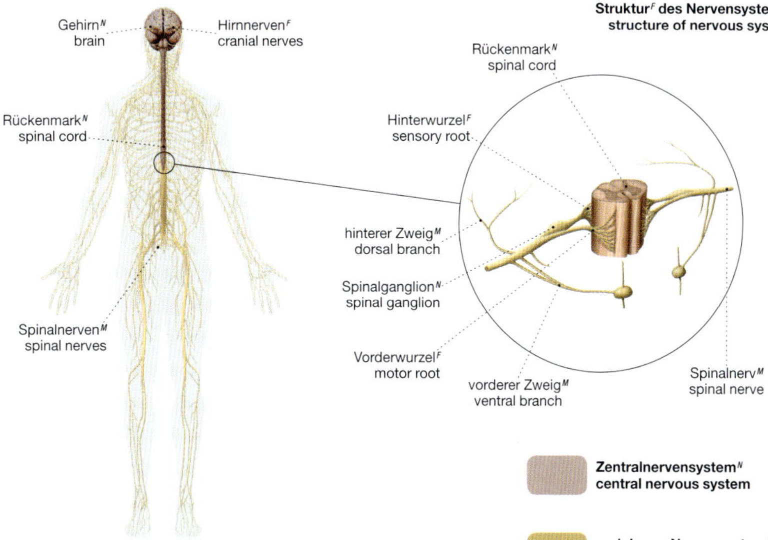

Zentralnervensystem[N]
central nervous system

peripheres Nervensystem[N]
peripheral nervous system

Nervenzelle[F]
neuron

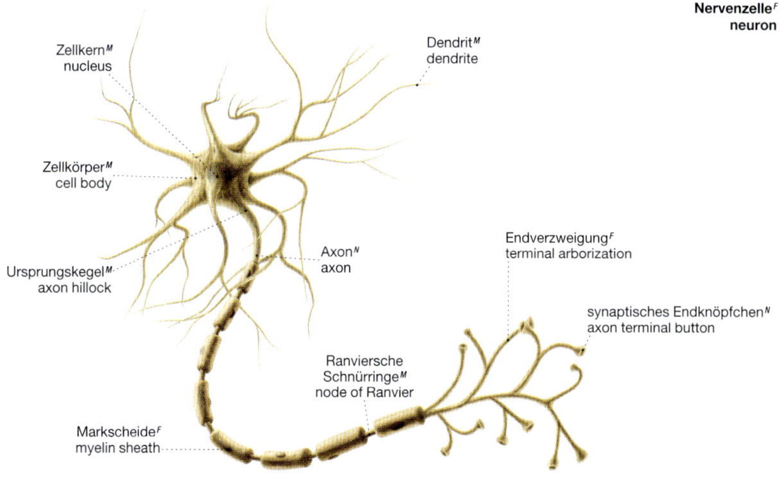

Nervensystem[N]

Hauptnerven[M]
main nerves

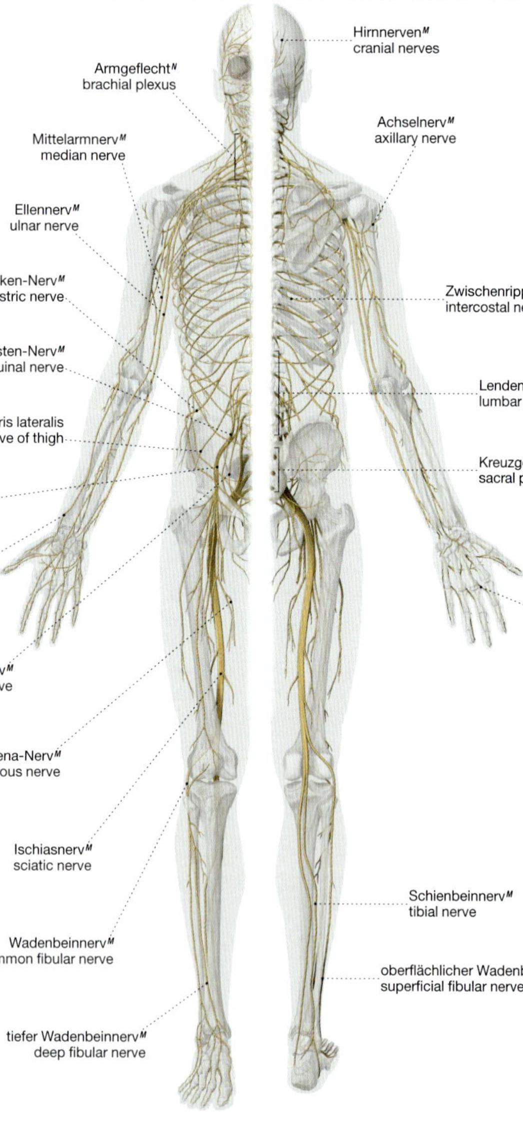

Nervensystem[N]

Gehirn[N]
brain

Frontalschnitt[M]
frontal section

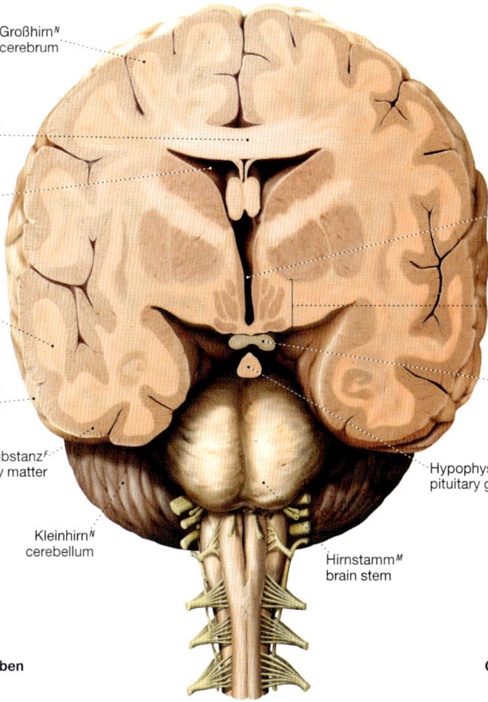

Großhirn[N]: Ansicht[F] von oben
cerebrum: superior view

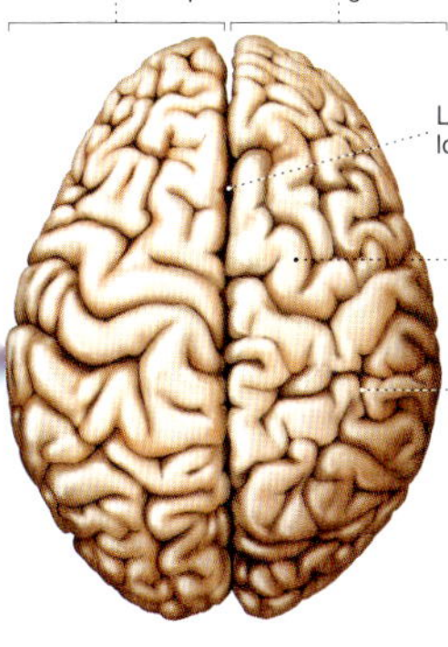

Großhirn[N]: Seitenansicht[F]
cerebrum: lateral view

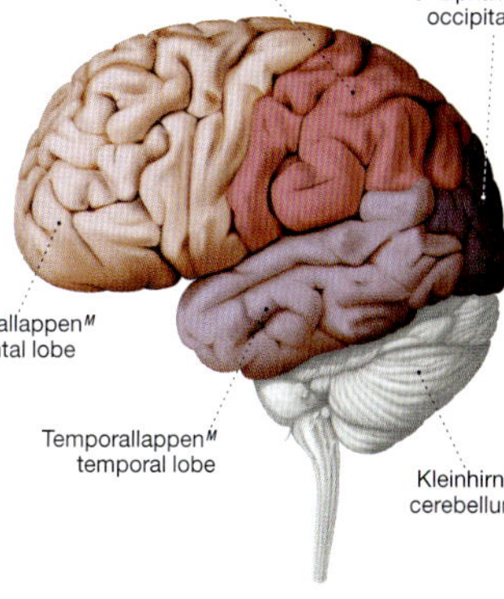

Nervensystem^N

Wirbelsäule^F: Querschnitt^M
spinal column: cross section

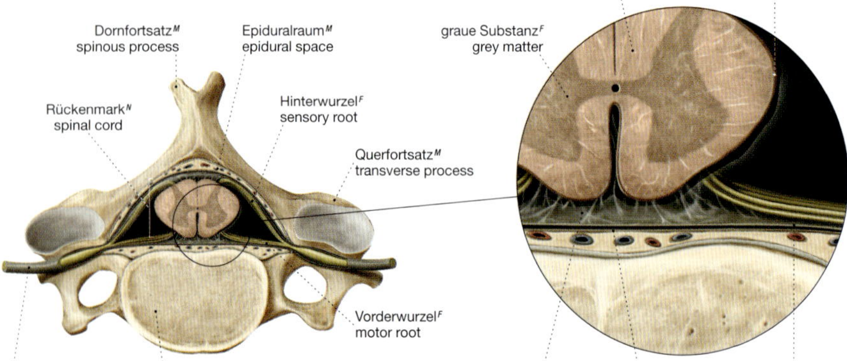

lymphatisches System^N

lymphatic system

Hauptorgane^N
main organs

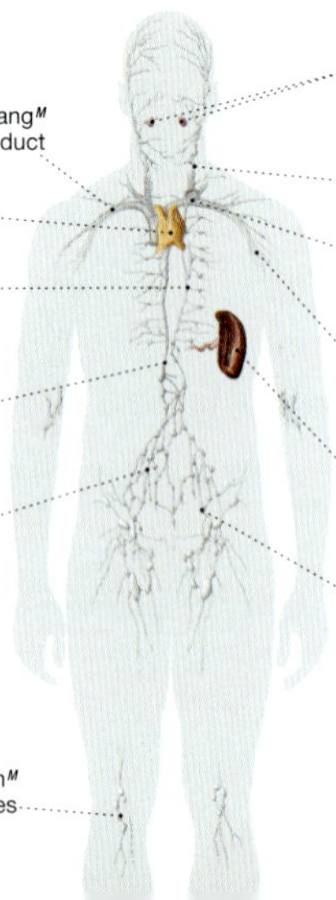

Fortpflanzungssystem[N]

reproductive system

männliche Geschlechtsorgane[N]
male genital organs

Sagittalschnitt[M]
sagittal section

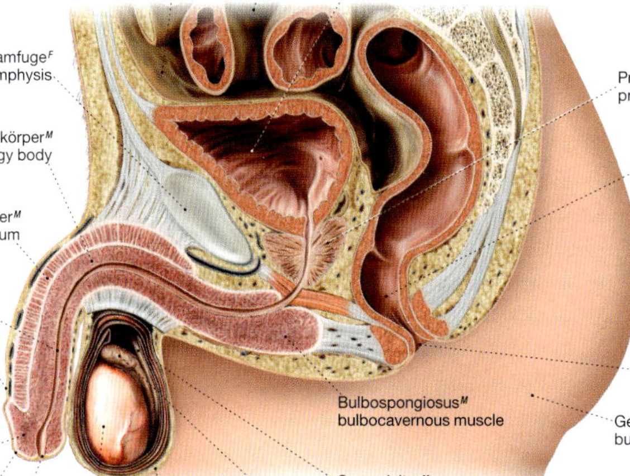

Spermium[N]
spermatozoon

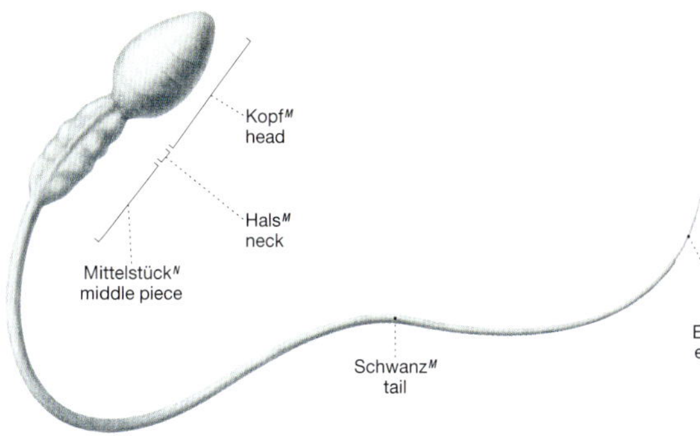

Fortpflanzungssystem[N]

weibliche Geschlechtsorgane[N]
female genital organs

Sagittalschnitt[M]
sagittal section

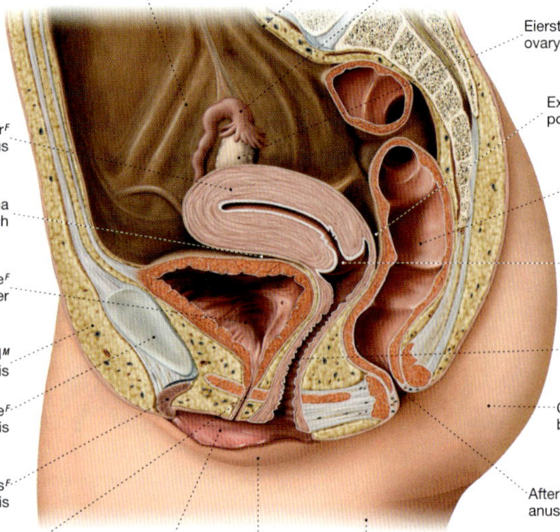

Eizelle[F]
egg

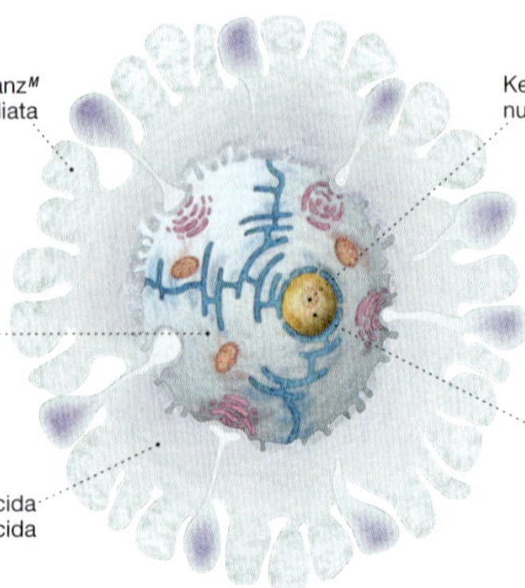

Fortpflanzungssystem^N

Frontalschnitt^M
frontal section

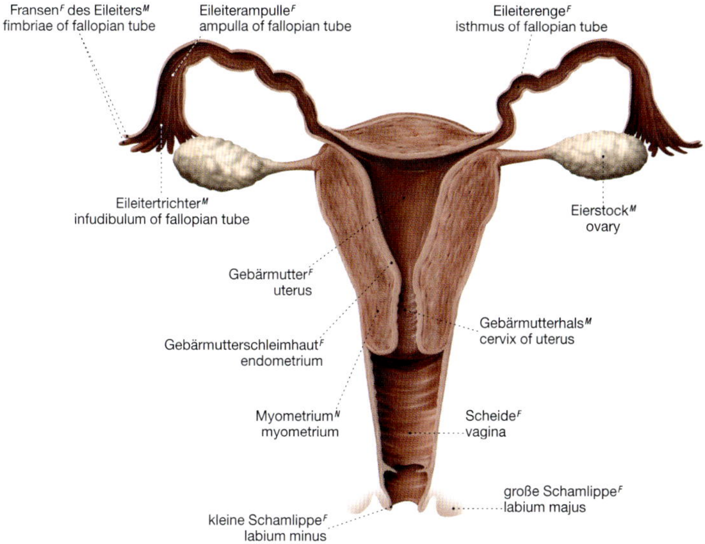

Brust^F
breast

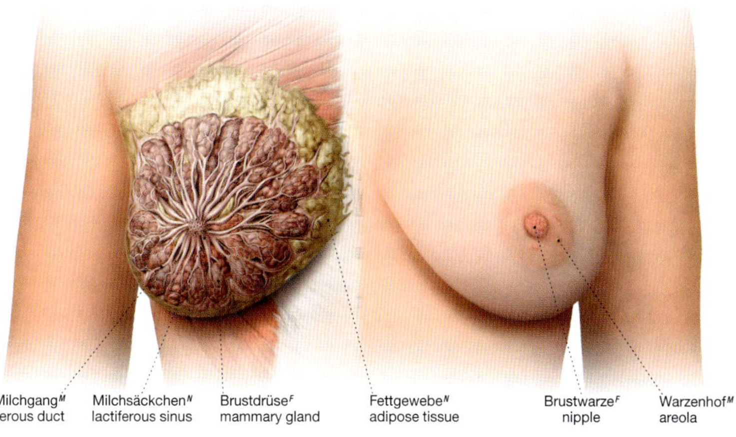

Gehör[N]

hearing

Ohrmuschel[F]
auricle

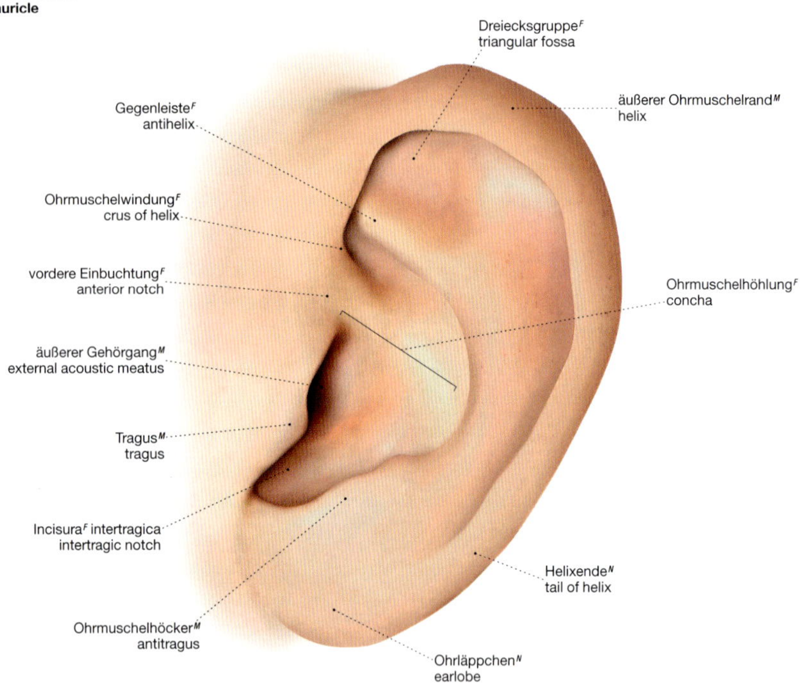

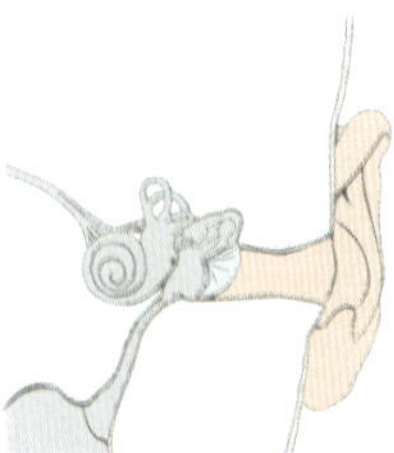

äußeres Ohr[N]
external ear

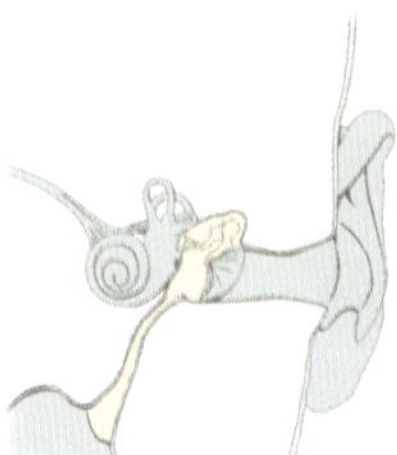

Mittelohr[N]
middle ear

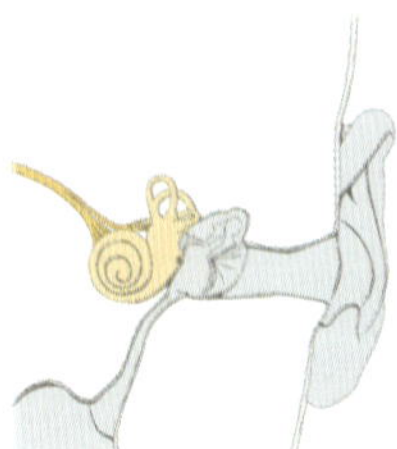

Innenohr[N]
internal ear

Gehör^N

Aufbau^M des Ohres^N
structure of the ear

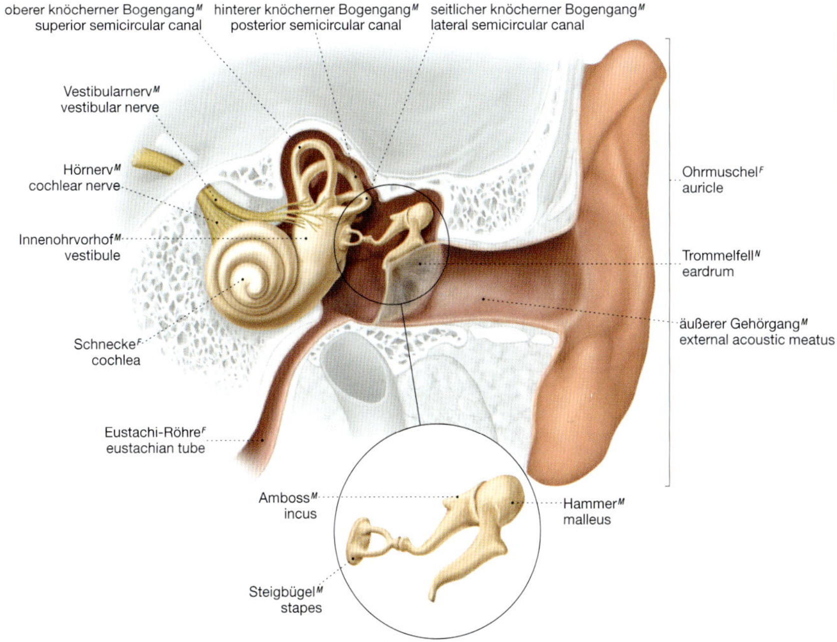

Gehörknöchelchen^N
auditory ossicles

Hörmechanismus^M
mechanism of hearing

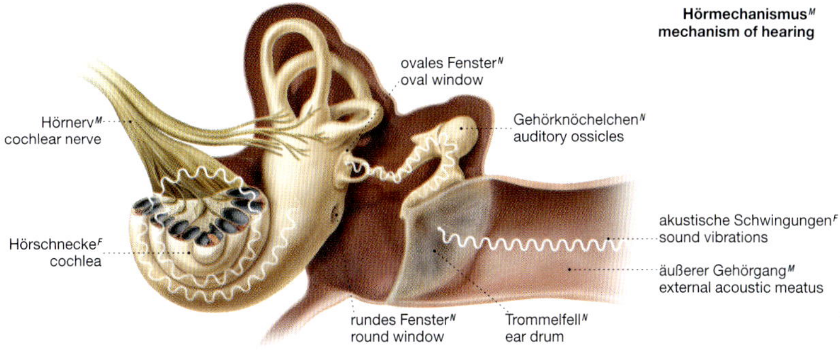

Tastsinn^M

touch

Haut^F
skin

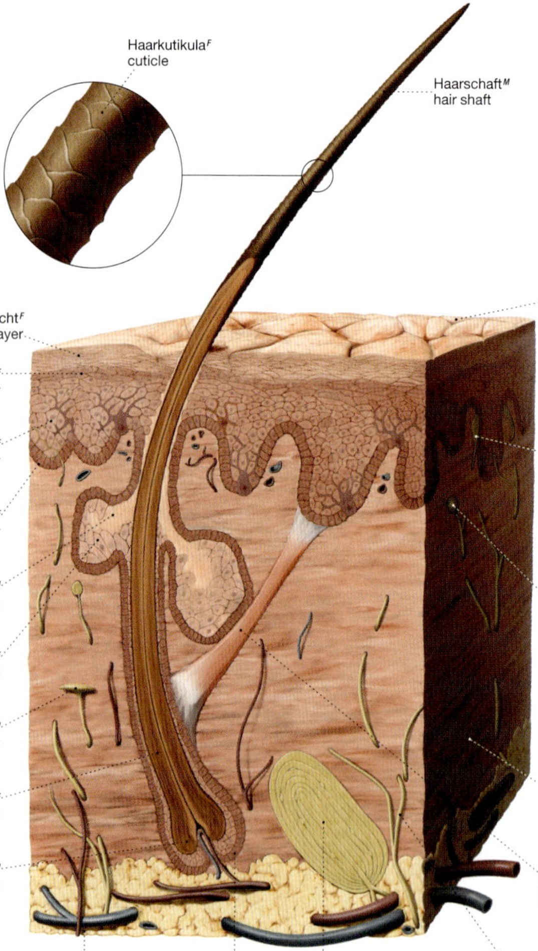

Tastsinn[M]

Hand[F]
hand

Handfläche[F]
palm

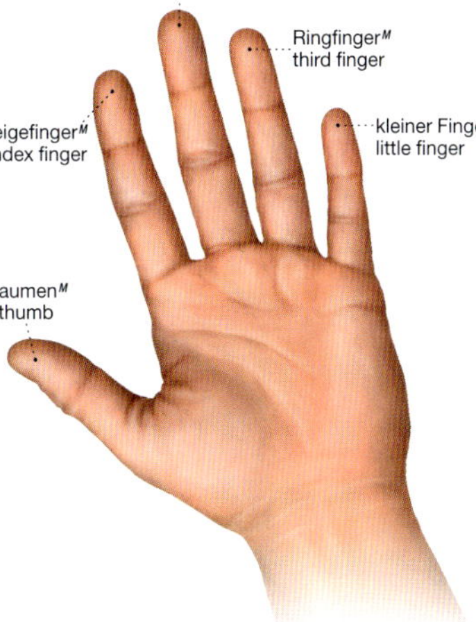

Handrücken[M]
back

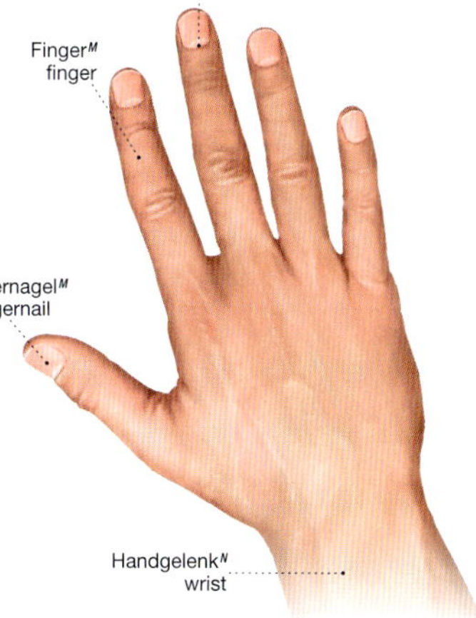

Finger[M] im Querschnitt[M]
section of a finger

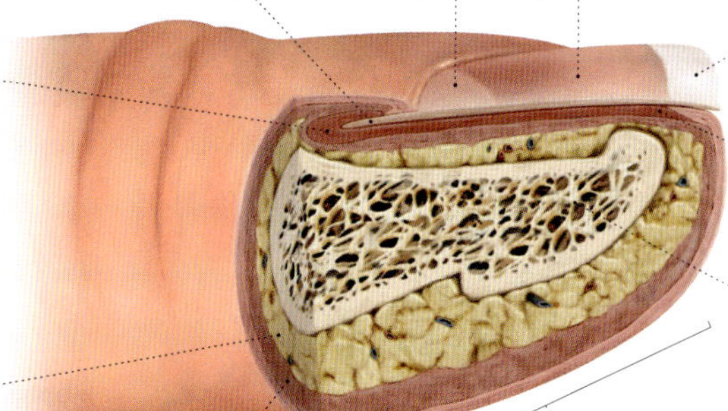

Sehsinn[N]

sight

Auge[N]
eye

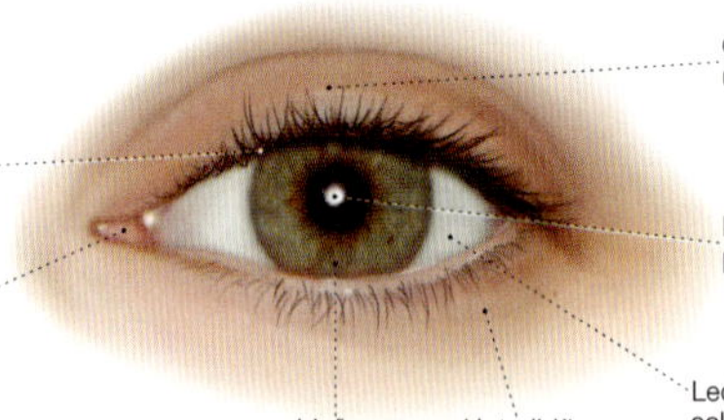

Augapfel[M]
eyeball

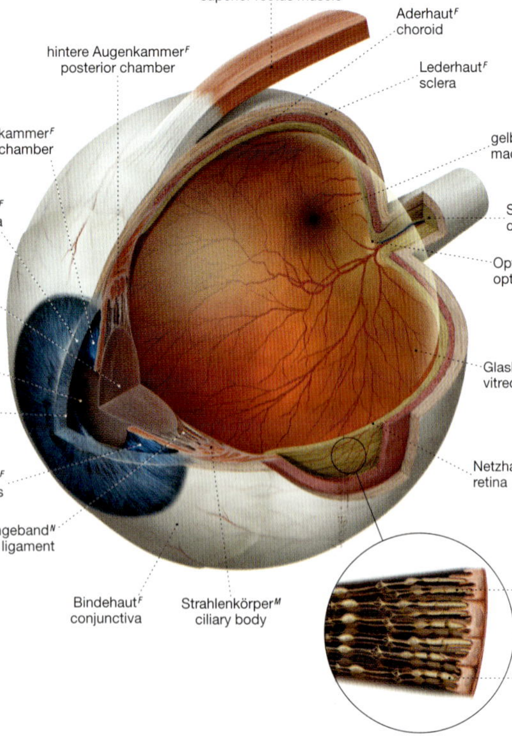

Geruchs-[M] und Geschmackssinn[M]

smell and taste

Mund[M]
mouth

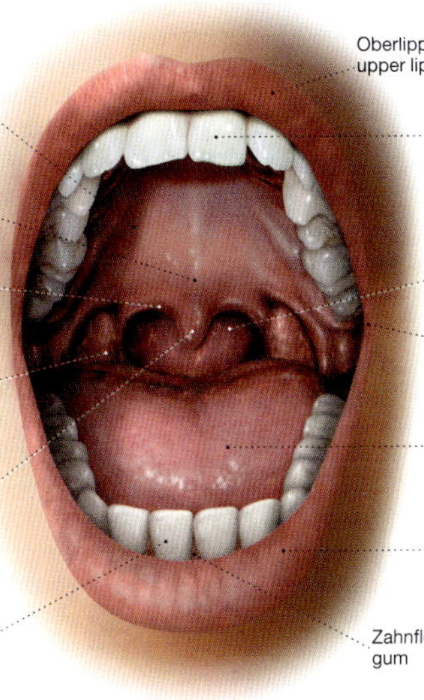

Nase[F]
nose

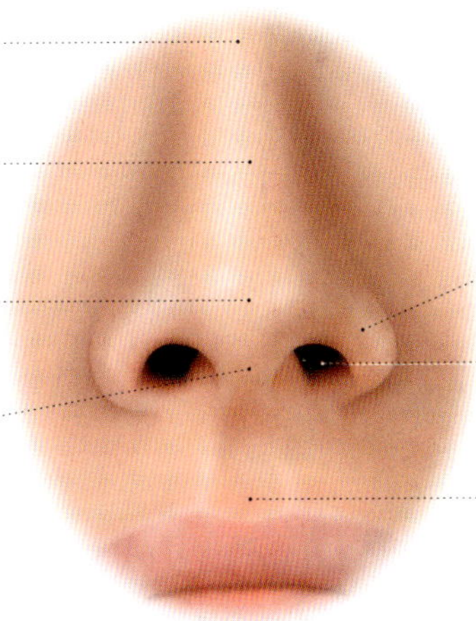

Geruchs- M und Geschmackssinn M

Nasenhöhle F
nasal cavities

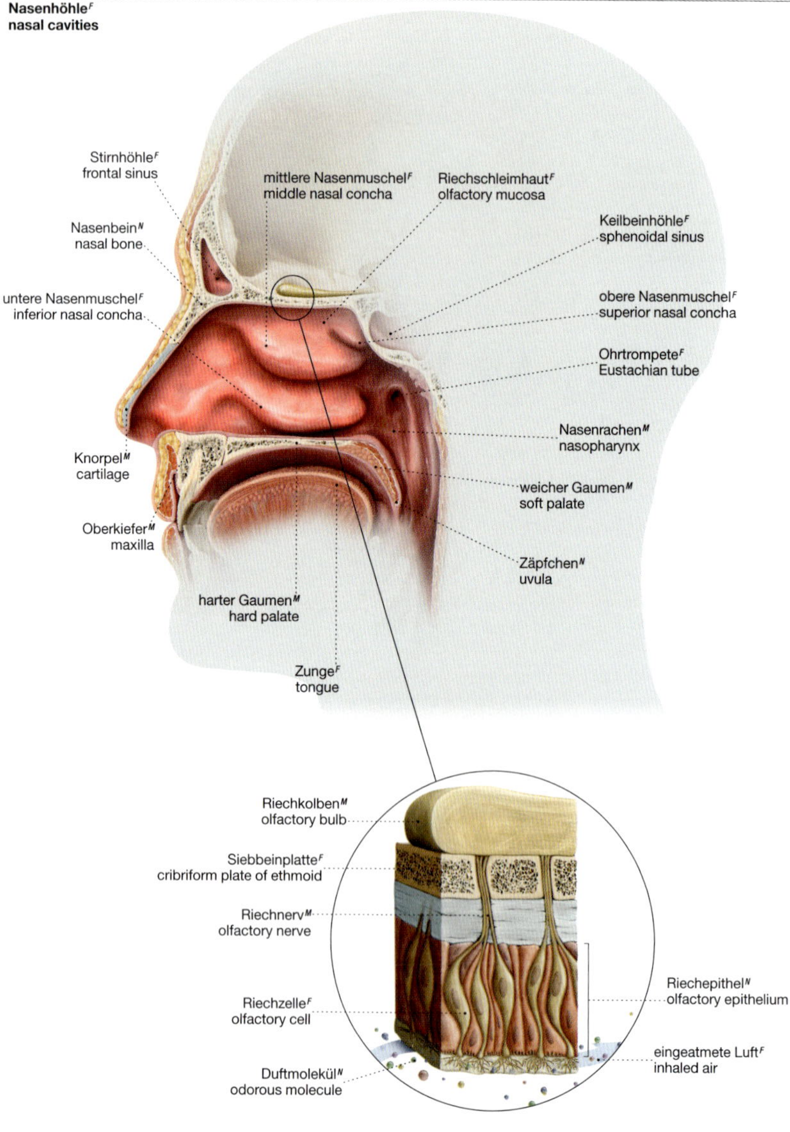

Geruchs-[M] und Geschmackssinn[M]

Zunge[F]: Ansicht[F] von oben
tongue: superior view

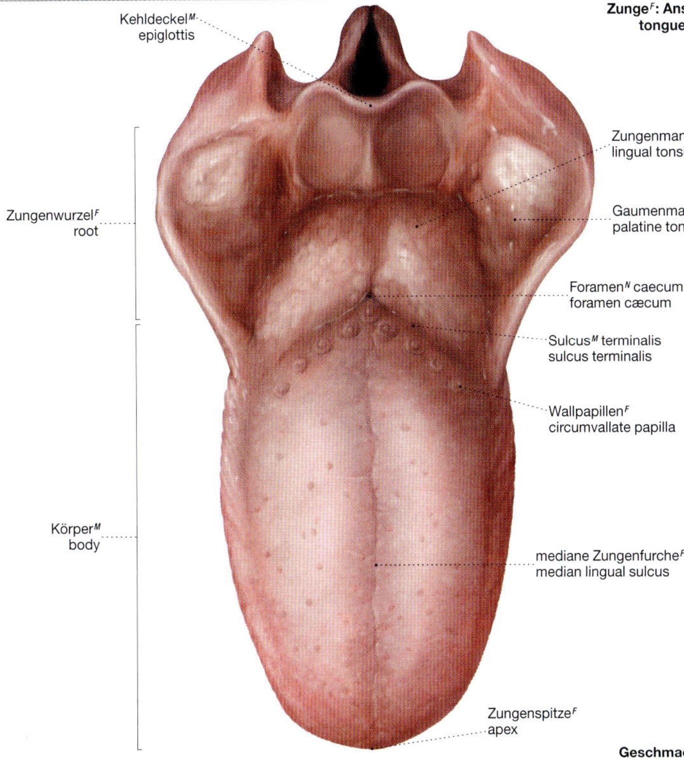

Geschmacksrezeptoren[M]
taste receptors

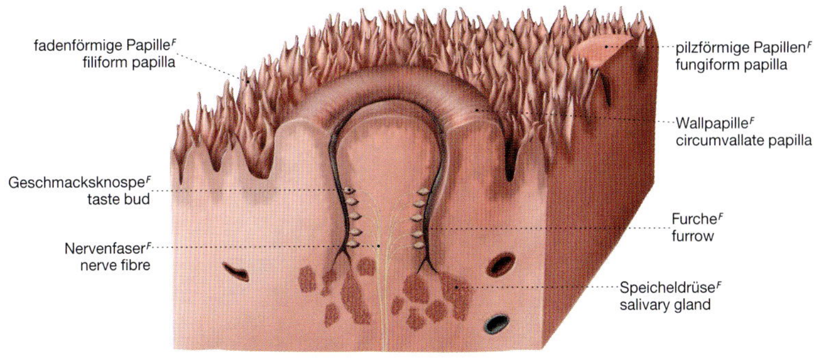

Herkunft[F] der Nahrungsmittel[N]

origin of food

Bauernhof[M]

farmstead

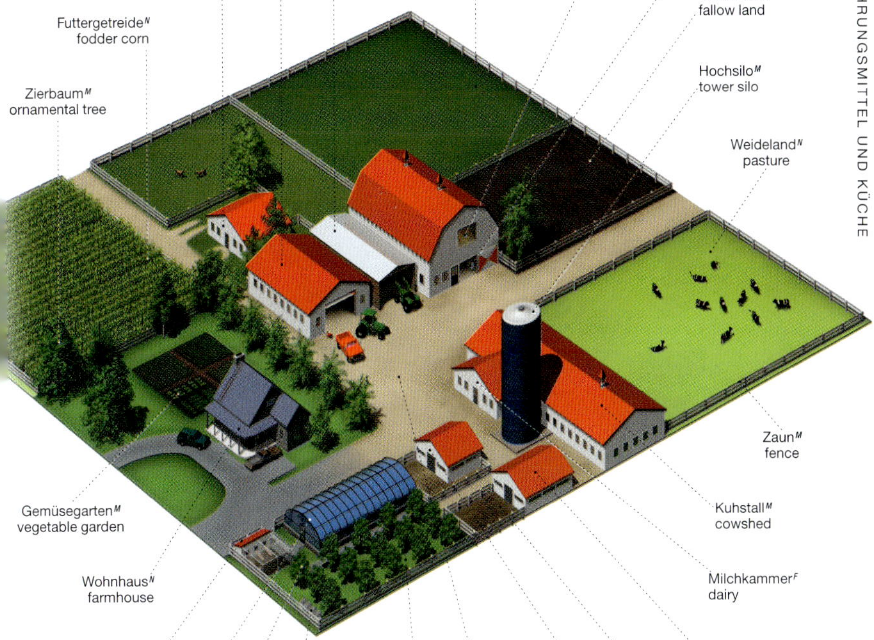

Pilze[M]

mushrooms

Trüffel[F]
truffle

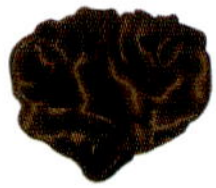
Mu-Err[M]
wood ear

Kaiserling[M]
royal agaric

Edelreizker[M]
saffron milk cap

Enoki[M]
enoki mushroom

Morchel[F]
morel

Austernseitling[M]
oyster mushroom

grasgrüner Täubling[M]
green russula

Steinpilz[M]
porcini

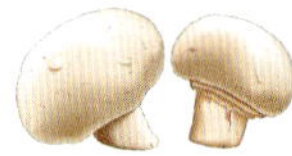
Zuchtchampignon[M]
cultivated mushroom

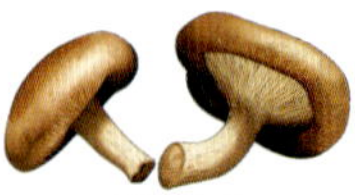
Shiitake[M]
shiitake

Pfifferling[M]
chanterelle

Zuchtchampignon[M]
portobello

Egerling[M]
cremini mushroom

Meeresalgen[F]

seaweed

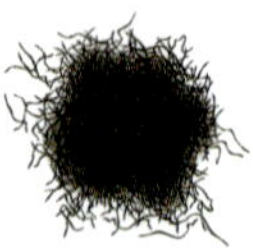
Arame[F]
arame

Wakame[F]
wakame

Kombu[F]
kombu

Spirulina[F]
spirulina

Irisch Moos[N]
Irish moss

Hijiki[F]
hijiki

Meersalat[M]
sea lettuce

Agar[M]
agar

Nori[N]
nori

Dulse[F]
dulse

Zwiebelgemüse^N
bulb vegetables

Wassernuss^F
water chestnut

Schalotte^F
shallot

Schnittlauch^M
chive

Knoblauch^M
garlic

Frühlingszwiebel^F
spring onion

Frühlingszwiebel^F
green onion

Lauch^M
leek

Perlzwiebel^F
pickling onion

weiße Zwiebel^F
white onion

rote Zwiebel^F
red onion

Gemüsezwiebel^F
yellow onion

Knollengemüse^N
tuber vegetables

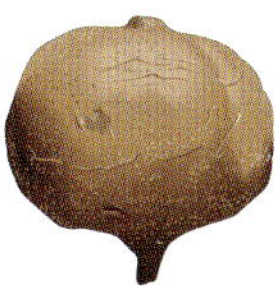
Jicama^F
jicama

Taro^M
taro

Knollenziest^M
crosne

Maniok^M
cassava

panischer Rettich^M
malanga

Kartoffel^F
potato

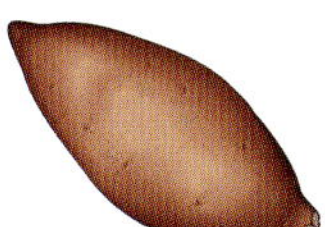
Süßkartoffel^F
sweet potato

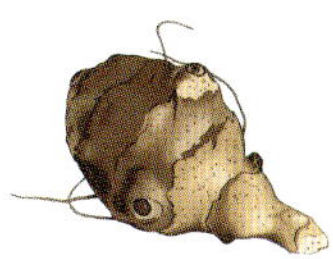
Topinambur^M/F
Jerusalem artichoke

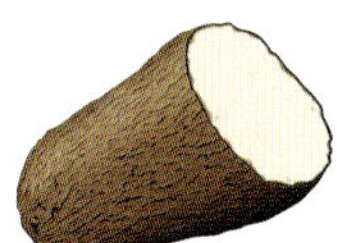
Süßkartoffel^F
sweet potato

Blattgemüse[N]

leaf vegetables

krause Endivie[F]
curly endive

Spargelsalat[M]
celtuce

Radicchio[M]
radicchio

Eisbergsalat[M]
iceberg lettuce

Romagna-Salat[M]
cos lettuce

Eskariol[M]
escarole

Kopfsalat[M]
butterhead lettuce

Friséesalat[M]
leaf lettuce

Blattkohl[M]
collards

Grünkohl[M]
curly kale

Pak-Choi[M]
pak-choi

Chinakohl[M]
pe-tsai

Rosenkohl[M]
Brussels sprout

Meerkohl[M]
sea kale

Zierkohl[M]
ornamental kale

Blattgemüse[N]

Wirsing[M]
Savoy cabbage

Kohl[M]
green cabbage

Rotkohl[M]
red cabbage

Weißkohl[M]
white cabbage

Spinat[M]
spinach

Rauke[F]
rocket

Feldsalat[M]
corn salad

Löwenzahn[M]
dandelion

Gartenkresse[F]
garden cress

Nessel[F]
nettle

Brunnenkresse[F]
watercress

Portulak[M]
purslane

Garten-Sauerampfer[M]
garden sorrel

Weinblatt[N]
vine leaf

Chicorée[M/F]
chicory

Fruchtgemüse[N]

fruit vegetables

Kirschtomate[F]
cherry tomato

Olive[F]
olive

Pfefferschote[F]
chilli

Okraschote[F]
okra

Tomatillo[F]
tomatillo

Eiertomate[F]
Italian tomato

Tomate[F]
tomato

Cocktailtomate[F]
vine tomato

Avocado[F]
avocado

gelber Paprika[M]
yellow sweet pepper

roter Paprika[M]
red sweet pepper

grüner Paprika[M]
green sweet pepper

Gurke[F]
cucumber

kernlose Salatgurke[F]
seedless cucumber

Einlegegurke[F]
gherkin

Bittermelone[F]
bitter melon

Wachskürbis[M]
wax gourd

Aubergine[F]
aubergine

Fruchtgemüse^{N}

Sommerkürbisse^{M}
summer squashes

gelbe Zucchini^{F}
straightneck squash

Krummhalskürbis^{M}
crookneck squash

Patisson^{M}
pattypan squash

Zucchini^{F}
courgette

Gartenkürbis^{M}
marrow squash

Chayote^{F}
chayote

Winterkürbisse^{M}
winter squashes

Kürbis^{M}
pumpkin

Spaghettikürbis^{M}
spaghetti squash

Eichelkürbis^{M}
acorn squash

Moschuskürbis^{M}
buttercup squash

Stängel- und Sprossengemüse[N]

stalk vegetables

Spargel[M]
asparagus

Mangold[M]
Swiss chard

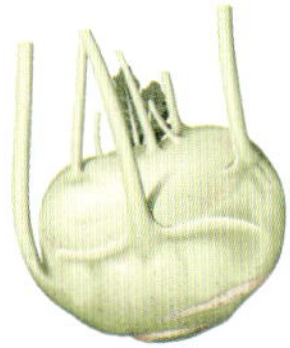

Kohlrabi[M]
kohlrabi

Kardone[F]
cardoon

Bambussprosse[F]
bamboo shoot

Fenchel[M]
fennel

Farnspitze[F]
fiddlehead fern

Stangensellerie[M/F]
celery

Rhabarber[M]
rhubarb

Wurzelgemüse[N]

root vegetables

Meerrettich[M]
horseradish

Schwarzrettich[M]
black radish

Radieschen[N]
radish

Haferwurz[F]
salsify

Karotte[F]
carrot

Schwarzwurzel[F]
black salsify

Rettich[M]
daikon

Klettenwurzel[F]
burdock

Pastinake[F]
parsnip

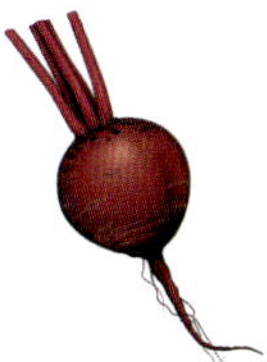
rote Beete[F]
beetroot

Rübe[F]
turnip

Knollensellerie[F]
celeriac

Kohlrübe[F]
swede

blühende Gemüsesorten[F]

inflorescence vegetables

Blumenkohl[M]
cauliflower

Broccoli[M]
broccoli

Kai-lan[M]
gai lan

Rübenspross[M]
broccoli raab

Artischocke[F]
artichoke

Hülsenfrüchte^F

legumes

Hülsenfrüchte^F
miscellaneous legumes

blaue Luzerne^F
alfalfa

Erdnuss^F
peanut

Linse^F
lentil

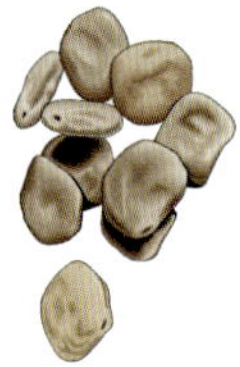

Lupine^F
lupine

Ackerbohne^F
broad bean

Erbsen^F
peas

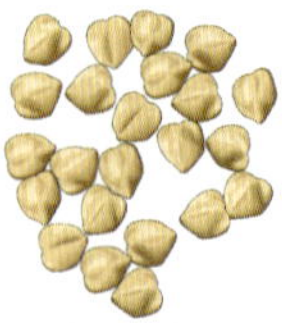

Kichererbse^F
chickpea

Schälerbse^F
split pea

Gartenerbse^F
green pea

Zuckererbse^F
snow pea

Bohnen^F
dolichos beans

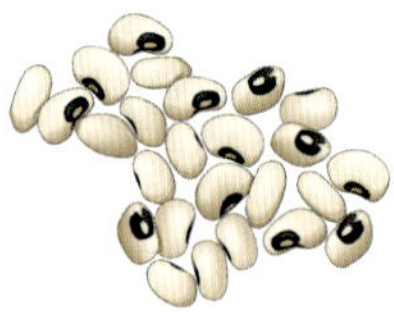

schwarzäugige Bohne^F
black-eyed pea

Helmbohne^F
lablab bean

Spargelbohne^F
yard-long bean

Hülsenfrüchte[F]

Bohnen[F]
beans

grüne Bohne[F]
green bean

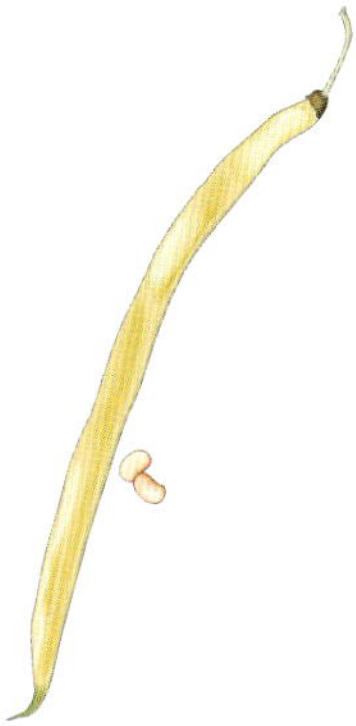

Wachsbohne[F]
wax bean

römische Bohne[F]
roman bean

Pintobohne[F]
pinto bean

Feuerbohne[F]
scarlet runner bean

Asukibohne[F]
adzuki bean

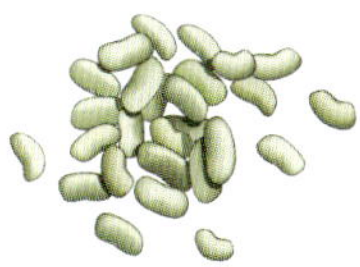

Flageolet-Bohne[F]
flageolet

Mungobohne[F]
mung bean

Limabohne[F]
Lima bean

schwarze Bohne[F]
black bean

schwarze Mungobohne[F]
black gram

rote Kidneybohne[F]
red kidney bean

Obst[N]

fruits

Beeren[F]
berries

Johannisbeere[F]
redcurrant

schwarze Johannisbeere[F]
blackcurrant

Stachelbeere[F]
gooseberry

Weintraube[F]
grape

Gartenheidelbeere[F]
blueberry

Waldheidelbeere[F]
bilberry

rote Heidelbeere[F]
red whortleberry

Gojibeere[F]
wolfberry

Physalis[F]
Cape gooseberry

Großfrüchtige Moosbeere[F]
cranberry

Himbeere[F]
raspberry

Brombeere[F]
blackberry

Erdbeere[F]
strawberry

Steinfrüchte[F]
stone fruits

Pflaume[F]
plum

Pfirsich[M]
peach

Nektarine[F]
nectarine

Aprikose[F]
apricot

Kirsche[F]
cherry

Dattel[F]
date

Obst^{N}

Trockenfrüchte^{F}
dry fruits

Macadamianuss^{F}
macadamia nut

Ginkgonuss^{F}
ginkgo nut

Pistazie^{F}
pistachio nut

Pinienkern^{M}
pine nut

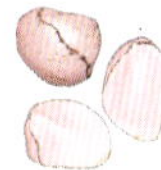

Kolanuss^{F}
cola nut

Pecannuss^{F}
pecan nut

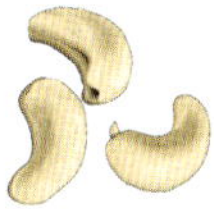

Cashewkern^{M}
cashew

Mandel^{F}
almond

Haselnuss^{F}
hazelnut

Walnuss^{F}
walnut

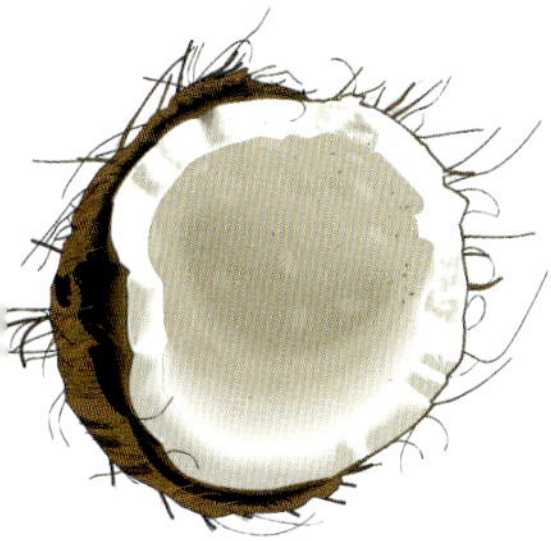

Kokosnuss^{F}
coconut

Esskastanie^{F}
chestnut

Buchecker^{F}
beechnut

Paranuss^{F}
Brazil nut

Apfelfrüchte^{F}
pome fruits

Birne^{F}
pear

Quitte^{F}
quince

Apfel^{M}
apple

japanische Wollmispel^{F}
loquat

Obst[N]

Zitrusfrüchte[F]
citrus fruits

Clementine[F]
clementine

Kumquat[F]
kumquat

Limette[F]
lime

Mandarine[F]
tangerine

Zitrone[F]
lemon

Orange[F]
orange

Blutorange[F]
blood orange

Mandarine[F]
mandarin

Bergamotte[F]
bergamot

Grapefruit[F]
grapefruit

Pampelmuse[F]
pomelo

Zitronatzitrone[F]
citron

Obst^{N}

Melonen^{F}
melons

Honigmelone^{F}
cantaloupe

Casabamelone^{F}
casaba melon

Honigmelone^{F}
honeydew melon

Zuckermelone^{F}
muskmelon

Honigmelone^{F}
Canary melon

Wassermelone^{F}
watermelon

Ogenmelone^{F}
Ogen melon

Obst[N]

Südfrüchte[F]
tropical fruits

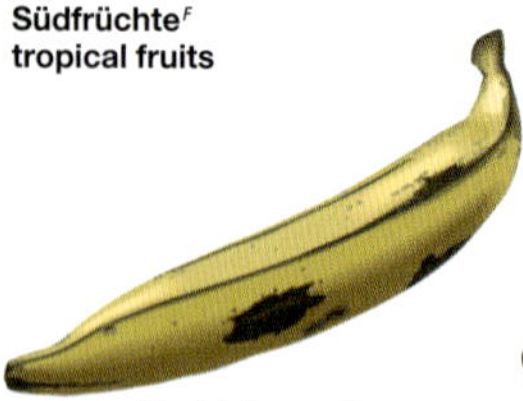

Plantainbanane[F]
plantain

Banane[F]
banana

Longanfrucht[F]
longan

Baumtomate[F]
tamarillo

Passionsfrucht[F]
passion fruit

Kiwano[F]
horned melon

Mangostane[F]
mangosteen

Kiwi[F]
kiwi

Granatapfel[M]
pomegranate

Chirimoya[F]
cherimoya

Jackfrucht[F]
jackfruit

Ananas[F]
pineapple

Obst^{N}

Jaboticaba^{F}
jaboticaba

Litschi^{F}
lychee

Feige^{F}
fig

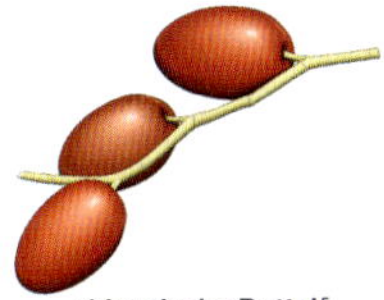
chinesische Dattel^{F}
jujube

Breiapfel^{M}
sapodilla

Guave^{F}
guava

Rambutan^{F}
rambutan

Kaki^{F}
Japanese persimmon

Kaktusfeige^{F}
prickly pear

Sternfrucht^{F}
carambola

asiatische Birne^{F}
Asian pear

Mango^{F}
mango

Durianfrucht^{F}
durian

Papaya^{F}
papaya

Birnenmelone^{F}
pepino

Ananasguave^{F}
feijoa

Gewürze[N]

spices

Wacholderbeere[F]
juniper berry

Gewürznelke[F]
clove

Jamaikapfeffer[M]
allspice

weiße Senfkörner[N]
white mustard

schwarze Senfkörner[N]
black mustard

schwarzer Pfeffer[M]
black pepper

weißer Pfeffer[M]
white pepper

rosa Pfeffer[M]
pink pepper

grüner Pfeffer[M]
green pepper

Muskatnuss[F]
nutmeg

Kümmel[M]
caraway

Kardamom[M/N]
cardamom

Zimtstangen[M]
cinnamon

Safran[M]
saffron

Kreuzkümmel[M]
cumin

Curry[N]
curry

Kurkuma[N]
turmeric

Bockshornkleesam
fenugreek

Gewürze^{N}

Jalapeño-Chili^{M}
jalapeño chilli

Vogelaugenchili^{M}
bird's eye chilli

zerkleinerter Chili^{M}
crushed chilli

getrockneter Chili^{M}
dried chilli

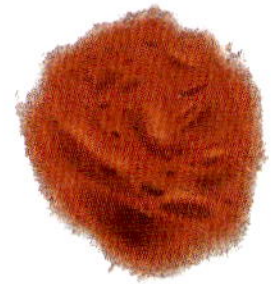

Cayennepfeffer^{M}
cayenne pepper

gemahlener Pfeffer^{M}
ground pepper

Ajowan^{N}
ajowan

Teufelsdreck^{M}
asafœtida

Garam Masala^{N}
garam masala

Cajun-Gewürzmischung^{F}
cajun spice seasoning

Mariniergewürze^{N}
marinade spices

Fünf-Kräuter^{N}-Gewürz^{N}
five spice powder

Chilipulver^{N}
chilli powder

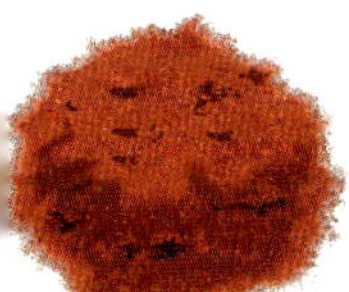

Paprika^{M}
paprika

Ras-El-Hanout^{N}
ras el hanout

Sumach^{M}
sumac

Mohnsamen^{M}
poppy seeds

Ingwer^{M}
ginger

Kräuter^{N}

herbs

Dill^{M}
dill

Anis^{M}
anise

Lorbeer^{M}
bay

Oregano^{M}
oregano

Estragon^{M}
tarragon

Basilikum^{N}
basil

Salbei^{M}
sage

Thymian^{M}
thyme

Minze^{F}
mint

Petersilie^{F}
parsley

Kerbel^{M}
chervil

Koriander^{M}
coriander

Rosmarin^{M}
rosemary

Ysop^{M}
hyssop

Boretsch^{M}
borage

Liebstöckel$^{M/N}$
lovage

Bohnenkraut^{N}
savoury

Zitronenmelisse^{F}
lemon balm

Getreide[N]

cereals

Reis[M]
rice

Wildreis[M]
wild rice

Dinkel[M]
spelt wheat

Weizen[M]
wheat

Hafer[M]
oats

Roggen[M]
rye

Hirse[F]
millet

Mais[M]
corn

Gerste[F]
barley

Buchweizen[M]
buckwheat

Reismelde[F]
quinoa

Amarant[M]
amaranth

Triticale[M]
triticale

Kaffee[M] und Tee[M]

coffee and infusions

Kräutertees[M]
herbal teas

Linde[F]
linden

Kamille[F]
chamomile

Verbene[F]
verbena

Minze[F]
mint

Kaffee[M]
coffee

Rohkaffee[F]
green coffee beans

geröstete Kaffeebohnen[F]
roasted coffee beans

gemahlener Kaffee[M]
ground coffee

Tee[M]
tea

grüner Tee[M]
green tea

schwarzer Tee[M]
black tea

Oolong-Tee[M]
oolong tea

Mollusken[F]

molluscs

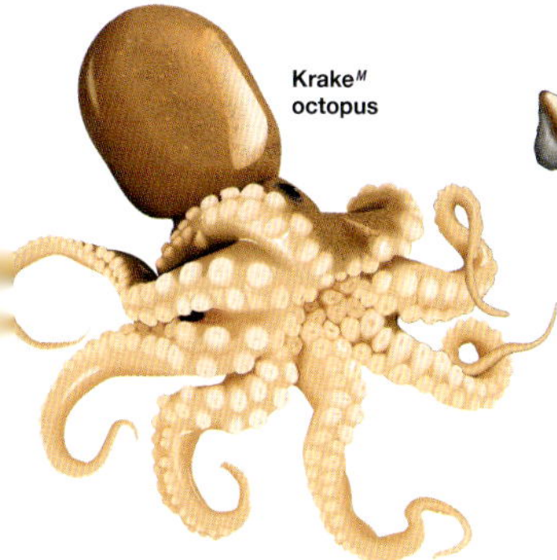

Krake[M]
octopus

Kalmar[M]
squid

Tintenfisch[M]
cuttlefish

Kammmuschel[F]
scallop

euzmuster[N]-Teppichmuschel[F]
hard-shell clam

Sandklaffmuschel[F]
soft-shell clam

Meerohr[N]
abalone

Jakobsmuschel[F]
great scallop

Schnecke[F]
snail

Napfschnecke[F]
limpet

Strandschnecke[F]
common periwinkle

Venusmuschel[F]
clam

Herzmuschel[F]
cockle

Messermuschel[F]
razor clam

Auster[F]
oyster

Auster[F]
oyster

Miesmuschel[F]
blue mussel

Wellhornschnecke[F]
whelk

Krebstiere[N]

crustaceans

Hummer[M]
lobster

Flusskrebs[M]
crayfish

Languste[F]
spiny lobster

Garnele[F]
prawn

Kaisergranat[M]
langoustine

Krabbe[F]
crab

Meeresfische[M]

sea fishes

groß gefleckter Katzenhai[M]
larger spotted dogfish

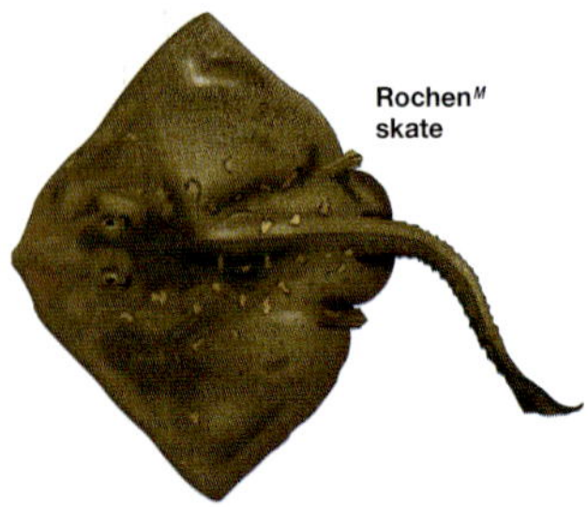

Rochen[M]
skate

Hundshai[M]
smooth hound

Stör[M]
sturgeon

Meeresfische^M

Sardelle^F
anchovy

Sardine^F
sardine

Hering^M
herring

Stint^M
smelt

Goldbrasse^F
sea bream

rote Meerbarbe^F
goatfish

Alse^F
shad

Makrele^F
mackerel

Seeteufel^M
monkfish

Knurrhahn^M
gurnard

Blaufisch^M
bluefish

Goldmakrele^F
dorado

Schwertfisch^M
swordfish

Meeresfische[M]

Scholle[F]
sole

Heringskönig[M]
John dory

Flunder[F]
common plaice

Weißfisch[M]
whiting

Rotbarsch[M]
redfish

Schellfisch[M]
haddock

Seebarsch[M]
sea bass

atlantischer Lachs[M]
Atlantic salmon

Seelachs[M]
pollack

pazifischer Lachs[M]
Pacific salmon

Thunfisch[M]
tuna

atlantischer Kabeljau
Atlantic co

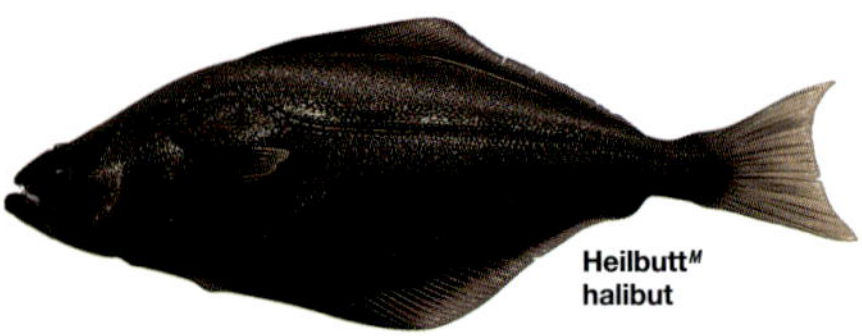

Heilbutt[M]
halibut

Steinbutt[M]
turbot

Süßwasserfische[M]

freshwater fishes

Barsch[M]
bass

Flussbarsch[M]
perch

Aal[M]
eel

Forelle[F]
trout

Karpfen[M]
carp

Zander[M]
pike perch

Tilapia[M]
tilapia

Bachsaibling[M]
brook char

Hecht[M]
pike

Fischformen[F]

fish presentation

Stockfisch[M]
salt fish

Fischstück[N]
tronçon

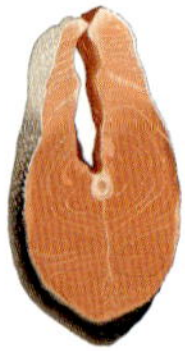

Fischsteak[N]
fish steak

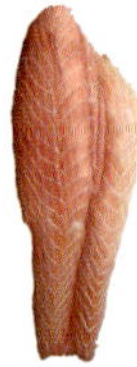

Filet[N]
fillet

Räucherfisch[M]
smoked fish

marinierter Fisch[M]
marinated fish

Meeresfrüchteplatte[F]
seafood platter

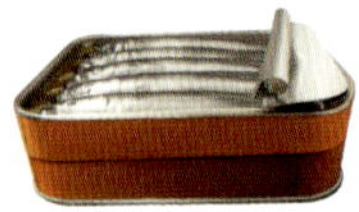

Dosenfisch[M]
tinned fish

Eier[N]

eggs

Straußenei[N]
ostrich egg

Gänseei[N]
goose egg

Wachtelei[N]
quail egg

Fasanenei[N]
pheasant egg

Entenei[N]
duck egg

Hühnerei[N]
hen egg

Fleisch[N]

meat

Geflügel[N]
poultry

Cornwall-Huhn[N]
Cornish hen

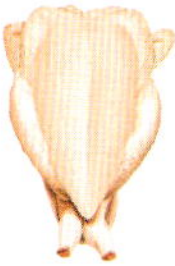

Huhn[N]
chicken

Ente[F]
duck

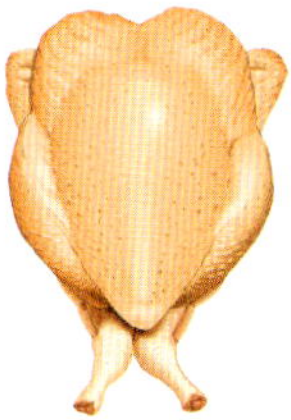

Kapaun[M]
capon

Puter[M]
turkey

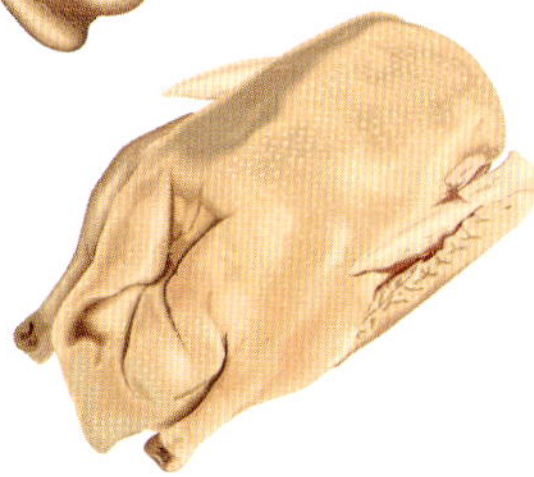

Gans[F]
goose

Wild[N]
game

Hase[M]
hare

Kaninchen[N]
rabbit

Wachtel[F]
quail

Rebhuhn[N]
partridge

Taube[F]
pigeon

Perlhuhn[N]
guinea fowl

Fasan[M]
pheasant

Fleisch^N

Rindfleisch^N
cuts of beef

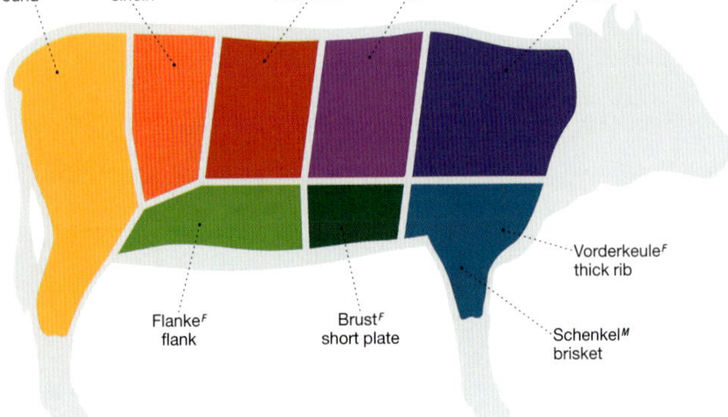

Beispiele^N für Fleischstücke^N
examples of pieces

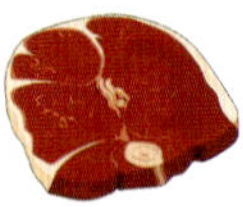

Keulensteak^N
round steak

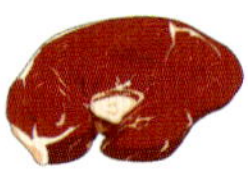

Lendensteak^N
sirloin steak

T-Bone-Steak^N
T-bone steak

Chateaubriand^N
Chateaubriand

Filetbraten^N
tenderloin roast

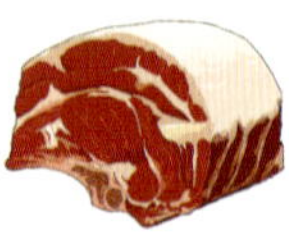

hohe Rippe^F
rib roast

Querrippe^F
back ribs

Zwischenrippenbraten^M
cross rib roast

Flankensteak^N
flank steak

Brustknorpelstück^N
skirt steak

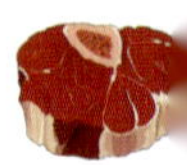

Beinschei
shank

Fleisch^{N}

Kalbsfleisch^{N}
cuts of veal

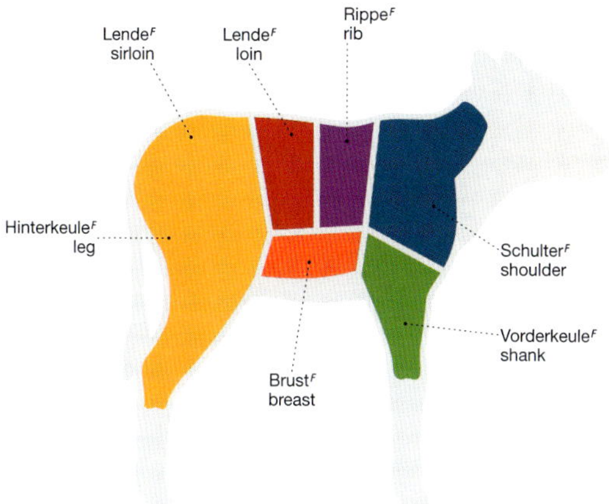

Beispiele^{N} für Fleischstücke^{N}
examples of pieces

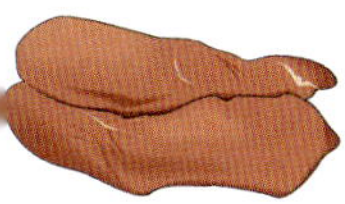

Kotelett^{N}
cutlet

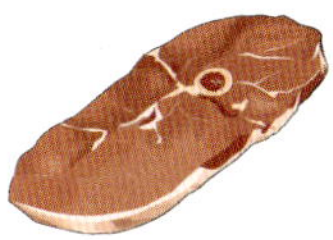

Keulensteak^{N}
round steak

Lendenstück^{N}
loin chop

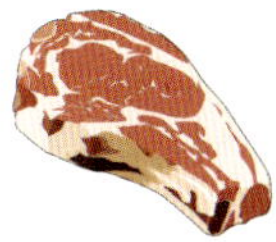

Rippenstück^{N}
rib chop

Schulterstück^{N}
blade roast

Schulterstück^{N} ohne Knochen^{M}
boneless shoulder roast

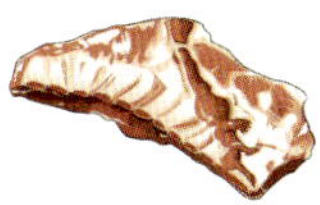

Brust^{F}
breast

Beinscheibe^{F}
shank

Fleisch[N]

Lammfleisch[N]
cuts of lamb

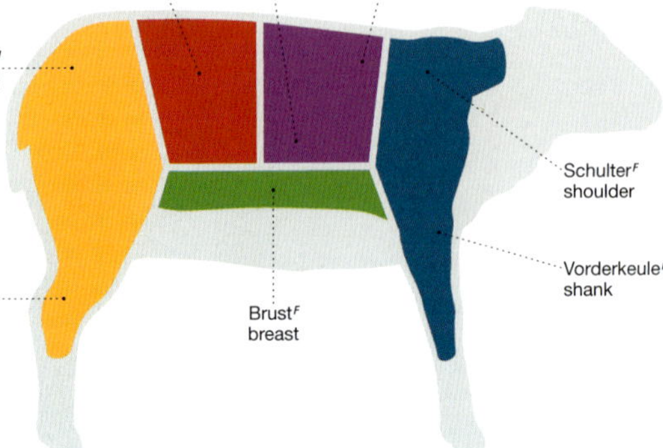

Beispiele[N] für Fleischstücke[N]
examples of pieces

Keule[F] auf französische Art[F]
French leg roast

Lendenstück[N]
strip sirloin

Rippenstück[N]
rib chop

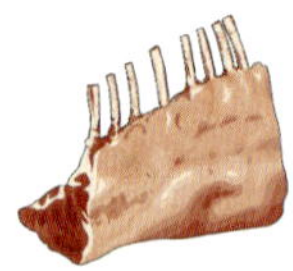

Rippenbraten[M]
rack of lamb

Vorderbein[N]
shank

Schulterstück[N] ohne Knochen[M]
rolled shoulder

Brustrollbraten[M]
rolled breast

Fleisch[N]

Schweinefleisch[N]
cuts of pork

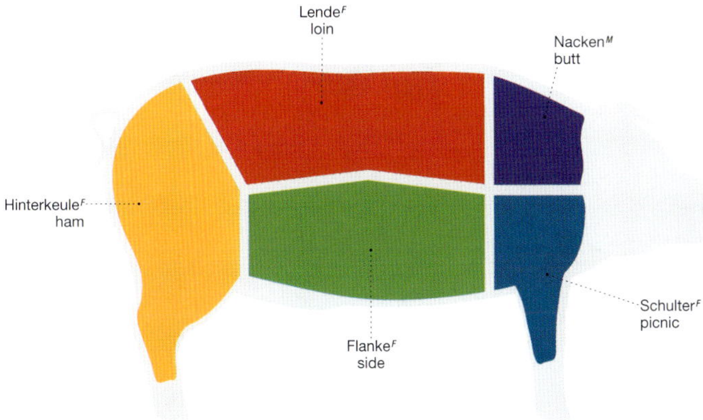

Beispiele[N] für Fleischstücke[N]
examples of pieces

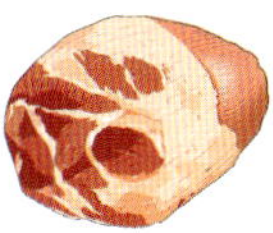

Räucherschinken[M]
smoked ham

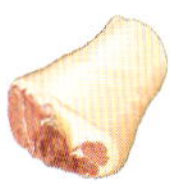

Eisbein[N]
hock

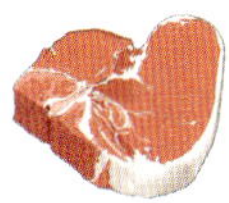

Kotelett[N]
loin chop

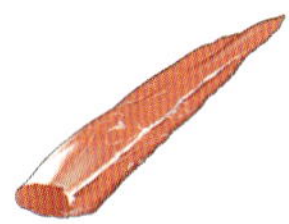

Filet[N]
tenderloin

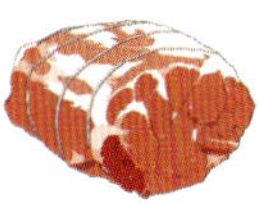

Schulterstück[N]
rolled shoulder

Spareribs/Schälrippchen[N]
spareribs

geräucherter Vorderschenkel[M]
smoked picnic roast

Fleisch^{N}

Fleischformen^{F}
meat presentation

Hackfleisch^{N}
minced meat

Fleischklößchen^{N}
meatballs

Medaillons^{N}
médaillons

Tournedos^{N}
tournedos

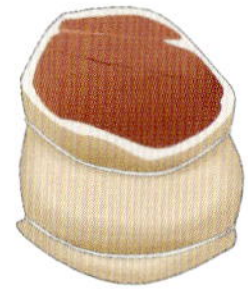

Kalbsnuss^{F}
short tenderloin

Filetscheibe^{F}
aiguillette

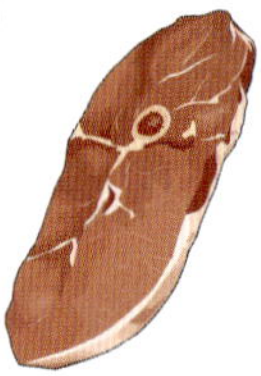

Keulensteak^{N}
round steak

Roulade^{F}
paupiette

Steak^{N}
steak

Würfel^{M}
cubes

Innereien^{F}
offal

Mark^{N}
marrow

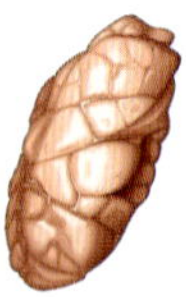

Gekröse^{N}
sweetbreads

Herz^{N}
heart

Leber^{F}
liver

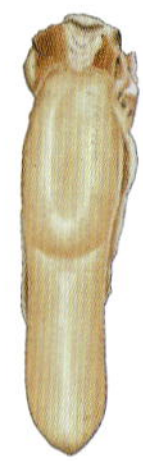

Zunge^{F}
tongue

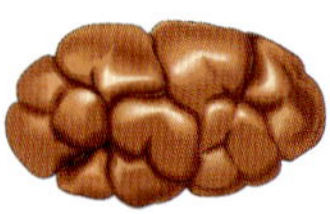

Niere^{F}
kidney

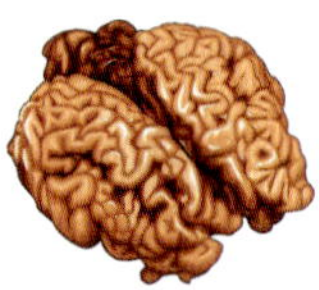

Hirn^{N}
brains

Kaldaune^{F}
tripe

Spezialitäten[F]

delicatessen

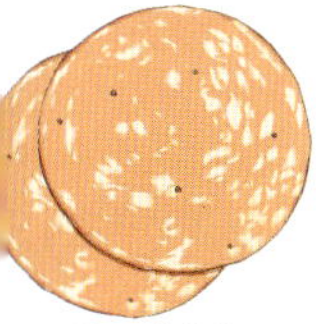

Mortadella[F]
mortadella

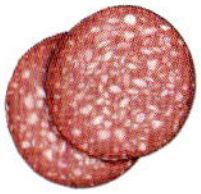

Krakauer[F]
kielbasa

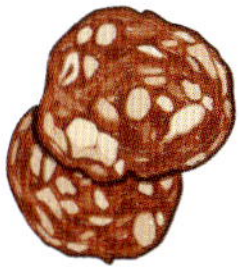

grobe Salami[F]
Genoa salami

Stopfleber[F]
foie gras

Rillettes[F]
rillettes

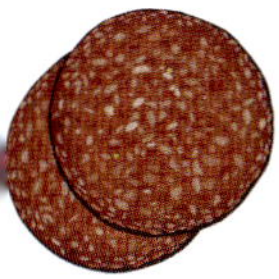

feine Salami[F]
German salami

Blutwurst[F]
black pudding

Weißwurst[F]
white pudding

Pepperoniwurst[F]
pepperoni

Chorizo-Wurst[F]
chorizo

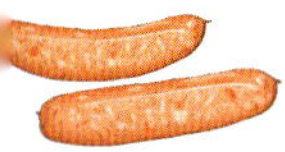

Toulouser Wurst[F]
Toulouse sausage

Bratwurst[F]
merguez

Kuttelwurst[F]
andouillette

Chipolata[F]
chipolata

Frankfurter Würstchen[N]
frankfurter

Bauchspeck[M]
pancetta

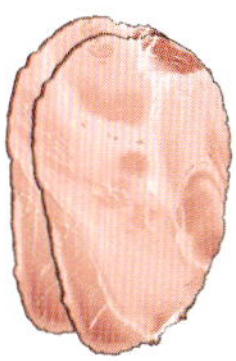

gekochter Schinken[M]
cooked ham

roher Schinken[M]
prosciutto

kanadischer Bacon[M]
Canadian bacon

amerikanischer Bacon[M]
American bacon

Getreideprodukte[N]

cereal products

Mehl[N] und Grieß[M]
flour and semolina

Grieß[M]
semolina

Haushaltsmehl[N]
plain flour

Vollkornmehl[N]
whole wheat flour

ungebleichtes Mehl[N]
unbleached flour

Maismehl[N]
corn-flour

Weizenkeime[M]
wheatgerm

Couscous[N]
couscous

Weizengrütze[F]
bulgar

Buchweizenmehl[N]
buckwheat flour

Hafermehl[N]
oat flour

Brot[N]
bread

Nan[N]
nan

Chapati[N]
chapati

Tortilla[F]
tortilla

Pittabrot[N]
pitta bread

ungesäuertes Brot[N]
unleavened bread

dänisches Roggenbrot[N]
Danish rye bread

Bauernbrot[N]
farmhouse loaf

russischer Pumpernic
Russian black brea

Getreideprodukte^N

Baguette^N
French bread

Baguette^N
baguette

Ährenbrot^N
ear loaf

Kringel^M
bagel

dunkles Roggenbrot^N
black bread

Challa^F
challah

Croissant^N
croissant

Maisbrot^N
cornbread

Vollkornbrot^N
wholemeal bread

Mehrkornbrot^N
multigrain bread

deutsches Roggenbrot^N
German rye bread

Brioche^F
egg bread

Kastenbrot^N
batch bread

irisches Brot^N
Irish soda bread

griechisches Brot^N
Greek bread

Paniermehl^N
breadcrumbs

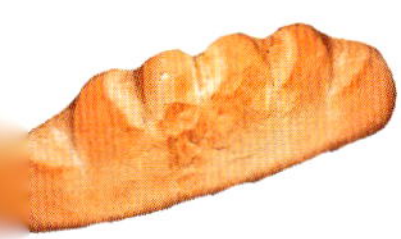

Weißbrot^N
white bread

Roggenknäckebrot^N
rye crispbread

Knäckebrot^N
crispbread

Filo^M
filo

Milchprodukte[N]

dairy products

Joghurt[M]
yogurt

Ghee[N]
ghee

Butter[F]
butter

Sahne[F]
cream

Schlagsahne[F]
whipping cream

saure Sahne[F]
sour cream

Milch[F]
milk

Kuhmilch[F]
cow's milk

Ziegenmilch[F]
goat's milk

Milcharten[F]
milk forms

homogenisierte Milch[F]
homogenized milk

Buttermilch[F]
buttermilk

Kondensmilch[F]
evaporated milk

Milchpulver[N]
powdered milk

Ziegenkäse[M]
goat's-milk cheeses

Ziegenkäse[M]
chèvre

Feta[M]
feta

Crottin de Chavignol[M]
Crottin de Chavignol

Frischkäse[M]
fresh cheeses

Hüttenkäse[M]
cottage cheese

Mozzarella[M]
mozzarella

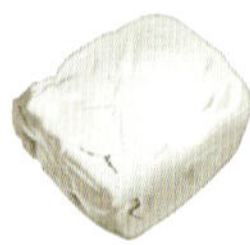
Ricotta[M]
ricotta

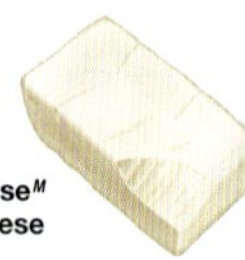
Streichkäse[M]
cream cheese

Milchprodukte[N]

Hartkäse[M]
pressed cheeses

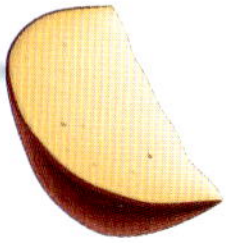

Edamer[M]
Edam

Emmentaler[M]
Emmenthal

Pecorino Romano[M]
Romano

Raclette[M]
Raclette

Gouda[M]
Gouda

Cheddar[M]
Cheddar

Gruyèrekäse[M]
Gruyère

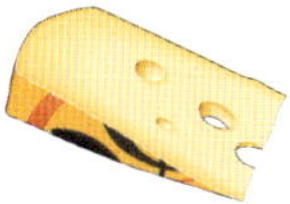

Jarlsberg[M]
Jarlsberg

Oka-Käse[M]
Oka cheese

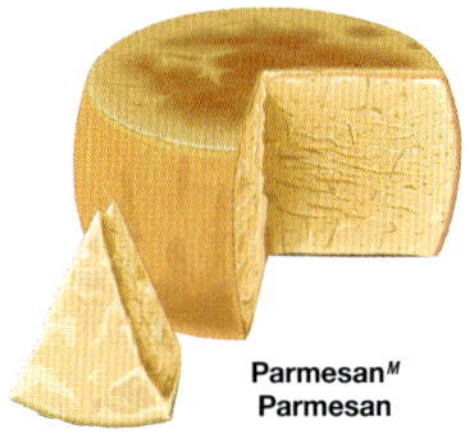

Parmesan[M]
Parmesan

Edelpilzkäse[M]
blue-veined cheeses

Roquefort[M]
Roquefort

Stilton[M]
Stilton

Danish Blue[M]
Danish Blue

Gorgonzola[M]
Gorgonzola

Weichkäse[M]
soft cheeses

Pont-l'Évêque[M]
Pont-l'Évêque

Coulommiers[M]
Coulommiers

Camembert[M]
Camembert

Brie[M]
Brie

Munster[M]
Munster

Teigwaren[F]

pasta

Rigatoni[M]
rigatoni

Ravioli[M]
ravioli

Conchiglie[F]
conchiglie

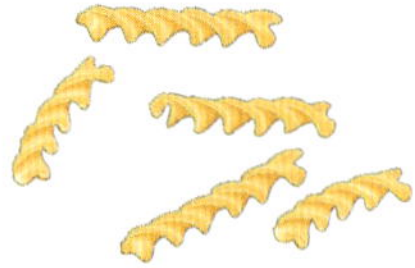

Fusilli[M]
fusilli

Spaghetti[M]
spaghetti

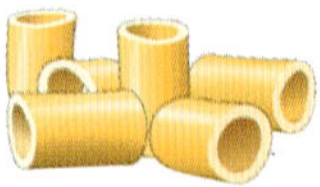

Ditali[M]
ditali

Rotini[M]
rotini

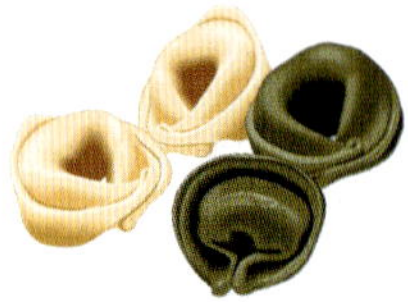

Tortellini[M]
tortellini

Spaghettini[M]
spaghettini

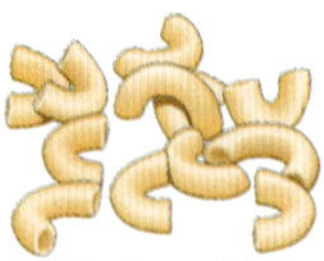

Hörnchennudeln[F]
elbows

Penne[F]
penne

Cannelloni[M]
cannelloni

Lasagne[F]
lasagne

Gnocchi[M]
gnocchi

Spinattagliatelle[F]
spinach tagliatelle

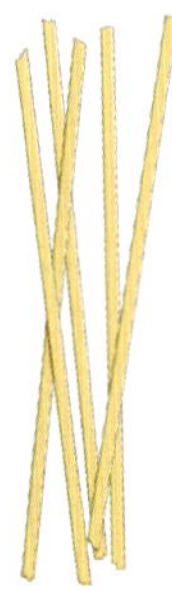

Fettuccine[F]
fettucine

asiatische Teigwaren[F]

Asian noodles

Soba[F]
soba

Somennudeln[F]
somen noodles

Udon[F]
udon

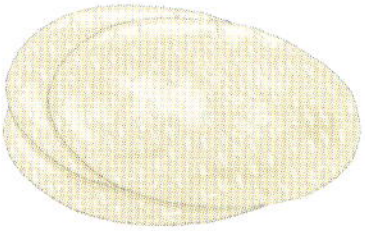
Reispapier[N]
rice papers

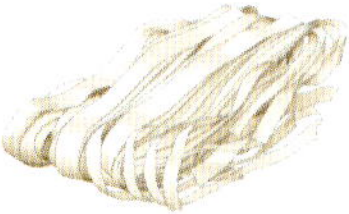
Reisnudeln[F]
rice noodles

Glasnudeln[F]
bean threads

Chow-Mein-Nudeln[F]
chow mein noodles

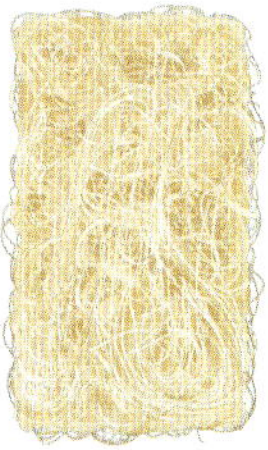
Reisfadennudeln[F]
rice vermicelli

Wan Tan[F]
wonton

Ramen[F]
ramen

Reis[M]

rice

weißer Reis[M]
white rice

brauner Reis[M]
brown rice

Parboiled Reis[M]
parboiled rice

Basmatireis[M]
basmati rice

Sojaprodukte[N]

food business

Sojaöl[N]
soybean oil

Sojabohnen[F]
soybeans

Sojamilch[F]
soybean milk

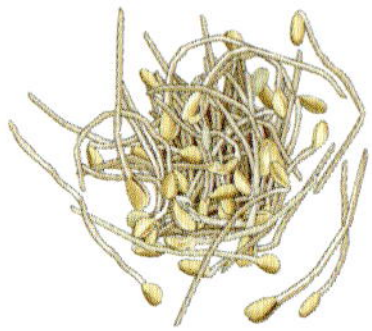

Sojasprossen[F]
soybean sprouts

Tofu[M]
tofu

Fette[N] und Öle[N]

fats and oils

Maisöl[N]
corn oil

Olivenöl[N]
olive oil

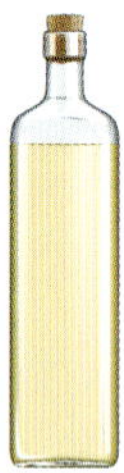

Sonnenblumenöl[N]
sunflower-seed oil

Erdnussöl[N]
peanut oil

Sesamöl[N]
sesame oil

Backfett[N]
shortening

Schweinespeck[M]
lard

Margarine[F]
margarine

Zucker[M]

sugar

Kristallzucker[M]
granulated sugar

Puderzucker[M]
powdered sugar

Streuzucker[M]
caster sugar

Melasse[F]
molasses

Maissirup[M]
corn syrup

Vanillinzucker[M]
vanilla sugar

brauner Zucker[M]
brown sugar

Honig[M]
honey

Ahornsirup[M]
maple syrup

Kandiszucker[M]
rock candy

Schokolade[F]

chocolate

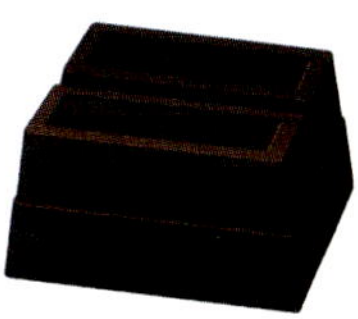

Bitterschokolade[F]
dark chocolate

Milchschokolade[F]
milk chocolate

weiße Schokolade[F]
white chocolate

Kakao[M]
cocoa

Würzen[F]

condiments

Tabasco®-Soße[F]
Tabasco® sauce

Miso[F]
miso

Worcestershire-Soße[F]
Worcestershire sauce

Kaper[F]
caper

Vanille-Extrakt[M]
vanilla extract

Tamarindenmark[N]
tamarind paste

Tomatenmark[N]
tomato paste

Passierte Tomaten[F]
tomato coulis

Hummus[M]
hummus

Tahinisoße[F]
tahini

Hoisinsoße[F]
hoisin sauce

Sojasoße[F]
soy sauce

Würze[F]
relish

Senfpulver[N]
mustard powder

Dijon-Senf[M]
Dijon mustard

deutscher Senf[M]
German mustard

englischer Senf[M]
English mustard

amerikanischer Senf[M]
American mustard

Senfkörner[N]
wholegrain mustard

Würzen [F]

Ketchup [M]
ketchup

Pflaumensoße [F]
plum sauce

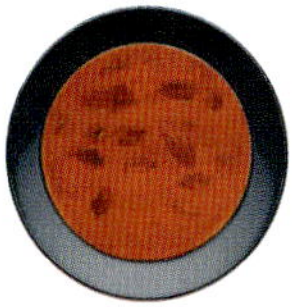
Mangochutney [N]
mango chutney

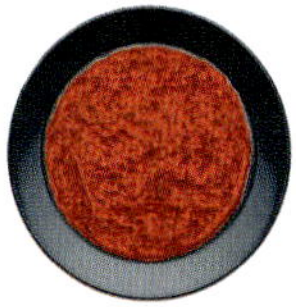
Harissasoße [F]
harissa

Sambal Oelek [M]
sambal oelek

Chilisoße [F]
chilli sauce

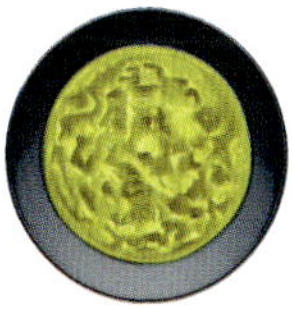
Wasabipaste [F]
wasabi

Tafelsalz [N]
table salt

grobes Salz [N]
coarse salt

Meersalz [N]
sea salt

Balsamessig [M]
balsamic vinegar

weißer Balsamessig [M]
white balsamic vinegar

Apfelessig [M]
cider vinegar

Malzessig [M]
malt vinegar

Weinessig [M]
wine vinegar

Reisessig [M]
rice vinegar

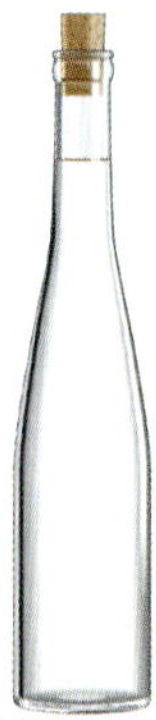
Weißweinessig [M]
white vinegar

Lebensmittellagerung[F]

food presentation

Papier[N] und Folien[F]
wrap and lining

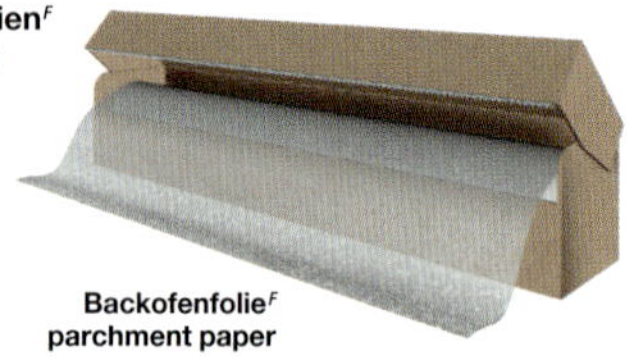

Backofenfolie[F]
parchment paper

Aluminiumfolie[F]
aluminium foil

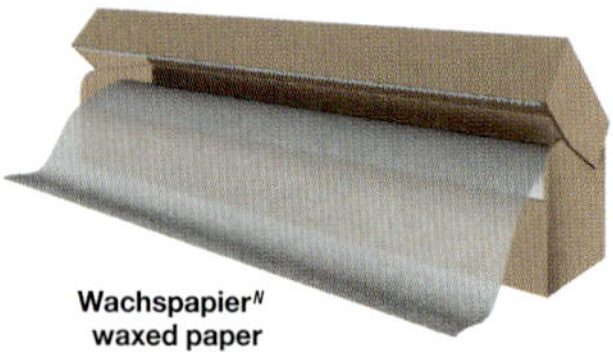

Wachspapier[N]
waxed paper

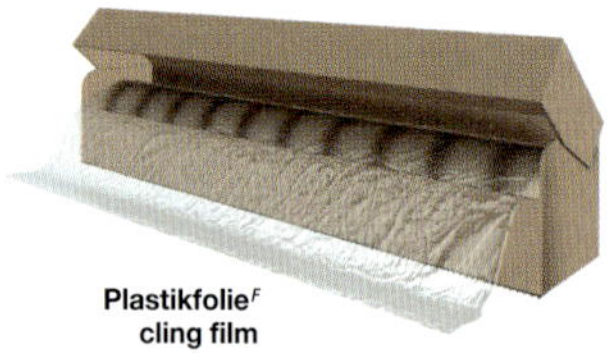

Plastikfolie[F]
cling film

Behälter[M]
container

Plastikbehälter[M]
plastic food container

heißversiegelte Folie[F]
heat-sealed film

Becher[M]
cup

Beutel[M]
pouch

Kiste[F]
small crate

Holzkiste[F]
small open crate

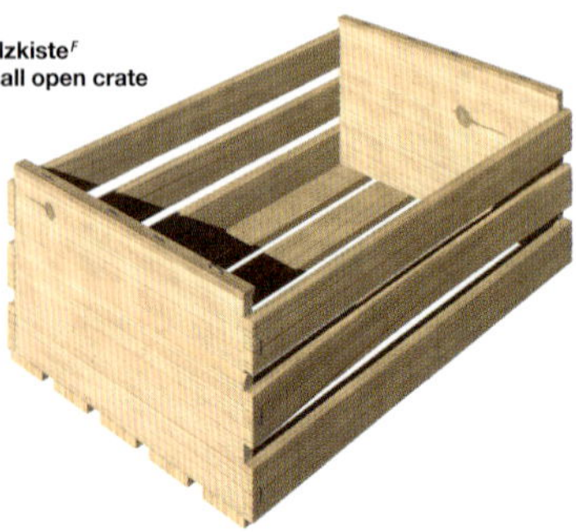

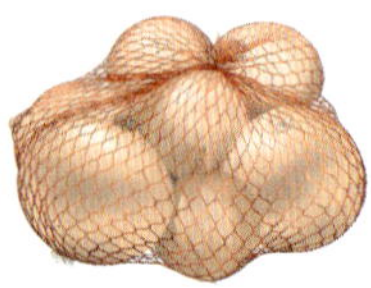

Netz[N]
mesh bag

Vorratsdosen[F]
canisters

Eierkarton[M]
egg carton

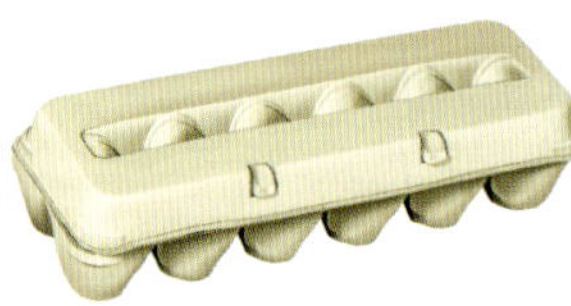

Lebensmittellagerung^F

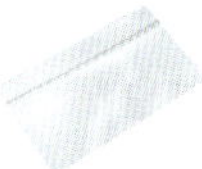

Snackbeutel^M
snack bag

Frühstücksbeutel^M
sandwich bag

Gemüsebeutel^M
vegetable bag

Gefrierbeutel^M
freezer bag

Dose^F
tin

Glasflasche^F
glass bottle

Packung^F
package

Einmachglas^N
mason jar

Tube^F
tube

Mehrstückpackung^F
multipack

Getränkedose^F
beverage can

Trinkpackung^F
drink box

Portionspackung^F
butter cup

Teebeutel^M
teabag

Käseschachtel^F
cheese box

Getränkekarton^M
carton

Kleiner Getränkekarton^M
small carton

Milch-/Sahnebecher^M
milk/cream cup

Schale^F
food tray

Getränkekarton^M
brick carton

Supermarkt^M^

supermarket

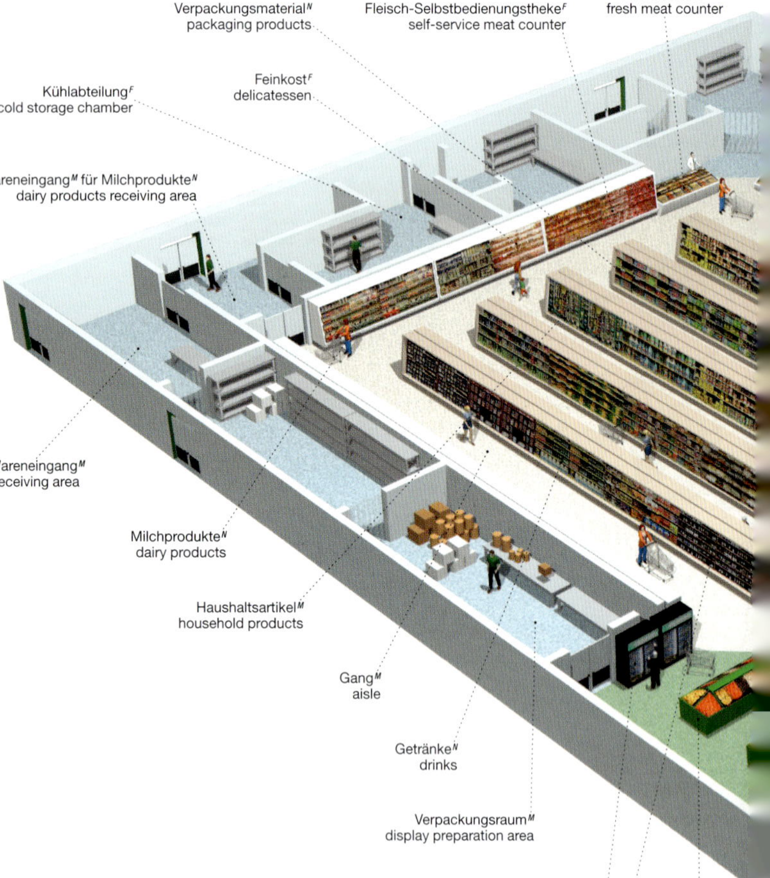

Supermarkt[M]

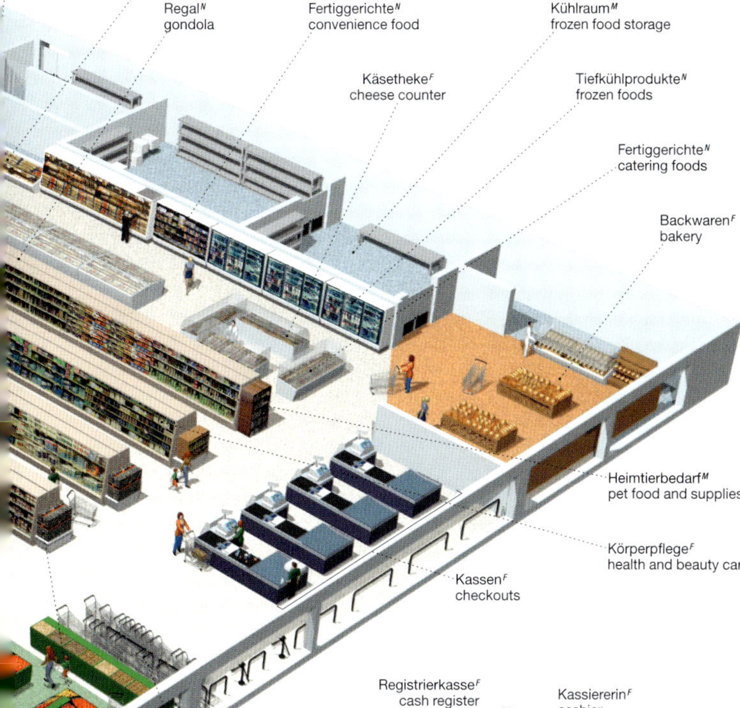

Kasse[F]
checkout

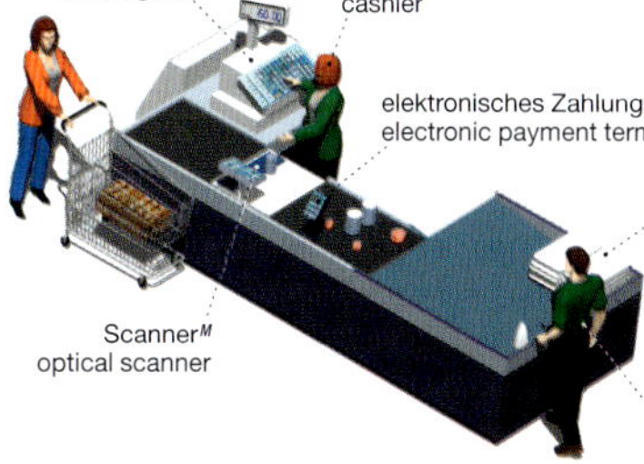

Restaurant[M]

restaurant

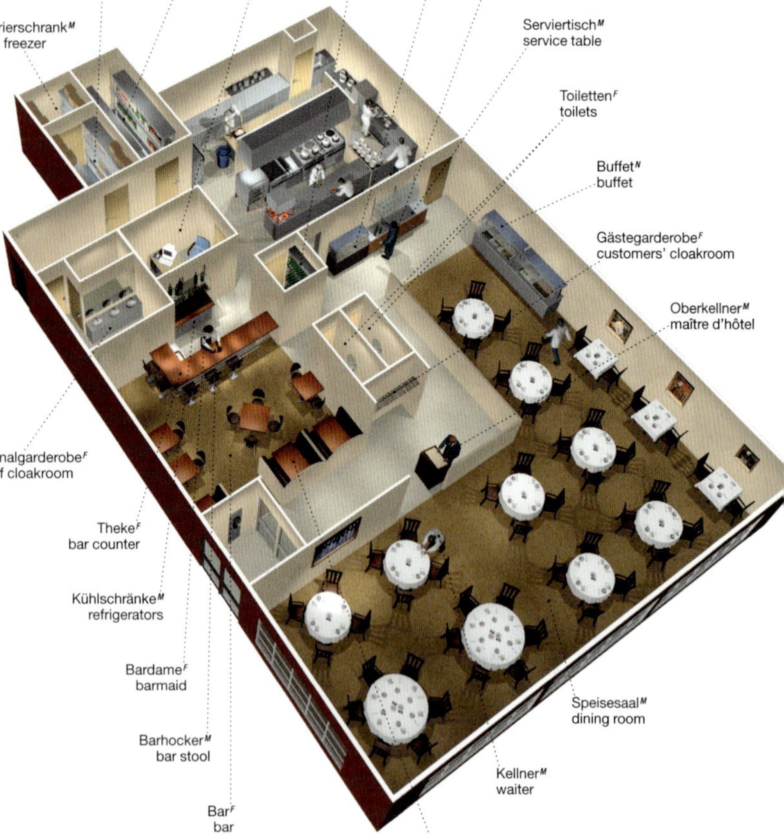

Küche[F]: Gesamtansicht[F]

kitchen: general view

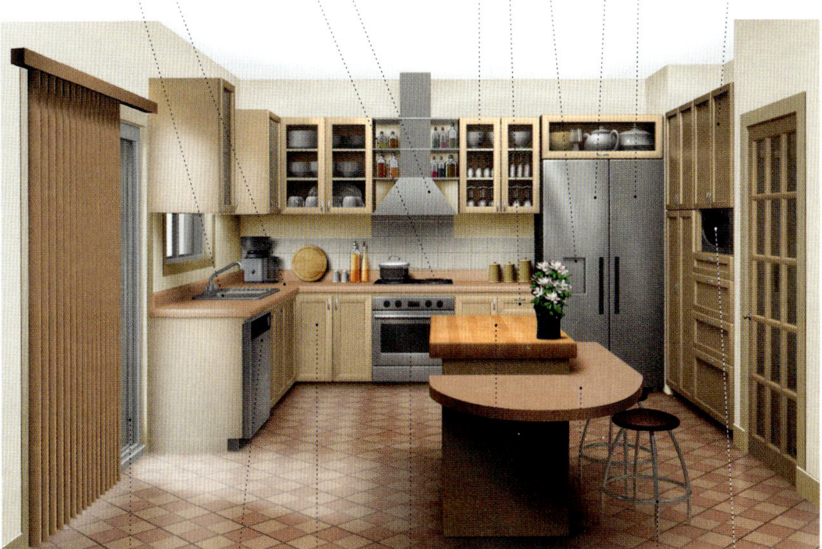

Gläser^N

glassware

Likörglas^N
liqueur glass

Portweinglas^N
port glass

Sektschale^F
champagne glass

Kognakschwenker^M
brandy glass

Elsässer Weinglas^M
hock glass

Rotweinglas^N
burgundy glass

Bordeauxglas^N
bordeaux glass

Weißweinglas^N
white wine glass

Wasserglas^N
water goblet

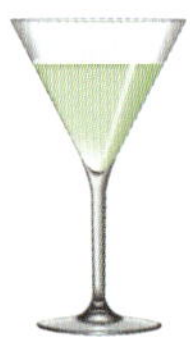

Cocktailglas^N
cocktail glass

Longdrinkglas^N
tall tumbler

Whiskyglas^M
whisky tumbler

Sektkelch^M
champagne flute

Bierkrug^M
beer glass

kleine Karaffe^F
carafe

Karaffe^F
decanter

Gabel[F]

fork

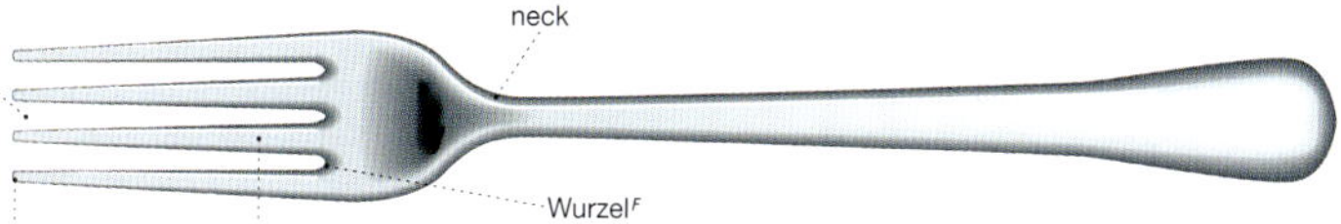

Beispiele[N] für Gabeln[F]
examples of forks

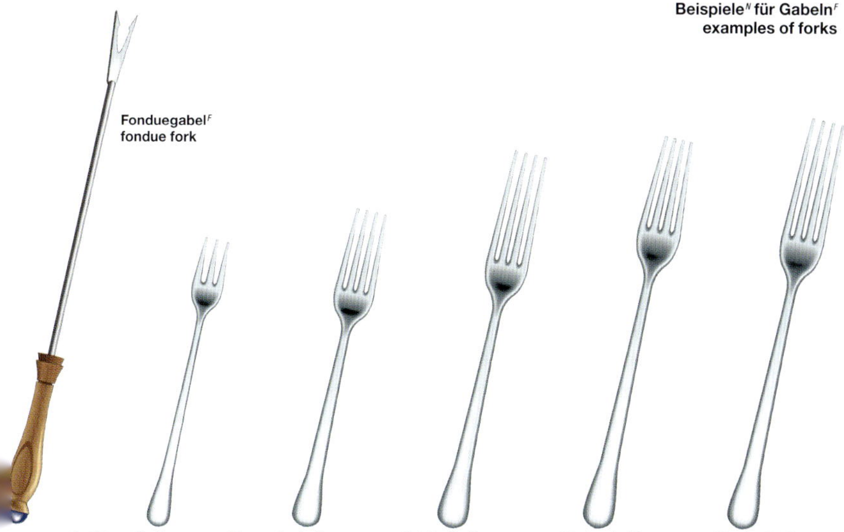

Messer[N]

knife

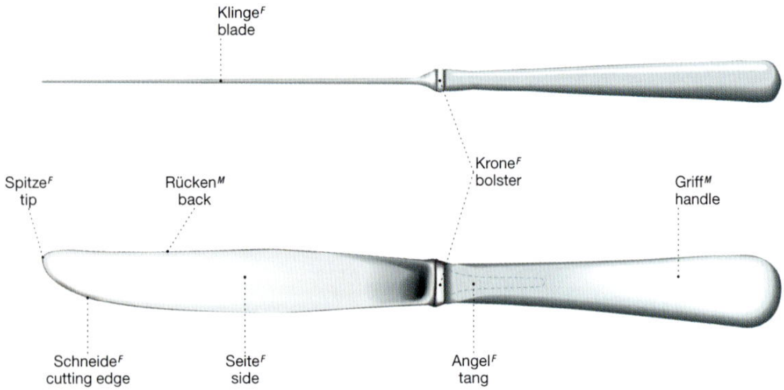

Beispiele[N] für Messer[N]
examples of knives

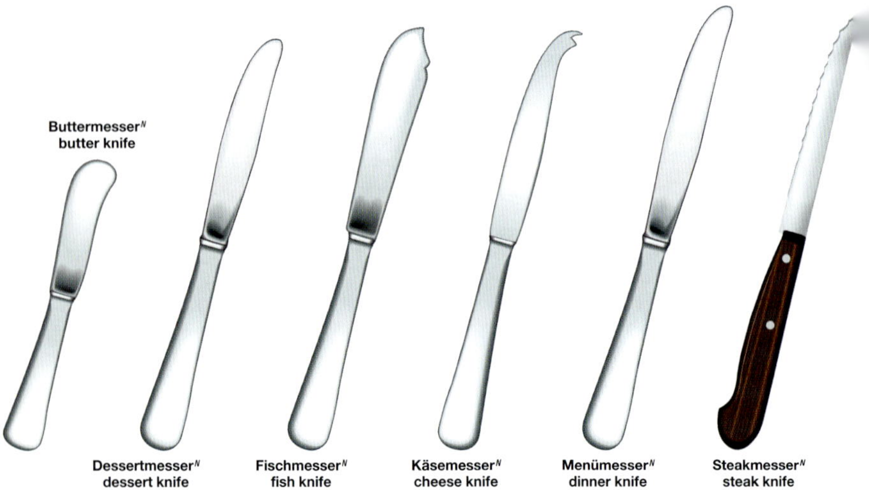

Löffel^M

spoon

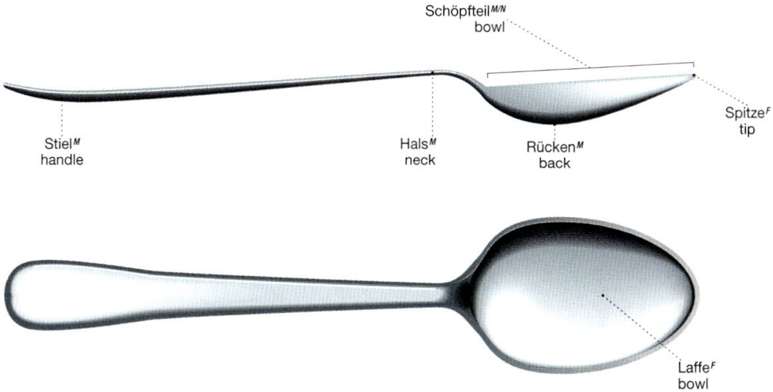

Beispiele^N für Löffel^M
examples of spoons

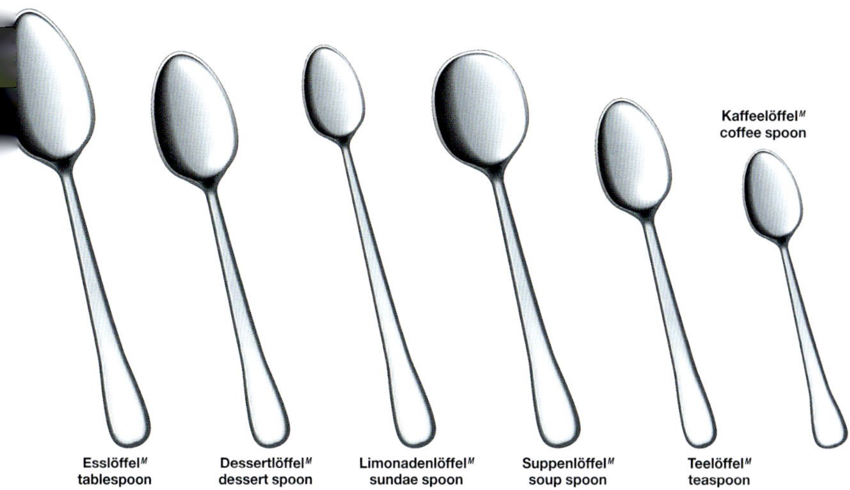

Geschirr[N]

crockery

Mokkatasse[F]
demitasse

Tasse[F]
tea cup

Becher[M]
coffee mug

Wasserkrug[M]
water jug

Teekanne[F]
teapot

Milchkännchen[N]
cream jug

Zuckerdose[F]
sugar bowl

Sauciere[F]
gravy boat

Butterdose[F]
butter dish

Salzstreuer[M]
saltcellar

Pfefferstreuer[M]
pepperpot

Auflaufförmchen
ramekin

Untertasse[F]
saucer

Suppenschale[F]
soup bowl

Kuchenteller[M]
dessert plate

Salatteller[M]
salad plate

flacher Teller[M]
dinner plate

Suppenteller[M]
rim soup bowl

Geschirr[N]

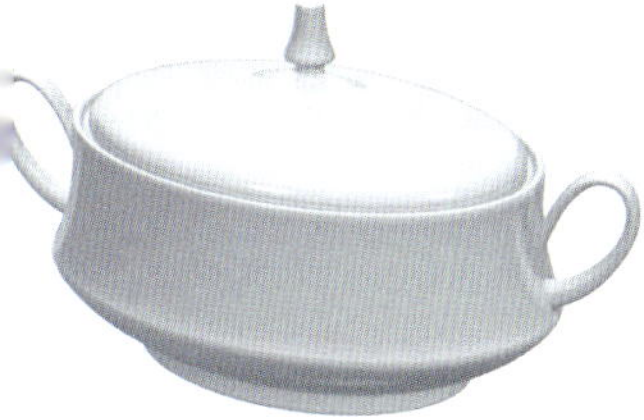

Gemüseterrine[F]
vegetable dish

Sushi-Satz[M]
sushi set

Reisschüssel[F]
rice bowl

Suppenterrine[F]
soup tureen

Hors-d'Oeuvre-Schale[F]
hors d'œuvre dish

Schneckenpfännchen[N]
snail dish

Salatschale[F]
salad dish

Salatschüssel[F]
salad bowl

Servierplatte[F]
serving dish

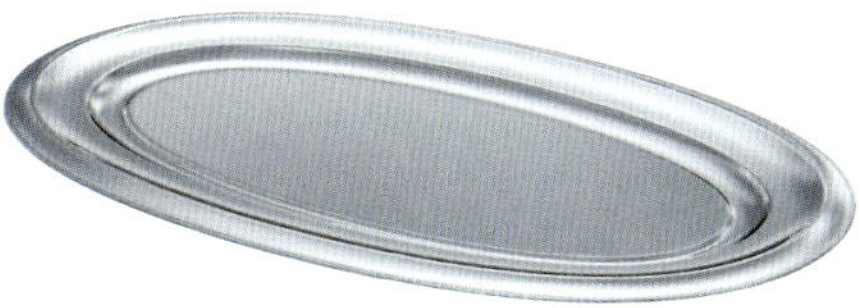

Fischplatte[F]
fish dish

Käseplatte[F]
cheese platter

gedeckter Tisch[M]

place setting

im französischen Stil[M]
French style

im englischen Stil[M]
English style

gedeckter Tisch[M]

im amerikanischen Stil[M]
American style

im chinesischen Stil[M]
Chinese style

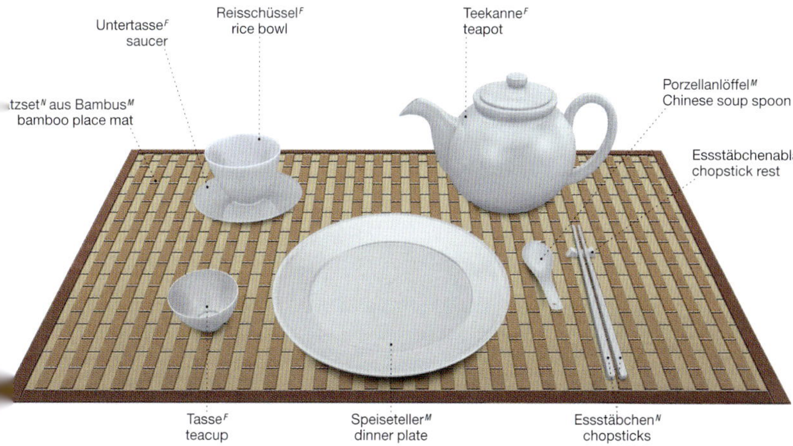

Küchenutensilien[N]

kitchen utensils

Küchenmesser[N]
kitchen knife

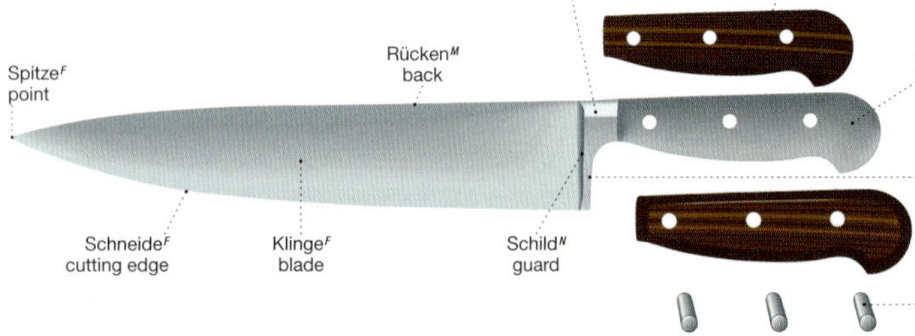

Beispiele[N] für Küchenmesser[N]
examples of kitchen knives

Kochmesser[N]
cook's knife

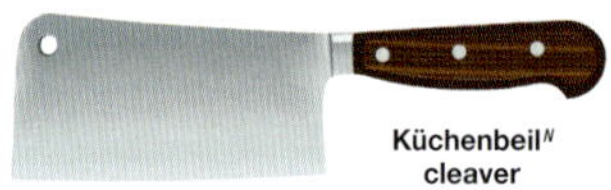

Küchenbeil[N]
cleaver

Brotmesser[N]
bread knife

Tranchiermesser[N]
carving knife

Schinkenmesser[N]
ham knife

Schälmesser[N]
paring knife

Filiermesser[N]
filleting knife

Ausbeinmesser[N]
boning knife

Grapefruitmesser[N]
grapefruit knife

Austernmesser[N]
oyster knife

Zitronenschaber[M]
zester

Küchenutensilien[N]

zum Öffnen[N]
for opening

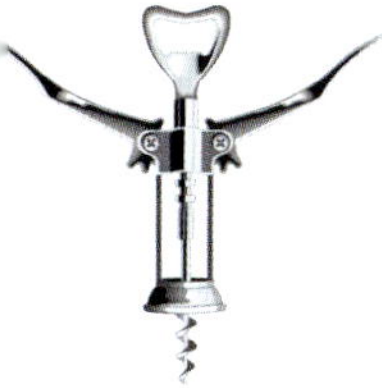

Hebel-Korkenzieher[M]
lever corkscrew

Kellnerbesteck[N]
wine waiter corkscrew

Flaschenöffner[M]
bottle opener

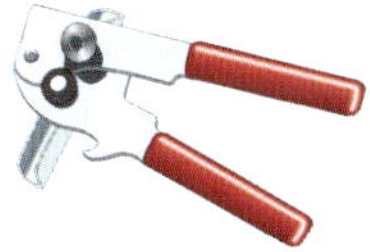

Büchsenöffner[M]
tin opener

zum Zerkleinern[N] und Zerreiben[N]
for grinding and grating

Nussknacker[M]
nutcracker

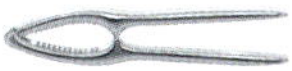

Mörser[M]
mortar

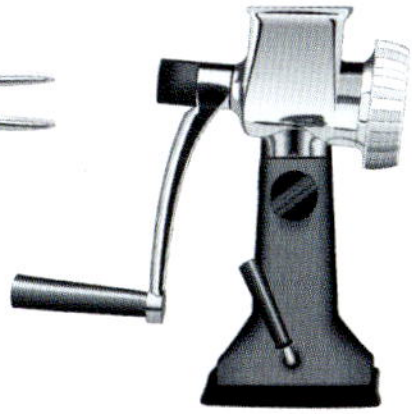

Fleischwolf[M]
mincer

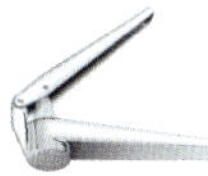

Knoblauchpresse[F]
garlic press

Handkaffeemühle[F]
manual coffee grinder

Zitronenpresse[F]
lemon squeezer

Muskatnussreibe[F]
nutmeg grater

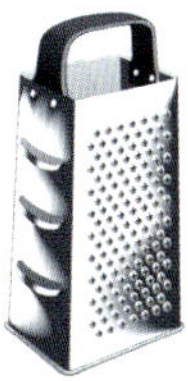

Reibe[F]
grater

Pfeffermühle[F]
pepper mill

Käsereibe[F]
rotary cheese grater

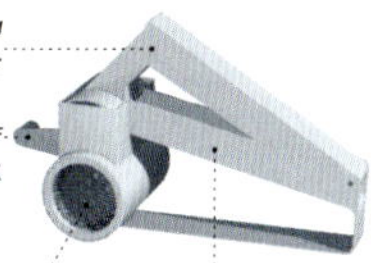

Nudelmaschine[F]
pasta maker

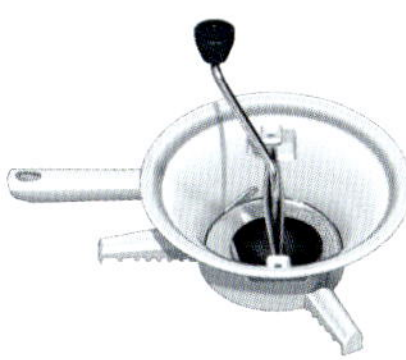

Passiergerät[N]
food mill

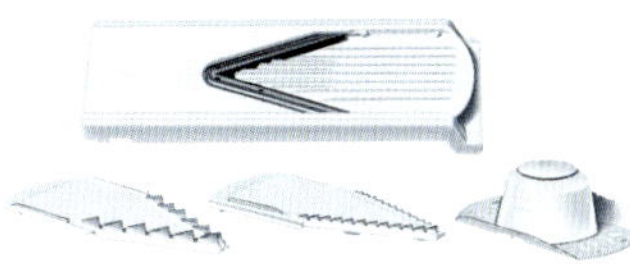

Küchenreibe[F]
mandoline

Küchenutensilien^N

zum Messen^N
for measuring

Maß^N
measuring jug

Fleischthermometer^N
meat thermometer

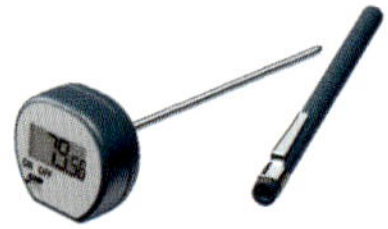

digitales Bratenthermometer^N
instant-read thermometer

Messbecher^M
measuring beaker

Messlöffel^M
measuring spoons

Einmachthermometer^N
sugar thermometer

Eieruhr^F
egg timer

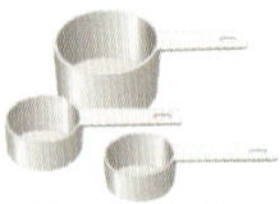

Messbecher^M
measuring cups

Kurzzeitwecker^M
kitchen timer

Backofenthermometer^N
oven thermometer

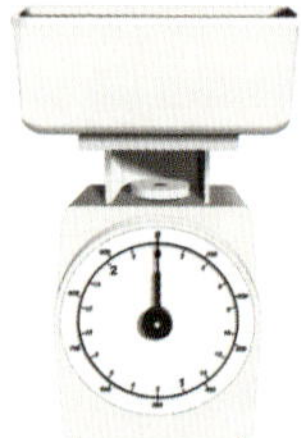

Küchenwaage^F
kitchen scale

zum Sieben^N und Abtropfen^N
for straining and draining

Passiersieb^N
mesh strainer

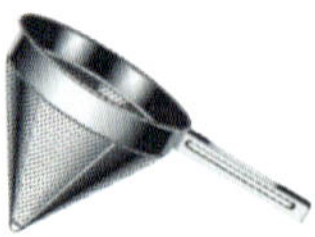

Spitzsieb^N
chinois

Musselin^M
muslin

Trichter^M
funnel

Seiher^M
colander

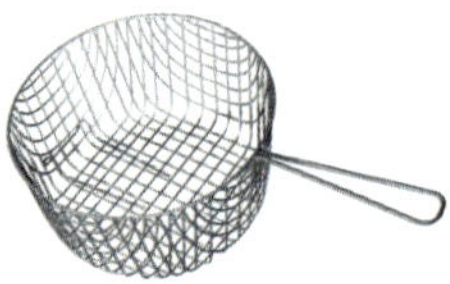

Frittierkorb^M
frying basket

Mehlsieb^N
sieve

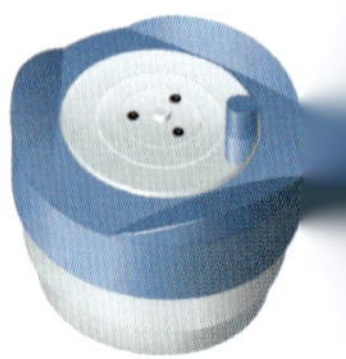

Salatschleuder^F
salad spinner

Küchenutensilien^{N}

verschiedene Utensilien^{N}
miscellaneous utensils

Entsteiner^{M}
stoner

Spicknadel^{F}
larding needle

Kerngehäuseausstecher^{M}
apple corer

Melonenlöffel^{M}
melon baller

Dressiernadel^{F}
trussing needle

Geflügelschere^{F}
poultry shears

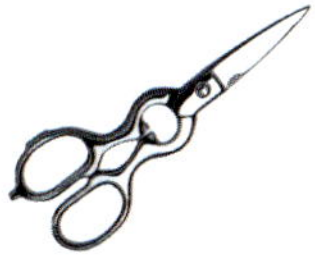
Küchenschere^{F}
kitchen shears

Schneckenzange^{F}
snail tongs

Eisportionierer^{M}
ice-cream scoop

Probierlöffel^{M}
tasting spoon

Tee-Ei^{N}
tea infuser

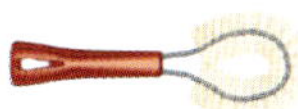
Gemüsebürste^{F}
vegetable brush

Eierschneider^{M}
egg slicer

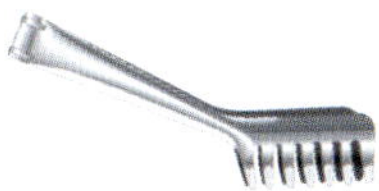
Spaghettizange^{F}
spaghetti tongs

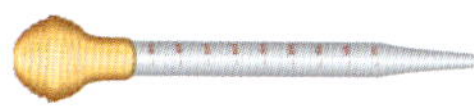
Fettgießer^{M}
baster

Zange^{F}
tongs

Pilzbürste^{F}
mushroom brush

Tranchiergabel^{F}
carving fork

Pizzaschneider^{M}
pizza cutter

Wetzstahl^{M}
sharpening steel

Wetzstein^{M}
sharpening stone

Schäler^{M}
peeler

Butterroller^{M}
butter curler

Schneidbrett^{N}
cutting board

Küchenutensilien[N]

Backgerät[N]
baking utensils

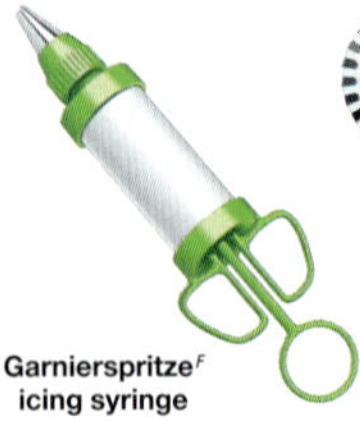

Garnierspritze[F]
icing syringe

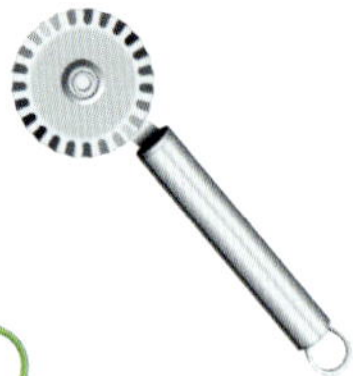

Teigrädchen[N]
pastry cutting wheel

Kuchenpinsel[M]
pastry brush

Rad-Schneeschläger[M]
egg beater

Schneebesen[M]
whisk

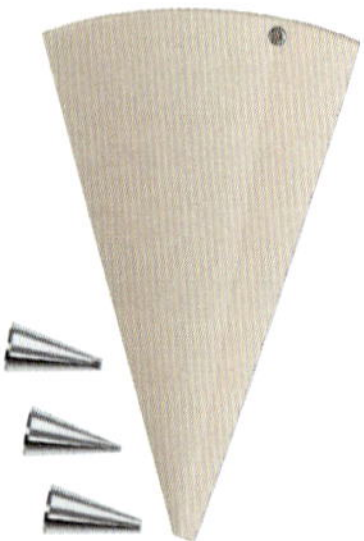

Spritzbeutel[M] mit Tüllen[F]
pastry bag and nozzles

Shaker[M]
shaker

Mehlsieb[N]
sifter

Backblech[N]
baking sheet

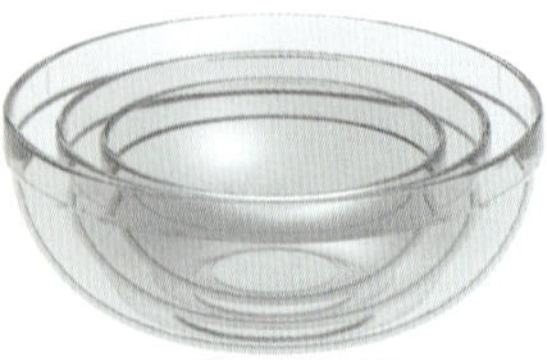

Rührschüsseln[F]
mixing bowls

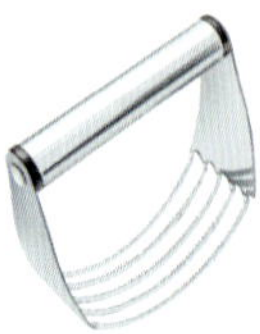

Teigmischer[M]
pastry blender

Ausstechformen[F]
biscuit cutters

Souffléform[F]
soufflé dish

Nudelholz[N]
rolling pin

Küchenutensilien[N]

Kuchenform[F]
cake tin

Kuchenform[F]
pie plate

Springform[F]
removable-bottomed tin

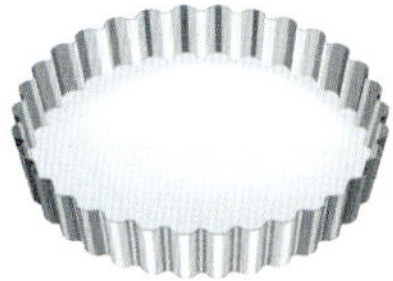
Obstkuchenform[F]
tart pan

Brotform[F]
bread pan

Charlottenform[F]
charlotte mould

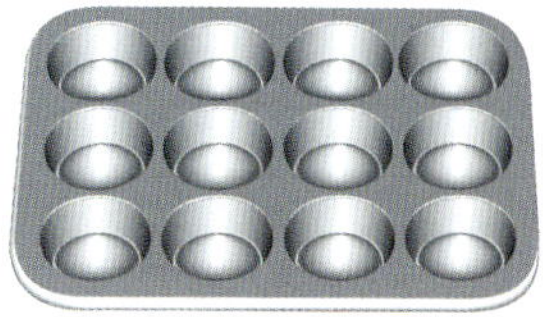
Muffinform[F]
bun tin

Küchenzubehörsatz[M]
set of kitchen utensils

bseihkelle[F]
skimmer

Abseihlöffel[M]
draining spoon

Palette[F]
spatula

Pfannenwender[M]
slice

Schöpflöffel[M]
ladle

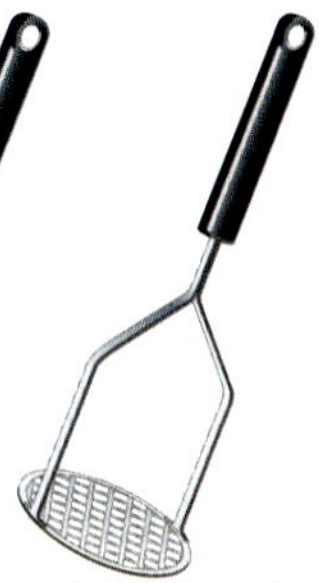
Kartoffelstampfer[M]
potato masher

Kochgeräte[N]

cooking utensils

Wok-Set[N]
wok set

Tajine[F]
tajine

Fondue-Set[N]
fondue set

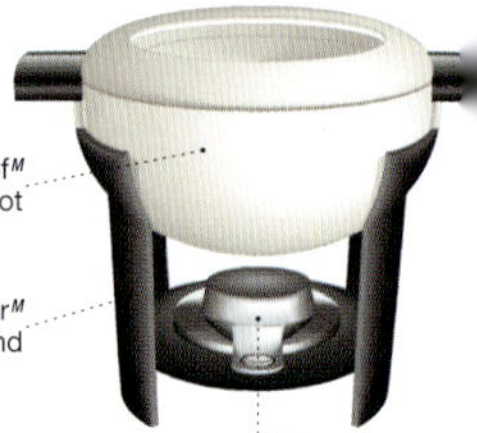

Fischkochtopf[M]
fish kettle

Auffangschale[F]
drip pan

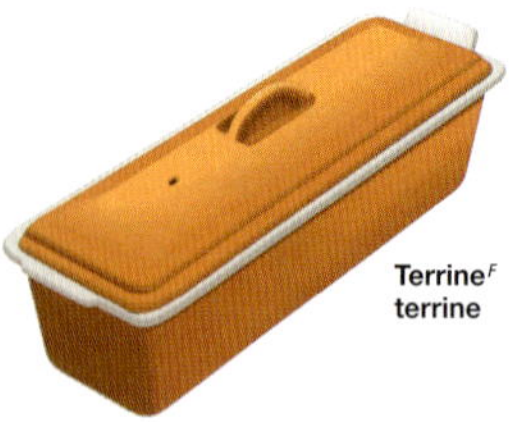

Terrine[F]
terrine

Schnellkochtopf[M]
pressure cooker

Bräter[M]
roasting pans

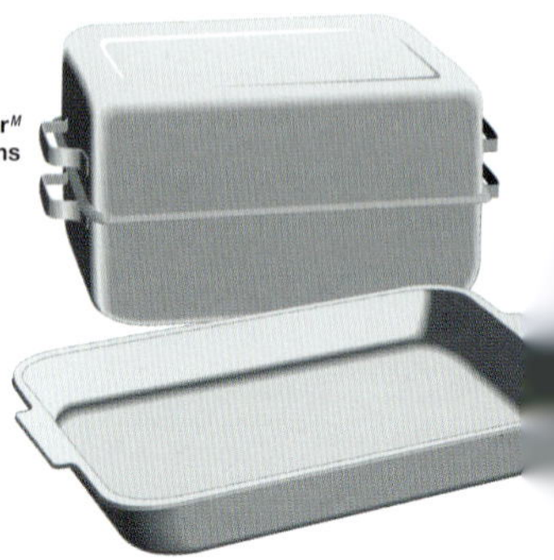

Kochgeräte[N]

flacher Bratentopf[M]
Dutch oven

Suppentopf[M]
stock pot

Couscoustopf[M]
couscous kettle

Bratpfanne[F]
frying pan

Kasserolle[F] aus Gusseisen[N]
cast-iron casserole

Dampfkochtopf[M]
steamer

Schmorpfanne[F]
sauté pan

Eipochierer[M]
egg poacher

Römertopf[M]
diable

Crźpe-Pfanne[F]
pancake pan

Pfanne[F]
small saucepan

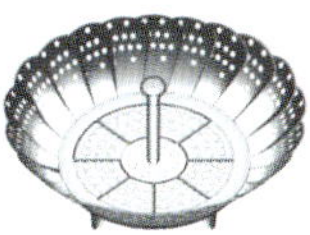

Dämpfeinsatz[M]
steamer basket

Wasserbadtopf[M]
double boiler

Stielkasserolle[F]
saucepan

Pizzablech[N]
pizza pan

kleine Haushaltsgeräte[N]

small kitchen appliances

zum Mixen[N] und Kneten[N]
for mixing and blending

Pürierstab[M]
immersion blender

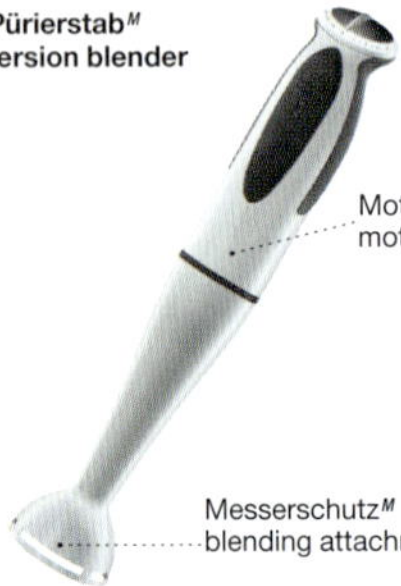

Handrührgerät[N]
hand mixer

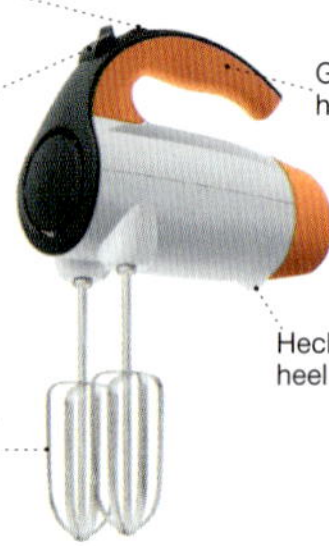

Mixer[M]
blender

Standmixer[M]
table mixer

Rührbesen[M]
beaters

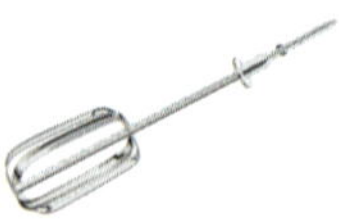

Rührbesen[M]
four-blade beater

Spiralkneter[M]
spiral beater

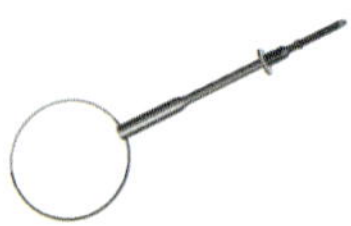

Drahtbesen[M]
wire beater

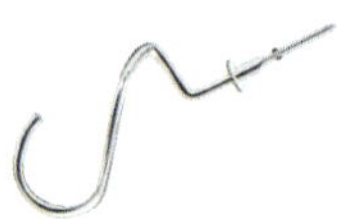

Knethaken[M]
dough hook

kleine Haushaltsgeräte[N]

zum Schneiden[N]
for cutting

Küchenmaschine[F]
food processor

Scheiben[F]
discs

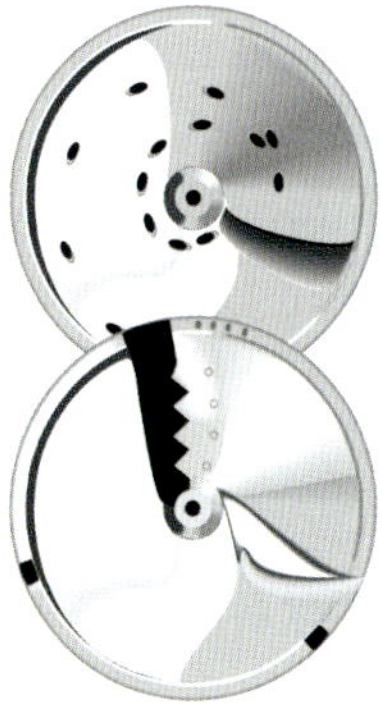

Elektromesser[N]
electric knife

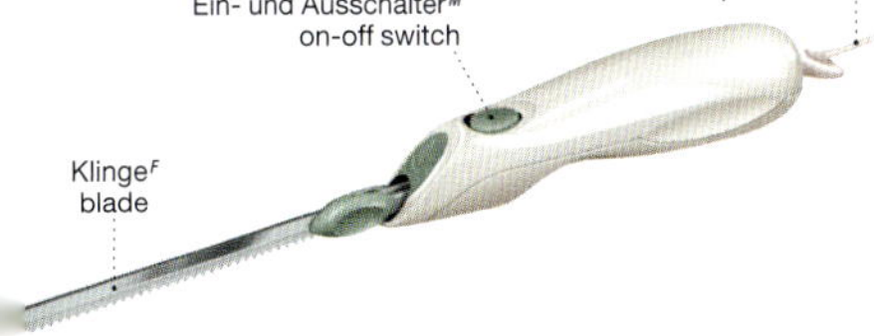

zum Auspressen[N]
for juicing

Zitruspresse[F]
lemon squeezer

kleine Haushaltsgeräte[N]

zum Kochen[N]
for cooking

Mikrowellengerät[N]
microwave oven

Waffeleisen[N]
waffle iron

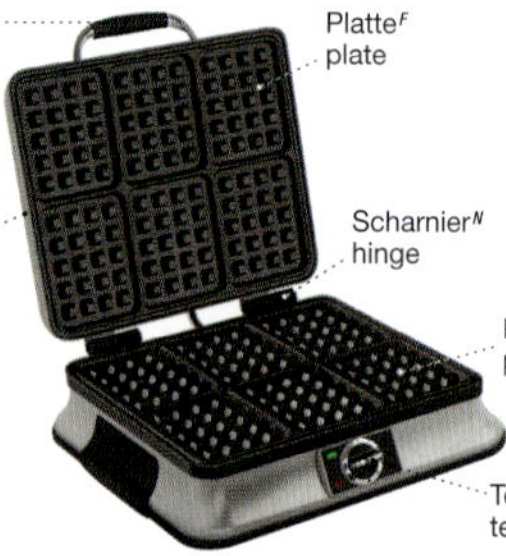

Toaster[M]
toaster

Fritteuse[F]
deep fryer

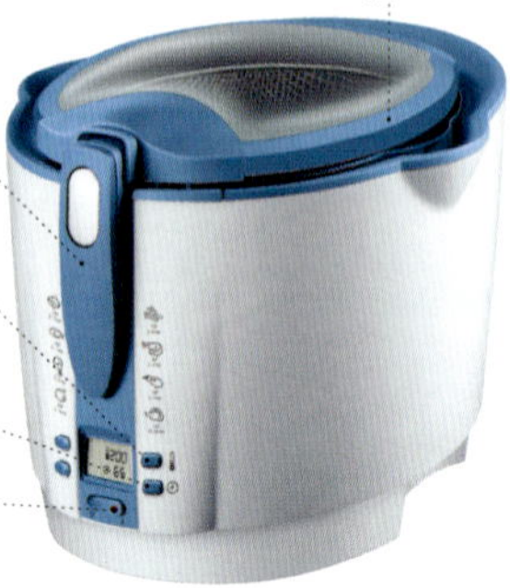

Mini-Backofen[M]
toaster oven

kleine Haushaltsgeräte[N]

Bräter[M]
slow cooker

Dampfgargerät[N]
electric steamer

Brotbackautomat[M]
bread maker

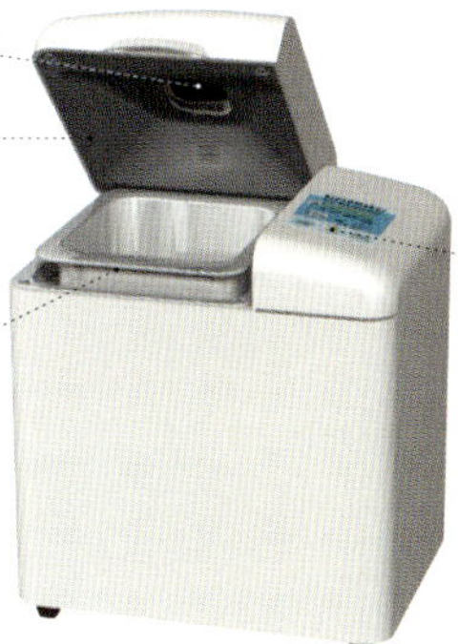

Raclette-Grill[M]
raclette grill

Grillplatte[F]
griddle

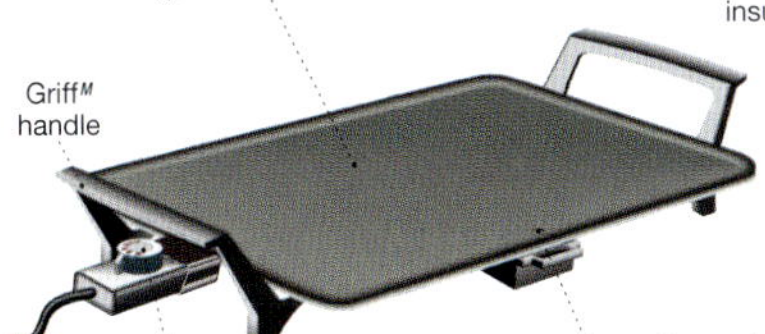

Elektrischer Tischgrill[M]
indoor electric grill

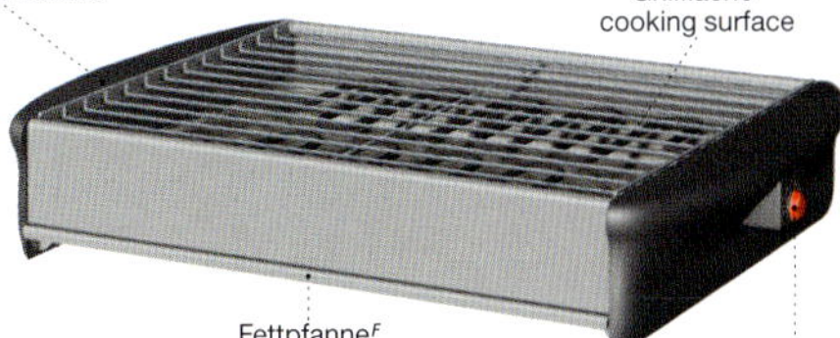

kleine Haushaltsgeräte^N

verschiedene Geräte^N
miscellaneous appliances

Wasserkocher^M
kettle

Dosenöffner^M
tin opener

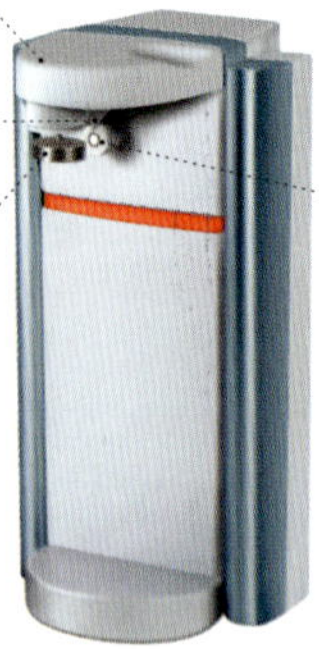

Eismaschine^F
ice-cream maker

Entsafter^M
juice extractor

elektrische Kaffeemühle^F
electric coffee grinder

kleine Haushaltsgeräte[N]

Kaffeemaschinen[F]
coffee makers

Kaffeemaschine[F]
automatic filter coffee maker

Neapolitanische Tropfkanne[F]
Neapolitan coffee maker

Vakuum-Kaffeemaschine[F]
vacuum coffee maker

Espressomaschine[F]
espresso machine

Kaffee-Filterkanne[M]
percolator

Pressfilterkanne[F]
cafetière with plunger

Espressokocher[M]
espresso maker

Außenansicht[F] eines Hauses[N]

exterior of a house

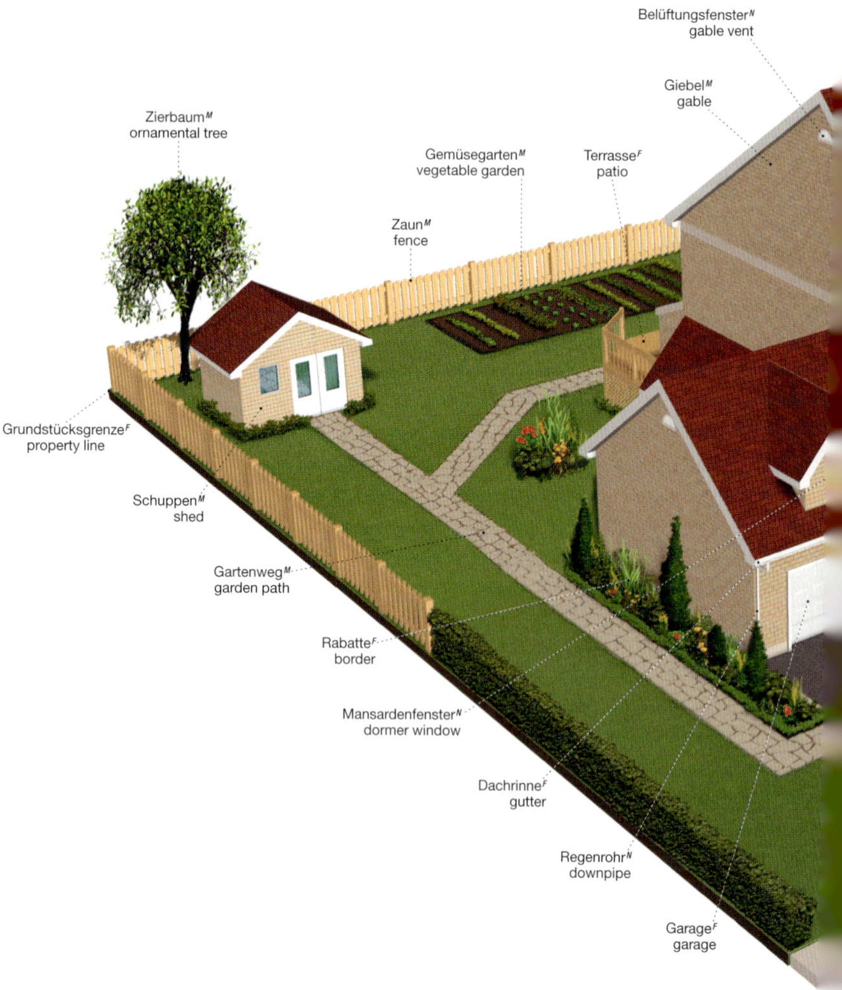

Außenansicht[F] eines Hauses[N]

Ansicht[F]
elevation

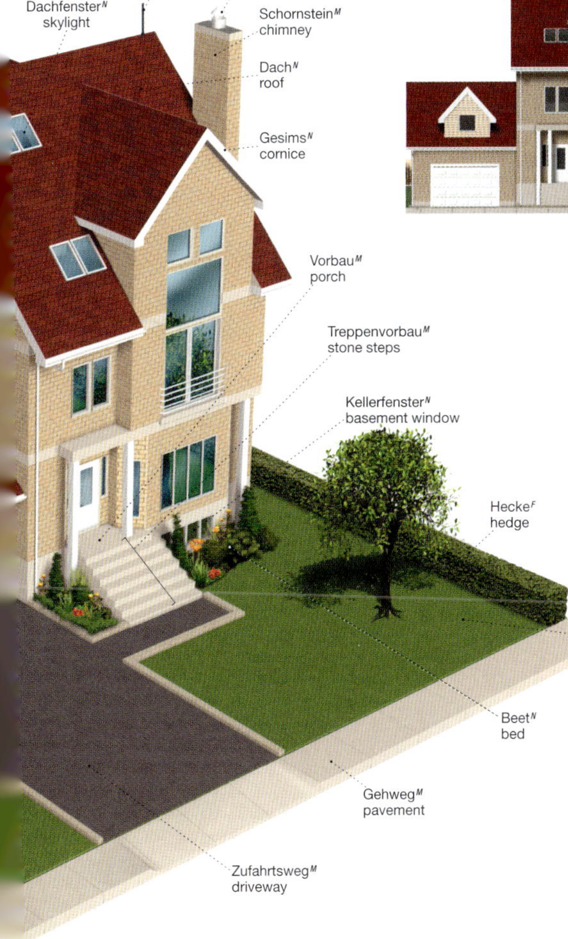

Schwimmbecken[N]

pool

Whirlpool[M]
hot tub

freistehendes Schwimmbecken[N]
above-ground swimming pool

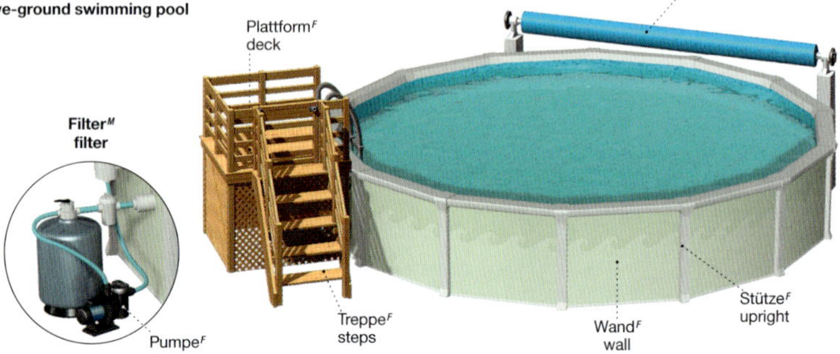

in den Boden[M] eingelassenes Schwimmbecken[N]
in-ground swimming pool

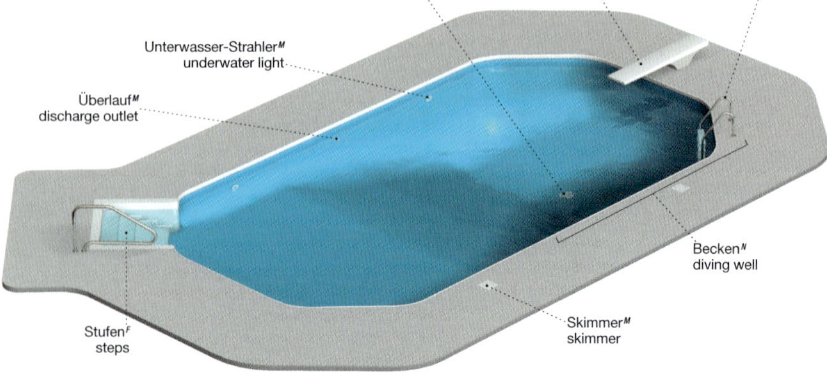

Haustür^F

exterior door

Schloss[N]

lock

Gesamtansicht[F]
general view

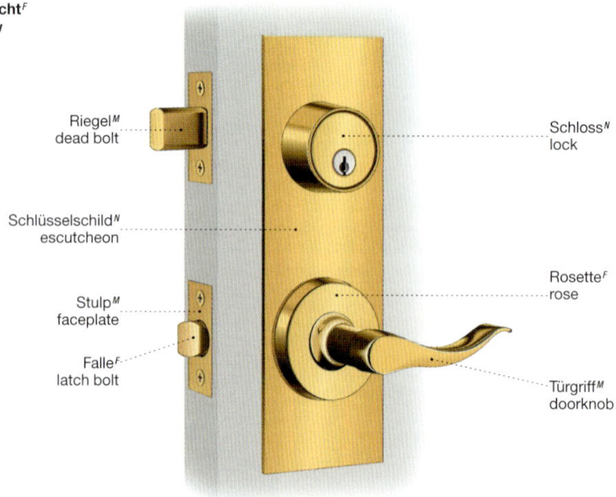

Fenster[N]

window

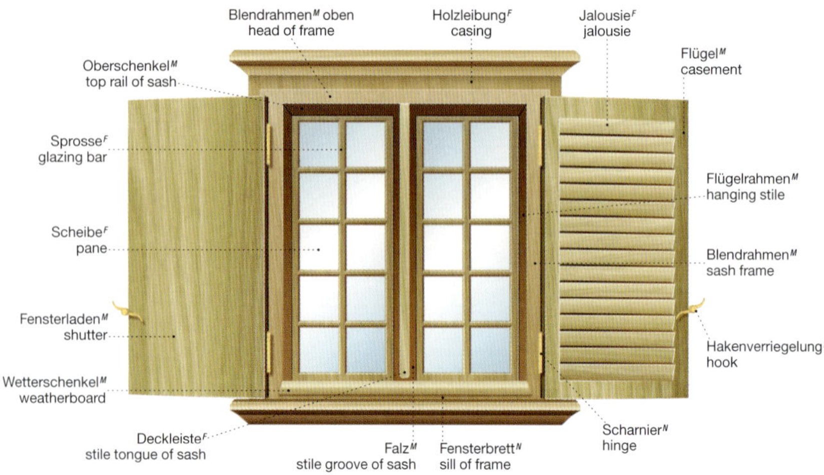

Rahmen^M

timber frame

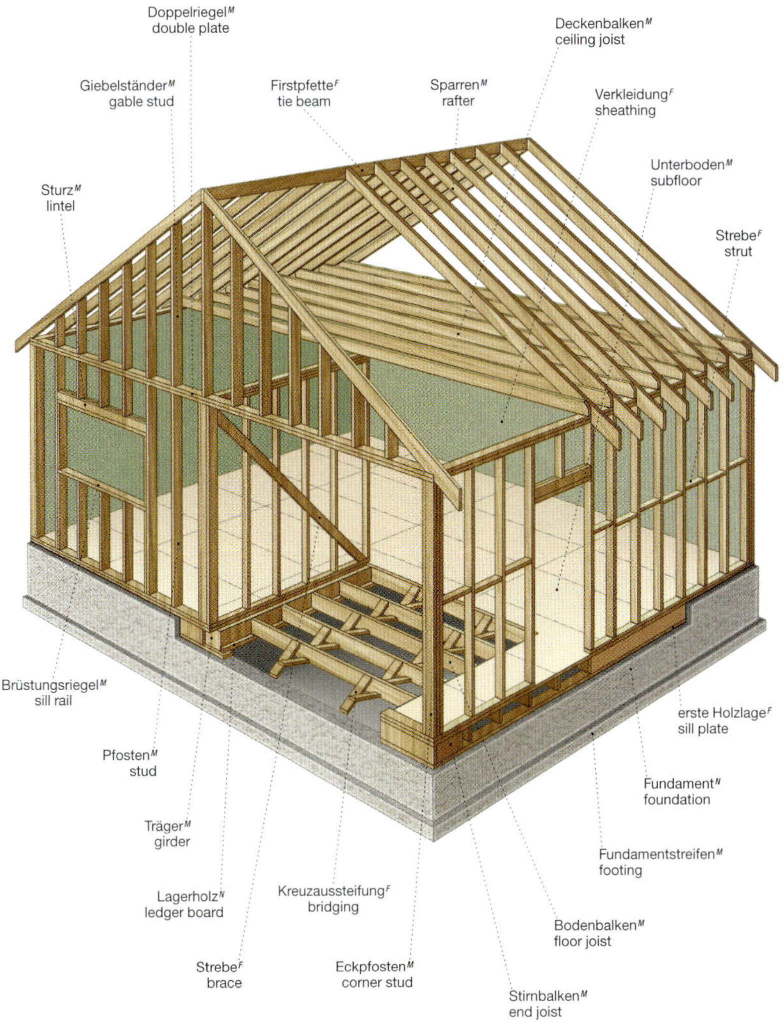

Haupträume[M]

main rooms

Erdgeschoss[N]
ground floor

Haupträume[M]

Zwischengeschoss[N]
mezzanine floor

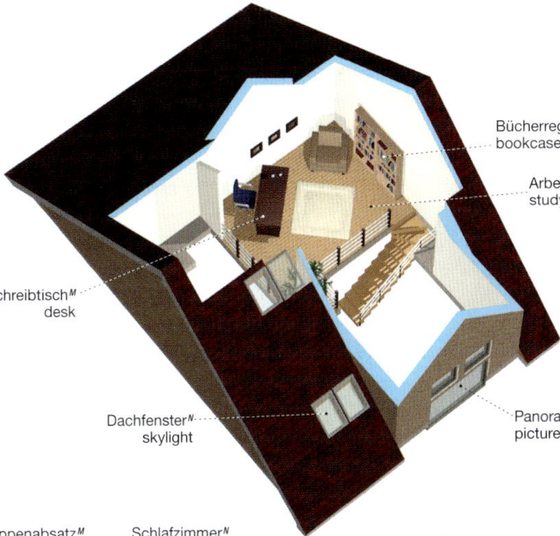

erster Stock[M]
first floor

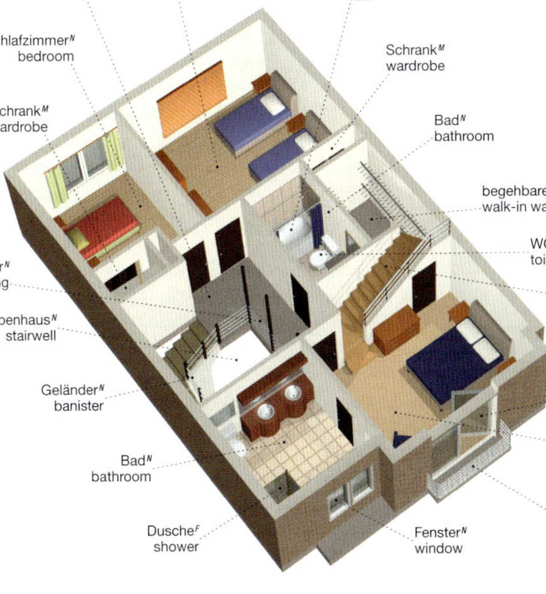

Parkettboden[M]

wood flooring

Parkettboden[M] auf Zementestrich[M]
wood flooring on cement screed

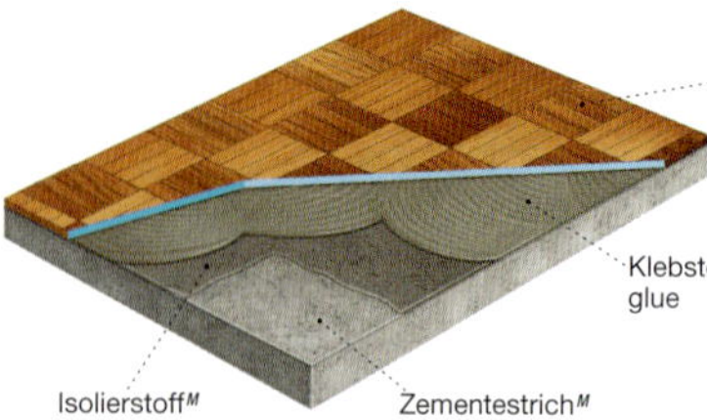

Parkettboden[M] auf Holzunterbau[M]
wood flooring on wooden base

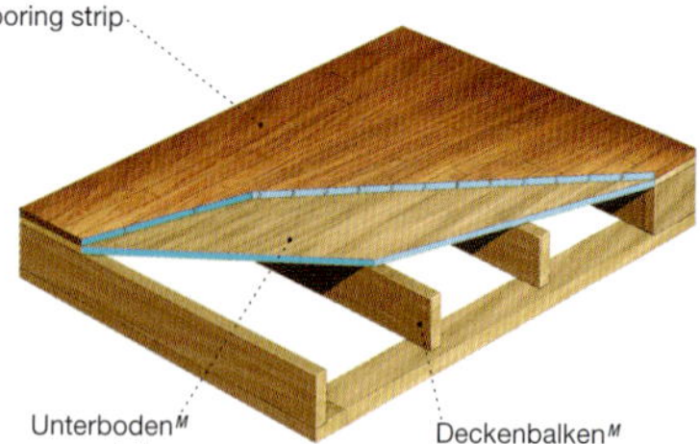

Treppe[F]

stairs

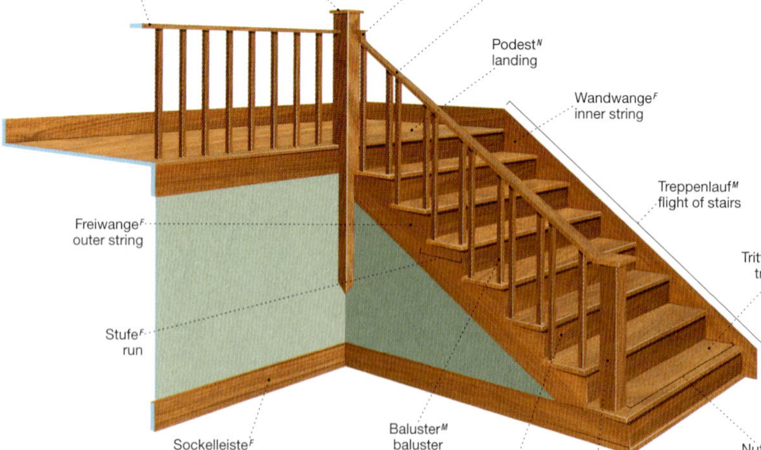

elektrischer Heizkessel[M]

electric furnace

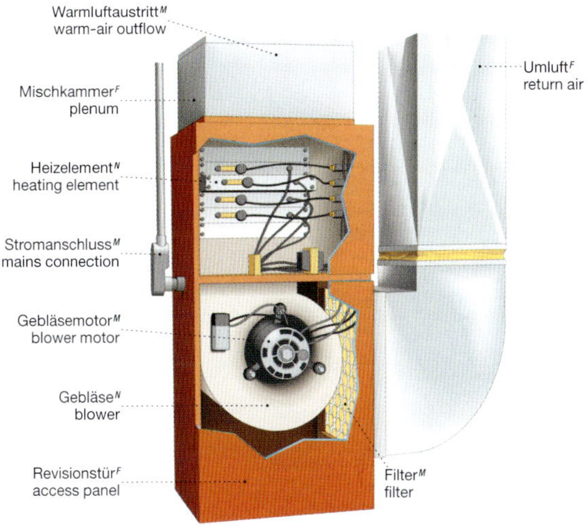

gasbefeuerter Boiler[M]

gas-fired boiler

Gasbrenner[M]
gas burner

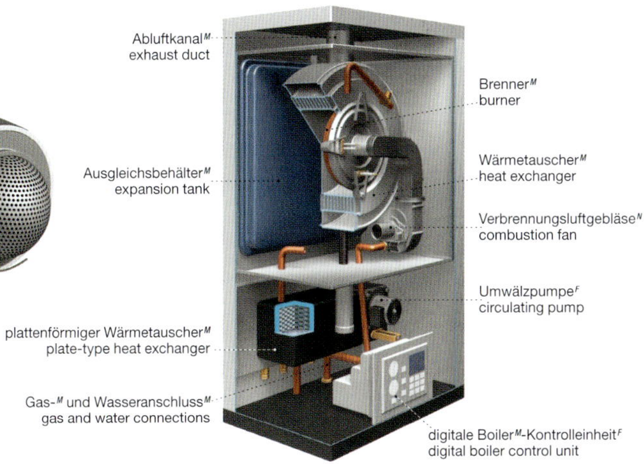

Holzbeheizung^F

wood firing

Kamin^M
fireplace

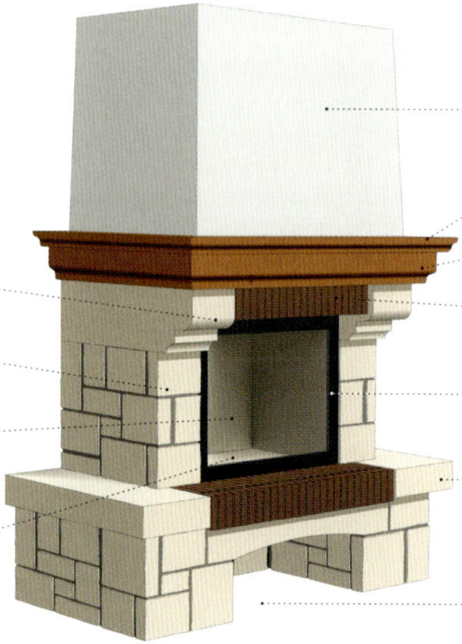

Dauerbrandofen^M
slow-burning stove

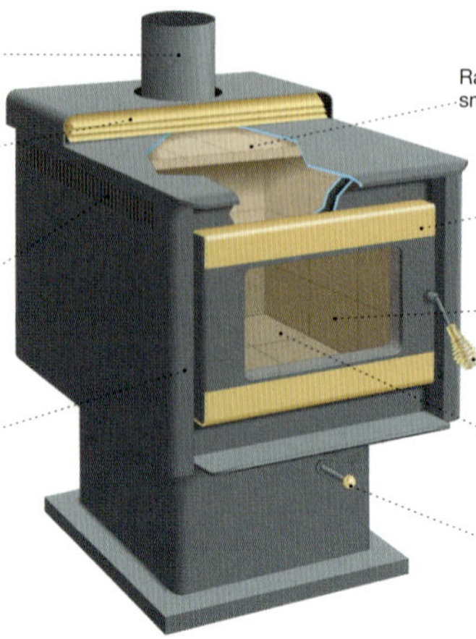

Holzbeheizung[F]

Kamin[M]
chimney

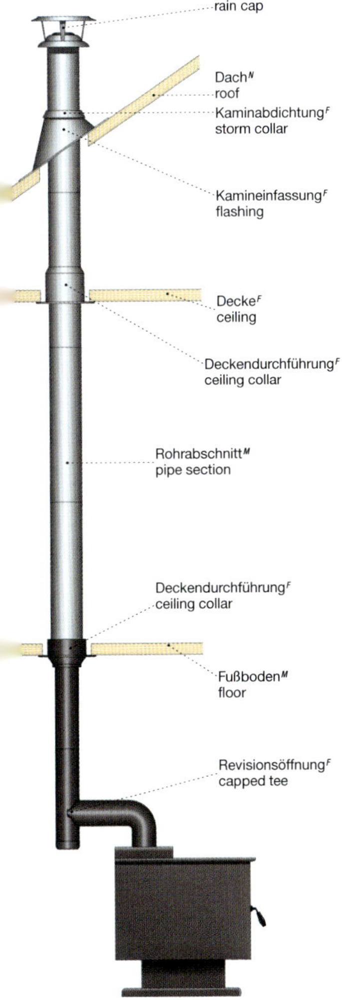

Kaminbesteck[N]
fire irons

Feuerzange[F]
tongs

Schürhaken[M]
poker

Kohlenschaufel[F]
shovel

Besen[M]
broom

Feuerbock[M]
andirons

Holzträger[M]
log carrier

Kamingitter[N]
fireplace screen

Zusatzheizung^F

auxiliary heating

Konvektor^M
convector heater

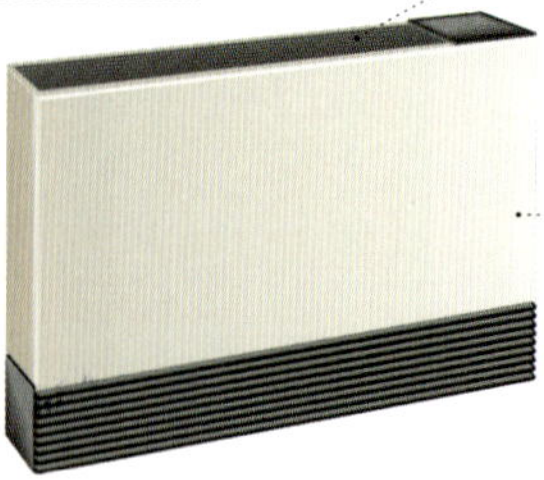

Heizlüfter^M
fan heater

ölgefüllter Heizkörper^M
oil-filled radiator

Heizstrahler^M
radiant heater

Elektrokonvektor^M
floor-level electric convector

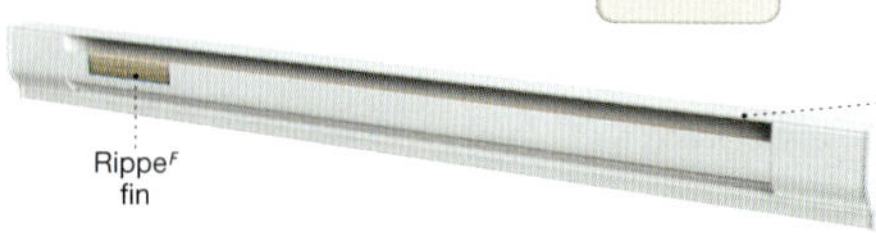

Steuergeräte^N

control devices

programmierbarer Thermostat^M
programmable thermostat

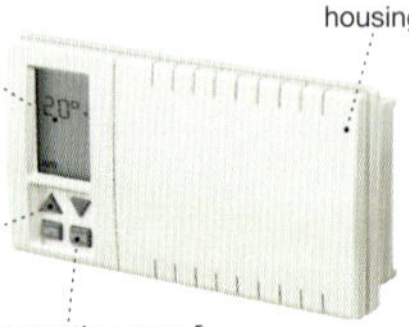

Raumthermostat^M
room thermostat

Klimageräte[N]

air conditioning appliances

Raumklimaanlage[F]
room air conditioner

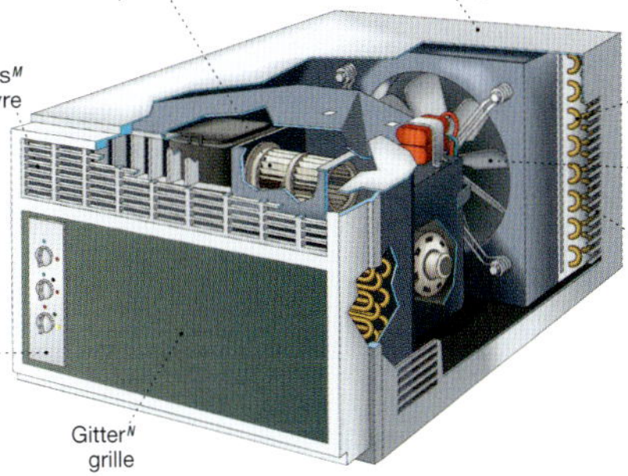

Deckenventilator[M]
ceiling fan

Luftentfeuchter[M]
dehumidifier

Luftreiniger[M]
air purifier

tragbarer Verdunster[M]
portable humidifier

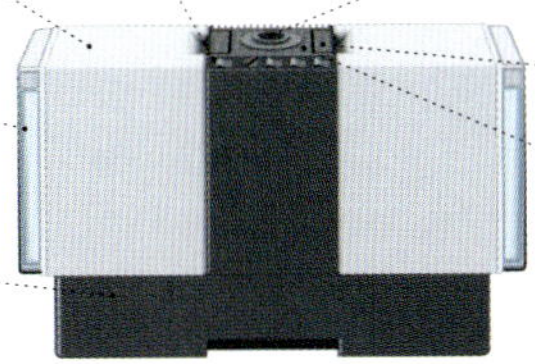

Badezimmer^N

bathroom

Toilette[F]

toilet

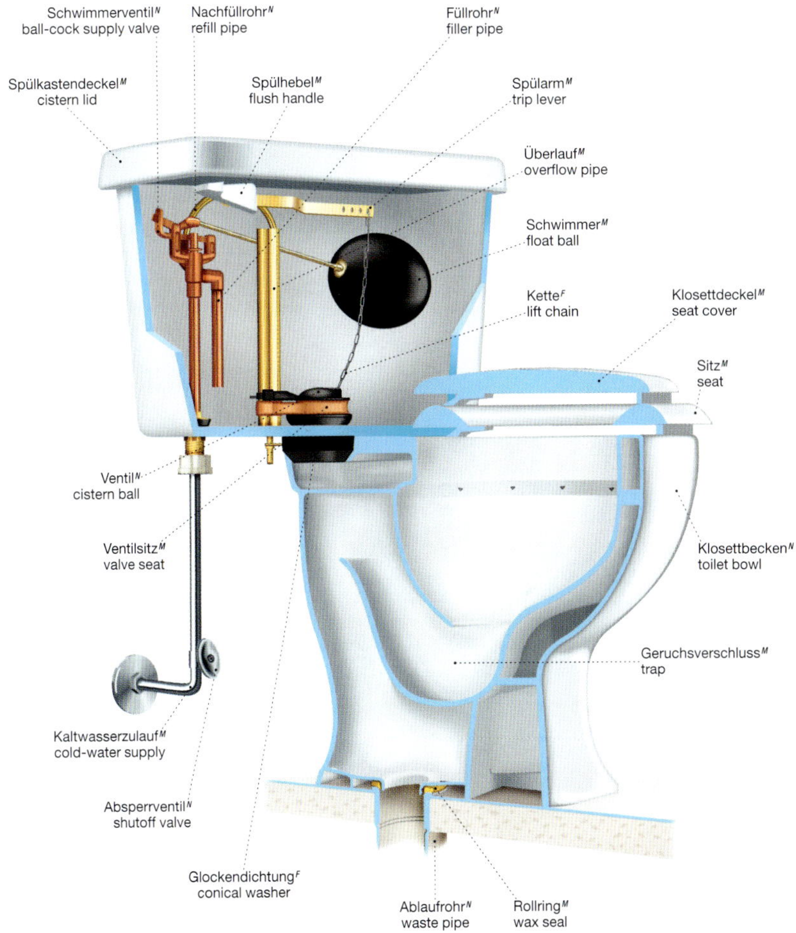

Kontaktelemente^N

contact devices

Schukostecker^M
European plug

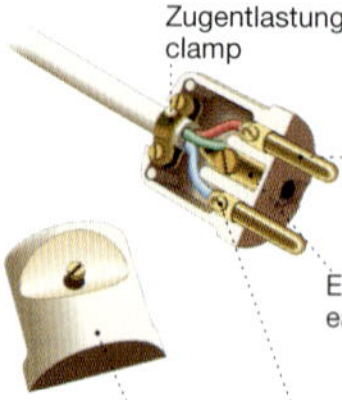

Schukosteckdose^F
European outlet

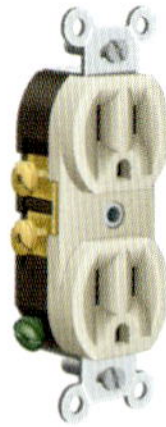

amerikanische Steckdose^F
American outlet

dreipoliger, amerikanischer Stecker
American plug

Schalterabdeckplatte^F
escutcheon plate

Teile^M/N einer Lampenfassung^F
parts of a lamp socket

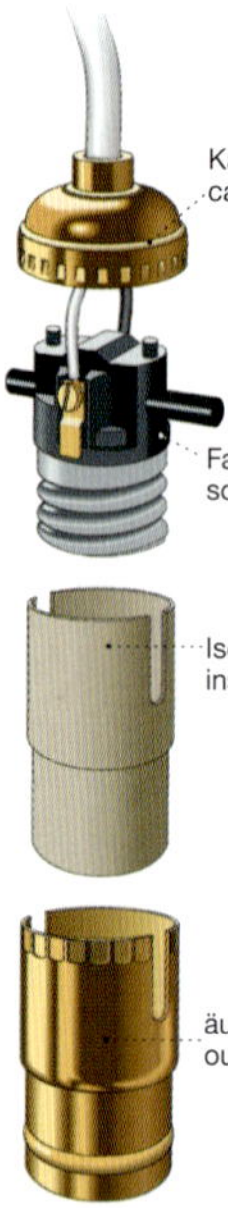

Adapter^M
plug adapter

Schalter^M
switch

Dimmerschalter^M
dimmer switch

Schraubfassung^F
screw cap

Lampenfassung^F
lamp-holder

Bajonettfassung^F
bayonet cap

Buchsenhalter^M
electrical box

Beleuchtung[F]
lighting

Wolfram-Halogenlampe[F]
tungsten-halogen bulb

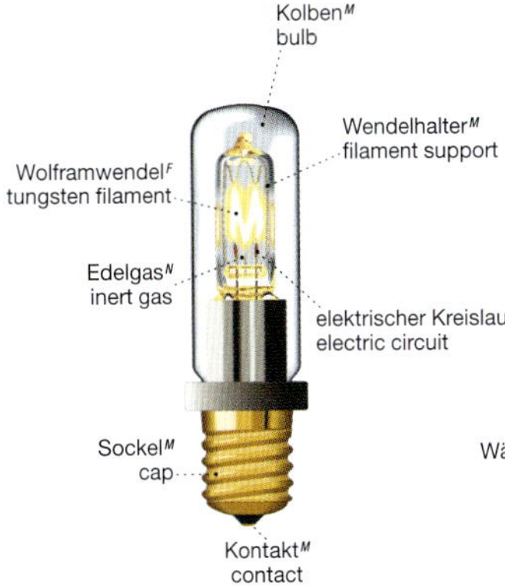

Glühlampe[F]
incandescent light bulb

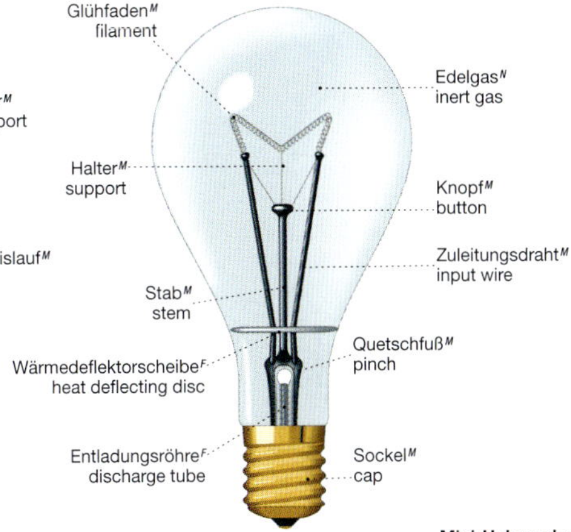

Leuchtstoffröhre[F]
fluorescent tube

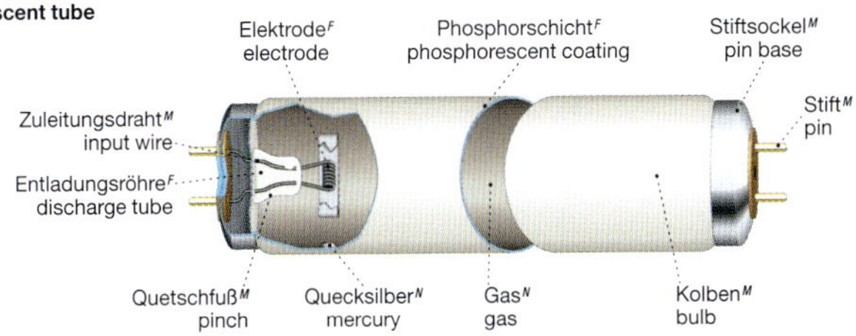

Mini-Halogenlampe[F]
mini halogen lamp

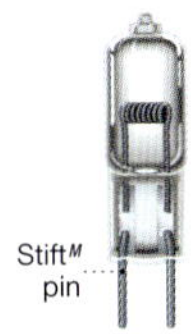

Kompaktleuchtstofflampe[F]
compact fluorescent lamp

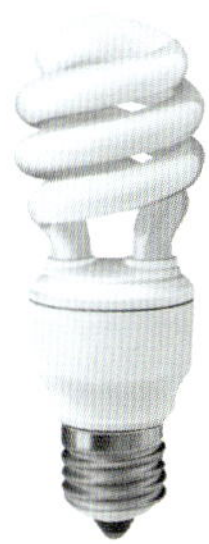

LED-Lampe[F]
light-emitting diode (LED) lamp

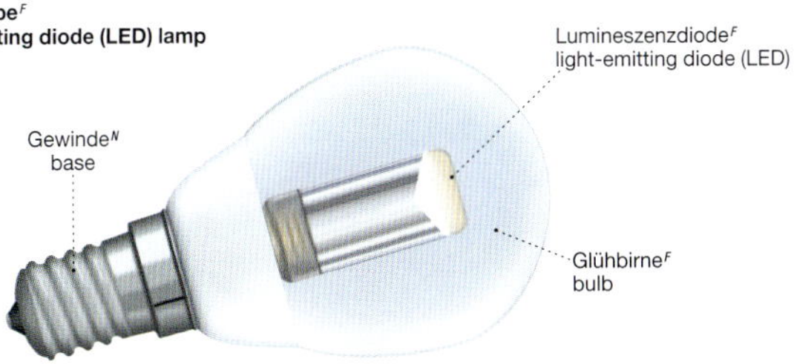

Armlehnstuhl[M]

armchair

Teile[M] eines Sessels[M]
parts of an armchair

Beispiele[N] für Armstühle[M]
examples of armchairs

Wassily-Stuhl[M]
Wassily chair

Regiestuhl[M]
director's chair

kleiner Lehnstuhl[M]
cabriole chair

Schaukelstuhl[M]
rocking chair

Sitzliege[F]
chair bed

Clubsessel[M]
club chair

Bergère[F]
bergère

Voltaire-Sessel[M]
Voltaire chair

Armstuhl[M]
squat chair

Chaiselongue[F]
meridienne

Zweisitzer[M]
two-seater settee

Sofa[N]
sofa

Chesterfieldsofa[N]
chesterfield

Chaiselongue[N]
chaise longue

Stuhl[M]

side chair

Teile[M] eines Beistellstuhls[M]
parts of a side chair

Beispiele[N] für Stühle[M]
examples of chairs

Windsor-Stuhl[M]
Windsor chair

Schaukelstuhl[M]
rocking chair

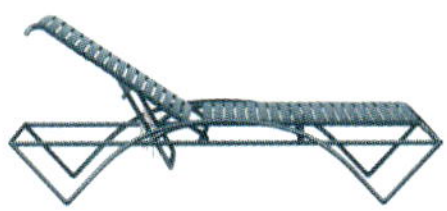

Liegestuhl[M]
recliner

Stapelstühle[M]
stacking chairs

Klappstuhl[M]
folding chair

Sitzmöbel[N]

seats

Hocker[M]
footstool

Barhocker[M]
bar stool

Sitzsack[M]
beanbag chair

Puff[M]
ottoman

Sitztruhe[F]
storage bench

Bank[F]
bench

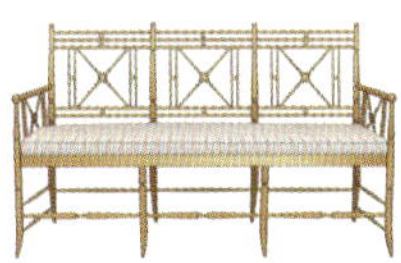

Sitzbank[F]
banquette

Tritthocker[M]
step chair

HAUS

Tisch[M]

table

ausziehbarer Tisch[M]
gateleg table

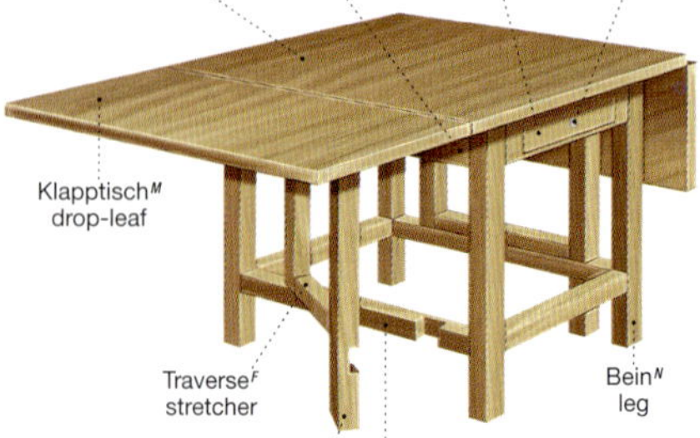

Beispiele[N] für Tische[M]
examples of tables

Schachteltisch[M]
nesting tables

Kaffeetisch[M]
coffee table

Ausziehtisch[M]
extending table

Servierwagen[M]
serving trolley

Aufbewahrungsmöbel[N]

storage furniture

Kommode[F]
chest of drawers

Truhe[F]
linen chest

Sekretär[M]
bureau

Kleiderschrank[M]
armoire

Aufbewahrungsmöbel[N]

Schminktisch[M]
dressing table

Nachttisch[M]
bedside table

Weinschrank[M]
wine cabinet

Kleiderschrank[M]
wardrobe

Eckschrank[M]
corner cupboard

Chiffonière[F]
chiffonier

Vitrine[F]
display cabinet

Cocktailbar[F]
cocktail cabinet

Büfett[N]
sideboard

Vitrinenschrank[M]
glass-fronted display cabinet

Bett^N

bed

Teile^M eines Betts^N
parts of a bed

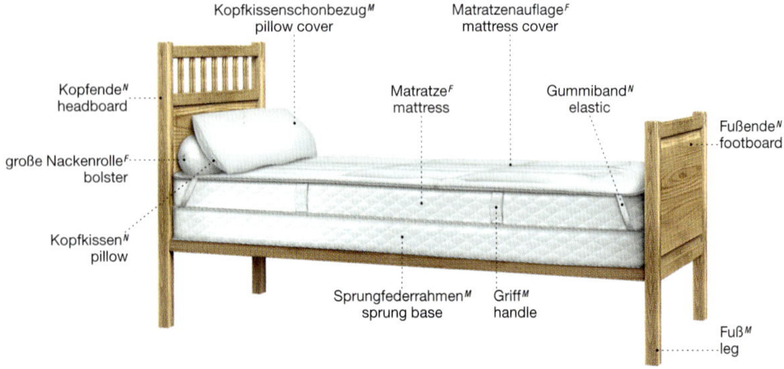

Bettwäsche^F
bed linen

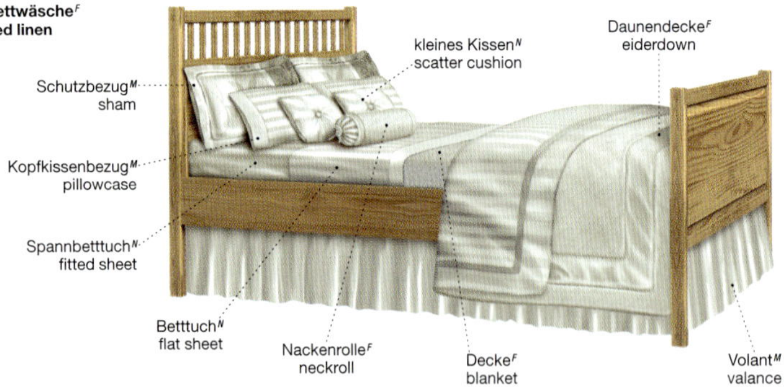

Schlafcouch^F
futon

Kindermöbel[N]

children's furniture

Reisebett[N] mit Wickelauflage[F]
nursery

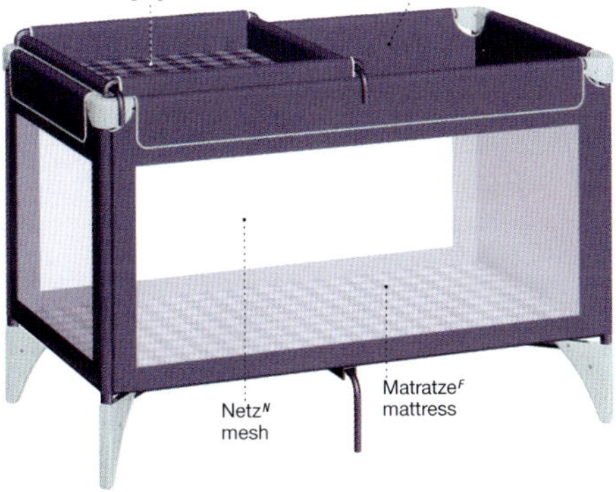

Kindersessel[M]
booster seat

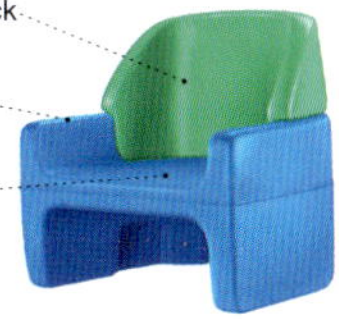

Wickelkommode[F]
changing table

Hochstuhl[M]
high chair

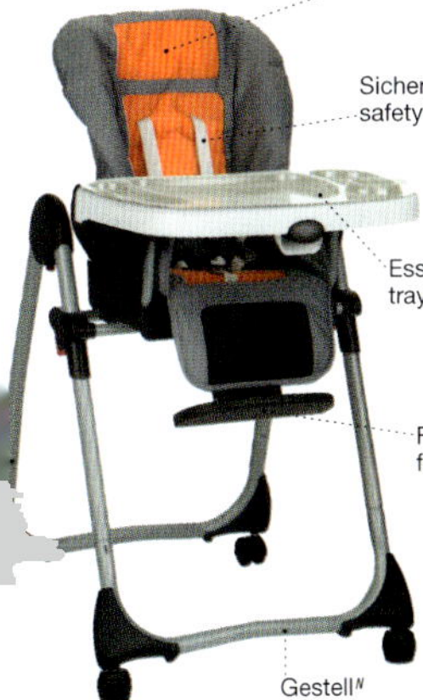

Gitterbett[N]
cot

Lampen[F]

lights

Klemmspot[M]
clamp spotlight

Leseleuchte[F]
bed lamp

Deckenleuchte[F]
ceiling fitting

Hängeleuchte[F]
hanging pendant

Arbeitsleuchte[F]
adjustable lamp

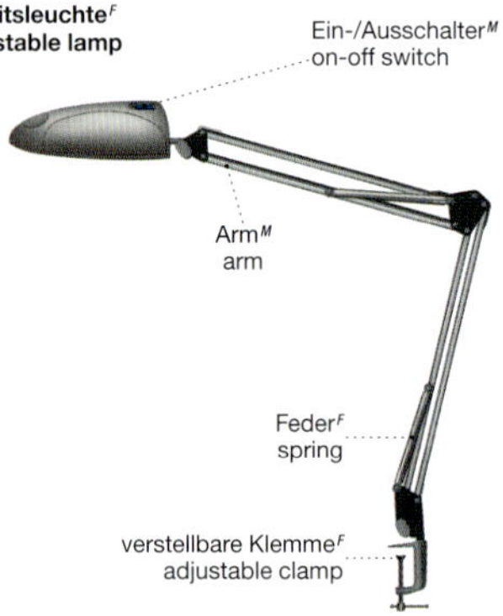

Tischleuchte[F]
table lamp

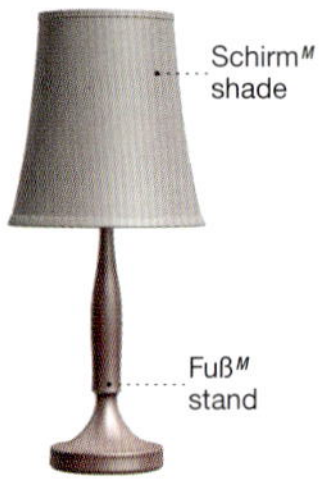

Standleuchte[F]
standard lamp

Halogen[N]-Tischleuchte[F]
halogen desk lamp

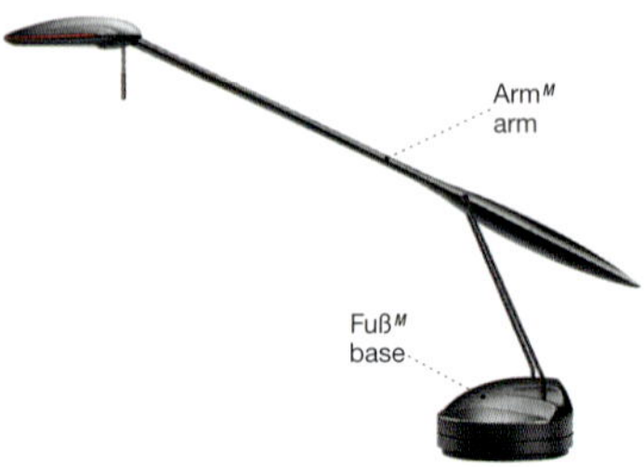

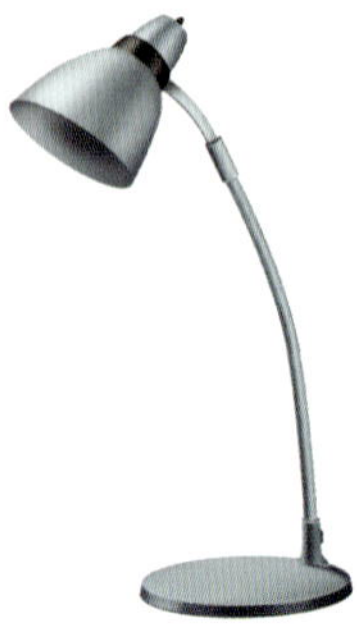

Schreibtischleuchte[F]
desk lamp

Lampen[F]

Straßenlaterne[F]
post lantern

Kronleuchter[M]
chandelier

Wandlaterne[F]
wall lantern

Beleuchtungsschiene[F]
track lighting

Wandleuchte[F]
wall light

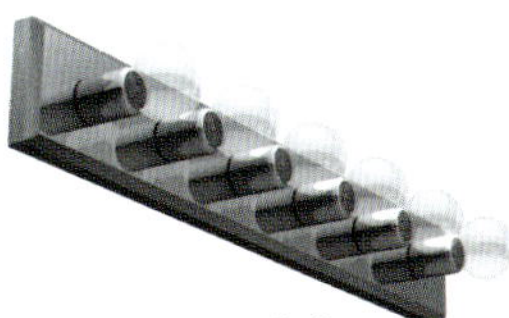

Lampenreihe[F]
multiple light fitting

Scherenleuchte[F]
swivel wall lamp

Haushaltsgeräte[N]

home appliances

Dampfbügeleisen[N]
steam iron

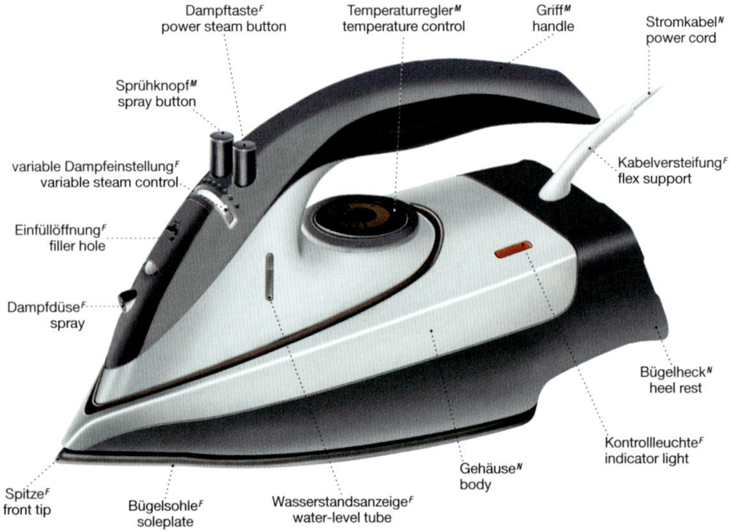

Akku-Mini-Staubsauger[M]
hand vacuum cleaner

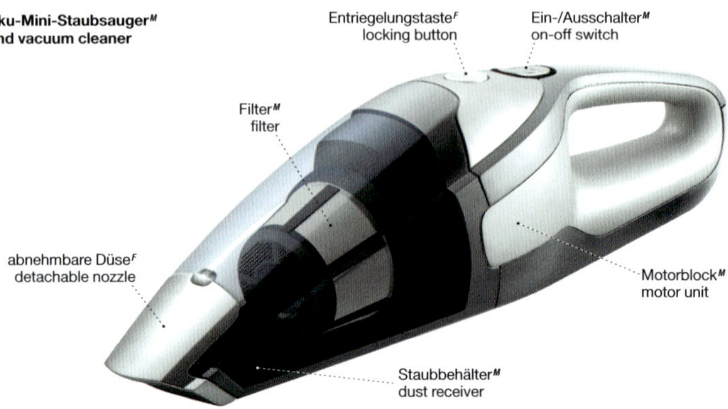

Haushaltsgeräte^N

Bodenstaubsauger^M
cylinder vacuum cleaner

Handstaubsauger^M
upright vacuum cleaner

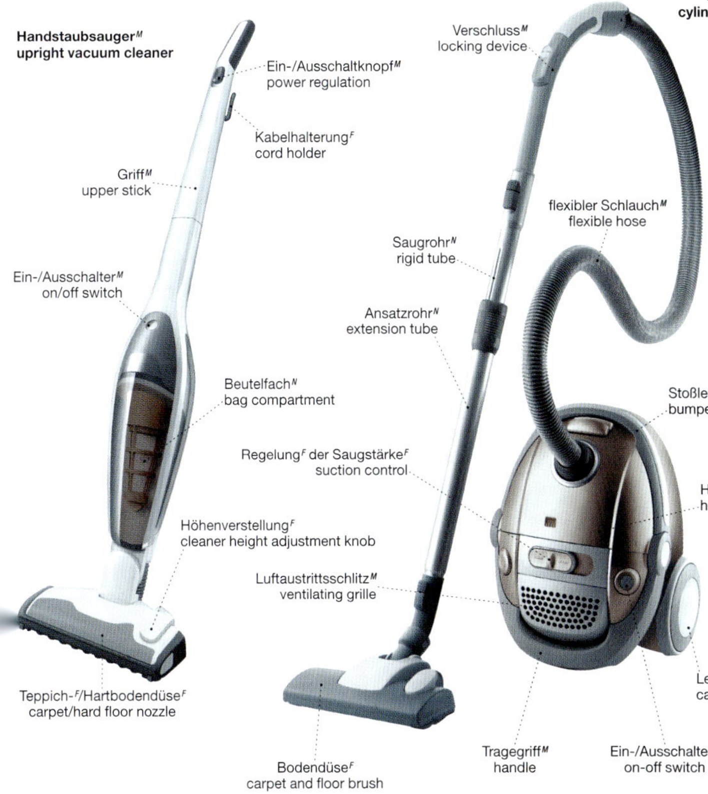

Staubsaugerzubehör^N
vacuum cleaner accessories

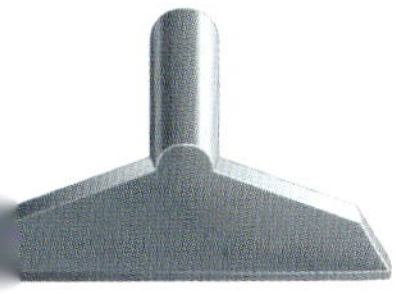

Polsterdüse^F
upholstery nozzle

Saugbürste^F
dusting brush

Fugendüse^F
crevice tool

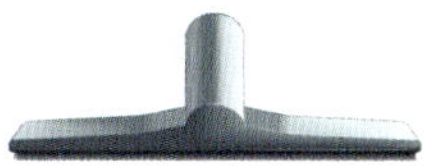

Bürste^F
floor brush

Haushaltsgeräte[N]

Dunstabzugshaube[F]
extractor hood

Elektroherd[M]
electric cooker

Gasherd[M]
gas cooker

Haushaltsgeräte^N

Gefriertruhe^F
chest freezer

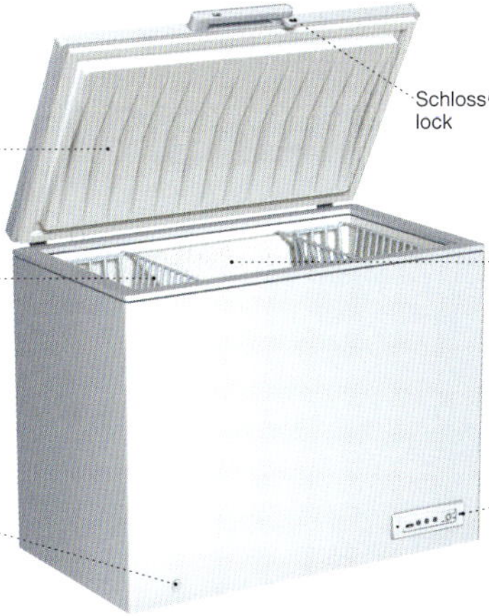

Kühlschrank^M
refrigerator

Haushaltsgeräte^{N}

Waschmaschine^{F} (Frontlader^{M})
front-load washing machine

Funktion^{F} einer Toplader-Waschmaschine^{F}
top-loading washer mechanism

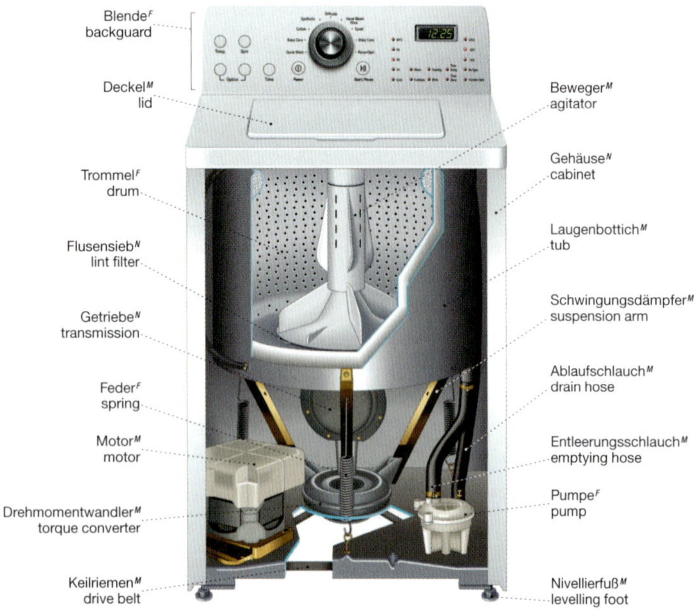

Haushaltsgeräte[N]

Wäschetrocknerᴹ
dryer

Funktionᶠ eines Wäschetrocknersᴹ
dryer mechanism

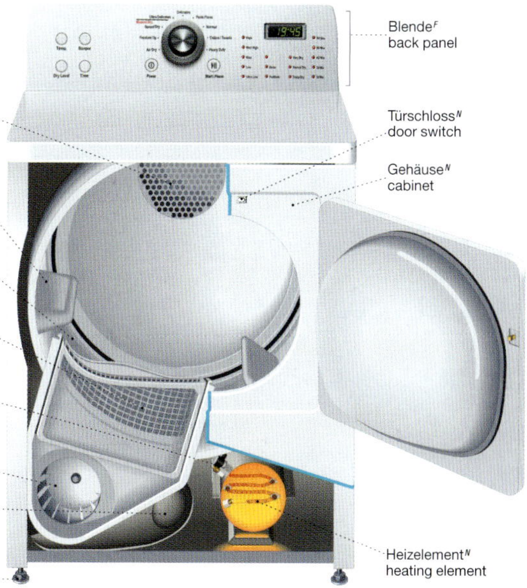

Haushaltsgeräte^N

Geschirrspülmaschine^F: Bedienfeld^N
dishwasher: control panel

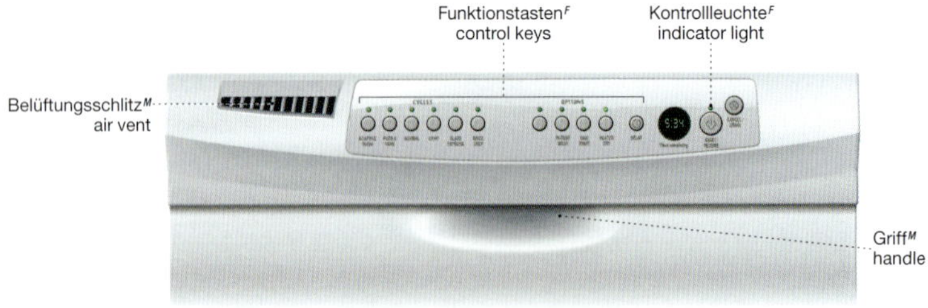

Funktion^F einer Geschirrspülmaschine^F
dishwasher mechanism

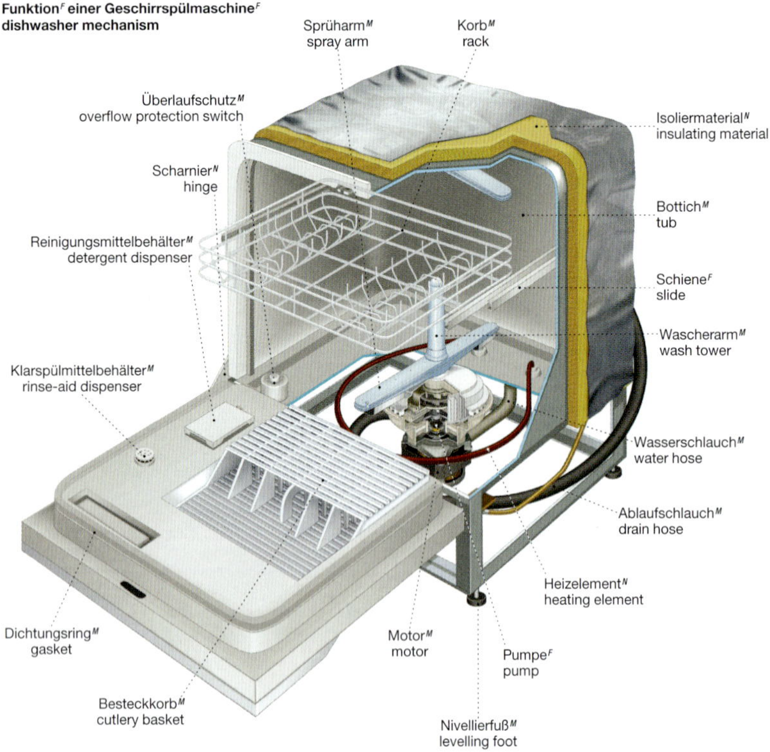

Haushaltsgegenstände[M]

household equipment

Geschirrtuch[N]
kitchen towel

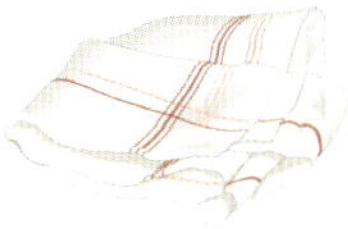

Staubwedel[M]
feather duster

Besen[M]
broom

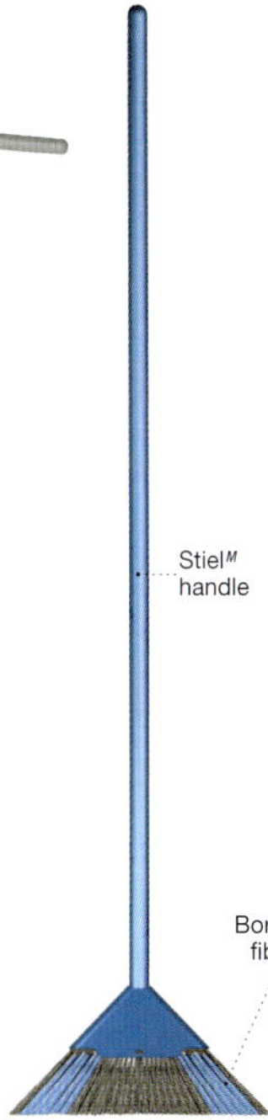

Mopp[M]
mop

Bürste[F]
brush

Putzschwamm[M]
scouring pad

Kehrschaufel[F]
dustpan

Abfalleimer[M]
refuse container

Gummihandschuhe[M]
rubber gloves

Eimer[M]
bucket

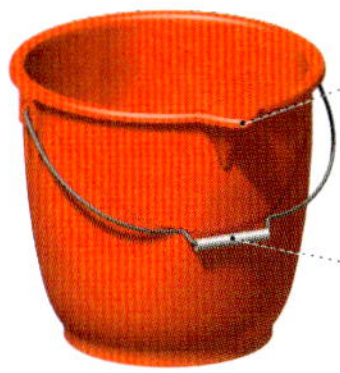

Zubehör[N]

accessories

Werkzeugkasten[M]
toolbox

Werkzeuggürtel[M]
tool belt

Mess- und Markierungswerkzeuge[N]

measuring and marking tools

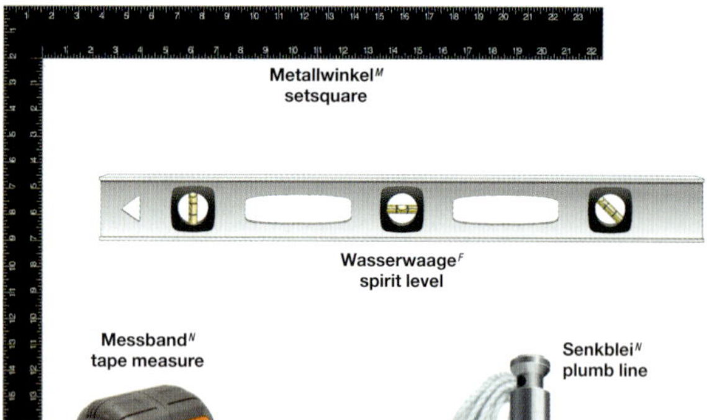

Metallwinkel[M]
setsquare

Schrägmaß
bevel square

Wasserwaage[F]
spirit level

Messband[N]
tape measure

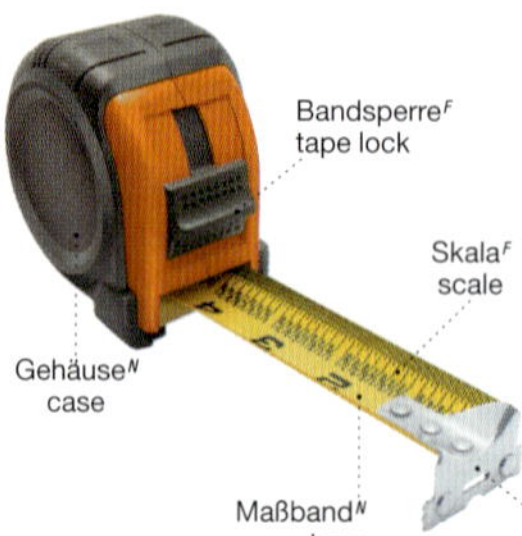

Senkblei[N]
plumb line

Markierschnu
chalk lin

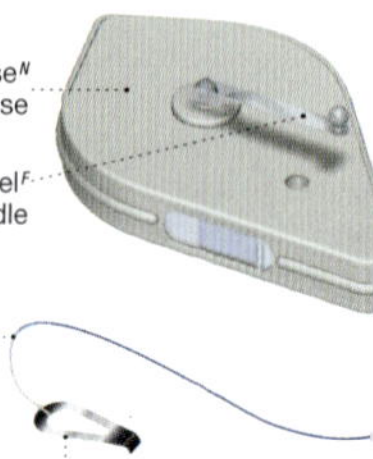

Zangen[F] und Schlüssel[M]

gripping and tightening tools

Zangen[F]
pliers

Wasserpumpenzange[F]
groove joint pliers

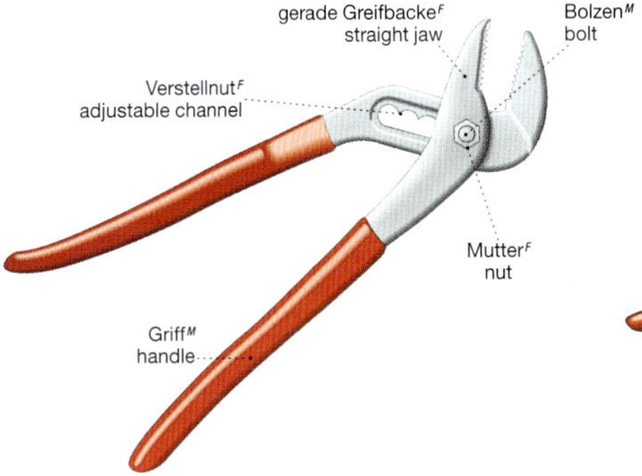

Kombizange[F]
slip joint pliers

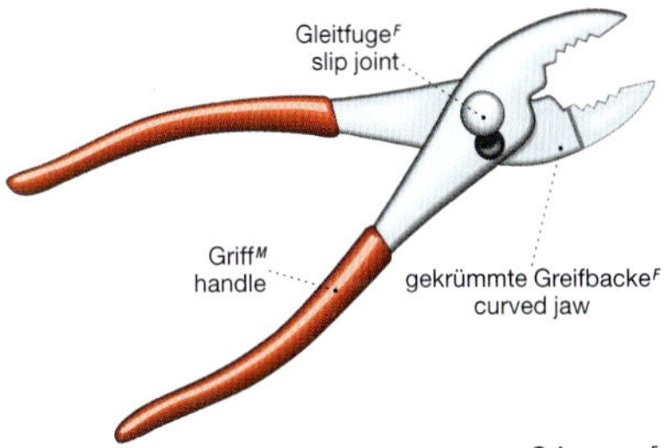

Gripzange[F]
mole wrench

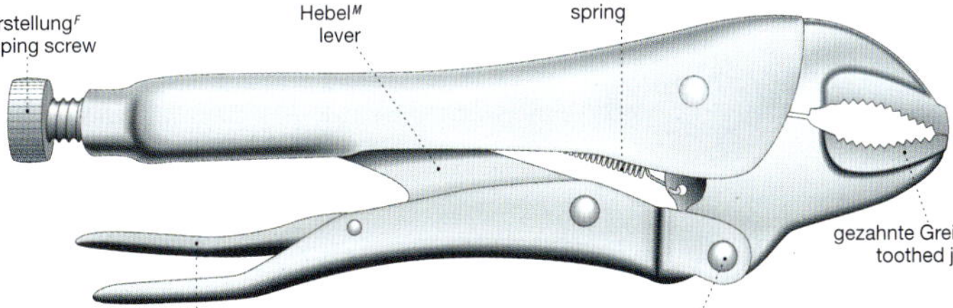

Unterlegscheiben[F]
washers

innengezahnte Fächerscheibe[F]
internal tooth spring washer

außengezahnte Fächerscheibe[F]
external tooth spring washer

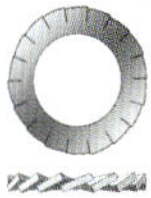

Federring[M]
spring washer

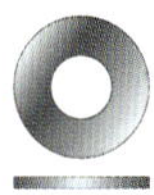

Unterlegscheibe[F]
flat washer

Zangen[F] und Schlüssel[M]

Schlüssel[M]
wrenches

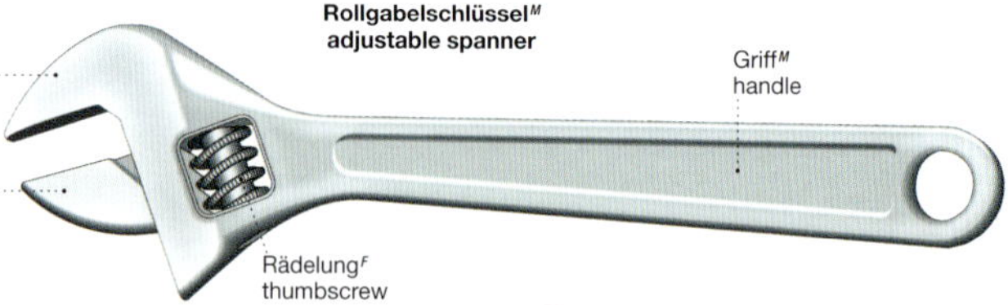

Rollgabelschlüssel[M]
adjustable spanner

offener Doppelringschlüssel[M]
flare nut spanner

Ratschenringschlüssel[M]
ratchet ring spanner

Doppelmaulschlüssel[M]
open-ended spanner

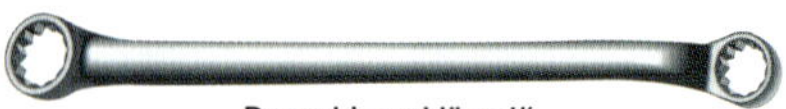

Doppelringschlüssel[M]
ring spanner

Maul-Ringschlüssel[M]
combination spanner

Knarre[F]
ratchet socket wrench

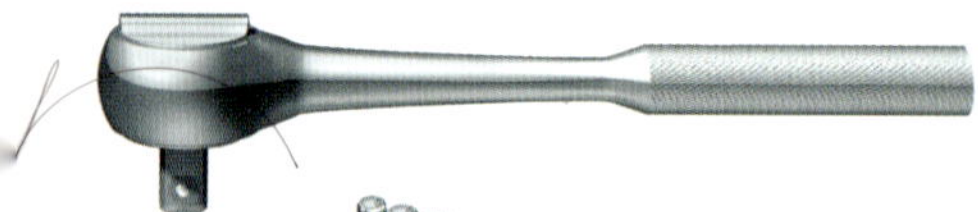

Steckschlüsselsatz[M]
socket set

Muttern[F]
nuts

Sechskantmutter[F]
hexagon nut

Hutmutter[F]
cap nut

Flügelmutter[F]
wing nut

Schrauben[F]
bolts

Schraubenbolzen[M]
bolt

Schraubenbolzen[M] mit Ansatz[M]
shoulder bolt

Zangen^F und Schlüssel^M

Schraubstock^M
vice

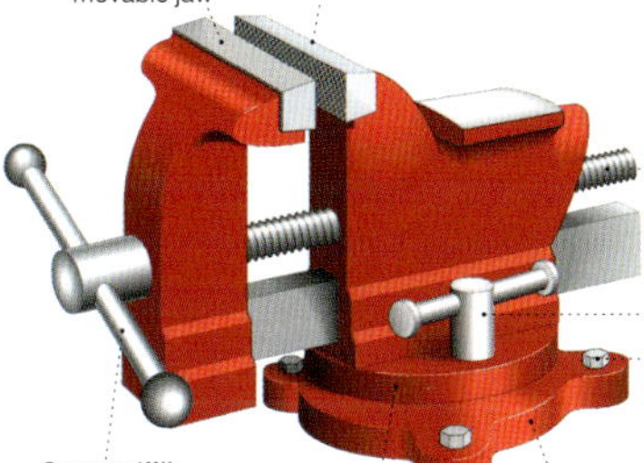

Zwinge^F
G-clamp

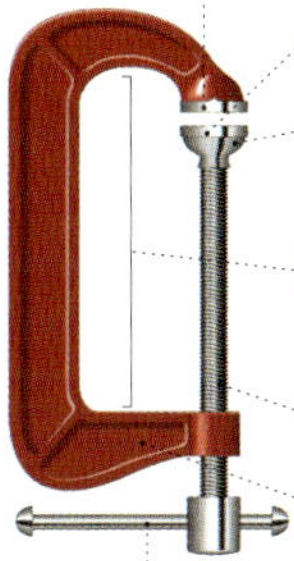

Rohrschraubstock^M
pipe clamp

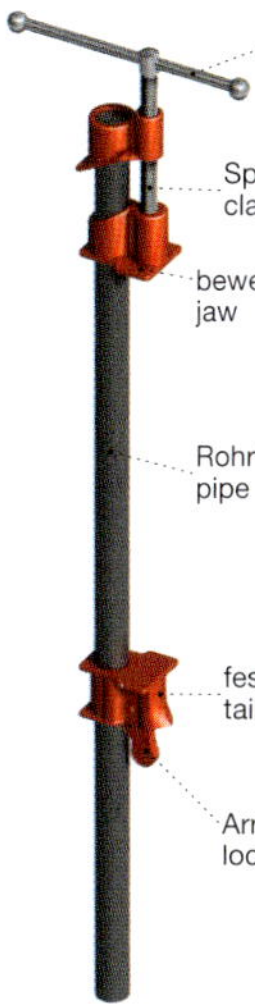

Werkbank^F mit Schraubstock^M
workbench and vice

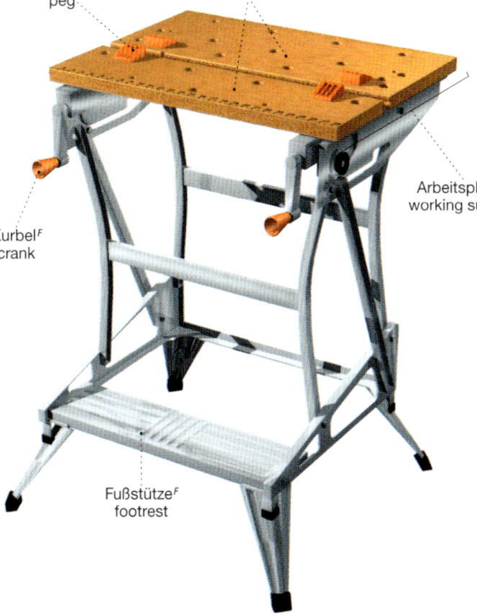

Hämmer[M]

nailing tools

Zimmermannshammer[M]
claw-hammer

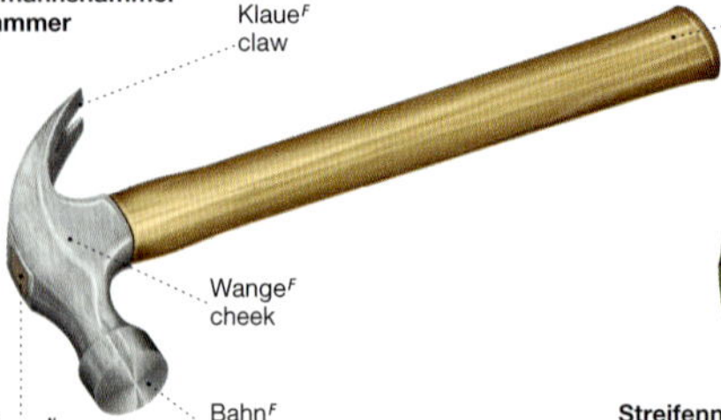

Druckluftnagler[M]
cordless nailer

Streifennägel[M]
strip nails

Körner[M]
nail set

Holzhammer[M]
mallet

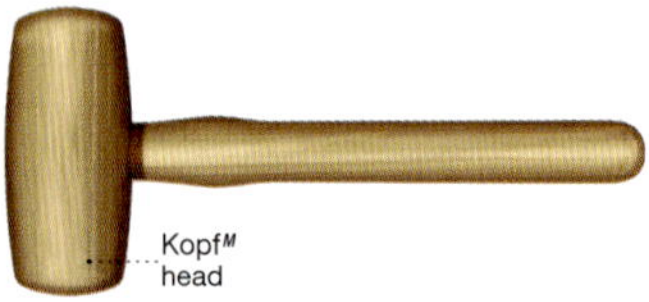

Hebeleisen[N]
crowbar

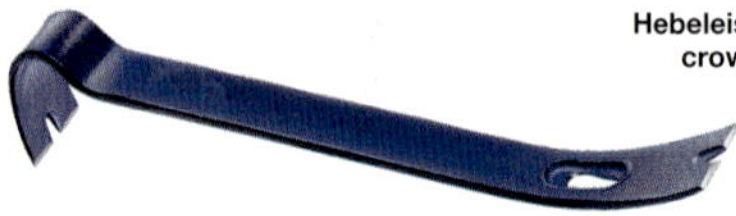

Nagel[M]
nail

Beispiele[N] für Nägel[M]
examples of nails

gewöhnlicher Nagel[M]
common nail

Spiralnagel[M]
spiral nail

Versenknagel[M]
finishing nail

Mauernagel[M]
masonry nail

Zwecke[F]
tack

geschnittener Nagel[M]
cut nail

Schraubendreher[M]

screwdriving tools

Schraubenzieher[M]
screwdriver

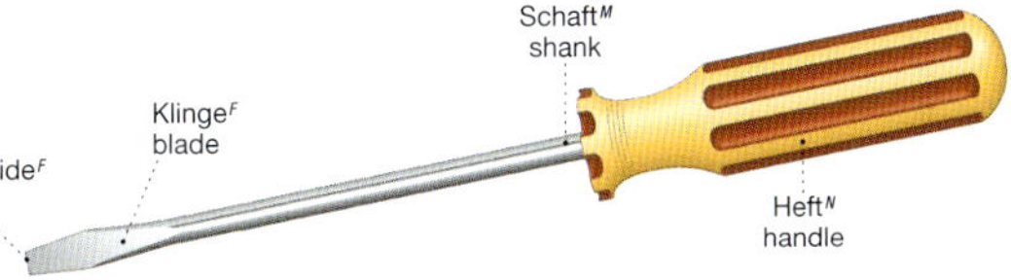

Klingenarten[F]
examples of tips

Einsatz[M] für Inbusschrauben[F]
square-headed tip

Einsatz[M] für Kreuzschlitzschrauben[F]
cross-headed tip

Einsatz[M] für Schlitzschrauben[F]
flat tip

Drillschraubenzieher[M]
spiral screwdriver

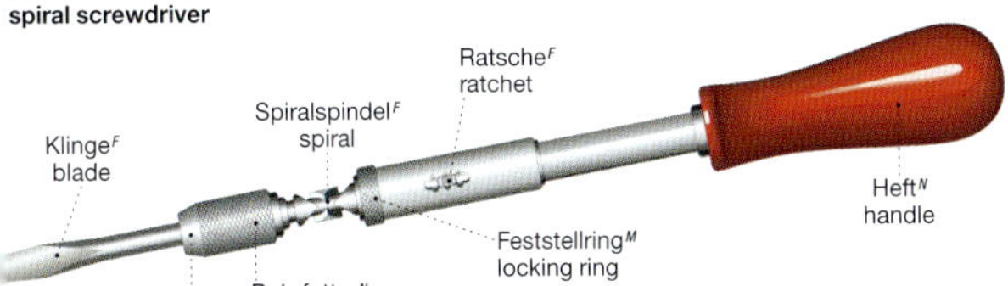

Spreizdübel[M]
expansion bolt

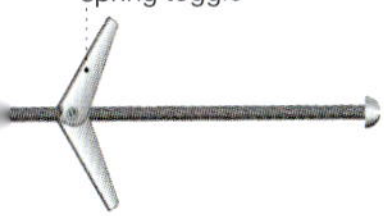

Knebelbolzen[M]
toggle bolt

Batterie-Schraubendreher[M]
cordless screwdriver

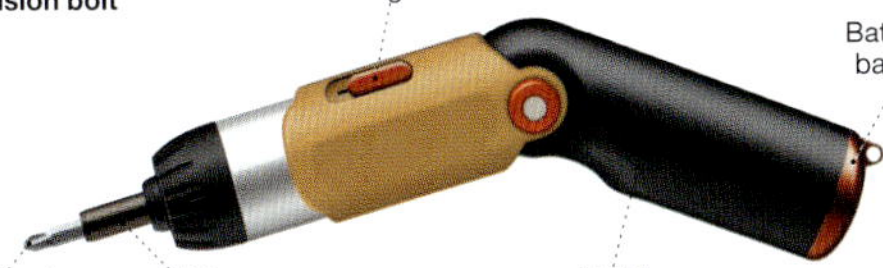

Kopfarten[F]
examples of heads

Senkkopf[M] mit Schlitz[M]
countersunk head

Rundkopf[M] mit Schlitz[M]
round head

Sicherungskopf[M]
one way head

Senkkopf[M] mit Kreuzschlitz[M]
cross head

Senkkopf[M] mit Inbus[M]
socket head

Linsenkopf[M] mit Schlitz[M]
raised head

Schraube[F]
screw

Sägen[F]

sawing tools

Laubsäge[F]
coping saw

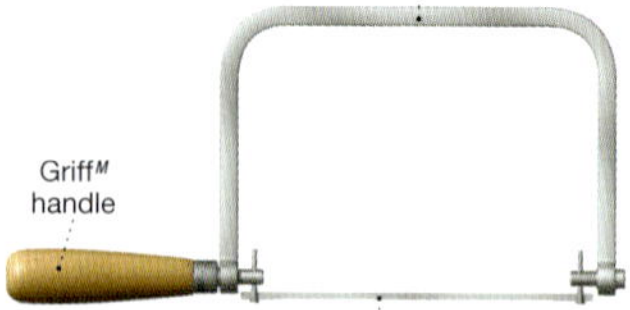

Bügelsäge[F]
hacksaw

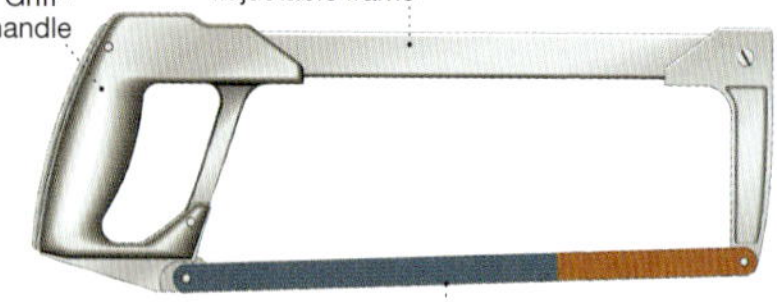

Stichsäge[F]
compass saw

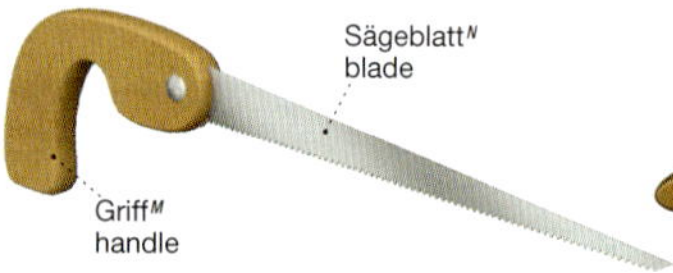

Fuchsschwanz[M]
handsaw

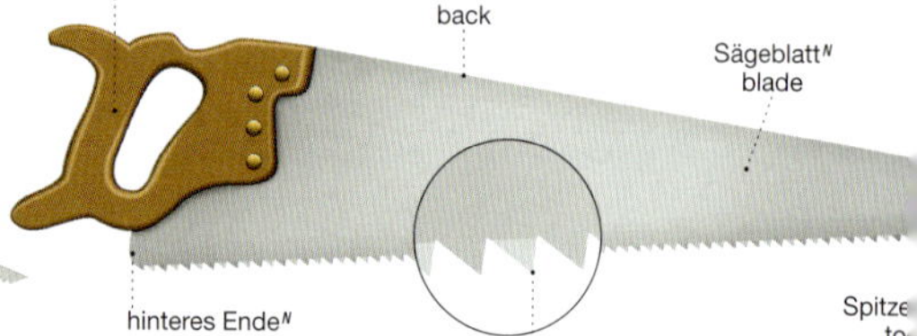

Feinsäge[F]
back saw

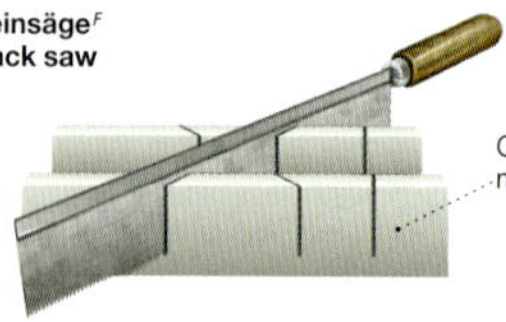

Hand-Gehrungssäge
hand mitre sav

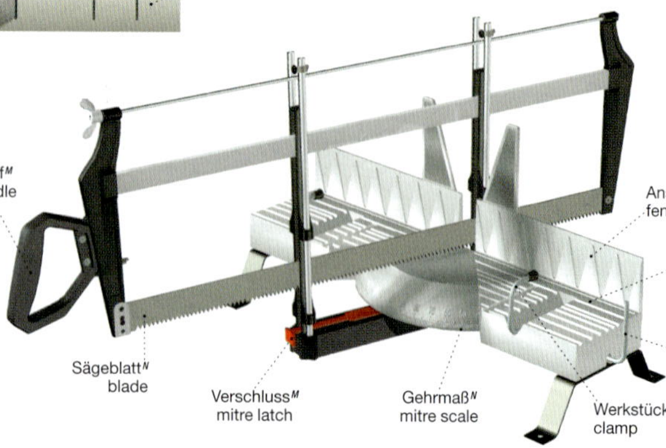

Sägen^{F}

Handkreissäge^{F}
circular saw

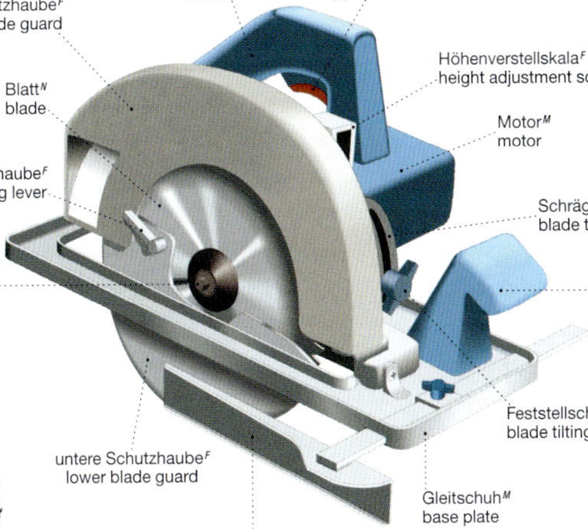

Kreissägeblatt^{N}
circular saw blade

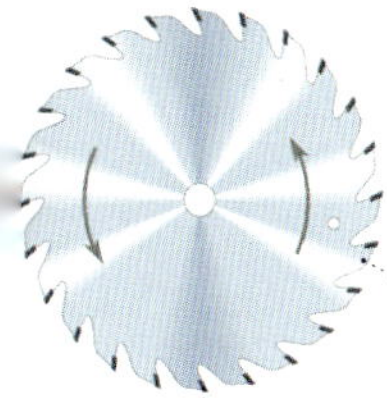

Stichsäge^{F}
jigsaw

Bohrer^{M}

drilling tools

Akkubohrer^{M} und -schrauber^{M}
cordless drill/driver

Akku^{M}
battery pack

Ladegerät^{N}
charger

elektrische Bohrmaschine^{F}
electric drill

Bohrfutterschlüssel^{M}
chuck key

Beispiele^{N} für Bits^{M} und Bohrer^{M}
examples of bits and drills

Spiralbohrer^{M}
twist bit

Schneckenbohrer^{M}
solid centre auger bit

Flachfräsbohrer^{M}
spade bit

Schlangenbohrer^{M} mi
doppeltem Gewindega
double-twist auger bi

Steinbohrer^{M}
masonry drill

Spiralbohrer^{M}
twist drill

Schleifmaschinen^F

shaping tools

Hobel^M
plane

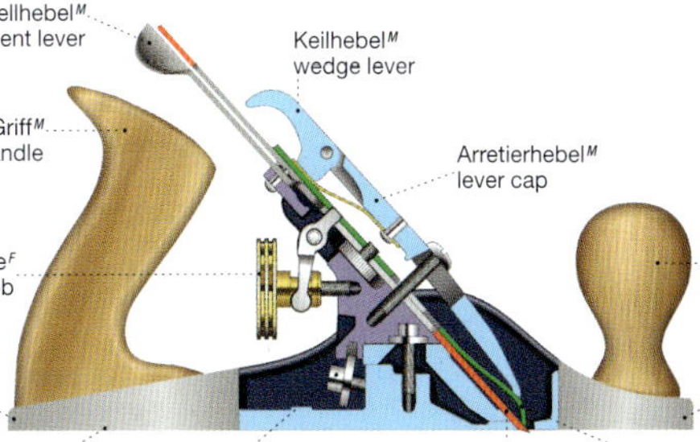

Exzenterschleifer^M
random orbit sander

Oberfräse^F
router

Sandpapier^N
sandpaper

Flachfeile^F
file

Stemmeisen^N
wood chisel

Klempnerwerkzeug^N

plumbing tools

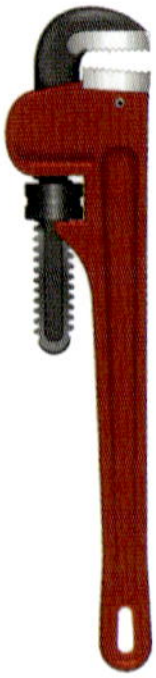

Einhand-Rohrzange^F
pipe wrench

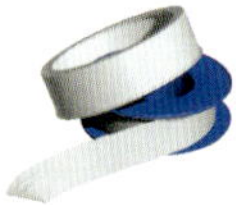

Teflonband®^N
Teflon® tape

Rohrschneider^M
pipe cutter

Reinigungswelle^F
plumber's snake

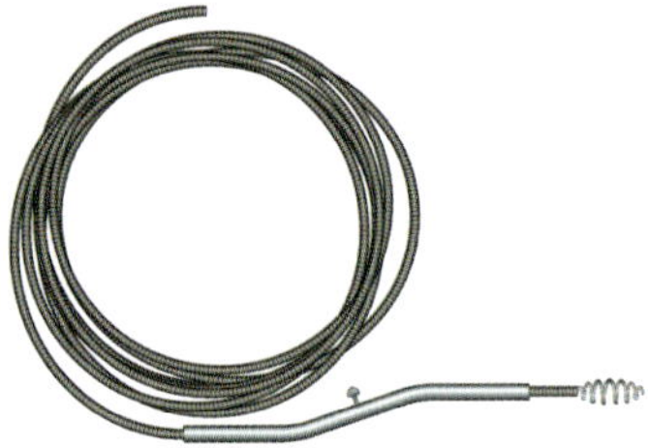

Standhahn-Mutternschlüssel^M
plumbing wrench

Ausgussreiniger^M
plunger

Maurerwerkzeug^N

masonry tools

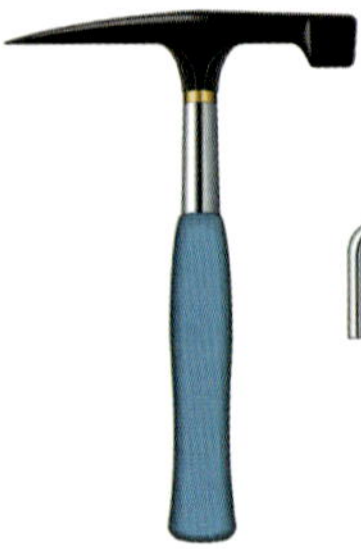

Maurerhammer^M
bricklayer's hammer

Kartuschenpistole
caulking gu

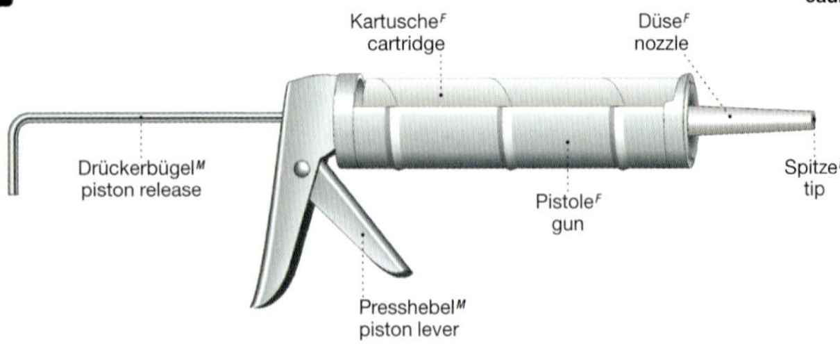

Aufziehbrett^F
hawk

Fugenkelle^F
joint filler

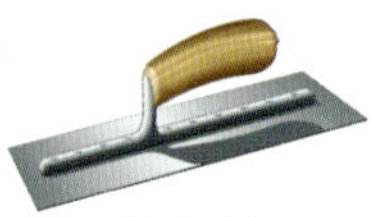

Putzkelle^F
square trowel

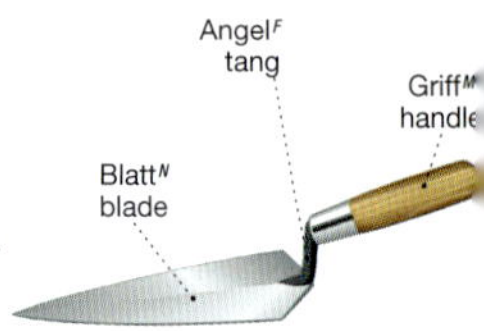

Maurerkelle^F
mason's trowel

Elektrikerwerkzeug^{N}

electricity tools

Multimeter^{N}
multimeter

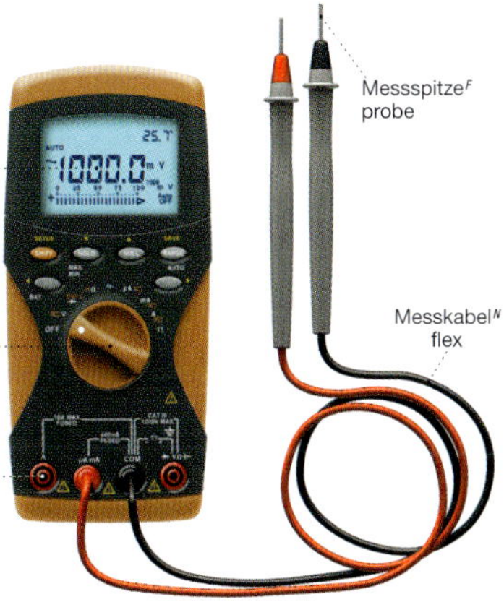

Prüflampe^{F}
test-lamp

Spannungsprüfer^{M}
tester screwdriver

Kabeltülle^{F}
wire nut

Steckdosenprüfer^{M}
socket tester

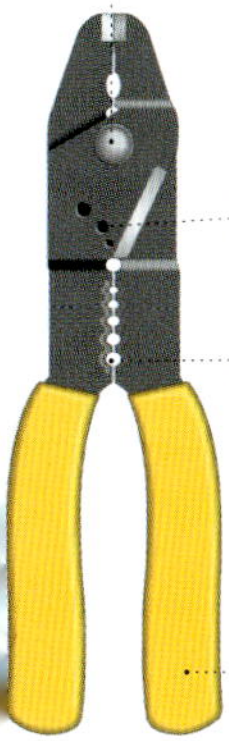

Mehrzweckzange^{F}
multipurpose tool

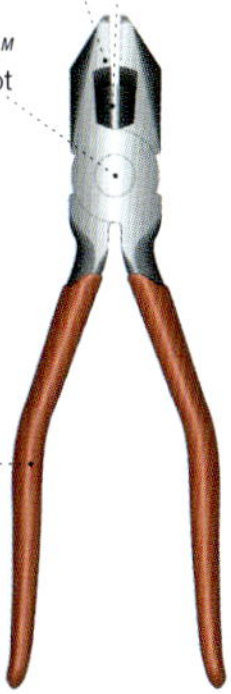

Kombizange^{F}
combination pliers

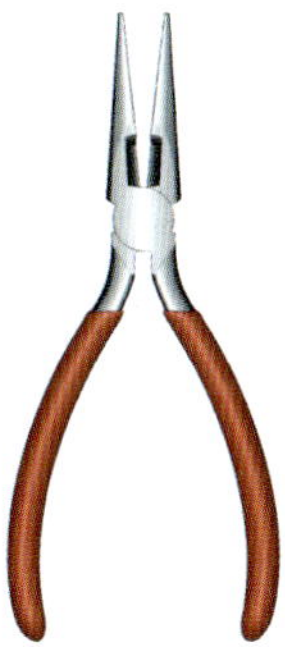

Spitzzange^{F}
needle-nose pliers

Ausleuchtlampe^{F}
droplight

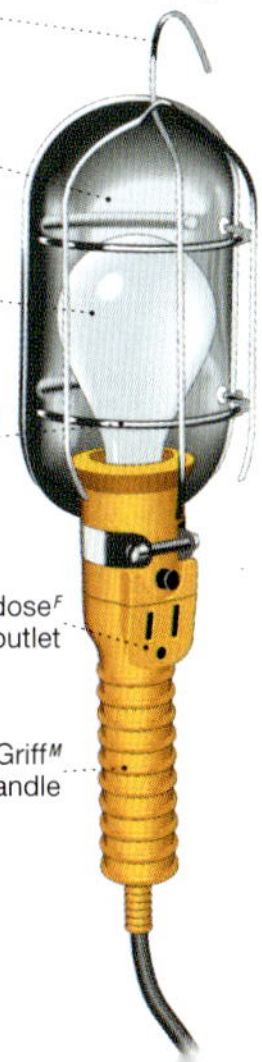

Lötzubehör[N]

soldering materials

Lötpistole[F]
soldering gun

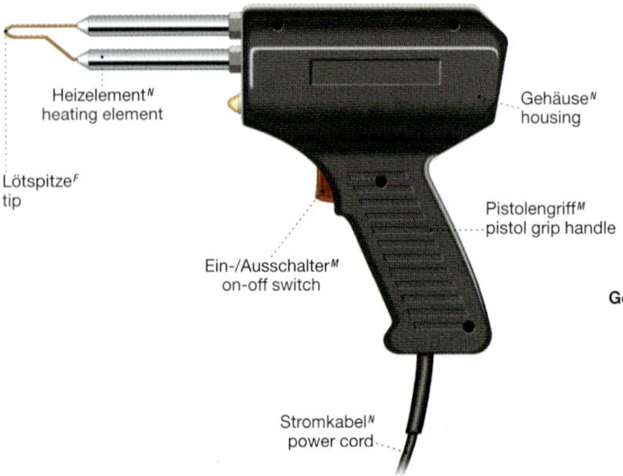

Schutzbrille[F]
goggles

Gesichtsschutz[M]
helmet

Lötkolben[M]
soldering iron

Lötlampe[F]
blowtorch

Farbabbrennervorsatz[M]
flame spreader

Lötzinn[M]
solder

Düsenreiniger[M]
nozzle cleaners

Anzünder[M]
striker

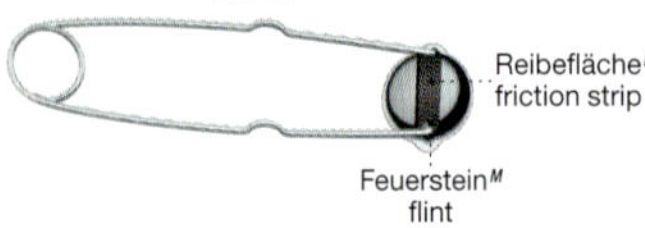

Malerwerkzeug[N]

painting material

Malerpinsel[M]
paintbrush

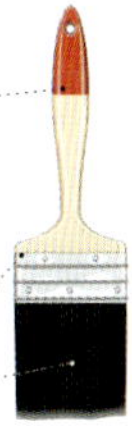

Heißluftpistole[F]
heat gun

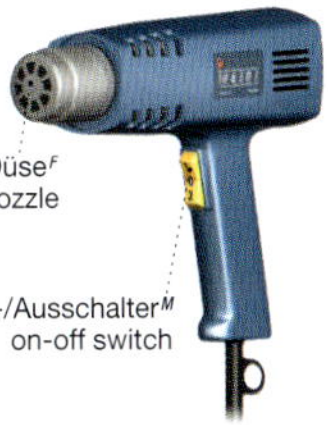

Farbroller[M]
paint roller

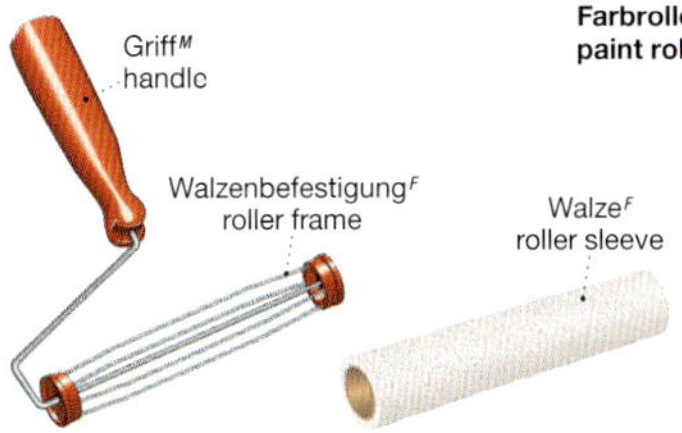

Schaber[M]
scraper

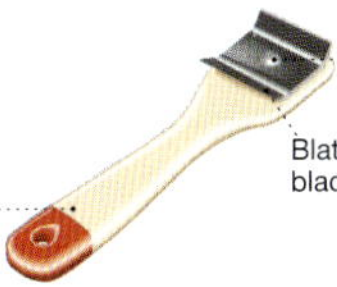

Wanne[F]
tray

Leitern[F] und Stehleitern[F]

ladders and stepladders

Stehleiter[F]
stepladder

Ausziehleiter[F]
extension ladder

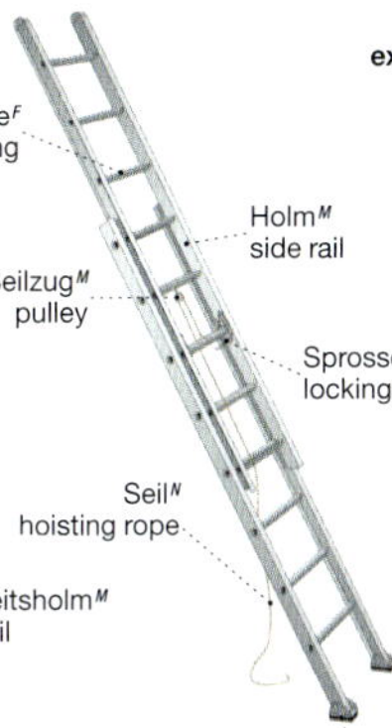

Trittleiter[F]
platform ladder

Tritthocker[M]
step stool

Garten[M]

garden

verschiedene Geräte[N]

miscellaneous equipment

Schubkarre[F]
wheelbarrow

Kompostkiste[F]
compost bin

Laubbläser[M]
leaf blower

Handwerkzeuge[N]

hand tools

ralle[F]
mall hand cultivator

Pflanzkelle[F]
trowel

Unkrautstecher[M]
weeder

Handgabel[F]
hand fork

Gartenhandschuhe[M]
gardening gloves

HEIMWERKEN UND GARTENARBEIT

Geräte[N] zur Erdbewegung[F]

tools for loosening the earth

Rechen[M]
rake

Rodehacke[F]
hoe

Kreuzhacke[F]
pick

Handkultivator[M]
weeding hoe

Ziehhacke[F]
scuffle hoe

Rübenhacke[F]
draw hoe

Kombihacke[F]
hoe-fork

Grabschaufel[F]
shovel

Spaten[M]
spade

Grabgabel[F]
digging fork

Kantenstecher[M]
lawn edger

Gießgeräte^{N}

watering tools

Schlauchwagen^{M}
hose reel cart

Gießpistole^{F}
pistol nozzle

Gießbrause^{F}
spray nozzle

Pflanzendusche^{F}
watering wand

Regnerschlauch^{M}
sprinkler hose

Gartenspritze^{F}
pump sprayer

Kreisregner^{M}
revolving sprinkler

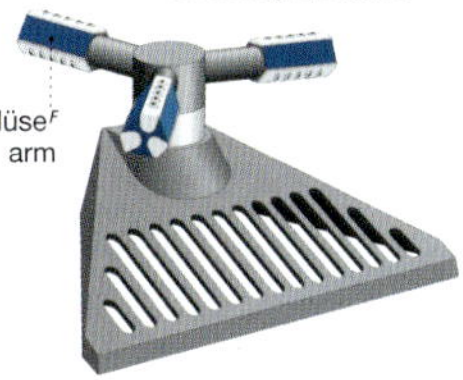

Sprühflasche^{F}
sprayer

Gießkanne^{F}
watering can

Viereckregner^{M}
oscillating sprinkler

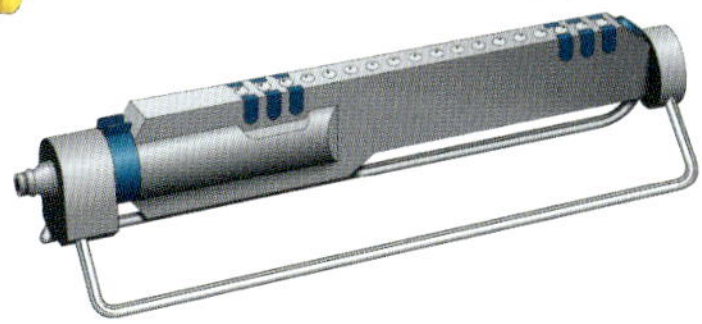

Schneidwerkzeuge[N]

pruning and cutting tools

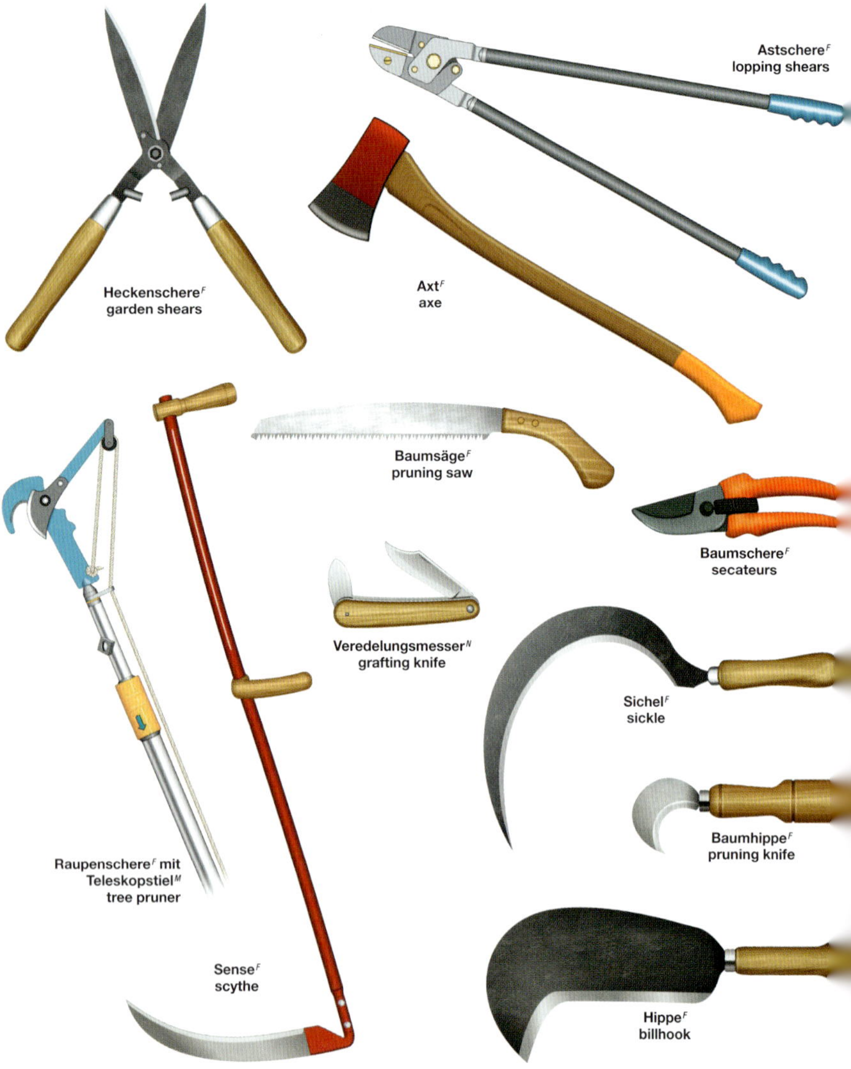

Schneidwerkzeuge^N

elektrische Heckenschere^F
hedge trimmer

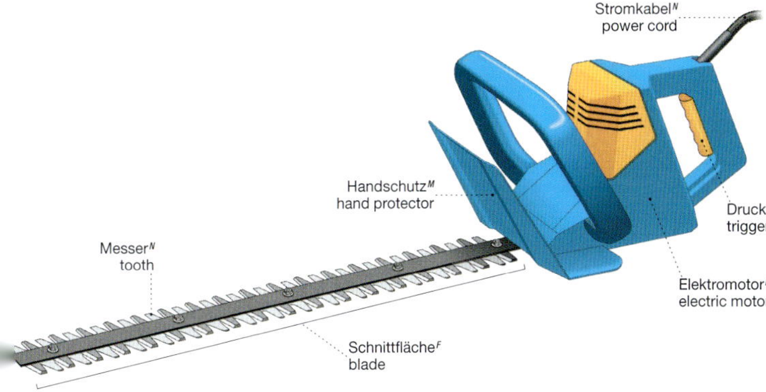

Kettensäge^F
chainsaw

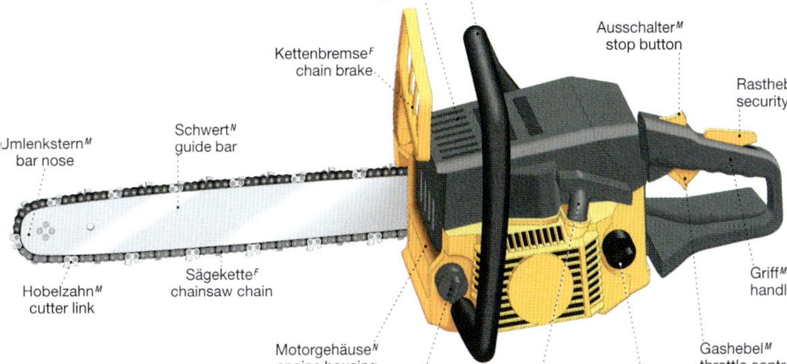

Werkzeuge^N zum Säen^N und Pflanzen^N

seeding and planting tools

Düngerstreuer^M
spreader

Säkelle^F
seeder

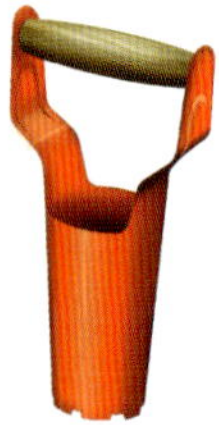

Pflanzlochstecher^M
bulb dibber

Baumstütze^F
stake

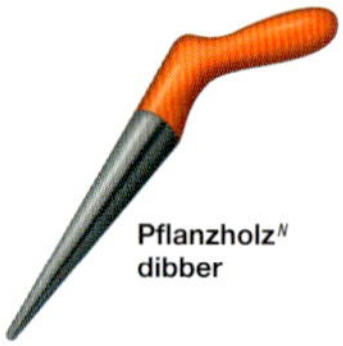

Pflanzholz^N
dibber

Pflanzschnur^F
garden line

Rasenpflege^F

lawn care

Rasentrimmer^M
trimmer

Vertikutierer^M
lawn aerator

Rasenbesen^M
lawn rake

Rasenpflege[F]

Motorrasenmäher[M]
power mower

Schneeräumgeräte[N]

snow-removal tools

Jackett[N] und Weste[F]

jackets

Zweireiher[M]
double-breasted jacket

zweireihiger Sakko[M]: Rückseite[F]
double-breasted jacket: back

Weste[F]
waistcoat

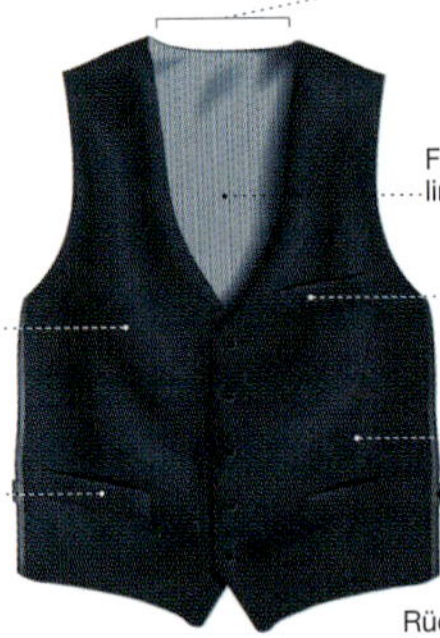

Einreiher[M]
single-breasted jacket

einreihiger Sakko[M]: Rücksei
single-breasted jacket: bac

Hemd[N]
shirt

Beispiele[N] für Krägen[M]
examples of collars

Button-down-Kragen[M]
button-down collar

gespreizter Kragen[M]
spread collar

Elemente[N] eines Hemdes[N]
parts of a shirt

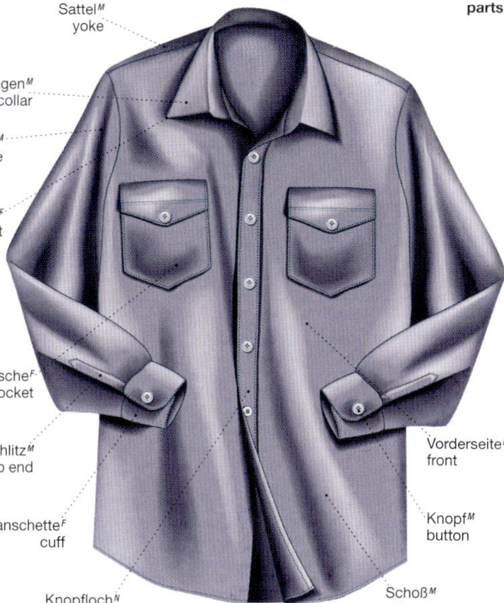

Zubehör[N]
accessories

Krawattenschal[M]
cravat

Fliege[F]
bow tie

Krawatte[F]
necktie

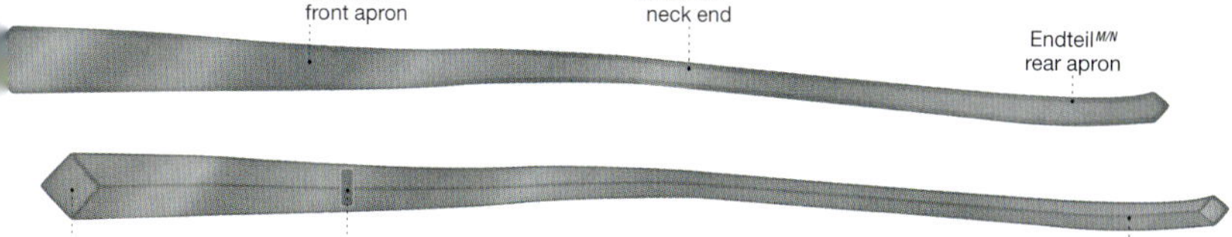

Hose[F]

trousers

Elemente[N] einer Hose[F]
parts of trousers

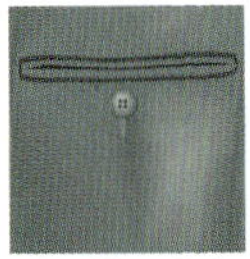

Gesäßtasche[F]
back pocket

Hosenträger[M]
braces

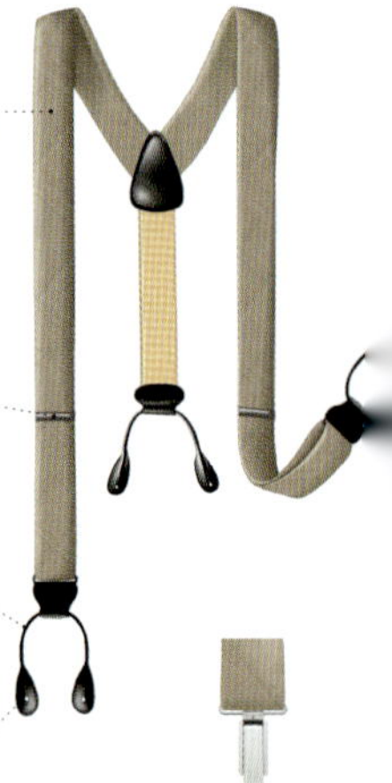

Klips[M]
brace clip

Gürtel[M]
belt

Hose^{F}

Beispiele^{N} für Hosen^{F}
examples of trousers

Jeans^{F}
jeans

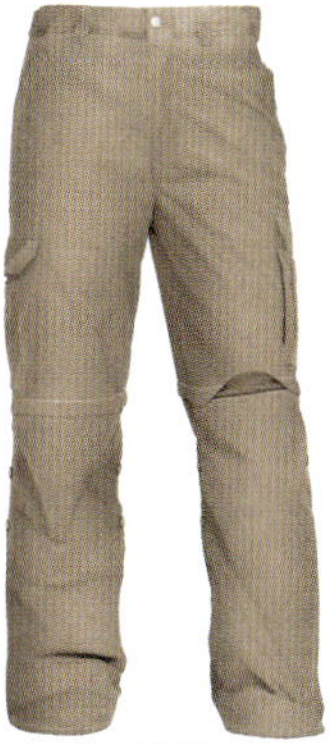

Zip-Off-Hose^{F}
convertible trousers

Bermudas^{F}
Bermuda shorts

kurze Hose^{F}
shorts

Unterhose^{F}
knickerbockers

Socke^{F}

sock

lemente^{N} einer Socke^{F}
arts of a sock

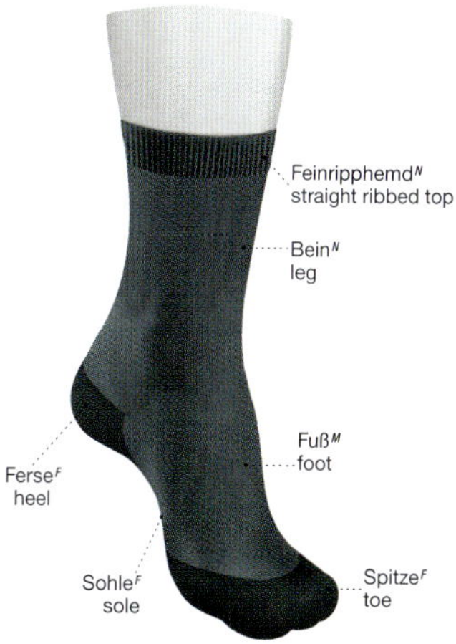

Beispiele^{N} für Socken^{F}
examples of socks

Kniestrumpf^{M}
knee-length sock

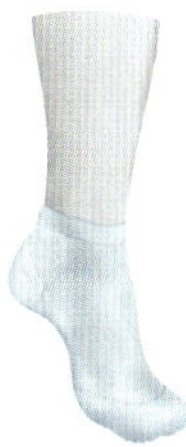

Sneakersocke^{F}
ankle sock

Knöchelsocke^{F}
ankle sock

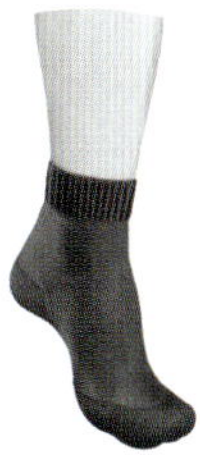

Wadenstrumpf^{M}
mid-calf length sock

Unterwäsche[F]

underwear

Trägerhemd[N]
vest

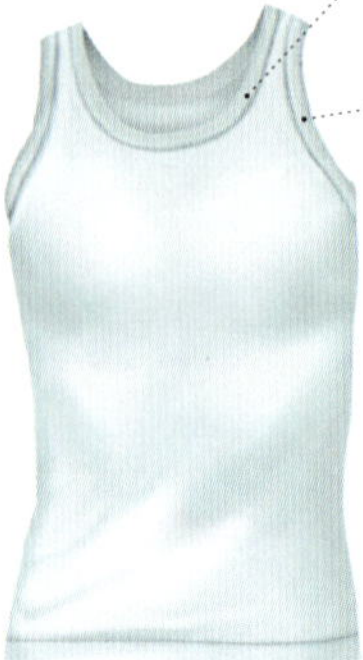

Slip[M]
briefs

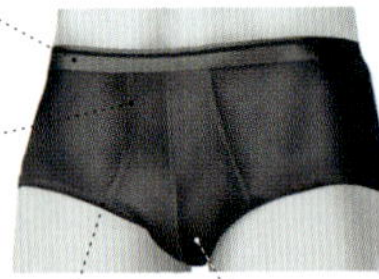

Hemdhose[F]
combinations

Minislip[M]
mini briefs

lange Unterhose[F]
long johns

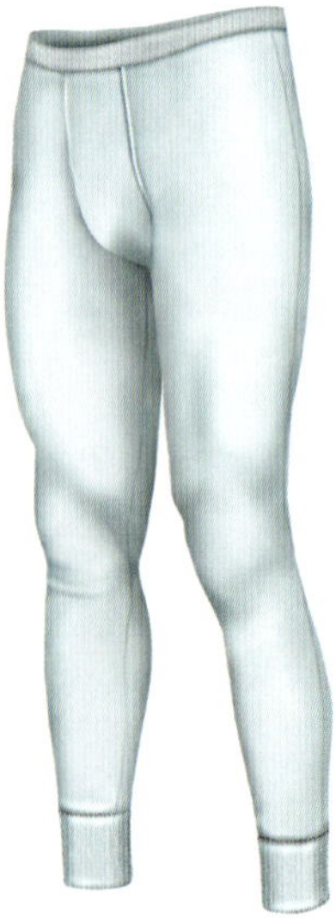

Boxershorts[F]
boxer shorts

Mäntel^{M} und Jacken^{F}

coats

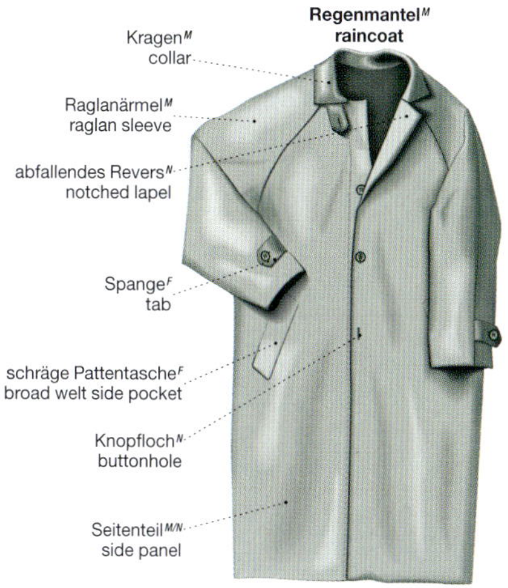

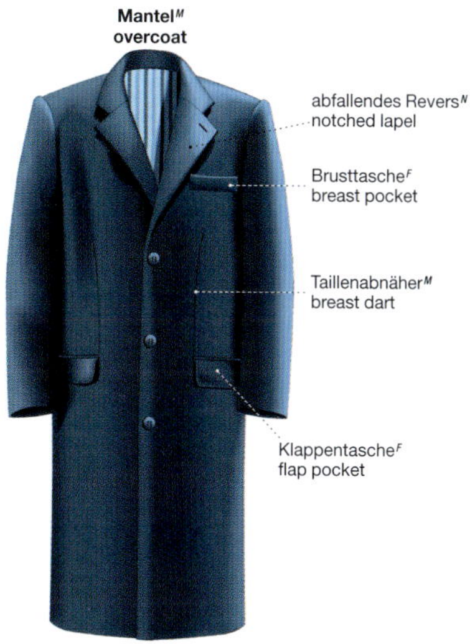

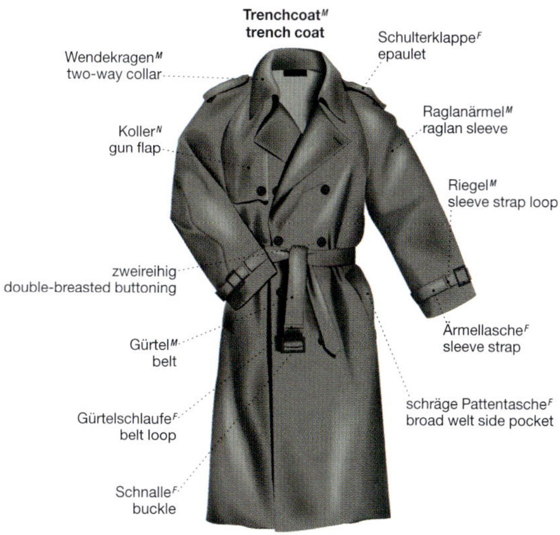

Mäntel^{M} und Jacken^{F}

Parka^{M}
parka

Lammfelljacke^{F}
sheepskin jacket

Dufflecoat^{M}
duffle coat

Blouson^{M}
windcheater

Windjacke^{F}
windcheater

Pullover[M]

sweaters

Strickjacke[F] mit V-Ausschnitt[M]
V-neck cardigan

Pullunder[M]
slipover

Knopfleiste[F]
button facing

Poloshirt[N]
polo shirt

Rollkragenpullover[M]
polo-neck sweater

Pullover[M] mit halsnahem Ausschnitt[M]
crew neck sweater

Strickjacke[F]
cardigan

Kleider[N]

dresses

Schlauchkleid[N]
sheath dress

Prinzesskleid[N]
princess dress

Mantelkleid[N]
coat dress

Unterkleid[N]
shift dress

Cocktailkleid[N]
cocktail dress

Hemdblusenkleid[N]
shirtwaist dress

Kleid[N] mit angesetztem Schoß[M]
drop waist dress

Kleid[N] in Trapez-Form[F]
A-line dress

leichtes Sonnenkleid[N]
sundress

Wickelkleid[N]
wrap-over dress

Tunikakleid[N]
tunic dress

Trägerrock[M]
pinafore

Röcke[M]

skirts

Stufenrock[M]
ruffled skirt

Hosenrock[M]
culottes

Sattelrock[M]
yoke skirt

Raffrock[M]
gathered skirt

Bleistiftrock[M]
pencil skirt

Skort[M]
skort

gerader Rock[M]
straight skirt

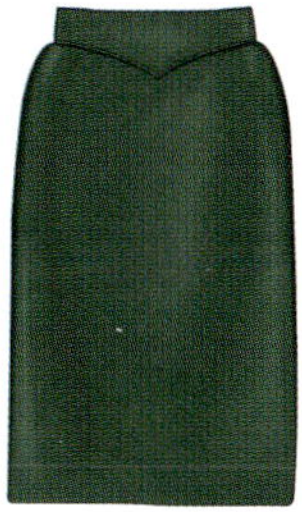

Bahnenrock[M]
gored skirt

Schottenrock[M]
kilt

Sarong[M]
sarong

Wickelrock[M]
wrap-over skirt

Oberteile[N]

tops

Bodyshirt[N]
body

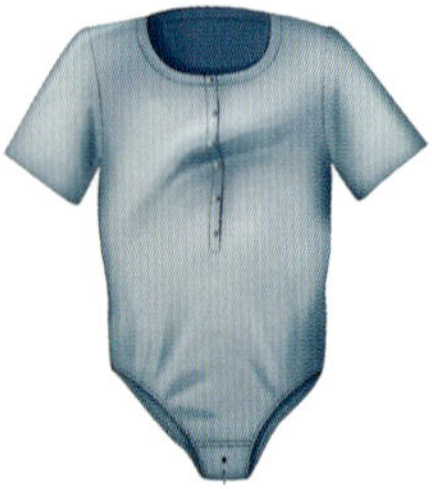

Matrosenbluse[F]
sailor tunic

Kamisol[N]
camisole

klassische Bluse[F]
classic blouse

Kittelbluse[F]
button-through smock

Hosenbluse[F]
overshirt

Shirt[N] im Empirestil[M]
smock

Wickelbluse[F]
Wrap-over top

Polohemd[N]
polo shirt

Überbluse[F]
overblouse

Hosen[F]

trousers

Kniebundhose[F]
knickerbockers

Caprihose[F]
pedal pushers

Bermudashorts[F]
Bermuda shorts

Shorts[F]
shorts

Steghose[F]
ski pants

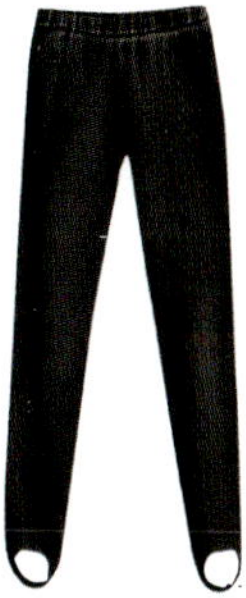

Steg[M]
foot strap

Jeans[F]
jeans

Latzhose[F]
dungarees

Overall[M]
jumpsuit

Schlaghose[F]
bell bottoms

Cargohose[F]
cargo trousers

Caprihose[F]
cropped trousers

Röhrenhose[F]
cigarette pants

Westen[F] und Jacken[F]

waistcoats and jackets

Bolero[M]
bolero

Safarijacke[F]
safari jacket

Spenzer[M]
spencer

Twinset[N]
twinset

Pullover[M]
pullover

Weste[F]
waistcoat

Blazer[M]
blazer

Mäntel[M] und Jacken[F]

coats

Redingote[F]
riding coat

Parka[M]
parka

Dufflecoat[M]
duffel coat

Mäntel[M] und Jacken[F]

Kostüm[N]
suit

Jacke[F]
jacket

Rock[M]
skirt

Raglanmantel[M]
raglan

Raglanärmel[M]
raglan sleeve

verdeckte Knopfleiste[F]
fly front closing

schräge Pattentasche[F]
broad welt side pocket

Blazer[M]
jacket

Poncho[M]
poncho

Autocoat[M]
car coat

Cabanjacke[F]
pea jacket

Schneiderkragen[M]
tailored collar

Mufftasche[F]
hand warmer pocket

blinde Tasche[F]
mock pocket

Pelerine[F]
pelerine

Pelerine[F]
pelerine

Nahttasche[F]
seam pocket

Cape[N]
cape

Durchgrifftasche[F]
arm slit

Mantel[M]
overcoat

Unterwäsche^{F}

underwear

Korselett^{N}
corselette

Camisol^{N}
camisole

Teddy^{M}
teddy

Body^{M}
bodysuit

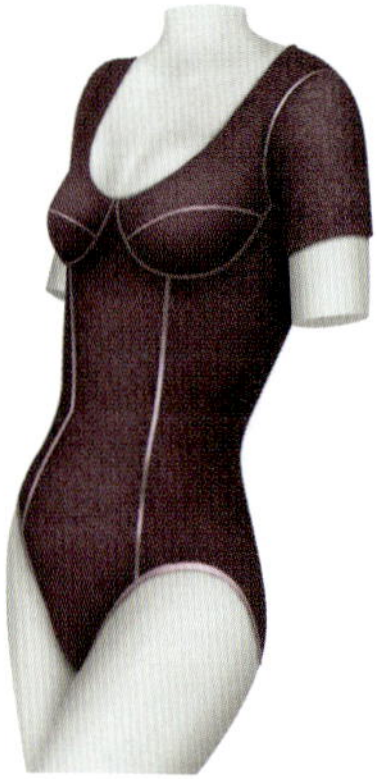

Panty-Korselett^{N}
panty corselette

Unterrock^{M}
half-slip

Prinzessnaht^{F}
princess seaming

Vollachsel-Unterkleid^{N}
foundation slip

Unterkleid^{N}
slip

Unterwäsche^F

Torselett^N
wasp-waisted corset

trägerloser Büstenhalter^M
strapless brassiere

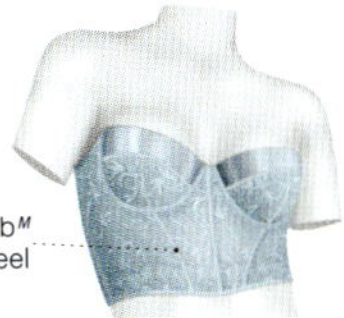

Dirndl-BH^M
push-up bra

BH^M
bra

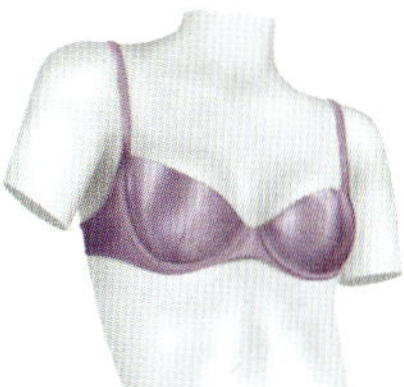

Halbschale^F
décolleté bra

Mieder^N
girdle

Slip^M
briefs

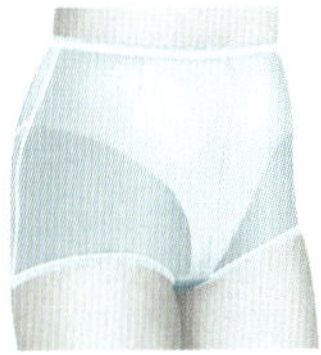

Miederhose^F
panty girdle

Korsett^N
corset

Strumpfhaltergürtel^M
suspender belt

String-Tanga^M
G-string

Tanga^M
tanga

Strümpfe^{M}

hose

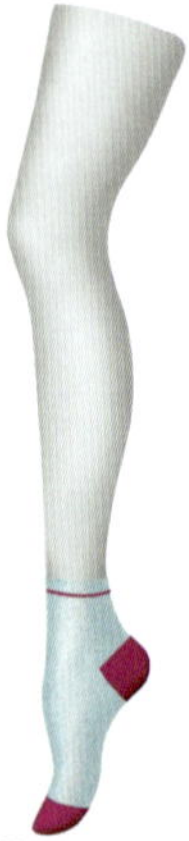

Kurzsocke^{F}
short sock

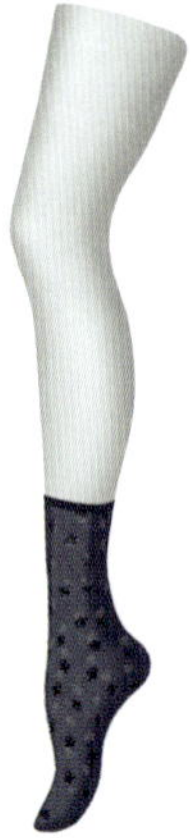

Söckchen^{N}
ankle sock

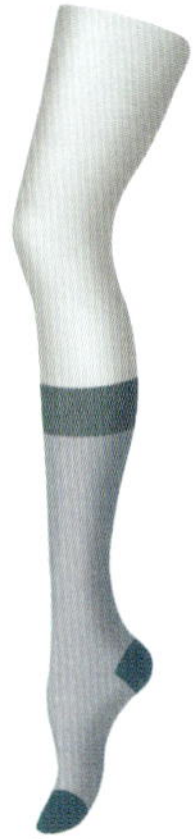

Socke^{F}
sock

Kniestrumpf^{M}
knee sock

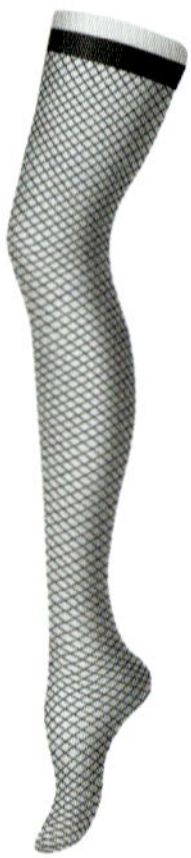

Netzstrumpf^{M}
fishnet stocking

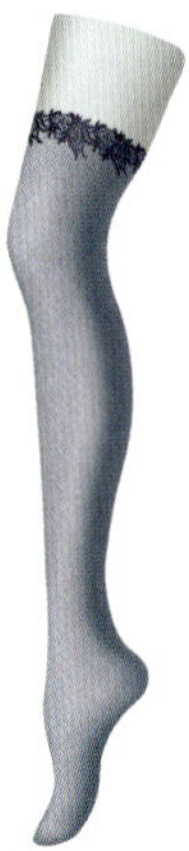

Overknee-Strumpf^{M}
thigh stocking

Strumpf^{M}
stocking

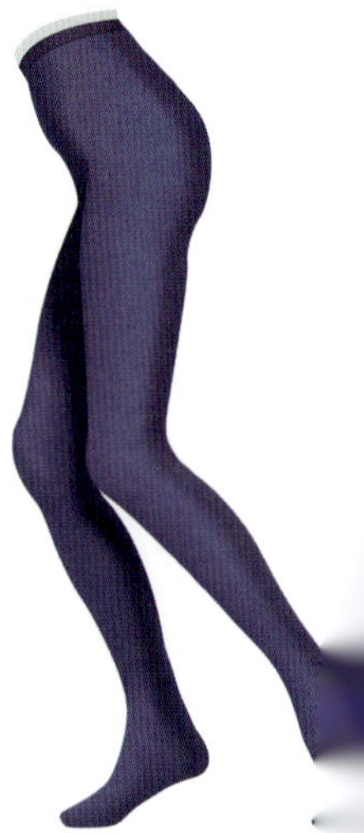

Strumpfhose^{F}
tights

Nachtbekleidung^{F}

nightclothes

Bademantel^{M}
bathrobe

Nachthemd^{N}
nightgown

Baby-Doll^{N}
baby doll

Schlafanzug^{M}
pyjamas

Negligé^{N}
negligee

Kinderbekleidung^{F}

children's clothing

Strampelhöschen^{N}
rompers

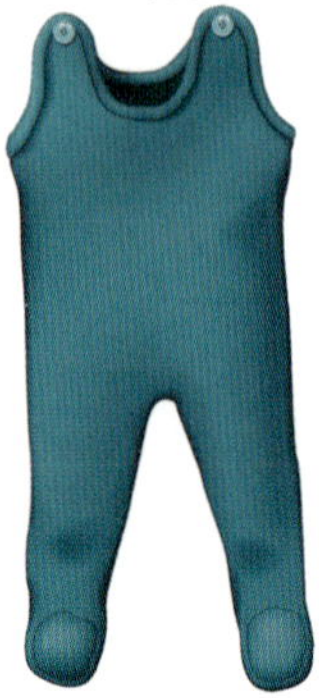

Badetuch^{N} mit Kapuze^{F}
hooded towelling robe

Body^{M}
bodysuit

Schneesack^{M}
snuggle suit

Babyhaube^{F}
newborn hat

Fäustling^{M}
mittens

Babyschuh^{M}
bootees

Schlafanzug^{M}
sleepsuit

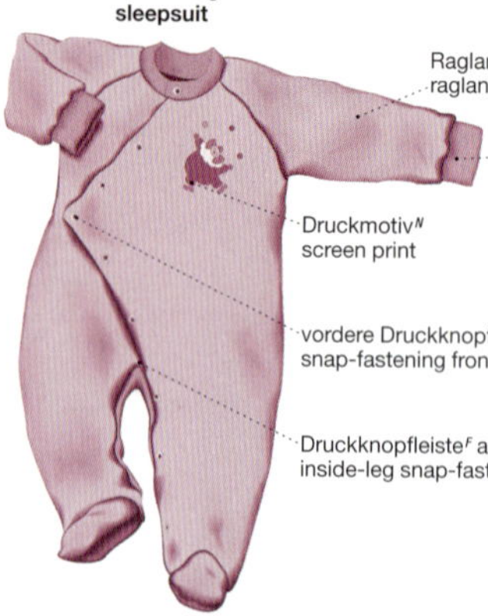

Latzhose^{F} mit hohem Rückenteil$^{M/N}$
high-back dungarees

Kinderbekleidung[F]

Lätzchen[N]
bib

Einwegwindel[F]
disposable nappy

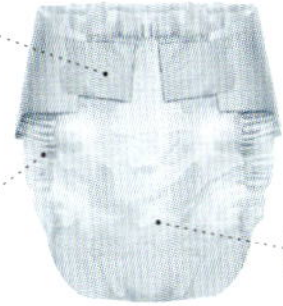

Windel[F]
nappy

Hemdchen[N]
shirt

Schlafsack[M]
sleep sack

Spielanzug[M]
rompers

Latzhose[F] mit gekreuzten Rückenträgern[M]
dungarees with crossover back straps

Pyjama[M]
pyjamas

Schneeanzug[M]
snowsuit

Sportbekleidung[F]

sportswear

Joggingschuh[M]
running shoe

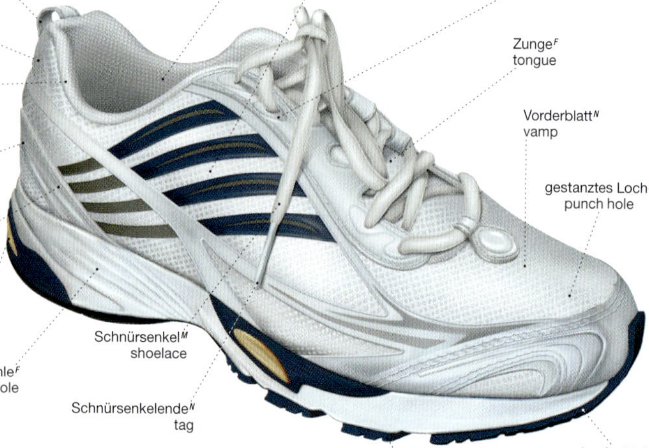

T-Shirt[N]
T-shirt

Trägerhemd[N]
vest

Badeanzug[M]
swimsuit

Badekappe[F]
swim cap

Sandale[F]
sandal

Shorts[F]
running shorts

Radhose[F]
shorts

Badehose[F]
swimming trunks

Wanderschuh[M]
hiking boot

Sportbekleidung[F]

Trainingsanzug[M]
training suit

Sweatshirt[N]
sweatshirt

Anorak[M]
anorak

Fleece-Jacke[F]
fleece jacket

Sporthose[F]
sweatpants

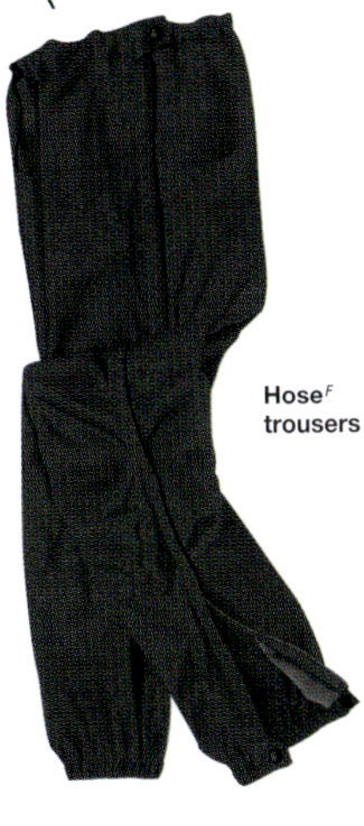

Hose[F]
trousers

Kapuzenshirt[N]
hooded sweatshirt

Herrenkopfbedeckungen^F

men's headgear

Filzhut^M
trilby

Strohhut^M
boater

Käppchen^N
skullcap

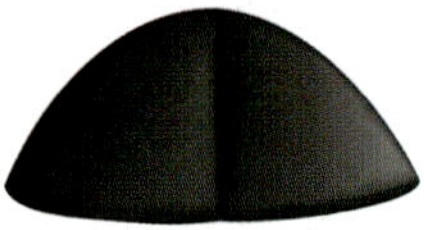

Schirmmütze^F
cap

Fellmütze^F
astrakhan cap

Zylinder^M
top hat

Kosakenmütze^F
shapka

Jagdkappe^F
hunting cap

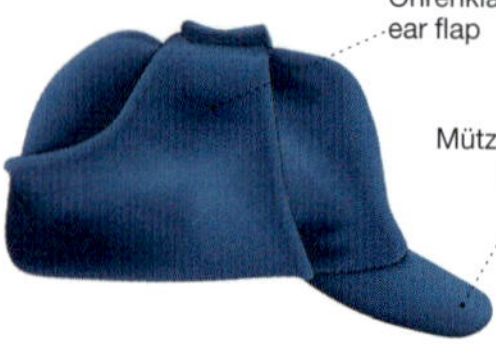

Melone^F
bowler

Panamahut^M
panama

Damenkopfbedeckungen^{F}

women's headgear

Pillbox^{F}
pillbox hat

Wagenradhut^{M}
cartwheel hat

Topfhut^{M}
cloche

Toque^{F}
toque

Regenhut^{M}
sailor's hat

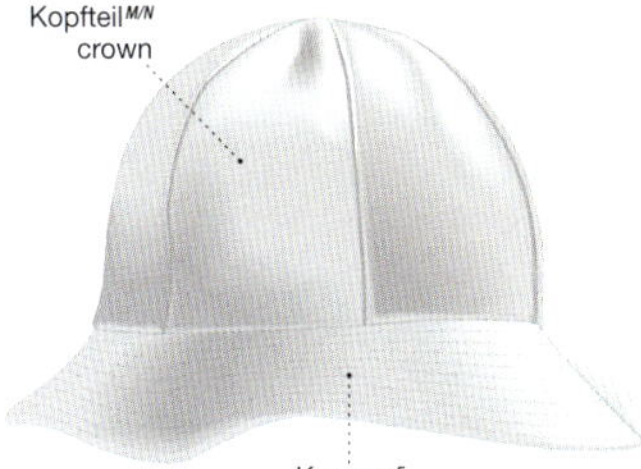

Turban^{M}
turban

Südwester^{M}
sou'wester

Unisex-Kopfbedeckungen^{F}

unisex headgear

Kappe^{F}
cap

Strickmütze^{F}
stocking cap

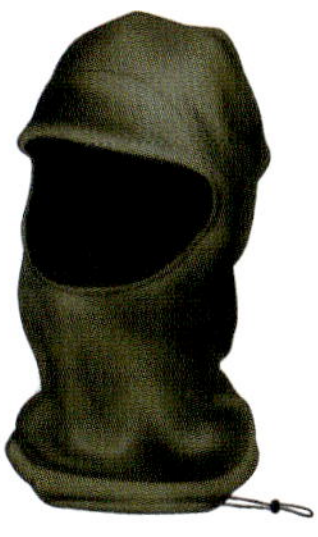

Sturmhaube^{F}
balaclava

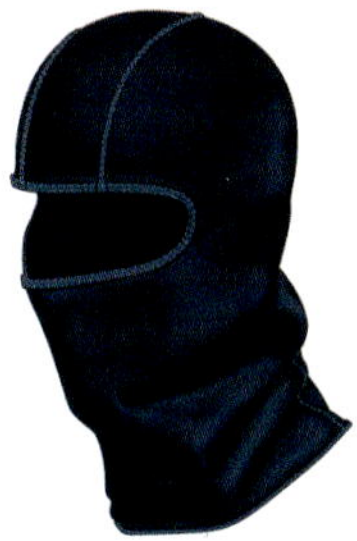

Mundschutz^{F}
face mask

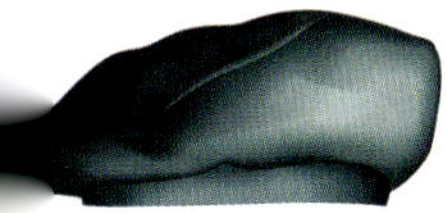

Baskenmütze^{F}
beret

Herrenschuhe[M]

men's shoes

Teile[M/N] des Schuhs[M]
parts of a shoe

Halbstiefel[M]
bootee

Beispiele[N] für Schuhe[M]
examples of shoes

Boot[M]
chukka

Arbeitsschuh[M]
work boot

Cowboystiefel[M]
cowboy boot

Oxford-Schuh[M]
balmoral

Überziehschuh[M]
galosh

Schnürschuh[M]
lace-up

Damenschuhe[M]

women's shoes

Beispiele[N] für Schuhe[M]
examples of shoes

Overknee[M]
thigh boot

Stiefel[M]
boot

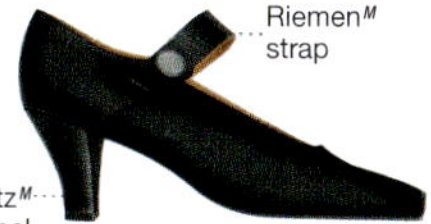

Mary Jane[M]
Mary Jane shoe

Stegspangenschuh[M]
T-strap shoe

Straßenschuh[M]
casual shoe

Pantolette[F]
clog

knöchelhohe Stiefelette[F]
ankle boot

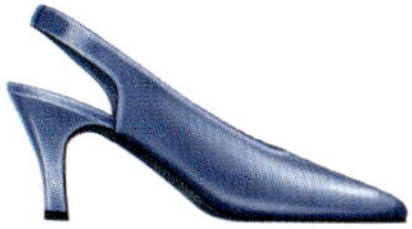

Slingpumps[M]
slingback shoe

Pumps[M]
court

Sandalette[F] mit Fersenriemen[M]
ankle-strap

Ballerinaschuh[M]
pump

Espadrille[F]
espadrille

Damenschuhe[M]

Beispiele[N] für Absätze[M]
examples of heels

niedriger Absatz[M]
low heel

Kitten-Heel-Absatz[M]
kitten heel

Keilabsatz[M]
wedge heel

flacher Absatz[M]
flat heel

Pfennigabsatz[M]
spike heel

Unisex-Schuhe[M]

unisex shoes

Pantoffel[M]
mule

Slipper[M]
slip-on

Mokassin[M]
moccasin

Sandale[F] mit Zehenriemchen[N]
toe-strap

Römerpantolette[F]
flip-flop

Sandale[F]
sandal

Tennisschuh[M]
plimsoll

Regenstiefel[M]
wellington boot

Handschuhe^M

gloves

Herrenhandschuhe^M
men's gloves

Fäustling^M
mitten

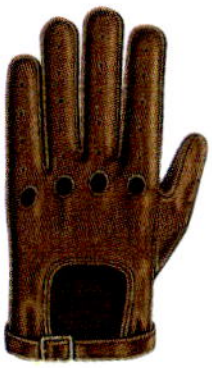

Autohandschuh^M
driving glove

Damenhandschuhe^M
women's gloves

langer Abendhandschuh^M
evening glove

Stulpenhandschuh^M
gauntlet

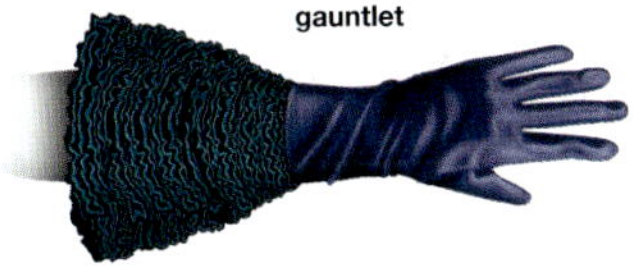

fingerloser Spitzenhandschuh^M
fingerless mitt

Fäustling^M
mitten

Kurzhandschuh^M
short glove

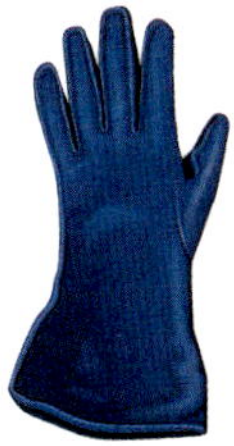

Langhandschuh^M
wrist-length glove

KLEIDUNG

verschiedenes Zubehör^N

miscellaneous accessories

Schal^M
scarf

Halswärmer^M
neck warmer

Stirnband^N
headband

Ohrenschützer^M
earmuffs

Schmuck^{M}

jewellery

Ohrringe^{M}
earrings

Klips^{M}
clip earrings

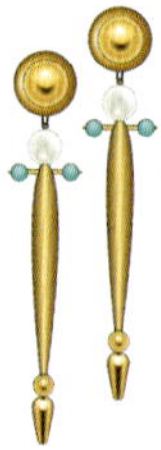

Ohrgehänge^{N}
drop earrings

Ohrstecker^{M}
ear studs

Ohrringe^{M} mit Schraubverschluss^{M}
screw-back earrings

Kreolen^{F}
hoop earrings

Halsketten^{F}
necklaces

Halskette^{F} in Matineelänge^{F}
matinee-length necklace

Samtkropfband^{N}
velvet-band choker

Anhänger^{M}
pendant

Endlosperlenkette^{F}
rope

Halskette^{F} in Opernlänge^{F}
opera-length necklace

Chokerkette^{F}
choker

mehrreihige Halskette^{F}
bib necklace

Medaillon^{N}
locket

Armbänder^{N}
bracelets

Armband^{N}
charm bracelet

Identitätsband^{N}
identity bracelet

Armreif^{M}
bangle

Ringe^{M}
rings

Verlobungsring^{M}
engagement ring

Bandring^{M}
band ring

Ehering^{M}
wedding ring

Solitärring^{M}
solitaire ring

Herrenring^{M}
signet ring

Make-up[N]

make-up

flüssiger Eyeliner[M]
liquid eyeliner

loser Puder[M]
loose powder

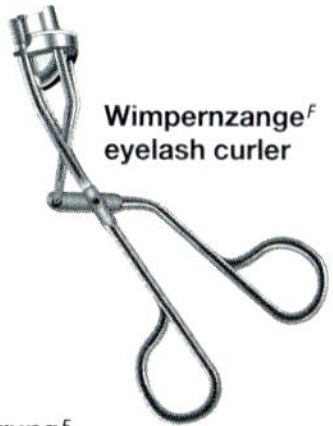

Wimpernzange[F]
eyelash curler

flüssige Grundierung[F]
liquid foundation

flüssiges Mascara[N]
liquid mascara

Lippenstift[M]
lipstick

Abdeckstift[M]
concealer

Fächerpinsel[M]
fan brush

Puderpinsel[M]
loose powder brush

Lipgloss[M]
lip gloss

Puderkissen[N]
powder puff

Kunstschwamm[M]
synthetic sponge

Lippenpinsel[M]
lip brush

Kompaktpuder[M]
pressed powder

Lidschatten[M]
eyeshadow

Lippenkonturenstift[M]
lip liner

Augenbrauenstift[M]
eyebrow pencil

Mascarastein[M]
cake mascara

Puderrouge[N]
powder blusher

rauenbürstchen[N] und Wimpernkämmchen[N]
brow brush and lash comb

Maniküre[F]

manicure

Nagelnecessaire[N]
manicure set

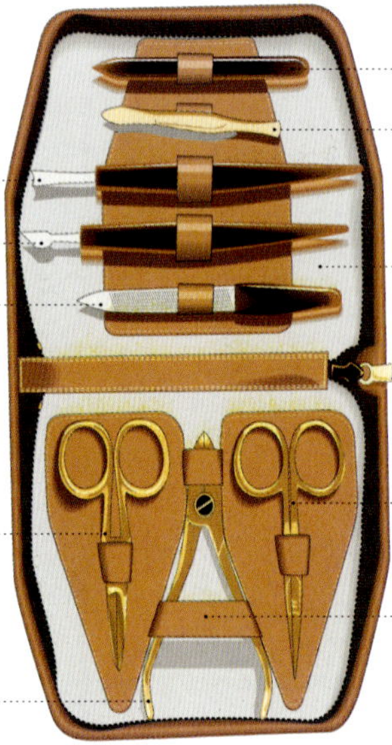

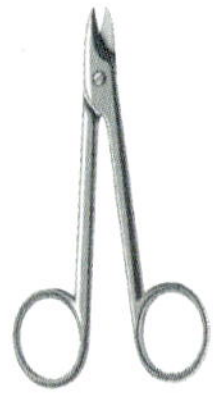

Fußnagelschere[F]
toenail scissors

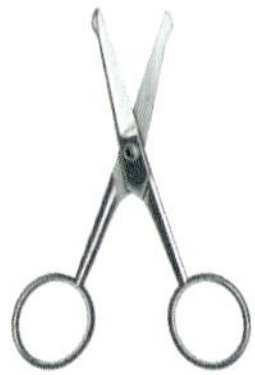

Nasen-Bartschere[F]
safety scissors

Nagelknipser[M]
nail clippers

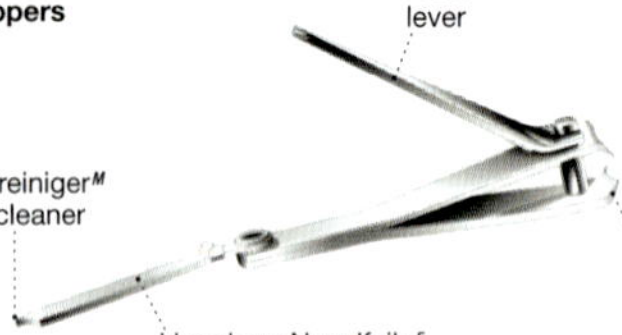

Nagelfeile[F]
nail file

Nagellack[M]
nail polish

Nagelweißstift[M]
nail whitener pencil

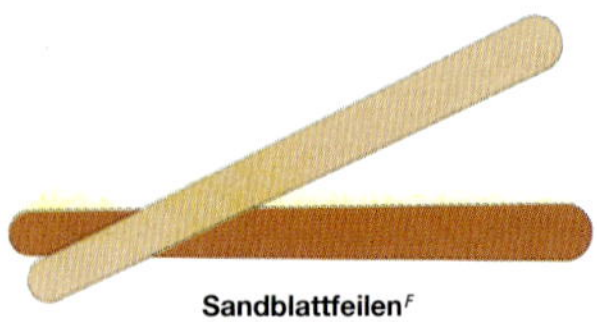

Sandblattfeilen[F]
emery boards

Nagellackentferner[M]
nail polish remover

Körperpflege[F]

body care

Shampoo[N]
shampoo

Haarspülung[F]
hair conditioner

Peeling[N]
exfoliant

Eau de parfum[N]
eau de parfum

Eau de toilette[N]
eau de toilette

Schaumbad[N]
bubble bath

euchtigkeitscreme[F]
moisturiser

Duschgel[N]
shower gel

Deodorant[N]
deodorant

Toilettenseife[F]
toilet soap

Massagebürste[F]
back brush

Badebürste[F]
bath brush

Naturschwamm[M]
natural sponge

Lippenpflegestift[M]
lip balm

Badetuch[N]
bath sheet

Handtuch[N]
bath towel

Massagehandschuh[M]
massage glove

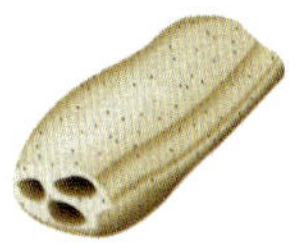
Luffaschwamm[M]
loofah

Waschhandschuh[M]
face flannel

Waschlappen[M]
face flannel

Haarpflege^F

hairdressing

Haarbürsten^F
hairbrushes

flache Frisierbürste^F
flat-back brush

Rundbürste^F
round brush

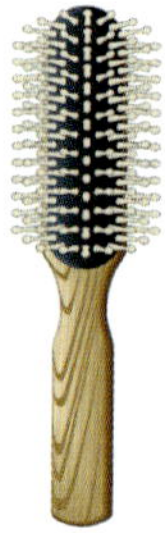

Drahtbürste^F
quill brush

Skelettbürste^F
vent brush

Kämme^M
combs

Strähnenkamm^M
Afro pick

Toupierkamm^M
teaser comb

Stielkamm^M
tail comb

Haarschneidekamm^M
barber comb

Haarliftkamm^M
pitchfork comb

Griffkamm^M
rake comb

Lockenwickler^M
hair roller

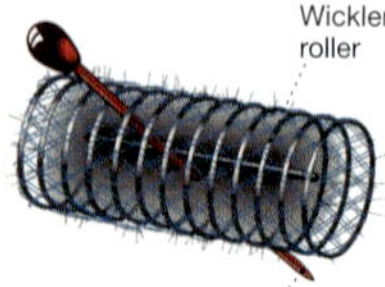

Abteilklammer^F
wave clip

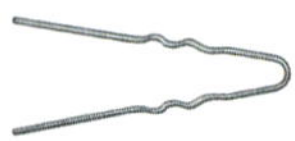

Lockennadel^F
hairpin

Haarklemme^F
hair grip

Haarclip^M
hair clip

Haarspange^F
hair slide

Haarpflege[F]

Haarschneideschere[F]
haircutting scissors

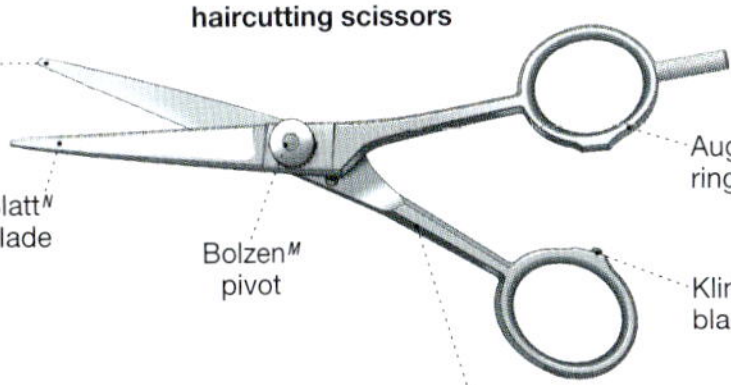

Haarschneider[M]
clippers

Haarglätter[M]
straightening iron

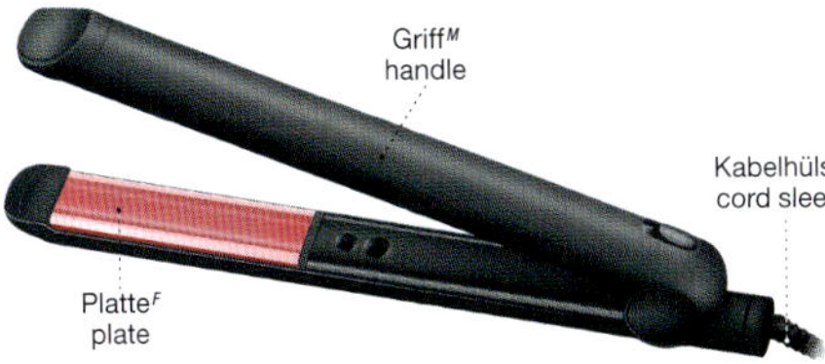

Effiliermesser[N]
thinning razor

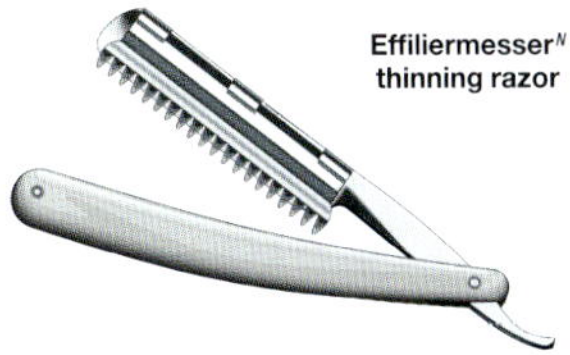

Fön[M]
hair dryer

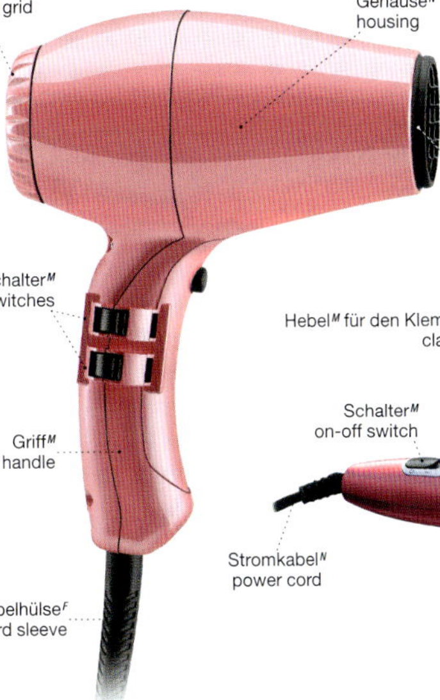

Diffusor[M]
diffuser

Lockenstab[M]
curling iron

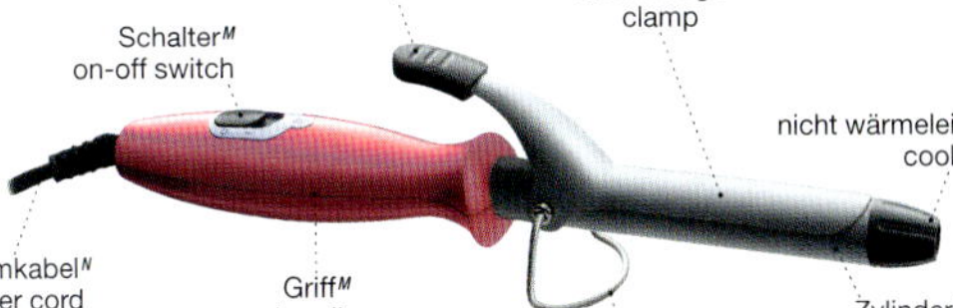

Rasur[F]

shaving

Rasierschaum[M]
shaving foam

Netzkabel[N]
flex

Reinigungsbürste[F]
cleaning brush

Elektrorasierer[M]
electric razor

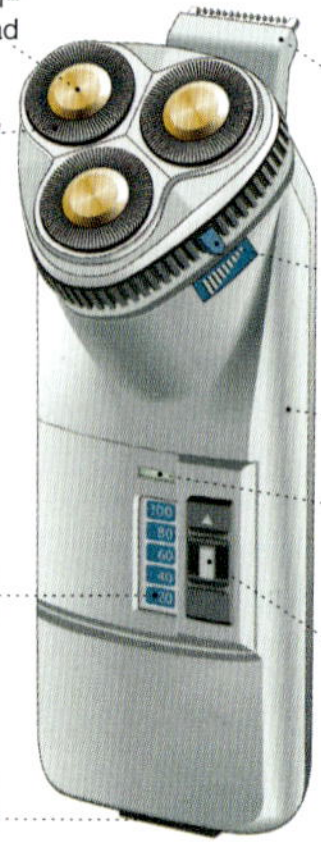

Rasierpinsel[M]
shaving brush

Rasiermesser[N]
cut-throat razor

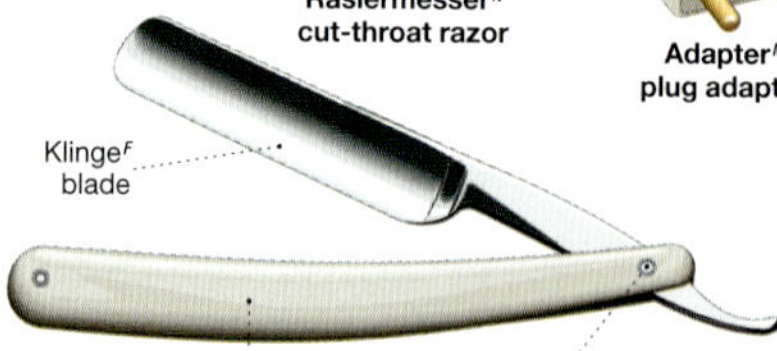

Adapter[M]
plug adapter

zweischneidige Klinge[F]
double-edged razor blade

Klingendose[F]
blade dispenser

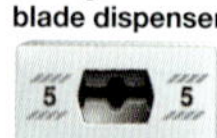

Aftershave[N]
aftershave

Seifenbecher[M]
shaving mug

Mehrfachklingenrasierer[M]
multi-edge razor

Einwegrasierer[M]
disposable razor

Zahnpflege[F]

dental care

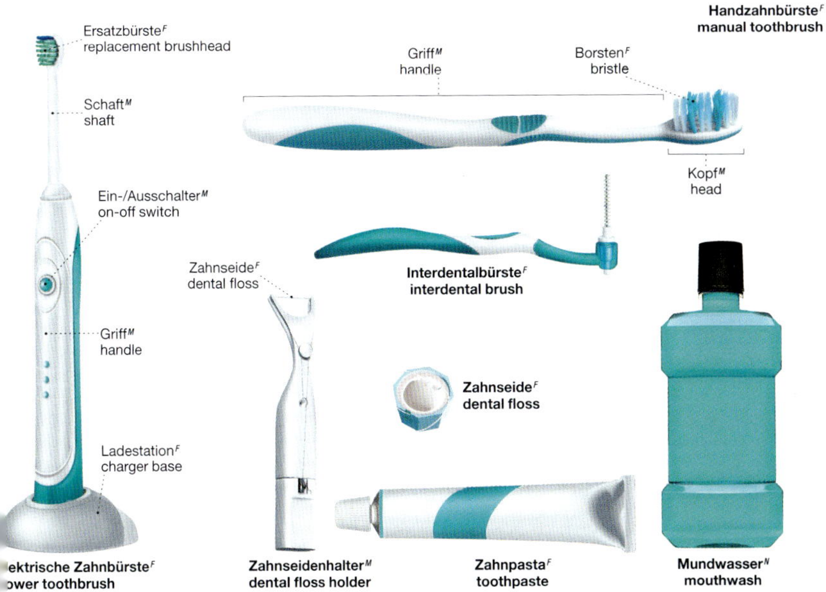

Kontaktlinsen[F]

contact lenses

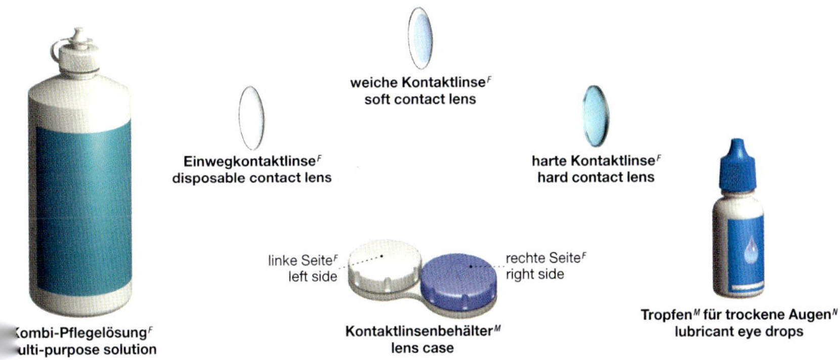

Brille[F]

spectacles

Teile[M/N] der Brille[F]
parts of spectacles

Fassungen[F]
frames

Brillenzubehör[N]
glasses accessories

Sonnenbrillen-Clip[M]
clip-on sunglasses

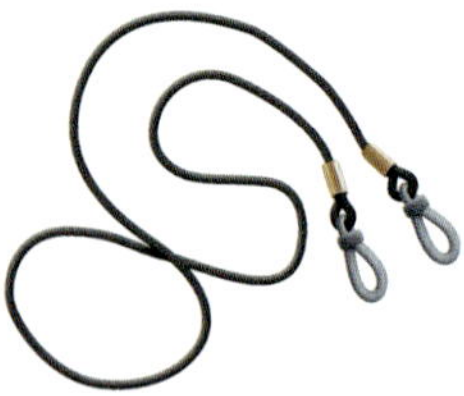

Brillenband[N]
glasses retainer

Brillenetui[N]
glasses case

Brillenputztuch[N]
lens cleaning cloth

Beispiele[N] für Augengläser[N]
examples of spectacles

Sonnenbrille[F]
sunglasses

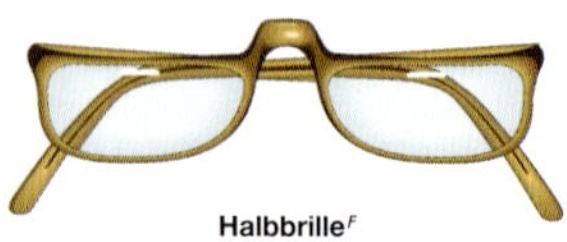

Halbbrille[F]
half-glasses

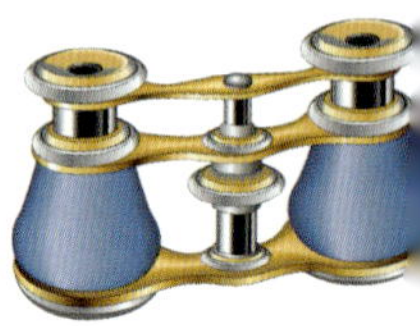

Opernglas[N]
opera glasses

Lederwaren^F^

leather goods

Aktenkoffer^M^
attaché case

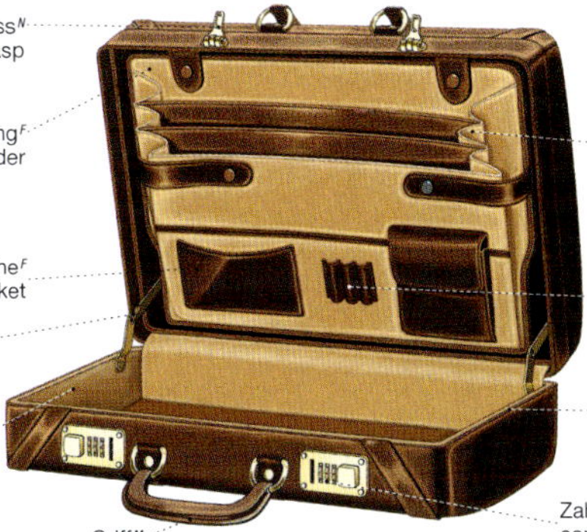

Aktentasche^F^
briefcase

Unterarmmappe^F^
underarm briefcase

Kollegmappe^F^ mit Griff^M^
bottom-fold document case

Kreditkartenetui^N^
credit card wallet

Geldbeutel^M^ für Münzen^F^
coin purse

Schlüsseletui^N^
key case

Schreibmappe^F^
writing case

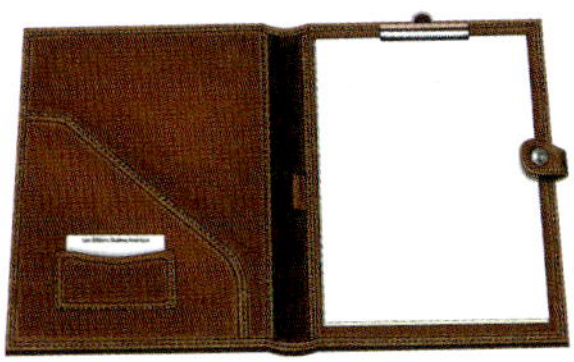

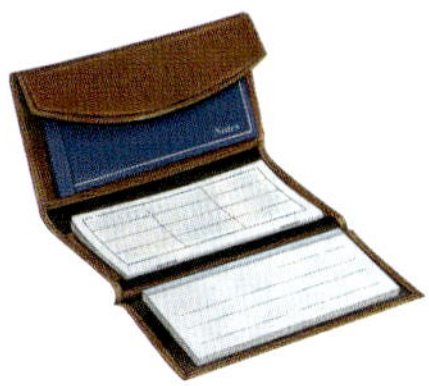

Scheckhülle^F^
cheque book cover

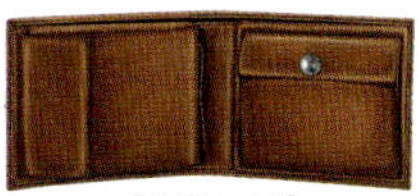

Brieftasche^F^
wallet

Gepäck^N

luggage

Kulturbeutel^M
toilet bag

Reisetasche^F
travel bag

Flugtasche^F
flight bag

Kleidersack^M
suit carrier

Koffer^M
suitcase

Überseekoffer^M
trunk

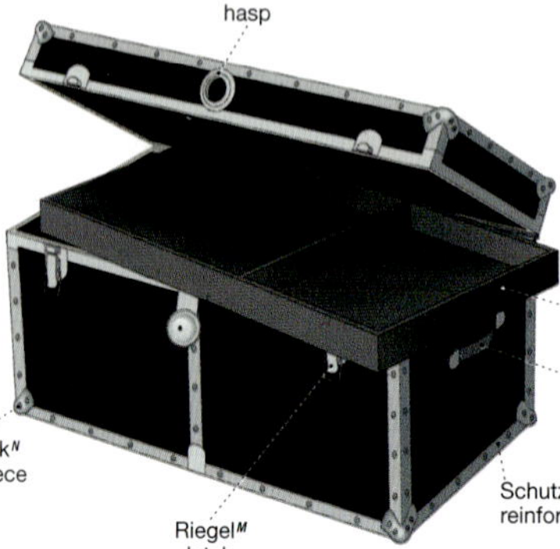

Gepäckroller^M
luggage trolley

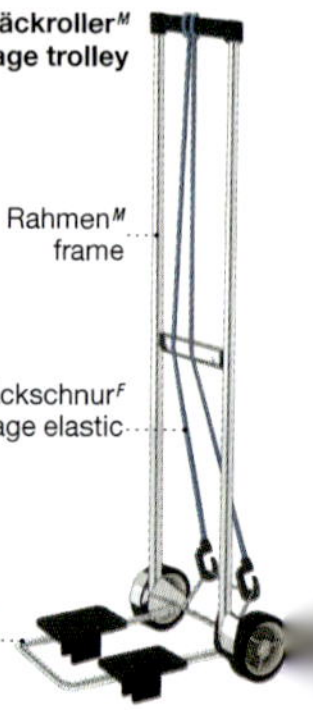

Gepäck[N]

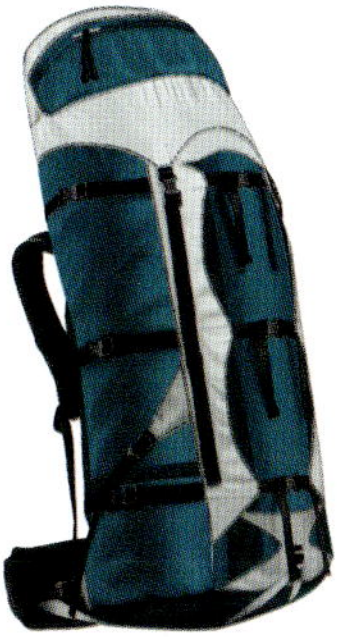

Schirm[M] und Stock[M]

umbrella and stick

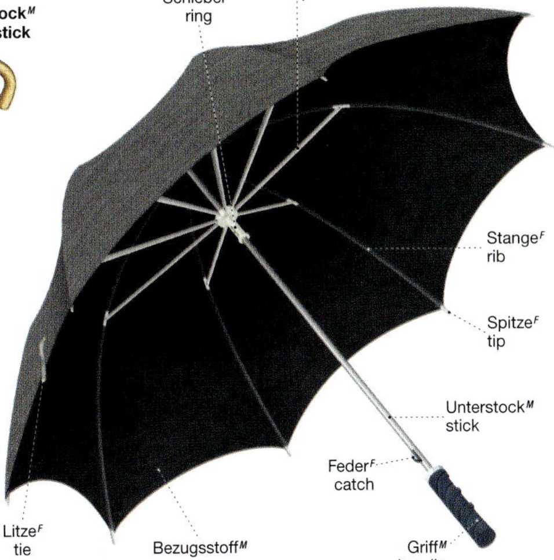

Handtaschen^F

handbags

große Einkaufstasche^F
shopping bag

Einkaufstasche^F
tote bag

geräumige Tasche^F
holdall

Umhängetasche^F mit Reißverschluss^M
shoulder bag with zip

kleine Beuteltasche^F
small drawstring bag

Einkaufstasche^F
shopping bag

Aktentasche^F
satchel bag

Geldgürtel^M
money belt

Gürteltasche^F
bumbag

Beuteltasche^F
drawstring bag

Umhängetasche^F mit Dehnfalte^F
accordion bag

Schultertasche^F
shoulder bag

Kinderzubehör[N]

childcare

Kindersitz[M]
infant car seat

Babytrage[F]
cloth baby carrier

Tragetuch[N]
wrap baby carrier

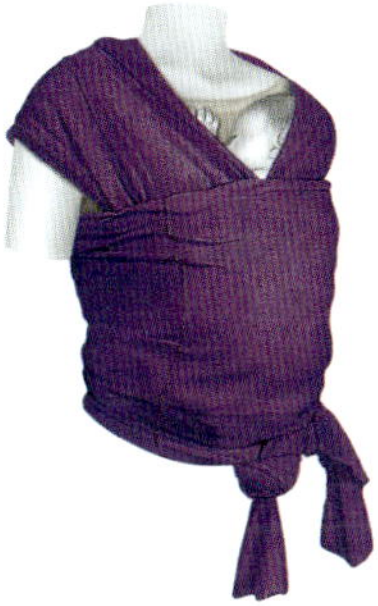

Schnuller[M]
baby's dummy

Wickeltasche[F]
nappy bag

Kinderwagen[M]
pram

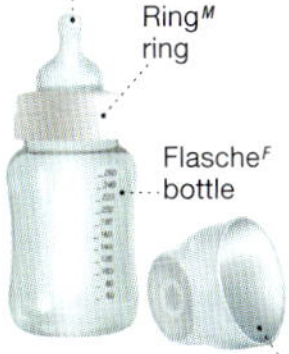

Babyflasche[F]
baby bottle

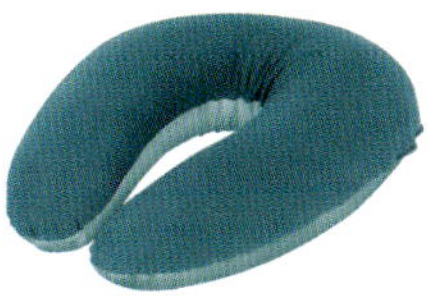

Stillkissen[N]
nursing pillow

Haustierzubehör[N]

pet care

Haustiertoilette[F]
litter box

Kleintierkäfig[M]
small animal cage

Haustierzubehör[N]

Vogelkäfig[M]
birdcage

Aquarium[N]
aquarium

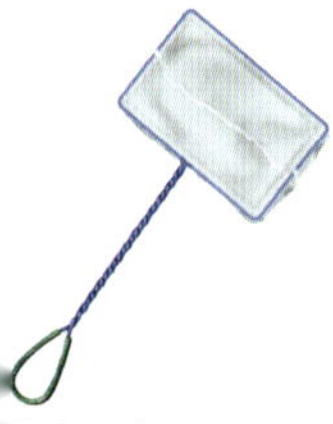

Fischnetz[N]
ish net

Pyramide^F

pyramid

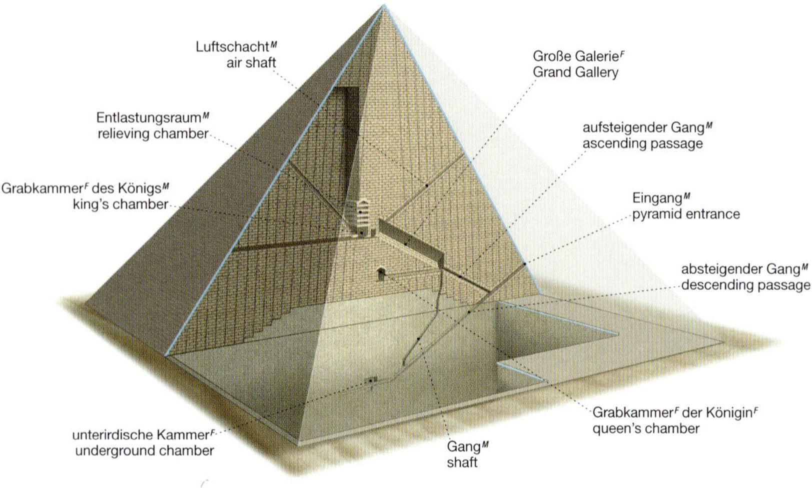

griechisches Theater^N

Greek theatre

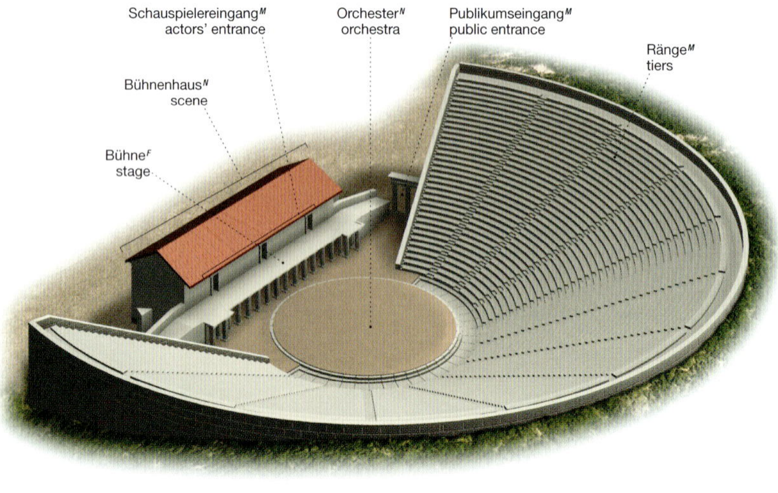

griechischer Tempel[M]

Greek temple

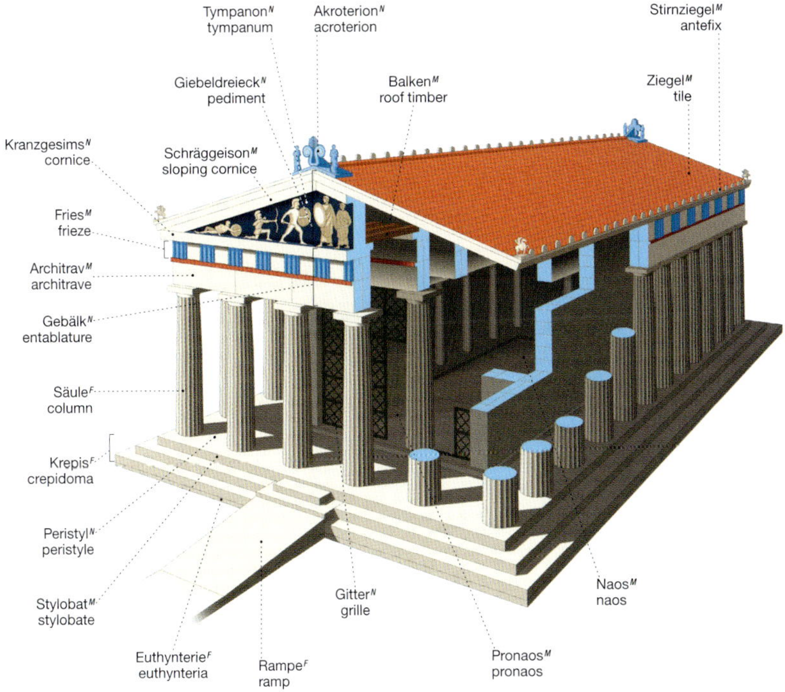

Plan[M] eines griechischen Tempels[M]
plan of a Greek temple

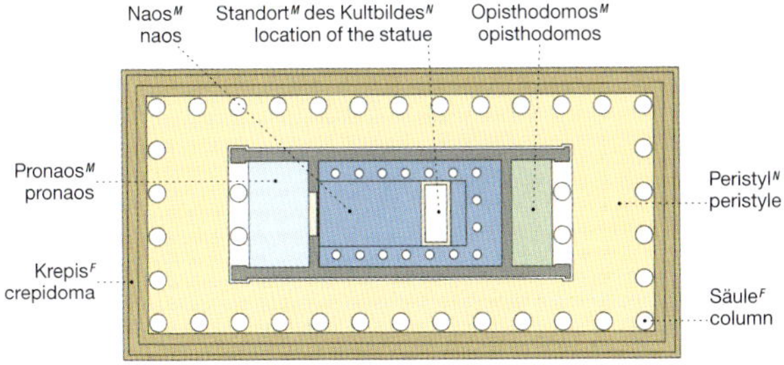

römisches Wohnhaus[N]

Roman house

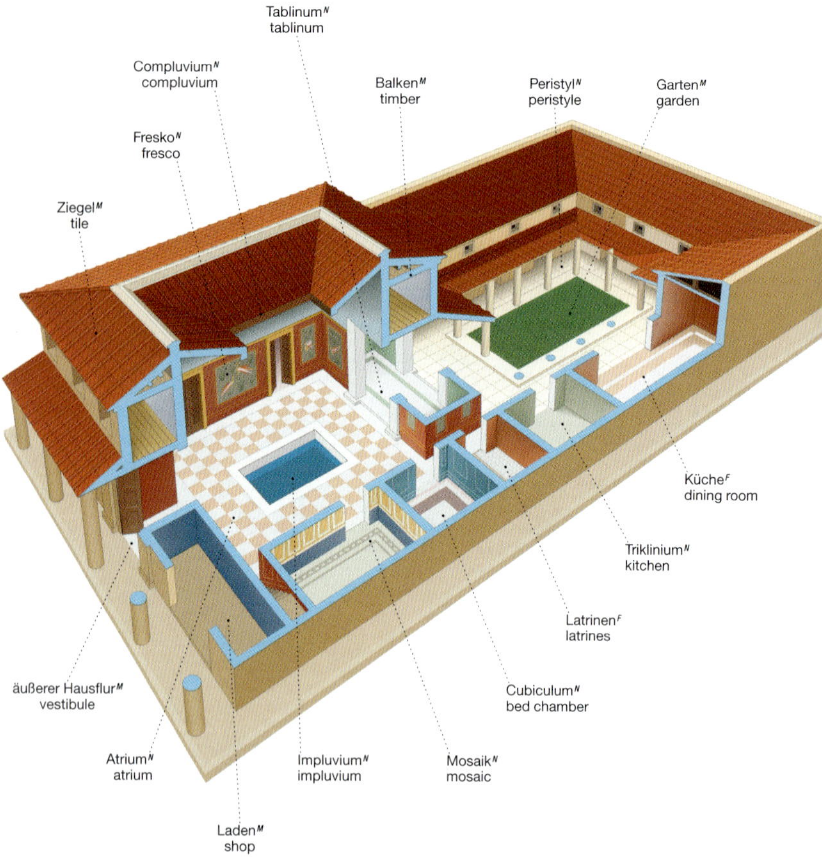

römisches Amphitheater[N]

Roman amphitheatre

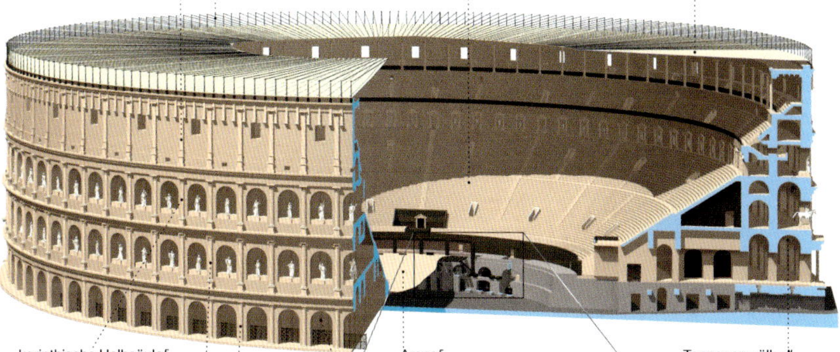

unterirdische Anlagen[F]
underground

Burg[F]

castle

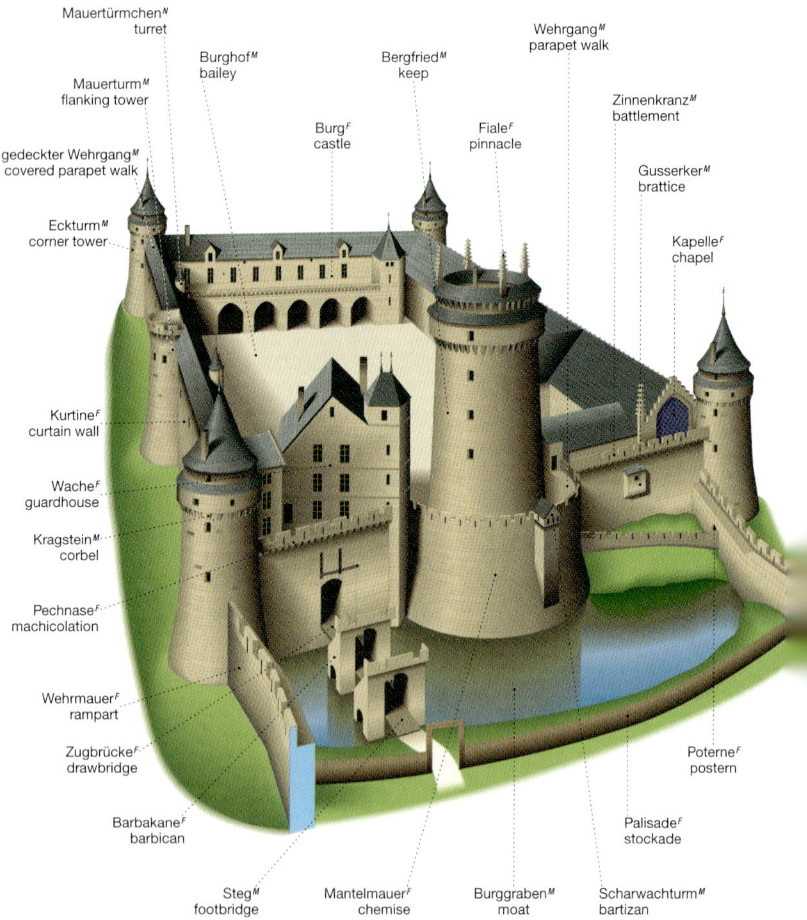

romanische Kirche^F

Romanesque church

Vorderseite^F einer romanischen Kirche^F
façade of a Romanesque church

gotischer Dom[M]

Gothic cathedral

Gesamtansicht[F]
general view

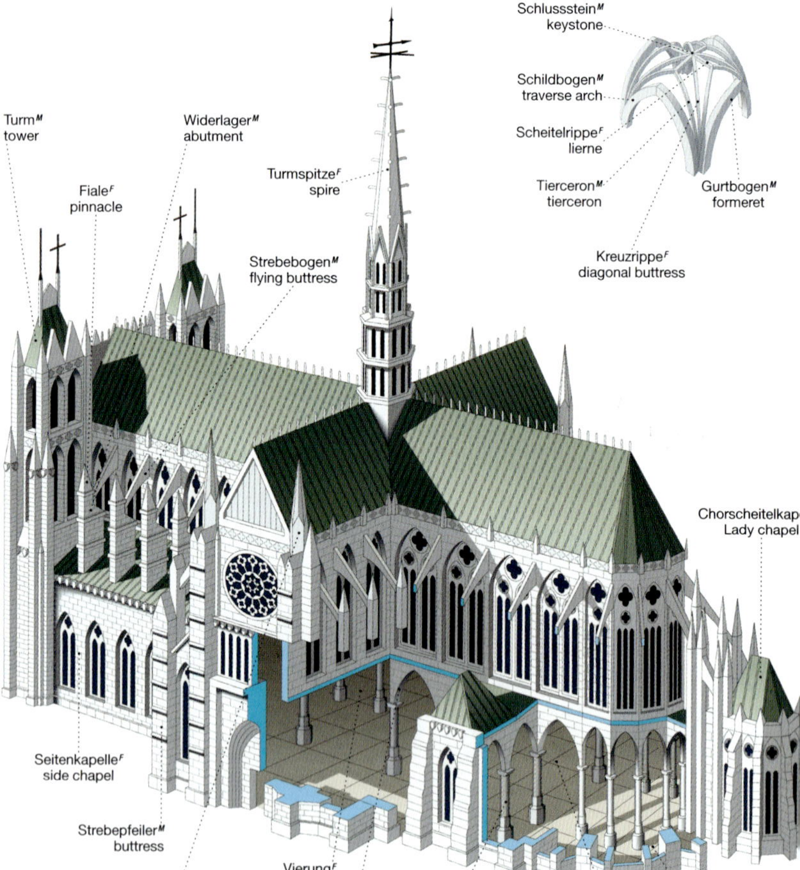

gotischer Dom^M

Plan^M eines gotischen Doms^M
plan of a Gothic cathedral

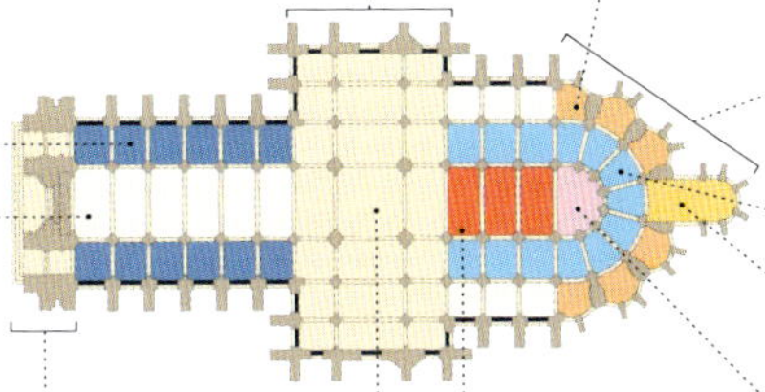

Vorderseite^F eines gotischen Doms^M
façade of a Gothic cathedral

Barockkirche^F

Baroque church

Vorderseite^F einer Barockkirche^F
façade of a Baroque church

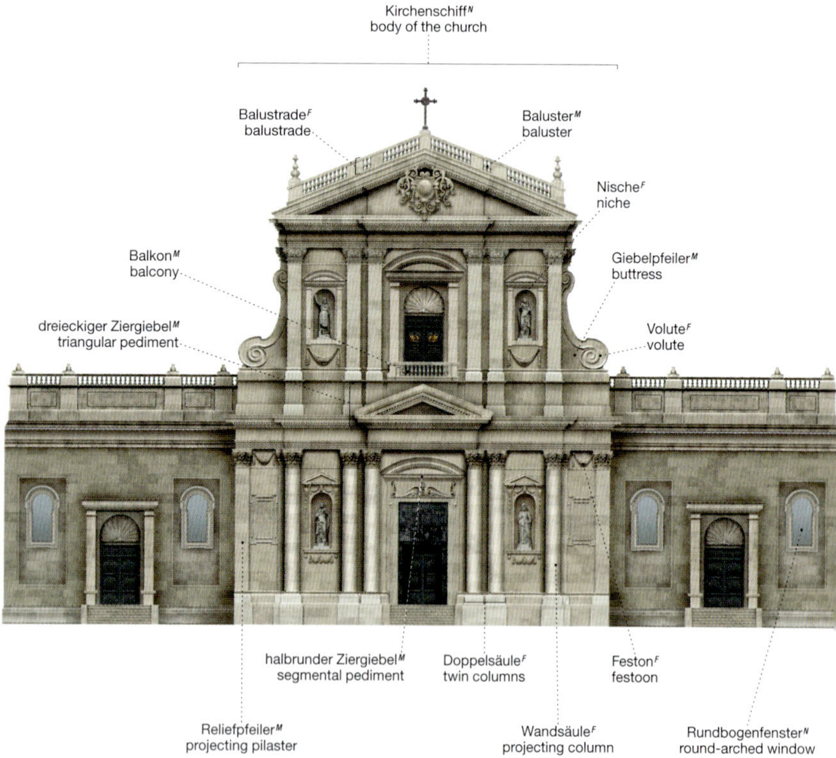

Renaissance-Villa^F

Renaissance villa

Vorderseite^F einer Renaissance-Villa^F
façade of a Renaissance villa

Art-déco-Gebäude[N]

art deco building

Vorderseite[F] eines Art-déco-Gebäudes[N]
façade of an art deco building

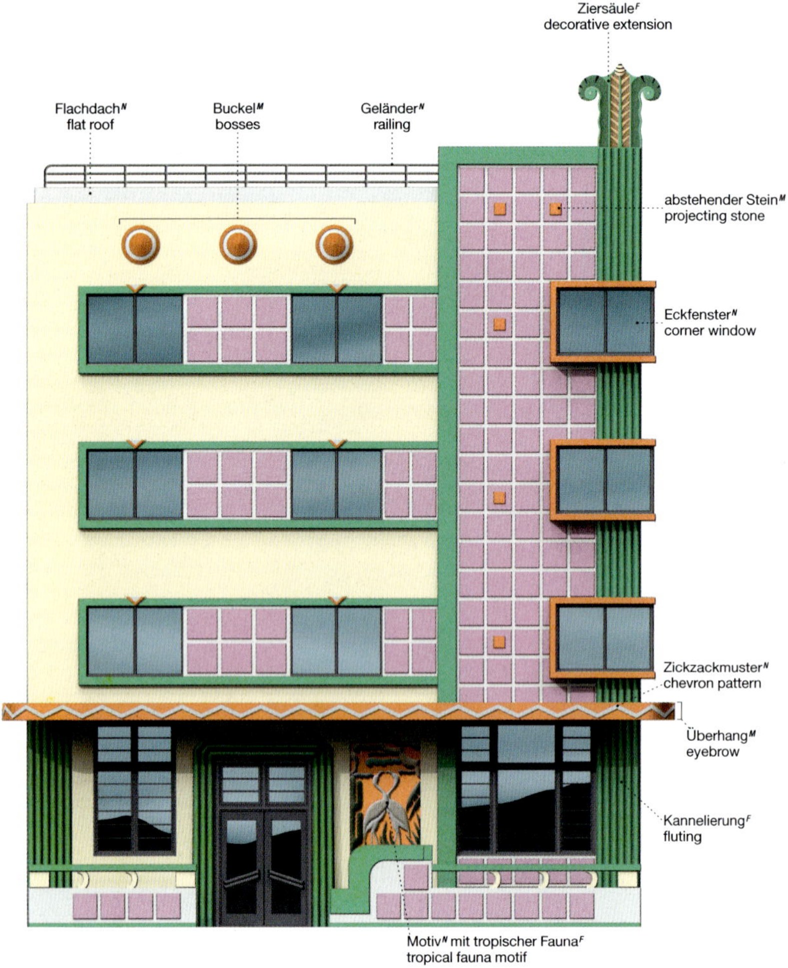

Pagode[F]

pagoda

aztekischer Tempel[M]

Aztec temple

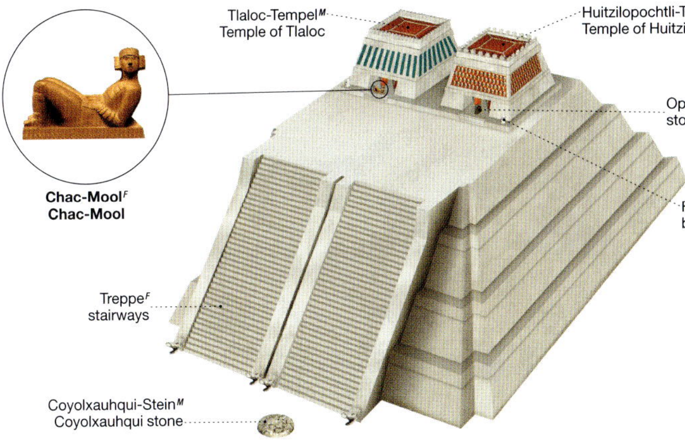

Beispiele[N] für Türen[F]

examples of doors

Drehtür[F]
manual revolving door

automatische Schiebetür[F]
automatic sliding door

Drehflügeltür[F]
conventional door

Falttür[F]
folding door

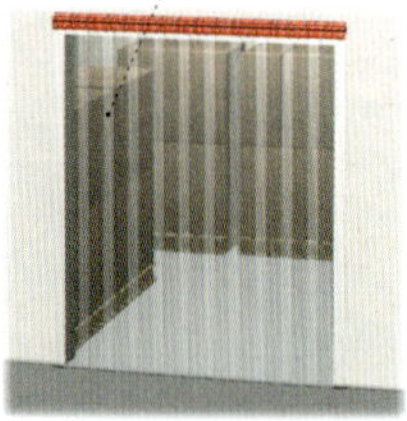

Streifenvorhang[M]
strip door

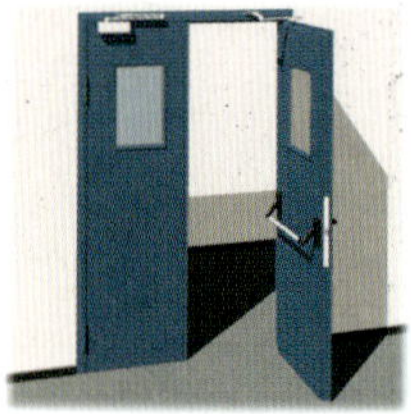

Feuerschutztür[F]
fire door

Harmonikatür[F]
concertina-type folding door

Schiebetür[F]
sliding door

Sektionalgaragentor[N]
sectional garage door

Schwinggaragentor[N]
up-and-over garage door

Beispiele[N] für Fenster[N]

examples of windows

Faltfenster[N]
sliding folding window

Drehflügel[M] nach innen
casement window opening inwards

Drehflügel[M] nach außen
casement window

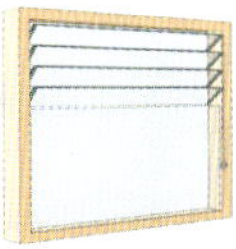

Jalousiefenster[N]
louvred window

horizontales Schiebefenster[N]
sliding window

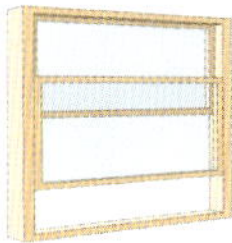

vertikales Schiebefenster[N]
sash window

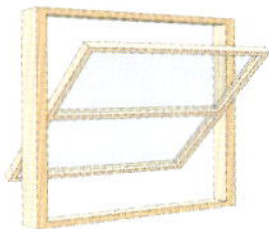

Schwingflügel[M]
horizontal pivoting window

Wendeflügel[M]
vertical pivoting window

Aufzug[M]

lift

Fahrkorb[M]
lift car

Funktion[F] eines Aufzugs[M]
elevator mechanism

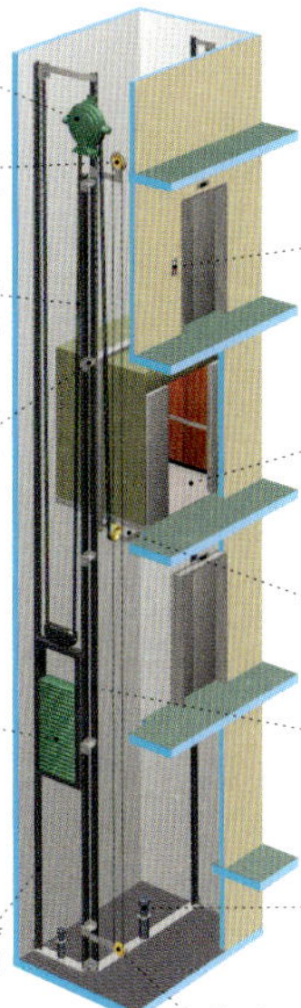

traditionelle Wohnhäuser[N]

traditional dwellings

Iglu[M]
igloo

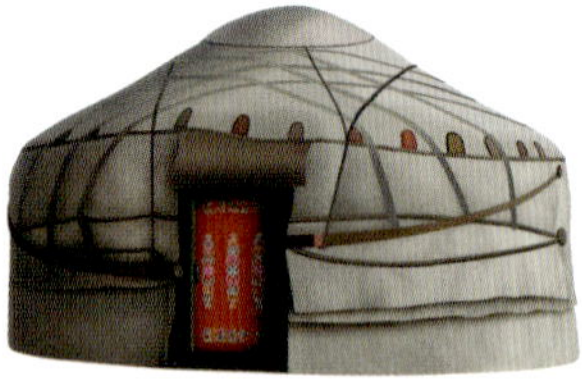

Jurte[F]
yurt

Strohhütte[F]
(straw) hut

Lehmhütte[F]
(mud) hut

Wigwam[M]
wigwam

Isba[F]
isba

Tipi[N]
tepee

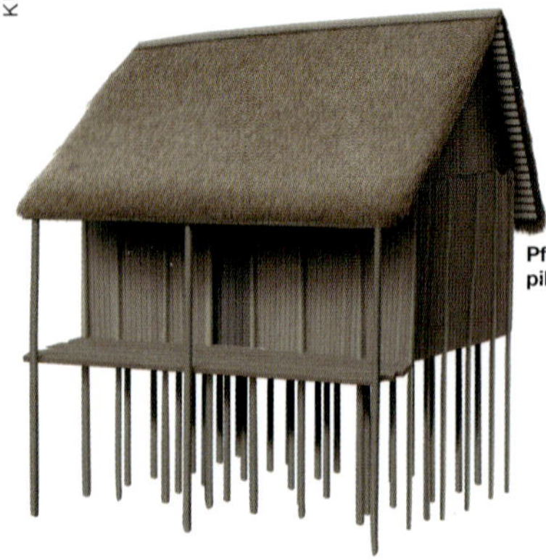

Pfahlbau[M]
pile dwelling

Backsteinhaus[N]
adobe house

Balken[M]
beam

Leiter[F]
ladder

Häuserformen^F in der Stadt^F

town houses

zweistöckiges Haus^N
two-storey house

einstöckiges Haus^N
one-storey-house

Doppelhaus^N
semi-detached houses

Reihenhaus^N
terraced houses

Eigentumswohnungen^F
freehold flats

Wohnblock^M
high-rise block

Malen^N und Zeichnen^N

painting and drawing

Palette^F mit Palettstecker^M
palette with dipper

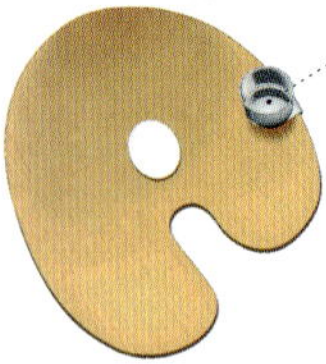

Ölfarbe^F
oil paint

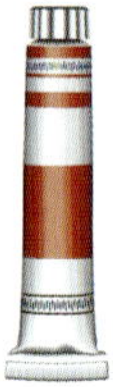

Tube^F mit Aquarellfarbe^F/Gouachefarbe^F
watercolour/gouache tube

Pinsel^M
brush

Malspachtel^M
painting knife

Filzstift^M
felt-tip pen

Tinte^F
ink

Kohle^F
charcoal

Graphosfeder^F
reservoir-nib pen

Palette^F mit Vertiefungen^F
palette with hollows

Näpfchen^N mit Aquarellfarbe^F/Gouachefarbe^F
watercolour/gouache cakes

Wachsfarbstifte^M
wax crayons

Ölpastell^N
oil pastel

Buntstifte^M
colouring pencils

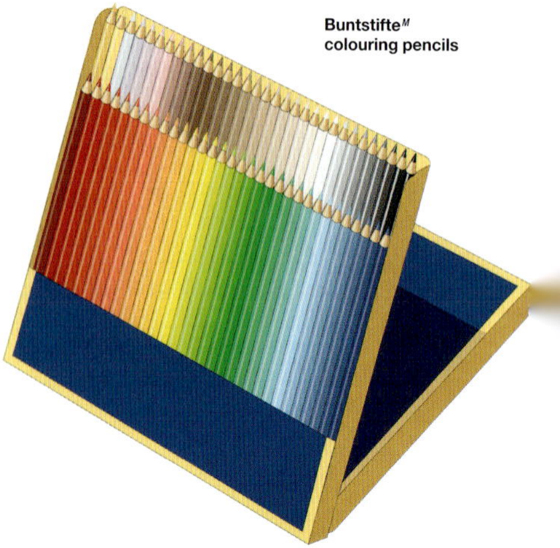

Pastell^N
soft pastel

Kino^N

cinema

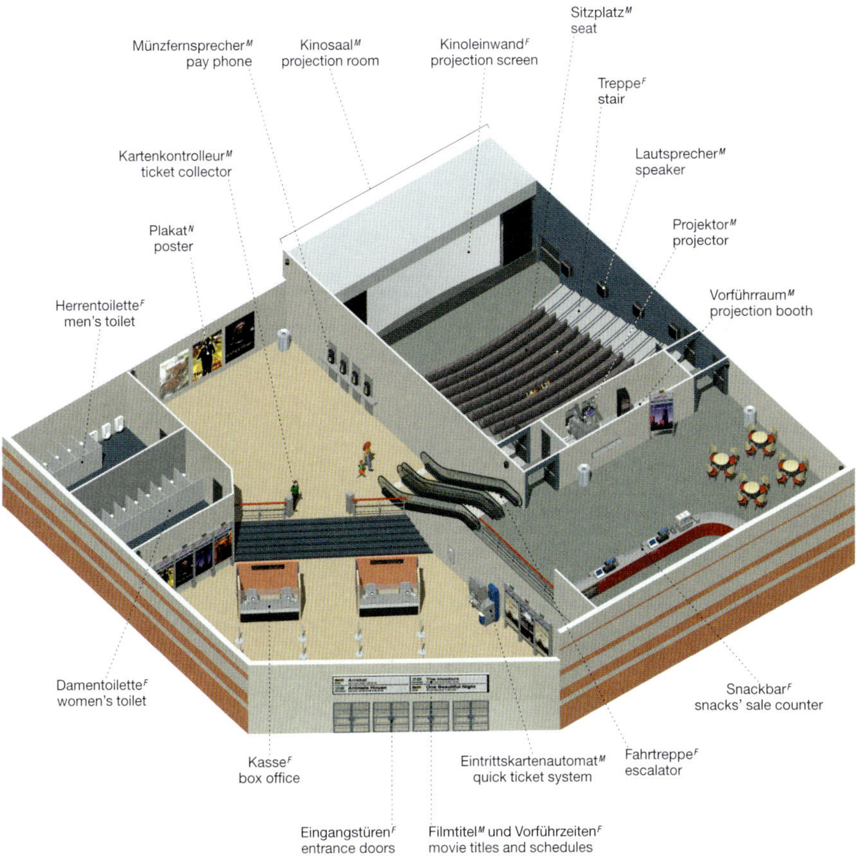

Aufnahmebühne[F]

shooting stage

Gesamtansicht[F]
general view

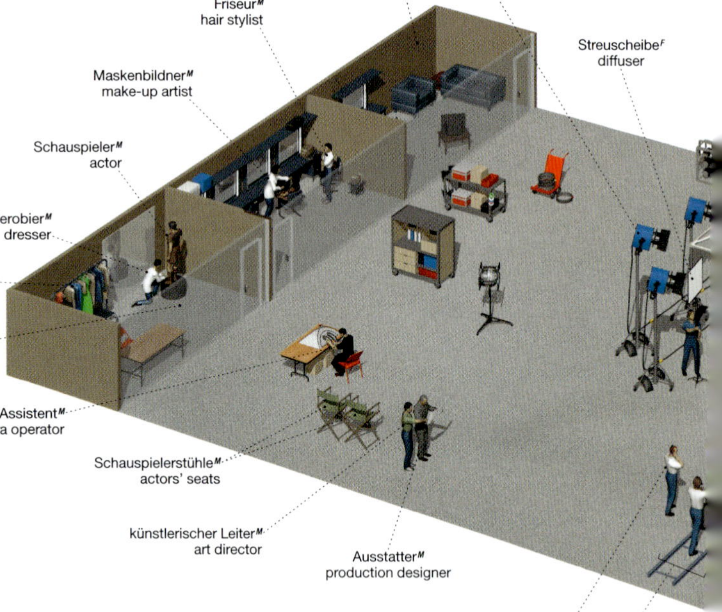

Kamerateam[N]
camera crew

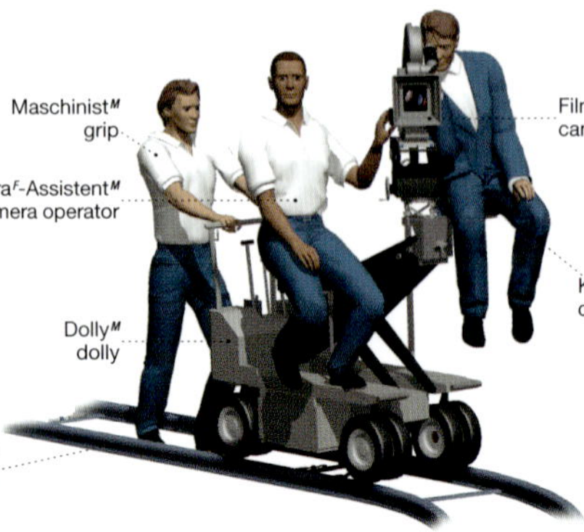

Aufnahmebühne[F]

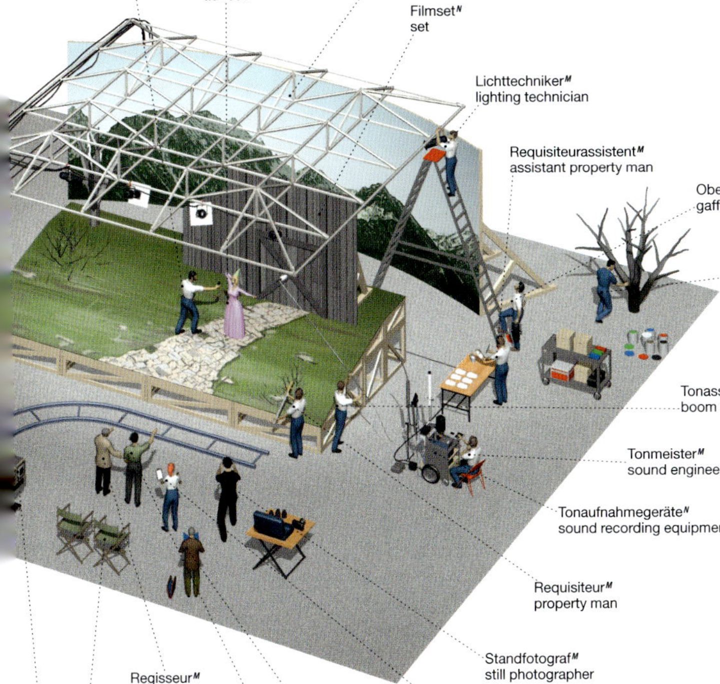

Klappe[F]
clapper/slate

Theater^N

theatre

Gesamtansicht^F
general view

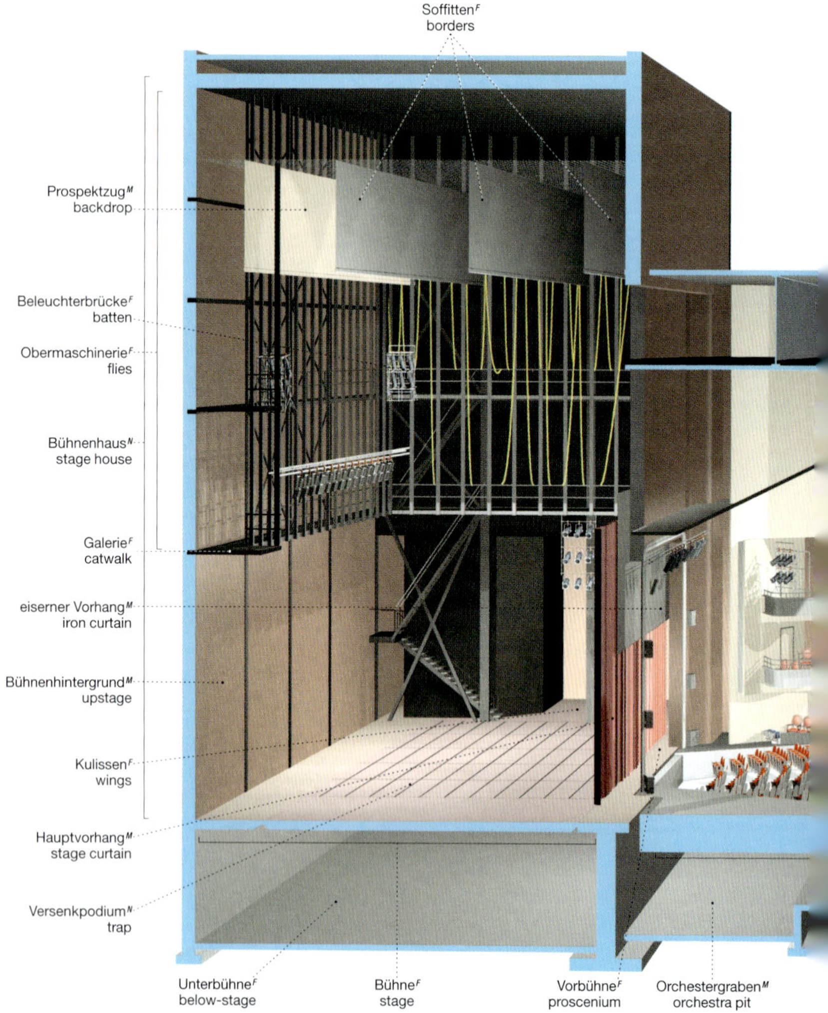

Theater[N]

Bühne[F]
stage
Rampenlicht[N]
footlights
Soffitte[F]
border
Hauptvorhang[M]
stage curtain
Hinterbühne[F]
upstage
rechts
prompt side
links
opposite prompt side

Scheinwerfer[M]
spotlights
Akustikdecke[F]
acoustic ceiling
Regieraum[M]
control room
Bar[F]
bar
Foyers[N]
foyers
Treppe[F]
stair
Zuschauerraum[M]
house
Garderobe[F]
dressing room

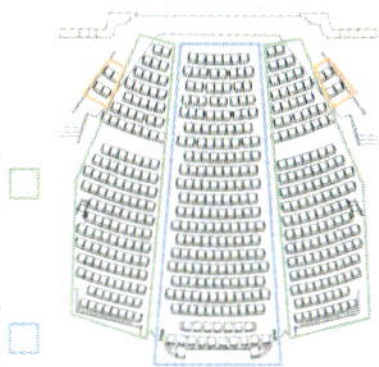
Parterre[N]
parterre
Seite[F]
side
Mitte[F]
centre

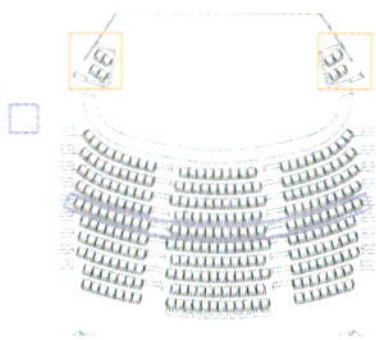
Loge[F]
box
erster Rang[M]
corbeille
Reihe[F]
row

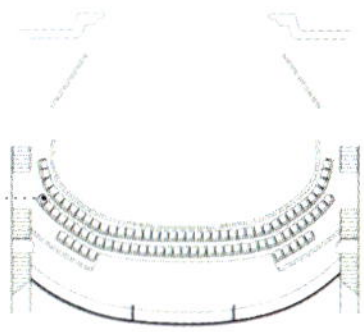
erster Rang[M]
dress circle
Sitzplätze[M]
seats

Sinfonieorchester[N]

symphony orchestra

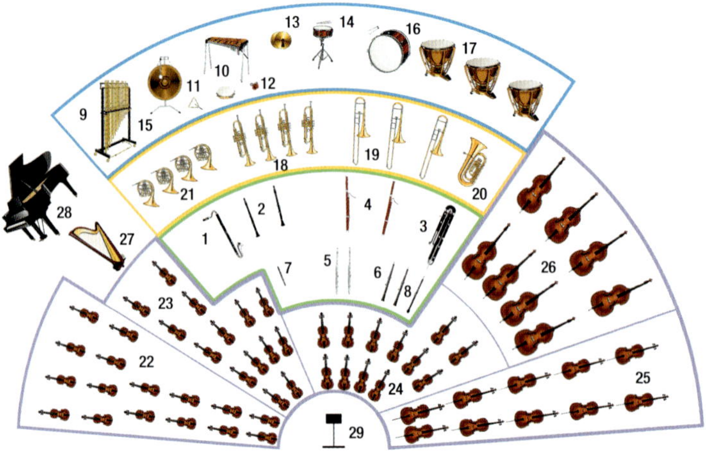

Familie[F] der Holzblasinstrumente[N]
woodwind family

1 Bassklarinette[F] – bass clarinet
2 Klarinetten[F] – clarinets
3 Kontrafagott[N] – contrabassoon
4 Fagotte[N] – bassoons
5 Querflöten[F] – flutes
6 Oboen[F] – oboes
7 Pikkoloflöte[F] – piccolo
8 Englischhorn[N] – English horn

Schlaginstrumente[N]
percussion instruments

9 Röhrenglocken[F] – tubular bells
10 Xylophon[N] – xylophone
11 Triangel[M] – triangle
12 Kastagnetten[F] – castanets
13 Becken[N] – cymbals
14 kleine Trommel[F] – snare drum
15 Gong[M] – gong
16 Basstrommel[F] – bass drum
17 Pauken[F] – timpani

Familie[F] der Blechbläser[M]
brass family

18 Trompeten[F] – trumpets
19 Posaunen[F] – trombones
20 Tuba[F] – tuba
21 Waldhörner[N] – French horns

Geigenfamilie[F]
violin family

22 erste Violinen[F] – first violins
23 zweite Violinen[F] – second violins
24 Bratschen[F] – violas
25 Celli[N] – cellos
26 Kontrabasse[M] – double basses

27 Harfe[F] – harp
28 Flügel[M] – piano
29 Dirigentenpult[N] – conductor's podium

Saiteninstrumente[N]

stringed instruments

Bogen[M]
bow

Violine[F]
violin

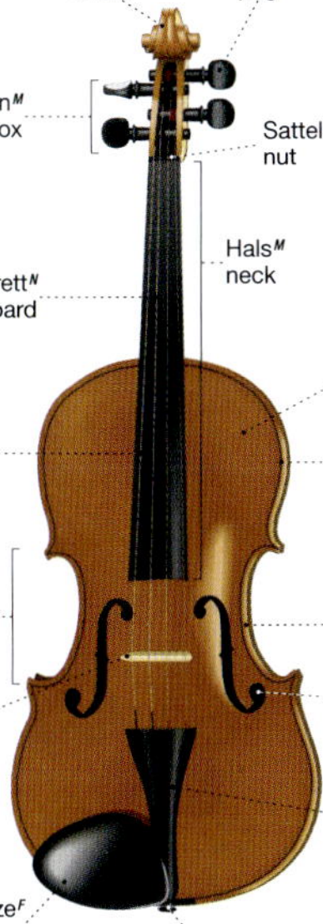

Violinfamilie[F]
violin family

Kontrabass[M]
double bass

Cello[N]
cello

Bratsche[F]
viola

Violine[F]
violin

Saiteninstrumente^N

Harfe^F
harp

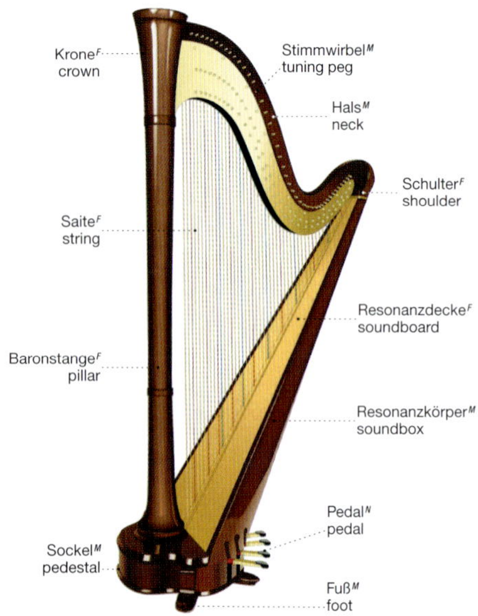

akustische Gitarre^F
acoustic guitar

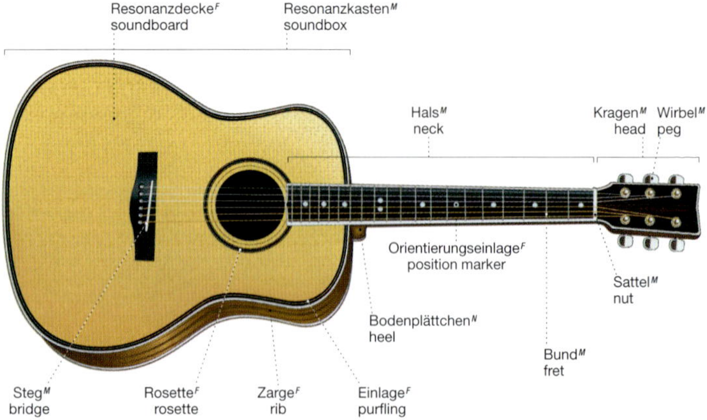

Saiteninstrumente[N]

elektrische Gitarre[F] electric guitar

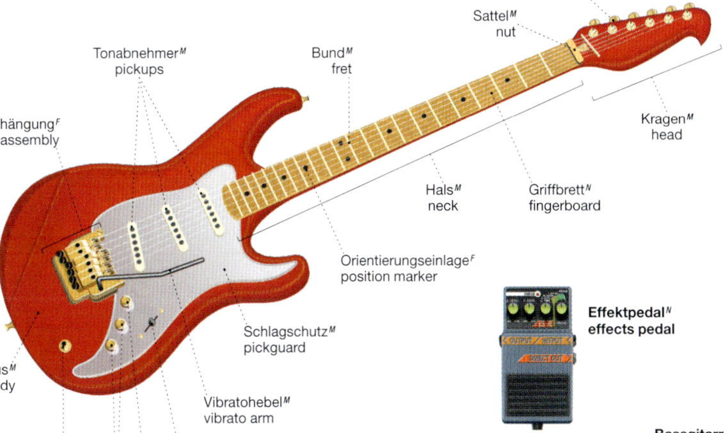

Effektpedal[N]
effects pedal

Bassgitarre[F] bass guitar

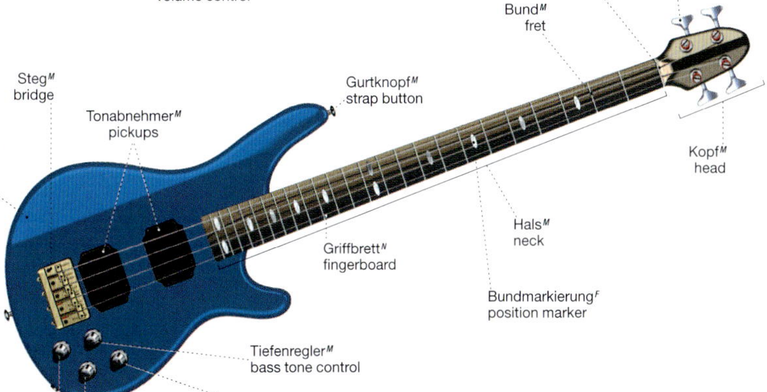

Blasinstrumente^N

wind instruments

Saxophon^N
saxophone

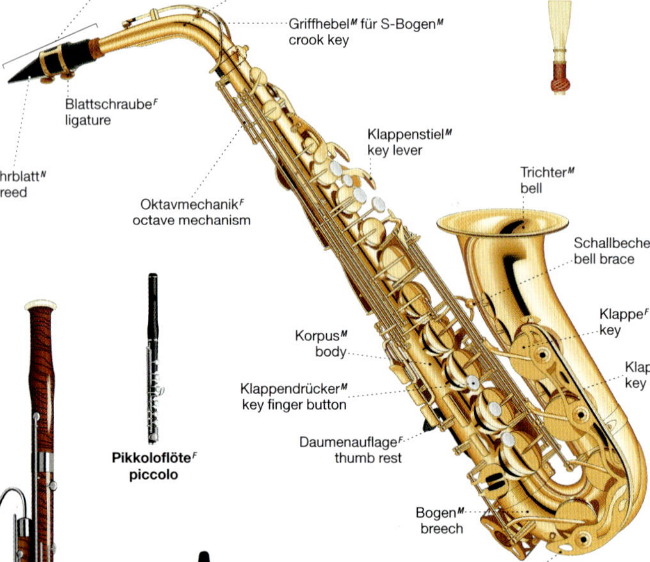

Doppelblatt^N
double reed

Rohrblatt^N
single reed

Pikkoloflöte^F
piccolo

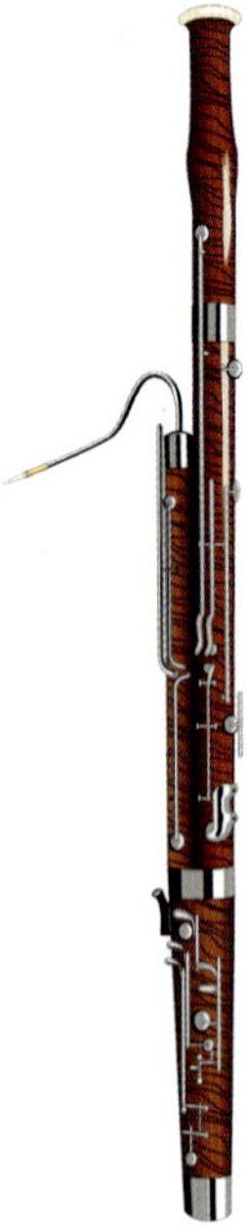

Fagott^N
bassoon

Klarinette^F
clarinet

Oboe^F
oboe

Querflöte^F
tranverse flute

Englischhorn^N
cor anglais

Blasinstrumente[N]

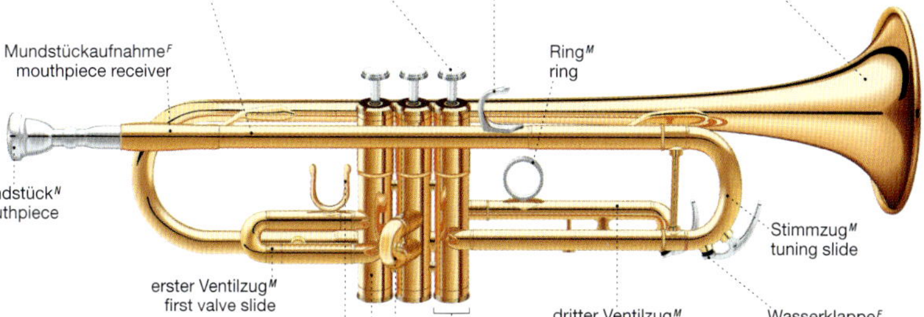

Trompete[F]
trumpet

Dämpfer[M]
mute

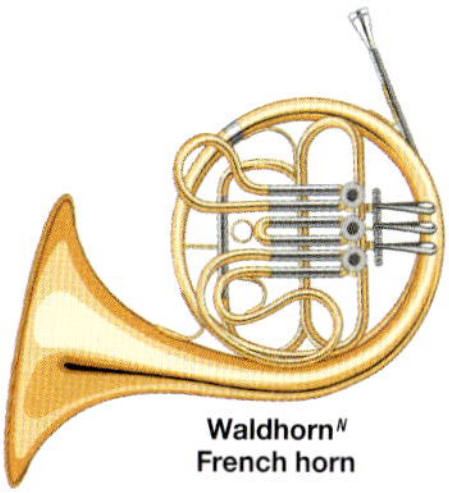

Waldhorn[N]
French horn

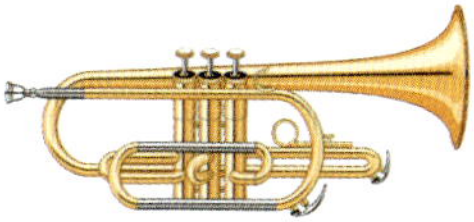

Kornett[N]
cornet

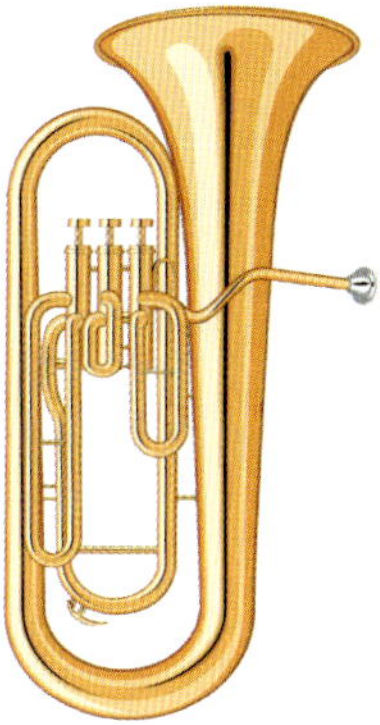

Saxhorn[N]
saxhorn

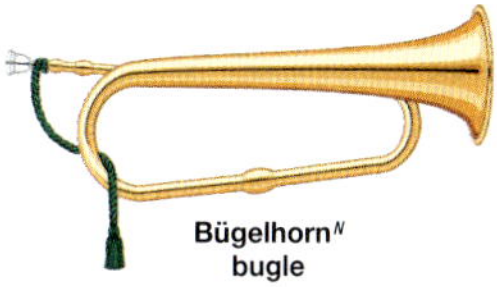

Bügelhorn[N]
bugle

Tuba[F]
tuba

Posaune[F]
trombone

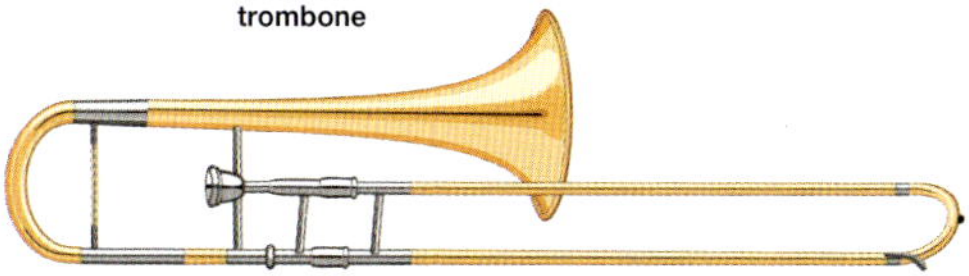

Tasteninstrumente[N]

keyboard instruments

Klavier[N]
upright piano

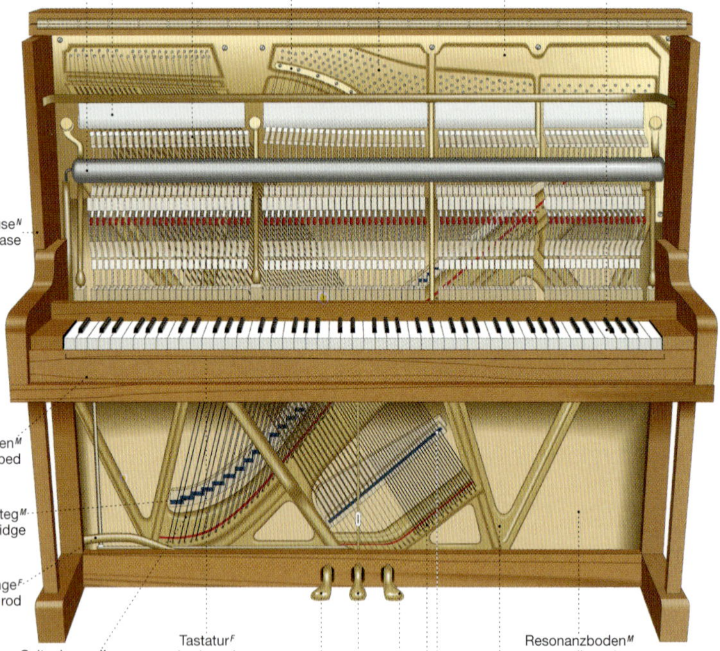

Tasteninstrumente[N]

Orgelspieltisch[M]
organ console

Beispiele[N] für Tasteninstrumente[N]
examples of keyboard instruments

Konzertflügel[M]
concert grand

Kleinflügel[M]
baby grand

Salonflügel[M]
boudoir grand

Cembalo[N]
harpsichord

Schlaginstrumente[N]

percussion instruments

Schlagzeug[N]
drum kit

kleine Trommel[F]
snare drum

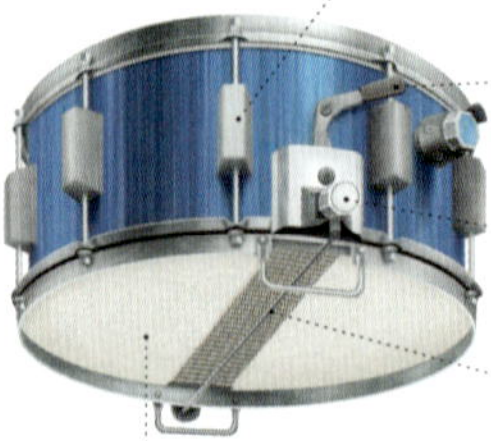

Kesselpauke[F]
kettledrum

Schlaginstrumente^{N}

Schellen^{F}
sleigh bells

Glockenband^{N}
set of bells

Sistrum^{N}
sistrum

Kastagnetten^{F}
castanets

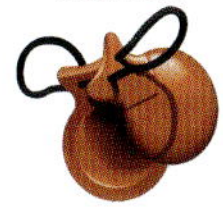

Becken^{N}
cymbals

Tamburin^{N}
tambourine

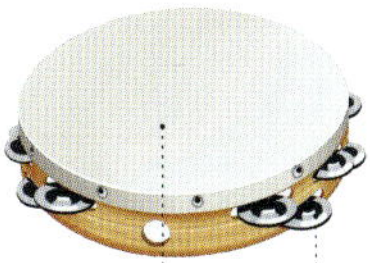

Fell^{N}
head

Schelle^{F}
jingle

Triangel^{M}
triangle

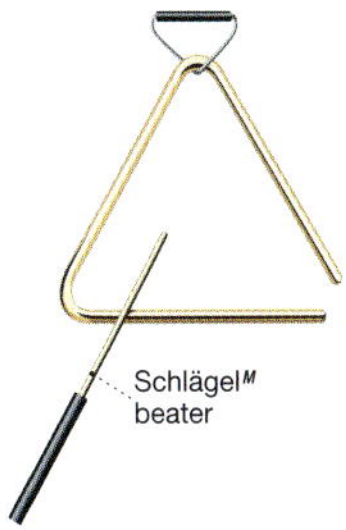

Schlägel^{M}
beater

Bongos^{N}
bongos

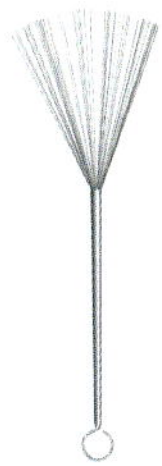

Jazzbesen^{M}
wire brush

Gong^{M}
gong

Röhrenglocken^{F}
tubular bells

Xylophon^{N}
xylophone

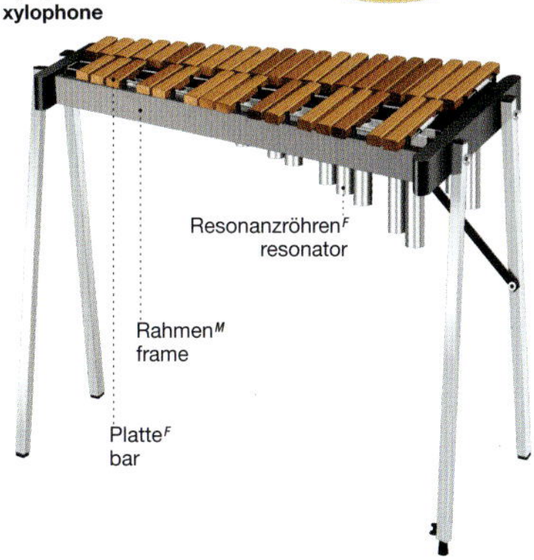

Resonanzröhren^{F}
resonator

Rahmen^{M}
frame

Platte^{F}
bar

Stöcke^{M}
drumsticks

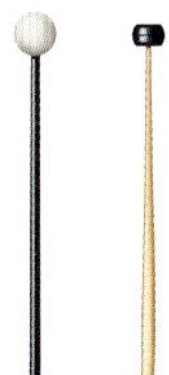

Schlägel^{M}
mallets

elektronische Musik[F]

electronic music

Synthesizer[M]
synthesizer

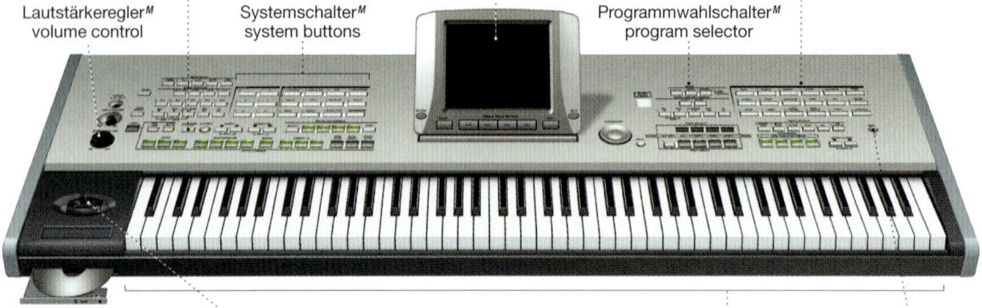

elektronisches Piano[N]
electronic piano

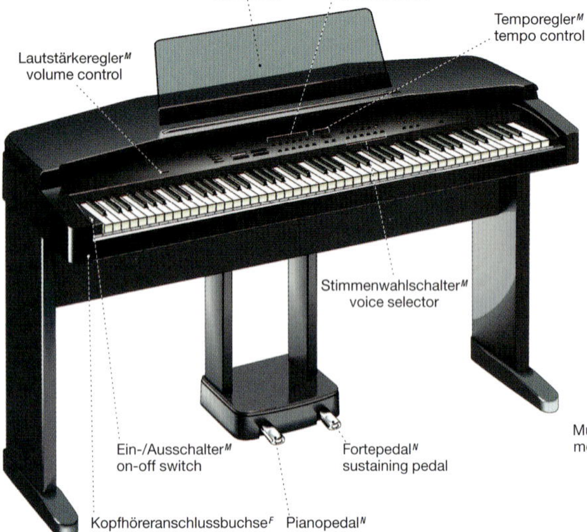

elektronisches Schlagpolster[N]
electronic drum pad

Blassynthesizer[M]
wind synthesizer controller

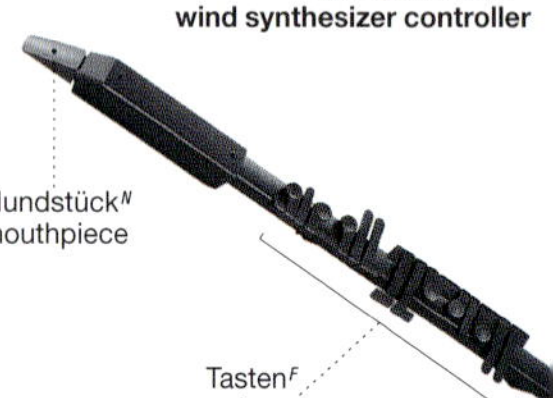

elektronische Musik[F]

Zubehör[N] und Mischpulte[N]
accessories and mixing devices

Drumcomputer[M]
drum machine

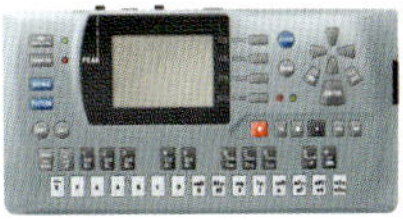

Sequencer[M]
sequencer

Verstärker[M]
amplifier

USB-Turntable[M]
USB turntable

Kabel[N] der Schnittstelle[F] für digitale Musikinstrumente[N] (MIDI)
musical instrument digital interface (MIDI) cable

Expander[M]
expander

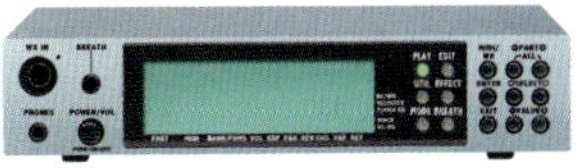

Sampler[M]
sampler

DJ-Mischpult[N]
DJ console

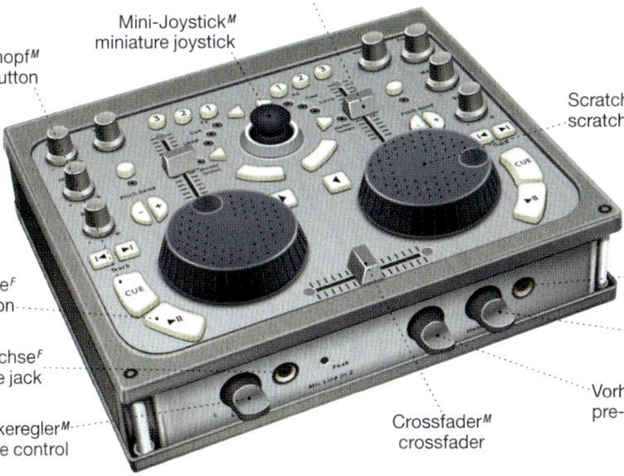

traditionelle Musikinstrumente[N]

traditional musical instruments

Akkordeon[N]
accordion

Mundharmonika[F]
harmonica

Dudelsack[M]
bagpipes

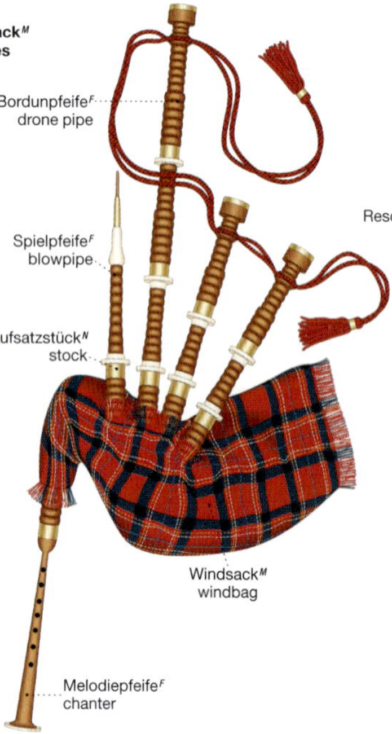

Zither[F]
zither

Didgeridoo[N]
didgeridoo

Banjo
banjo

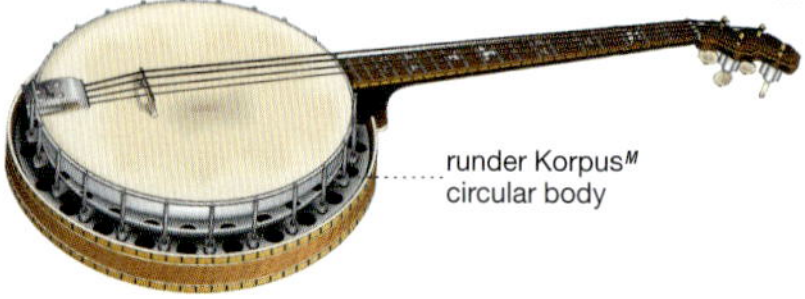

traditionelle Musikinstrumente[N]

Kora[F]
kora

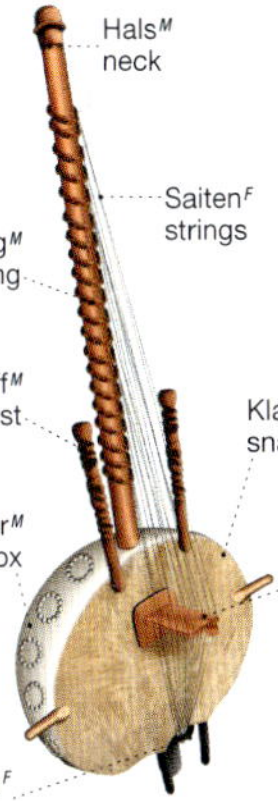

Balalaika[F]
balalaika

Mandoline[F]
mandolin

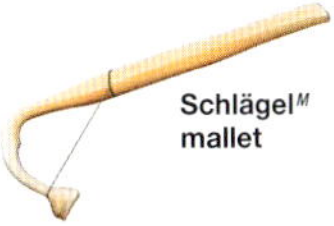

Schlägel[M]
mallet

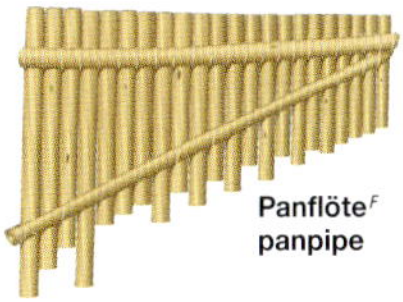

Panflöte[F]
panpipe

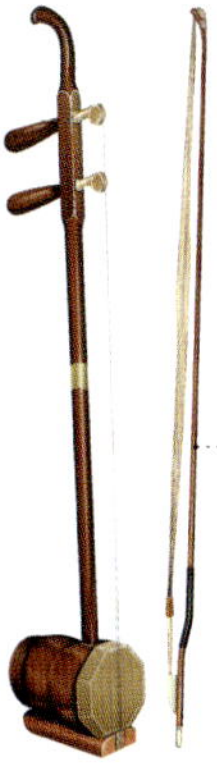

Erhu[F]
erhu

Ratsche[F]
ratchet

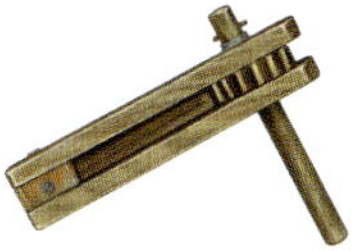

Maultrommel[F]
Jew's harp

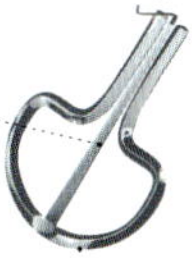

Lyra[F]
lyre

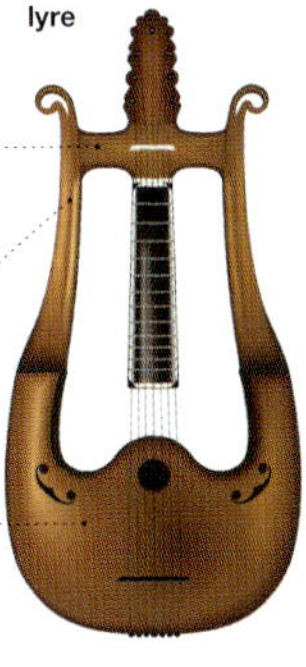

Plektron[N]
plectrum

Djembe[F]
djembe

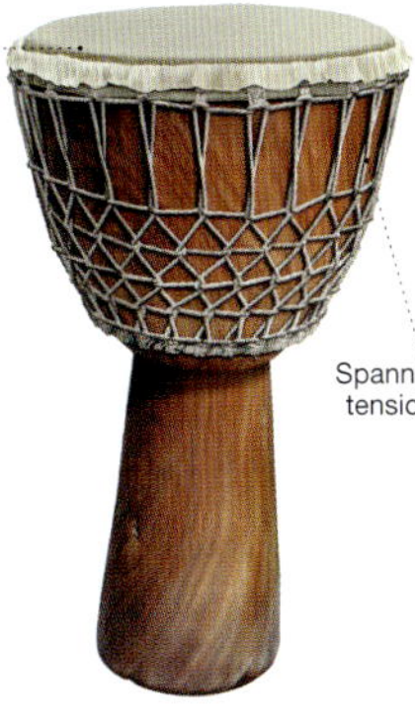

Sprechtrommel[F]
talking drum

Musiknotation[F]

musical notation

Liniensystem[N]
staff

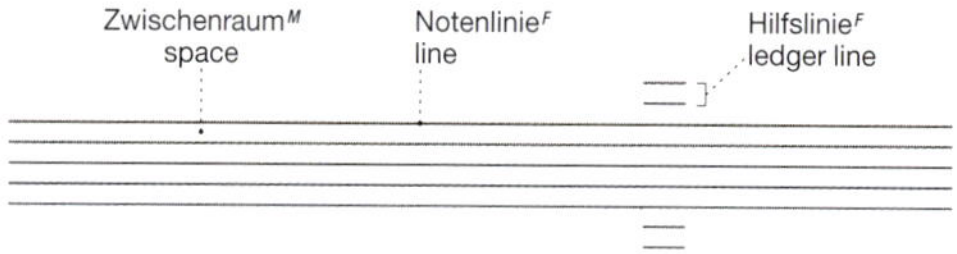

Notenschlüssel[M]
clefs

Taktarten[F]
time signatures

Intervalle[N]
intervals

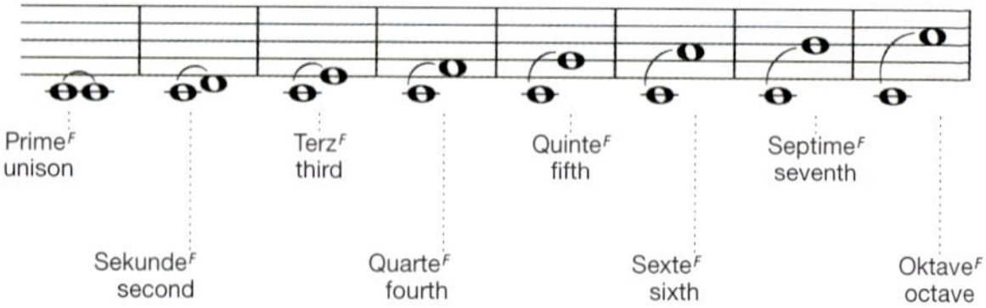

Tonleiter[F]
scale

Musiknotation[F]

Pausenzeichen[N]
rest values

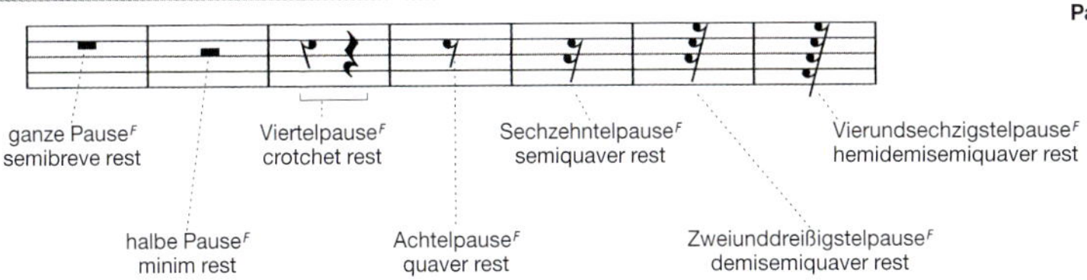

Verzierungen[F]
ornaments

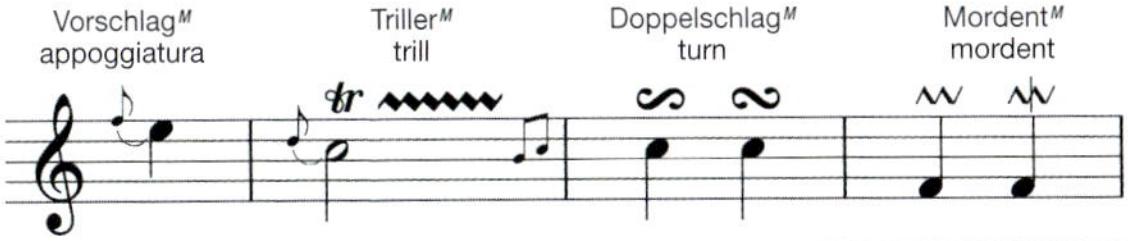

Notenwerte[M]
note values

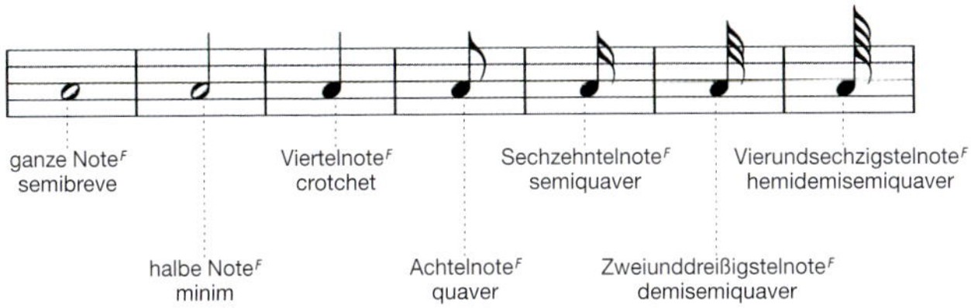

Versetzungszeichen[N]
accidentals

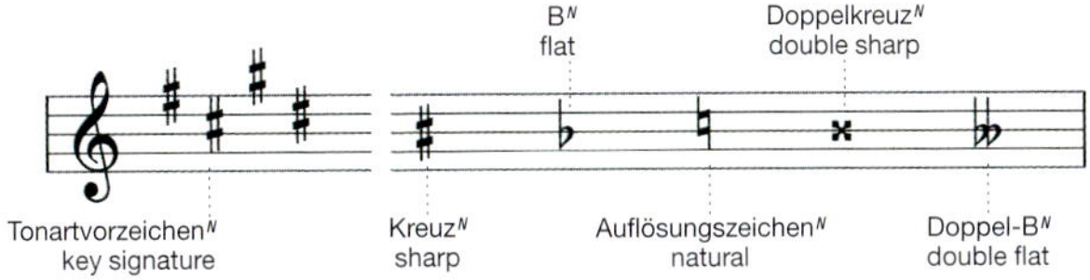

andere Zeichen[N]
other signs

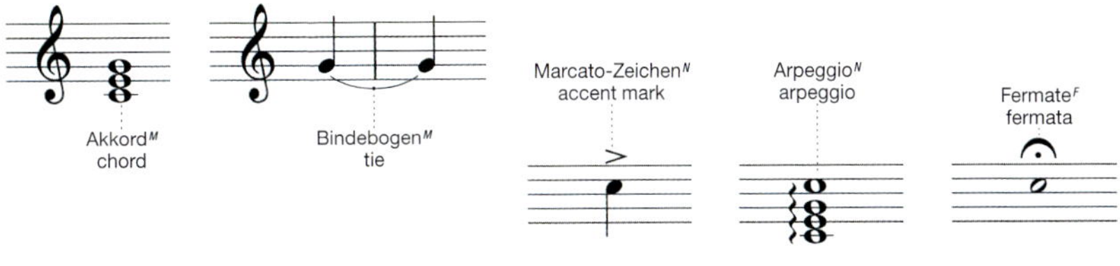

Schrift[F]

writing

traditionelle Schreibgeräte[N]
traditional writing instruments

Federkiel[F]
quill

römische Metallfeder[F]
Roman metal pen

Graphitstift[M]
lead pencil

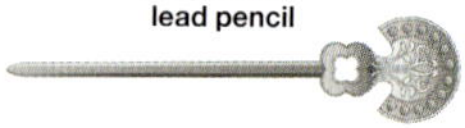

Rohrfeder[F]
cane pen

Stilus[M]
stylus

Schreibpinsel[M]
writing brush

Binsenstängel[M]
Egyptian reed pen

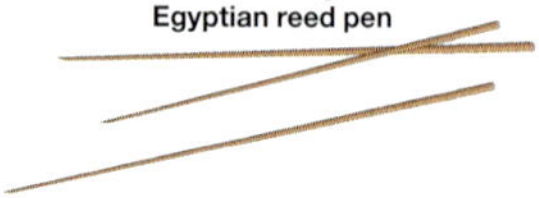

Papyrus[M]
papyrus

Wachstafel[F]
wax tablet

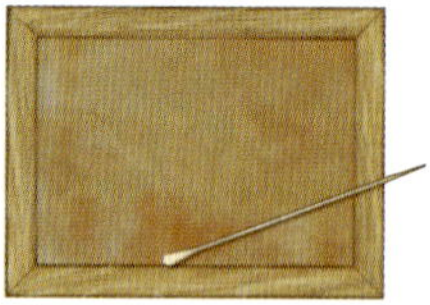

Reispapier[N]
rice paper

moderne Schreibgeräte[N]
modern writing instruments

Kugelschreiber[M]
ballpoint pen

Spitze[F] im Querschnitt[M]
section of the point

Nachfüllmine[F]
refill

Schrift[F]

Füllfederhalter[M]
fountain pen

Marker[M]
marker

Bleistift[M]
pencil

Druckbleistift[M]
propelling pencil

Stahlschreibfeder[F]
steel pen

Textmarker[M]
highlighter

Papier[N]
paper

Beispiele[N] für Schriftsysteme[N]
examples of writing systems

abcd

lateinische Schriftzeichen[N]
Latin characters

ابتث

arabische Schriftzeichen[N]
Arabic script

אבגד

hebräische Schriftzeichen[N]
Hebrew characters

абвг

kyrillische Schriftzeichen[N]
Cyrillic characters

汉字

chinesische Schriftzeichen[N]
Chinese characters

αβγδ

griechische Schriftzeichen[N]
Greek characters

Brailleschrift[F]
Braille

Zeitung[F]

newspaper

Aufbau[M]
layout

Zeitungskopf[M] heading
Redaktionsteil[M] section
Artikel[M] article
Literaturbeilage[F] literary supplement
Boulevardblatt[N] tabloid
farbige Beilage[F] colour supplement
Zeitschrift[F] magazine
Inhalt[M] index
Zwischentitel[M] subhead
Titelseite[F] front page
Zeitungsname[M] nameplate
Schlagzeile[F] banner
Titelfoto[N] front picture
Bildunterschrift[F] caption
Vortitel[M] kicker
Titelzeile[F] headline
Untertitel[M] deck

Kolumnen[F]
columns

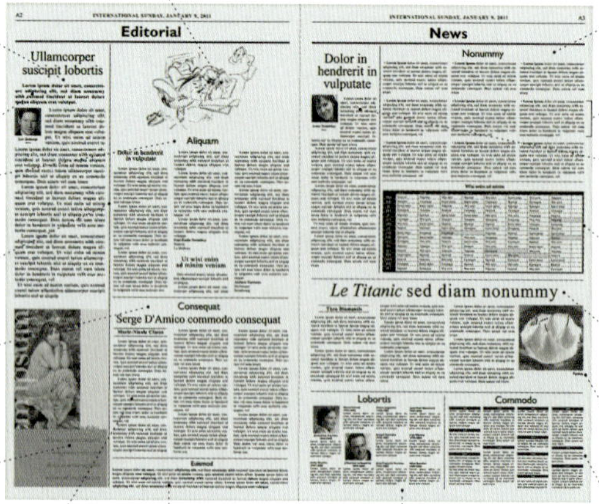

Karikatur[F] cartoon
redaktioneller Beitrag[M] editorial
Zusammenfassung[F] lead
Leserbriefe[M] letters to the editor
Trennlinie[F] rule
Interview[N] interview
Anzeige[F] advertisement
Spalte[F] column
Impressum[N] masthead
Todesanzeigen[F] obituary
Nachrichten[F] news items
Kurzmeldungen[F] shorts
Reportage[F] column
Fernsehprogramm[N] television programme schedule
Restaurantkritik[F] restaurant review
Quellenangabe[F] credit line
Kleinanzeigen[F] classified advertisements

Objektive[N]
lenses

Objektivzubehör[N]
lens accessories

Objektivschutzdeckel[M]
lens cap

Gegenlichtblende[F]
lens hood

Farbfilter[M]
colour filter

Polarisationsfilter[M]
polarizing filter

Makroobjektiv[N]
macro lens

Weitwinkelobjektiv[N]
wide-angle lens

Zoomobjektiv[N]
zoom lens

Teleobjektiv[N]
telephoto lens

fotografisches Zubehör[N]
photographic accessories

Speicherkarten[F]
memory cards

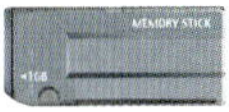
Memory-Stick-Karte[F]
Memory Stick

SD-Karte[F]
Secure Digital card

xD-Karte[F]
xD-Picture card

Compact-Flash-Karte[F]
compact flash card

digitaler Belichtungsmesser[M]
digital exposure meter

Lichtsensor[M]
lumisphere

Objektiv[N]
lens

Elektronenblitz[M]
electronic flash

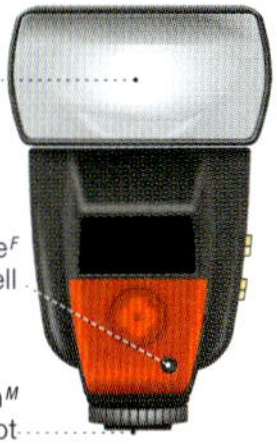
Blitzröhre[F]
flashtube

Fotozelle[F]
photoelectric cell

Aufsteckschuh[M]
mounting foot

digitaler Bilderrahmen[M]
digital photo frame

Knopfzelle[F]
button cell

analoge Spiegelreflexkamera[F]

film reflex camera

Vorderansicht[F]
front view

Analogkameras[F]

film cameras

Sofortbildkamera[F]
Polaroid® Land camera

Einwegkamera[F]
disposable camera

Großformatkamera[F]
view camera

digitale Spiegelreflexkamera[F]

digital reflex camera

Rückseite[F]
back view

Digitalkamera[F] ohne Spiegelreflex[M]

digital non-reflex cameras

Ultrakompaktkamera[F]
ultracompact camera

Kompaktkamera[F]
compact camera

digitale Bildverwaltung^F

digital photo management

Programmempfang[M]

programme reception

analoges Fernsehen[N]
analogue television

CRT-Fernseher[M] (Kathodenstrahlröhren-Fernseher[M])
cathode ray tube (CRT) television

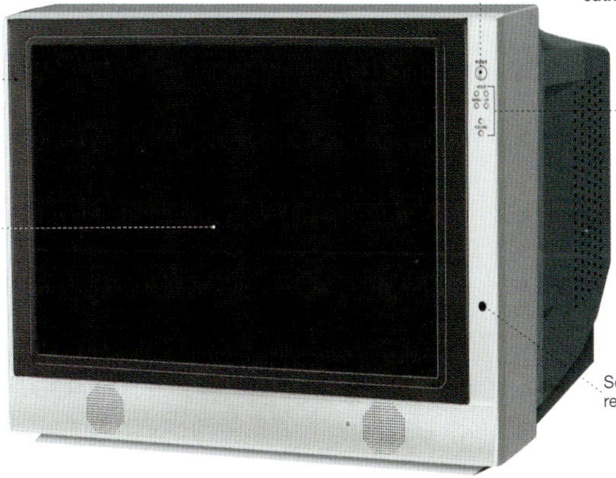

Elektronenkanone[F]
electron gun

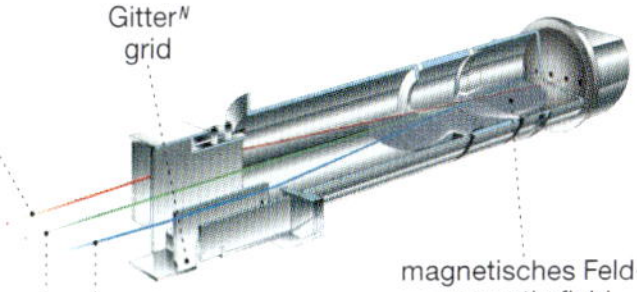

Bildröhre[F]
picture tube

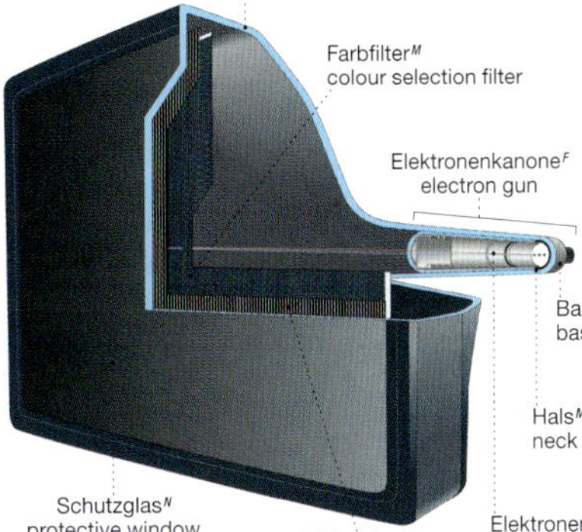

Digital-Analog-Umsetzer[M]
digital-to-analogue converter box

Programmempfang[M]

Digitalfernsehen[N]
digital television

LCD-Fernseher[M] (Liquid-Crystal-Display-Fernseher[M])
liquid crystal display (LCD) television

Plasmafernseher[M]
plasma television

digitaler Rekorder[M]/Receiver[M]
digital video recorder/receiver

Parabolantenne[F]
reception parabolic aerial

tragbarer DVD-Spieler[M]
portable DVD player

Programmempfang^M

Fernbedienung^F
remote control

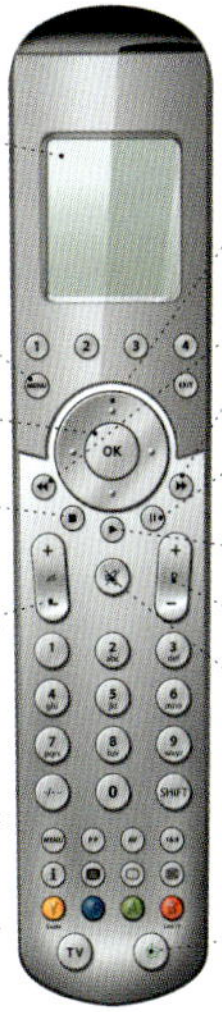

Anzeige^F
display

Menü^N
menu

Auswahl^F
select button

Stopptaste^F
stop

Lautstärkeregler^M
volume control

Programmwahltasten^F
channel selector controls

Funktionstasten^F
function buttons

Navigationstaste^F
navigation button

Titelsuche^F/Schnellvorlauf^M
track search/fast operation keys

Pausetaste^F
pause/still

Wiedergabetaste^F
play

Kanalsuchtasten^F
channel scan buttons

Stummtaste^F
mute

Ein-/Aus-Taste^F
on-off button

Videokassette^F
video cassette

Spule^F
reel

Magnetband^N
magnetic tape

Videorecorder^M
videocassette recorder

Kassettenschacht^M
cassette compartment

Ein-/Aus-Taste^F
on-off button

DVD^F
digital versatile disc (DVD)

DVD-Recorder^M
DVD recorder

Display^N
display

Aufnahmetaste^F
record button

Play-Taste^F
play button

Stopptaste^F
stop button

Ein-/Aus-Taste^F
on-off button

DVD-Lade^F
disc tray

Kapitelsuche^F/Schnellvorlauf^M
track search/fast operation buttons

Kanalauswahltasten^F
channel select buttons

DVD-Ladesteuerung^F
disc tray control

Pausetaste^F
pause/still key

Programmempfang[M]

Heimkino[N]
home theatre

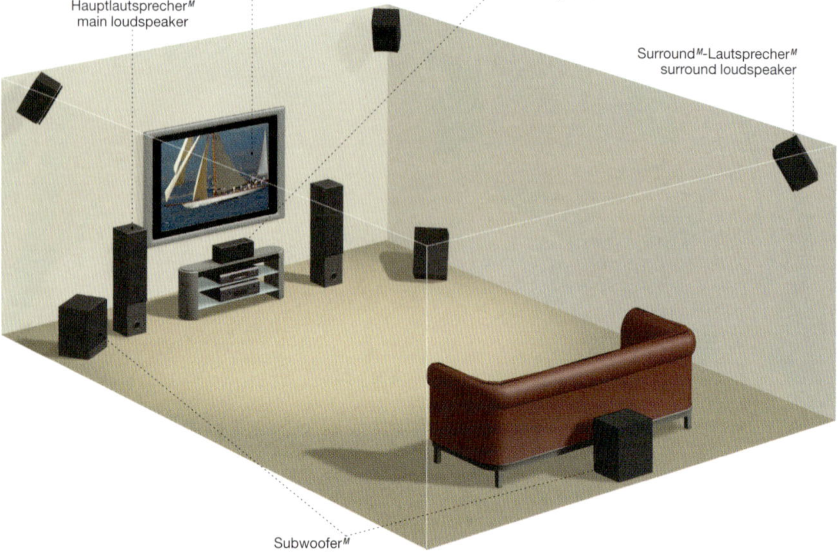

Camcorder[M]

camcorders

DVD-Camcorder[M]
DVD camcorder

Camcorder[M] mit Festplatte[F]
hard disk drive camcorder

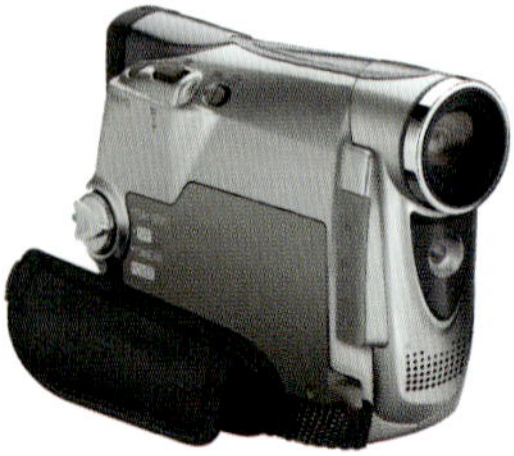

MiniDV-Camcorder[M]
miniDV camcorder

Elemente[N] einer Stereoanlage[F]

elements of a stereo sound system

Receiver[M]: Vorderansicht[F]
ampli-tuner: front view

Amplituner[M]: Rückansicht[F]
ampli-tuner: back view

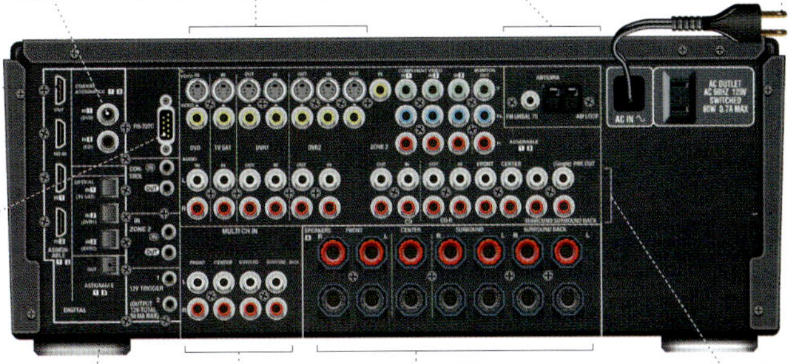

Elemente[N] einer Stereoanlage[F]

CD-Spieler[M]
compact disc player

Kopfhörer[M]
headphones

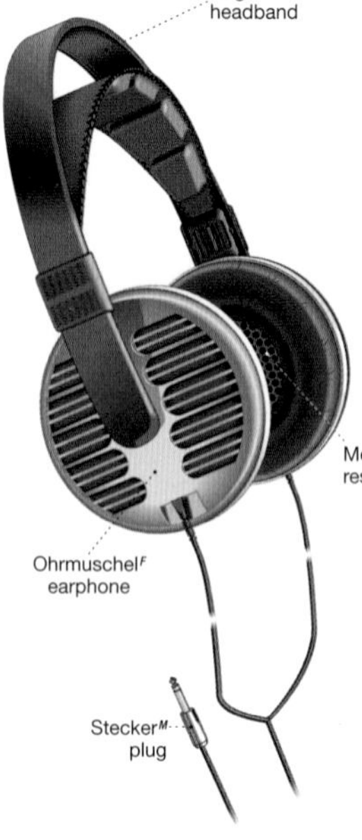

Lautsprecherbox[F]
loudspeaker

Mini-HiFi[F]-System[N]

mini stereo sound system

tragbare Tonwiedergabesysteme[N]

portable sound systems

Uhrenradio[N]
clock radio

Kofferradio[N]
portable radio

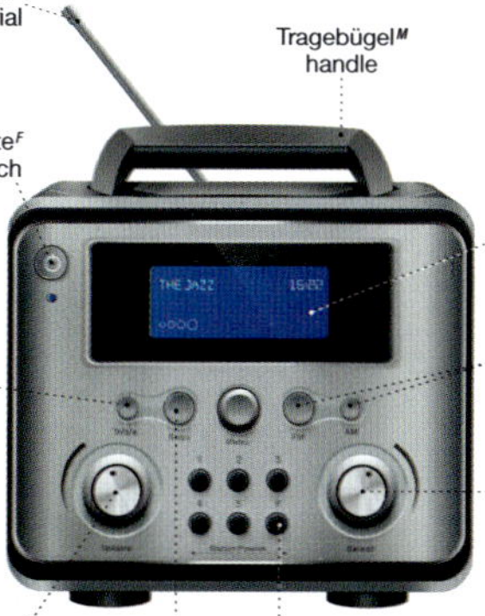

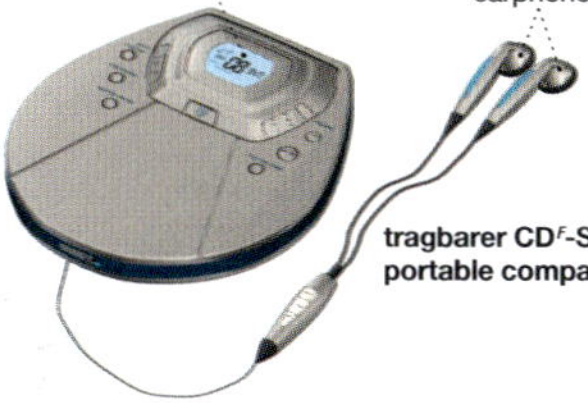

tragbarer CD[F]-Spieler[M]
portable compact disc player

tragbare Tonwiedergabesysteme[N]

MP3-Spieler[M]
portable digital audio player

Satellitenradioempfänger[M]
satellite radio receiver

Radiorekorder[M]
boom box

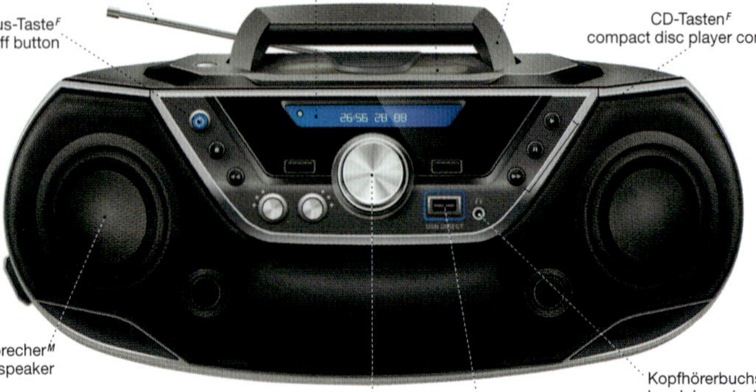

KOMMUNIKATION

Handy[N]

cellular telephone

Handy[N]: aufgeklappt
cellular telephone: internal view

Handy[N]: Außenansicht[F]
cellular telephone: external view

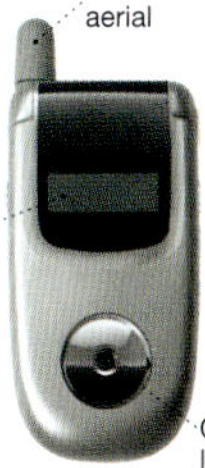

Freisprechanlage[F]
portable earphone

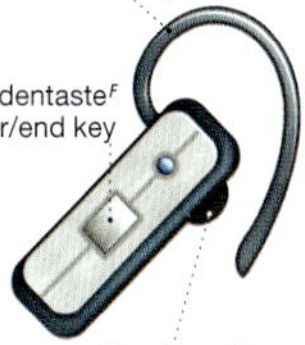

Basisstation[F]
docking station

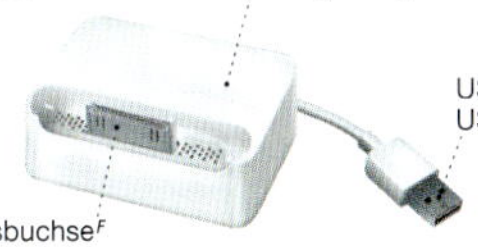

Smartphone[N] mit Tastatur[F]
keyboard smartphone

Smartphone[N] mit Touchscreen[M]: Vorderansicht[F]
touch screen smartphone: front view

Smartphone[N] mit Touchscreen[M]: Rückseite[F]
touch screen smartphone: back view

Beispiele[N] für Telefone[N]

examples of telephones

Speichertelefon[N]
memory telephone set

schnurloses Telefon[N]
cordless telephone

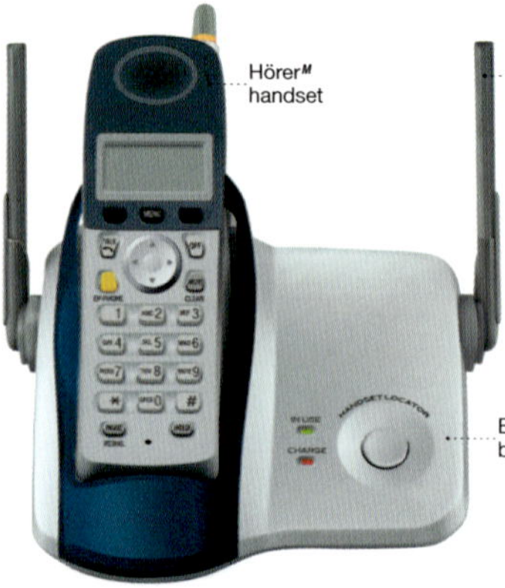

Tastentelefon[N]
push-button telephone

Beispiele^N für Telefone^N

digitaler Anrufbeantworter^M
digital answering machine

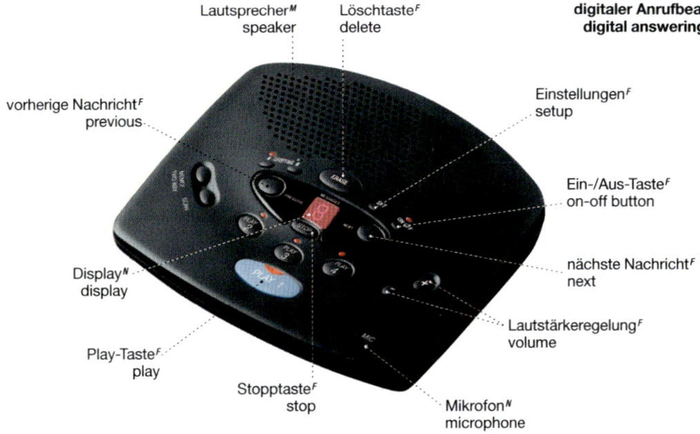

Telefaxgerät^N
fax machine

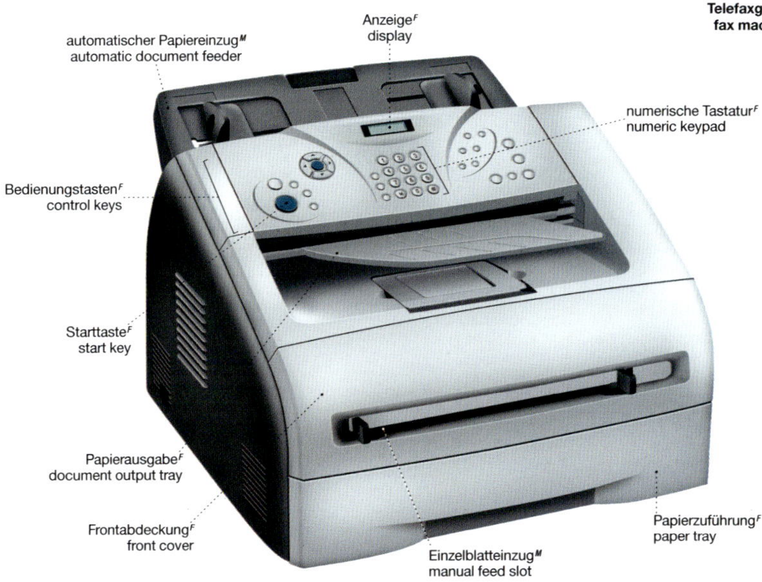

All-in-One-Computer[M]

all-in-one computer

Vorderansicht[F]
front view

Seitenansicht[F]
side view

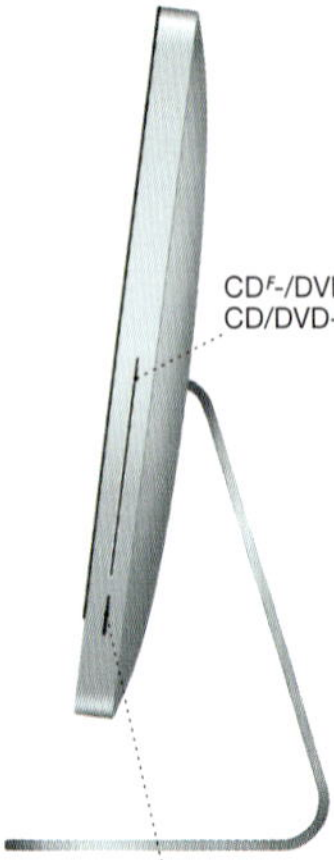

Rückseite[F]
back view

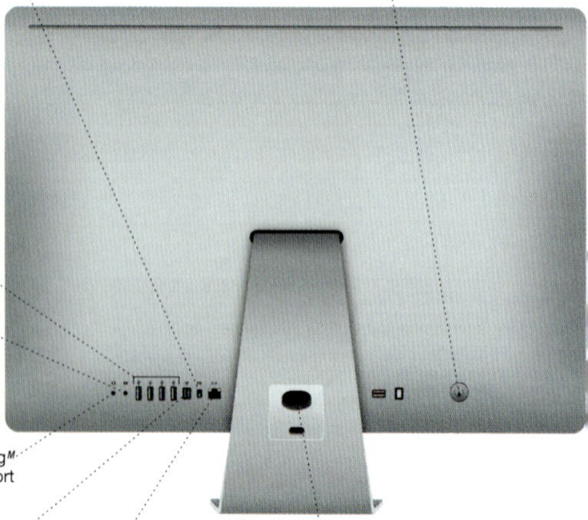

Tower-Computer[M]

tower case computer

Bildschirm[M]
monitor

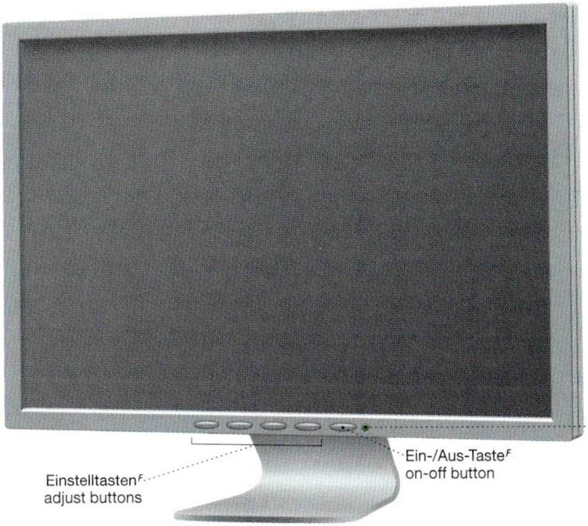

Towergehäuse[N]: Rückansicht[F]
tower case: back view

Towergehäuse[N]: Vorderansicht[F]
tower case: front view

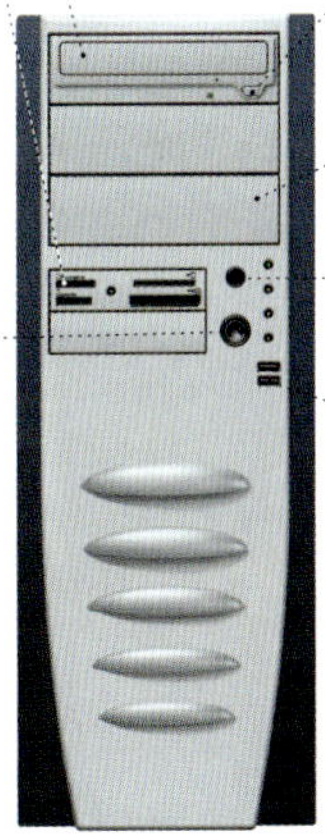

Laptop^M

laptop computer

Vorderansicht^F
front view

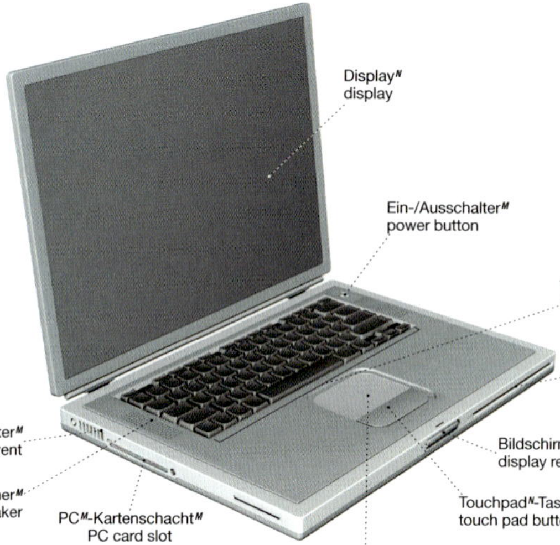

Rückseite^F
back view

Adapter^M
power adapter

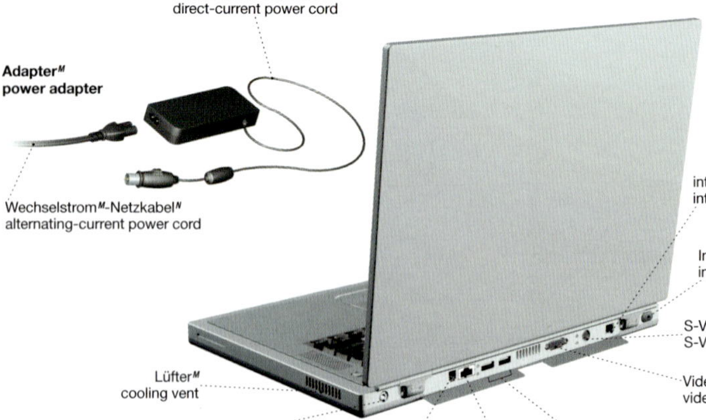

Eingabegeräte[N]

input devices

Lasermaus[F]
laser mouse

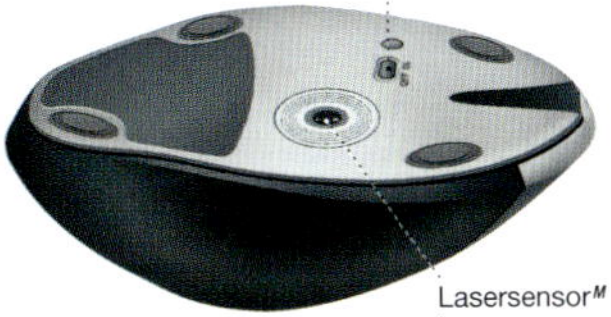

Funkmaus[F]
cordless mouse

Mauspad[N]
mouse pad

Webcam[F]
webcam

Scanner[M]
optical scanner

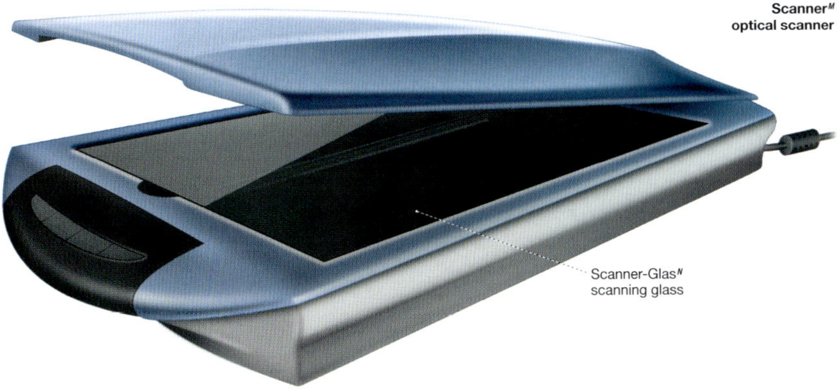

Eingabegeräte[N]

Tastatur[F] und Piktogramme[N]
keyboard and pictograms

Steuerung[F]
control

geschütztes Leerzeichen[N]
non-breaking space

Leerzeichen[N]
space

numerischer Block[M]
numeric lock

Steuerung[F]: Gruppenwahl[F]
control: group select

Großschriftfeststellung[F]
capitals lock

Abbruch[M]
escape

Tabulator[M] nach links
tabulation left

Tabulator[M] nach rechts
tabulation right

Pause[F]
pause

Alternative[F]
alternate

Alternative[F]: Drittbelegung[F]
alternate: level 3 select

Großschriftumschaltung[F]: Zweitbelegung[F]
shift: level 2 select

Eingabegeräte^N

Taste^F Druck^M/Systemabfrage^F
print screen/system request key

Taste^F löschender Rückschritt^M
backspace key

Kontrollleuchten^F
indicator lights

Scrollen^N-Feststelltaste^F
scrolling lock key

Taste^F Pause^F/Unterbrechung^F
pause/break key

Einfügetaste^F
insert key

Taste^F Cursor^M an Zeilenanfang^M
home key

Taste^F vorherige Seite^F
page up key

Taste^F numerischer Block^M
numeric lock key

Taste^F nächste Seite^F
page down key

Eingabetaste^F
enter key

Taste^F Ende^N
end key

numerisches Tastenfeld^N
numeric keypad

Löschtaste^F
delete key

Richtungstasten^F
cursor movement keys

Eingabetaste^F
enter key

Scrollen^N
scrolling

Einfügen^N
insert

Löschen^N
delete

Unterbrechung^F
break

Cursor^M an Zeilenende^N
end

Cursor^M an Zeilenanfang^M
home

Cursor^M nach links
cursor left

löschender Rückschritt^M
backspace

Bildschirminhalt^M drucken
print screen

vorherige Seite^F
page up

Cursor^M nach rechts
cursor right

Cursor^M nach oben
cursor up

Cursor^M nach unten
cursor down

Eingabe^F
return

nächste Seite^F
page down

BÜROTECHNIK

Ausgabegeräte[N]

output devices

Projektor[M]
projector

Tintenstrahldrucker[M]
inkjet printer

Tintenpatrone[F]
ink cartridge

Verbindungsgeräte[N]

connection devices

Basisstation[F] für Funknetzwerk[N]
network access point transceiver

Funknetzwerkkarte[F], wireless-LAN-Karte[F]
wireless network interface card

Netzwerkkarte[F], LAN-Karte[F]
network interface card

Modem[N]
modem

Internetstick[M]
Internet stick

Speichergeräte[N]

data storage devices

externe Festplatte[F]
external hard drive

interne Festplatte[F]
internal hard drive

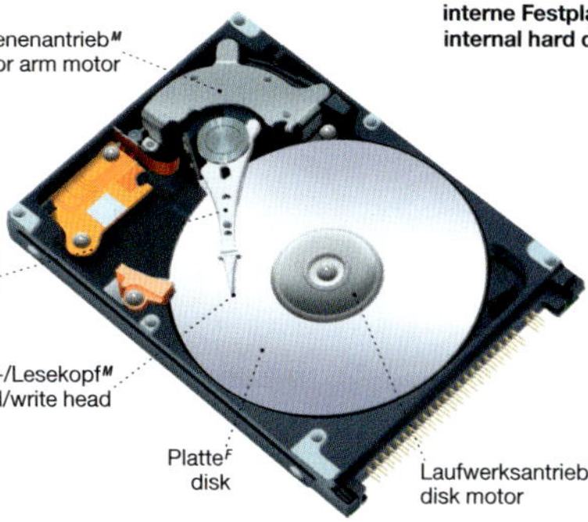

DVD-Brenner[M]
DVD burner

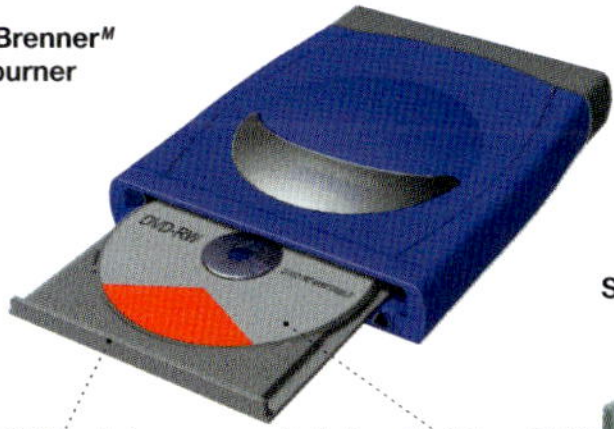

Speicherkartenlesegerät[N]
memory card reader

USB-Stick[M]
USB key

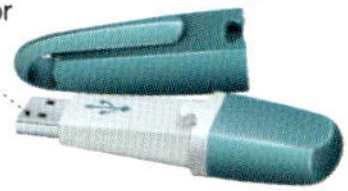

diverse Computer-Tools[F]

miscellaneous computer tools

Tablet-Computer[M]
tablet computer

digitales Buchlesegerät[N]
digital book reader

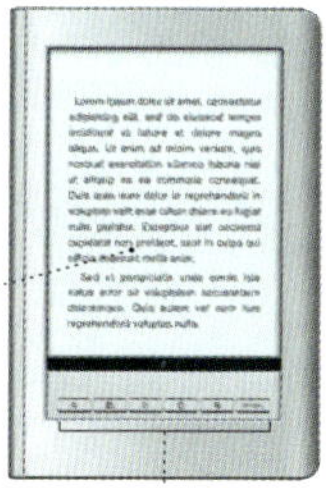

Internet[N]

Internet

URL-Adresse[F] (vereinheitlichter Ressourcenzugriff[M])
URL (uniform resource locator)

Kommunikationsprotokoll[N]
communication protocol

Domainname[M]
domain name

Ordner[M], Verzeichnis[N]
directory

Dateiformat[N]
file format

http://www.un.org/aboutun/index.html

Doppelschrägstrich[M]
double slash

Domain[F] zweiten Grades[M]
second-level domain

Toplevel[N]-Domain[F]
top-level domain

Datei[F]
file

Server[M]
server

Browser[M]
browser

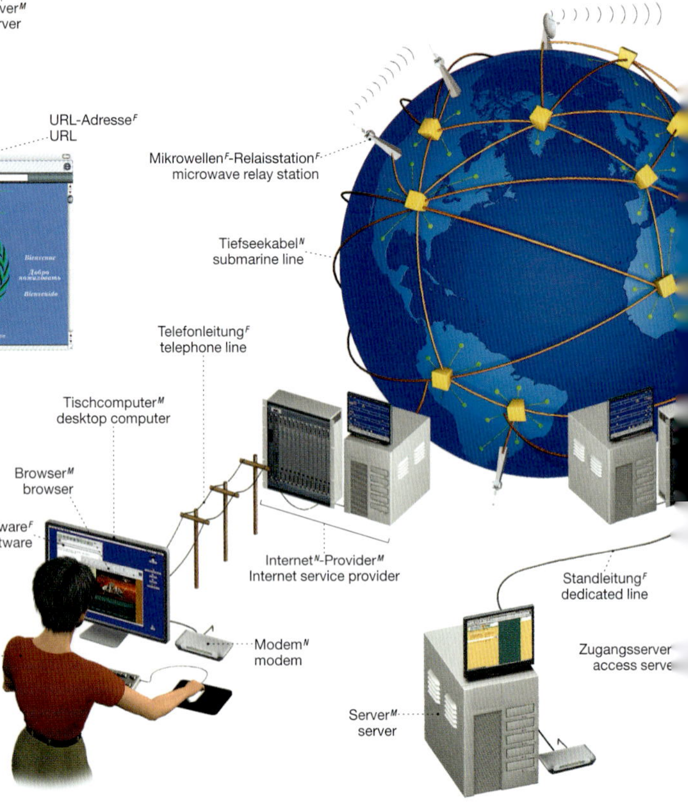

Internet^{N}-Nutzungen^{F}

Internet uses

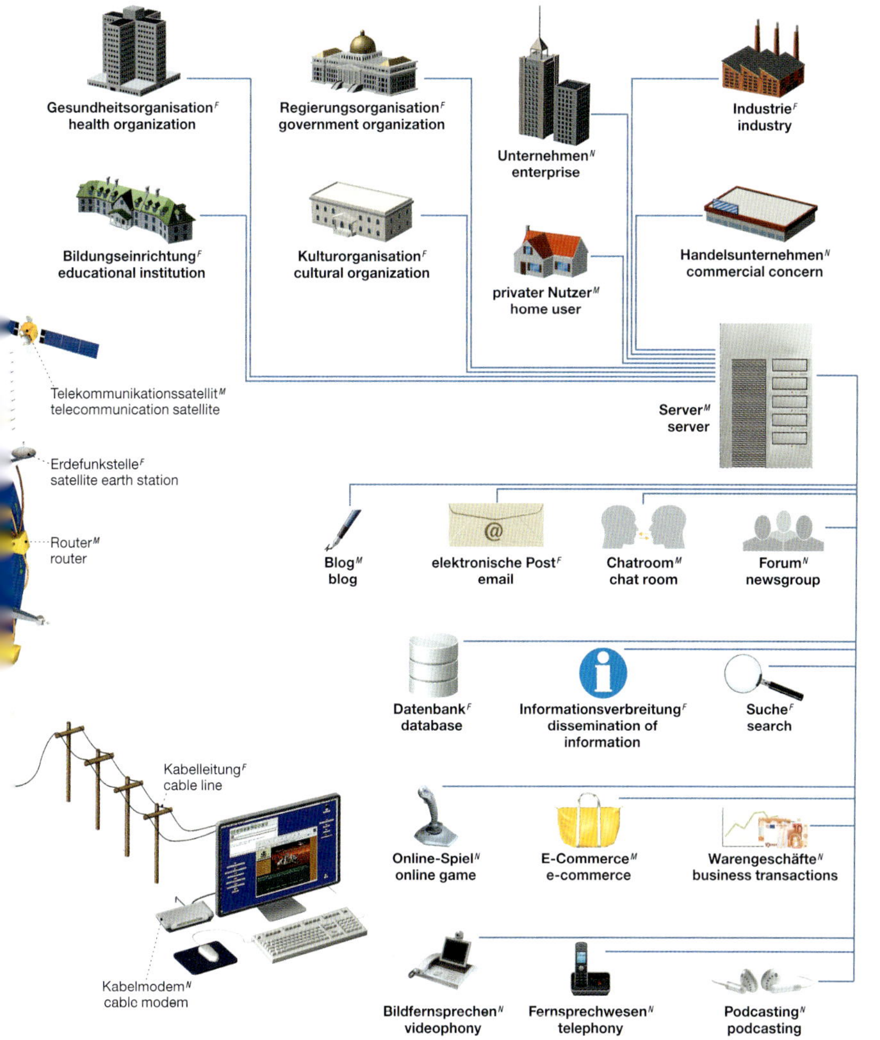

Schreibwaren[F]

stationery

zur Terminplanung[F] und für Notizen[F]
for time management and note taking

Spiralringbuch[N]
spiral binder

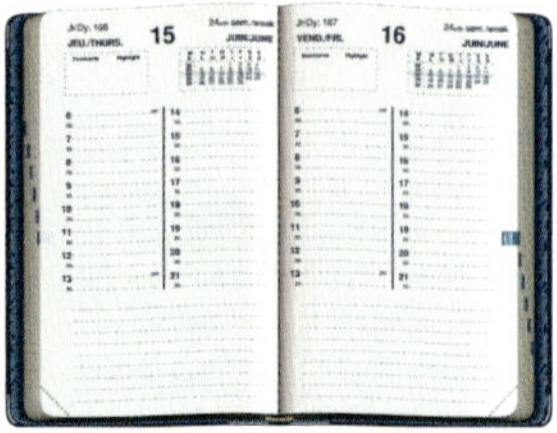

Terminkalender[M]
appointment book

Datumstempel[M]
date stamp

Klemmbrett[N]
clipboard

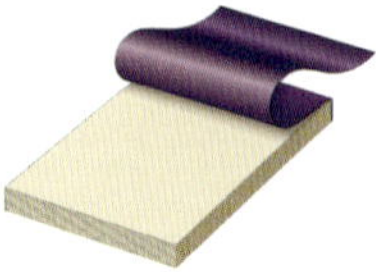

Notizblock[M]
memo pad

Haftnotiz[F]
self-stick note

für die Korrespondenz[F]
for correspondence

Fingerhut[M]
rubber finger cone

Stempel[M]
rubber stamp

Stempelkissen[N]
stamp pad

Nummerierstempel[M]
numbering stamp

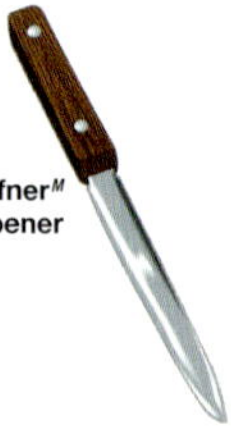

Brieföffner[M]
letter opener

Luftpolsterumschlag[M]
padded envelope

selbstklebende Lasche[F]
self-sealing flap

Luftpolster[N]
air bubbles

Briefwaage[F]
letter scale

Drehkartei[F]
rotary file

Dokumentenablage[F]
desk tray

Schreibwaren[F]

zum Rechnen[N]
for calculating

Taschenrechner[M]
pocket calculator

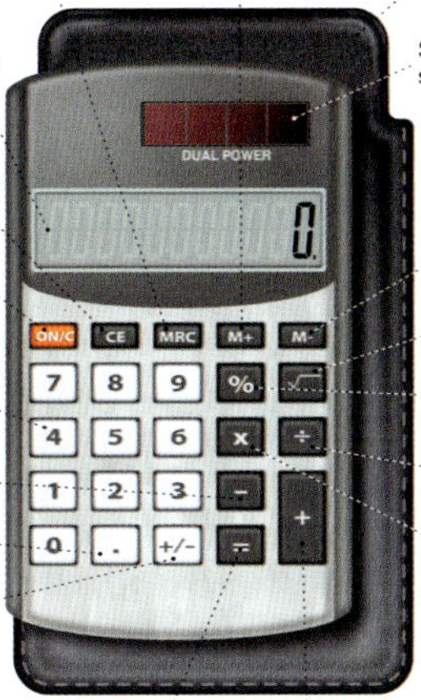

Grafiktaschenrechner[M]
graphing calculator

Tischrechner[M] mit Druckerteil[N]
printing calculator

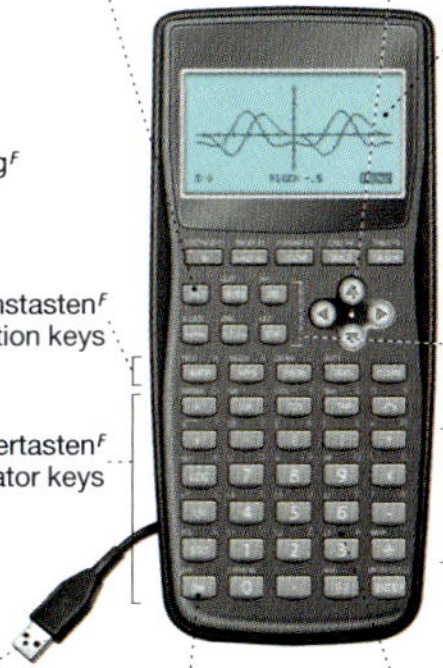

Schreibwaren^F

für die Ablage^F
for filing

Reiter^M
tab

durchsichtiger Reiter^M
window tab

Selbstklebeetiketten^N
self-adhesive labels

Präger^M
label maker

Registriereinlagen^F
dividers

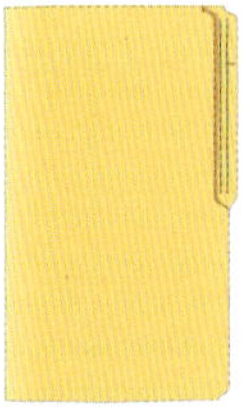

Aktenmappe^F
folder

Dokumentaufbewahrung^F
sheet protector

Karteiregister^N
file guides

Hängemappe^F
suspension file

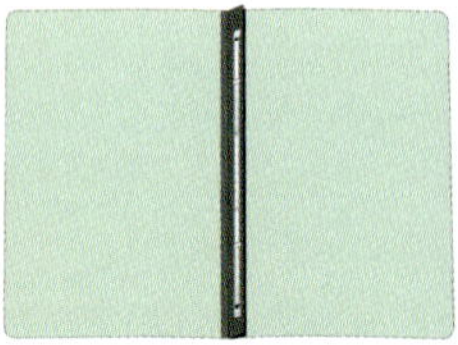

Schnellhefter^M
fastener binder

Aktenordner^M
clamp binder

Dokumentenmappe^F
document folder

Ringbuch^N
ring binder

Spiralheftung^F
comb binding

Erweiterungskartei^F
concertina file

Aktenbox^F
filing box

Schreibwaren^F

Verschiedenes^N
miscellaneous articles

Klebebandabroller^M
parcel tape dispenser

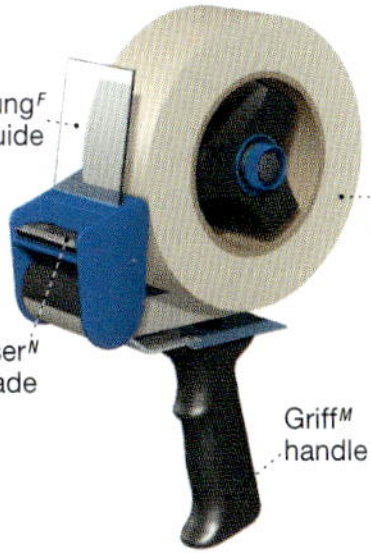

Reisnägel^M
drawing pins

Büroklammern^F
paper clips

Beutelklammern^F
paper fasteners

Bleistiftspitzer^M
pencil sharpener

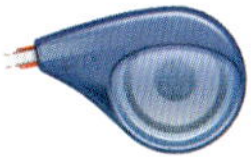

Korrekturband^N
correction tape

Hefter^M
stapler

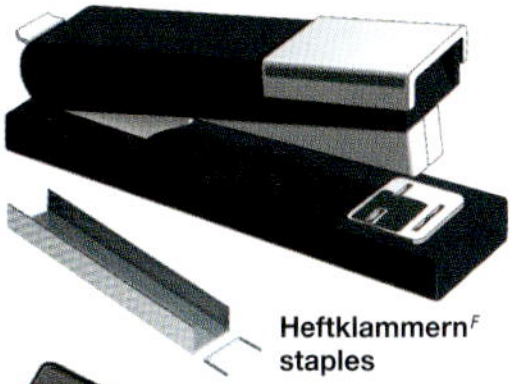

Heftklammern^F
staples

Papierclip^M
clip

Radiergummi^M
eraser

Klebestift^M
glue stick

Klebefilmspender^M
tape dispenser

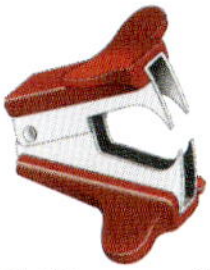

Entklammerer^M
staple remover

Dornablage^F
spike file

Locher^M
paper punch

Buchstützen^F
bookends

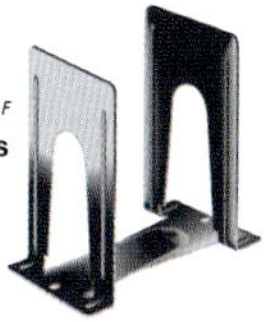

Pinnwand^F
noticeboard

Aktenvernichter^M
paper shredder

Papierkorb^M
wastepaper basket

Straßenbau[M]

road system

Straße[F] im Querschnitt[M]
section of a road

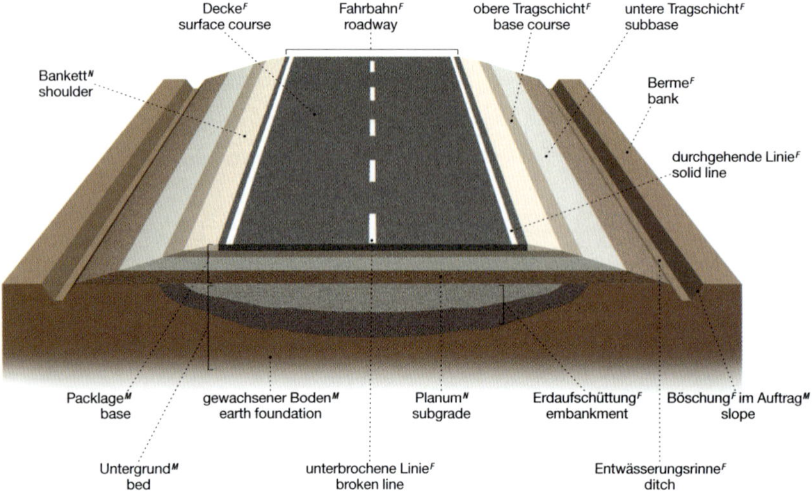

Beispiele[N] für Anschlussstellen[F]
examples of interchanges

Kleeblatt[N]
cloverleaf

Verteiler[M]
gyratory system

Raute[F]
diamond interchange

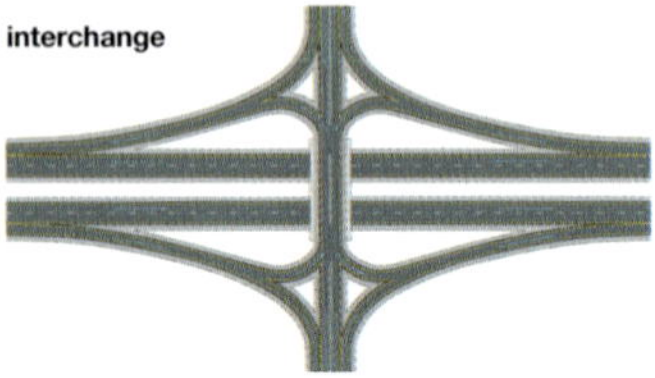

Trompete[F]
trumpet interchange

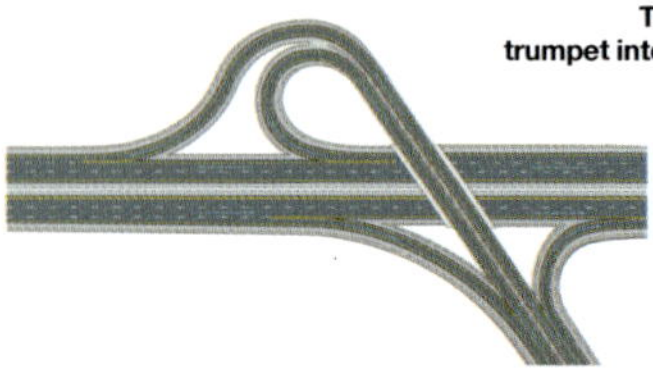

Straßenbau[M]

Kleeblatt[N]
cloverleaf

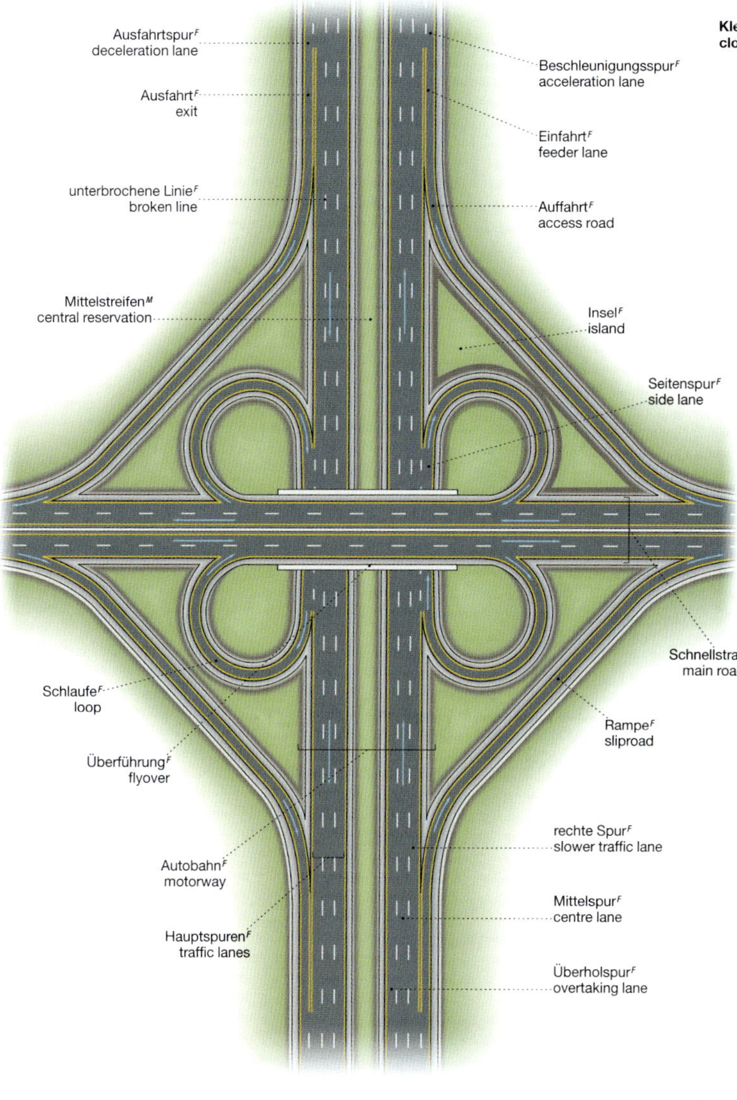

starre Brücken^F

fixed bridges

Balkenbrücke^F
beam bridge

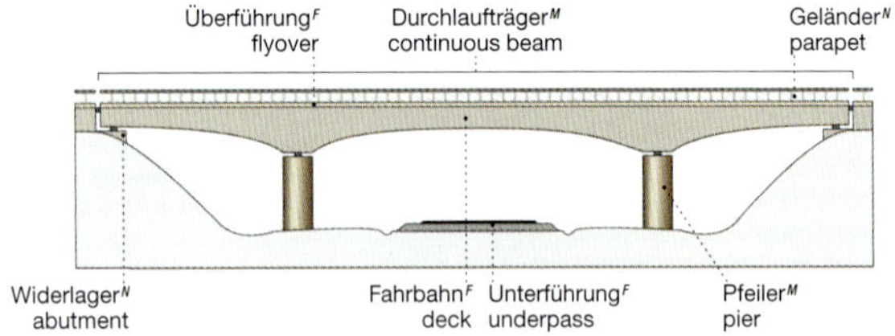

Hängebrücke^F
suspension bridge

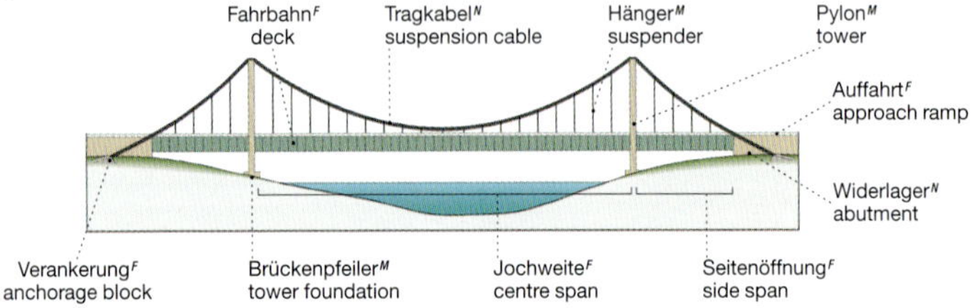

Auslegerbrücke^F
cantilever bridge

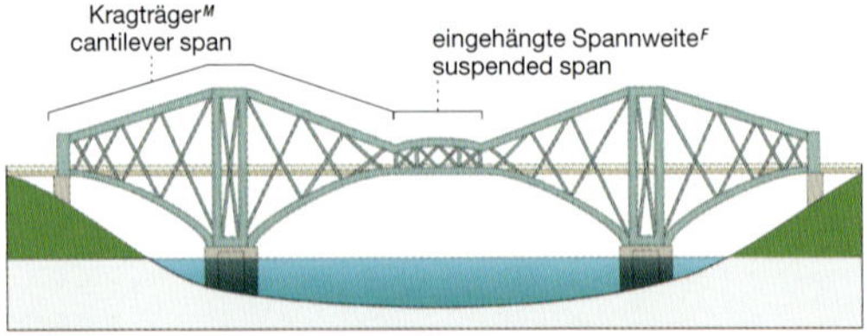

bewegliche Brücken^F

movable bridges

Drehbrücke^F
swing bridge

bewegliche Brücken[F]

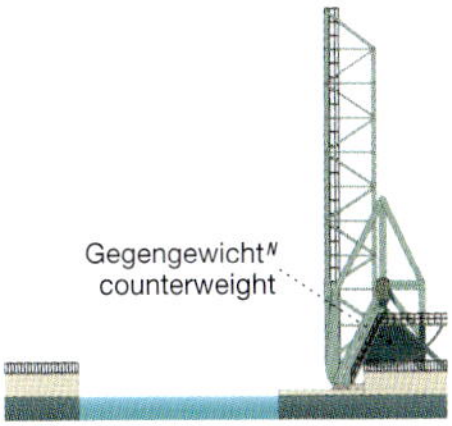

einteilige Klappbrücke[F]
single-leaf bascule bridge

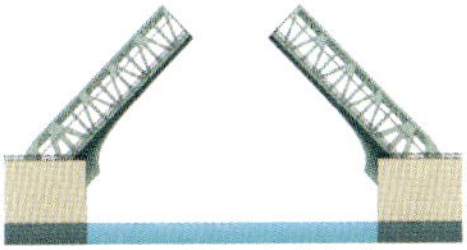
Doppelklappbrücke[F]
double-leaf bascule bridge

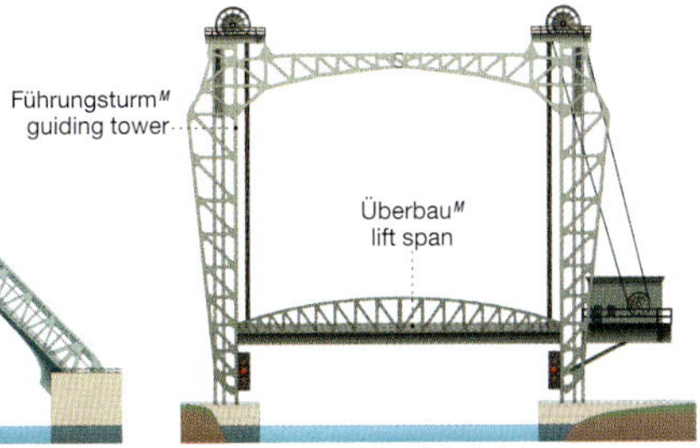

Hubbrücke[F]
lift bridge

Straßentunnel[M]

road tunnel

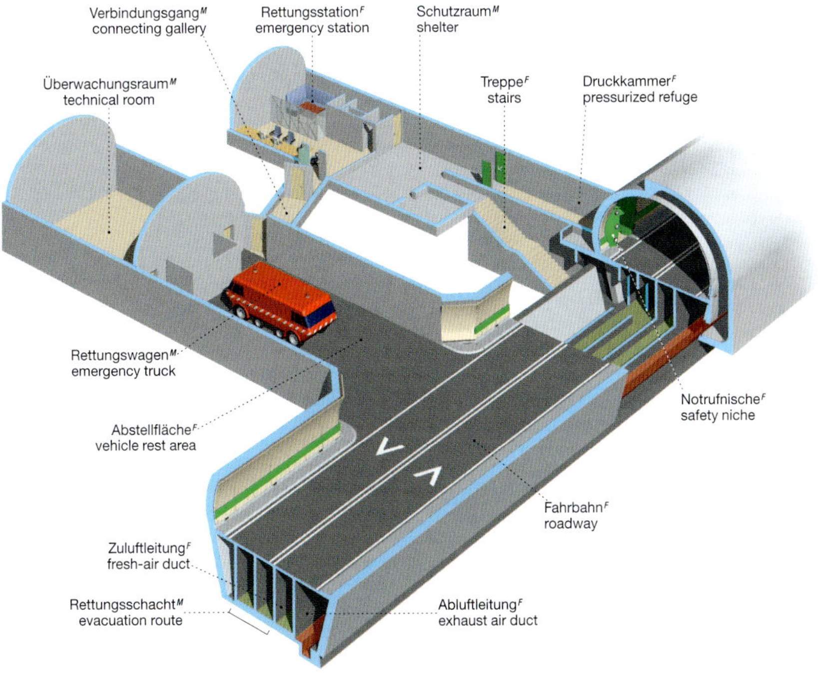

Tankstelle^F

service station

Gesamtansicht^F
general view

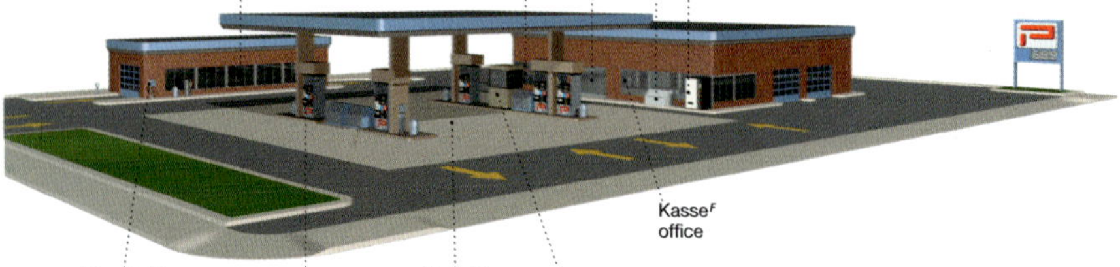

Zapfsäule^F
petrol pump

Auto[N]

car

Beispiele[N] für Autos[N]
examples of cars

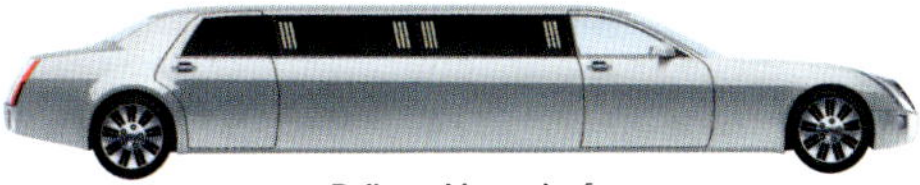

Pullman Limousine[F]
stretch-limousine

Kleinwagen[M]
Micro Compact Car

Kabriolett[N]
convertible

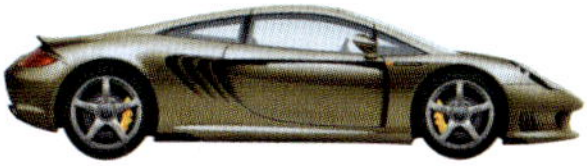

Sportwagen[M]
sports car

Coupé[N]
coupé

Großraumlimousine[F]
minivan

dreitürige Kombilimousine[F]
hatchback

viertürige Limousine[F]
four-door saloon

Kombi[M]
estate car

Crossover-Fahrzeug[N]
crossover vehicle

viertürige Kombilimousine[F]
four-door hatchback

Pickup[M]
pickup truck

Geländewagen[M]
sport-utility vehicle (SUV)

Geländefahrzeug[N]
off-road vehicle

Auto^N

Karosserie^F
body

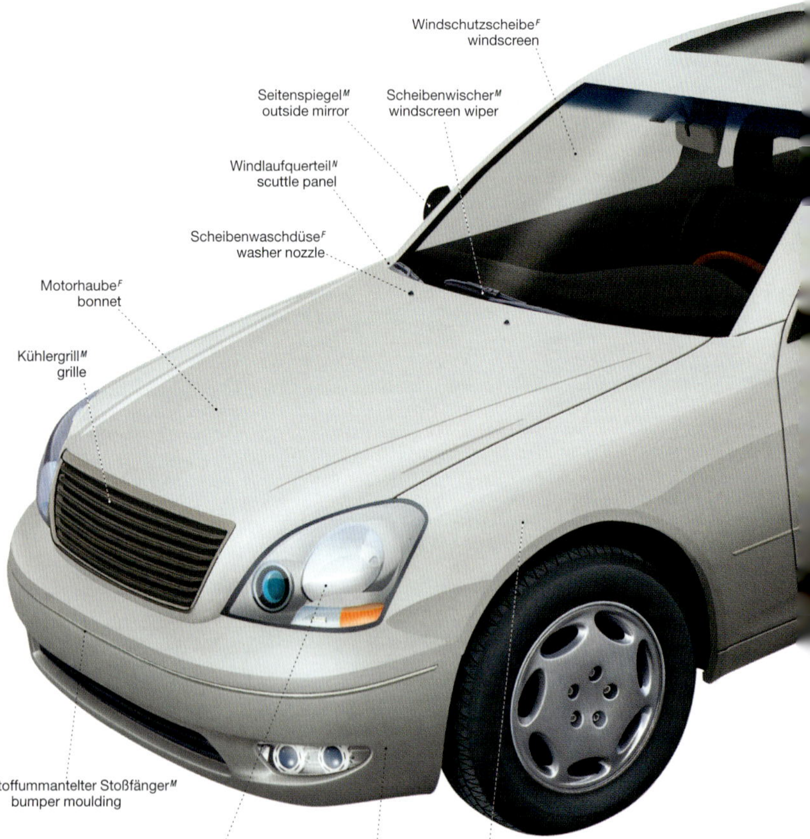

Auto[N]

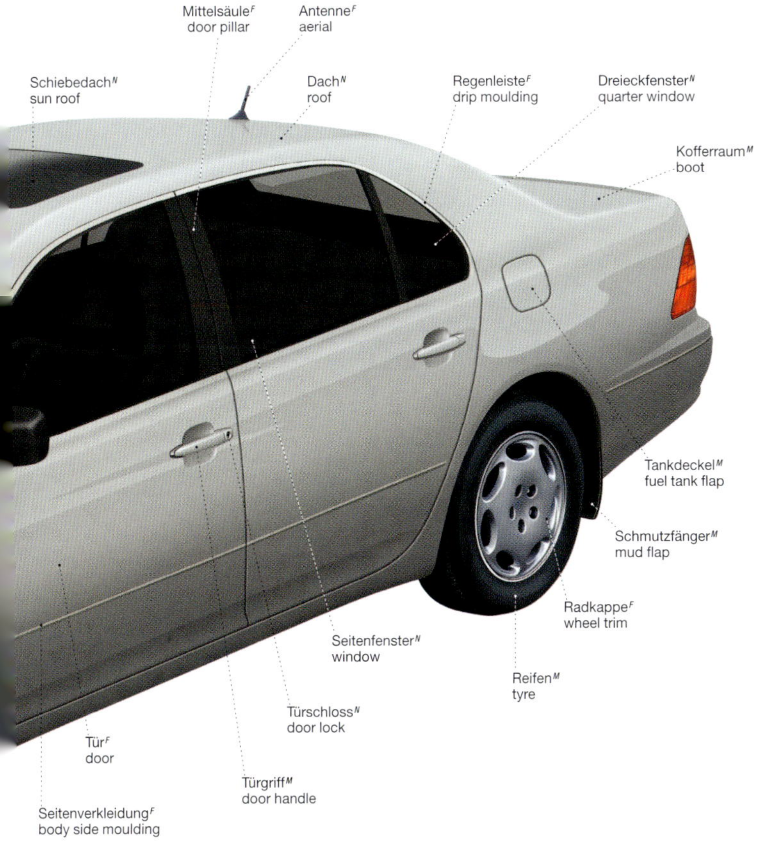

Mittelsäule[F]
door pillar
Antenne[F]
aerial
Schiebedach[N]
sun roof
Dach[N]
roof
Regenleiste[F]
drip moulding
Dreieckfenster[N]
quarter window
Kofferraum[M]
boot
Tankdeckel[M]
fuel tank flap
Schmutzfänger[M]
mud flap
Radkappe[F]
wheel trim
Seitenfenster[N]
window
Reifen[M]
tyre
Türschloss[N]
door lock
Tür[F]
door
Türgriff[M]
door handle
Seitenverkleidung[F]
body side moulding

Auto[N]

Kraftfahrzeuge[N]: Hauptbauteile[N]
car systems: main parts

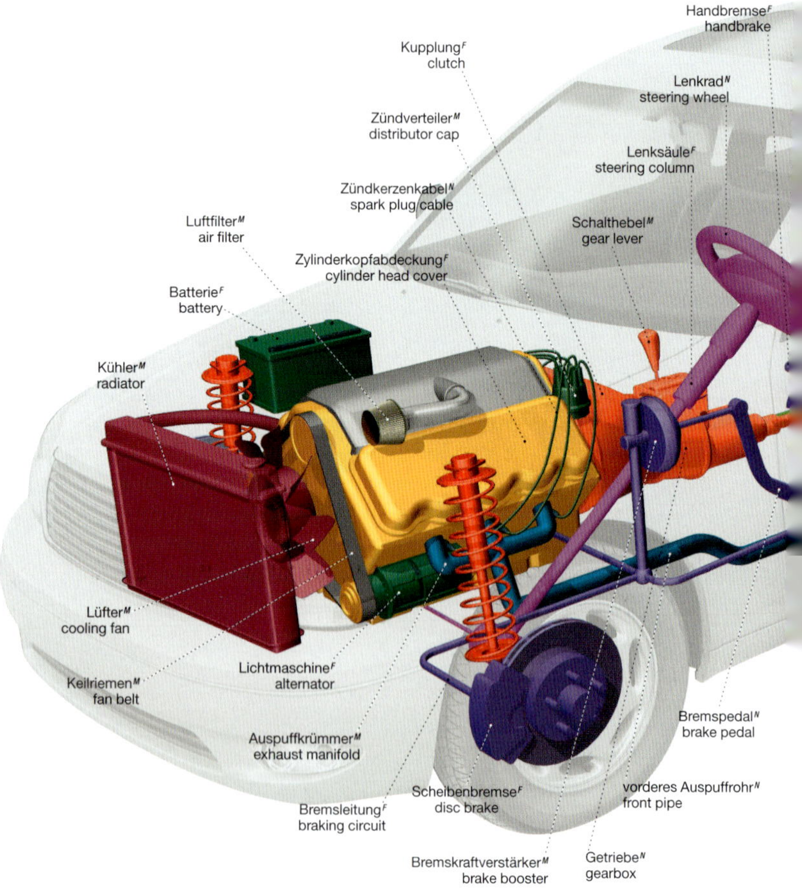

Auto[N]

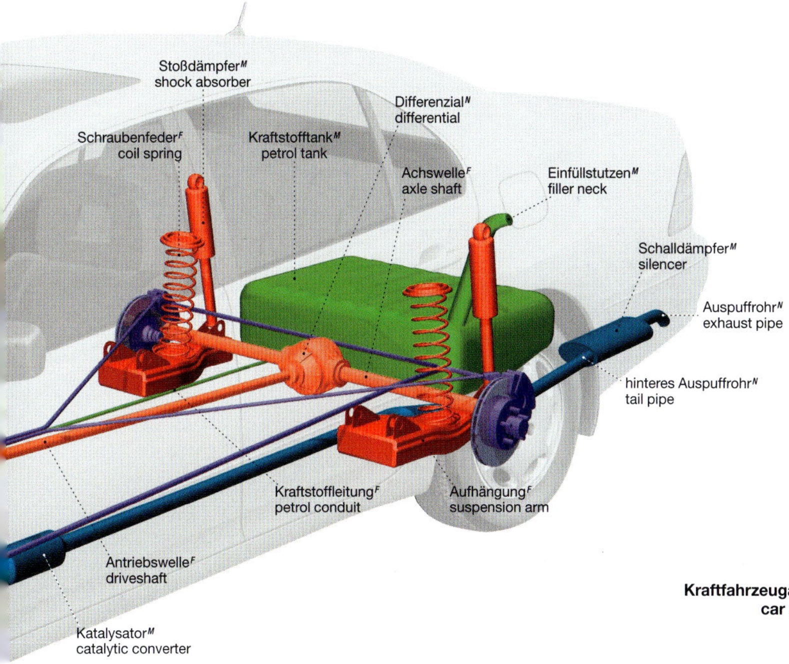

Kraftfahrzeuganlagen[F]
car systems

- **Aufhängung[F]** **suspension system**
- **Benzinmotor[M]** **petrol engine**
- **Bremsanlage[F]** **braking system**
- **Kraftstoffanlage[F]** **fuel supply system**
- **Antriebssystem[N]** **transmission system**
- **Kühleranlage[F]** **cooling system**
- **elektrische Anlage[F]** **electrical system**
- **Auspuffanlage[F]** **exhaust system**
- **Lenkanlage[F]** **steering system**

Auto[N]

Frontscheinwerfer[F]
front lights

Heckleuchten[F]
rear lights

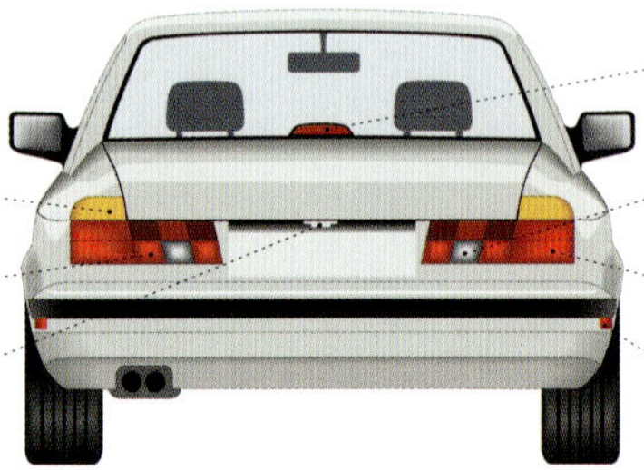

Wagentür[F]
door

Auto^N

Schalensitz^M: Vorderansicht^F
bucket seat: front view

Schalensitz^M: Seitenansicht^F
bucket seat: side view

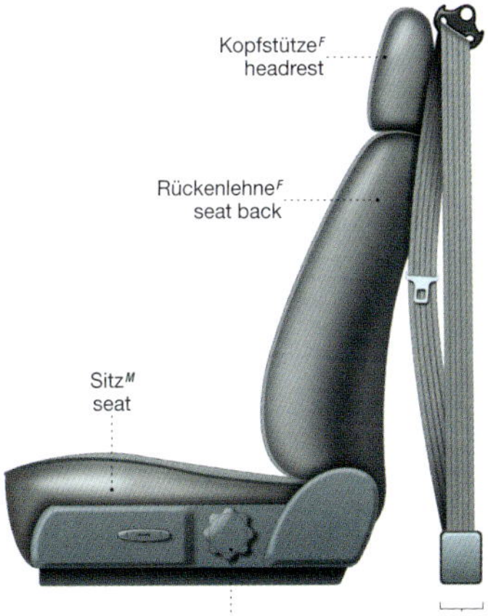

Rückbank^F
rear seat

Auto^N

Armaturenbrett^N
instrument cluster

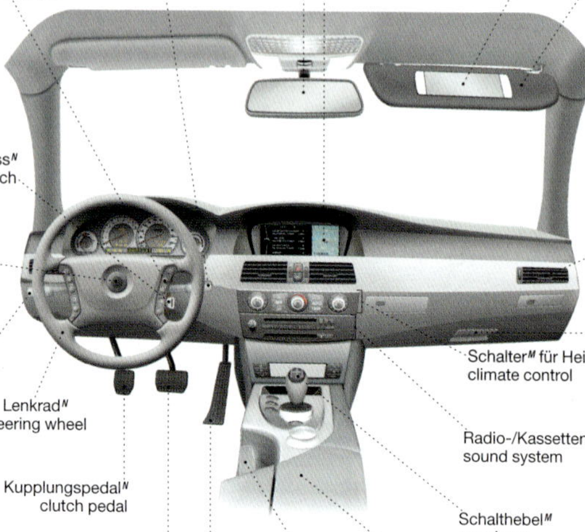

Airbag^M-Rückhaltesystem^N
air bag restraint system

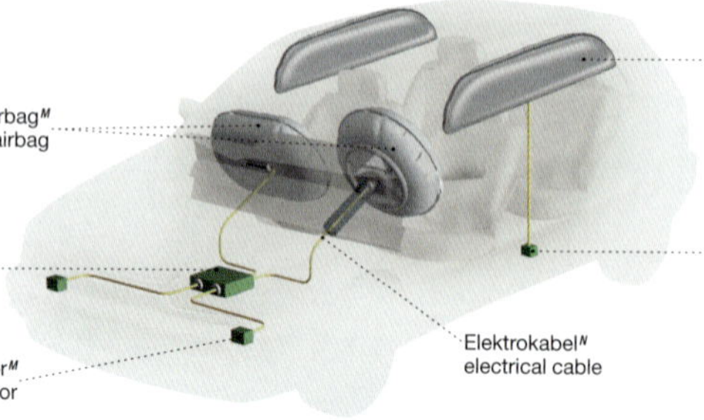

Auto[N]

Instrumententafel[F]
instrument panel

Scheibenwischer[M]
windscreen wiper

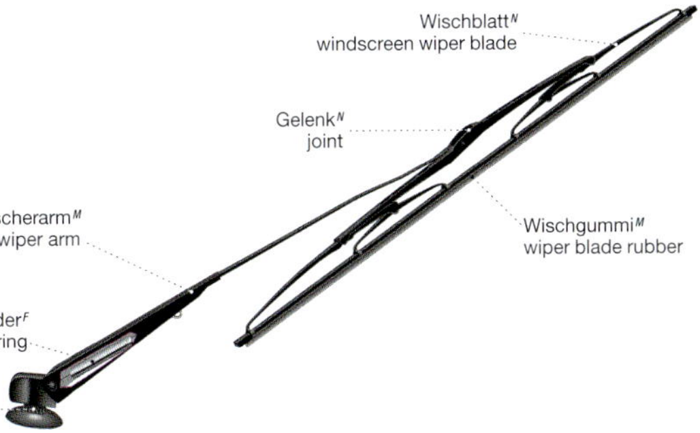

TRANSPORT UND FAHRZEUGE

Elektrofahrzeug^{N}

electric car

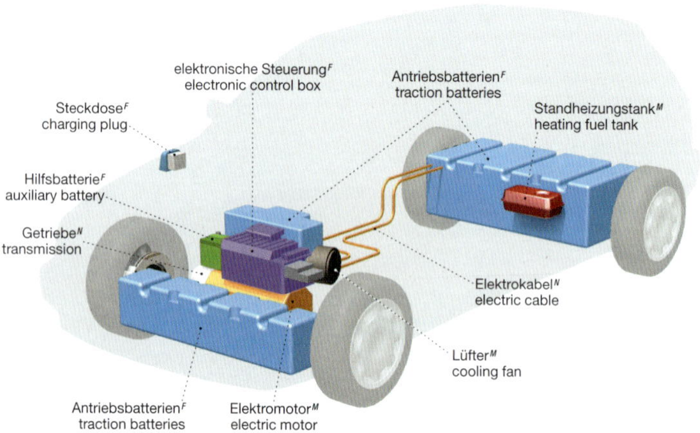

Hybridfahrzeug^{N}

hybrid car

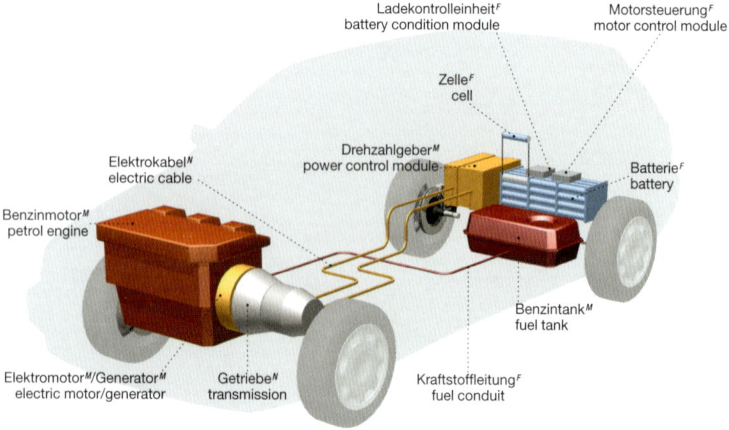

Bremsen^F

brakes

Scheibenbremse^F
disc brake

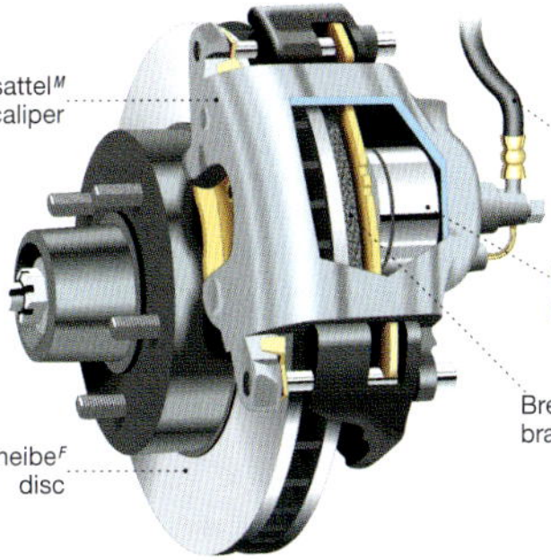

Trommelbremse^F
drum brake

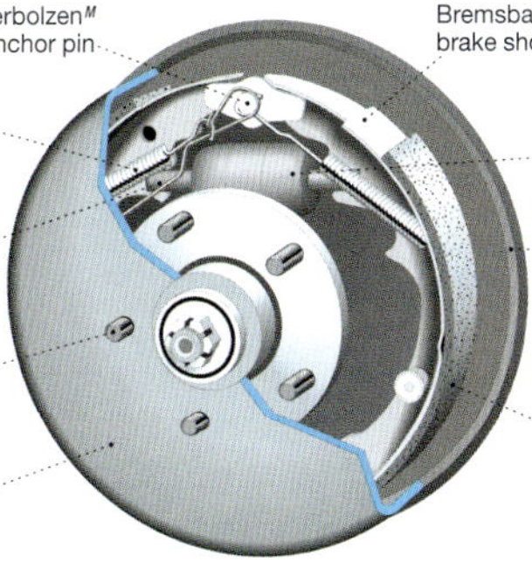

Antiblockiersystem^N (ABS)
antilock braking system (ABS)

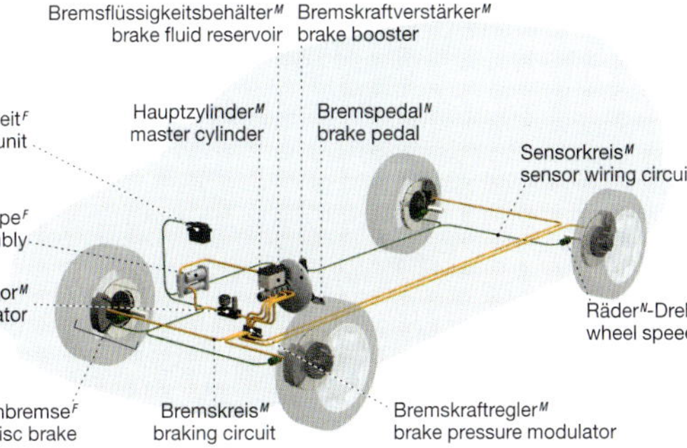

Ottomotor[M]

petrol engine

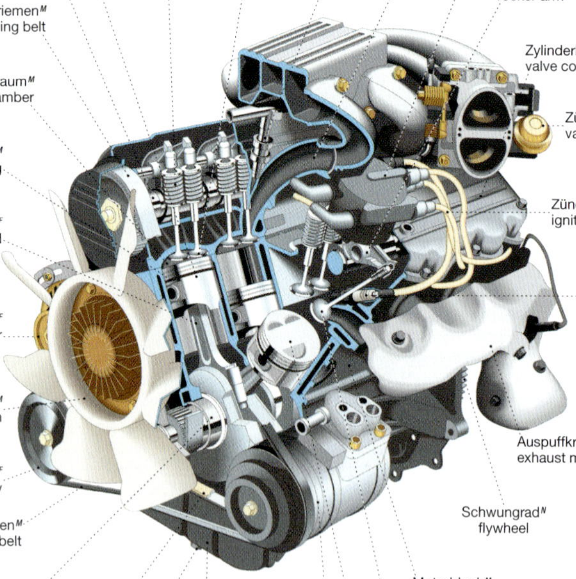

Zündkerze[F]

spark plug

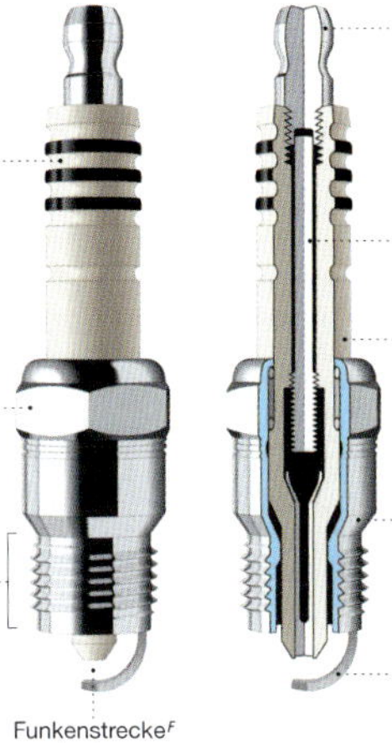

Batterie[F]

battery

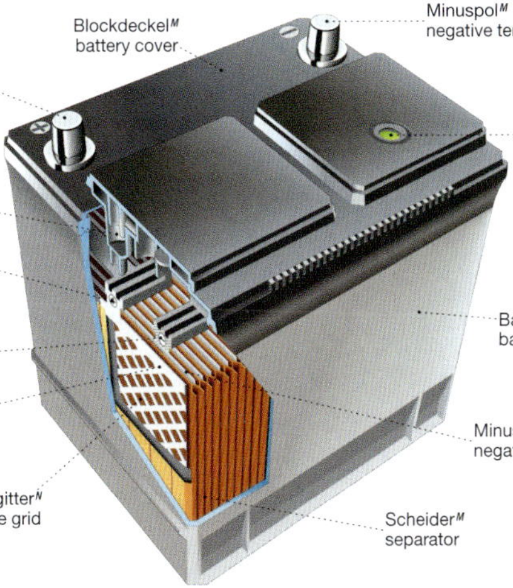

Reifen[M]

tyre

Elemente[N] eines Rades[N]
parts of a tyre

Reifenarten[F]
examples of tyres

Touringreifen[M]
touring tyre

Winterreifen[M]
winter tyre

Sportreifen[M]
performance tyre

Ganzjahresreifen[M]
all-season tyre

Spikereifen[M]
studded tyre

Kühler[M]

radiator

Zubehör^{N}

accessories

Anhängerkupplung^{F}
hitch ball

Starthilfekabel^{N}
jumper cables

Fußraummatte^{F}
floor mat

Windschutzscheiben^{F}-Sonnenschutz^{M}
sun visor

Schneefeger^{M} mit Eiskratzer^{M}
snow brush with scraper

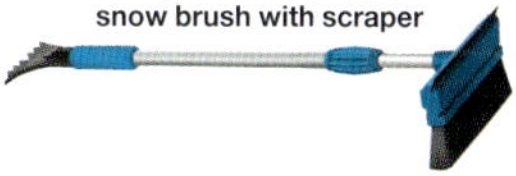

Kreuzschlüssel^{M}
four-way lug wrench

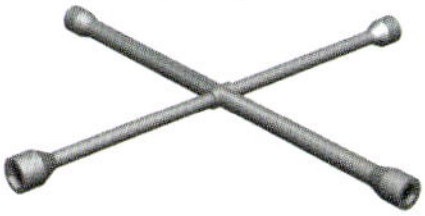

Skiträger^{M}
ski rack

Fahrradträger^{M}
bike carrier

Sonnenrollo^{N}
roller shade

Dachträger^{M}
roof rack

Wagenheber^{M}
jack

Autoplane^{F}
car cover

Kindersitz^{M}
child car seat

Bus^M

bus

Schulbus^M
school bus

Reisebus^M
coach

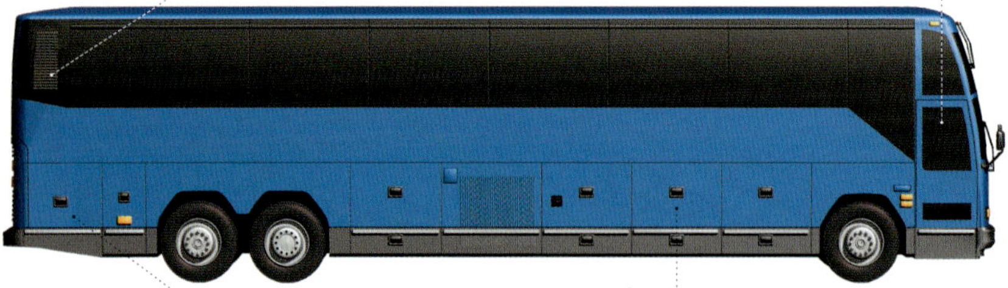

Linienbus^M
city bus

Bus[M]

Doppeldeckerbus[M]
double-decker bus

Bus[M] für Spezialtransporte[M]
specialised transportation bus

Gelenkbus[M]
articulated bus

Lastkraftfahrzeuge[N]

trucking

Sattelschlepper[M]
tractor unit

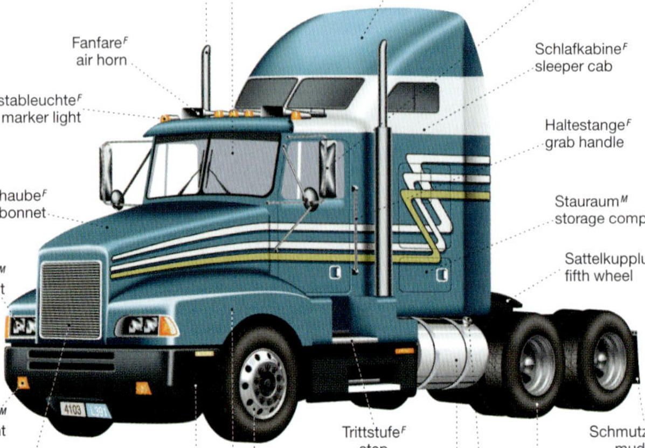

Beispiele[N] für Sattelkraftfahrzeuge[N]
examples of articulated trucks

Autotransporter[M]
car transporter

Kofferauflieger[M]
van body truck

Tanklastzug[M]
road tanker

Lastkraftfahrzeuge[N]

Kühlsattelanlieger[M]
refrigerated semi-trailer

Beispiele[N] für Sattelkraftfahrzeuge[N]

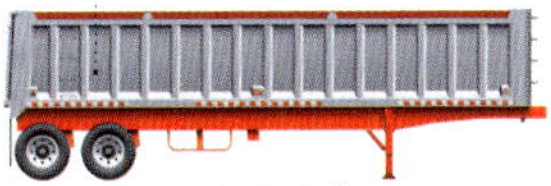

Kipplader[M]
dumper truck

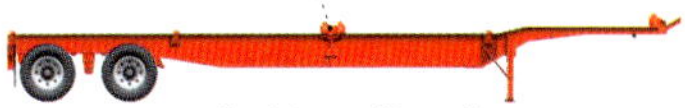

Containerauflieger[M]
container truck

Satteltiefladeanhänger[M] für den Transport[M] von Panzerfahrzeugen[N]
double drop lowbed truck

Sattelpritschenanhänger[M]
flatbed truck

Lastkraftfahrzeuge[N]

Beispiele[N] für Lastkraftwagen[M]
examples of trucks

Kipper[M]
tipper truck

Müllabfuhrwagen[M]
collection truck

Transportmischer[M]
cement mixer truck

Tankwagen[M]
tanker

Transporter[M]
van

Abschleppwagen[M]
tow truck

Schneefräse[F]
snowblower

Straßenkehrmaschine[F]
street sweeper

Wohnwagen[M]

caravan

Wohnwagen[M]
trailer caravan

Zeltwagen[M]
trailer tent

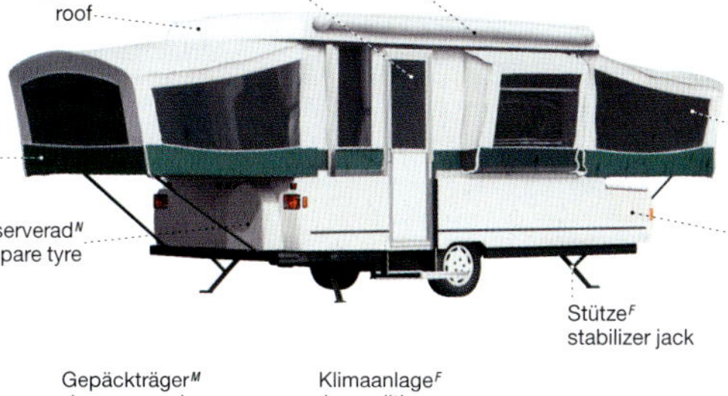

Wohnmobil[N]
motor home

Motorrad[N]

motorcycle

Seitenansicht[F]
lateral view

Motorrad[N]

Motorradhelm[M] mit Visier[N]
full-face motorcycle helmet

Motorrad[N]

Instrumententafel[F]
dashboard

Ansicht[F] von oben
view from above

Motorrad[N]

Motorroller[M]
motor scooter

Beispiele[N] für Motorräder[N]
examples of motorcycles

Geländemotorrad[N]
off-road motorcycle

Mofa[N]
moped

Touring[N]-Motorrad[N]
touring motorcycle

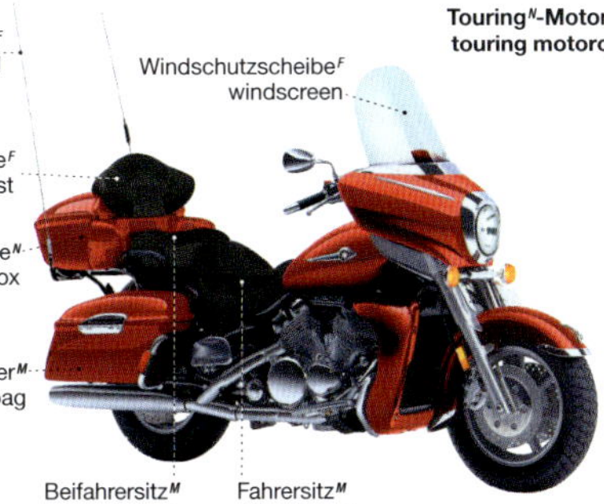

4x4-Geländemotorrad[N]

quad bike

Fahrrad[N]

bicycle

Teile[N] eines Fahrrads[N]
parts of a bicycle

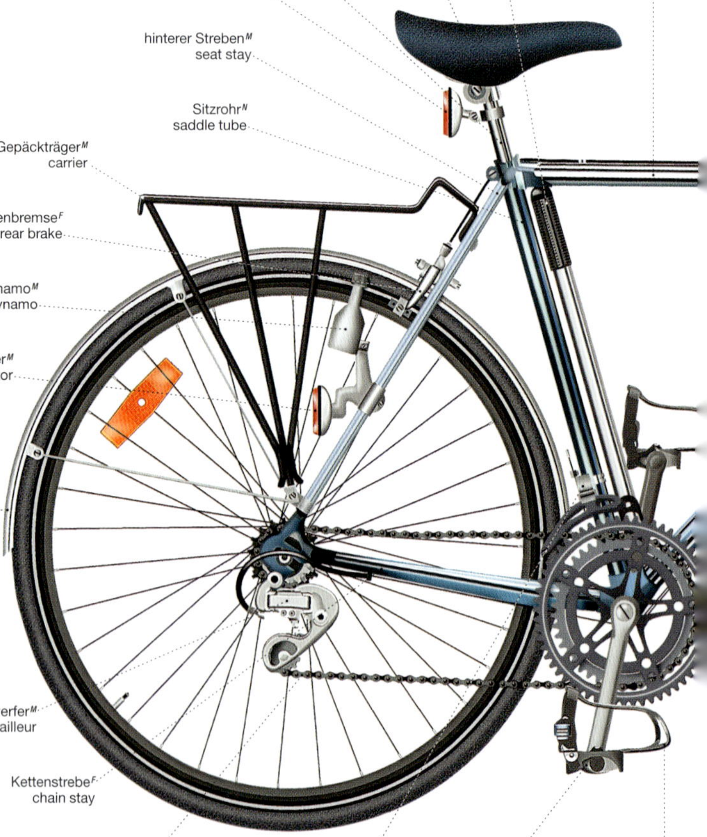

Fahrrad[N]

Schalthebel[M]
gear lever
Bremszug[M]
brake cable
Vorbau[M]
handlebar stem
Rennbügel[M]
handlebars
Lenkkopf[M]
steering tube
Bremsgriff[M]
brake lever
Trinkflasche[F]
water bottle
Vorderstrahler[M]
front reflector
vordere Felgenbremse[F]
front brake
Scheinwerfer[M]
front lamp
Strahler[M]
reflector
Vordergabel[F]
fork
Nabe[F]
hub
Felge[F]
rim
Reifen[M]
tyre
Unterrohr[N]
down tube
Speiche[F]
spoke
Ventil[N]
tyre valve
Trinkflaschenhalter[M]
water bottle clip

Fahrrad[N]

Zubehör[N]
accessories

Schloss[N]
cycle lock

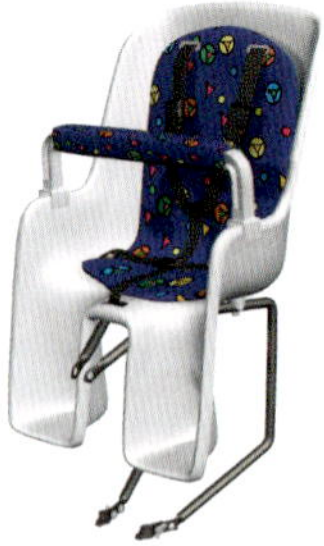

Kindersitz[M]
child carrier

Fahrradhelm[M]
cycling helmet

Satteltasche[F]
pannier bag

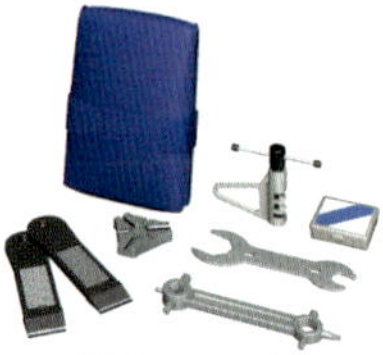

Werkzeugsatz[M]
tool kit

Fahrradanhänger[M] für Kinder[N]
child bike trailer

Beispiele[N] für Fahrräder[N]
examples of bicycles

Dreirad[N]
child's tricycle

Kinderfahrrad[N]
child's bicycle

Stützrad[N]
stabilizer

BMX-Rad[N]
BMX bike

Fahrrad-Kinder-Tandem[N]
trailer bike

Tourenrad[N]
touring bicycle

Fahrrad^N

Liegerad^N
recumbent bicycle

Dreirad^N für Erwachsene^M
adult tricycle

elektrisches Fahrrad^N
electric bicycle

Stadtrad^N
city bicycle

Rennrad^N
road bicycle

Mountainbike^N
all-terrain bicycle

Tandem^N
tandem

Bahnhof[M]

passenger station

Bahnhof[M]

railway station

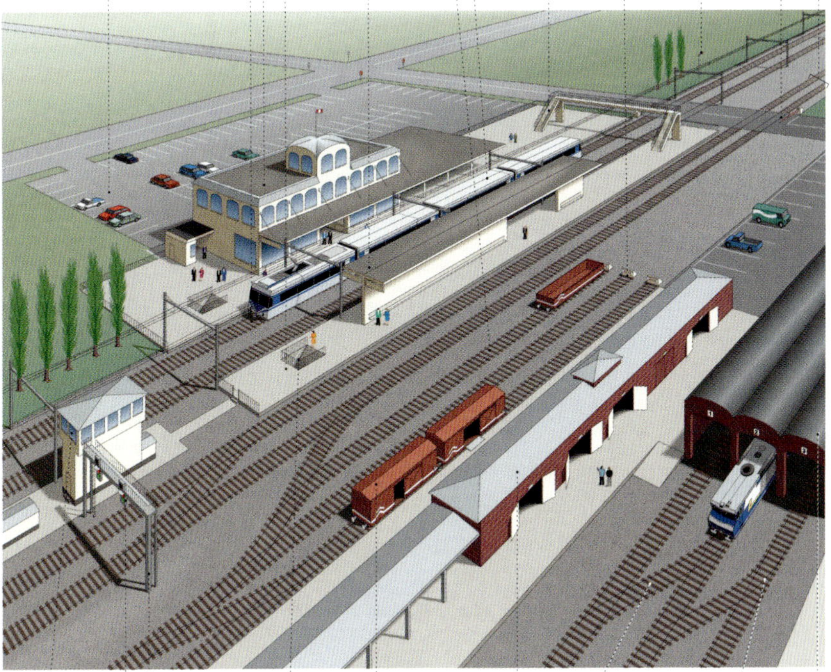

dieselelektrische Lokomotive[F]

diesel-electric locomotive

Beispiele[N] für Güterwagen[M]

examples of freight wagons

Drehgestellflachwagen[M]
flat

Bremswagen[M]
brake van

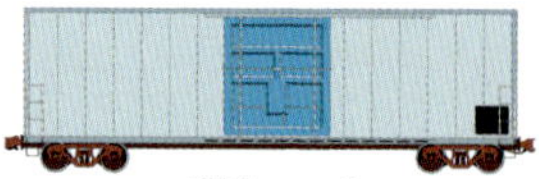

Kühlwagen[M]
refrigerator van

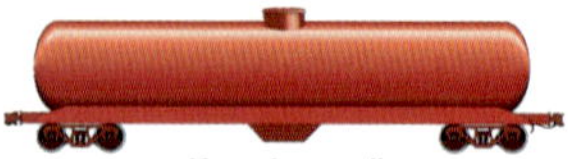

Kesselwagen[M]
bogie tank wagon

Güterwaggon[M]
freight van

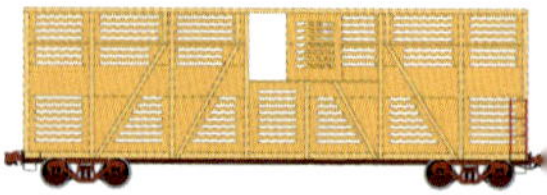

Verschlagwagen[M]
livestock van

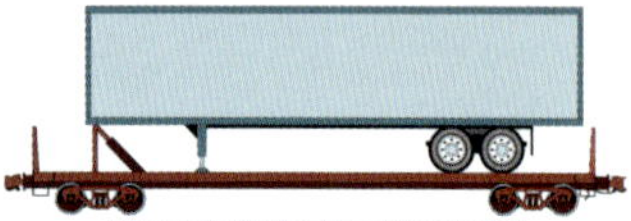

Wagen[M] für den Kombiverkehr[M]
intermodal car

Containerflachwagen[M]
container truck

Hochgeschwindigkeitszug^M

high-speed train

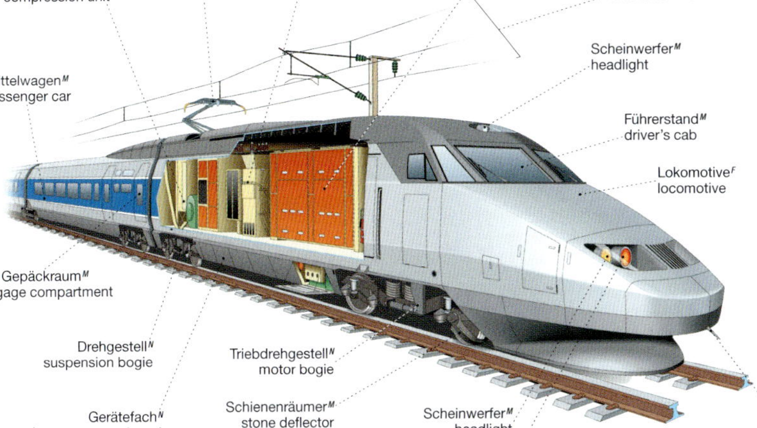

Personenzüge^M: Wagentypen^M

types of passenger coach

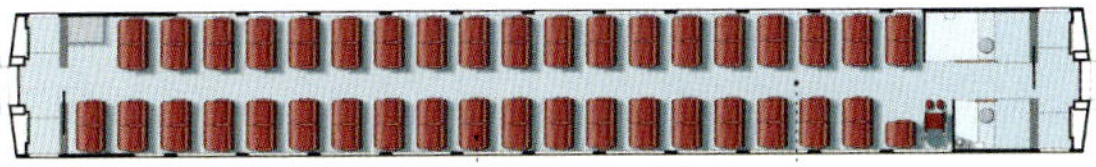

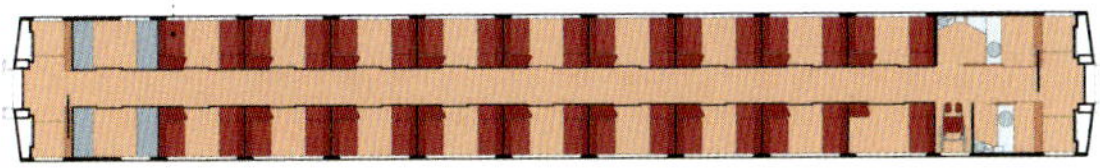

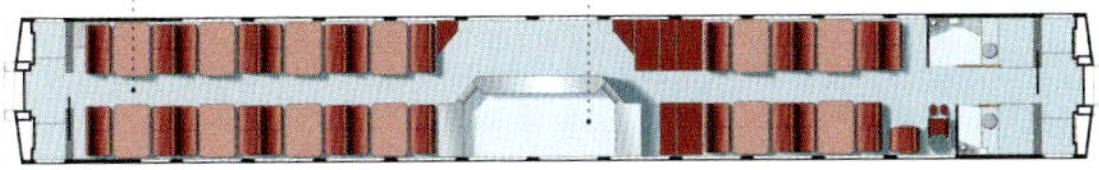

U-Bahn[F]

underground railway

U-Bahn-Station[F]
underground station

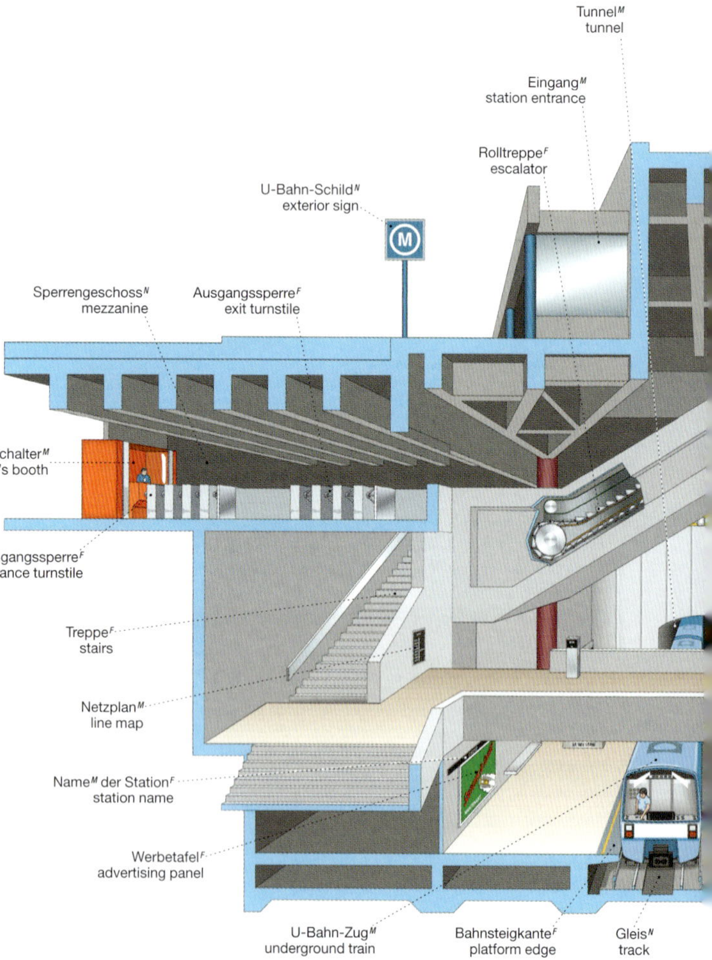

U-Bahn[F]

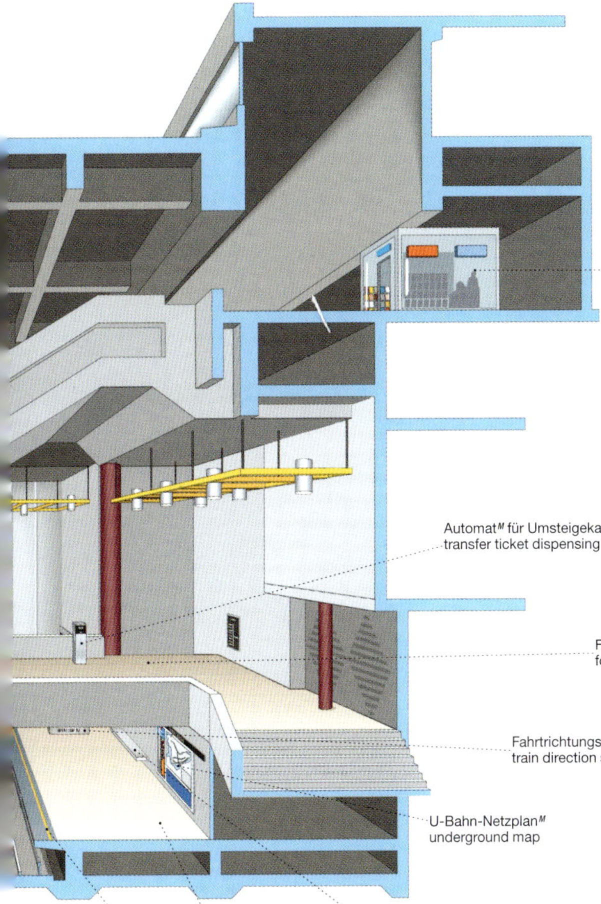
Kiosk[M]
kiosk
Automat[M] für Umsteigekarten[F]
transfer ticket dispensing machine
Fußgängerbrücke[F]
footbridge
Fahrtrichtungsanzeige[F]
train direction sign
U-Bahn-Netzplan[M]
underground map
Sicherheitsstreifen[M]
safety line
Bahnsteig[M]
platform
Sitzbank[F]
bench

U-Bahn^F

Mittelwagen^M
passenger car

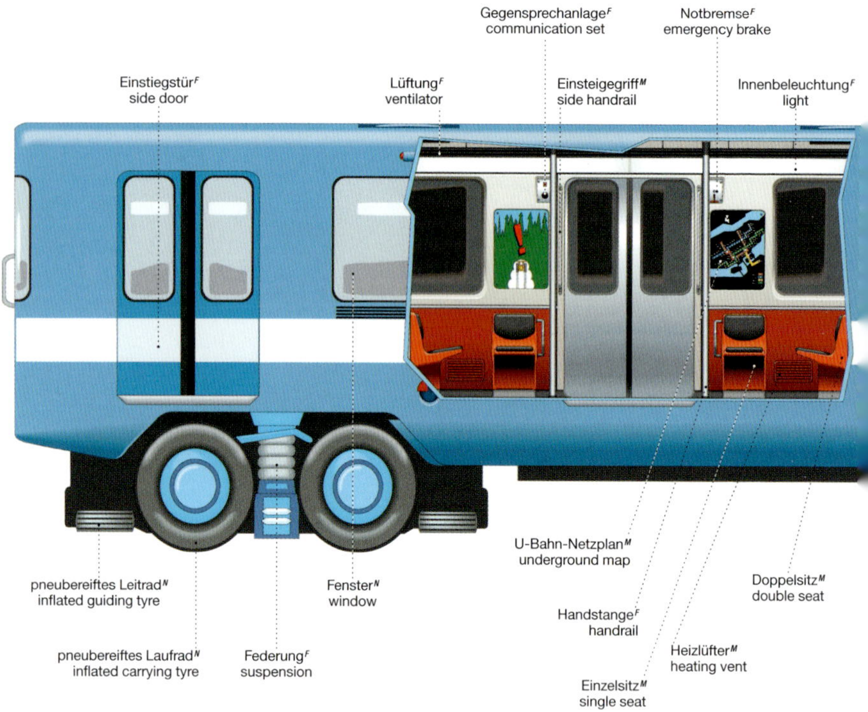

Straßenbahn^F

streetcar

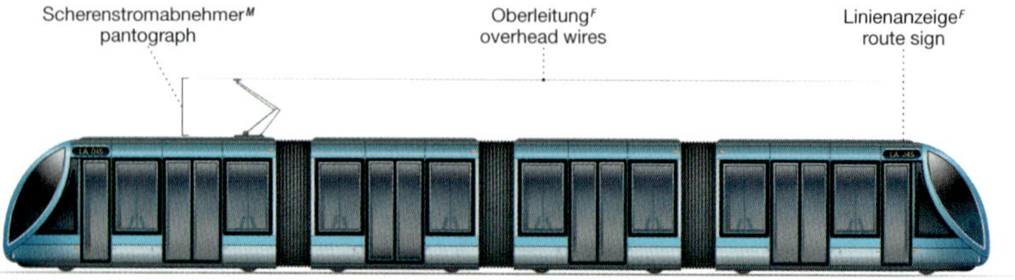

Hafen[M]

harbour

Beispiele[N] für Boote[N] und Schiffe[N]

examples of boats and ships

Bohrschiff[N]
drill ship

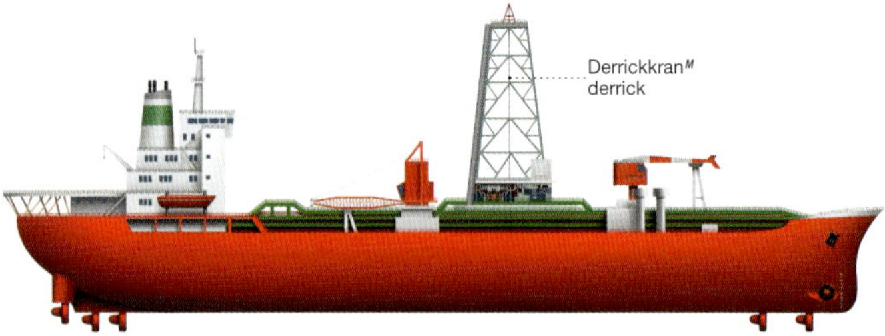

Frachtschiff[N]
bulk carrier

Containerschiff[N]
container ship

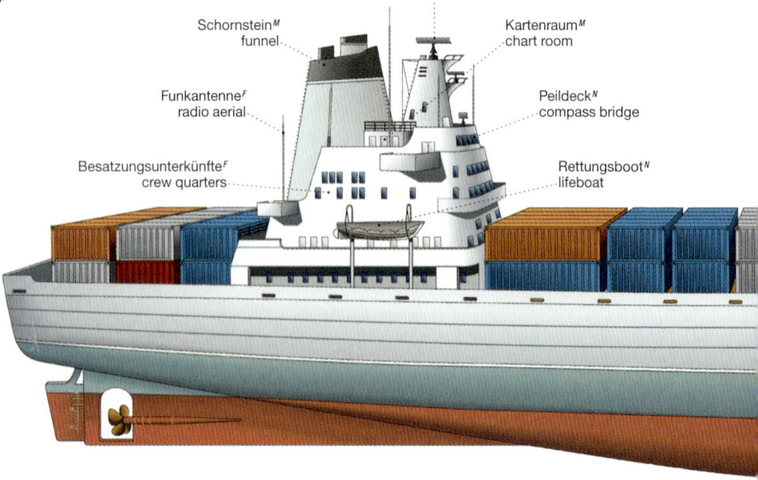

Beispiele^N für Boote^N und Schiffe^N

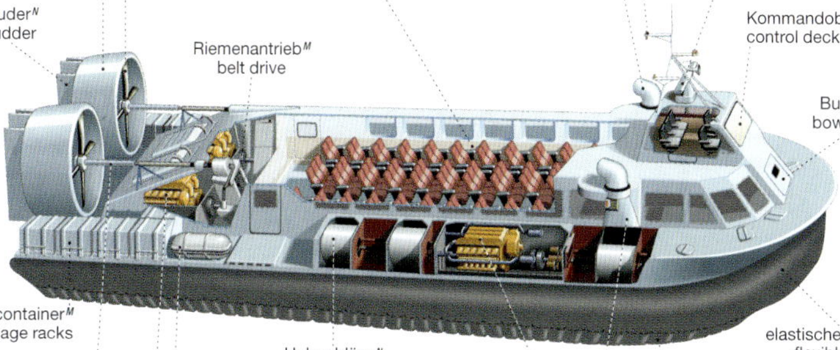

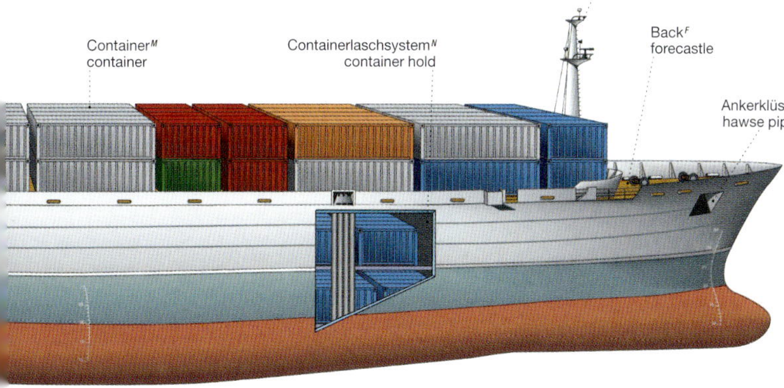

Beispiele[N] für Boote[N] und Schiffe[N]

Trawler[M]
trawler

Schlepper[M]
tugboat

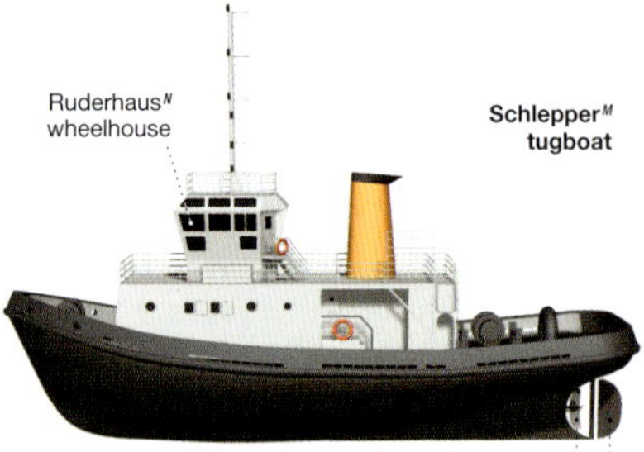

Eisbrecher[M]
icebreaker

Tanker[M]
tanker

Beispiele[N] für Boote[N] und Schiffe[N]

Motorboot[N]
runabout

Motorjacht[F]
motor yacht

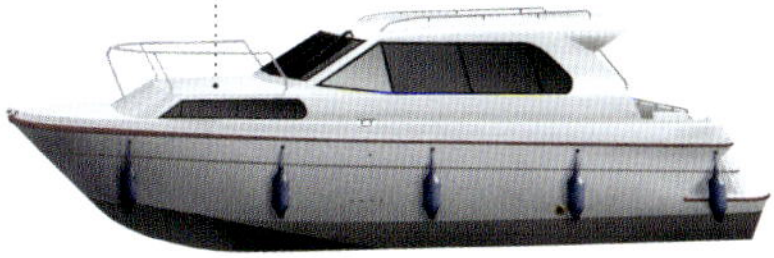

Hausboot[N]
houseboat

Schleppkahn[M]
self-propelled barge

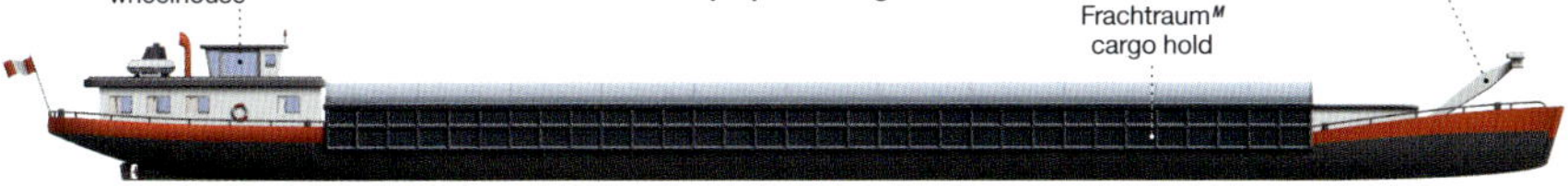

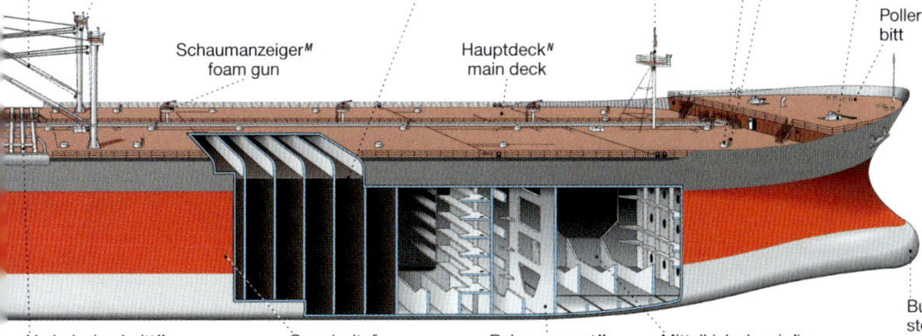

Beispiele[N] für Boote[N] und Schiffe[N]

Hafenfähre[F]
ferry boat

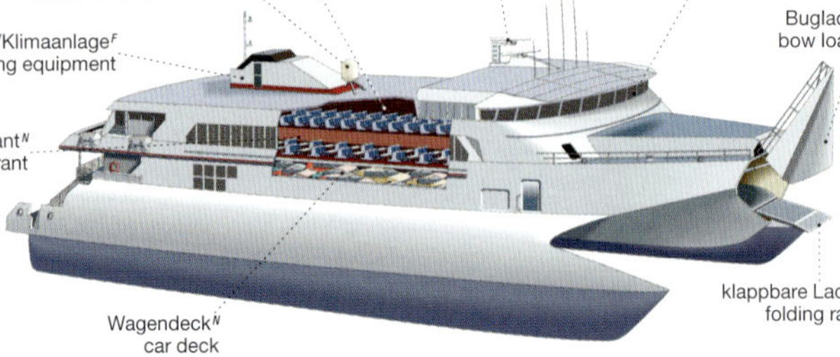

Passagierdampfer[M]
cruiseliner

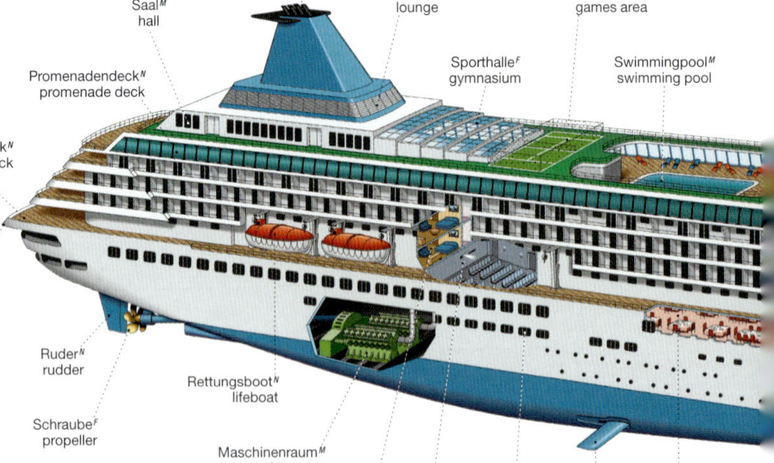

Beispiele[N] für Boote[N] und Schiffe[N]

Tragflügelschiff[N]
hydrofoil boat

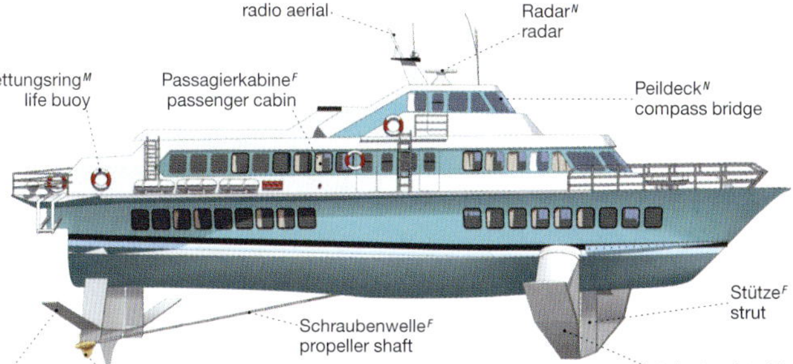

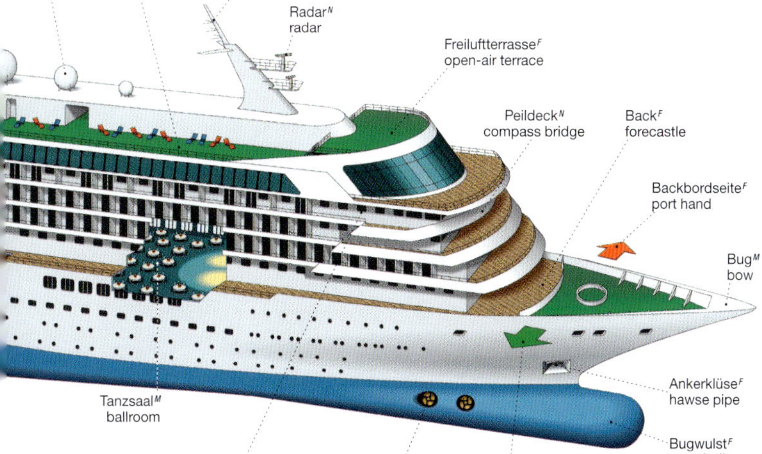

Flughafen[M]

airport

Außenansicht[F]
exterior view

Flughafen[M]

Passagierterminal[M]
air terminal
Rollbahn[F]
taxiway
Flugzeugwartungshalle[F]
maintenance hangar
Abstellplatz[M]
parking area
ausziehbare Fluggastbrücke[F]
telescopic corridor
Versorgungsbereich[M]
service area
Fluggastbrücke[F]
boarding walkway
Rollbahnmarkierung[F]
taxiway line
Satellitenterminal[M]
satellite terminal

Flughafen[M]

Passagierterminal[M]
passenger terminal

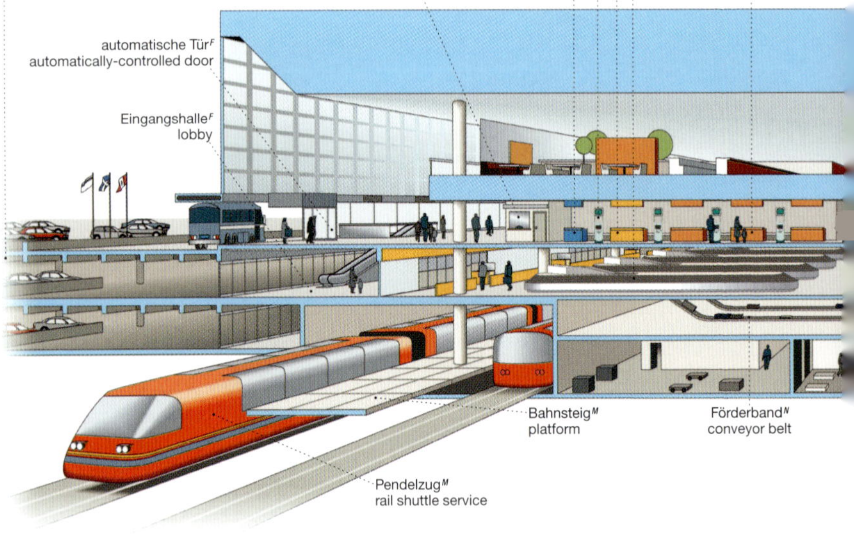

Start- und Landebahn[F]
runway

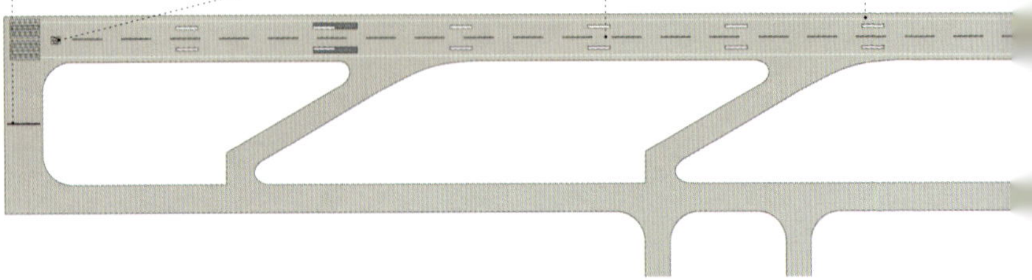

Flughafen[M]

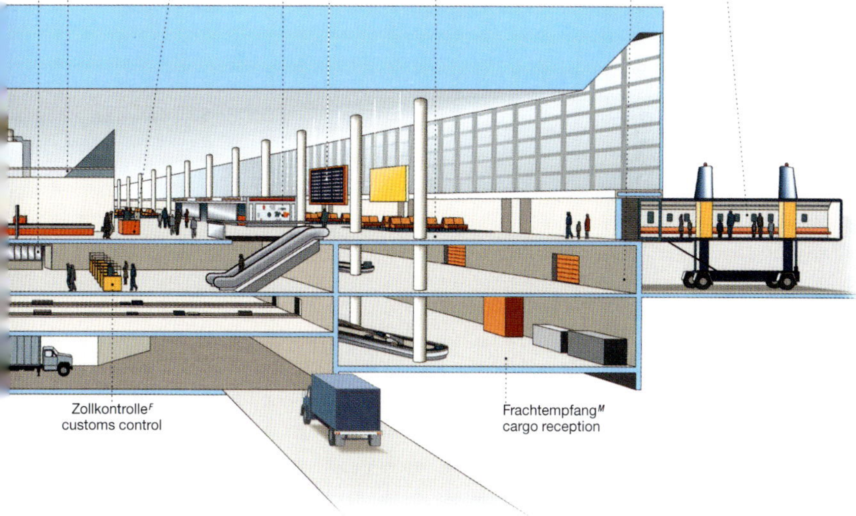
Sicherheitskontrolle[F]
security check
Duty-free-Shop[M]
duty-free shop
Besucherterrasse[F]
observation deck
Fluginformationsanzeige[F]
flight information board
Passagiertransferfahrzeug[N]
passenger transfer vehicle
Passkontrolle[F]
passport control
Abflugwartehalle[F]
departure lounge
Frachtversand[M]
cargo dispatch
Zollkontrolle[F]
customs control
Frachtempfang[M]
cargo reception

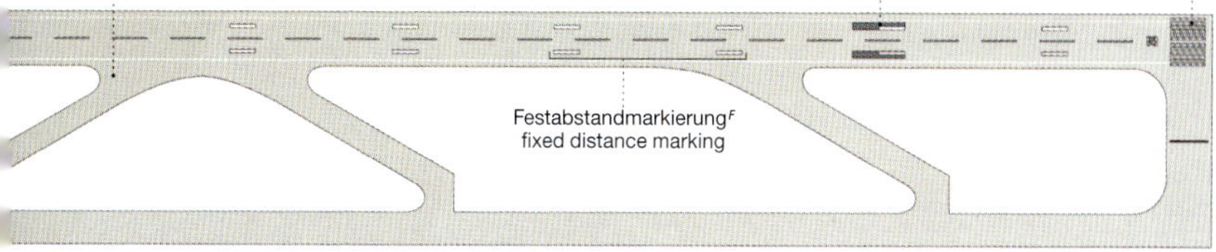
Abrollbahn[F]
exit taxiway
Aufsetzzonenmarkierungen[F]
runway touchdown zone marking
Schwellenmarkierungen[F]
runway threshold markings
Festabstandmarkierung[F]
fixed distance marking

Langstrecken-Düsenflugzeug[N]

long-range jet airliner

Gesamtansicht[F]
general view

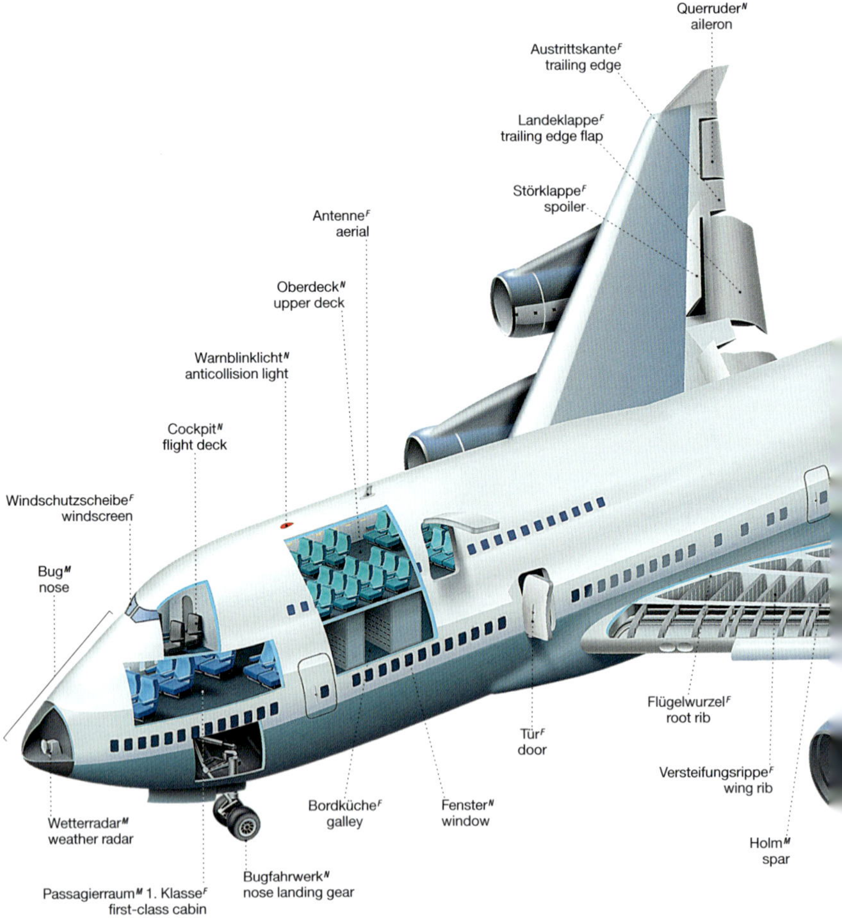

Langstrecken-Düsenflugzeug[N]

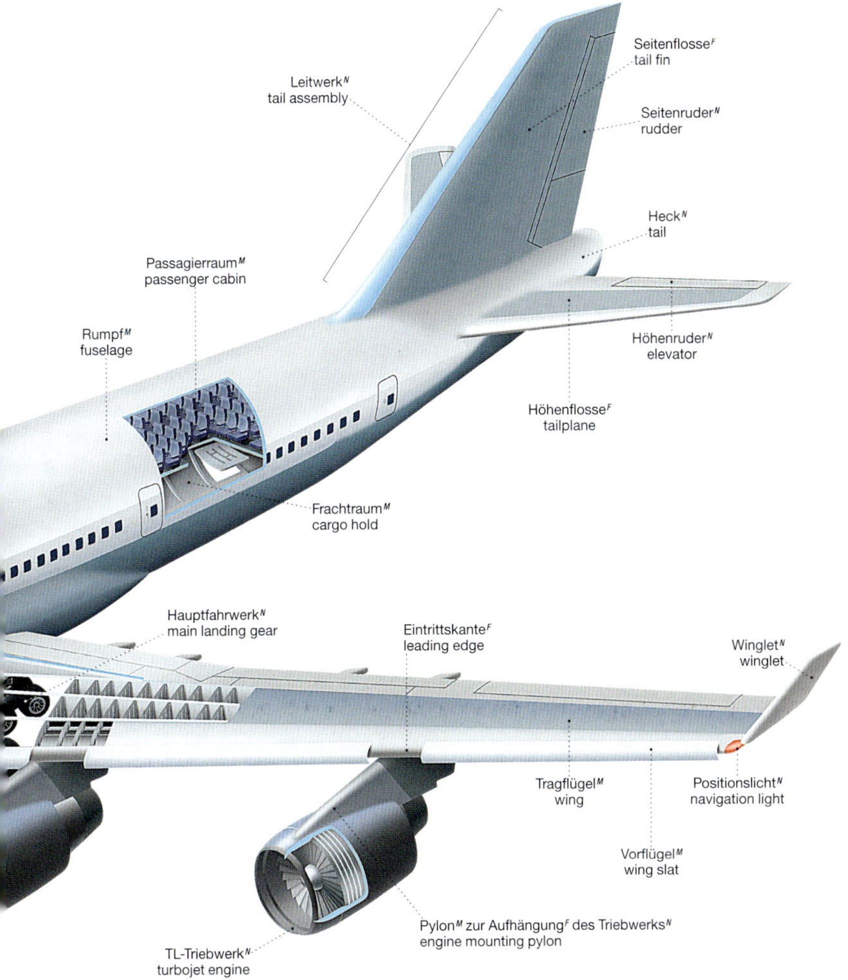

Beispiele[N] für Flugzeuge[N]

examples of aircraft

Wasserflugzeug[N]
floatplane

Doppeldecker[M]
biplane

Leichtflugzeug[N]
light aircraft

Privatflugzeug[N]
business aircraft

Superjumbo[M]
superjumbo

Amphibien-Feuerlöschflugzeug[N]
amphibious firefighting aircraft

Frachtflugzeug[N]
cargo aircraft

Bewegungen^F eines Flugzeugs^N

movements of an aircraft

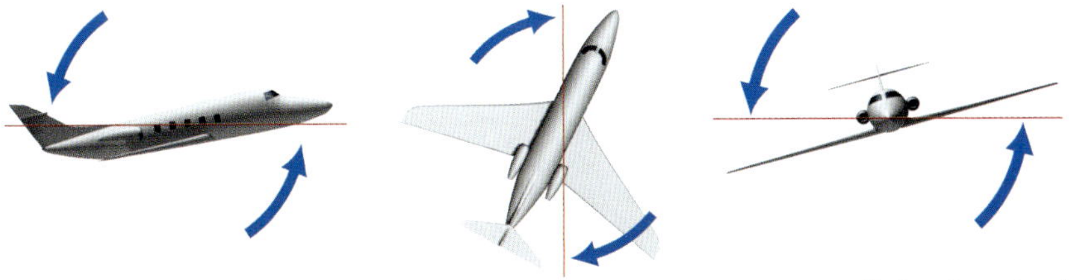

Hubschrauber^M

helicopter

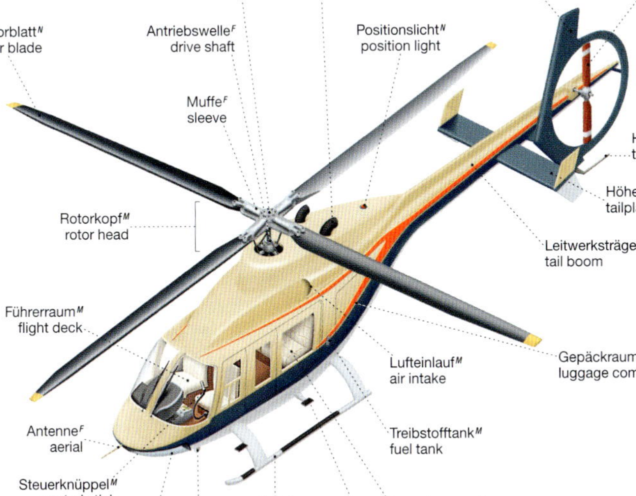

Gebrauchsgeräte[N]

common devices

Gabelstapler[M]
forklift truck

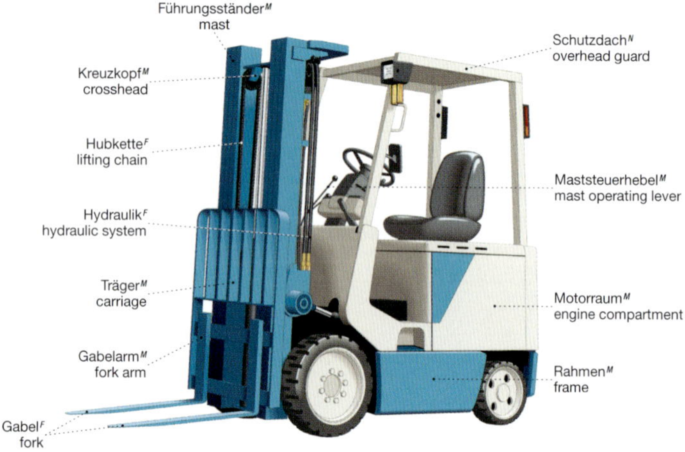

Rücksprungpalette[F]
wing pallet

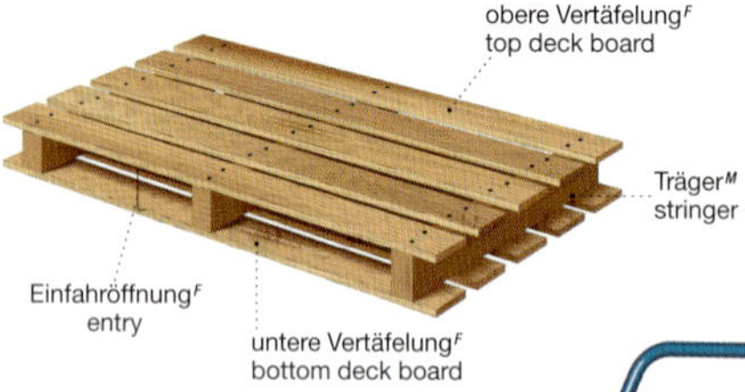

Sackkarren[M]
barrow

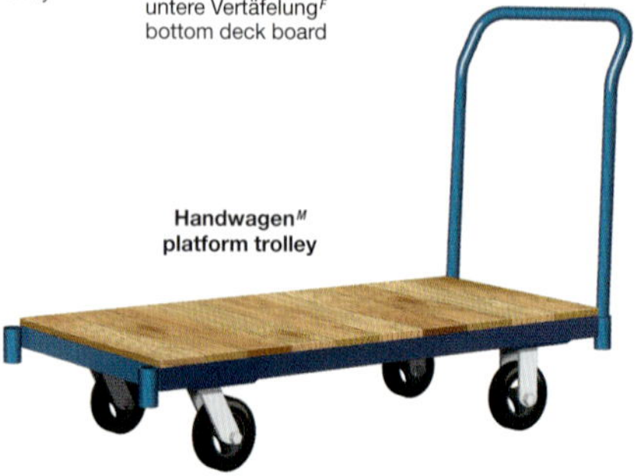

Handwagen[M]
platform trolley

Palettenhubwagen[M]
pallet truck

Kräne[M]

cranes

Turmkran[M]
tower crane

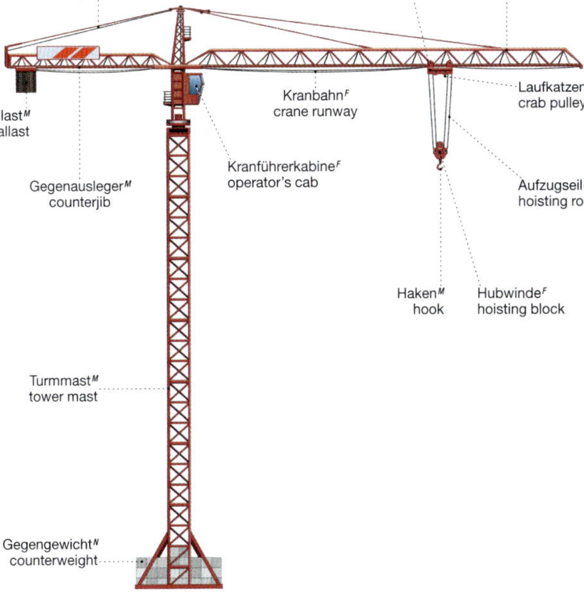

Fahrkran[M]
truck crane

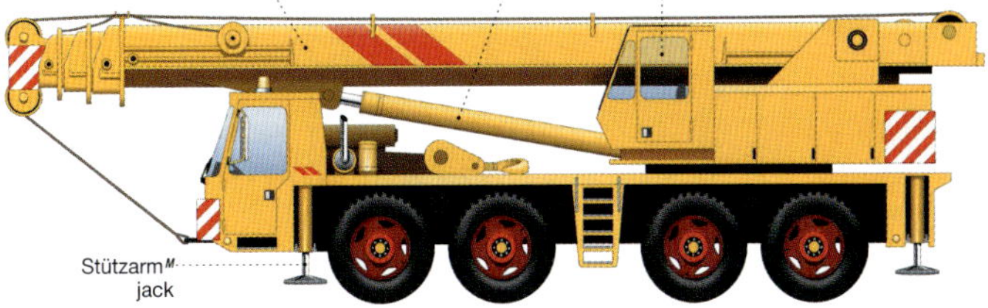

Planierraupe^F

bulldozer

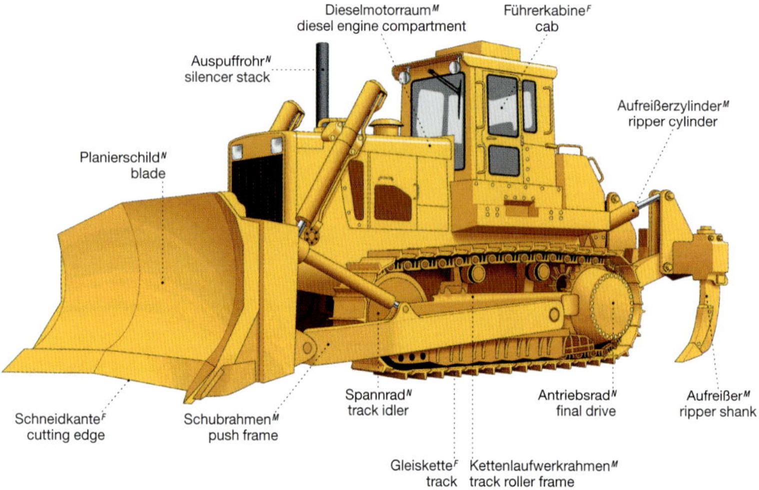

Radlader^M

backhoe loader

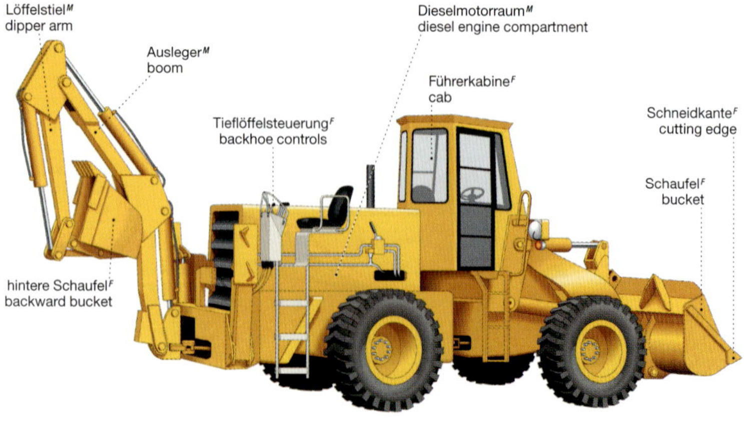

Asphaltierwalze[F]

asphalt paver

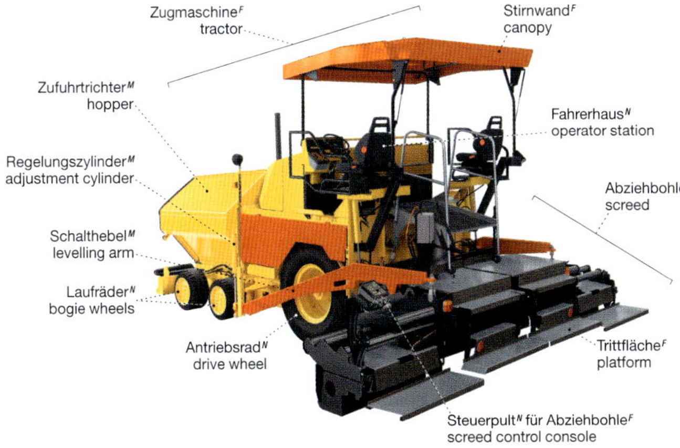

Planierwalze[F]

road roller

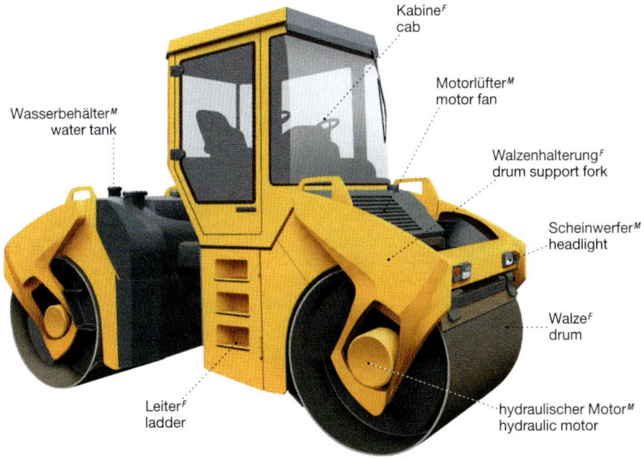

Schrapper[M]

scraper

Hydraulik-Tieflöffelbagger[M]

hydraulic shovel

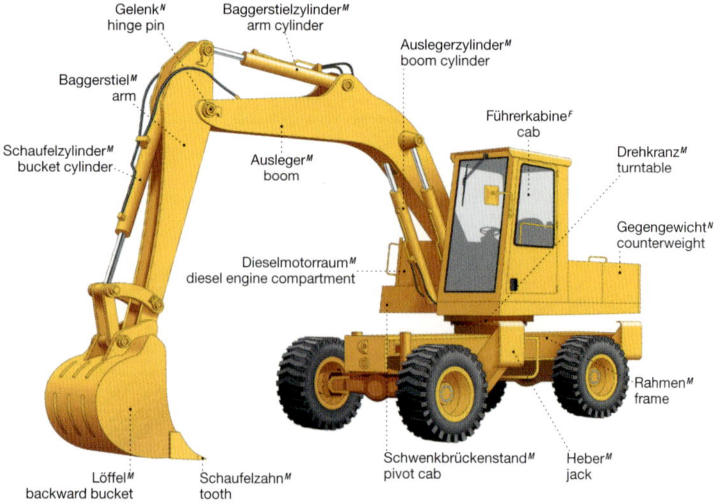

Straßenhobel[M]

grader

Muldenkipper[M]

tipper truck

Elektrizitätserzeugung^F aus geothermischer Energie^F

production of electricity from geothermal energy

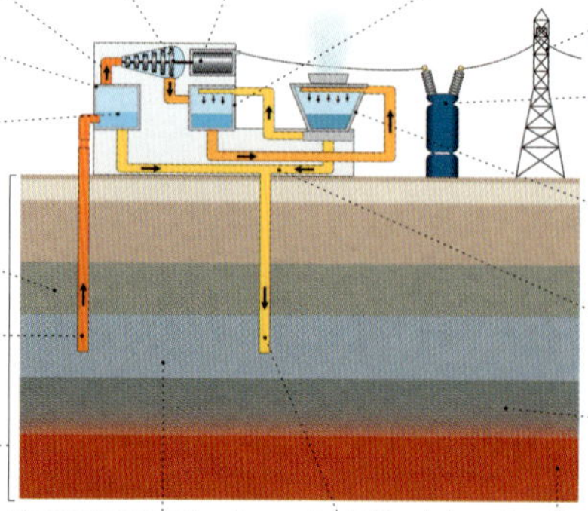

geothermisches Haus^N

geothermal house

unabhängige Geothermie^F
independent geothermal heating

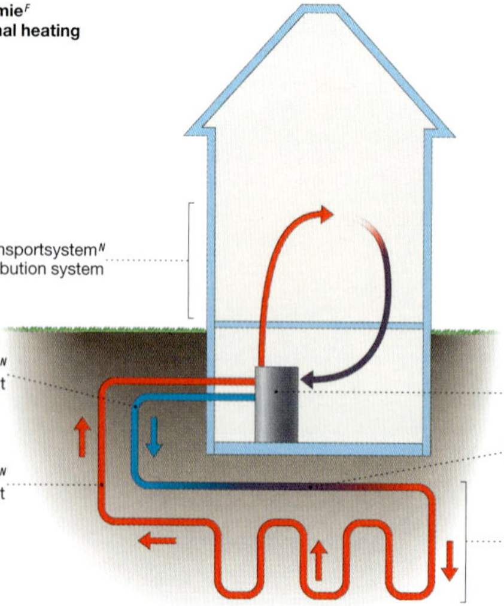

Wärmeenergie[F]

thermal energy

Elektrizitätserzeugung[F] aus Wärmeenergie[F]
production of electricity from thermal energy

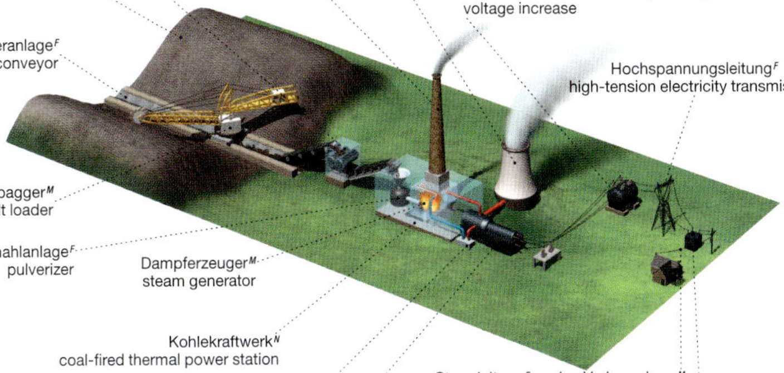

Erdöl[N]

oil

Oberflächenerkundung[F]
surface prospecting

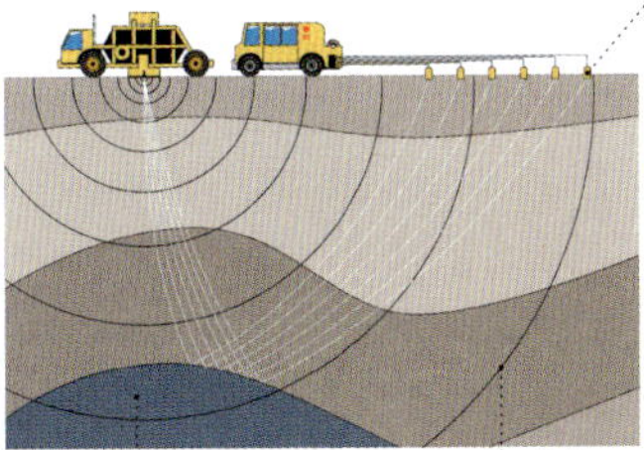

Offshore-Erkundung[F]
offshore prospecting

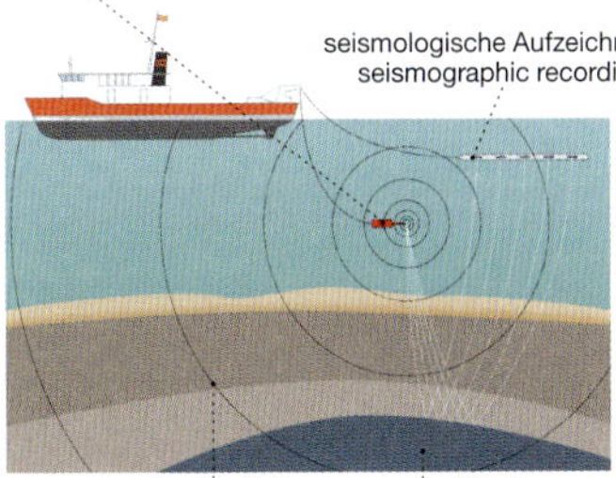

Erdöl^N

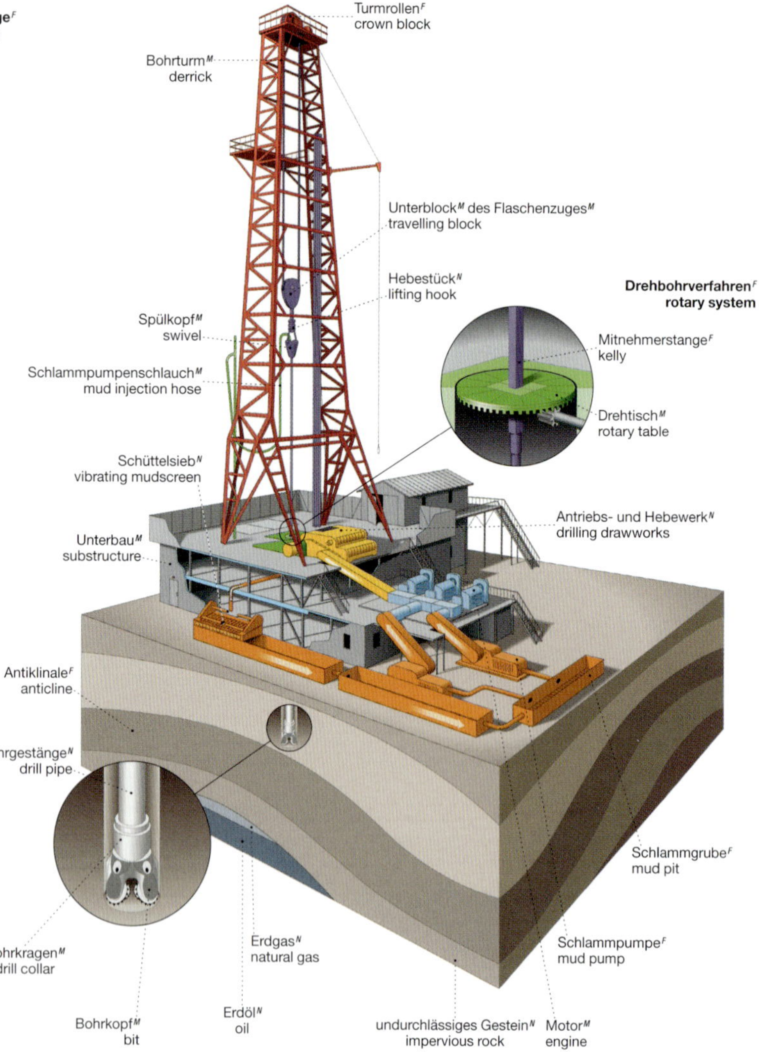
Bohranlage^F
drilling rig
Turmrollen^F
crown block
Bohrturm^M
derrick
Unterblock^M des Flaschenzuges^M
travelling block
Hebestück^N
lifting hook
Drehbohrverfahren^F
rotary system
Spülkopf^M
swivel
Mitnehmerstange^F
kelly
Schlammpumpenschlauch^M
mud injection hose
Drehtisch^M
rotary table
Schüttelsieb^N
vibrating mudscreen
Antriebs- und Hebewerk^N
drilling drawworks
Unterbau^M
substructure
Antiklinale^F
anticline
Bohrgestänge^N
drill pipe
Schlammgrube^F
mud pit
Erdgas^N
natural gas
Schlammpumpe^F
mud pump
Bohrkragen^M
drill collar
Bohrkopf^M
bit
Erdöl^N
oil
undurchlässiges Gestein^N
impervious rock
Motor^M
engine

Erdöl[N]

Rohölpipeline[F]
crude oil pipeline

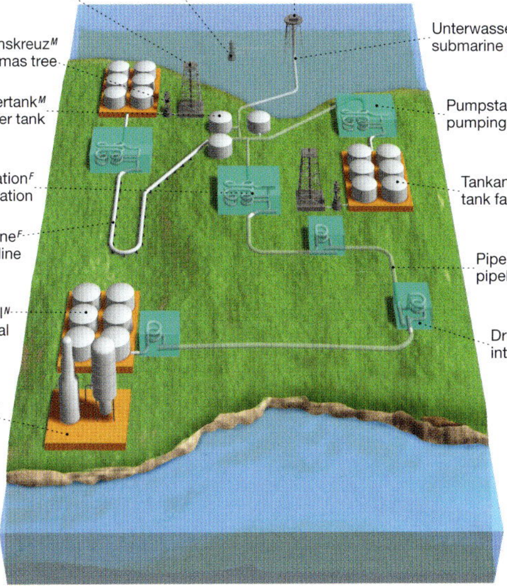

Schwimmdachtank[M]
floating-roof tank

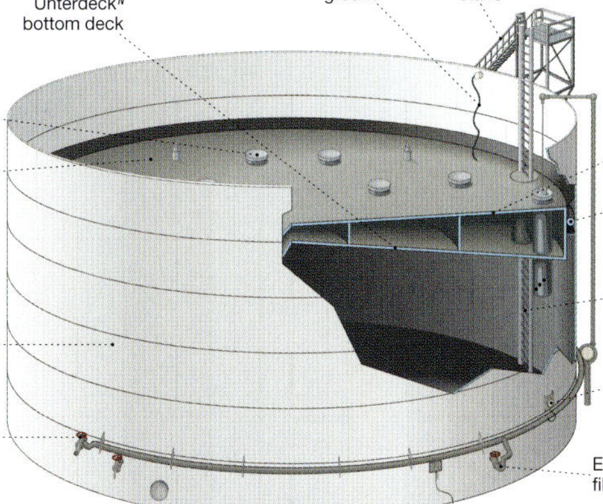

Erdöl[N]

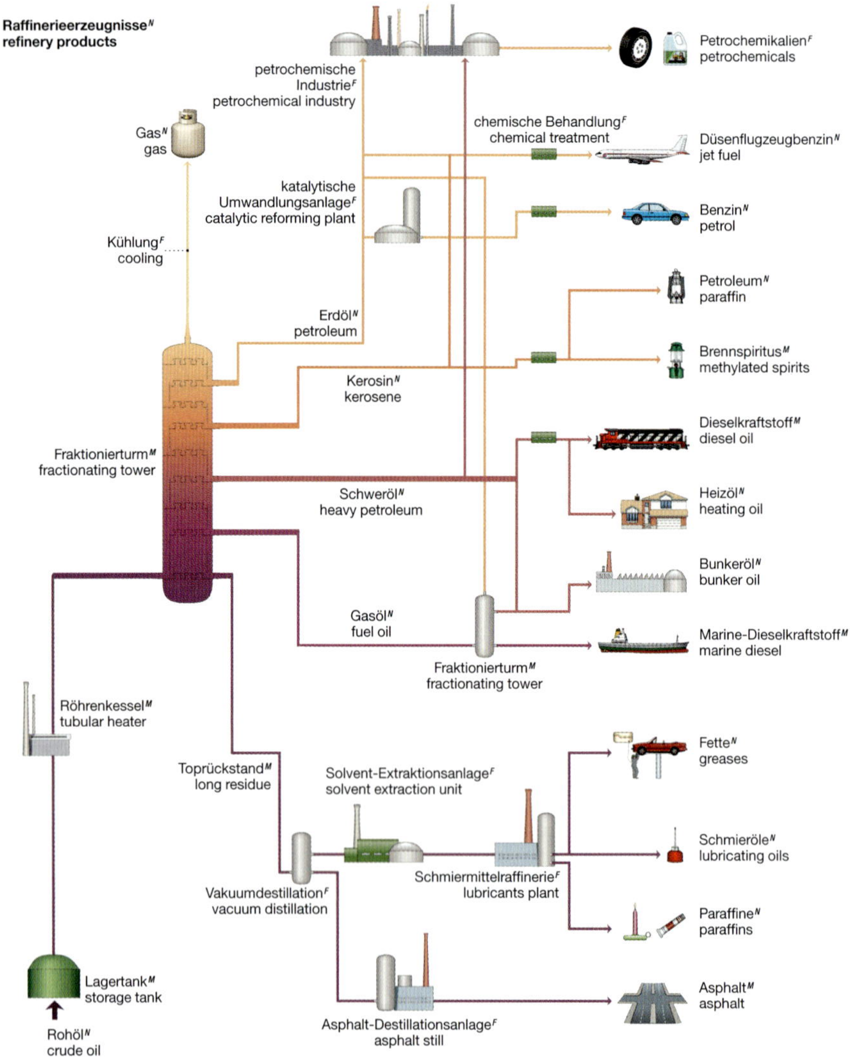

Raffinerieerzeugnisse[N]
refinery products
petrochemische Industrie[F]
petrochemical industry
Petrochemikalien[F]
petrochemicals
Gas[N]
gas
chemische Behandlung[F]
chemical treatment
Düsenflugzeugbenzin[N]
jet fuel
katalytische Umwandlungsanlage[F]
catalytic reforming plant
Benzin[N]
petrol
Kühlung[F]
cooling
Petroleum[N]
paraffin
Erdöl[N]
petroleum
Brennspiritus[M]
methylated spirits
Kerosin[N]
kerosene
Dieselkraftstoff[M]
diesel oil
Fraktionierturm[M]
fractionating tower
Schweröl[N]
heavy petroleum
Heizöl[N]
heating oil
Bunkeröl[N]
bunker oil
Gasöl[N]
fuel oil
Marine-Dieselkraftstoff[M]
marine diesel
Fraktionierturm[M]
fractionating tower
Röhrenkessel[M]
tubular heater
Fette[N]
greases
Toprückstand[M]
long residue
Solvent-Extraktionsanlage[F]
solvent extraction unit
Schmieröle[N]
lubricating oils
Schmiermittelraffinerie[F]
lubricants plant
Vakuumdestillation[F]
vacuum distillation
Paraffine[N]
paraffins
Lagertank[M]
storage tank
Asphalt[M]
asphalt
Rohöl[N]
crude oil
Asphalt-Destillationsanlage[F]
asphalt still

Erdgas[N]

natural gas

Erdgasleistungssystem[N]
natural gas pipeline system

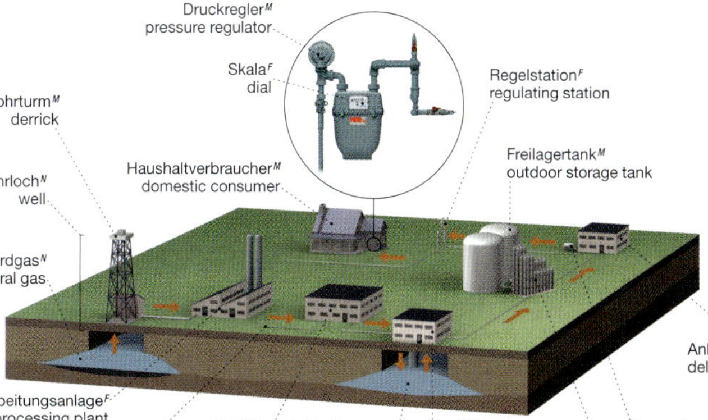

Schiefergasförderung[F]
shale gas extraction

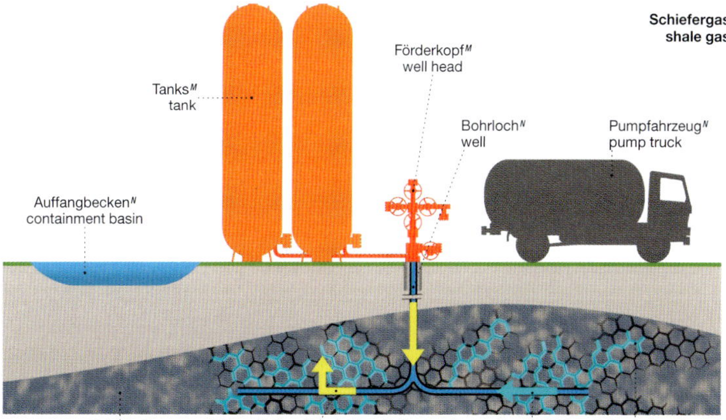

Wasserkraftwerk^N

hydroelectric complex

Außenansicht^F
exterior view

Wasserkraftwerk[N]

Wasserkraftwerk[N] im Querschnitt[M]
section of a hydroelectric power station

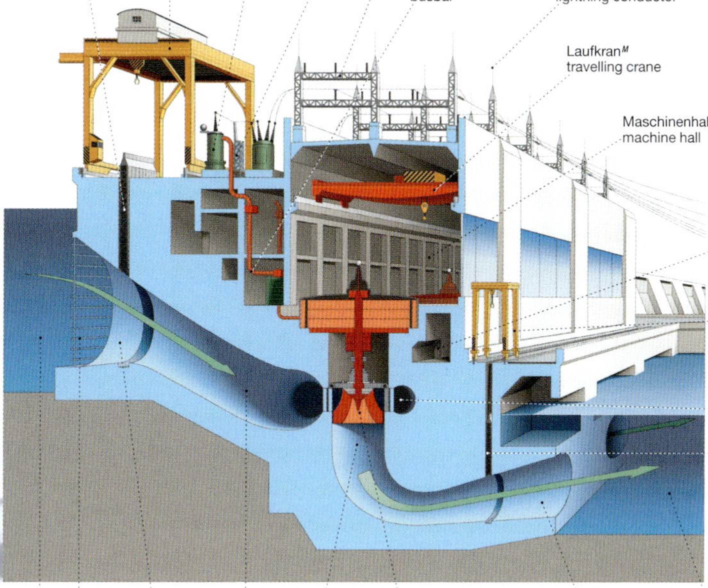

Elektrizitätserzeugung[F] aus Kernenergie[F]

production of electricity from nuclear energy

Kühlmittel[N]
coolant

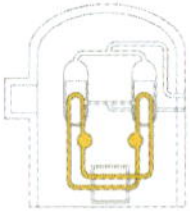

Moderator[M]
moderator

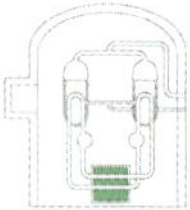

Brennstoff[M]
fuel

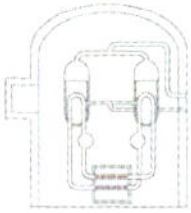

Wärmeerzeugung[F]
heat production

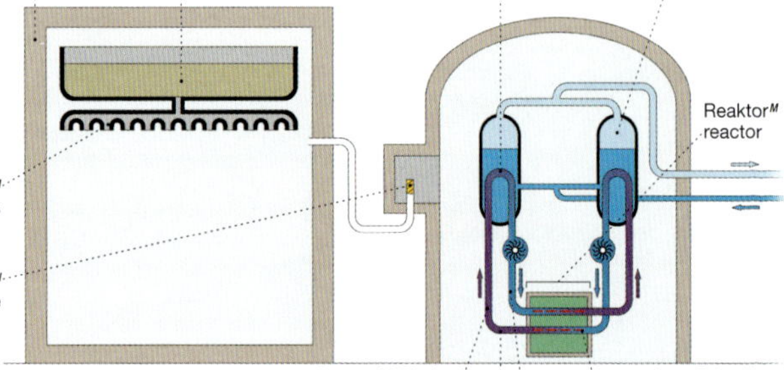

Stromerzeugung[F]
electricity production

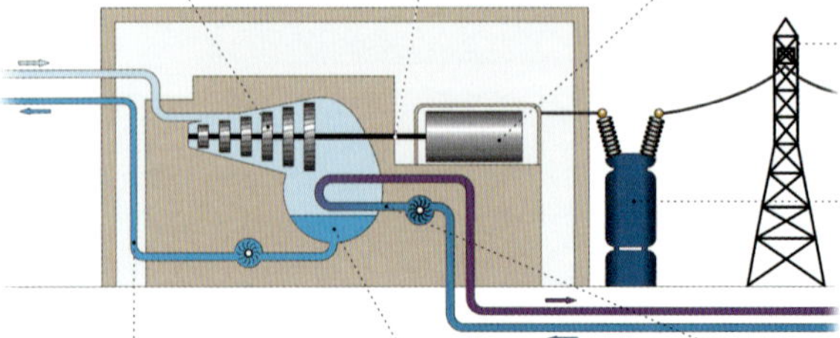

Brennstabbündel[N]

fuel bundle

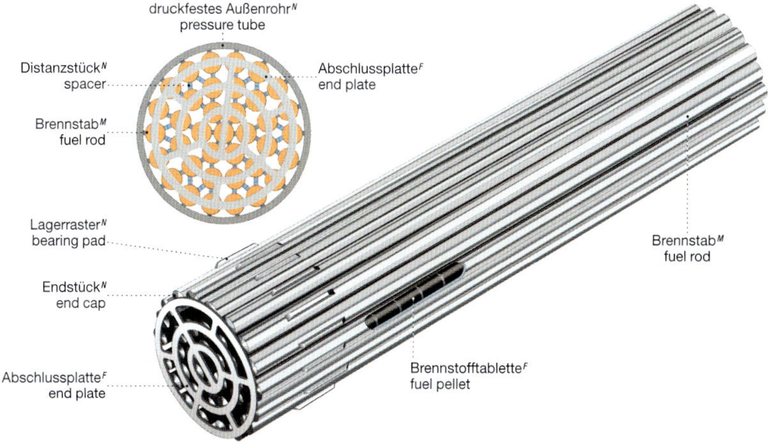

Kernreaktor[M]

nuclear reactor

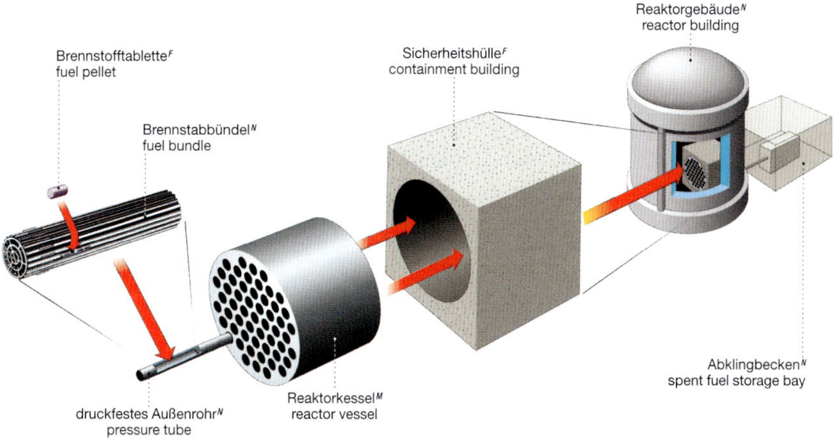

Solarzelle^F

solar cell

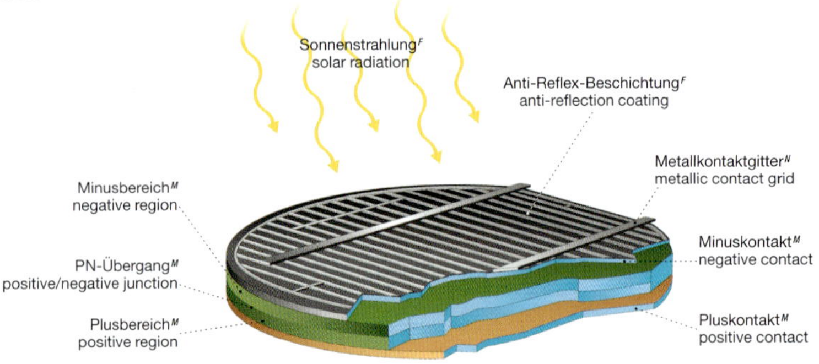

Flachkollektor^M

flat-plate solar collector

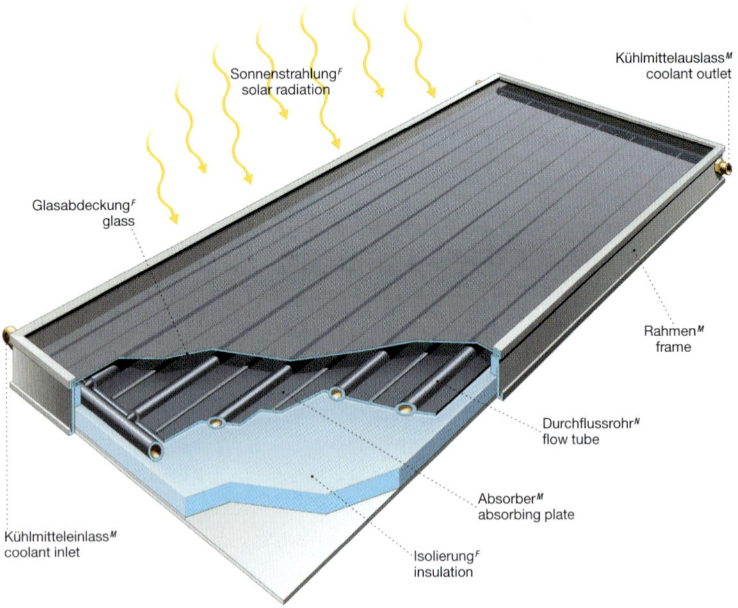

Solarhaus[N]

solar house

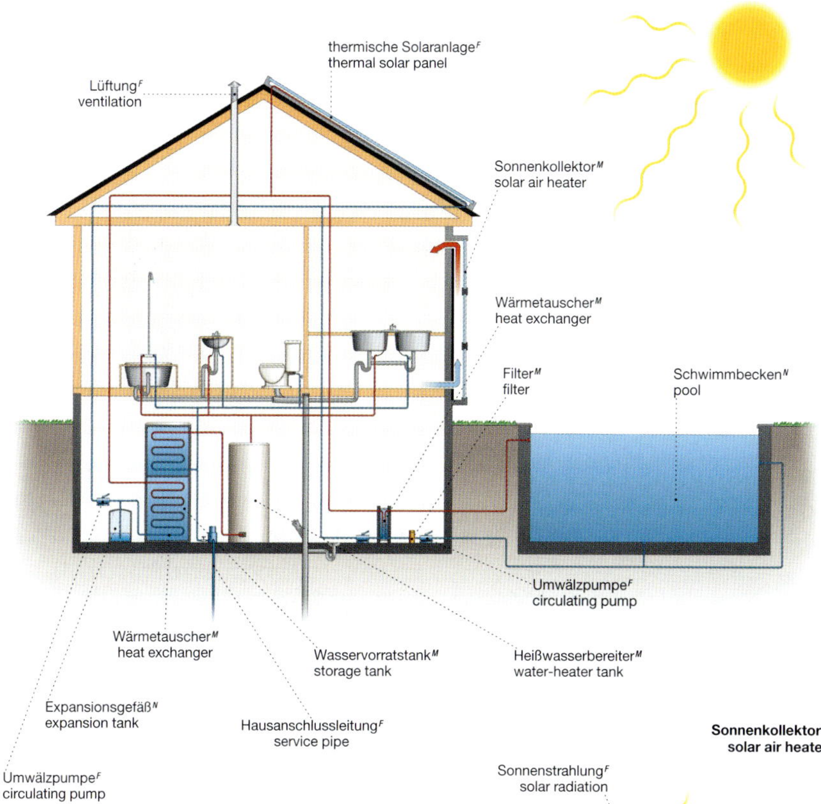

Sonnenkollektor[M]

solar air heater

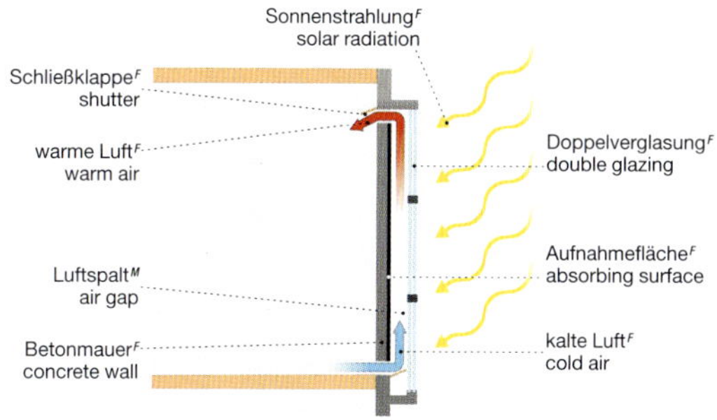

Windmühlen^F

windmills

Turmwindmühle^F
tower mill

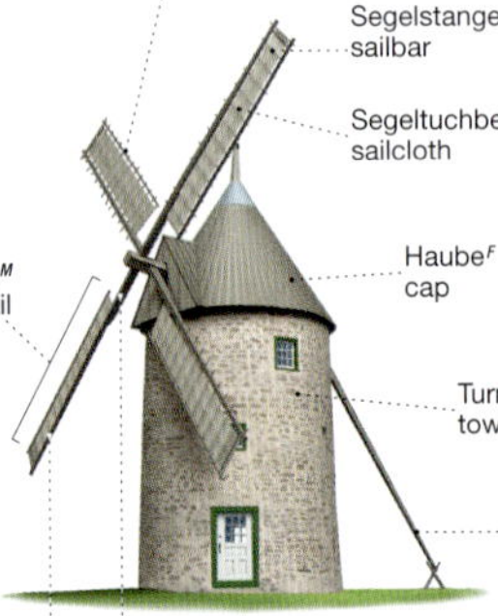

Bockmühle^F
post mill

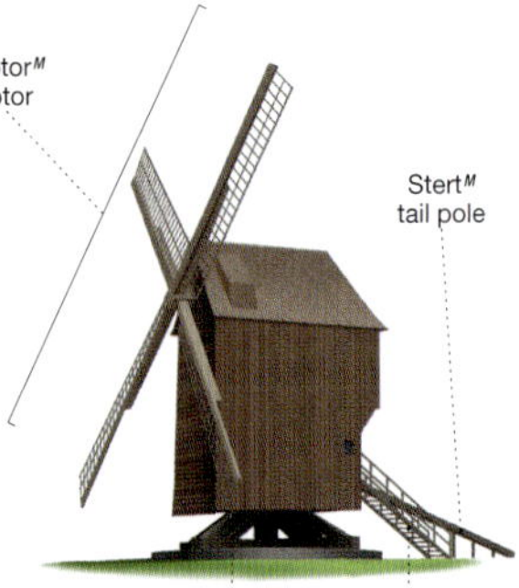

Holländerwindmühle^F
smock mill

Windkraftwerke[N] und Elektrizitätserzeugung[F]

wind turbines and electricity production

Windkraftwerk mit horizontaler Achse[F]
horizontal-axis wind turbine

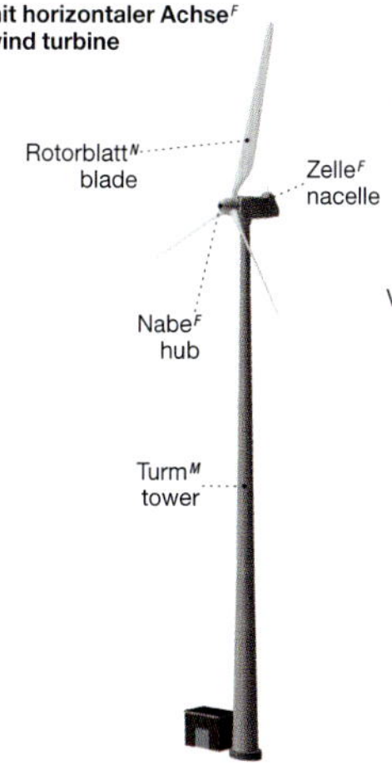

Windkraftwerk mit vertikaler Achse[F]
vertical-axis wind turbine

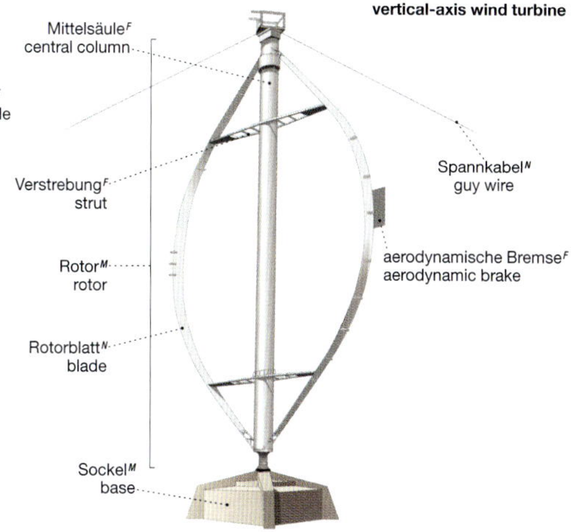

Rotorgondel[F] im Querschnitt[M]
section of the nacelle

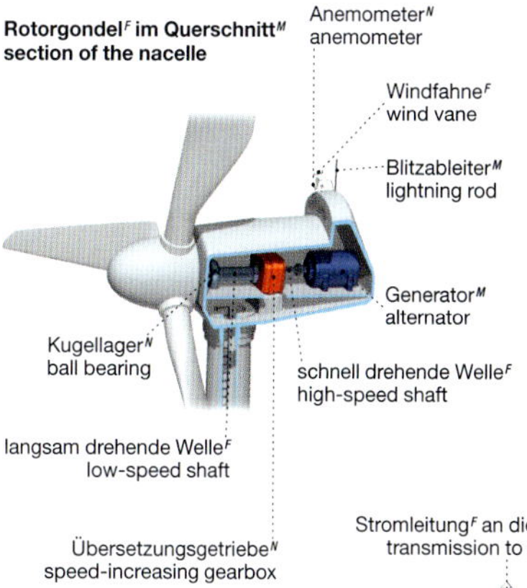

Elektrizitätserzeugung[F] aus Windenergie[F]
production of electricity from wind energy

Materie[F]

matter

Atom[N]
atom

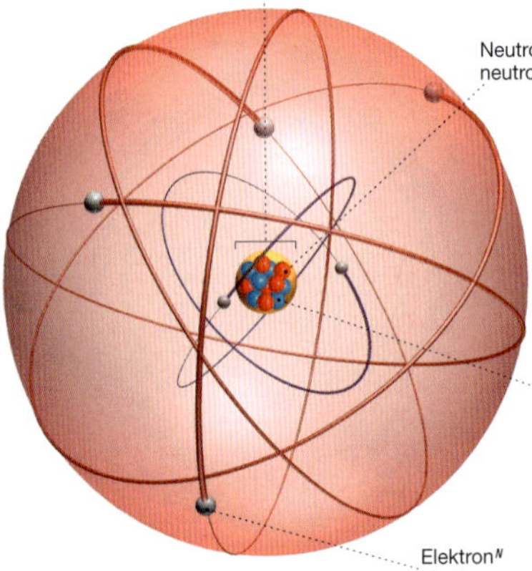

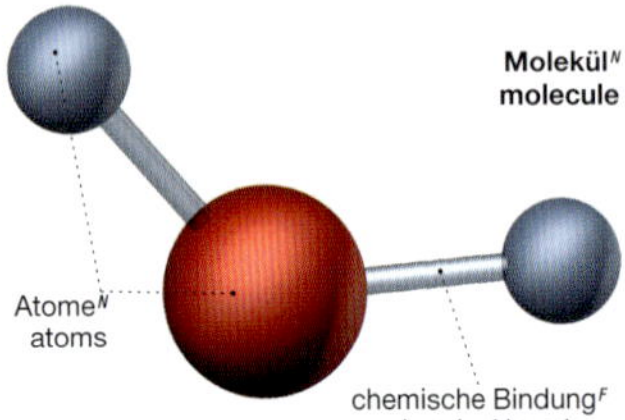

Aggregatzustände[M]
states of matter

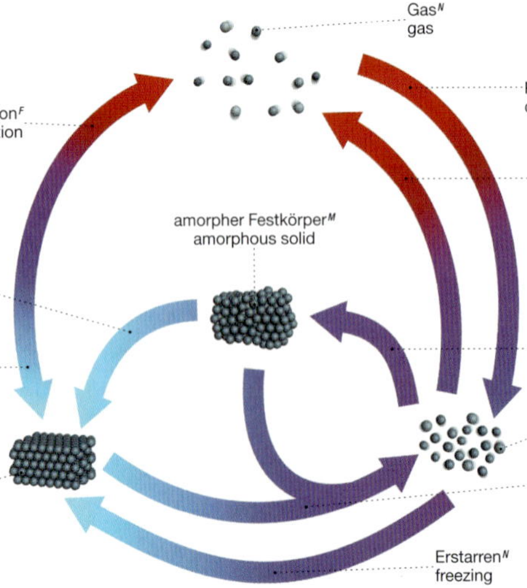

Kernspaltung^F
nuclear fission

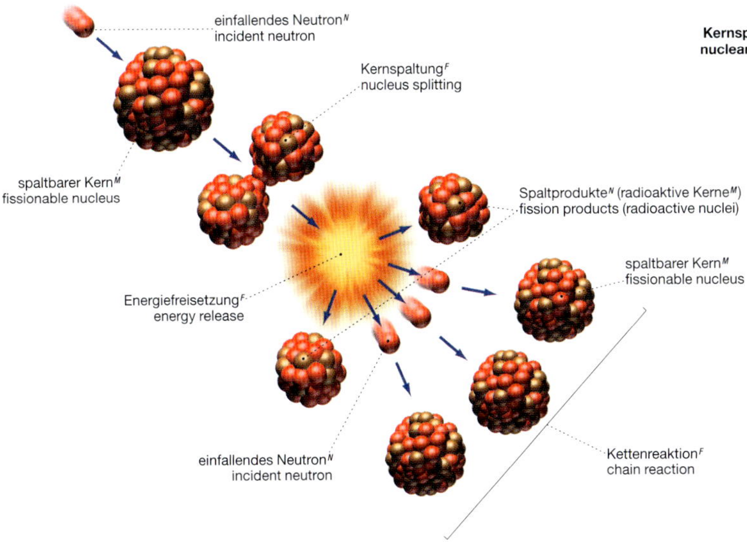

Wärmeübertragung^F
heat transfer

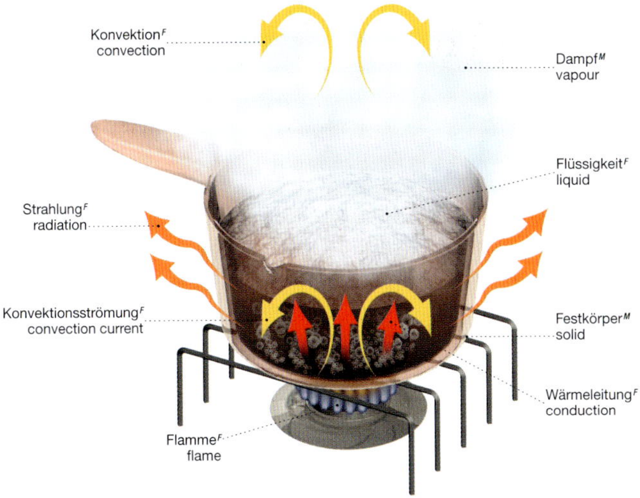

Magnetismus^M

magnetism

Magnet^M
magnet

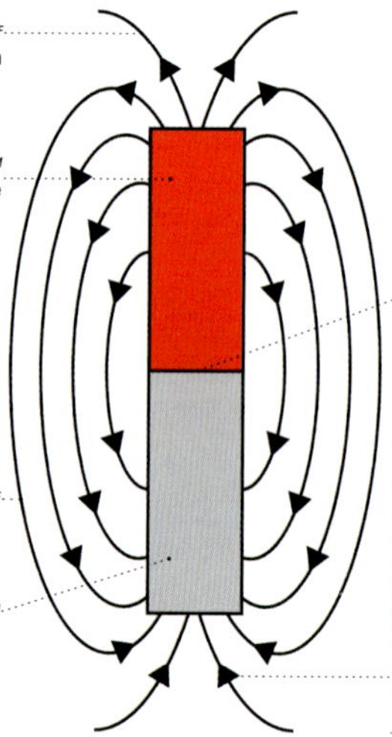

elektrische Schaltung^F

electrical circuit

Parallelschaltung^F
parallel circuit

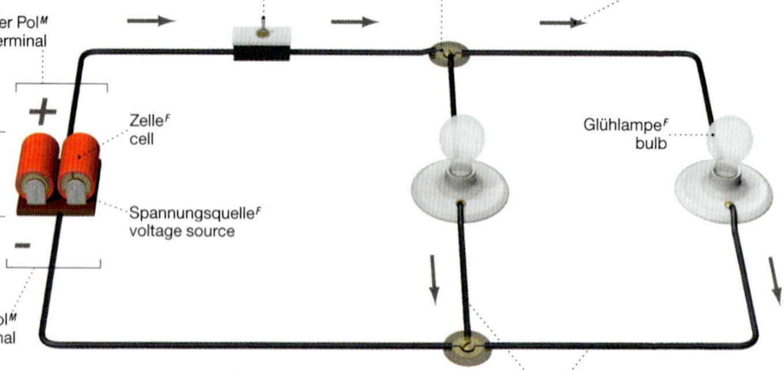

Trockenelemente[N]

dry cells

Kohle[F]-Zink[N]-Zelle[F]
carbon-zinc cell

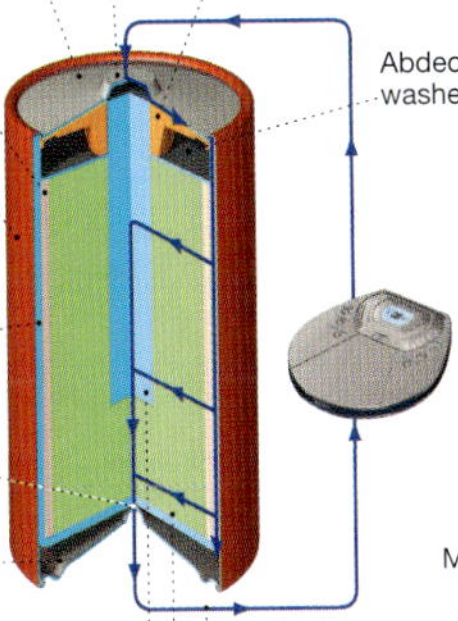

alkalische Zink[N]-Mangan[N]-Zelle[F]
alkaline manganese-zinc cell

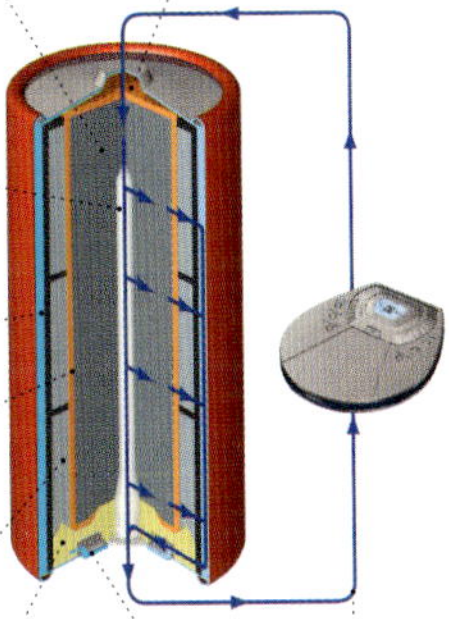

Elektronik[F]

electronics

Leiterplatte[F]
printed circuit board

integrierte Schaltung[F] mit Gehäuse[N]
packaged integrated circuit

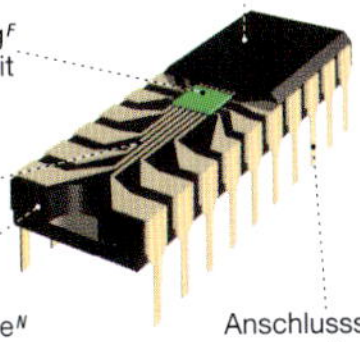

elektromagnetisches Spektrum[N]

electromagnetic spectrum

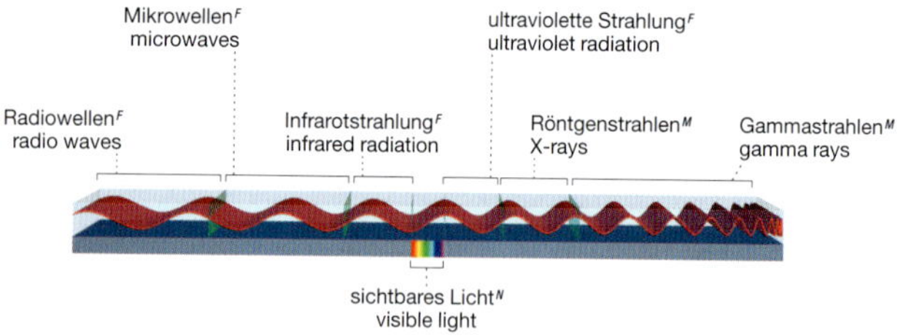

Welle[F]

wave

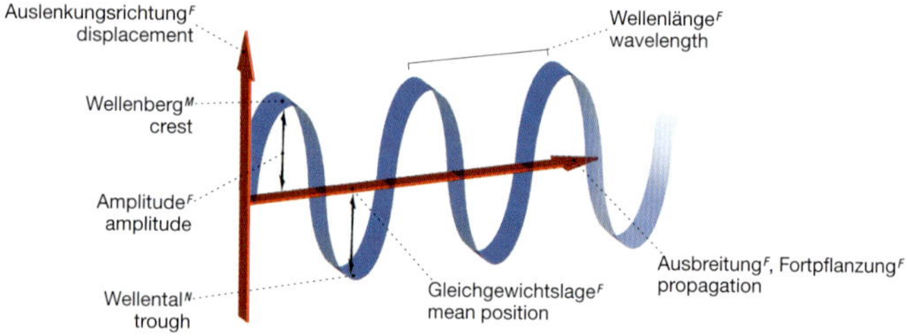

Farbmischung[F]

colour synthesis

additive Farbmischung[F]
additive colour synthesis

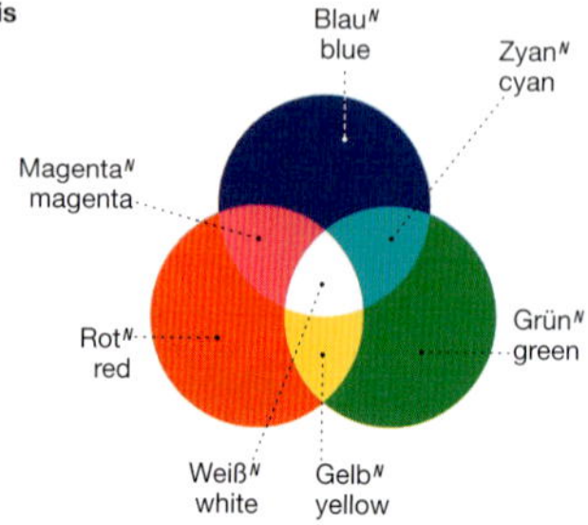

subtraktive Farbmischung[F]
subtractive colour synthesis

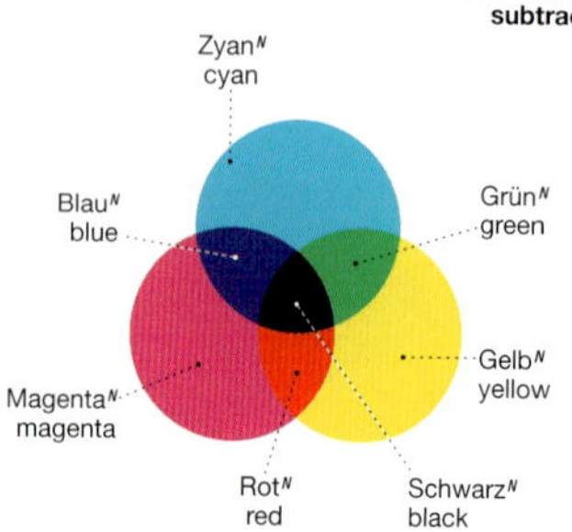

WISSENSCHAFT

Lichtbrechung^F

trajectory of light waves

Lichtreflexion^F
light reflection

Lichtbrechung^F
light refraction

Spiegel^M

mirror

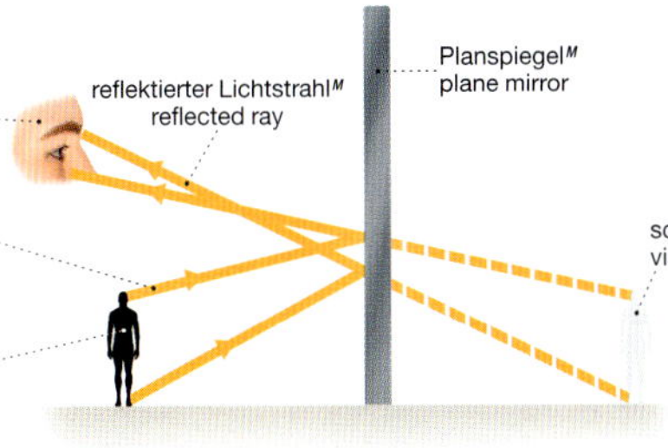

Linsen^F

lenses

Sammellinsen^F
converging lenses

konvexe Linse^F
convex lens

bikonvexe Linse^F
biconvex lens

plankonvexe Linse^F
plano-convex lens

konkavkonvexe Linse^F
positive meniscus

Zerstreuungslinsen^F
diverging lenses

konkave Linse^F
concave lens

bikonkave Linse^F
biconcave lens

plankonkave Linse^F
plano-concave lens

konvexkonkave Linse^F
negative meniscus

optische Instrumente[N]

optical devices

Prismenfernglas[N]
prism binoculars

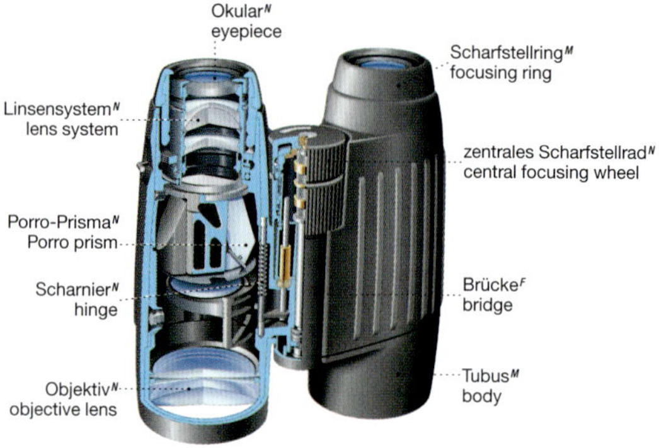

Lupe[F]
magnifying glass

Zielfernrohr[N]
telescopic sight

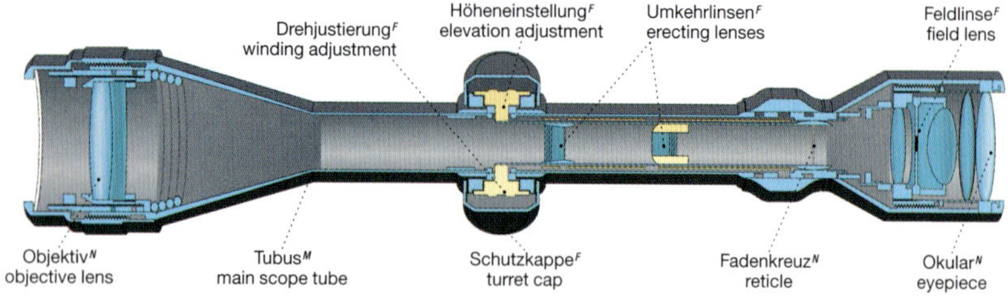

Rubin[M]-Impulslaser[M]
pulsed ruby laser

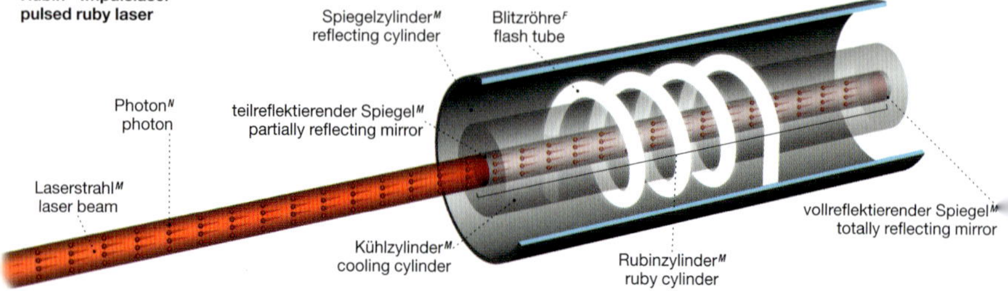

optische Instrumente[N]

Mikroskope[N]
microscopes

monokulares Mikroskop[N]
monocular microscope

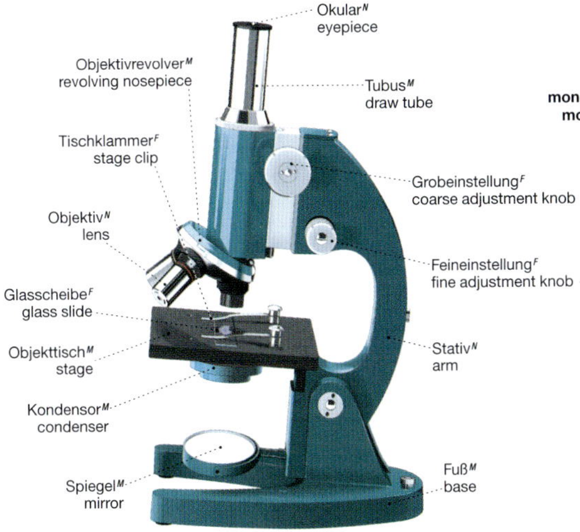

Binokularmikroskop[N]
binocular microscope

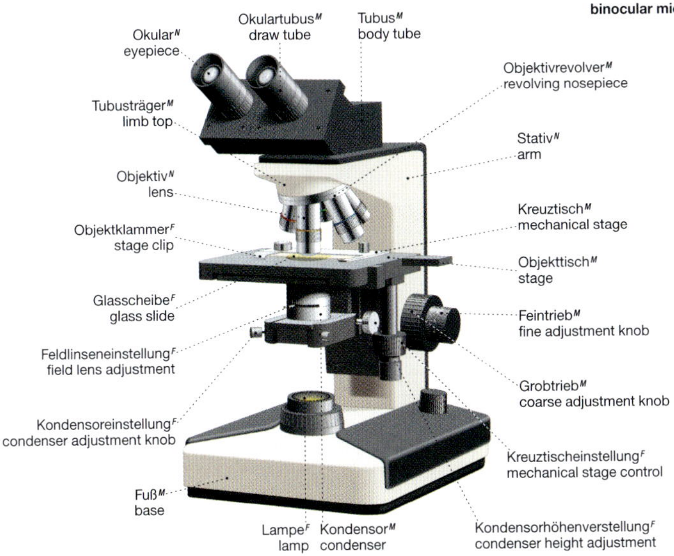

WISSENSCHAFT

Temperaturmessung[F]

measurement of temperature

Thermometer[N]
thermometer

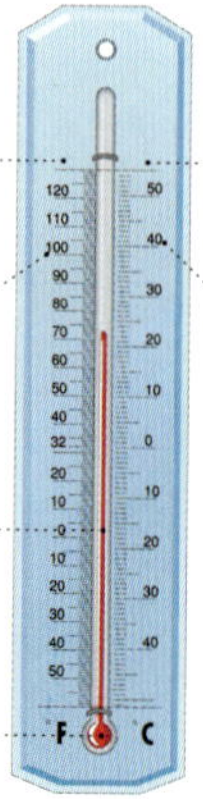

Fieberthermometer[N]
clinical thermometer

Zeitmessung[F]

measurement of time

Stoppuhr[F]
stopwatch

Digitaluhr[F]
digital watch

Sonnenuhr[F]
sundial

Analoguhr[F]
analogue watch

Entfernungsmessung[F]

measurement of distance

Schrittzähler[M], Pedometer[N]
pedometer

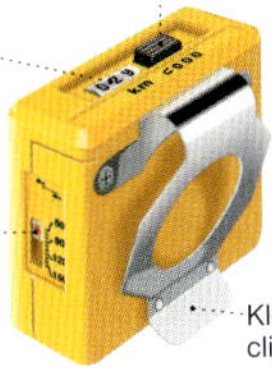

Entfernungsmessgeräte[N]
distance measurer

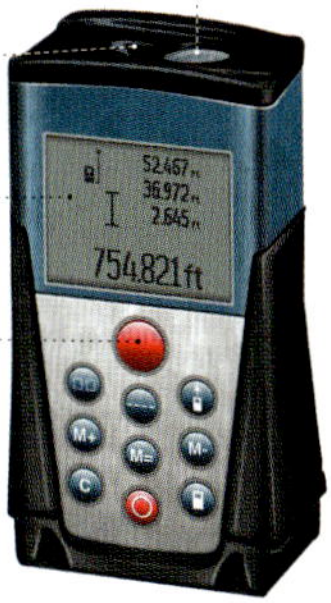

Längenmessung[F]

measurement of length

Lineal[N]
ruler

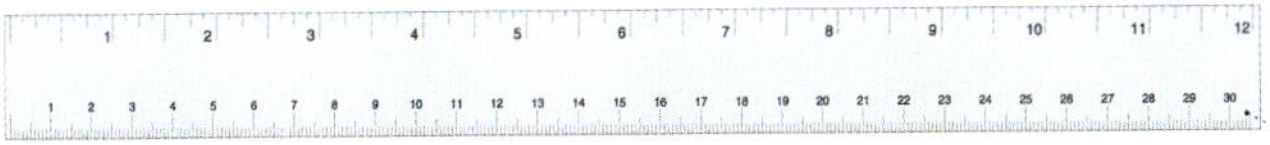

Dickemessung[F]

measurement of thickness

Schieblehre[F], Messschieber[M]
vernier caliper

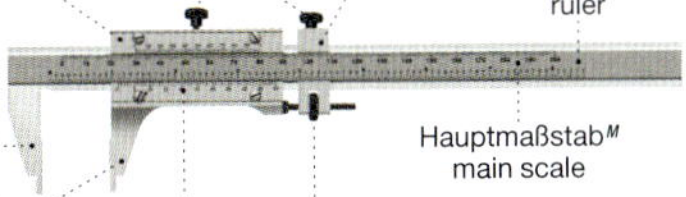

Mikrometerschraube[F]
micrometer caliper

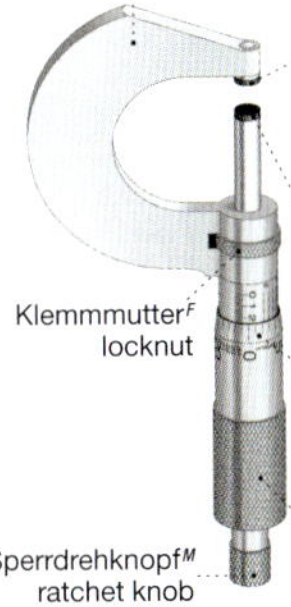

Wiegen[N]

measurement of weight

Balkenwaage[F]
beam balance

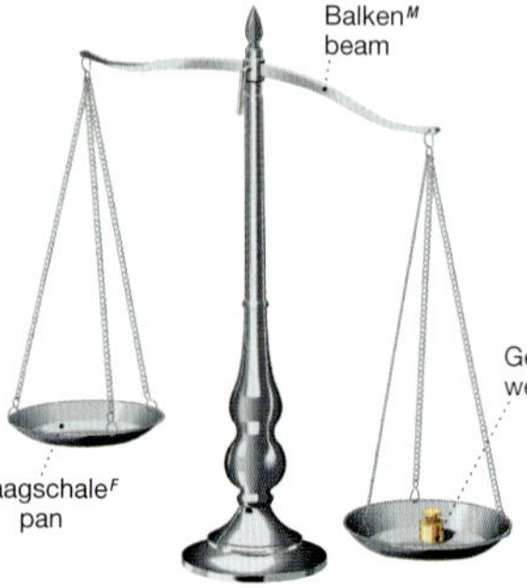

Handwaage[F]
steelyard

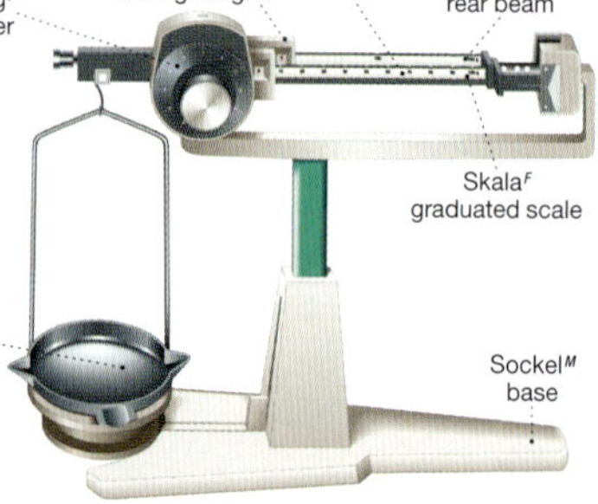

Personenwaage[F]
bathroom scale

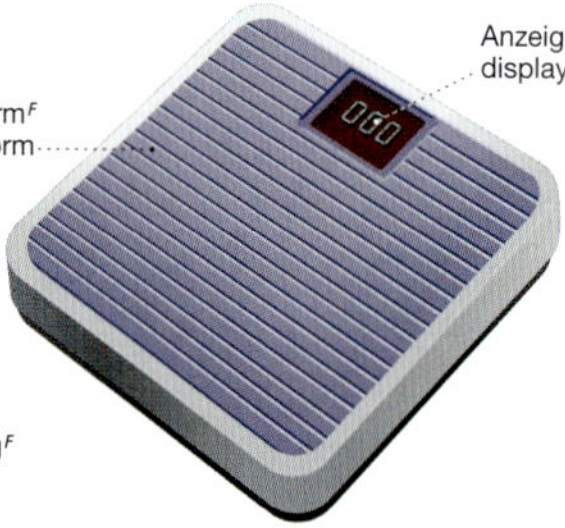

elektronische Waage[F]
electronic scale

Federwaage[F]
spring balance

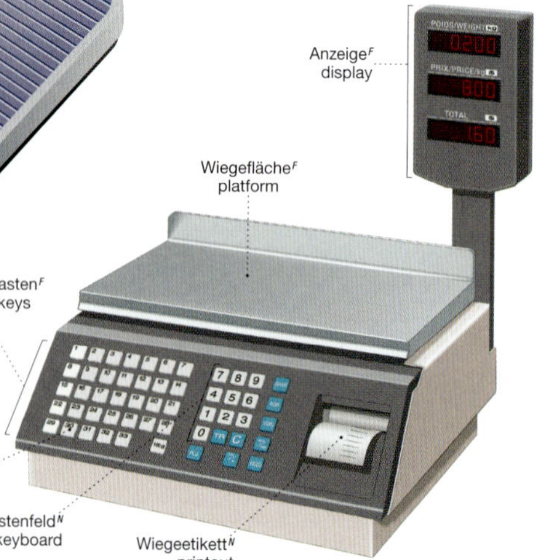

Internationales Einheitensystem[N] (SI)

International System of Units (SI)

Maßeinheit[F] der Energie[F]
measurement of energy

J

Joule[N]
joule

Maßeinheit[F] der elektrischen Spannung[F]
measurement of electric potential difference

V

Volt[N]
volt

Maßeinheit[F] des elektrischen Widerstands[M]
measurement of electric resistance

Ω

Ohm[N]
ohm

Maßeinheit[F] des Drucks[M]
measurement of pressure

Pa

Pascal[N]
pascal

Maßeinheit[F] der Radioaktivität[F]
measurement of radioactivity

Bq

Becquerel[N]
becquerel

Maßeinheit[F] der elektrischen Stromstärke[F]
measurement of electric current

A

Ampere[N]
ampere

Maßeinheit[F] der Stoffmenge[F]
measurement of amount of substance

mol

Mol[N]
mole

Maßeinheit[F] der Kraft[F]
measurement of force

N

Newton[N]
newton

Maßeinheit[F] der Lichtstärke[F]
measurement of luminous intensity

cd

Candela[F]
candela

Maßeinheit[F] der Leistung[F]
measurement of power

W

Watt[N]
watt

Maßeinheit[F] der Celsius-Temperatur[F]
measurement of Celsius temperature

°C

Grad[M] Celsius
degree Celsius

Maßeinheit[F] der Masse[F]
measurement of mass

kg

Kilogramm[N]
kilogram

Maßeinheit[F] der elektrischen Ladung[F]
measurement of electric charge

C

Coulomb[N]
coulomb

Maßeinheit[F] der Länge[F]
measurement of length

m

Meter[M]
metre

Maßeinheit[F] der thermodynamischen Temperatur[F]
measurement of thermodynamic temperature

K

Kelvin[N]
kelvin

Maßeinheit[F] der Frequenz[F]
measurement of frequency

Hz

Hertz[N]
hertz

Chemie[F]

chemistry

−	+	⇄	→
negativ geladen **negative charge**	**positiv geladen** **positive charge**	**reversible Reaktion[F]** **reversible reaction**	**Reaktionsrichtung[F]** **reaction direction**

Strukturformel[F]
compound notation

$$H_2O$$

chemische Formel[F]
chemical formula

Wasser[N]
water

Trivialname[M]
common name

Biologie[F]

biology

♀	Rh-	*
weiblich **female**	**Rhesusfaktor[M] negativ** **Rhesus negative factor**	**geboren** **born**
♂	Rh+	†
männlich **male**	**Rhesusfaktor[M] positiv** **Rhesus positive factor**	**gestorben** **died**

Geometrie[F]

geometry

°	'	"	π	⊥
Grad[M] **degree**	**Bogenminute[F]** **minute**	**Bogensekunde[F]** **second**	**Pi[N]** **pi**	**ist senkrecht zu** **perpendicular**
∥	∦	∟	⦦	∠
ist parallel zu **is parallel to**	**ist nicht parallel zu** **is not parallel to**	**rechter Winkel[M]** **right angle**	**stumpfer Winkel[M]** **obtuse angle**	**spitzer Winkel[M]** **acute angle**

römische Ziffern[F]

Roman numerals

I Eins[F] one	V Fünf[F] five	X Zehn[F] ten

L Fünfzig[F] fifty	C Hundert[F] one hundred	D Fünfhundert[F] five hundred	M Tausend[F] one thousand

Mathematik[F]

mathematics

− Subtraktion[F] subtraction	+ Addition[F] addition	X Multiplikation[F] multiplication	÷ Division[F] division	= ist gleich is equal to
≠ ist ungleich is not equal to	≈ ist annähernd gleich is approximately equal to	∼ ist äquivalent mit is equivalent to	≡ ist identisch mit is identical with	≢ ist nicht identisch mit is not identical with
± plus oder minus plus or minus	⩽ ist gleich oder kleiner als is equal to or less than	< ist kleiner als is less than	⩾ ist gleich oder größer als is equal to or greater than	> ist größer als is greater than
∅ leere Menge[F] empty set	∪ Mengenvereinigung[F] union	∩ Mengenschnitt[M] intersection	⊂ echte Teilmenge[F] von is contained in	% Prozent[N] percent
∈ Element[N] von belongs to	∉ nicht Element[N] von does not belong to	Σ Summe[F] sum	√ Quadratwurzel[F] aus square root of	½ Bruch[M] fraction
	∞ unendlich infinity	∫ Integral[N] integral	! Fakultät[F] factorial	

grafische Darstellung[F]

graphic representations

Winkel[M]
angles

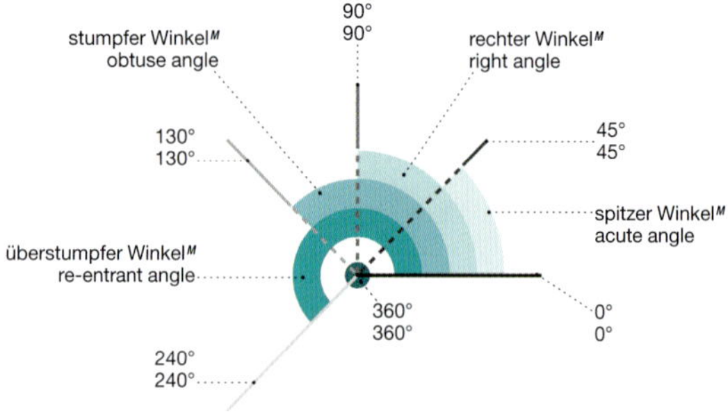

Kreis[M]
circle

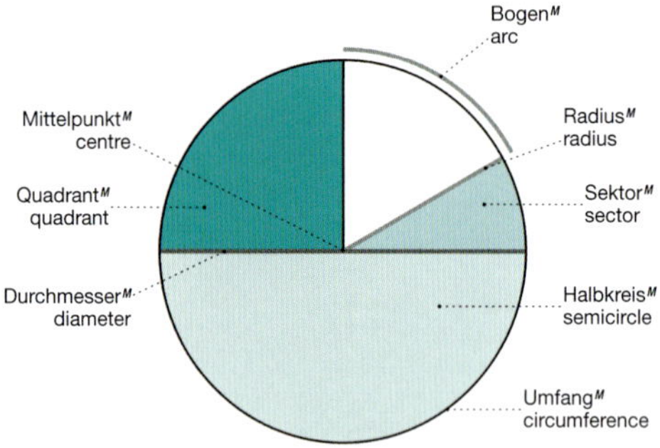

Statistik[N]
statistics

Kreisdiagramm[N]
circular chart

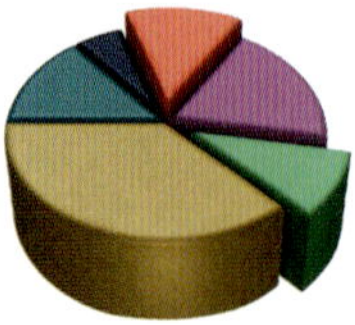

Liniendiagramm[N]
line chart

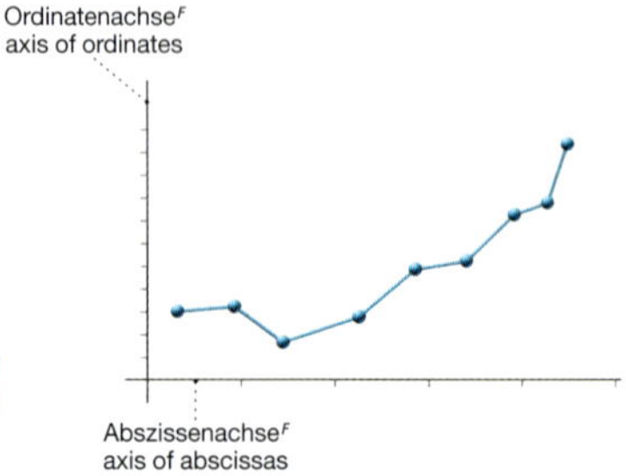

Balkendiagramm[N]
histogram

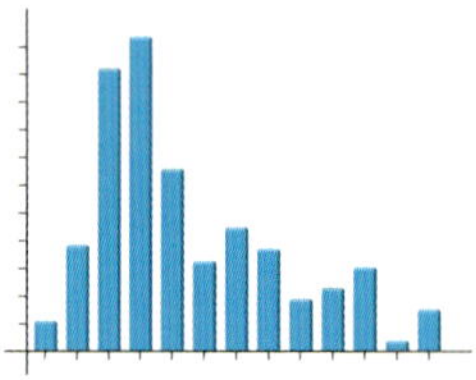

grafische Darstellung[F]

Vielecke[N]
polygons

Dreieck[N]
triangle

Quadrat[N]
square

Rechteck[N]
rectangle

Rhombus[M]
rhombus

unregelmäßiges Trapez[N]
trapezoid

Parallelogramm[N]
parallelogram

Viereck[N]
quadrilateral

regelmäßiges Fünfeck[N]
regular pentagon

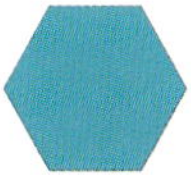

regelmäßiges Sechseck[N]
regular hexagon

regelmäßiges Siebeneck[N]
regular heptagon

regelmäßiges Achteck[N]
regular octagon

regelmäßiges Neuneck[N]
regular nonagon

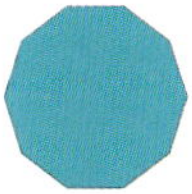

regelmäßiges Zehneck[N]
regular decagon

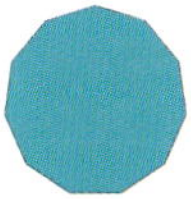

regelmäßiges Elfeck[N]
regular hendecagon

regelmäßiges Zwölfeck[N]
regular dodecagon

Körper[M]
solids

Helix[F]
helix

Torus[M]
torus

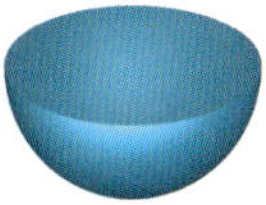

Halbkugel[F]
hemisphere

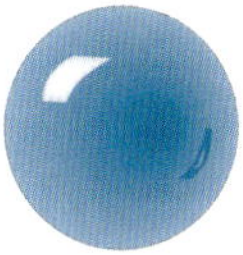

Kugel[F]
sphere

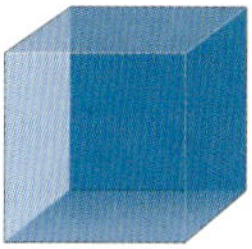

Würfel[M]
cube

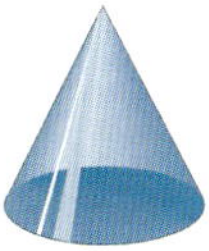

Kegel[M]
cone

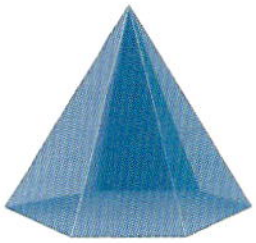

Pyramide[F]
pyramid

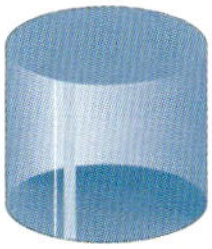

Zylinder[M]
cylinder

Parallelepiped[N]
parallelepiped

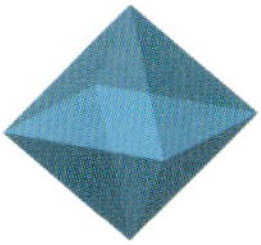

regelmäßiges Oktaeder[N]
regular octahedron

Ballungsgebiet[N]

conurbation

Hauptkomponenten[F]
main components

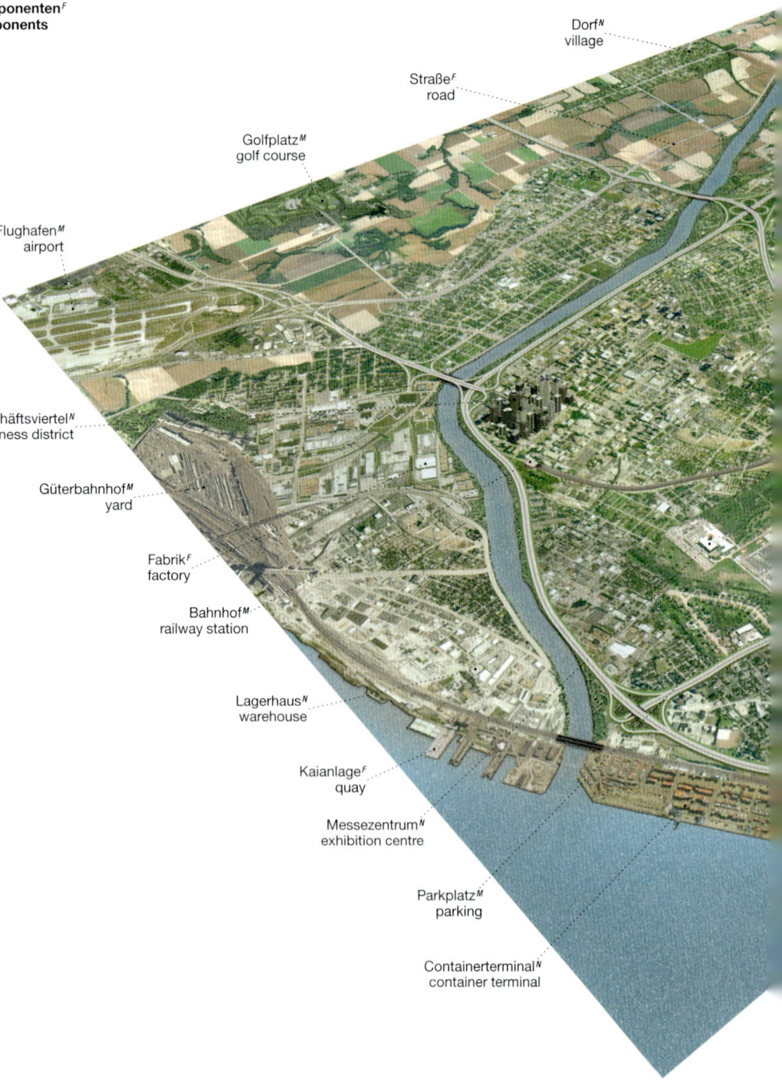

Ballungsgebiet[N]

Hauptzonen[F]
main zones

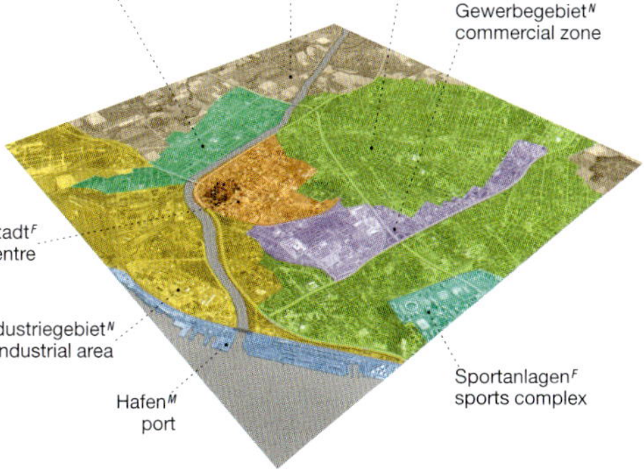

Innenstadt[F]

city centre

Gesamtansicht[F]
general view

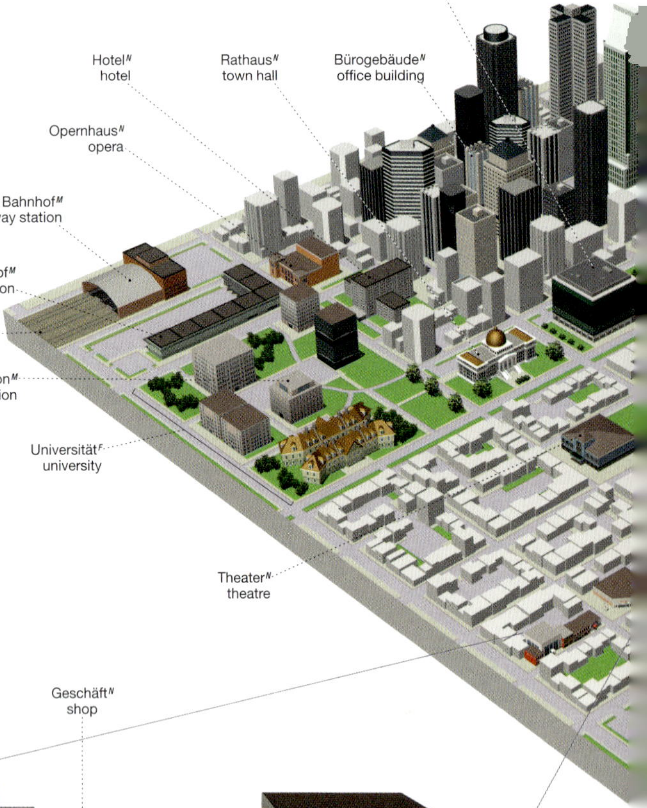

Einkaufsstraße[F]
shopping street

Innenstadt^F

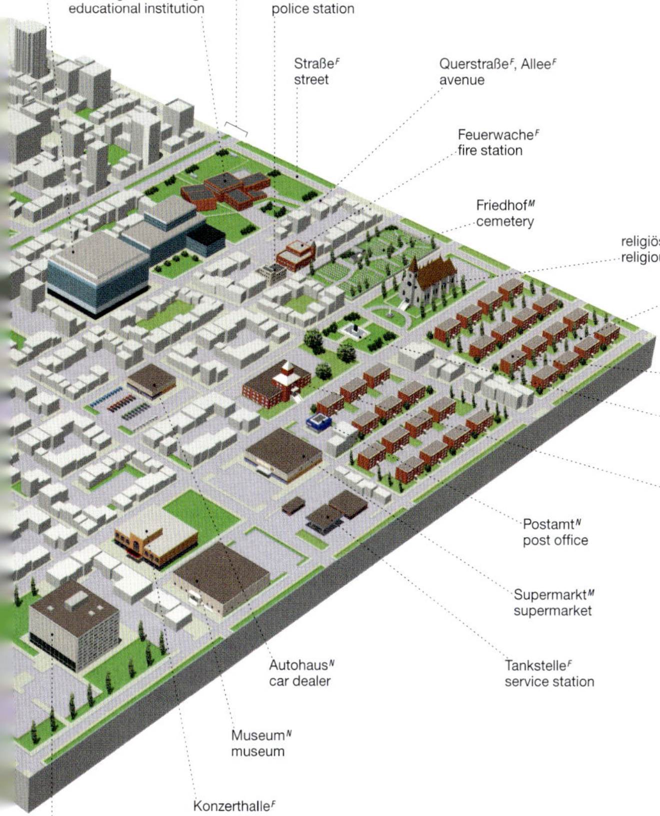

Straße^F

street

Straße^F im Querschnitt^M
section of a street

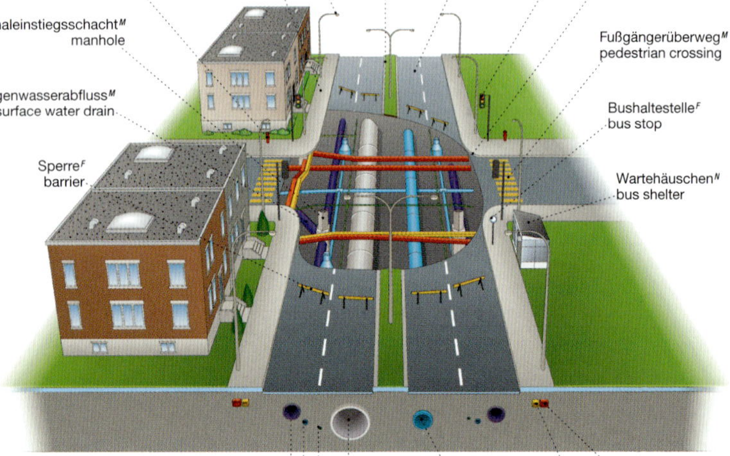

Verkehrsampeln^F
traffic lights

Bürogebäude[N]

office building

Gesamtansicht[F]
general view

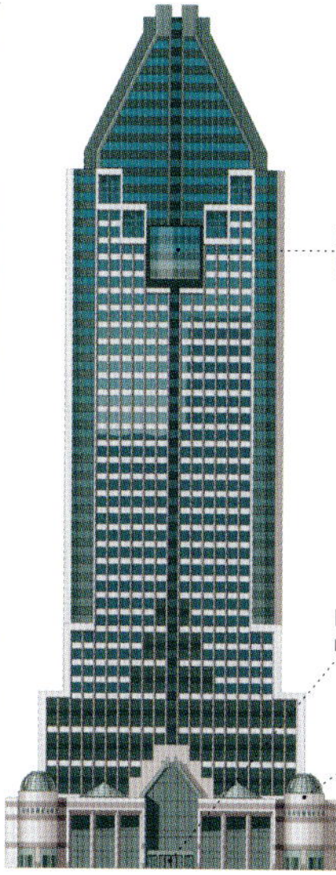

Breitfußgeschoss[N] und Untergeschoss[N]
podium and basements

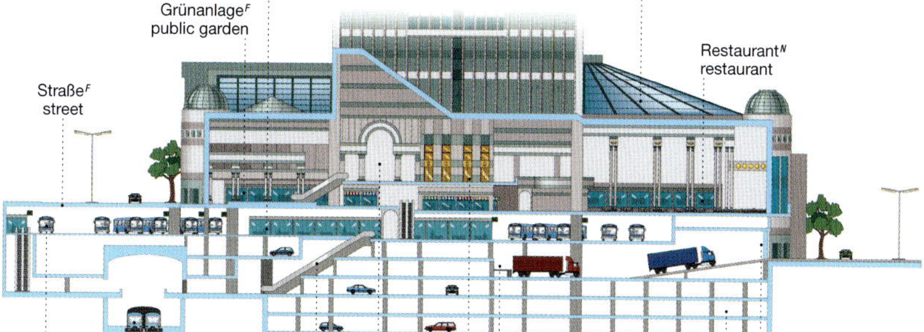

Einkaufszentrum[N]

shopping centre

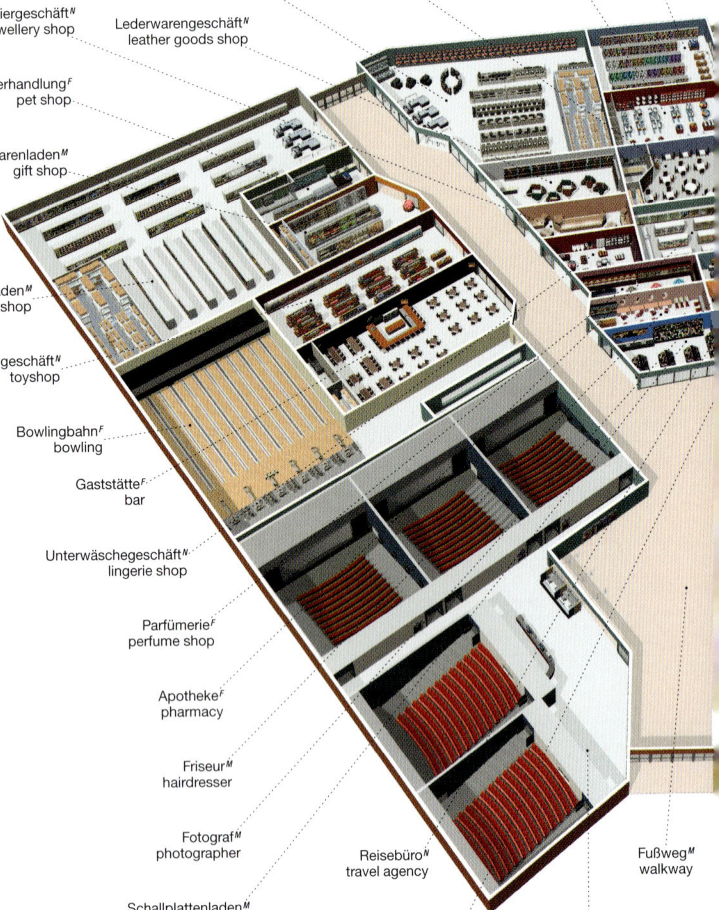

Einkaufszentrum^{N}

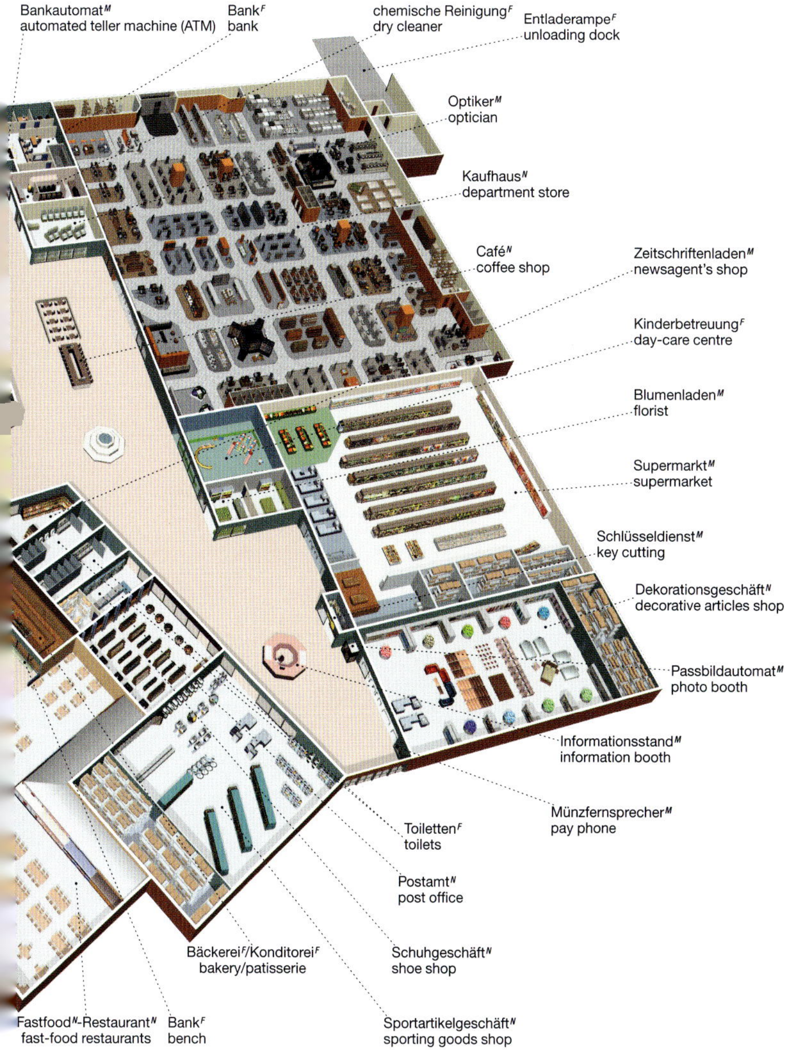

Hotel[N]

hotel

Hotelzimmer[N]
hotel room

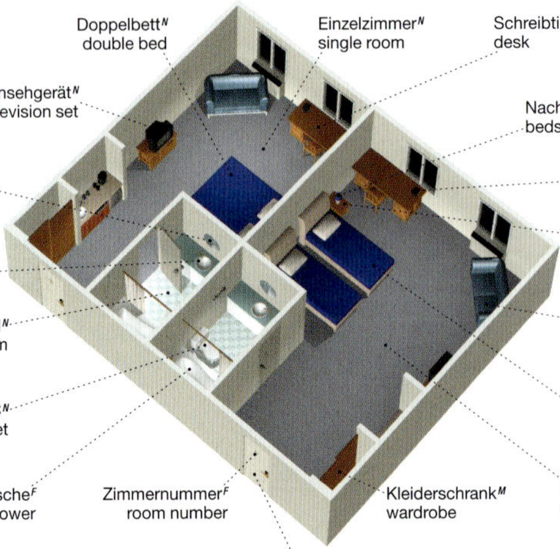

Empfangsebene[F]
reception level

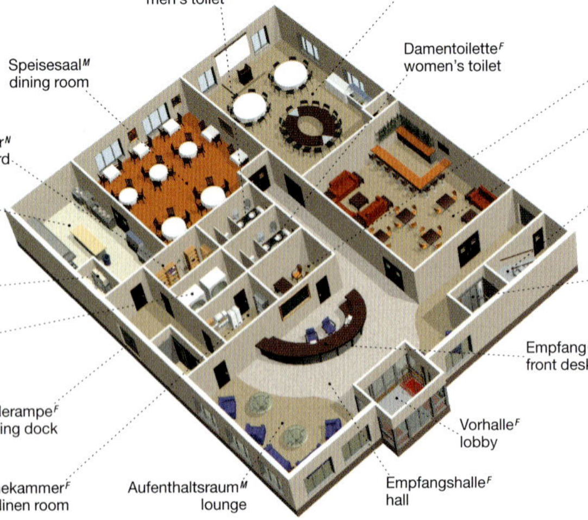

Gericht[N]

court

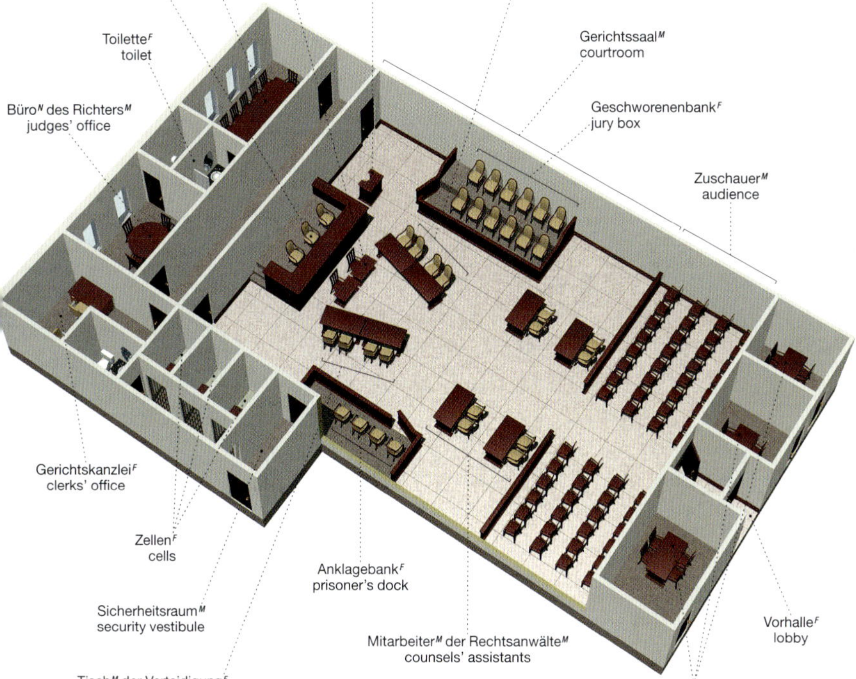

Bankfiliale[F]

bank branch

Bankautomat[M]
automated teller machine (ATM)

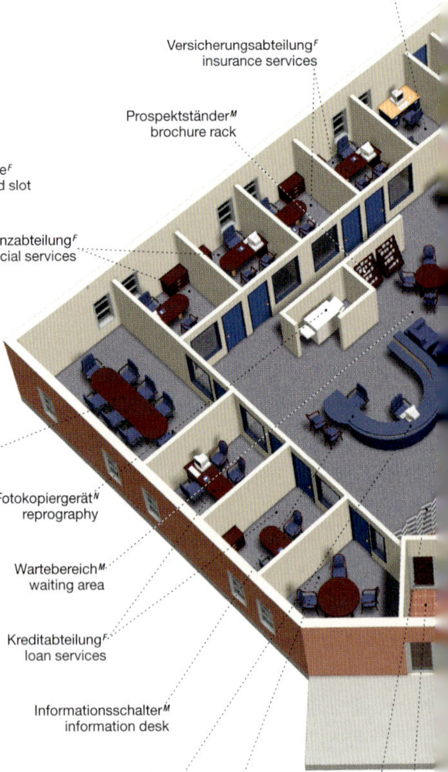

Bankfiliale[F]

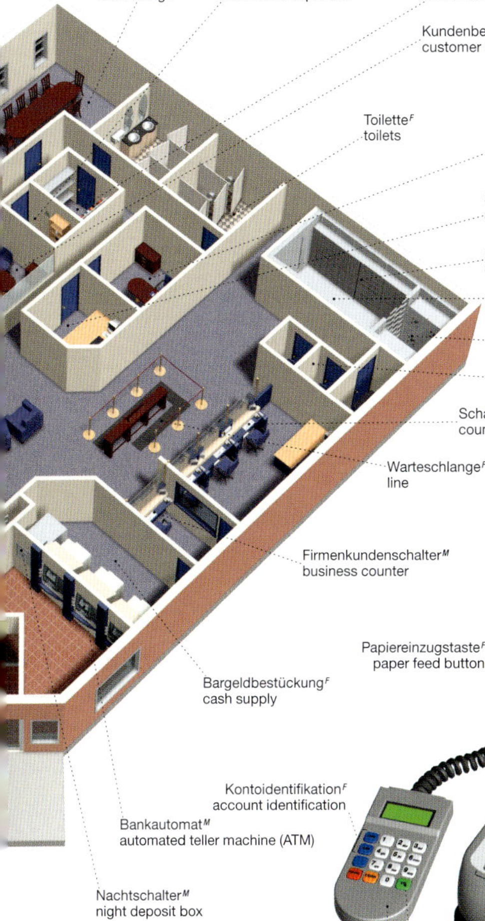

elektronisches Zahlungsterminal[N]
electronic payment terminal

Beispiele[N] für Währungsabkürzungen[F]

examples of currency abbreviations

¢	€	₱	£
Cent[M] **cent**	**Euro[M]** **euro**	**Peso[M]** **peso**	**Pfund[N]** **pound**

$	Rs	₪	¥	¥
Dollar[M] **dollar**	**Rupie[F]** **rupee**	**neuer Schekel[M]** **new shekel**	**Yen[M]** **yen**	**Yuan[M]** **yuan**

Geld[N] und Zahlungsmodalitäten[F]

money and modes of payment

Münze[F]: Vorderseite[F]
coin: obverse

Rand[M]
edge

Jahreszahl[F]
date

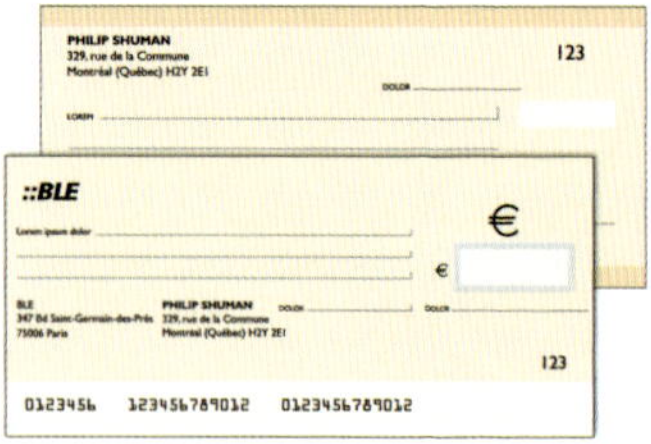

Scheck[M]
cheque

Münze[F]: Rückseite[F]
coin: reverse

Außenring[M]
outer ring

Wertangabe[F]
denomination

Travellerscheck[M]
traveller's cheque

Geld^N und Zahlungsmodalitäten^F

Banknote^F: Vorderseite^F
banknote: front

Kürzel^N der Ausgabebank^F
initials of issuing bank

metallisiertes Hologramm^N
hologram foil strip

Sicherheitsfaden^M
security thread

Porträt^N
portrait

Seriennummer^F
serial number

Wasserzeichen^N
watermark

amtliche Unterschrift^F
official signature

metallische Tinte^F
colour shifting ink

Banknote^F: Rückseite^F
banknote: back

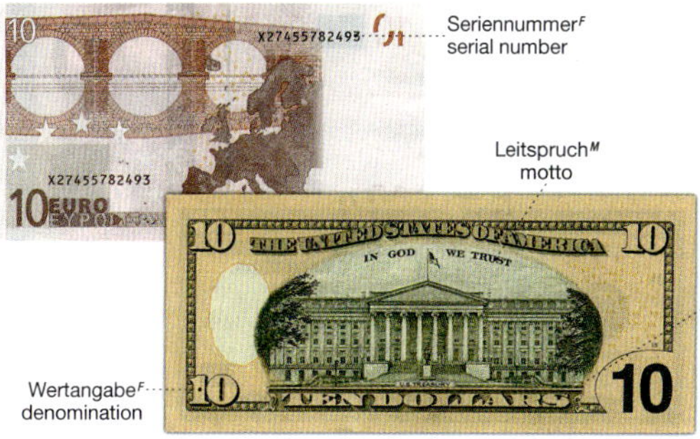

Seriennummer^F
serial number

Leitspruch^M
motto

Währungsangabe^F
currency name

Wertangabe^F
denomination

Magnetstreifen^M
magnetic strip

Unterschrift^F des Inhabers^M
holder's signature

Kreditkarte^F
credit card

Scheckkarte^F
debit card

Chip^M
chip

Kartennummer^F
card number

Name^M des Inhabers^M
holder's name

Verfallsdatum^N
expiry date

Kartennummer^F
card number

Schule[F]

school

Gesamtansicht[F]
general view

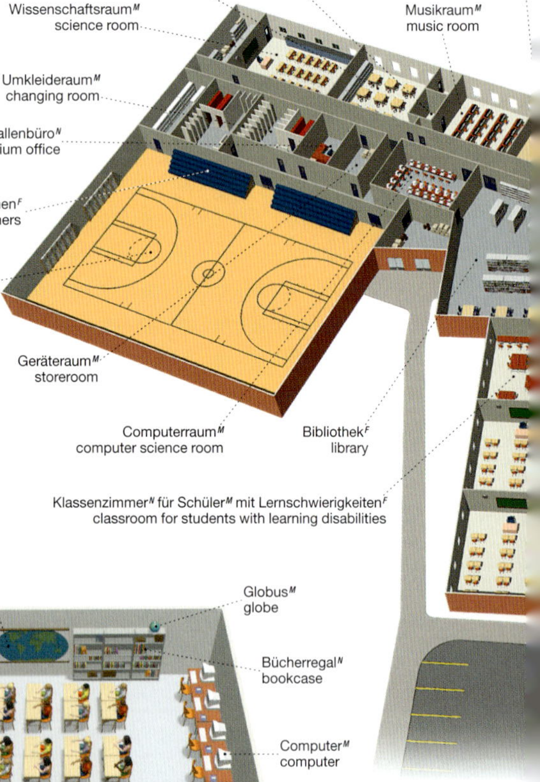

Klassenzimmer[N]
classroom

Schule^F

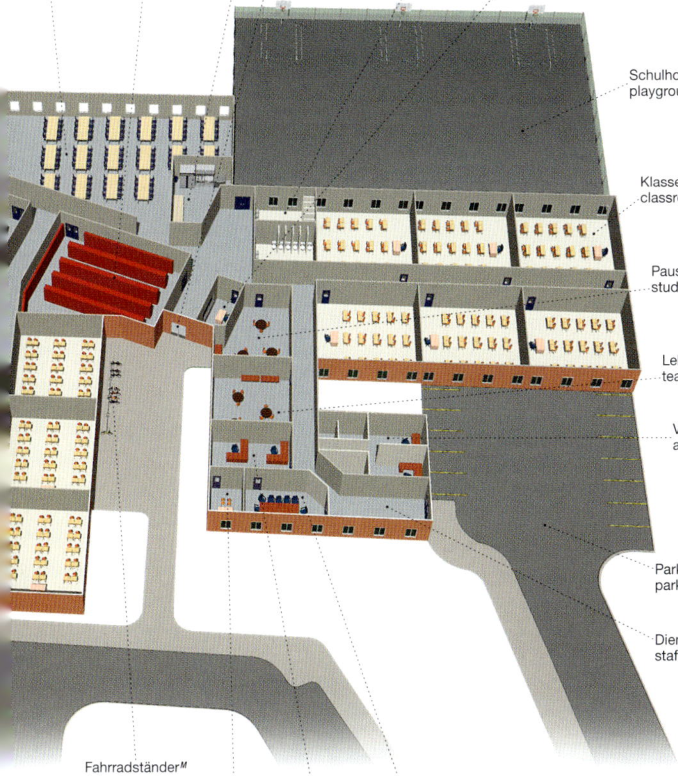
CafeteriaF
cafeteria
KücheF
kitchen
ToilettenF
toilets
SchülerspindeM
students' lockers
HaupteingangM
main entrance
BüroN der SchulaufsichtF
proctors' office
SchulhofM
playground
KlassenzimmerN
classroom
PausenraumM
students' room
LehrerzimmerN
teachers' room
VerwaltungF
administration
ParkplatzM
parking
DiensteingangM
staff entrance
FahrradständerM
bicycle parking
KonferenzraumM
meeting room
BüroN des SchulleitersM
head teacher's office
SekretariatN
school secretary's office

Synagoge^F

synagogue

Moschee^F

mosque

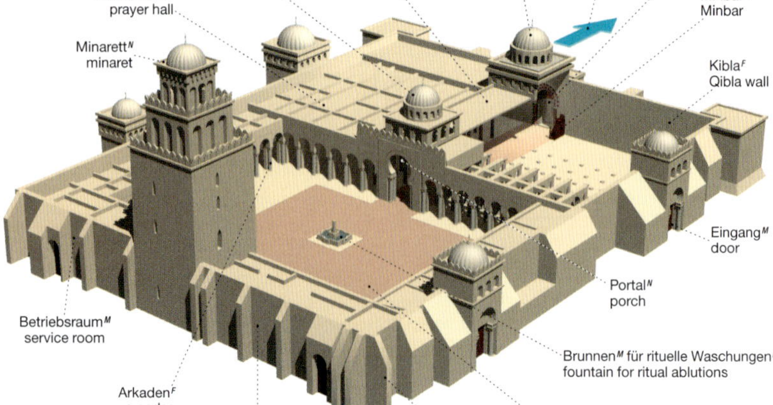

Kirche[F]

church

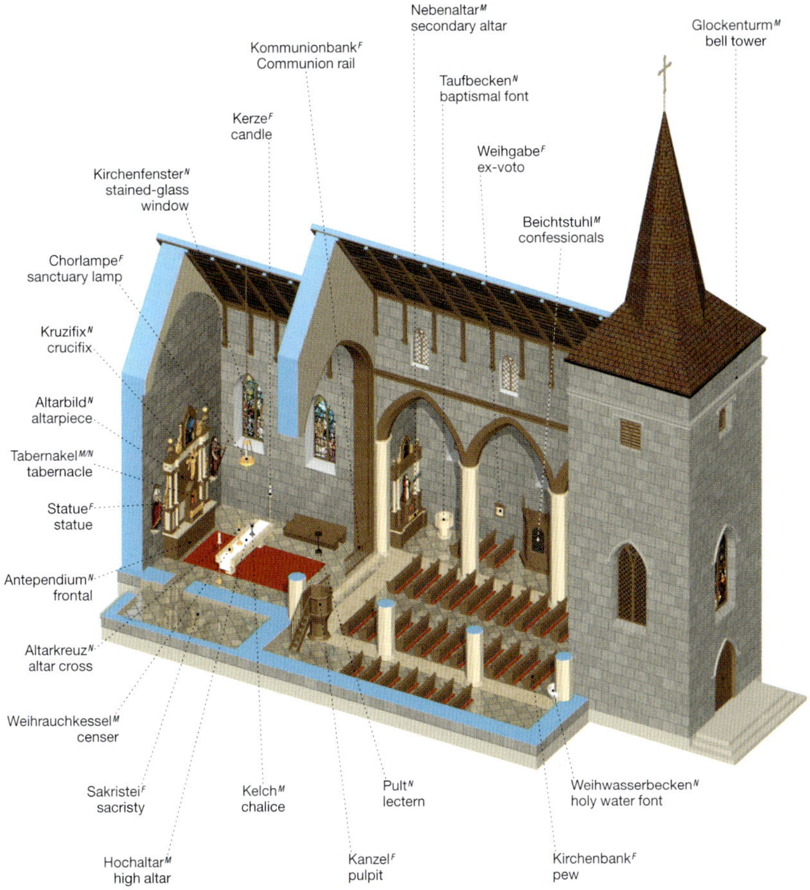

Flaggen^F der Mitgliedsstaaten^M der Vereinten Nationen^F

flags of UN members

Amerika
Americas

1 
Kanada
Canada

2 
Vereinigte Staaten^M von Amerika
United States of America

3 
Mexiko
Mexico

4 
Honduras
Honduras

5 
Guatemala
Guatemala

6 
Belize
Belize

7 
El Salvador
El Salvador

8 
Nicaragua
Nicaragua

9 
Costa Rica
Costa Rica

10 
Panama
Panama

11 
Kolumbien
Colombia

12 
Venezuela
Venezuela

13 
Guyana
Guyana

14 
Surinam
Suriname

15 
Ecuador
Ecuador

16 
Peru
Peru

17 
Brasilien
Brazil

18 
Bolivien
Bolivia

19 
Paraguay
Paraguay

20 
Chile
Chile

21 
Argentinien
Argentina

22 
Uruguay
Uruguay

Karibische Inseln^F
Caribbean Islands

23 
Bahamas^F
Bahamas

24 
Kuba
Cuba

25 
Jamaika
Jamaica

26 
Haiti
Haiti

27 
Saint Kitts und Nevis
Saint Kitts and Nevis

28 
Antigua und Barbuda
Antigua and Barbuda

29 
Dominica
Dominica

30 
St. Lucia
Saint Lucia

Flaggen[F] der Mitgliedsstaaten[M] der Vereinten Nationen[F]

31

Saint Vincent und die Grenadinen
Saint Vincent and the Grenadines

32

Dominikanische Republik[F]
Dominican Republic

33

Barbados
Barbados

34

Grenada
Grenada

35

Trinidad und Tobago
Trinidad and Tobago

Europa
Europe

36

Andorra
Andorra

37

Portugal
Portugal

38

Spanien
Spain

39

Vereinigtes Königreich[N] von Großbritannien und Nordirland
United Kingdom of Great Britain and Northern Ireland

Flaggen[F] der Mitgliedsstaaten[M] der Vereinten Nationen[F]

40 
Frankreich
France

41 
Irland
Ireland

42 
Belgien
Belgium

43 
Luxemburg
Luxembourg

44 
Niederlande[F]
Netherlands

45 
Deutschland
Germany

46 
Liechtenstein
Liechtenstein

47 
Schweiz[F]
Switzerland

48 
Österreich
Austria

49 
Italien
Italy

50 
San Marino
San Marino

51 
Bulgarien
Bulgaria

52 
Monaco
Monaco

53 
Malta
Malta

54 
Zypern
Cyprus

55 
Griechenland
Greece

56 
Albanien
Albania

57 
Ehemalige Jugoslawische Republik Mazedonien
The Former Yugoslav Republic of Macedonia

58 
Serbien
Serbia

59 
Montenegro
Montenegro

60 
Bosnien und Herzegowina[F]
Bosnia-Herzegovina

61 
Kroatien
Croatia

62 
Slowenien
Slovenia

63 
Ungarn
Hungary

64 
Rumänien
Romania

65 
Slowakische Republik[F]
Slovakia

66 
Tschechische Republik[F]
Czech Republic

67 
Polen
Poland

68 
Dänemark
Denmark

69 
Island
Iceland

70 
Norwegen
Norway

71 
Litauen
Lithuania

72 
Schweden
Sweden

73 
Finnland
Finland

74 
Estland
Estonia

75 
Lettland
Latvia

76 
Weißrussland
Belarus

77 
Ukraine[F]
Ukraine

78 
Moldawien
Moldova

79 
Russland
Russian Federation

Flaggen[F] der Mitgliedsstaaten[M] der Vereinten Nationen[F]

Afrika
Africa

80 
Marokko
Morocco

81 
Algerien
Algeria

82 
Tunesien
Tunisia

83 
Libyen
Libya

84 
Ägypten
Egypt

85 
Kap Verde
Cape Verde Islands

86 
Mauretanien
Mauritania

87 
Mali
Mali

88 
Niger[M]
Niger

89 
Tschad[M]
Chad

90 
Sudan[M]
Sudan

91 
Republik[F] Südsudan
Republic of South Sudan

92 
Eritrea
Eritrea

93 
Dschibuti
Djibouti

94 
Äthiopien
Ethiopia

95 
Somalia
Somalia

96 
Senegal[M]
Senegal

97 
Gambia
Gambia

98 
Guinea-Bissau
Guinea-Bissau

99 
Guinea
Guinea

100 
Sierra Leone
Sierra Leone

101 
Liberia
Liberia

102 
Elfenbeinküste[F]
Ivory Coast

103 
Burkina Faso
Burkina Faso

104 
Ghana
Ghana

105 
Togo
Togo

106 
Benin
Benin

107 
Nigeria
Nigeria

108 
Kamerun
Cameroon

109 
Äquatorialguinea
Equatorial Guinea

110 
Zentralafrikanische Republik[F]
Central African Republic

111 
São Tomé und Príncipe
Sao Tome and Principe

112 
Gabun
Gabon

113 
Kongo[M]
Congo

114 
Republik[F] Kongo[M]
Democratic Republic of Congo

115 
Ruanda
Rwanda

116 
Uganda
Uganda

117 
Kenia
Kenya

118 
Burundi
Burundi

119 
Tansania
Tanzania

Flaggen[F] der Mitgliedsstaaten[M] der Vereinten Nationen[F]

120 
Mosambik
Mozambique

121 
Swasiland
Swaziland

122 
Komoren[F]
Comoros

123 
Sambia
Zambia

124 
Madagaskar
Madagascar

125 
Seychellen[F]
Seychelles

126 
Mauritius
Mauritius

127 
Malawi
Malawi

128 
Simbabwe
Zimbabwe

129 
Angola
Angola

130 
Namibia
Namibia

131 
Botswana
Botswana

132 
Lesotho
Lesotho

133 
Südafrika
South Africa

Asien
Asia

134 
Türkei[F]
Turkey

135 
Libanon[M]
Lebanon

136 
Syrien
Syria

137 
Israel
Israel

138 
Jordanien
Jordan

139 
Irak[M]
Iraq

140 
Kuwait
Kuwait

141 
Saudi-Arabien
Saudi Arabia

142 
Bahrain
Bahrain

143 
Jemen[M]
Yemen

144 
Oman
Oman

145 
Vereinigte Arabische Emirate[N]
United Arab Emirates

146 
Katar
Qatar

147 
Georgien
Georgia

148 
Armenien
Armenia

149 
Aserbeidschan
Azerbaijan

150 
Iran[M]
Iran

151 
Afghanistan
Afghanistan

152 
Kasachstan
Kazakhstan

153 
Turkmenistan
Turkmenistan

154 
Usbekistan
Uzbekistan

155 
Kirgisistan
Kyrgyzstan

156 
Tadschikistan
Tajikistan

157 
Pakistan
Pakistan

158 
Malediven[F]
Maldives

Flaggen[F] der Mitgliedsstaaten[M] der Vereinten Nationen[F]

159 
Indien
India

160 
Sri Lanka
Sri Lanka

161 
Nepal
Nepal

162 
China
China

163 
Mongolei[F]
Mongolia

164 
Bhutan
Bhutan

165 
Bangladesch
Bangladesh

166 
Myanmar
Myanmar

167 
Laos
Laos

168 
Thailand
Thailand

169 
Vietnam[N]
Vietnam

170 
Kambodscha
Cambodia

171 
Brunei
Brunei Darussalam

172 
Malaysia
Malaysia

173 
Osttimor
East Timor

174 
Singapur
Singapore

175 
Indonesien
Indonesia

176 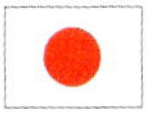
Japan
Japan

177 
Nord-Korea
Democratic People's Republic of Korea

178 
Süd-Korea
Republic of Korea

179 
Philippinen[F]
Philippines

Ozeanien[N]
Oceania

180 
Palau
Palau

181 
Mikronesien
Micronesia

182 
Marshallinseln[F]
Marshall Islands

183 
Nauru
Nauru

184 
Kiribati
Kiribati

185 
Tuvalu
Tuvalu

186 
Samoa
Samoa

187 
Tonga
Tonga

188 
Vanuatu
Vanuatu

189 
Fidschi
Fiji

190 
Salomoninseln[F]
Solomon Islands

191 
Papua-Neuguinea
Papua New Guinea

192 
Australien
Australia

193 
Neuseeland
New Zealand

Flaggen[F] der Beobachter[M] der Vereinten Nationen[F]

flags of UN observers

194 

Cookinseln[F]
Cook Islands

195 

Palästina[N]
Palestine

196 

Niue[N]
Niue

197 

Vatikanstaat[M]
Vatican City State

Flaggen[F] internationaler Organisationen[F]

flags of international organisations

Organisation[F] der Vereinten Nationen[F] für Erziehung[F], Wissenschaft[F] und Kultur[F] (UNESCO)[F]
United Nations Educational, Scientific and Cultural Organization (UNESCO)

Europäische Union[F] (EU)
European Union (EU)

Vereinte Nationen[F] (UN)
United Nations (UN)

Organisation[F] des Nordatlantikvertrags[M] (NATO)
North Atlantic Treaty Organisation (NATO)

Commonwealth[N]
Commonwealth

Internationales Olympisches Komitee[N] (IOC)
International Olympic Committee (IOC)

Internationale Organisation[F] der Frankophonie[F]
International Organisation of La Francophonie

Rotes Kreuz[N]
Red Cross

Roter Halbmond[M]
Red Crescent

Souveräner Malteserorden[M]
Sovereign Military Order of Malta

Afrikanische Union[F]
African Union

Arabische Liga[F]
League of Arab States

Organisation[F] für Islamische Zusammenarbeit[F]
Organisation of Islamic Cooperation

vorbeugende Verbrechensbekämpfung[F]

crime prevention

Dienstgürtel[M]
duty belt

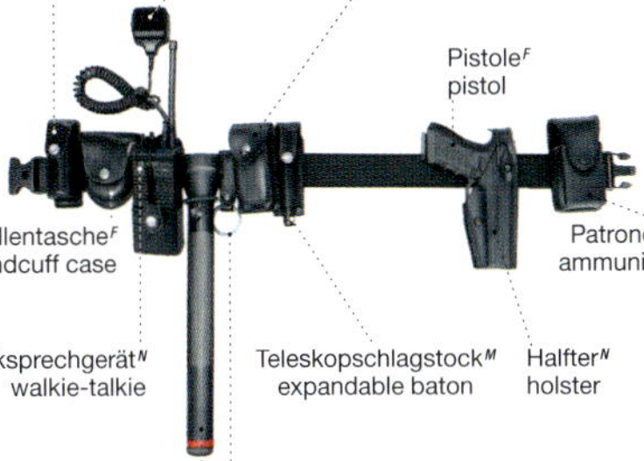

Polizeibeamter[M]
police officer

Polizeifahrzeug[N]
police car

GESELLSCHAFT

Brandbekämpfung[F]

fire prevention

Rauchmelder[M]
smoke detector

Feuerwehrmann[M]
firefighter

Handfeuerlöscher[M]
portable fire extinguisher

Einreißhaken[M]
pike pole

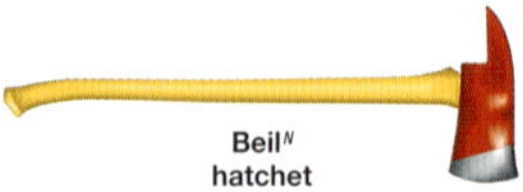

Beil[N]
hatchet

Überflurhydrant[M]
fire hydrant

Schlauchleitung[F]
fire hose

Brandbekämpfung[F]

Löschfahrzeuge[N]
fire engines

Pumplöschfahrzeug[N]
pumper

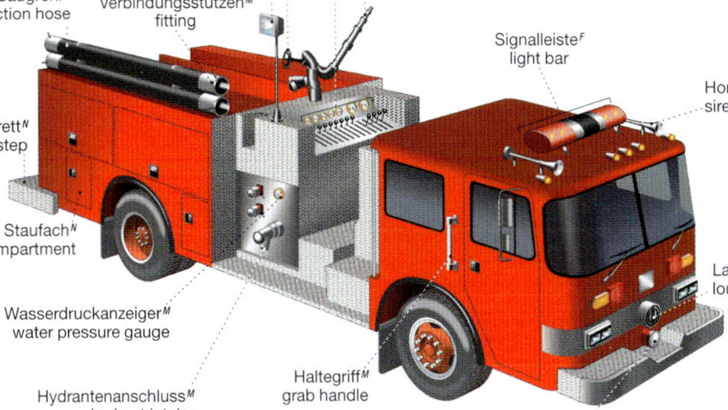

Drehleiterfahrzeug[N]
aerial ladder truck

Schutzausrüstung[F]

protective equipment

Gasmaske[F]
respirator

Ohrenschützer[M]
safety earmuffs

leichte Atemschutzmaske[F]
half-mask respirator

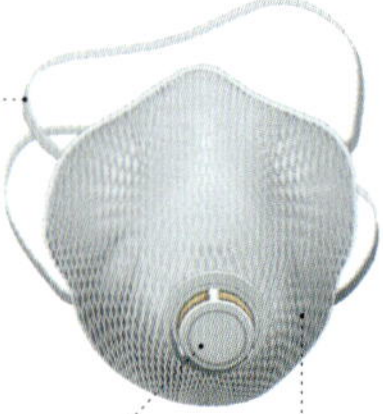

Schutzmaske[F]
safety goggles

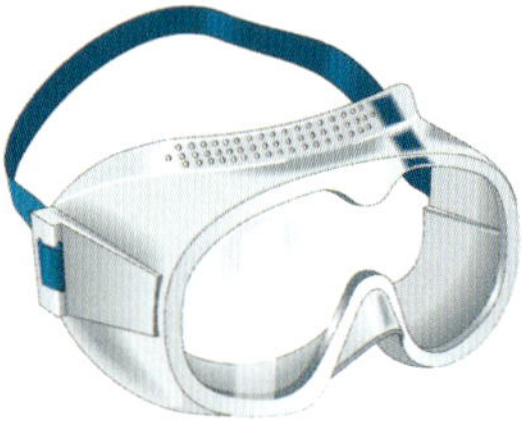

Zehenschützer[M]
toe guard

Sicherheitsschuh[M]
safety boot

Schutzhelm[M]
hard hat

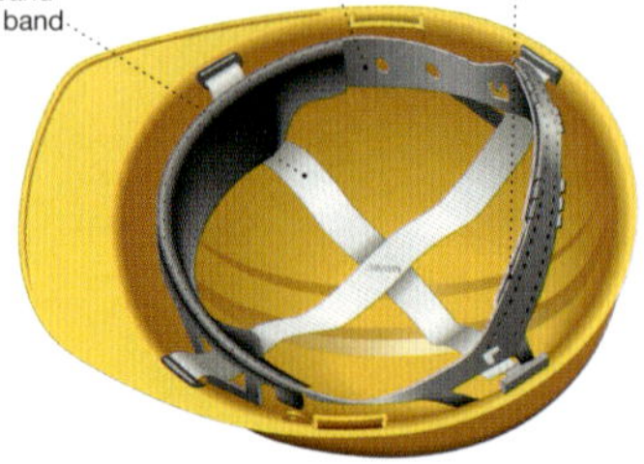

Krankenhaus[N]

hospital

Krankenzimmer[N]
patient room

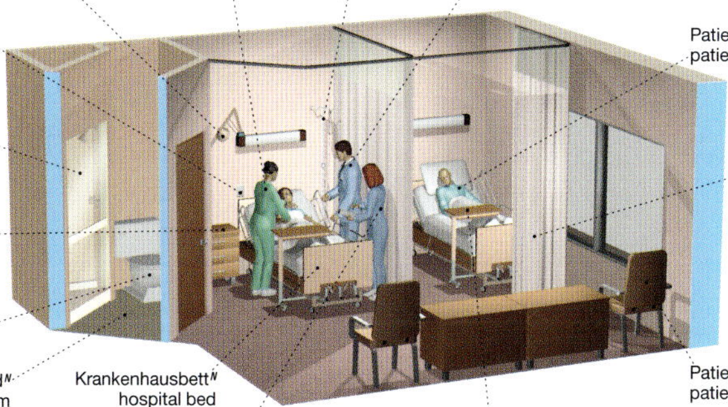

Operationsabteilung[F]
operating suite

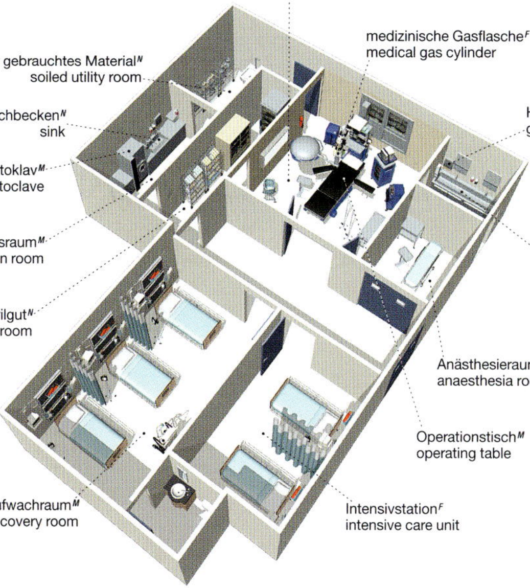

Krankenhaus^N

Unfallstation^F
emergency department

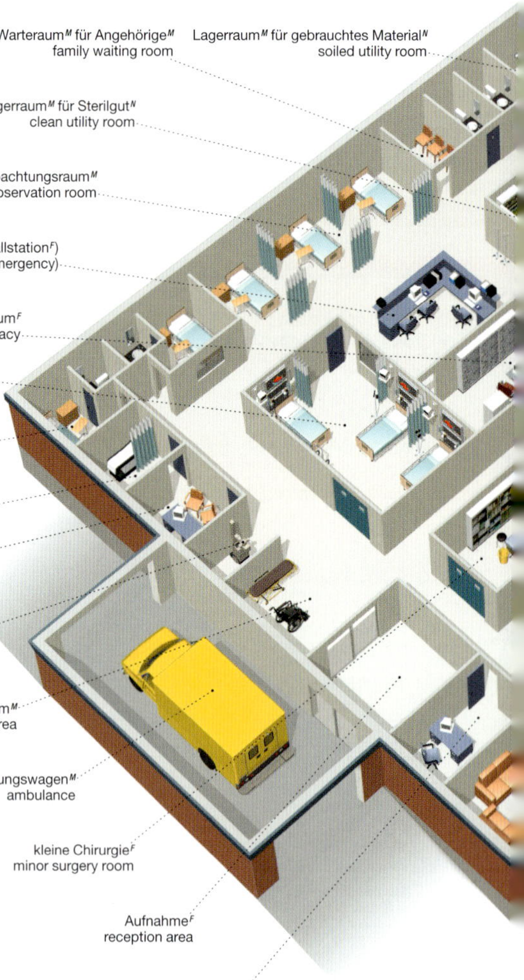

Krankenhaus[N]

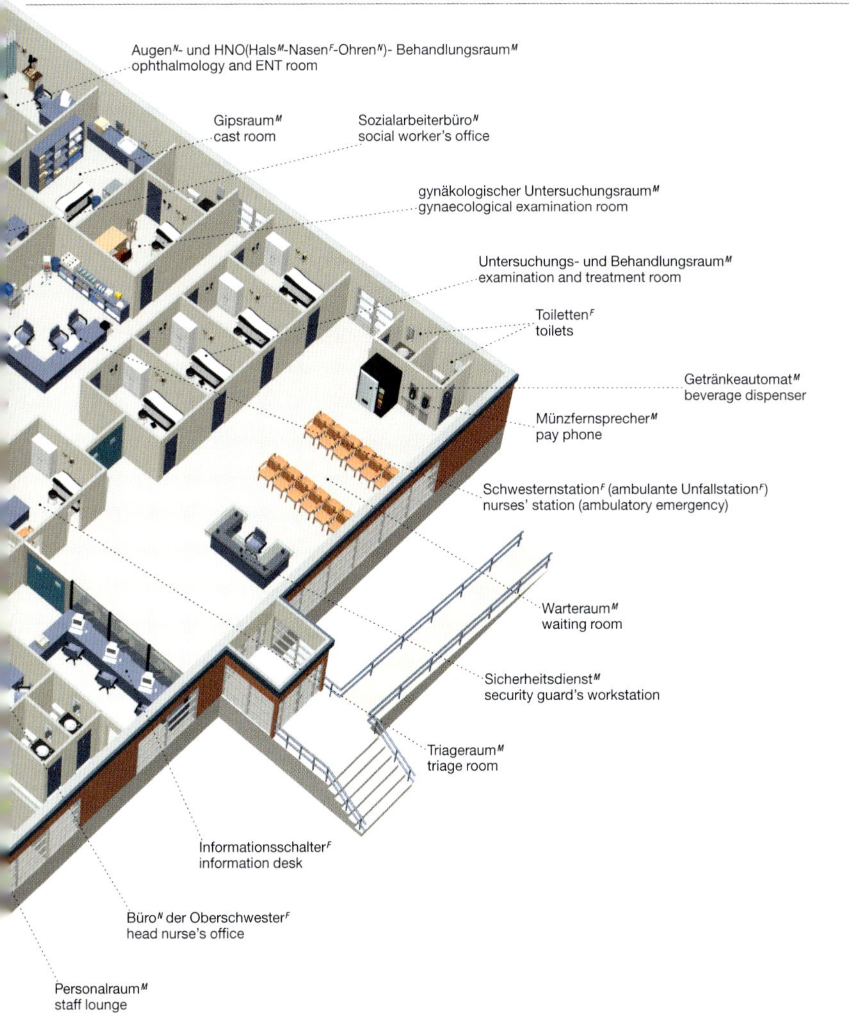

medizinische Ausrüstung[F]

medical equipment

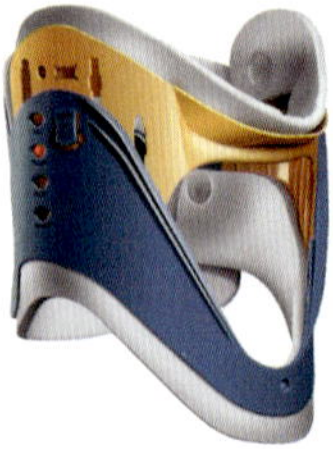

Nackenstütze[F]
cervical collar

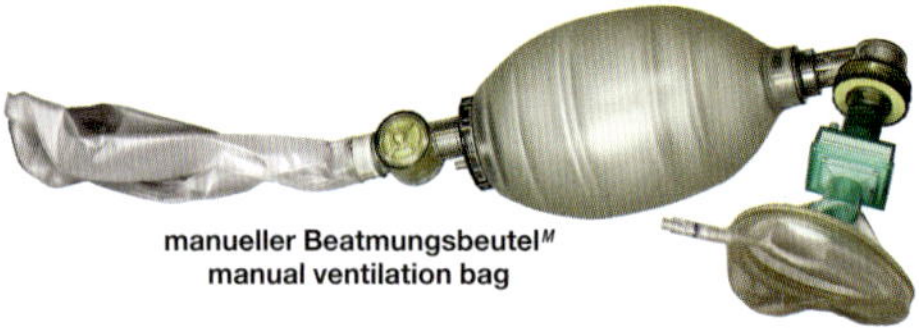

manueller Beatmungsbeutel[M]
manual ventilation bag

Sauerstoff[M]-Atemmaske[F]
oxygen mask

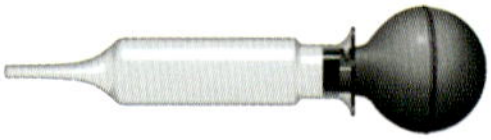

Klistierspritze[F]
irrigation syringe

Stechhilfe[F]
lancing device

Defibrillator[M]
defibrillator

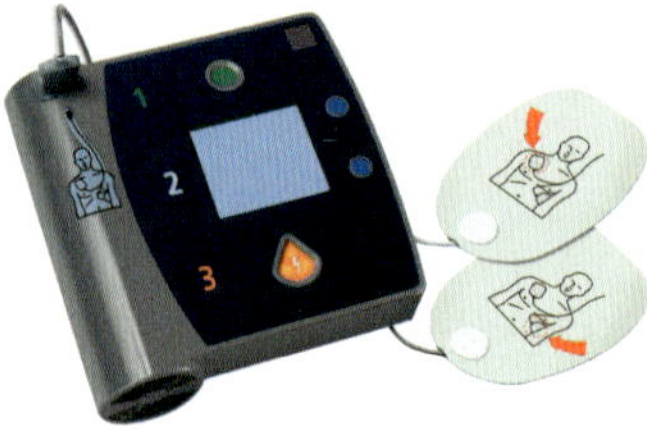

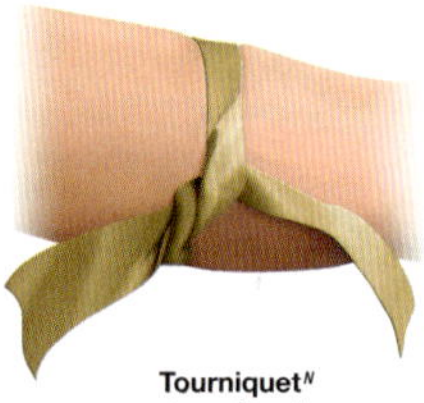

Tourniquet[N]
tourniquet

Stethoskop[N]
stethoscope

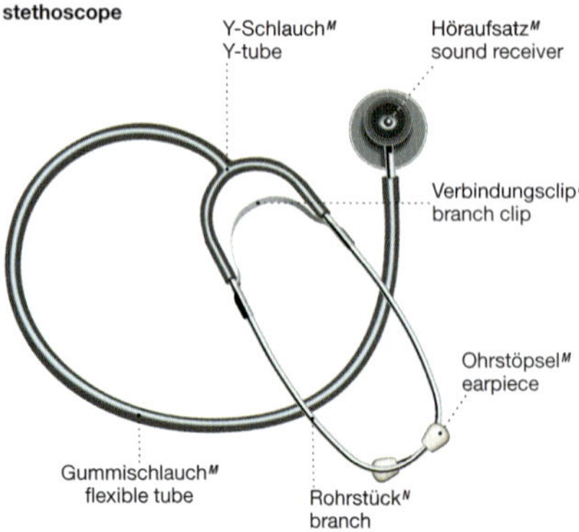

Spritze[F]
syringe

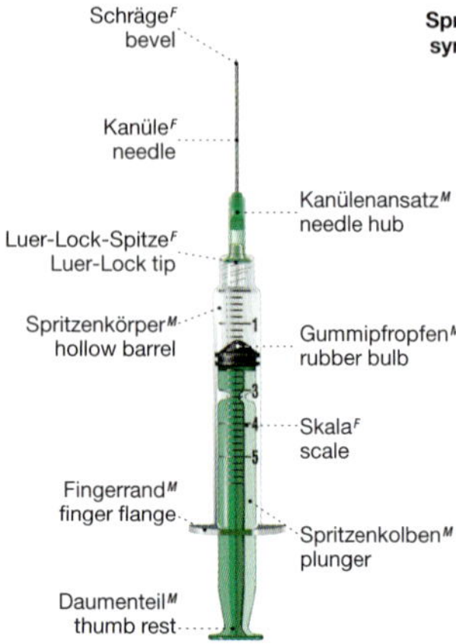

medizinische Ausrüstung^{F}

Blutdruckmessgerät^{N}
blood pressure monitor

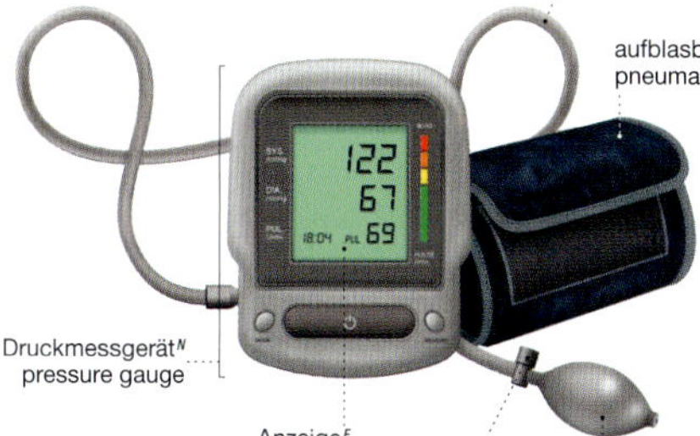

Latexhandschuh^{M}
latex glove

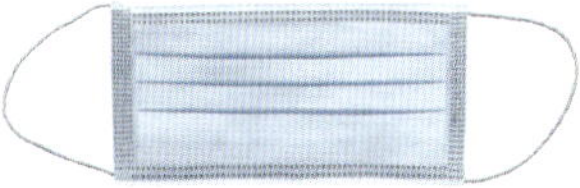

Operationsmaske^{F}
operating mask

Krankentrage^{F}
stretcher

Trage^{F}
pole stretcher

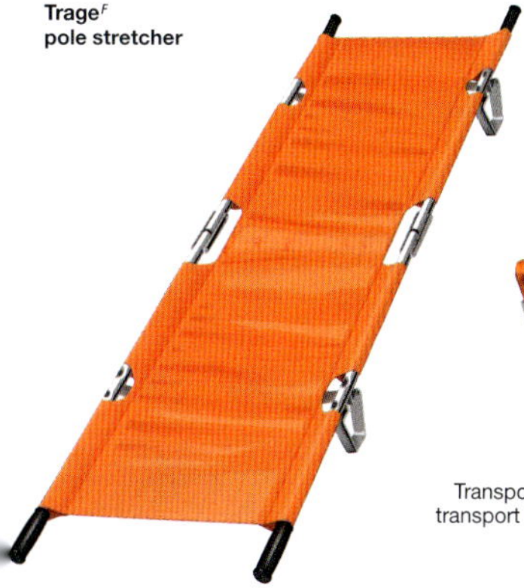

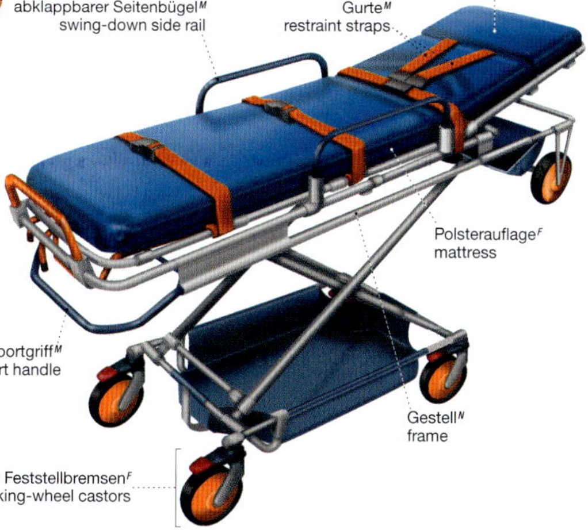

medizinische Ausrüstung[F]

Thermometer[N]
thermometers

Digitalthermometer[N]
digital thermometer

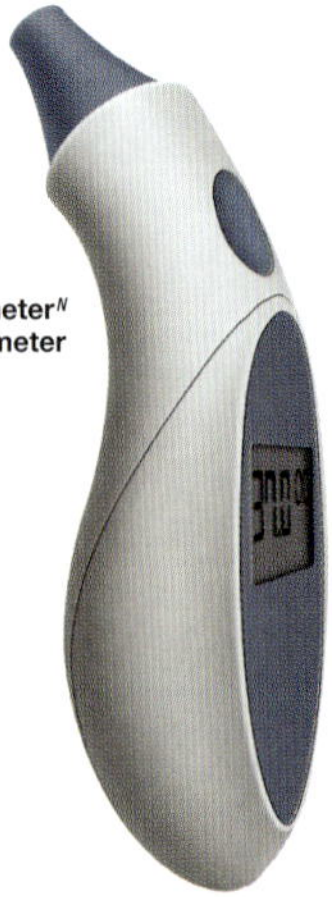

Ohrthermometer[N]
ear thermometer

Quecksilberthermometer[N]
mercury thermometer

Alkohol[M]-Thermometer[N]
alcohol thermometer

Arzneimittel[N]-Darreichungsformen[F]

pharmaceutical forms of medication

Ampulle[F]
ampoule

Hartgelatinekapsel[F]
hard gelatin capsule

Sirup[M]
syrup

Nasenspray[N]
nasal spray

Weichgelatinekapsel[F]
soft gelatin capsule

Tablette[F]
tablet

transdermales Pflaster[N]
transdermal patch

Autoinjektor[M]
auto-injector

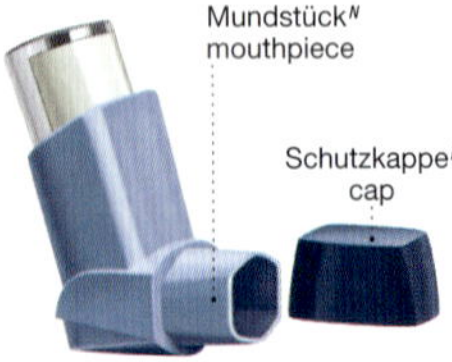

Dosier-Aerosol[N]
metered dose inhaler

Zäpfchen[N]
suppository

Salbe[F]
ointment

Erste-Hilfe-Kasten[M]

first aid kit

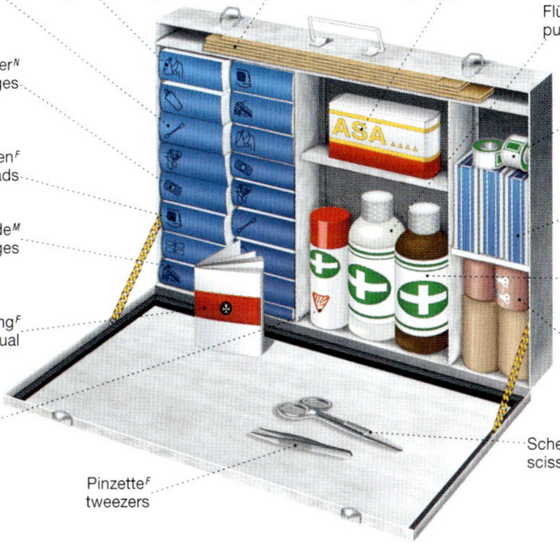

Gehhilfen[F]

walking aids

Gehkrücke[F]
forearm crutch

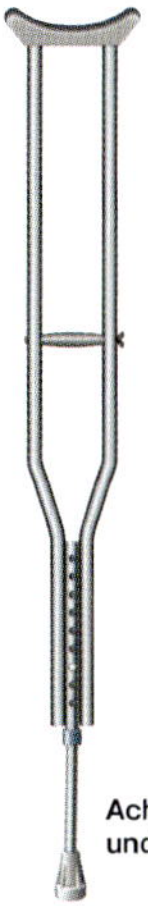

Achselkrücke[F]
underarm crutch

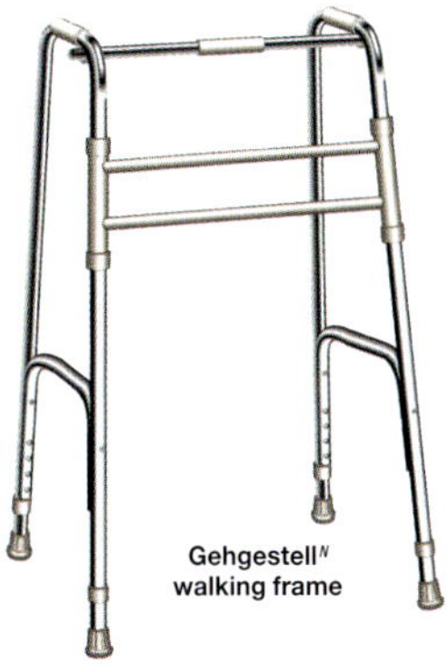

Gehgestell[N]
walking frame

Fritzstock[M]
Fritz cane

vierfüßiger Stock[M]
quadruped stick

Mobilitätshilfen^F

mobility aids

Rollstuhl^M
wheelchair

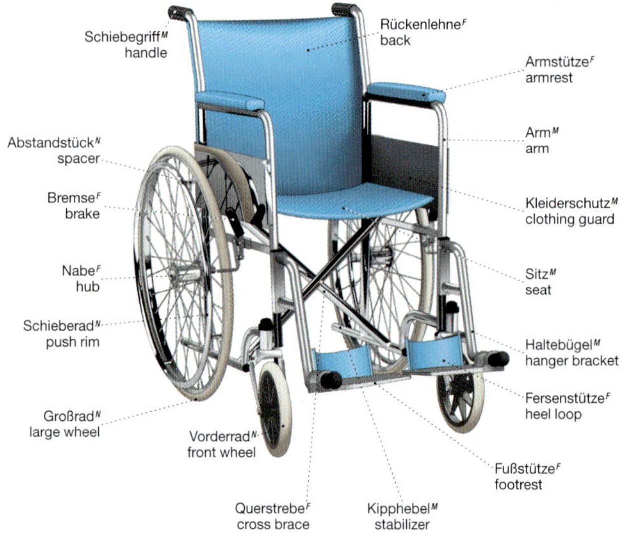

Elektromobil^N mit vier Rädern^N
four-wheel scooter

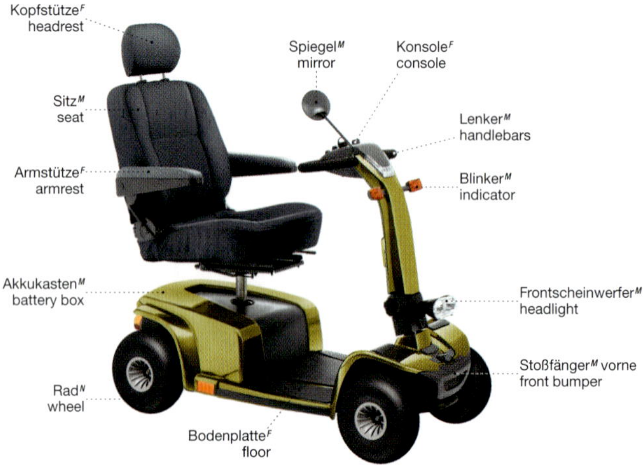

ärztliche Untersuchungen^F

medical examinations

Röntgenuntersuchung^F
X-ray

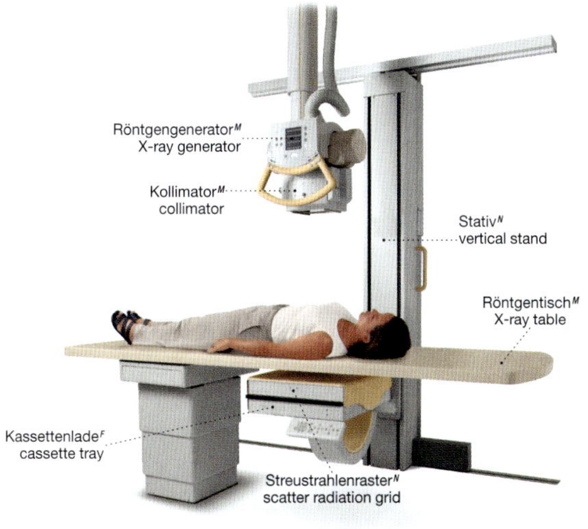

Magnetresonanztomographie^F (MRT)
magnetic resonance imaging (MRI)

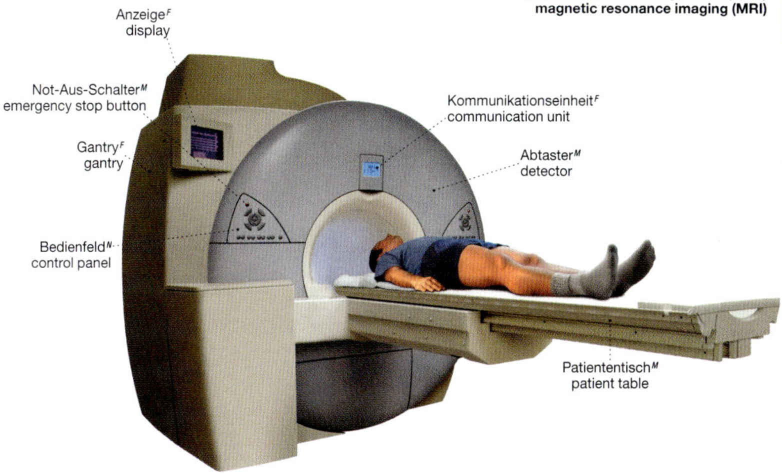

ärztliche Untersuchungen[F]

Sonografie[F]/Ultraschall[M]
ultrasonography

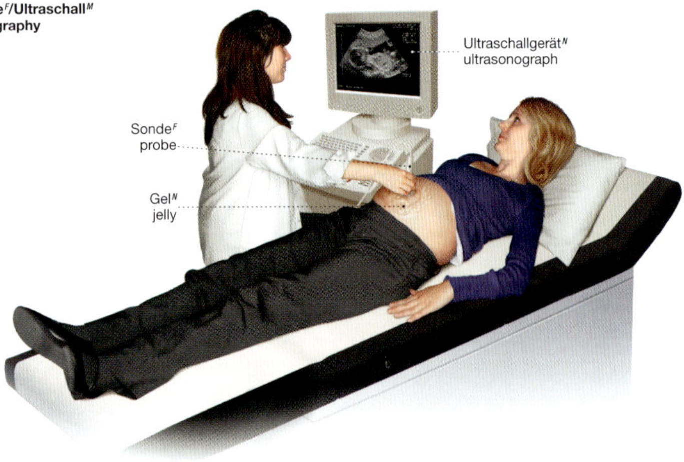

Endoskopie[F]
endoscopy

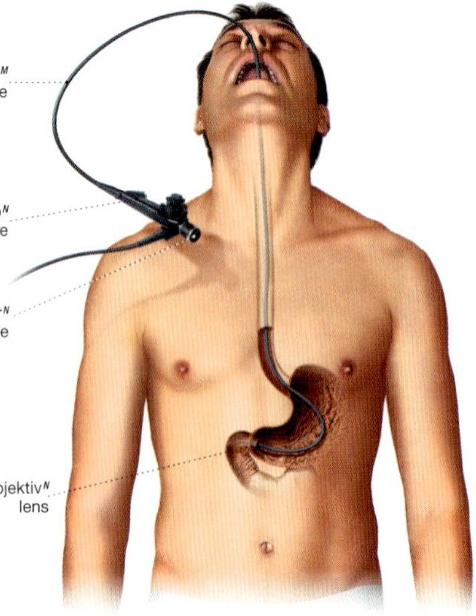

ärztliche Behandlung[F]

medical treatment

Strahlentherapie[F]
radiotherapy

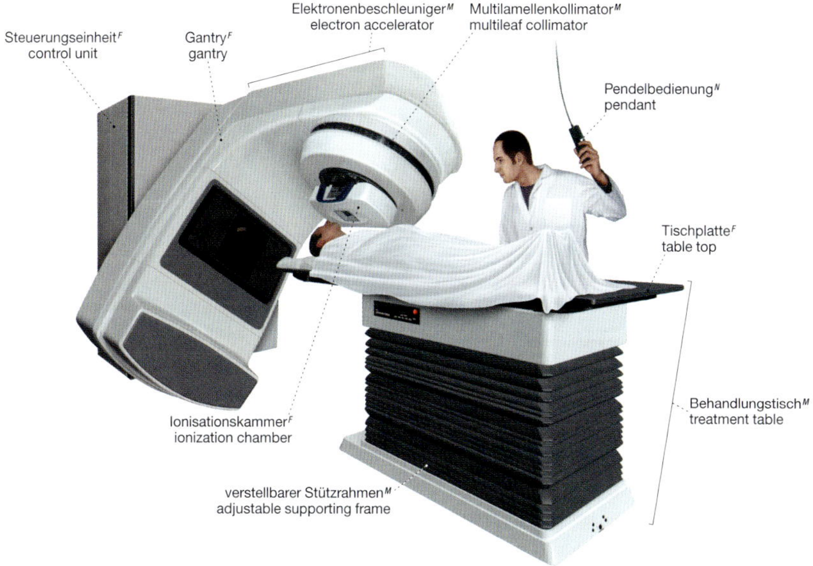

Dialysator[M]
dialyzer

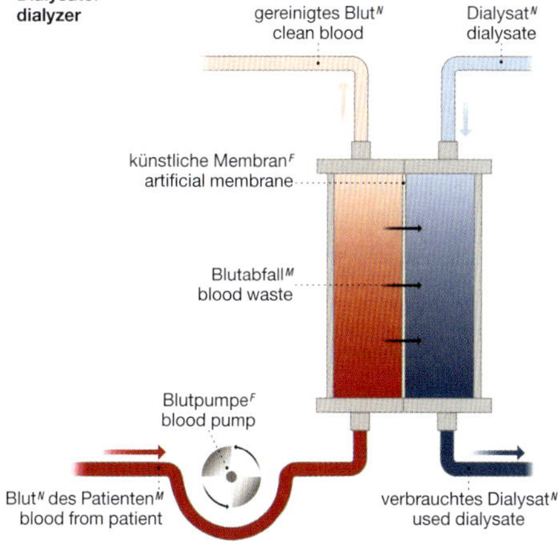

Herzschrittmacher[M]
artificial pacemaker

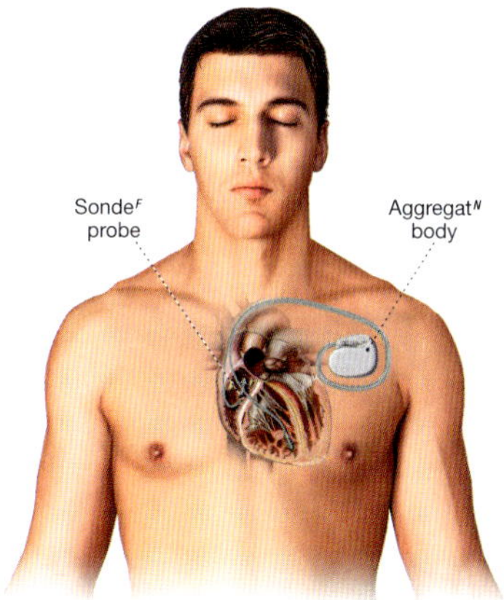

Stadion^N

arena

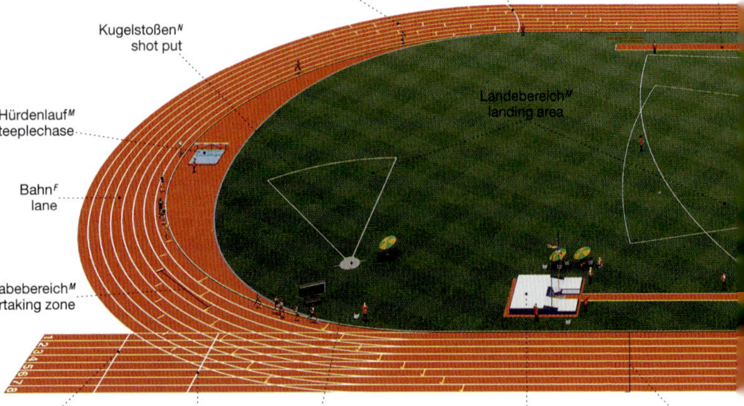

Ausrüstung^F für die Laufbahn^F
track equipment

Startpistole^F
starting pistol

Staffelstab^M
baton

Hürde^F
hurdle

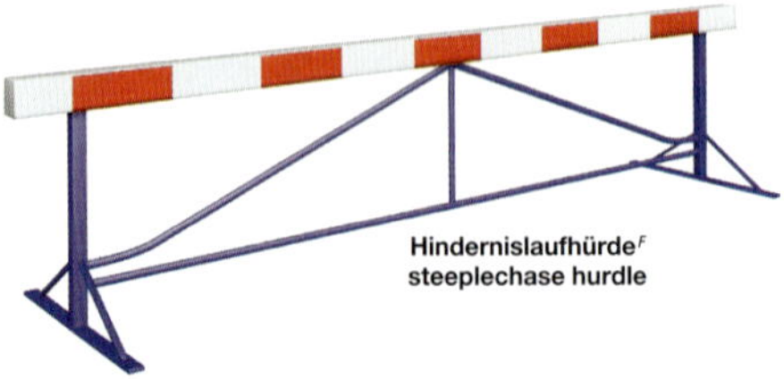
Hindernislaufhürde^F
steeplechase hurdle

Stadion^{N}

Läufer^{M}: Startblock^{M}
runner: starting block

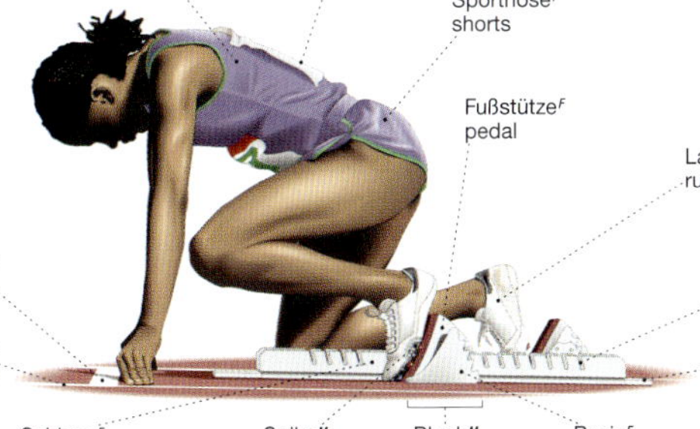

Baseball^M

baseball

Spielerpositionen^F
player positions

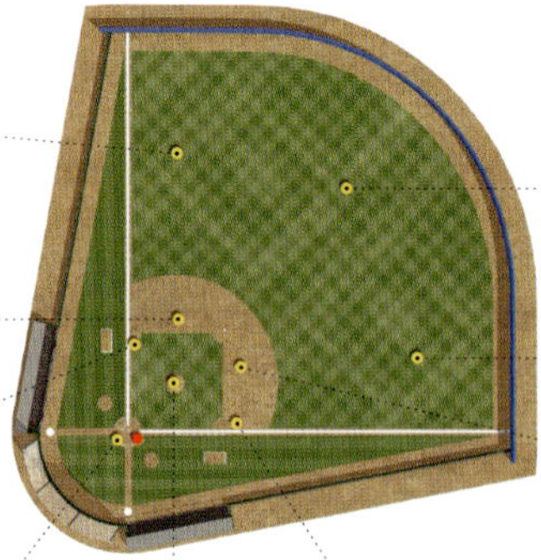

Baseball^N-Feld^N
baseball field

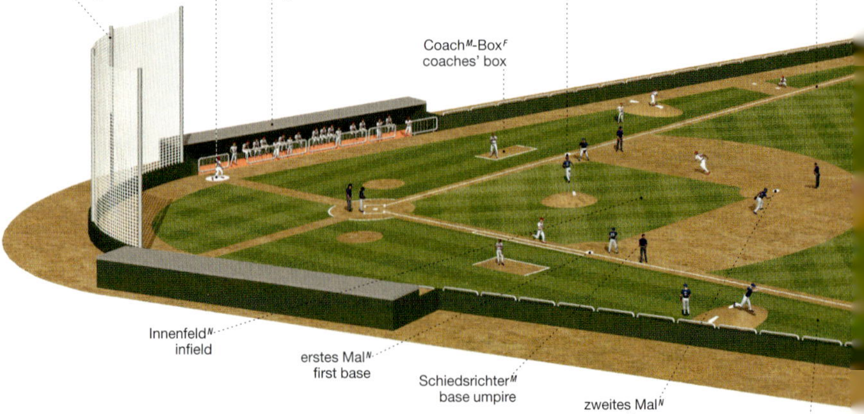

Baseball[M]

Wurf[M]
pitch

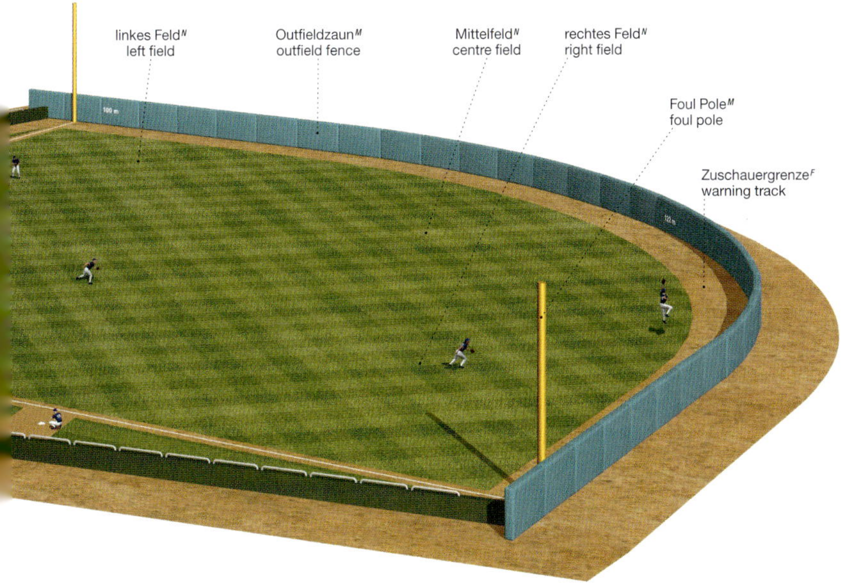

Baseball[M]

Schlagmann[M]
batter

Handschuh[M] der Feldspieler[M]
fielder's glove

Baseball[M]
baseball

Softball[M]

softball

Softballhandschuh[M]
softball glove

Softball[M]
softball

Softballschläger[M]
softball bat

Cricket^N

cricket

Schlagmann^M
batsman

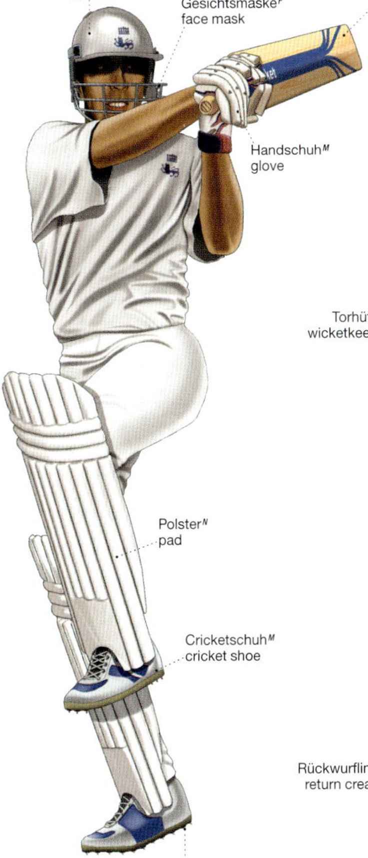

Cricketball^M
cricket ball

Spielerpositionen^F
player positions

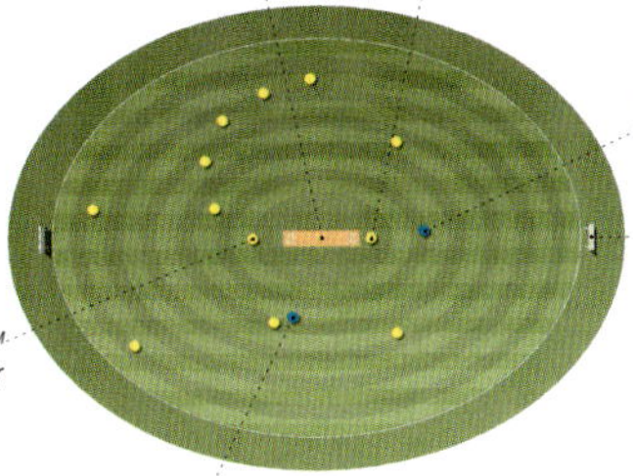

Spielfeld^N
pitch

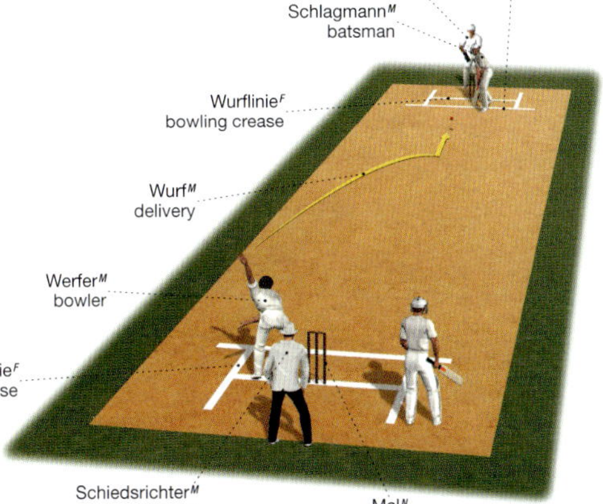

Fußball[M]

association football

Fußballspieler[M]
footballer

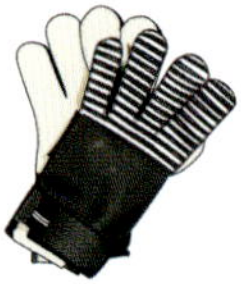

Torwarthandschuhe[M]
goalkeeper's gloves

Fußballschuh[M]
football boot

Fußballfeld[N]
football pitch

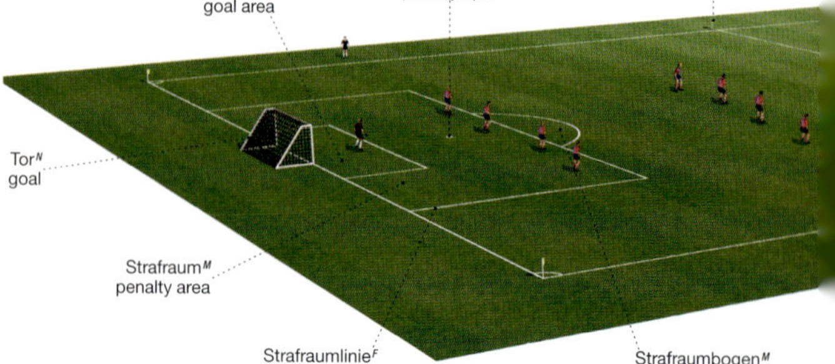

Fußball[M]

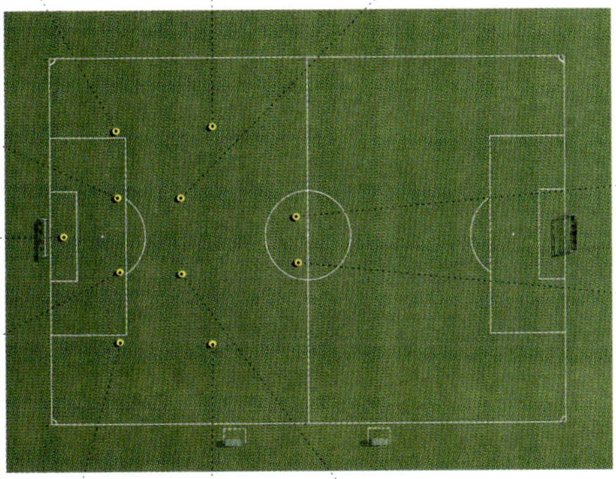
Spielerpositionen^F
player positions
linker Verteidiger^M
left back
linker Mittelfeldspieler^M
left midfielder
zentraler Mittelfeldspieler^M
central midfielder
Innenverteidiger^M
centre half
Torwart^M
goalkeeper
Innenverteidiger^M
centre half
Stürmer^M
striker
Stürmer^M
striker
rechter Verteidiger^M
right back
rechter Mittelfeldspieler^M
right midfielder
zentraler Mittelfeldspieler^M
central midfielder

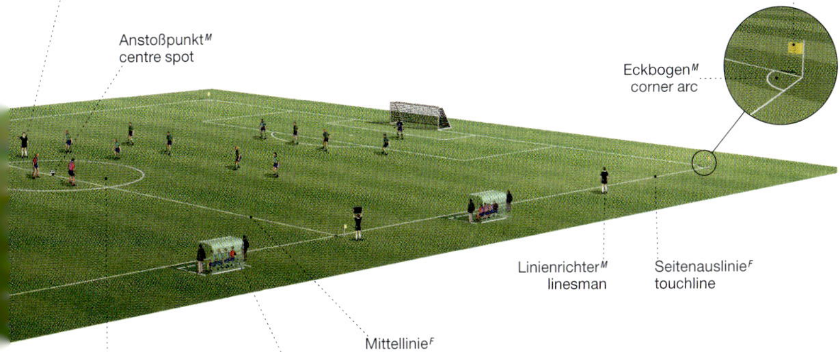
Schiedsrichter^M
referee
Anstoßpunkt^M
centre spot
Eckballfahne^F
corner flag
Eckbogen^M
corner arc
Linienrichter^M
linesman
Seitenauslinie^F
touchline
Mittellinie^F
halfway line
Mittelkreis^M
centre circle
Ersatzbank^F
substitutes' bench

Fußball[M]

Techniken[F]
techniques

Freistoß[M]
free kick

Elfmeter[M]
penalty kick

Dribbling[N]
dribbling

Kopfball[M]
heading

Tackling[N]
tackling

Rugby[N]

rugby

Rugby[N]-Feld[N]
rugby pitch

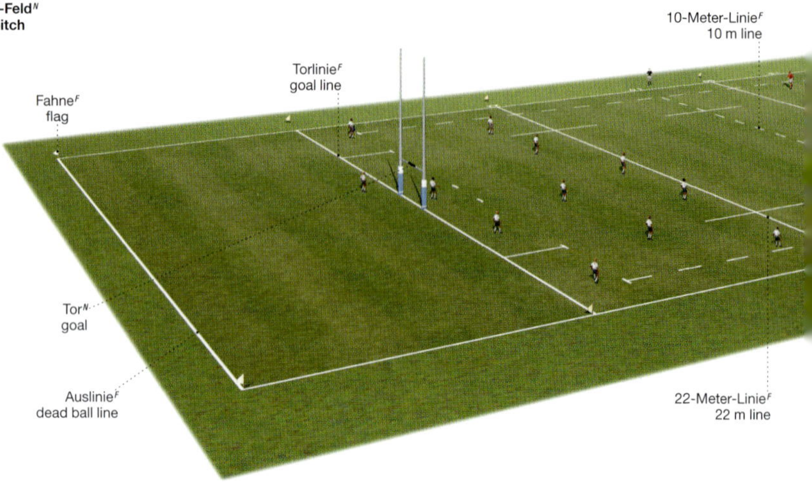

Rugby[N]

Rugbyball[M]
rugby ball

Rugbyspieler[M]
rugby player

Gedränge[N]
ruck

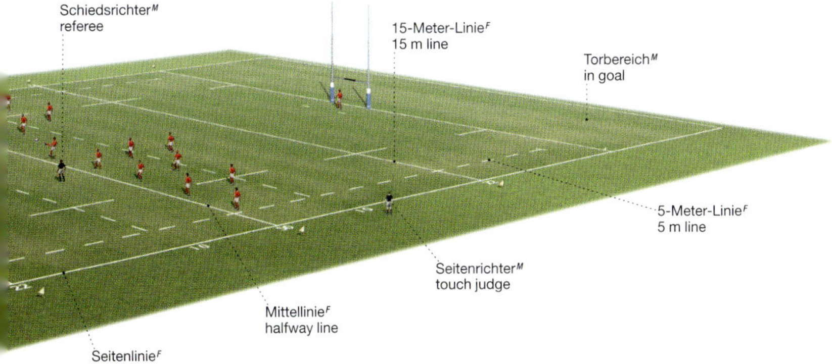

American Football[M]

American football

Gedränge[N]: Verteidigung[F]
scrimmage: defence

American-Football[M]-Spielfeld[N]
American football field

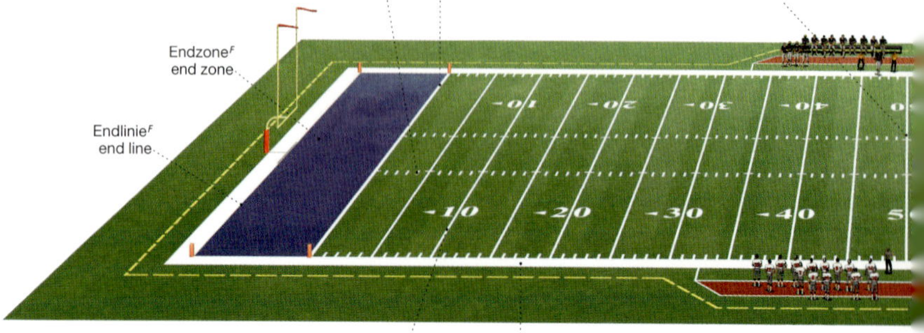

American Football[M]

Gedränge[N]: Angriff[M]
scrimmage: offence

Tor[N]
goal

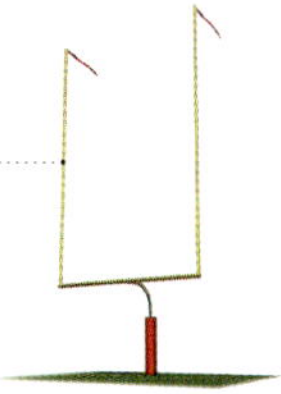

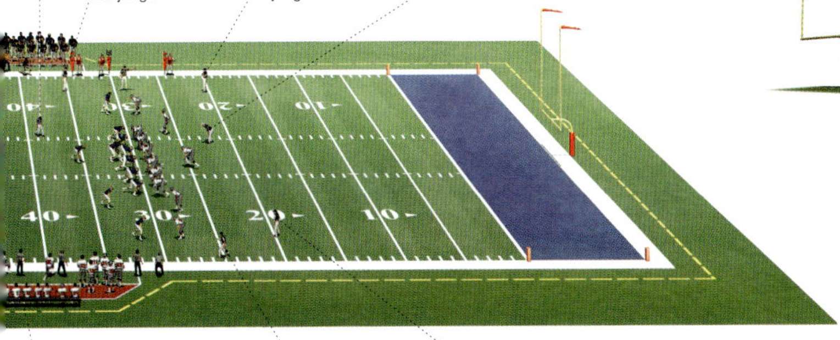

American Football^{M}

Footballspieler^{M}
American football player

Schutzausrüstung^{F}
protective equipment

Mundschutz^{M}
mouth guard

Nackenschutz^{M}
neck pad

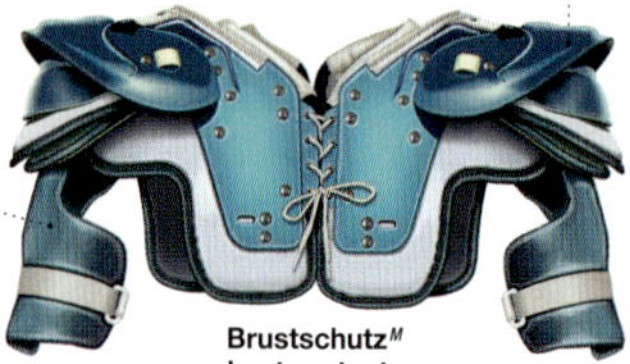

Brustschutz^{M}
chest protector

Rippenpolster^{N}
rib pad

Ellbogenpolster^{N}
elbow pad

Football^{M}
football

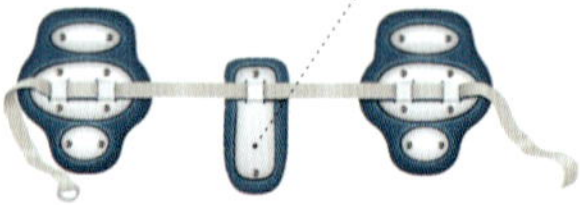

Hüftpolster^{N}
hip pad

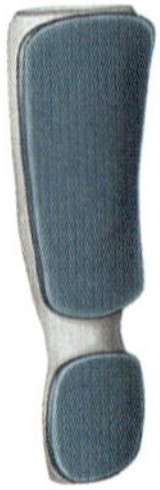

Armschutz^{M}
forearm pad

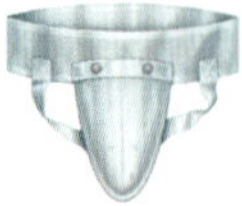

Suspensorium^{N}
protective cup

Volleyballspiel^N

volleyball

Volleyball^M-Platz^M
volleyball court

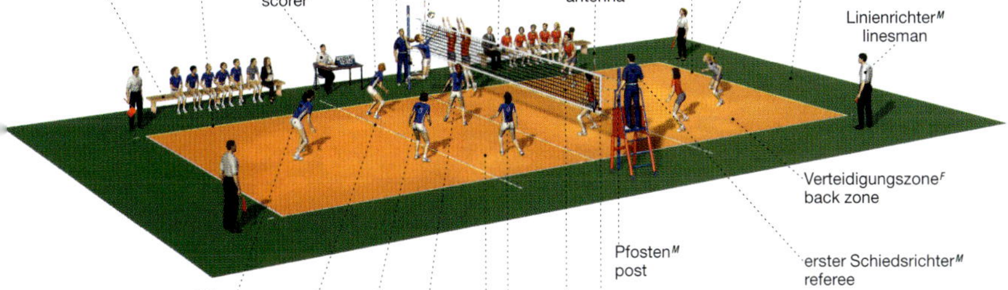

Volleyball^M
volleyball

Techniken^F
techniques

Aufschlag^M
serve

baggern
bump

Hechtabwehr^F
dig

Basketballspiel[N]

basketball

Basketballspieler[M]
basketball player

Basketballplatz[M]
basketball court

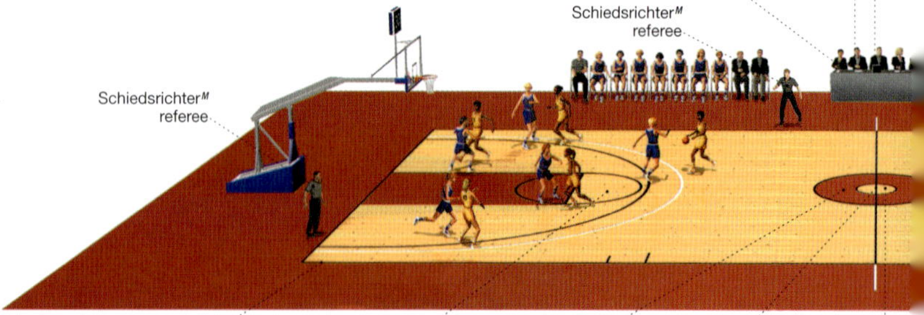

Basketballspiel[N]

Spielerpositionen[F]
player positions

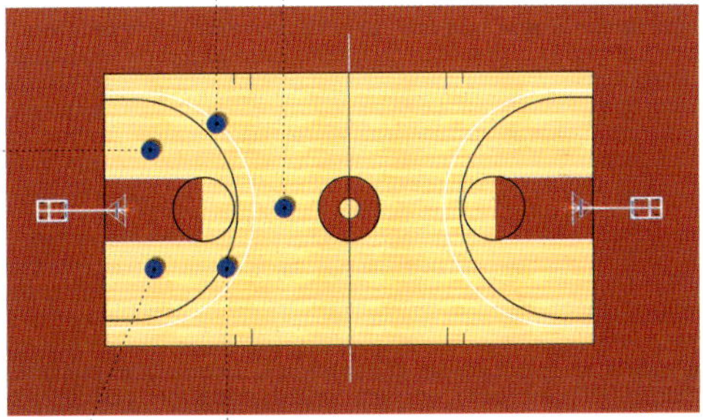

Korbanlage[F]
backstop

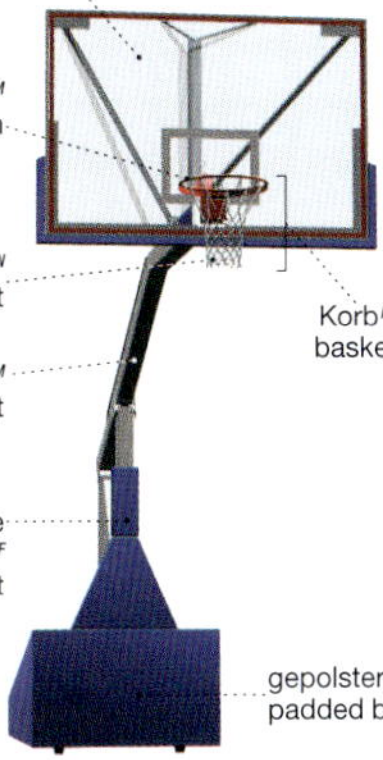

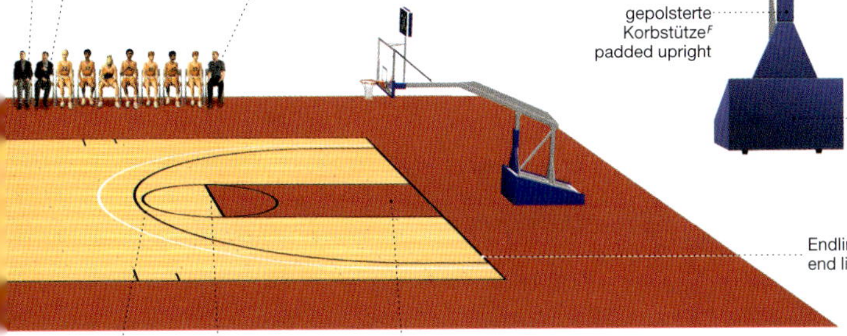

Badminton[N]

badminton

Badmintonplatz[M]
badminton court

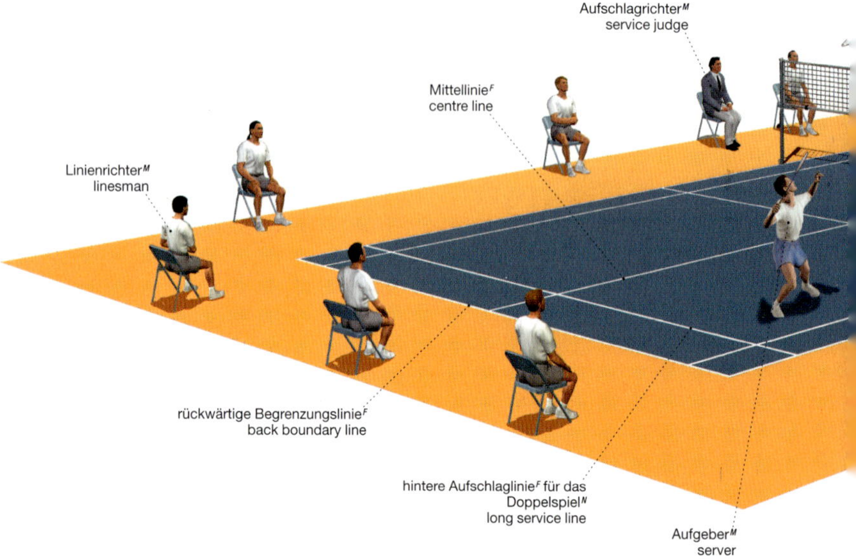

Badmintonschläger[M]
badminton racket

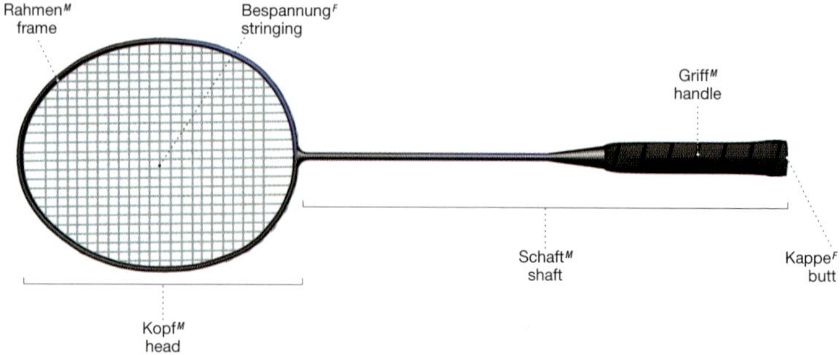

Badminton[N]

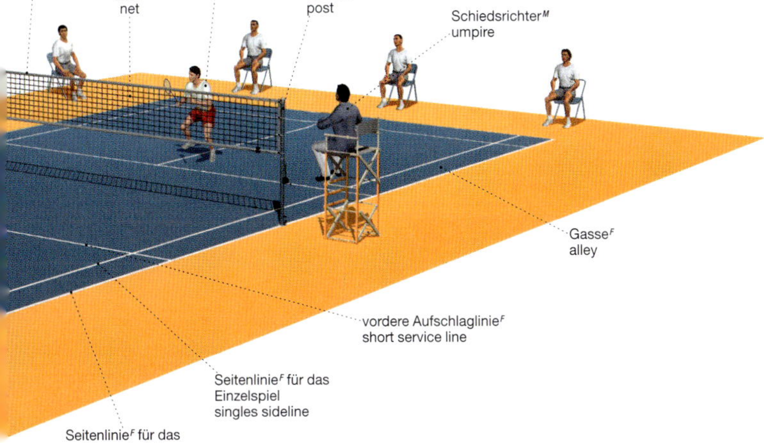

Aufschlagfelder[N]
service zones

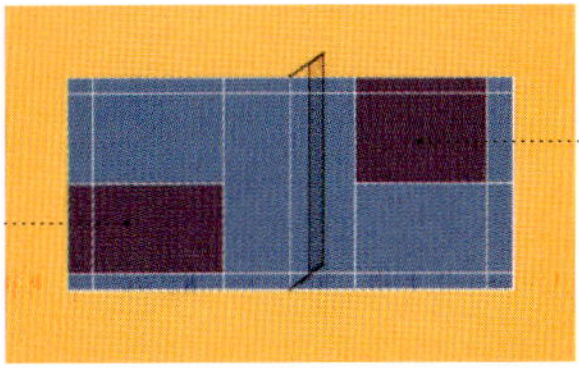

Kunststoff[M]-Federball[M]
synthetic shuttlecock

Federball[M]
feathered shuttlecock

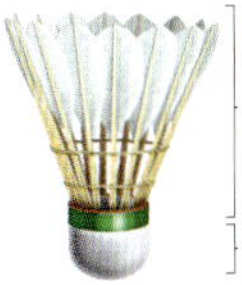

Tennis[N]

tennis

Tennisplatz[M]
tennis court

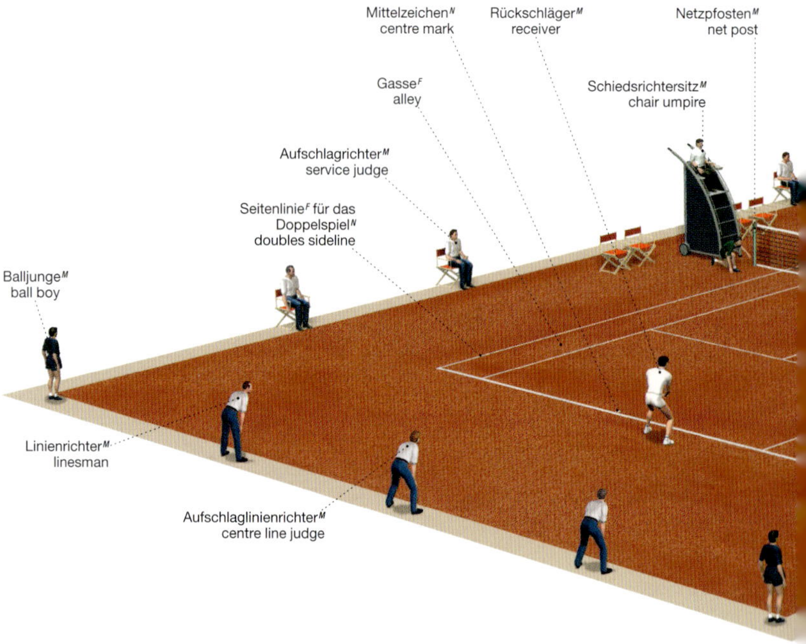

Schläge[M]
strokes

Tennis^N

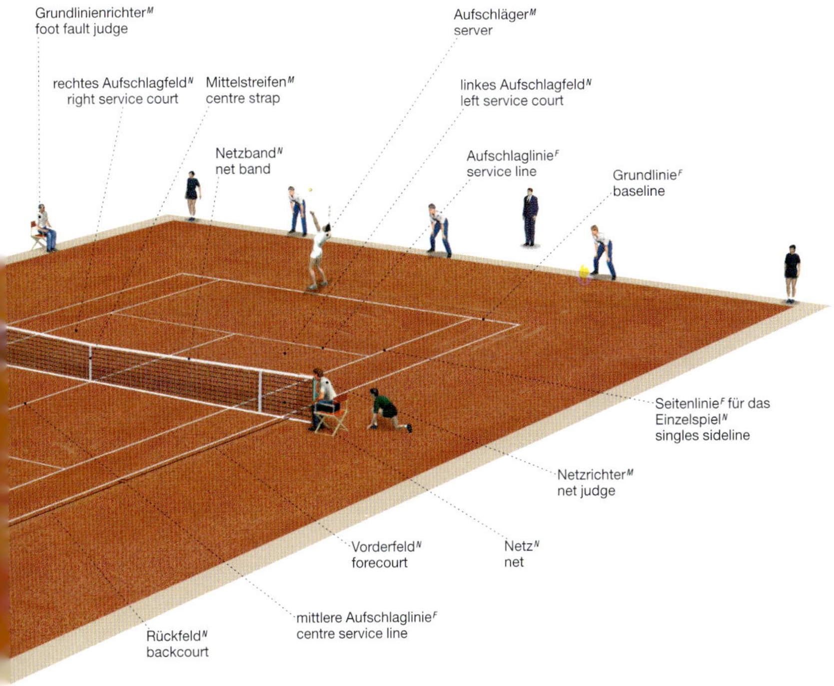

Schläge^M

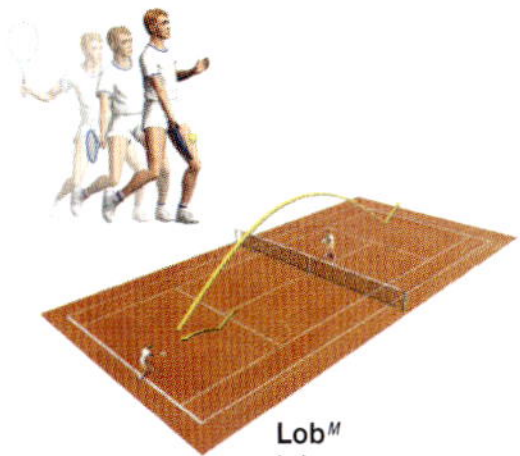

Lob^M
lob

Stoppball^M
drop shot

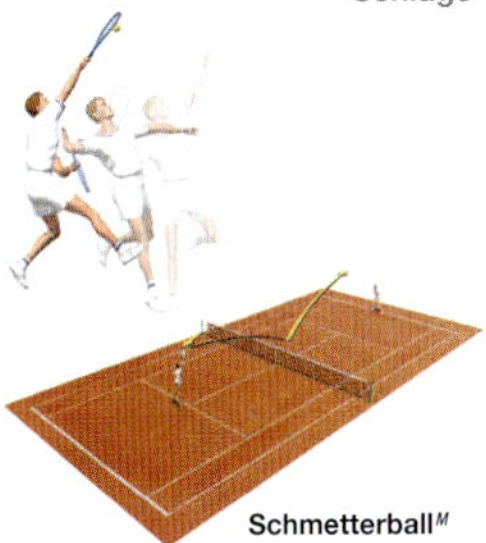

Schmetterball^M
smash

Tennis[N]

Tennisschläger[M]
tennis racket

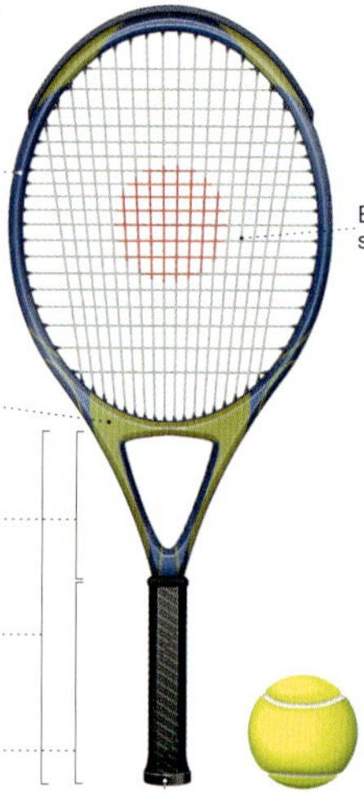

Tennisball[M]
tennis ball

Tennisspielerin[F]
tennis player

Anzeigetafel[F]
scoreboard

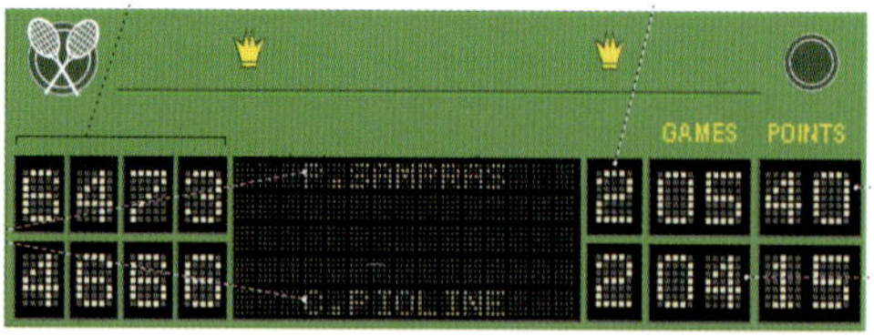

Spielfeldbeläge[M]
playing surfaces

Rasen[M]
grass

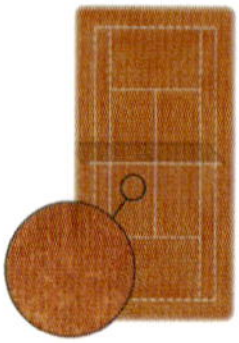

Sand[M]
clay

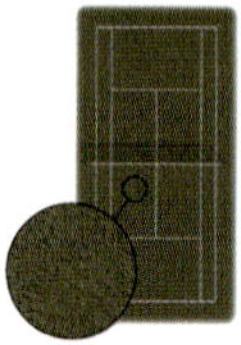

Hartplatz[M]
hard surface

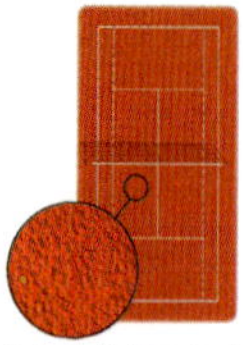

Kunststoffboden[M]
synthetic surface

Tischtennis^N

table tennis

Tischtennistisch^M
tennis table

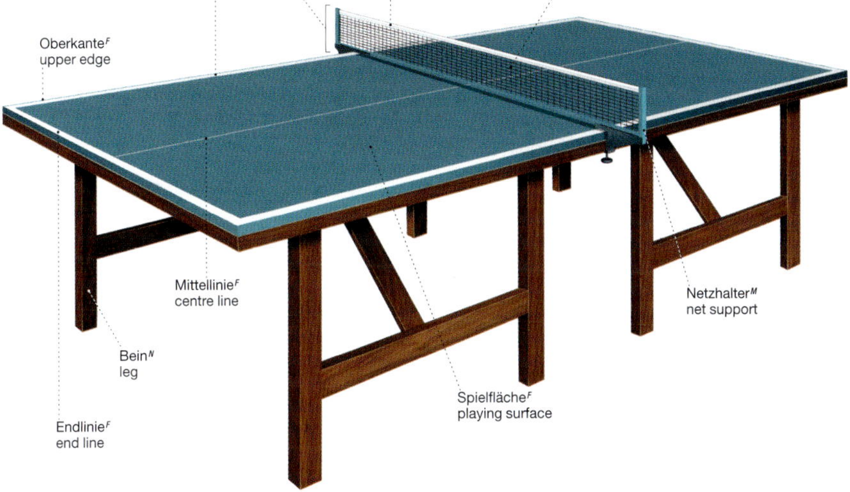

Tischtennisschläger^M
table tennis bat

Tischtennisball^M
table tennis ball

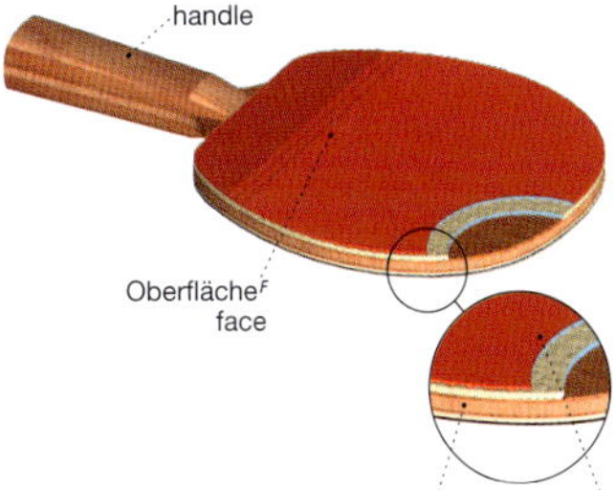

Grifftechniken^F
types of grip

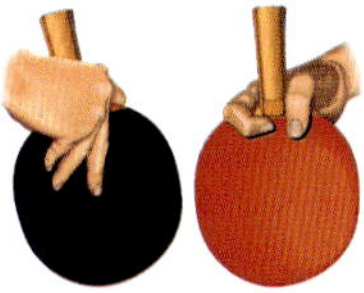

Penholdergriff^M
penholder grip

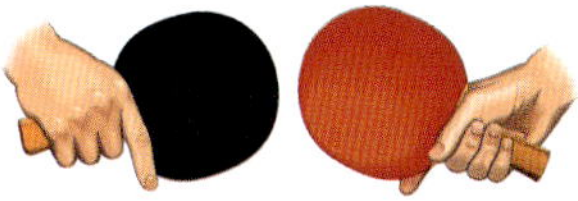

Shake-Hands-Griff^M
shake-hands grip

Geräteturnen[N]

gymnastics

Geräteturnanlage[F]
event platform

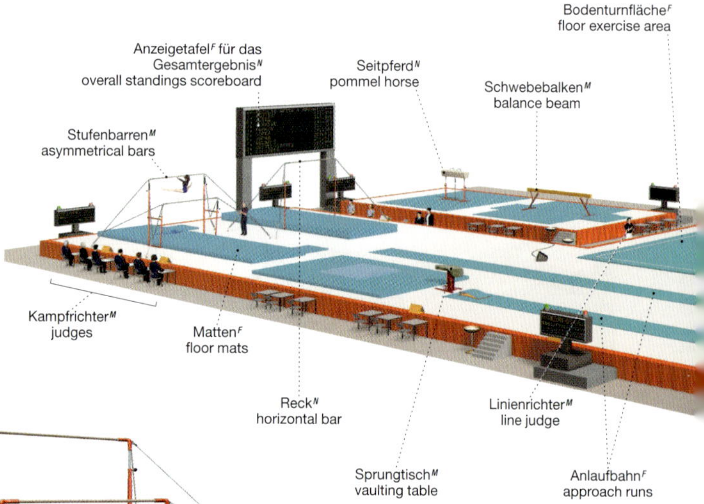

Stufenbarren[M]
asymmetrical bars

Reck[N]
horizontal bar

Ringe[M]
rings

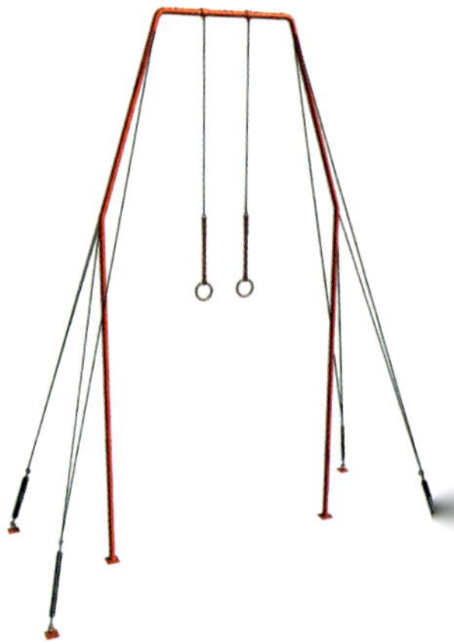

SPORT UND SPIELE

Geräteturnen^N

Anzeigetafel^F
scoreboard

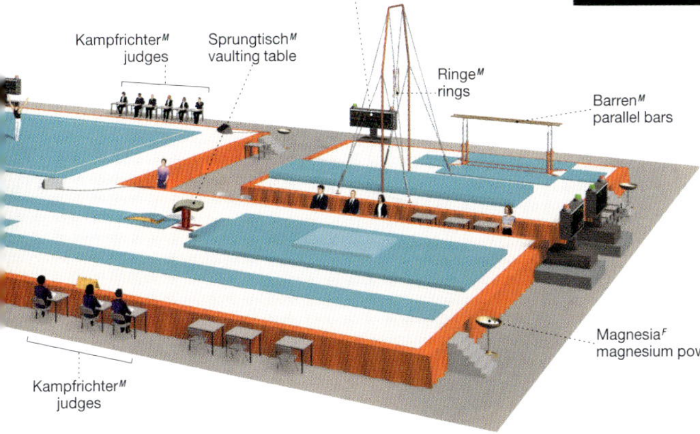

Seitpferd^N
pommel horse

Sprungbrett^N
springboard

Sprungtisch^M
vaulting table

Barren^M
parallel bars

Schwebebalken^M
balance beam

Trampolin[N]

trampoline

Freizeittrampolin[N]
leisure trampoline

Tauchen[N]

scuba diving

Taucher[M]
scuba diver

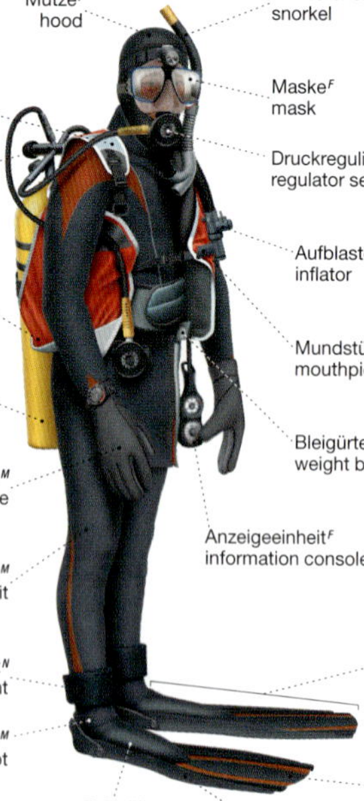

Kunstspringen[N]

diving

Startpositionen[F]
starting positions

Sprungfiguren[F]
flight positions

Springeinrichtungen[F]
diving apparatus

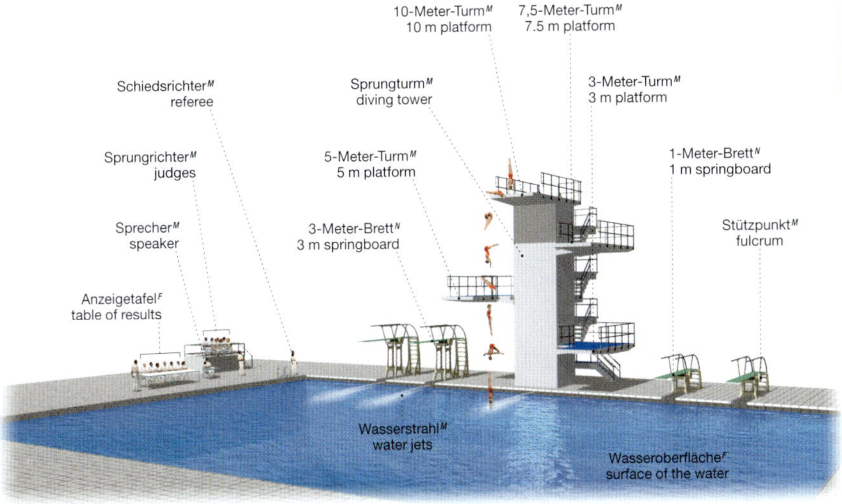

Schwimmen[N]

swimming

Startblock[M]
starting block

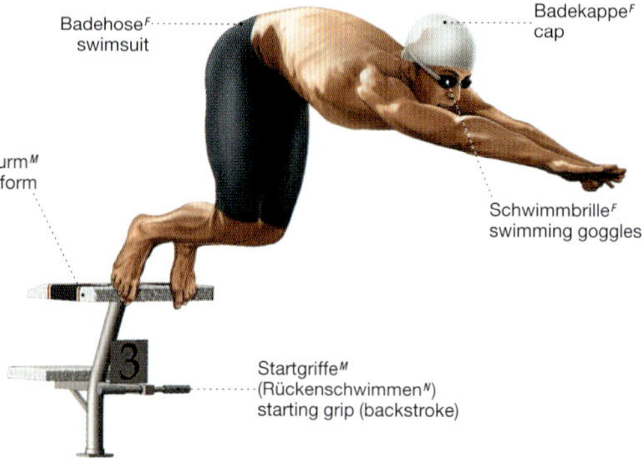

Wettkampfbecken[N]
competitive course

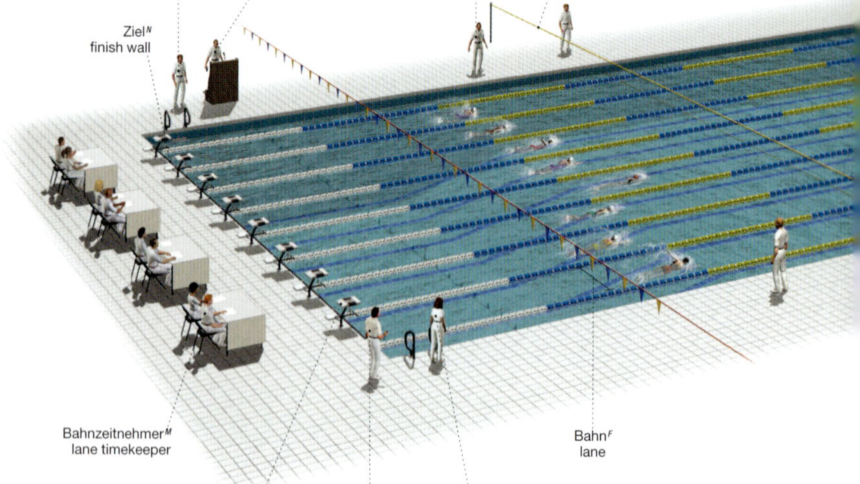

Schwimmen^{N}

verschiedene Schwimmstile^{M}
types of stroke

Schmetterlingsstil^{M}
butterfly stroke

Kraulen^{N}
crawl stroke

Rückenschwimmen^{N}
backstroke

Brustschwimmen^{N}
breaststroke

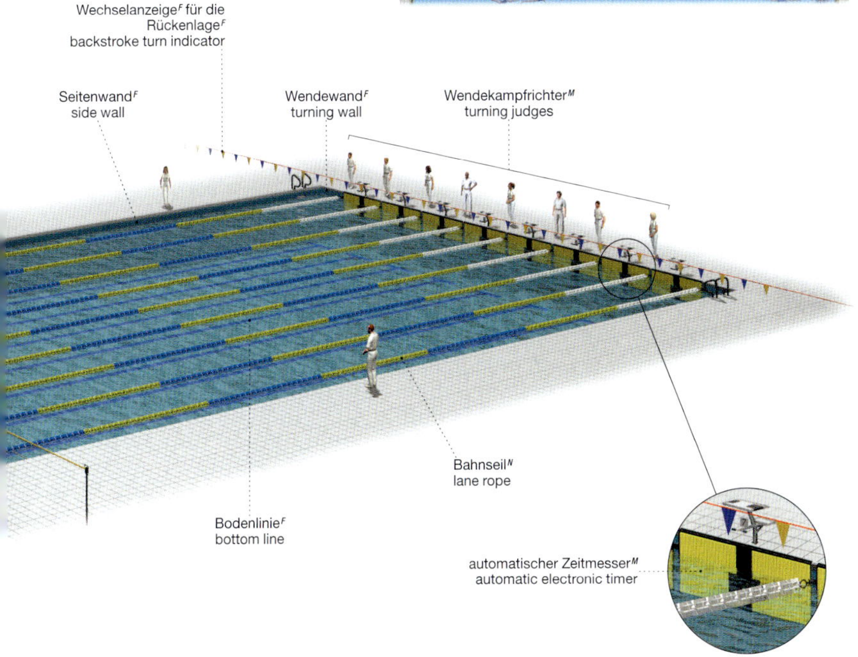

Segelsport[M]

sailing

Segelboot[N]
sailing boat

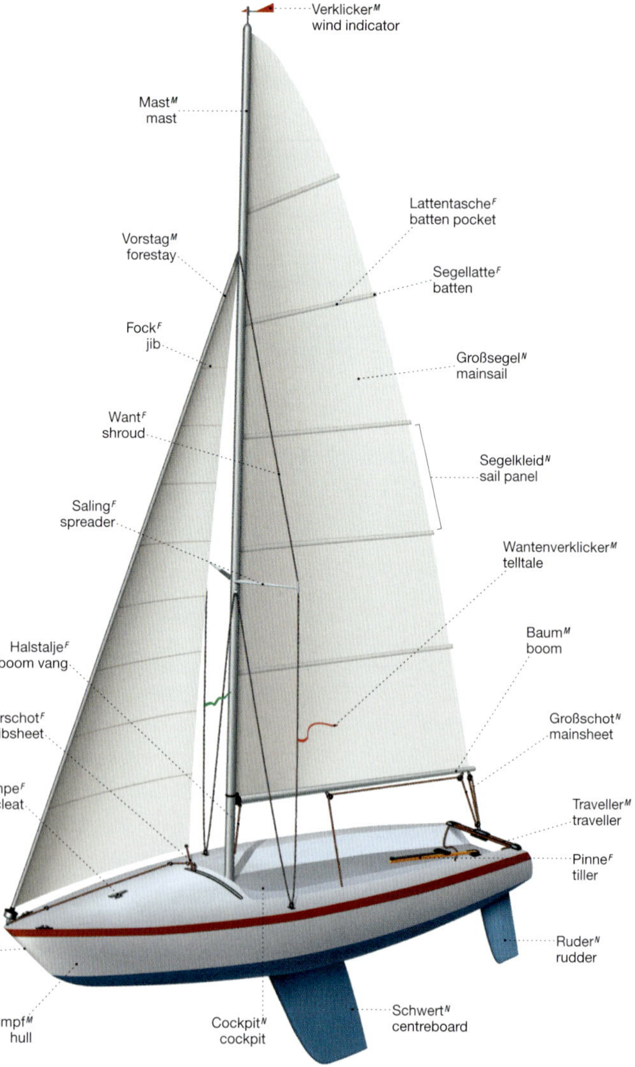

Segelsport[M]

Mehrrumpfboote[N]
multi-hulls

Katamaran[M]
catamaran

Trimaran[M]
trimaran

Einrumpfboote[N]
mono-hulls

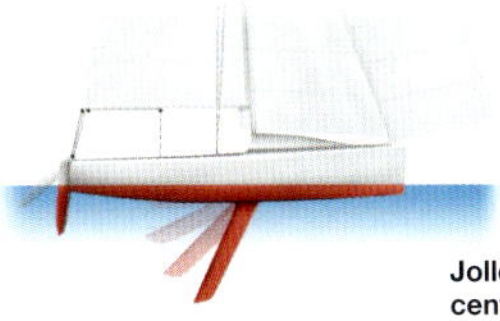

Jolle[F]
centreboard boat

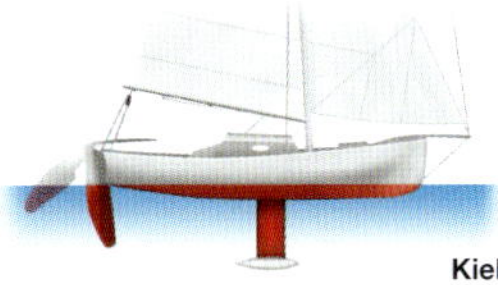

Kielboot[N]
keel boat

Beschläge[M]
upperworks

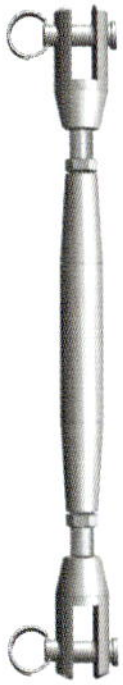

Wantenspanner[M]
turnbuckle

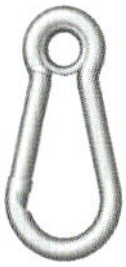

Karabinerhaken[M]
snap shackle

Gelenkschäkel[M]
hank

Schäkel[M]
shackle

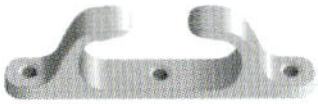

Lippe[F]
fairlead

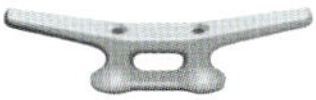

Klampe[F]
cleat

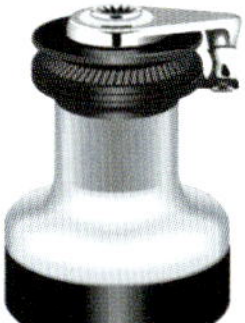

Winsch[F]
winch

Curryklemme[F]
clam cleat

Leitöse[F]
sheet lead

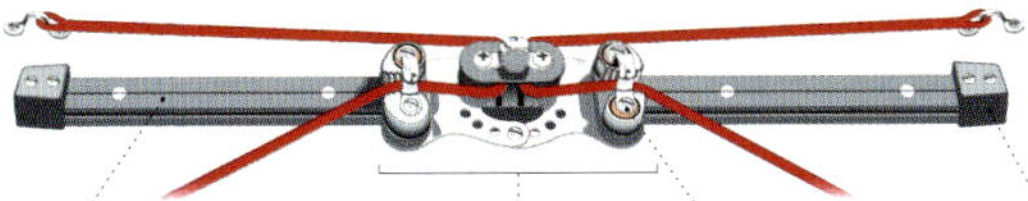

Traveller[M]
traveller

Surfbrett^N

sailboard

Segel^N
sail

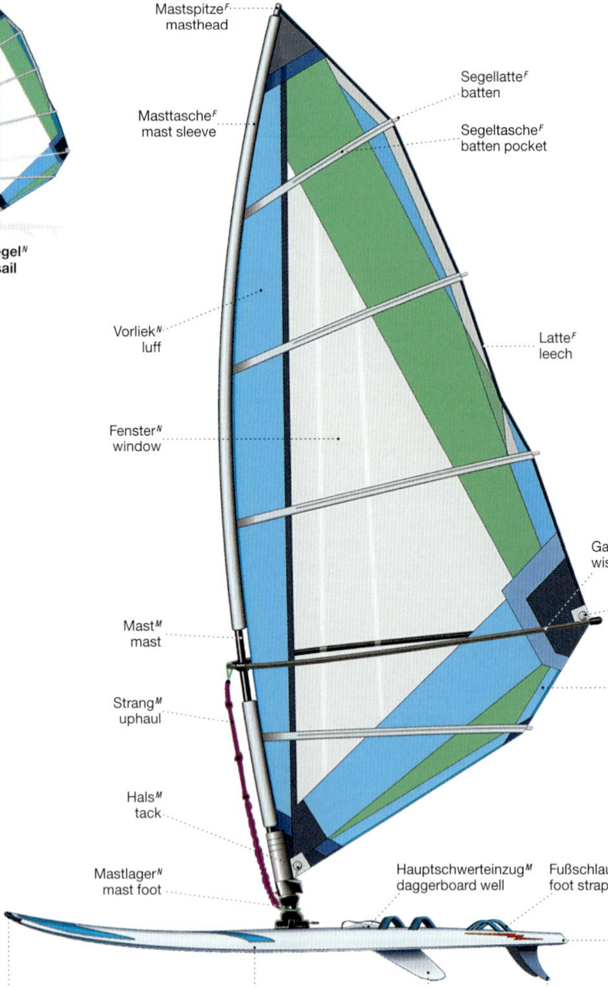

Kanu[N]

canoe

Wildwasserkanu[N]
whitewater canoe

Freizeitkanu[N]
recreational canoe

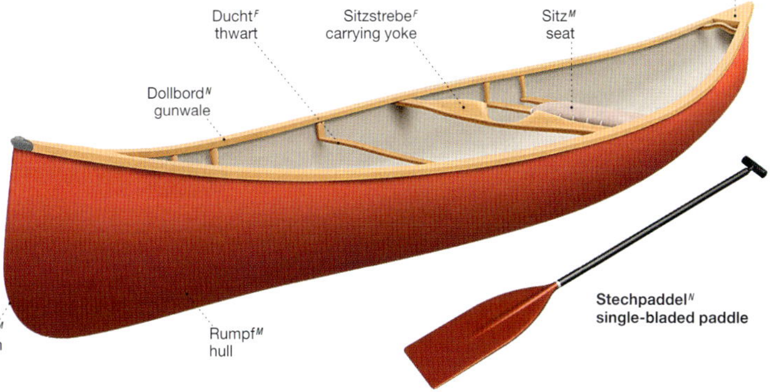

Stechpaddel[N]
single-bladed paddle

Kajak[M/N]

kayak

Doppelpaddel[N]
double-bladed paddle

Wildwasserkajak[M/N]
whitewater kayak

Zweimann-Seekajak[M/N]
two-paddler sea kayak

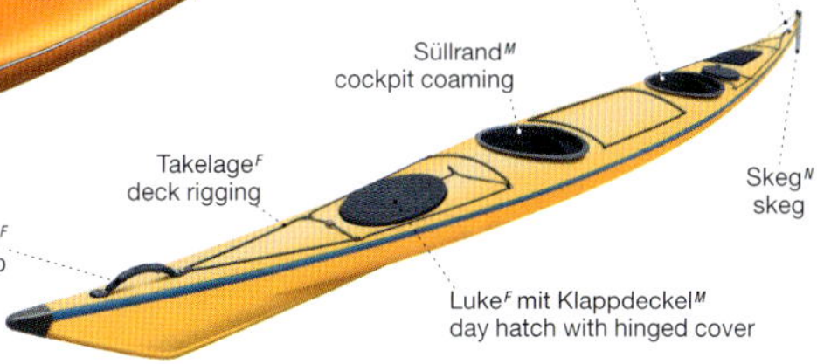

SPORT UND SPIELE

Boxen[N]

boxing

Boxer[M]
boxer

Sandsack[M]
punchbag

Punchingball[M]
punchball

Handbandage[F]
hand wrap

Mundschutz[M]
gumshield

Ring[M]
ring

Judo[N]

judo

Matte[F]
mat

Judogi[M]
judogi

Karate[N]

karate

Wettkampfbereich[M]
contest area

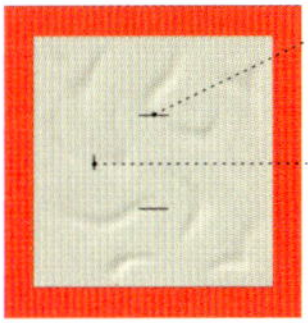

Karateka[M]
karateka

Taekwondo[N]

taekwondo

Wettkampfbereich[M]
competition area

Gewichtheben[N]

weightlifting

Gewichtheber[M]
weightlifter

Stoßen[N]
clean and jerk

Reißen[N]
snatch

Fitnessgeräte[N]

fitness equipment

Springseil[N]
skipping-rope

Hantel[F]
dumbbell

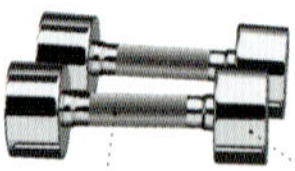

Fuß-/Handgelenksgewicht[N]
ankle/wrist weight

Handmuskeltrainer[M]
handgrips

Expander[M]
chest expander

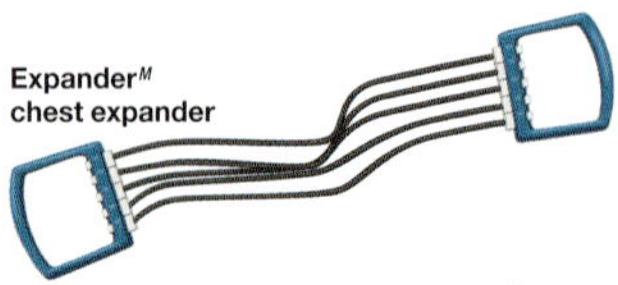

Hantel[F]
barbell

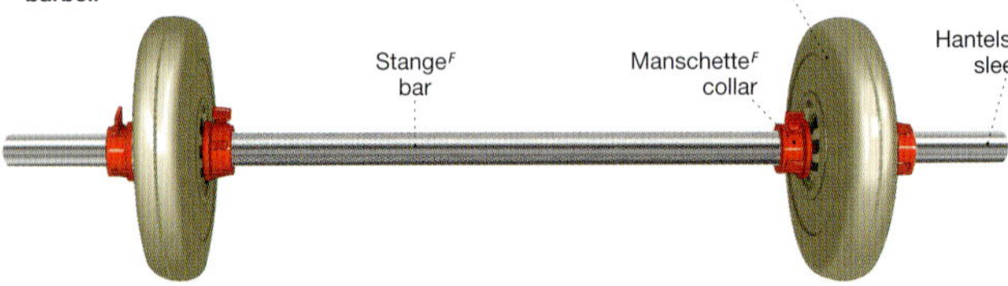

Fitnessball[M]
stability ball

Fitnessgeräte[N]

Rudergerät[N]
rowing machine

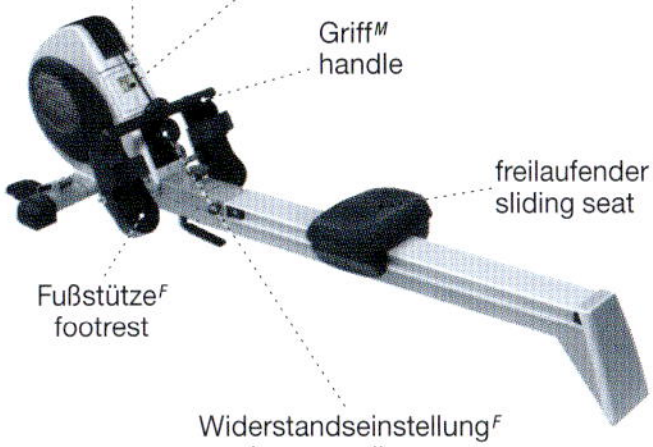

Climber[M]
stepper

Laufband[N]
treadmill

Heimtrainer[M]
home gym

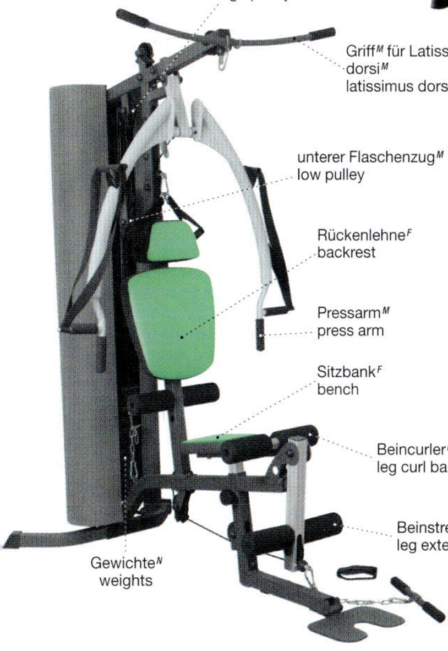

Heimtrainer[M]
exercise cycle

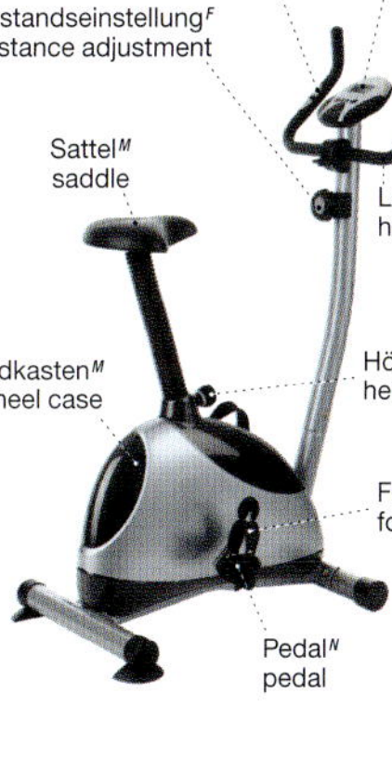

Reiten[N]

riding

Zaumzeug[N]
bridle

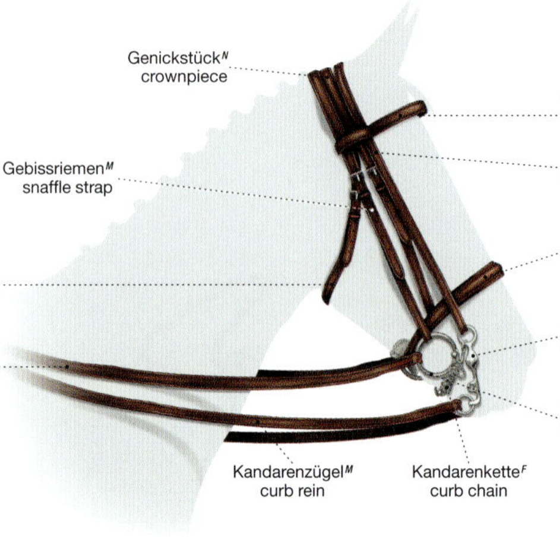

Sattel[M]
saddle

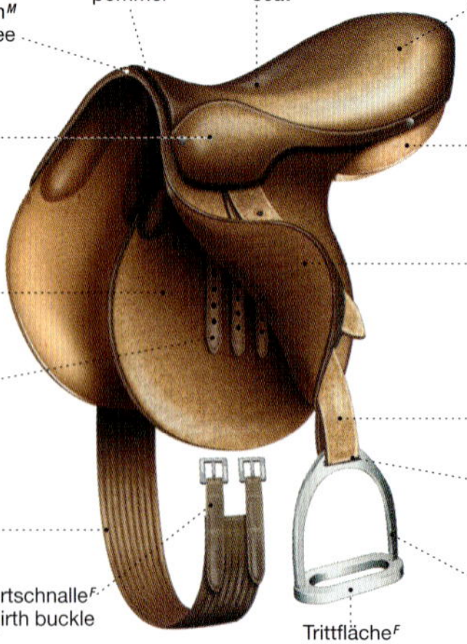

Billard[N]

billiards

Billardtisch[M]
billiards table

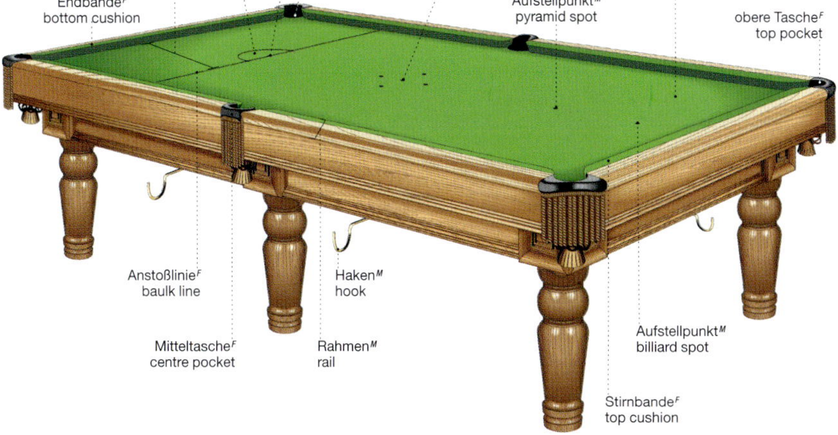

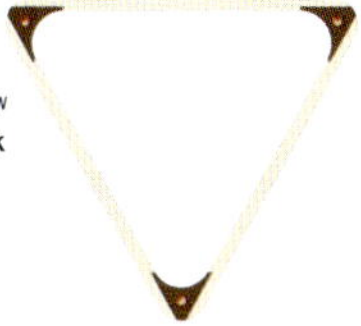

Dreieck[N]
rack

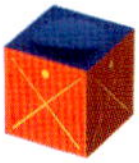

Kreide[F]
chalk

Billardqueue[N/M]
billiard cue

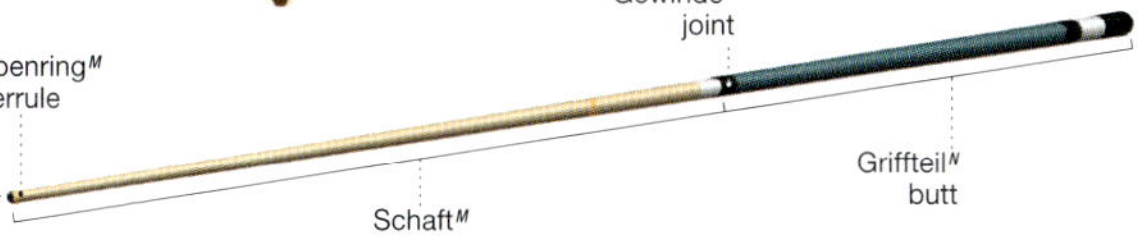

Steg[M]
bridge

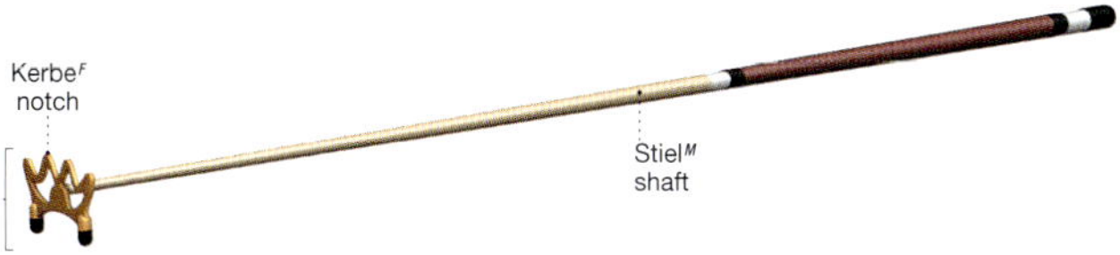

Golfspiel[N]

golf

Golfplatz[M]
golf course

Par[N]-5-Loch[N]
par 5 hole

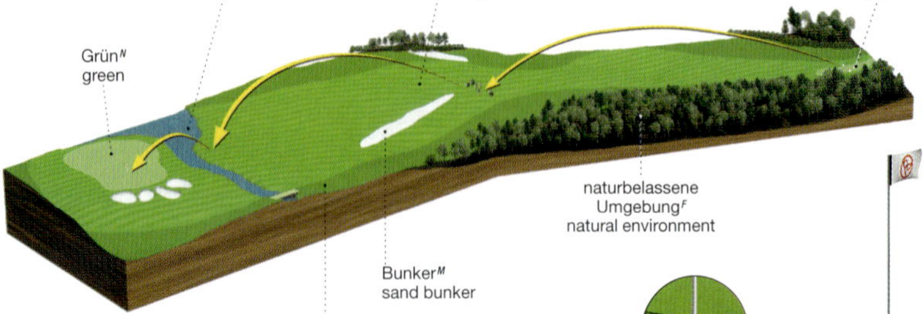

Golfspiel[N]

Golfball[M]
golf ball

Arten[F] von Golfschläger[M]
types of golf club

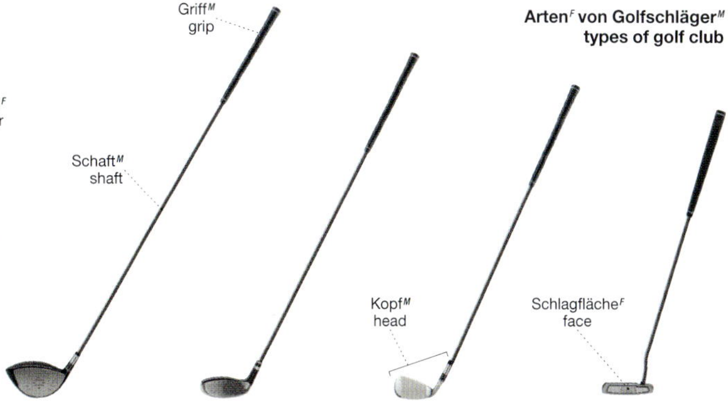

Holzschläger[M] **wood**

Hybridschläger[M] **hybrid**

Eisenschläger[M] **iron**

Putter[M] **putter**

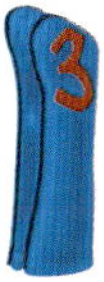

Schlägerabdeckung[F]
head cover

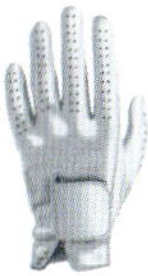

Golfhandschuh[M]
golf glove

Golfschuhe[M]
golf shoes

Golfwagen[M]
golf trolley

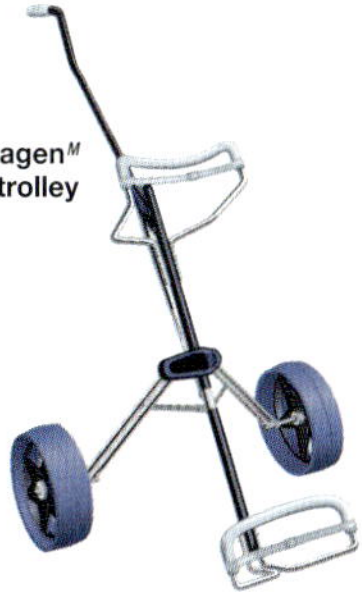

elektrischer Golfwagen[M]
electric golf cart

Golftasche[F]
golf bag

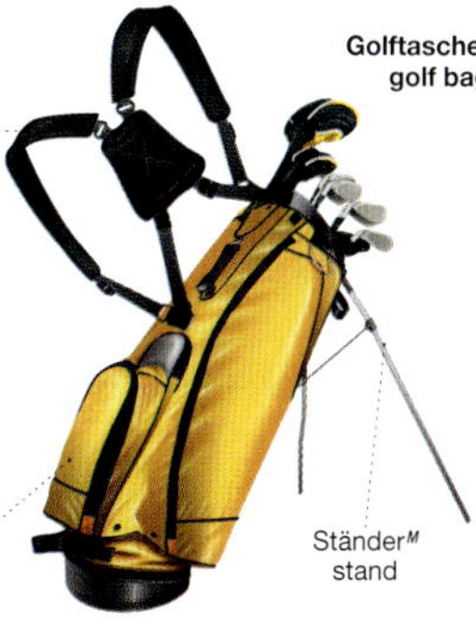

Straßenradsport[M]

road racing

Straßenrennrad[N] und Fahrer[M]
road-racing bicycle and cyclist

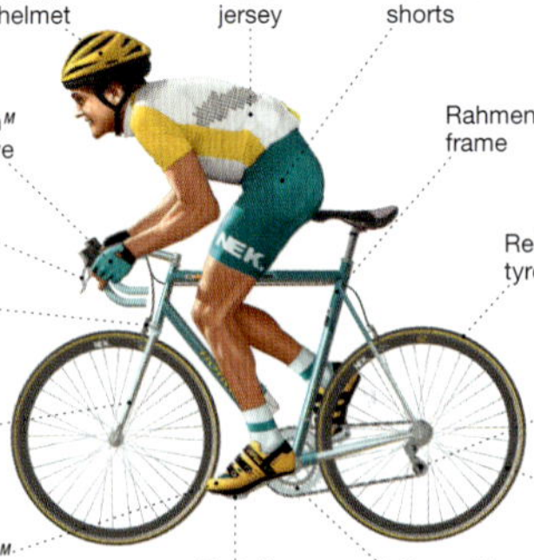

Straßenradrennen[N]-Wettbewerbe[M]
road-racing competition

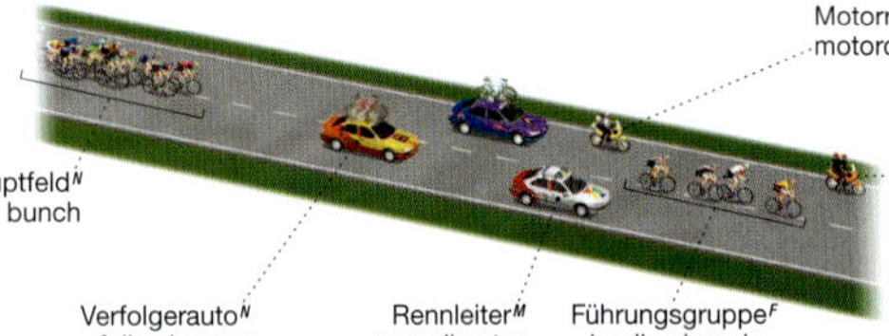

Mountainbike[N]

mountain biking

Querfeldeinrad[N] und Fahrer[M]
cross-country bicycle and cyclist

Downhillrad[N] und Fahrer[M]
downhill bicycle and cyclist

Jetski^M

personal watercraft

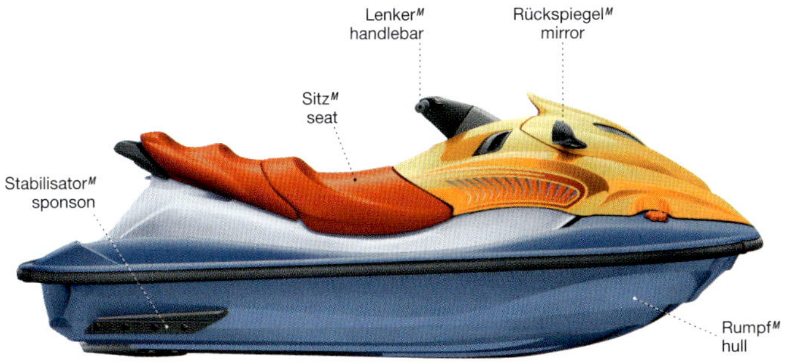

Schneemobil^N

snowmobile

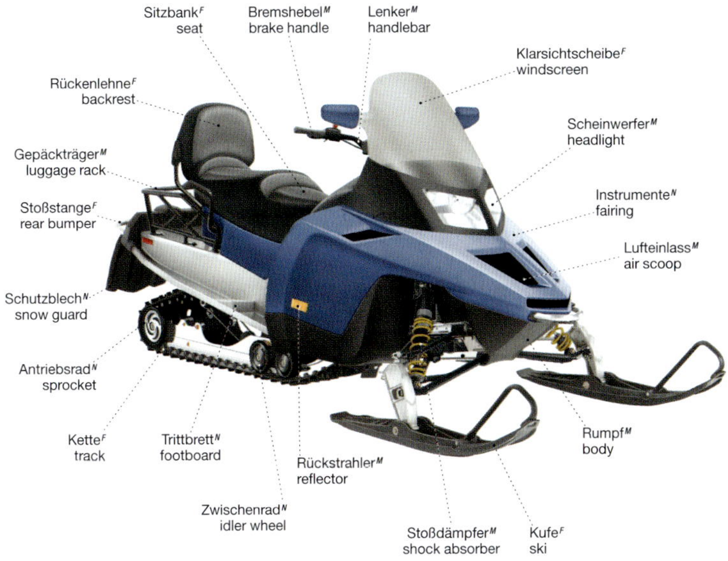

Autorennen[N]

motor racing

Rennfahrer[M]
driver

Formel-Indy-Auto[N]
Indy car

NASCAR-Auto[N]
NASCAR car

Geländefahrzeug[N]
rally car

Prototyp[M]-Sportauto[M]
sport prototype car

Startaufstellung[F]
starting grid

Formel-1-Rennstrecke[F]
Formula 1 circuit

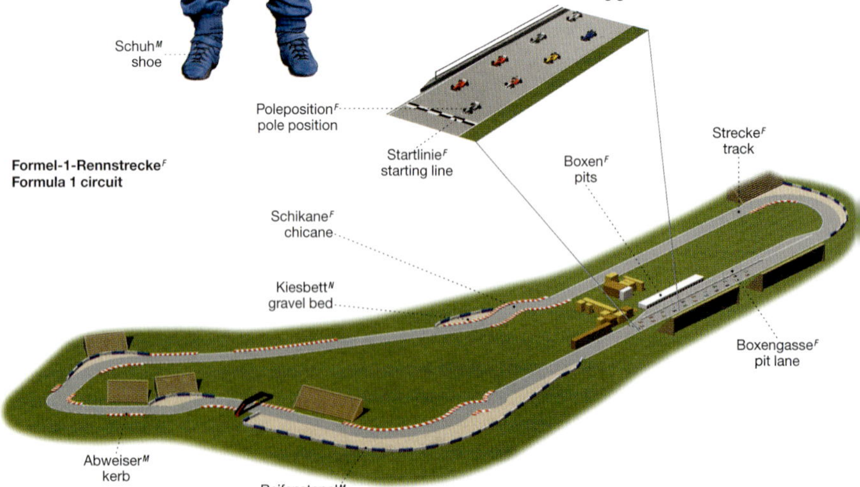

Autorennen[N]

Formel-1-Auto[N]
Formula 1 car

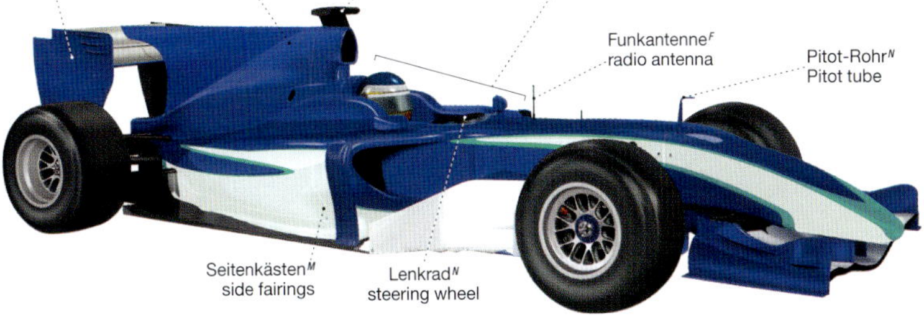

Motorradsport[M]

motorcycling

Motocross- und Supercross-Motorrad[N] und Fahrer[M]
motocross and supercross motorcycle and rider

Grand Prix-Motorrad[N] und Fahrer[M]
Grand Prix motorcycle and rider

Eishockey[N]

ice hockey

Eishockeyspieler[M]
ice hockey player

Eishockeyschläger[M]
player's stick

Eisfläche[F]
rink

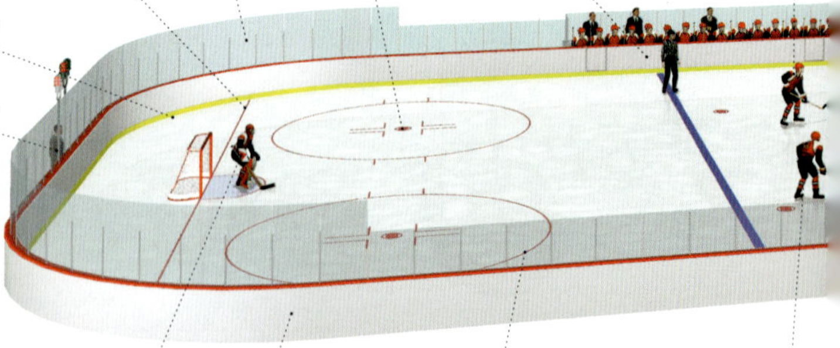

Eishockey[N]

Torwart[M]
goalkeeper

Puck[M]
puck

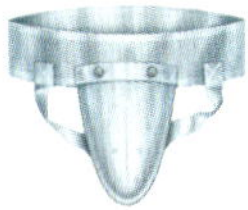

Suspensorium[N]
protective cup

Torwartschlittschuh[M]
goalkeeper's skate

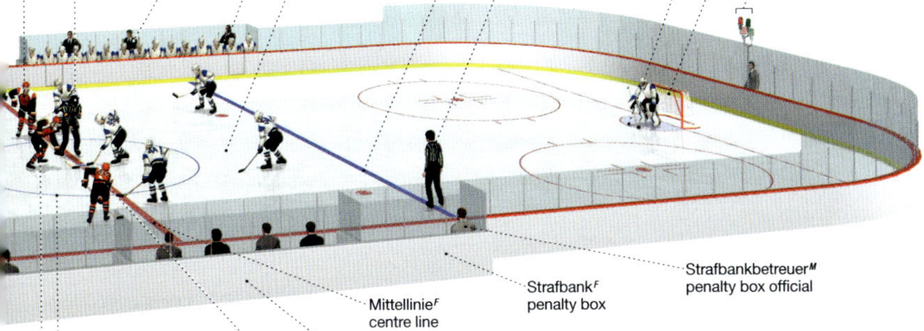

Eisschnelllauf[M]

speed skating

Eisschnelläufer[M] (Langstrecke[F]) skater (long track)

Eisschnelläufer[M] (Kurzstrecke[F]) skater (short track)

Eisschnelllauf[M]-Schlittschuhe[M] speed skates

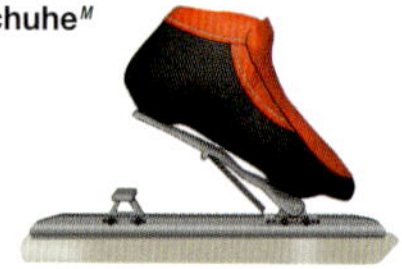

Klappschlittschuh[M]
clapskate

Kurzstreckenschlittschuh[M]
short track skate

Kurzstrecke[F]
short track

Eisschnelllaufbahn[F]
long track

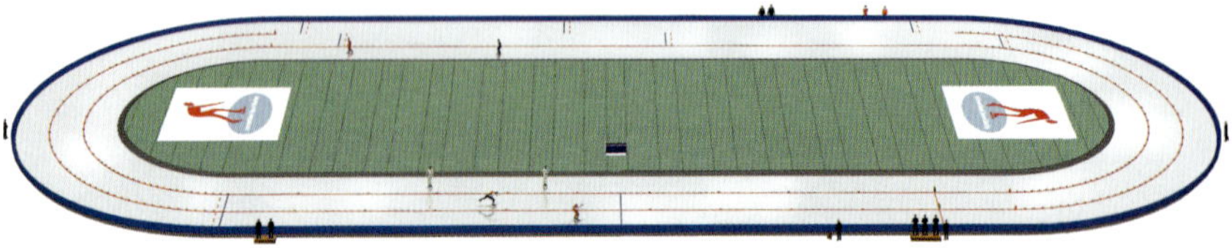

Eiskunstlauf[M]

figure skating

Eiskunstlaufstiefel[M]
figure skate

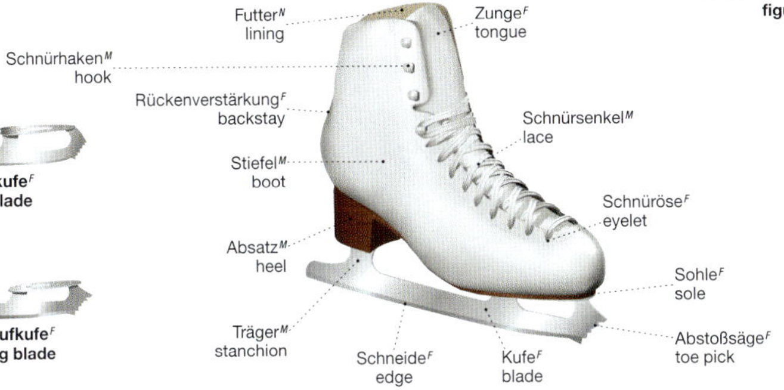

Eistanzkufe[F]
dance blade

Eiskunstlaufkufe[F]
free skating blade

Beispiele[N] für Sprünge[M]
examples of jumps

Salchow[M]
Salchow

Axel[M]
Axel

Toeloop[M]
toe loop

Flip[M]
flip

Lutz[M]
Lutz

Eisfläche[F]
rink

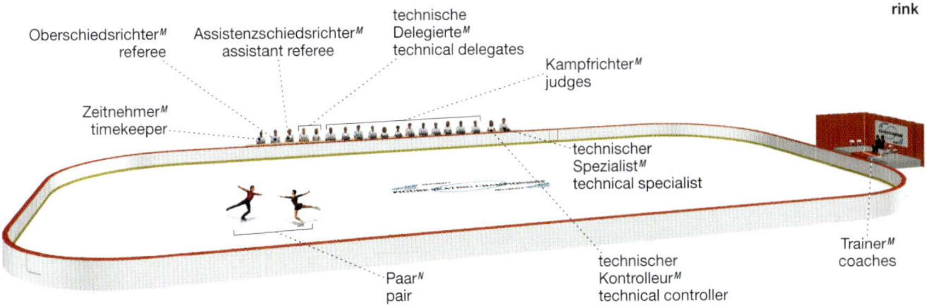

Skigebiet^N

ski resort

Gesamtansicht^F
general view

Ansicht^F des Bergfußes^M
view of the base of the mountain

Snowboarden^N

snowboarding

Snowboarder^M
snowboarder

Hardboots^M
hard boot

Softboots^M
flexible boot

Freestyleboard^N
freestyle snowboard

Alpinboard^N
alpine snowboard

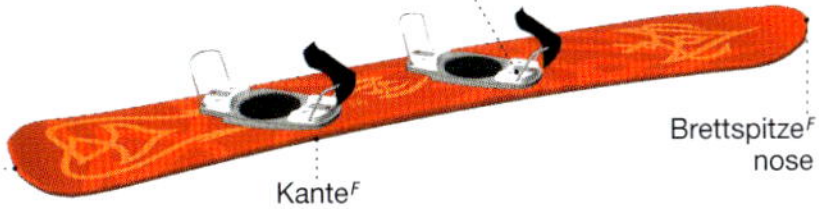

Skispringen^N

ski jumping

Skispringer^M
ski jumper

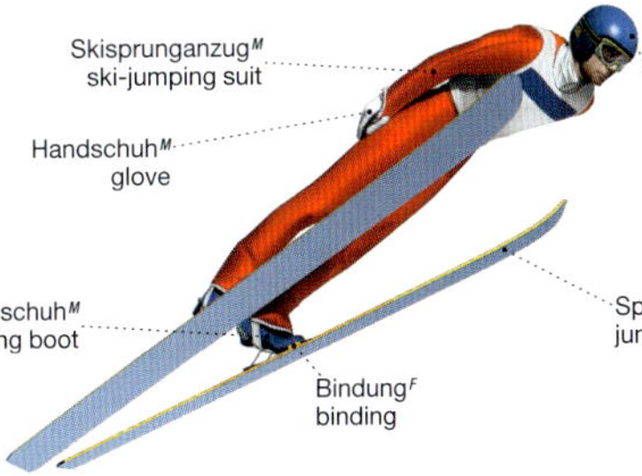

alpines Skilaufen[N]

alpine skiing

alpiner Skiläufer[M]
alpine skier

alpines Skilaufen[N]
alpine ski

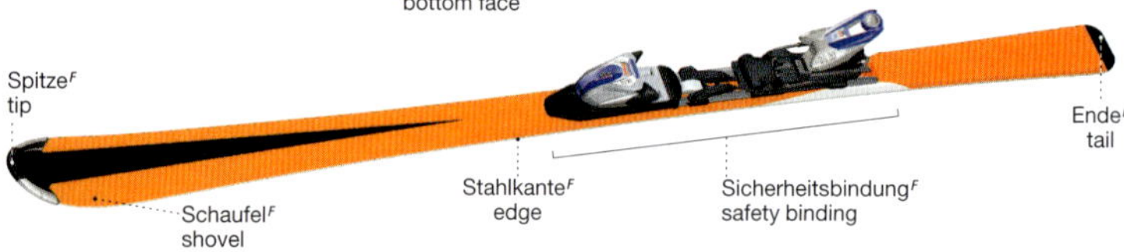

Beispiele[N] für Skier[M]
examples of skis

Skiboard[N]
skiboard

Slalomski[M]
slalom ski

Riesenslalomski[M]
giant slalom ski

Abfahrts- und Superriesenslalom[M]-Ski[M]
downhill and super-G ski

alpines Skilaufen[N]

Disziplinen[F]
technical events

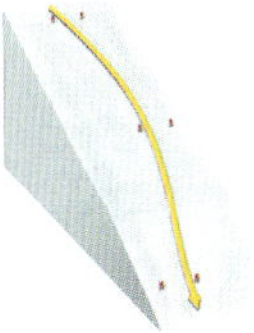

Abfahrtslauf[M]
downhill

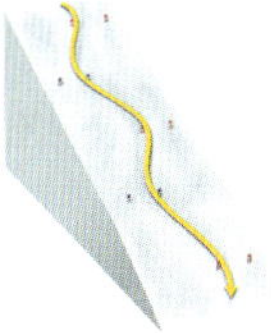

Superriesenslalom[M]
super giant slalom

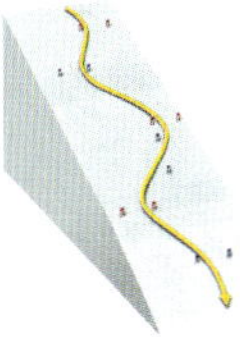

Riesenslalom[M]
giant slalom

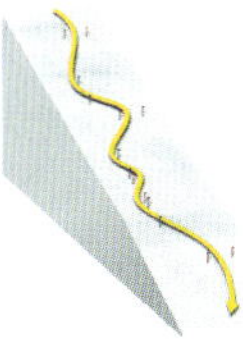

Spezialslalom[M]
special slalom

Skistiefel[M]
ski boot

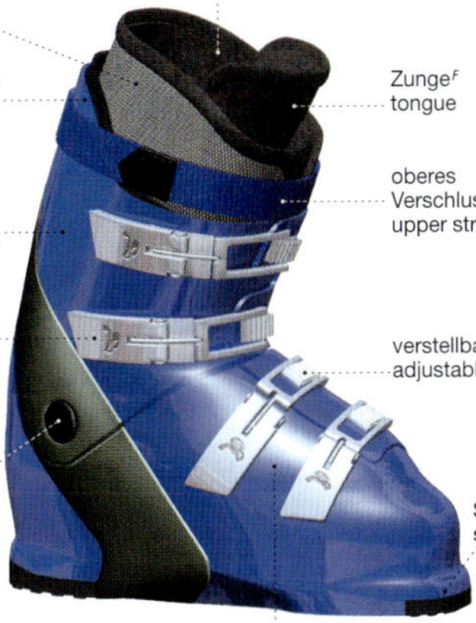

Sicherheitsbindung[F]
safety binding

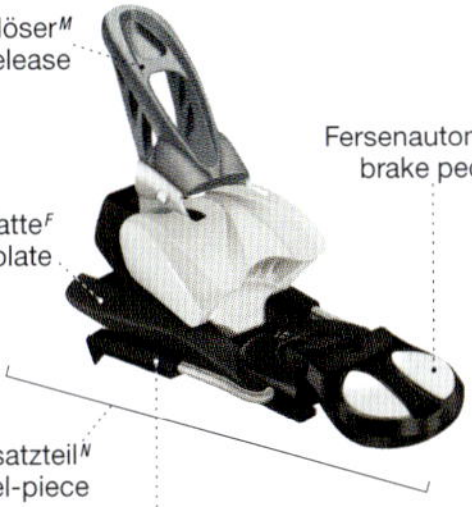

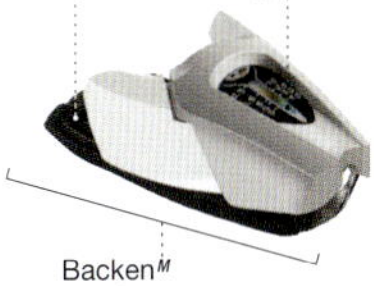

SPORT UND SPIELE

Skilanglauf M

cross-country skiing

Langläufer M
cross-country skier

Wachsausrüstung F
waxing kit

Schlittschuhschritt M
skating step

diagonaler Schlittschuhschritt M
diagonal step

Schneeschuhwandern N

snowshoeing

elliptischer Schneeschuh M
elliptical snowshoe

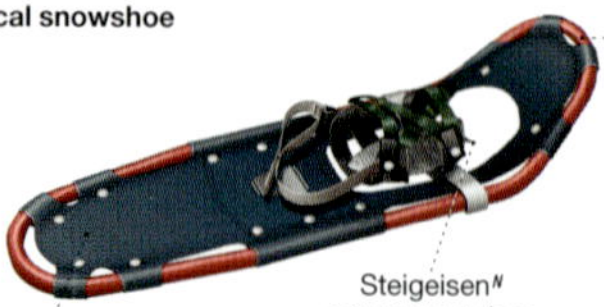

traditioneller Schneeschuh M
traditional snowshoe

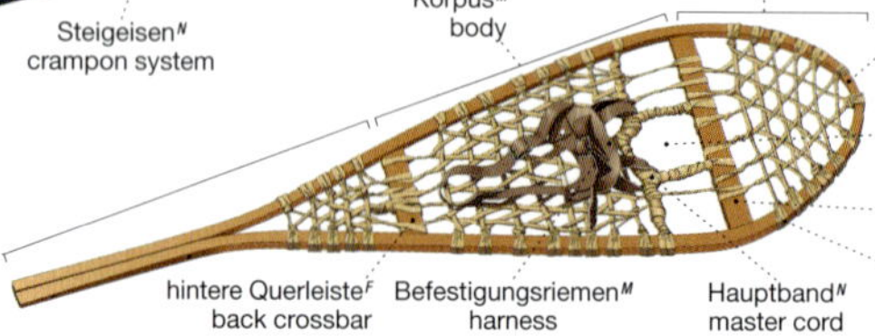

Skateboarding[N]

skateboarding

Unteransicht[F]
bottom view

Draufsicht[F]
top view

Skateboarder[M]
skateboarder

Inlineskating[N]

inline skating

Rollschuh[M]
roller skate

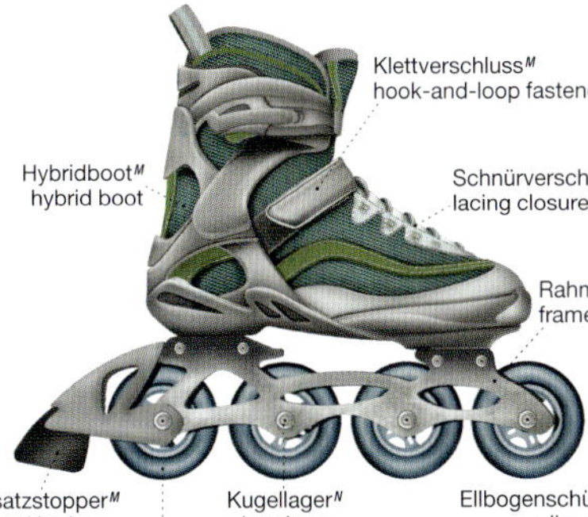

Skaterin[F]
skater

Camping[N]

camping

Schlafsäcke[M]
sleeping bags

Rechteckschlafsack[M]
rectangular bag

Halbmumienschlafsack[M]
semi-mummy bag

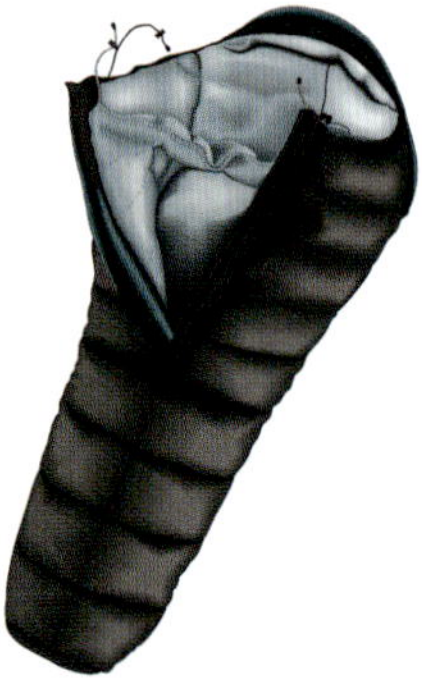

Mumienschlafsack[M]
mummy bag

Rucksackbiwak[M]
backpack bivvy

Bett[N] mit Matratze[F]
bed and mattress

Feldbett[N]
camp bed

Luftmatratze[F]
air mattress

selbstaufblasbare
Luftmatratze[F]
self-inflating mattress

Schaumgummimatratze[F]
foam pad

Kombipumpe[F]
inflator-deflator

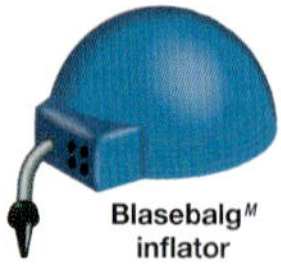

Blasebalg[M]
inflator

Camping[N]

Beispiele[N] für Zelte[N]
examples of tents

Zweipersonenzelt[N]
two-person tent

Familienzelt[N]
family tent

Steilwandzelt[N]
wall tent

Mannschaftszelt[N]
wagon tent

Hauszelt[N]
ridge tent

Einpersonenzelt[N]
one-person tent

Kuppelzelt[N]
dome tent

Igluzelt[N]
igloo tent

Camping[N]

Propan- oder Butangas-Geräte[N]
propane or butane appliances

Lampe[F]
lantern

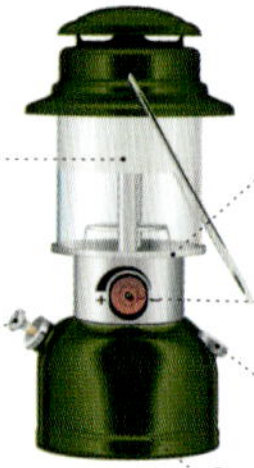

Heizstrahler[M]
heater

zweiflammiger Gasbrenner[M]
two-burner camp stove

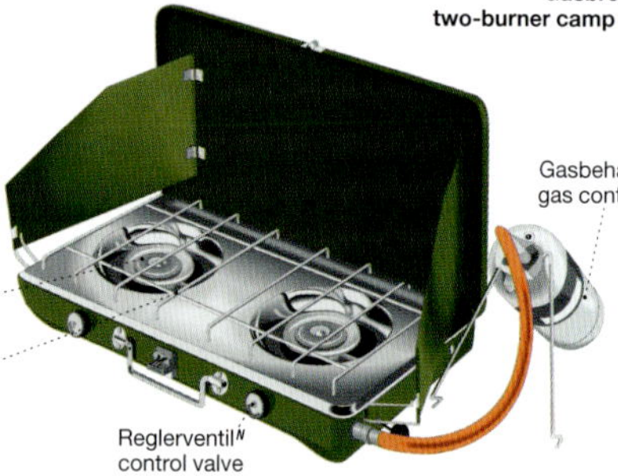

einflammiger Gasbrenner[M]
single-burner camp stove

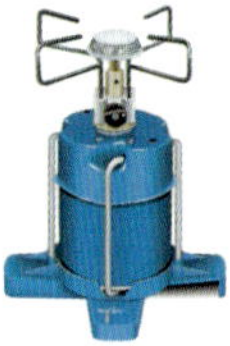

Campingausrüstung[F]
camping equipment

Multifunktionsmesser[M]
multipurpose knife

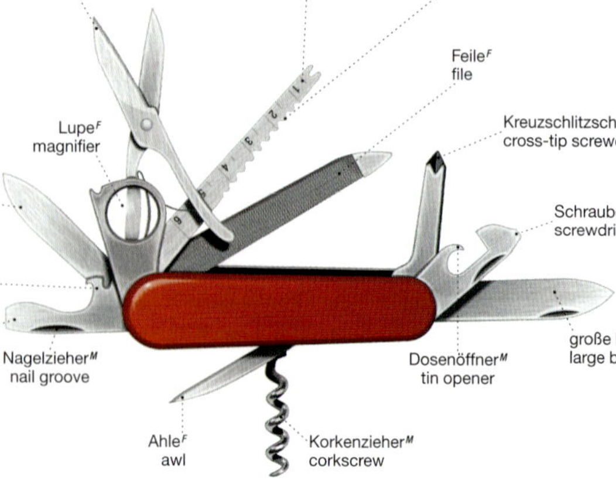

Camping[N]

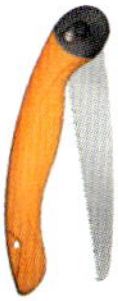

Klappsäge[F]
folding saw

Beil[N]
hatchet

Magnetkompass[M]
magnetic compass

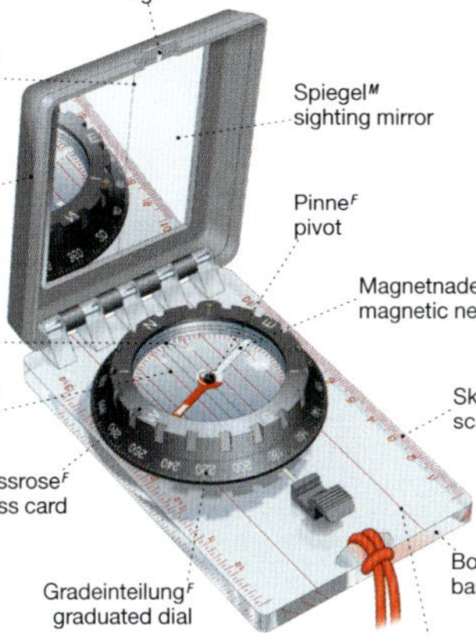

Thermoskanne[F]
thermos bottle

Sportflasche[F]
sport bottle

Wasseraufbereiter[M]
water purifier

Sturmlampe[F]
hurricane lamp

Stirnlampe[F]
head torch

Kühlbox[F]
cooler

Wasserkanister[M]
water carrier

Faltgrill[M]
folding grill

Sportfischerei[F]

fishing

Angelkleidung[F] und Zubehör[N]
fishing clothing and accessories

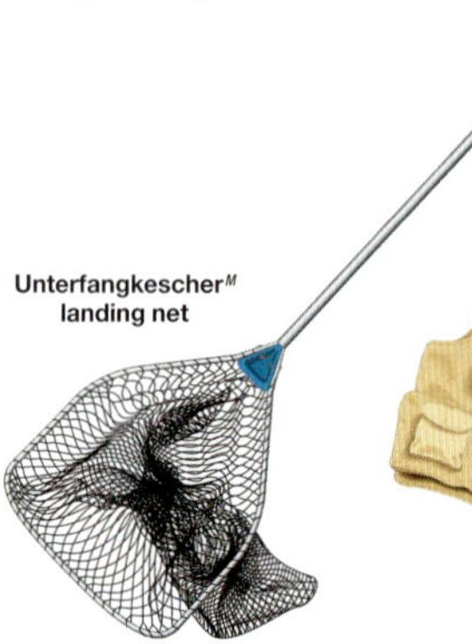

Unterfangkescher[M]
landing net

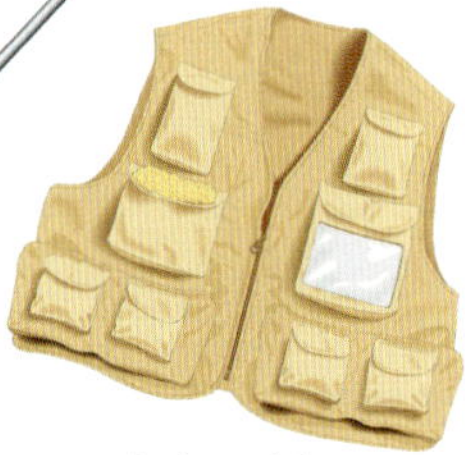

Anglerweste[F]
fishing jacket

Spinnerschachtel[F]
tackle box

Fischkorb[M]
creel

Watstiefel[M]
waders

Casting[N]
casting

Spinnrute[F]
spinning rod

Multirolle[F]
baitcasting reel

Sportfischerei^{F}

Fliegenfischen^{N} flyfishing

Fliegenrolle^{F} fly reel

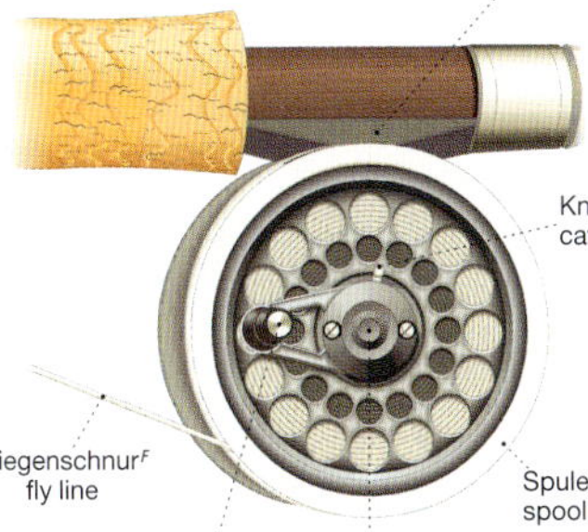

Kunstfliege^{F} artificial fly

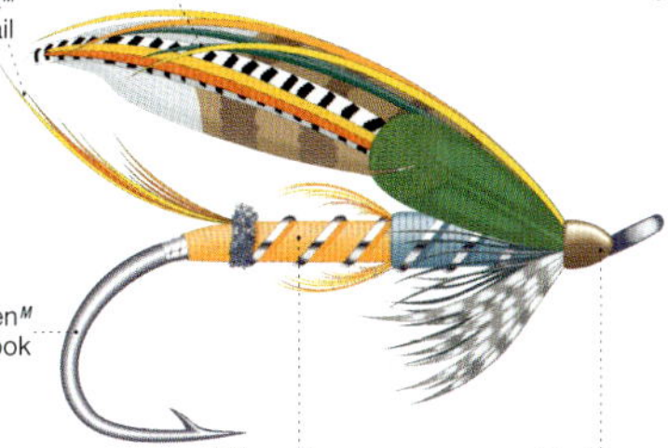

Fliegenrute^{F} fly rod

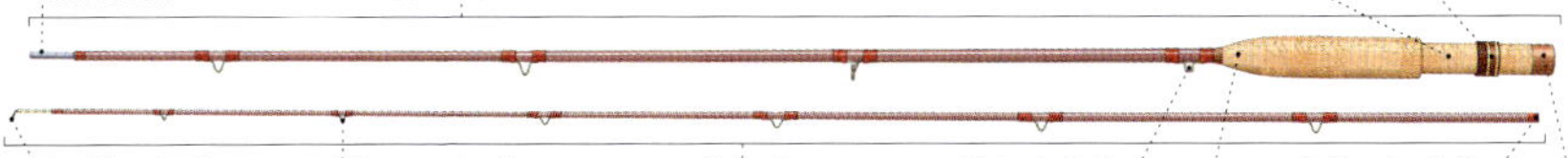

Angelhaken^{M} fishhook

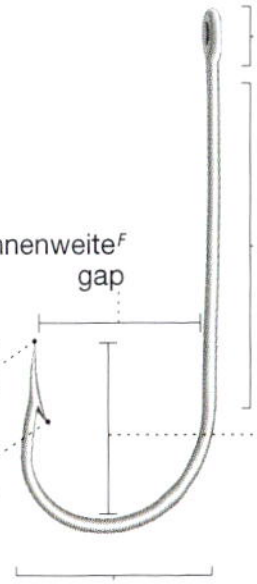

Blinker^{M} spinner

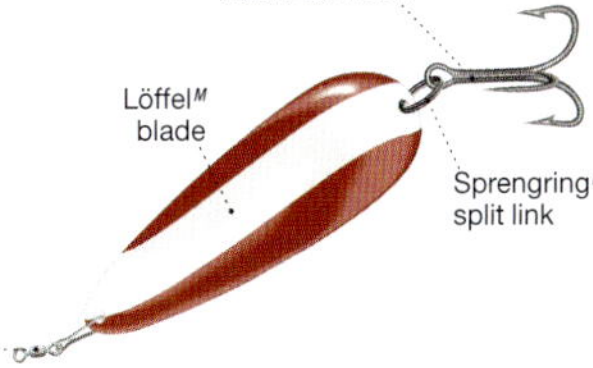

Würfel[M] und Dominosteine[M]

dice and dominoes

gewöhnlicher Würfel[M]
ordinary die

Pokerwürfel[M]
poker die

Dominosteine[F]
dominos

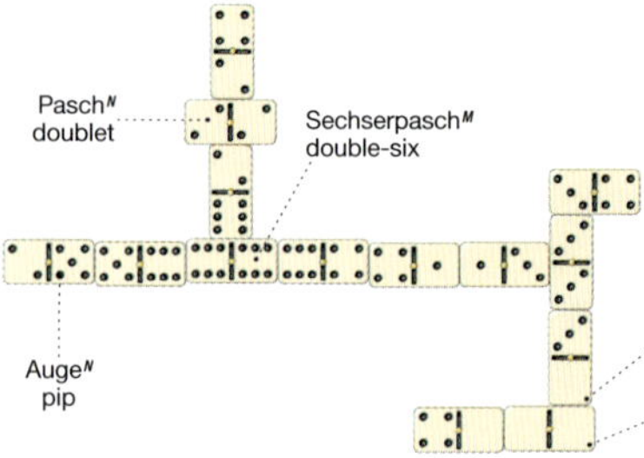

Pasch[N]
doublet

Sechserpasch[M]
double-six

Auge[N]
pip

Blank[N]
blank

Doppelblank[N]
double-blank

Spielkarten[F]

playing cards

Farben[F]
suits

Herz[N]
hearts

Karo[N]
diamonds

Kreuz[N]
clubs

Pik[N]
spades

Bild-[N] und besondere Karten[F]
court and special cards

Ass[N]
ace

Joker[M]
joker

Bube[M]
jack

Dame[F]
queen

König[M]
king

normale Pokerblätter[N]
standard poker hands

höchste Karte[F]
high card

ein Pärchen[N]
one pair

zwei Pärchen[N]
two pairs

Drilling[M]
three of a kind

Straße[F]
straight

Flush[M]
flush

Full House[N]
full house

Vierling[M]
four of a kind

Straight Flush[M]
straight flush

Royal Flush[M]
royal flush

Brettspiele[N]
board games

Schach[N]
chess

Schachfiguren[F]
chess pieces

Bauer[M]
Pawn

Turm[M]
Castle

Läufer[M]
Bishop

Springer[M]
Knight

König[M]
King

Dame[F]
Queen

Schachbrett[N]
chessboard

Zugarten[F]
types of move

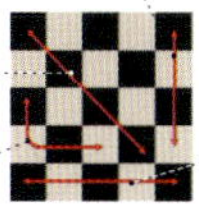

Go[N]
go

Hauptspielzüge[M]
major motions

Berührung[F]
contact

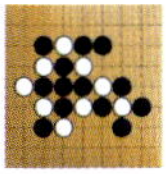
Fangen[N]
capture

Verbindung[F]
connection

Spielbrett[N]
board

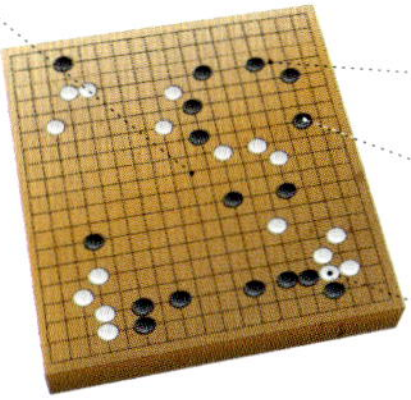

Dame[F]
draughts

Damebrett[N]
chequerboard

Videospiele[N]

video games

Videospielsystem[N]
video entertainment system

tragbare Spielkonsole[F]
portable game console

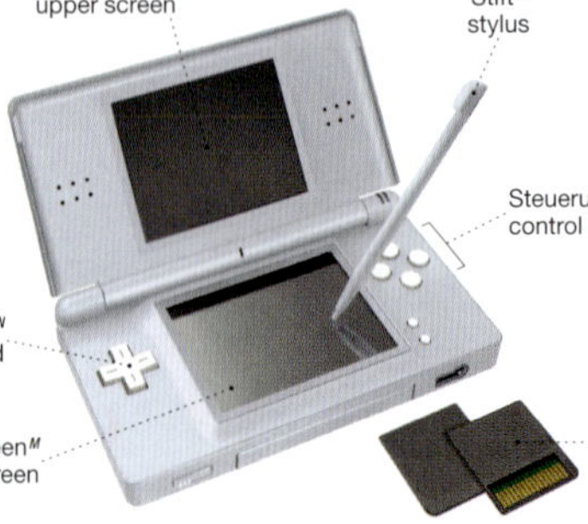

Dartspiel^N

game of darts

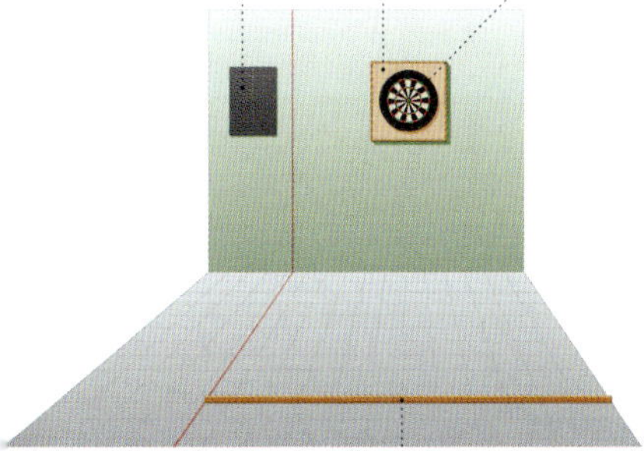

Tischfußball^M

soccer table

Flipperautomat^{M}

pinball machine

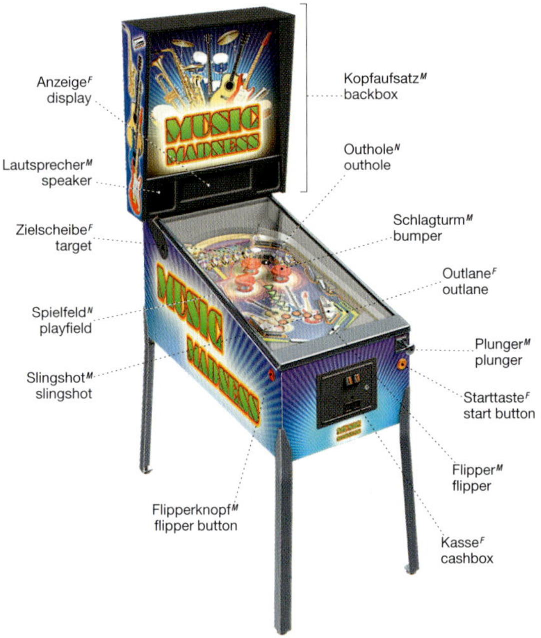

Drachen^{M}

kite

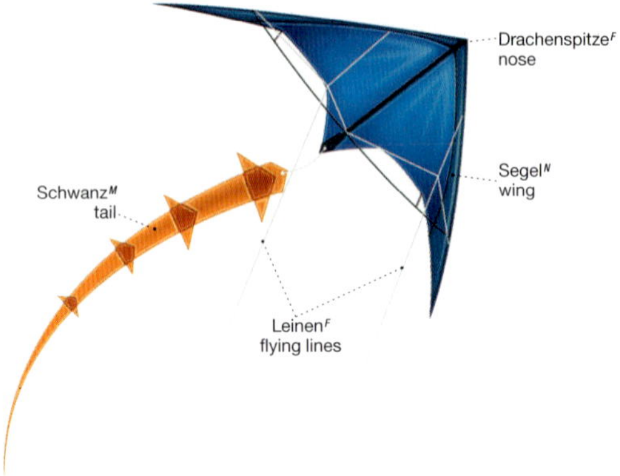

Deutsches Register

10-Meter-Turm 537
1-Meter-Brett 537
30-Sekunden-Zeitnehmer 526
3-Meter-Brett 537
3-Meter-Turm 537
4x4-Geländemotorrad 409
5-Meter-Turm 537
7,5-Meter-Turm 537

A

A 346
Aal 163
Abblendlicht 390
Abbruch 370
Abdeckstift 295
Abdeckung 360
Abendhandschuh, langer 293
Abessinierkatze 96
Abfahrtslauf 563
Abfahrts- und Superriesenslalom-Ski 562
Abfalleimer 243
abfallendes Revers 271
Abflugwartehalle 431
Abfluss 35
Abfluss, oberirdischer 51
Abgasleitung 435
Abisolierzange 255
Ablage 257
Ablaufschlauch 240, 242
Ableiter 404
abnehmbare Düse 236
abnehmbare Handballenauflage 370
abnehmender Mond 11
Absatz 286, 290, 291
Absätze 292
Absatzoberflecken 290
Absatzstopper 565
Absatzteil 563
Abschlagplatz 550
Abschlagsbereich 550
Abschleppwagen 404
Abseihkelle 201
Abseihlöffel 201
Absperrarm 400
Absperrventil 225
abstehender Stein 320
absteigender Gang 310
Abstellrost 239
Abstoßsäge 559
Abszissenachse 470
Abteilklammer 298
Abteilung 185
Abwasser 54
Abwasserkanal 476
Abwehrhandschuh 557
Abwehrspieler, mittlerer 525
Abwehrspieler, rechter 525
Abzeichen 497
Abziehbohle 439
Abziehklinge 564
Abzug 498
Acetylsalicylsäure 507
Achillessehne 109
Achselarterie 114
Achselhöhle 104, 106
Achselknospe 61
Achselkrücke 507
Achselnerv 122
Achselvene 115
Achteck, regelmäßiges 471
Achtelnote 347
Achtelpause 347
Ackerbau 136
Ackerbohne 146
Adamsapfel 104
Adapter 226, 300, 368
Addition 469
Additionstaste 377
additive Farbmischung 460
Aden, Golf 28, 29
Aderhaut 132
Adler 91
Adria 27
aerodynamische Bremse 455
Affenbrotbaum 70
Afghanistan 494
Afrika 22, 28, 493
Afrikanische Platte 34
Afrikanischer Büffel 101
Afrikanische Union 496
After 119, 125, 126
Afterflosse 82, 84
Afterfurche 105
Aftershave 300
Ägäis 27
Agar 138
Aggregatzustände 456
Ägypten 493
Ahle 568
Ahorn 69
Ahornsirup 179
Ähre 66
Ährenbrot 173
Airbag-Rückhaltesystem 392
Ajowan 155
Akanthusblatt 228
Akkord 347
Akkordeon 344
Akku 252, 413
Akkubohrer und -schrauber 252
Akku-Mini-Staubsauger 236
Akkumulator 395
Akromion 111
Akroterion 311
Aktenbox 378
Aktenkoffer 303
Aktenmappe 378
Aktenordner 378
Aktentasche 303, 306
Aktenvernichter 379
akustische Gitarre 334
Alaska 24
Alaska, Golf 25
Albanien 492
Albatros 92
Albumen 58
Aleuten 25
Alge 59
Alge, Aufbau 59
Algen 59
Algerien 493
Alk 92
alkalische Zink-Mangan-Zelle 459
Alkoholkolben 464
Alkohol-Thermometer 506
Allee 30
Alligator 88
All-in-One-Computer 366
Alluvion 35
Alpen 27
Alpinboard 561
alpiner Skiläufer 562
alpines Skilaufen 562
Alpin-Skipiste 560
Alse 161
Altaluminium-Sammelbehälter 55
Altarbild 489
Altarm 35
Alternative 370
Altglas-Container 55
Altglas-Sammelbehälter 55
Altokumulus 46
Altostratus 46
Altpapier-Container 55
Altpapier-Sammelbehälter 55
Altschlüssel 346
Alt-Taste 370
Aluminium 42
Aluminiumfolie 182
Aluminiumrahmen 564
Alveolarknochen 113
Amarant 157
Amazonas 26
Amboss 129
Ambulakralfüßchen 75
Ameise 81
American Football 522
American-Football-Spielfeld 522
Amerika 490
Amerika, Vereinigte Staaten 490
Amerikanische Kurzhaarkatze 96
amerikanischer Bacon 171
amerikanischer Senf 180
amerikanische Steckdose 226
Amery-Eisschelf 24
Amöbe 75
amorpher Festkörper 456
Ampel 258
Ampere 467
Amphibien 85
Amphibien-Feuerlöschflugzeug 434
Amphitheater, römisches 313
Amplitude 460
Amplituner: Rückansicht 359
Ampulle 506
Anakonda 87
Analfuß 78
analoges Fernsehen 355
analoge Spiegelreflexkamera 352
Analogkameras 352
Analoguhr 464
Ananas 152
Ananasguave 153
Anästhesieraum 501
Anatomie 108
Anden 26
Andorra 491
Anemometer 455
Anemone 75
Anfängerpiste 560
angehobener Lenkerbügel 552
Angel 190, 196, 254
Angelhaken 571
Angelkleidung und Zubehör 570
Anglerweste 570
Angola 494
Angriff 523
Anhänger 294
Anhängerkupplung 399, 405
Anis 156
Anker 513
Ankerklüse 423, 427
Ankleideraum 328
Anlage, elektrische 389
Anlasser 265
Anlaufbahn 534
Anlaufstrecke 513
annähernd gleich 469
Anode 459
Anorak 287
Anreißstarter 259
Ansatz 246
Ansatzrohr 237
Anschlag 250
Anschlussbuchse 335, 363
Anschlusskabel 251
Anschlussklemme 226
Anschlussstelle 473
Anschlussstellen 380
Anschlussstifte 459
Anschreiber 525, 526
Ansicht 211
Ansicht des Bergfußes 560
Anstoßpunkt 519, 549
Antarktis 22, 24
Antarktische Halbinsel 24
Antarktische Platte 34
Antenne 16, 77, 78, 79, 362, 363, 364, 387, 409, 432, 435, 497, 525
Antennula 77
anthropogener Treibhauseffekt 52
Antiblockiersystem (ABS) 395
Antigua und Barbuda 490
Antiklinale 444
Antilope 100
Antiseptikum 507
antiseptische Flüssigkeit 507
Antriebsbatterien 394
Antriebsrad 438, 439, 553
Antriebsräder 441
Antriebssystem 389
Antriebswelle 205, 389, 435
Antrittspfosten 218
Anzeige 342, 353, 356, 357, 362, 363, 365, 366, 372, 377, 466, 505, 509, 574
Anzeigetafel 513, 532, 535, 545
Anzünder 256
Aorta 116
Aortenbogen 114, 117
Aortenklappe 117
Apex 76
Apfel 149
Apfelessig 181
Apfelfrucht, fleischige 65
Apfelfrüchte 149
Apfel im Querschnitt 65
Apollo 19
Apotheke 478
Appalachen 25
Applikationssymbol 363
Aprikose 148
Aquarellfarbe 326
Aquarium 309
Äquator 20, 26, 28
Äquatorialguinea 493
äquivalent 469
Ara 91
Arabische Halbinsel 29
Arabische Liga 496
Arabische Platte 34
arabische Schriftzeichen 349
Arabisches Meer 29
Arachnoidea 124
Aralsee 29
Arame 138
Arbeiterin 79
Arbeitsleuchte 234
Arbeitsschuh 290
Arbeitszimmer 217
Archipel 23
Architektur der Antike 310
Architrav 311, 319
Archivolte 317
Arena 313
Argentinien 490
Ariel 9
Arkade 313, 316
Arktis 22, 24
Arm 75, 99, 103, 234, 508
Armaturenbrett 392
Armausschnitt 270
Armband 294
Armbänder 294
Ärmel 266
Ärmel, eingesetzter 267
Ärmelkanal 27
Ärmellasche 271
ärmelloses Sporthemd 546
Ärmelschlitz 267
Armenien 494
Armgeflecht 122
Armlehne 228, 233
Armlehnstuhl 228
Armreif 294
Armschutz 524
Armschützer 524
Armstrecker, dreiköpfiger 109
Armstrecker, zweiköpfiger 108
Armstuhl 228
Armstühle 228
Armstütze 390, 391, 508
Arpeggio 347
Art 74
Art-déco-Gebäude 320
Art-déco-Gebäudes 320
Arten von Blütenständen 66
Arten von Golfschläger 551
Arterie 116
Arterie des Fußrückens 114
Arterienblut 116
Artikel 350
Artischocke 145
Art von Winterniederschlägen 48
Arzneimittel-Darreichungsformen 506
Arzt 544
ärztliche Behandlung 511
ärztliche Untersuchungen 509
Asbest 42
Aschenbahn 512
Aserbeidschan 494
asiatische Birne 153
asiatische Teigwaren 177
asiatische und präkolumbische Architektur 321
Asien 22, 29, 494
Asphalt 446
Asphaltierwalze 439
Ass 572
Assistenzarzt 501
Assistenzschiedsrichter 559
Ast 68, 70
Äste 68
Asteroidengürtel 9
Asthenosphäre 33
astronomische Einheit 8, 9
Astschere 262
Asukibohne 147
Atacama-Wüste 26
Atemschutzmaske, leichte 500
Äthiopien 493
Atlantik 22
atlantischer Kabeljau 162
atlantischer Lachs 162
Atlantischer Ozean 24, 27, 28
Atlasgebirge 28
Atlasspinner 81
Atmosphäre 50
Atmung 51
Atoll 36
Atom 456
Atome 456
Atomkern 456
Atrium 312, 315
Aubergine 142
Audiobuchse 367
Auerbachsprung 537
Aufbau 405
Aufbauspieler 527
Aufbauspieler, rechter 527
Aufbewahrungsmöbel 230

aufblasbare Manschette 505
Aufblasteil 536
Aufbrechung 447
Aufenthaltsraum 480
Auffahrt 381, 382
Auffangbecken 447
Auffangschale 202
Aufgeber 528
aufgesattelter Kippanhänger 403
aufgesetzte Tasche 266, 284
aufgewirbelter Staub 47
Aufhängeband 132
Aufhängung 389
Auflage 232
Auflaufförmchen 192
Auflösungszeichen 347
Aufnahmebühne 328
Aufnahmetaste 356, 357
Aufnahme-Ziffer 329
Aufprallsensor 392
Aufreißerzylinder 438
Aufsatz 202
Aufschlag 268, 525, 530
Aufschläger 531
Aufschlagfelder 529
Aufschlagfeld für das Doppelspiel 529
Aufschlagfeld für das Einzelspiel 529
Aufschlaglinienrichter 530
Aufschlagrichter 528, 530
aufsteigender Gang 310
Aufstellpunkt 549
Auftriebsausgleich 536
Aufwachraum 501
Aufzeichner 545
Aufziehbrett 254
Aufzug 313, 323
Aufzugs 323
Aufzugseil 437
Augapfel 85, 132
Auge 47, 76, 77, 80, 86, 102, 106, 132
Auge, einfaches 75
Augenbrauenpinzette 296
Augenbrauenstift 295
Augengläser 302
Augenlid 86
Augenlid, oberes 85, 96
Augenlid, unteres 85, 96
Augenträger 76
Ausatmungsventil 500
Ausbeinmesser 196
Ausdehnungskammer 464
ausfahrbarer Baum 437
ausfahrbarer Leiterbaum 499
Ausfahrt 381
Ausfahrtspur 381
Ausgabegeräte 372
Ausgangssperre 418
Ausgangstür, zweiflügelige 400
Ausgleichsbecken 448, 449
Ausguss 243
Ausgussreiniger 254
Ausklapparretierung 257
ausklappbares Stützbein 230
ausklappbare Stützvorrichtung 403
Auslauf 137
Ausläufer 61
Auslaufrohr 449
Ausleger 437, 438, 440
Auslegerbrücke 382
Auslegerzylinder 440
Ausleuchtlampe 255
Auslöser 352
Auspuffanlage 389
Auspuffrohr 389, 402, 406, 408, 409, 438, 441
Auspuffrohr, hinteres 389
Auspuffrohr, vorderes 388
Ausrüstung für die Laufbahn 512
Ausschnitt, halsnaher 273, 278
Außenangreifer, linker 525
Außenangreifer, rechter 525
Außenansicht eines Hauses 210
Außenbordmotor 425
Außenfeldspieler, mittlerer 514
Außengewinde 570
außengezahnte Fächerscheibe 245
Außenkelch 64
Außenring 484
Außenspiegel 400, 401
Außensteckhülse 571
äußere Drosselvene 115
äußere Merkmale eines Flussbarschs 82
äußerer Gehörgang 112, 128, 129
äußerer Schenkelmuskel 108
äußerer schräger Bauchmuskel 108, 109
Ausstatter 328
Ausstechformen 200
Auster 159
Austernfischer 92
Austerngabel 189
Austernmesser 196
Austernseitling 138
Australien 495
Australische Kordilleren 30
Austrittskante 432
ausziehbare Fluggastbrücke 429
ausziehbarer Tisch 230
Ausziehleiter 257
Ausziehtisch 230
Auszug 230, 238
Auto 385
Autobahn 30, 31, 381, 473
Autocoat 279
Autohandschuh 293
Autohaus 475
Autoinjektor 506
Autoklav 501
automatischer Zeitmesser 539
automatische Schiebetür 322
automatische Tür 430
Autoplane 399
Autorennen 554
Autos 385
Autotransporter 402
autotrophe Organismen 50
Autowaschanlage 384
Avocado 142
Axel 559
Axon 121
Axt 262
Azimutalprojektion 21
aztekischer Tempel 321

B

B 347
Baby-Doll 283
Babyflasche 307
Babyhaube 284
Babyschuh 284
Babytrage 307
Bach 35
Bachsaibling 163
Backblech 200
Backbordseite 427
Backe, bewegliche 246, 247
Backe, feste 246, 247
Backen 247, 249, 252, 255, 563
Backenhörnchen 93
Backenzahn, erster 113
Backenzahn, erster vorderer 113
Backenzahn, zweiter 113
Backenzahn, zweiter vorderer 113
Backenzähne 113
Backenzähne, vordere 113
Backfett 178
Backform 207
Backgerät 200
Backofen 187, 238
Backofenfolie 182
Backofenthermometer 198
Backofentür 238
Backrost 238
Backsteinhaus 324
Bacon, amerikanischer 171
Bacon, kanadischer 171
Bad 217, 480, 501
Badeanzug 286
Badebürste 297
Badehose 286, 538
Badekappe 286, 538
Badeleiter 212
Bademantel 283
Badetuch 297
Badetuch mit Kapuze 284
Badewanne 217, 224, 480
Badminton 528
Badmintonplatz 528
Badmintonschläger 528
Baffinbucht 24
Baffinland 25
baggern 525
Baggerstielzylinder 440
Baguette 173
Bahamas 490
Bahn 248, 512, 538
Bahnende 539
Bahnenrock 275
Bahnhof 414, 415, 472, 474
Bahnhofshalle 414
Bahnsteig 414, 415, 419, 430
Bahnzeitnehmer 538
Bahrain 494
Baikalsee 29
Bajonettfassung 226
Balalaika 345
Balg 344
Balgfrucht (Sternanis) im Querschnitt 63
Balkanhalbinsel 27
Balken 123, 311, 312, 321, 466
Balken, hinterer 466
Balken, vorderer 466
Balkenbrücke 382
Balkendiagramm 470
Balkenwaage 466
Balkon 217, 318
Balkontür 217
Ball 575
Ballerinaschuh 291
Balljunge 530
Ballsportarten 514
Ballungsgebiet 472
Balsamessig 181
Baluster 218, 318
Balustrade 318, 321
Bambussprosse 144
Banane 152
Bande 556
Bandring 294
Bangladesch 495
Banjo 344
Bank 229, 474, 479
Bankautomat 482, 483
Bankett 380
Bankfiliale 482
Banknote: Rückseite 485
Banknote: Vorderseite 485
Bar 186, 474
Barbados 491
Barbakane 314
Bardame 186
Barentssee 24, 27
Barhocker 229
Barockkirche 318
Barren 535
Barrierriff, Großes 30
Barsch 163
Bart 72
Basaltschicht 33
Baseball 514, 516
Baseball-Feld 514
Basilikum 156
Basis 355
Basisstation 363
Basisstation für Funknetzwerk 372
Baskenmütze 289
Basketball 526
Basketballplatz 526
Basketballspiel 526
Basketballspieler 526
Basmatireis 177
Bassgitarre 335
Bassklarinette 332
Bassschlüssel 346
Basssteg 338
Bass-Straße 30
Basstastatur 344
Basstrommel 332, 340
Bast 68
Batterie 249, 388, 394, 397, 458
Batterieladegerät 363
Batterie-Schraubendreher 249
Bauch 89, 99, 104, 106
Bauchaorta 114, 120
Bauchfell 125, 126
Bauchflosse 82, 84
Bauchfuß 78
Bauchhöhle 125, 126
Bauchpanzer 86
Bauchspeck 171
Bauchspeicheldrüse 119
Bauer 573
Bauernbrot 172
Bauernhof 137
Baum 68, 540, 548
Baum, Aufbau 68
Baum, ausfahrbarer 437
Baumfarn 59
Baumhippe 262
Baumsäge 262
Baumschere 262
Baumstamm 73
Baumstamm im Querschnitt 68
Baumstütze 264
Baumtomate 152
Baumvogel 89
Baumwollpflanze 72
Beaufortsee 24, 25
Becher 182, 192, 569
Becken 332, 340, 341
Beckengurt 391
Beckenvene 115
Becquerel 467
Beere 64
Beeren 148
Beete, rote 145
Befestigungsriemen 564
Befruchtung 57
begehbarer Kleiderschrank 217
begehbarer Schrank 217
Begonie 67
Begrenzungsleuchte 390
Behaarung 93, 103
Behälter 182, 204, 208
Behälter mit Gießer 205
Beichtstuhl 489
Beifahrersitz 406, 409
Beil 498, 569
Bein 86, 103, 105, 107, 230
Beinpolster 557
Beinscheibe 166, 167
Beitrag, redaktioneller 350
Beleuchterbrücke 330
Beleuchtung 227
Beleuchtungsgitter 329
Beleuchtungsschiene 235
Belgien 492
Belichtungskorrekturknopf 352
Belichtungsmesser 352
Belize 490
Belüftungsfenster 210
Bengalen, Golf 29
Bengalkatze 96
Benin 493
Benzin 446
Benzinmotor 389, 394
Benzintank 394
Beobachtung des Weltraums 13
Beobachtungsraum 502
Bereichsumschalter 255
Berg 37
Bergamotte 150
Bergère 228
Bergfried 314
Berghang 37
Bergkette 11
Bergschrund 38
Beringsee 22
Beringstraße 24, 25
Berme 380
Bermudas 269
Bermudashorts 277
Bernhardiner 95
Bertini-Säule 120
Berührung 573
Beschichten 73
Beschläge 541
Beschleunigungsspur 381
Besen 221, 243
Bespannung 528, 532, 549, 564
Bestandteile eines Hauses 213
Bestäubung 57
Besteckkorb 242
Bett 232
Bett mit Matratze 566
Betttuch 232
Bettwäsche 232
Beutel 182
Beutelklammern 379
Beuteltasche 306
Beuteltasche, kleine 306
Beweger 240
bewegliche Backe 246, 247
bewegliche Brücken 382
beweglicher Oberkiefer 86
Bewegungen eines Flugzeugs 435
Bewegungsmelder 322
Bezeichnungen tropischer Wirbelstürme 47
Bezugsstoff 305
BH 281
Bhutan 495
Biber 93
Bibliothek 475, 486
Bidet 224
Bienenstock 137
Bierkrug 188

bikonkave Linse 461
bikonvexe Linse 461
Bildbearbeitungsprogramm 354
bildende Künste 326
Bildfernsprechen 375
Bildröhre 355
Bildschirm 355, 356, 367
Bildschirmbeleuchtung 377
Bild- und besondere Karten 572
Bildung 486
Bildunterschrift 350
Billard 549
Billardqueue 549
Billardtisch 549
Billettasche 266
Bimah 488
Bindebogen 347
Bindegewebe 130
Bindehaut 132
Bindung 561
Bindung, chemische 456
Binokularmikroskop 463
Binsenstängel 348
Bioabfallbehälter 55
Biologie 468
biologische Klassifikation 74
Biomasse 51
Biosphäre, Aufbau 50
Birke 69
Birne 149
Birne, asiatische 153
Birnenmelone 153
Bison 101
Bits und Bohrer 252
Bittermelone 142
Bitterschokolade 179
Blasebalg 566
Blasebalgtasche 278
Blasinstrumente 336
Blassynthesizer 342
Blasvorrichtung 404
Blatt 61, 62, 144, 223, 250, 251, 257, 299, 533, 536, 556
Blatt, Aufbau 62
Blattader 62
Blattansatz 62
Blättchen 60
Blätter, einfache 62
Blätter, zusammengesetzte 62
Blattgemüse 140
Blattkeim 58
Blattkohl 140
Blattränder 62
Blattscheide 62
Blattspindel 59
Blattstiel 62
Blau 460
blaue Linie 557
blaue Luzerne 146
Blauer Marlin 82
Blaufisch 161
Blaulicht 499
Blazer 278, 279
Blechbläser 332
Blechverkleidung 220
Blei 42
Bleichen 73
Bleigürtel 536
Bleistift 349
Bleistiftrock 275
Bleistiftspitzer 379
Blendbogen 315
Blende 240, 241
Blendrahmen 214
Blinddarm 119
blinde Tasche 279
Blinker 508, 571
Blinkleuchte 390
Blinklichter 400
Blitz 48
Blitzableiter 211, 449, 455
Blitzröhre 351
Block 513
Block, numerischer 370
Blog 375
Blouson 272
blühende Gemüsesorten 145
Blume, Aufbau 66
Blumen 67
Blumenbeet 258
Blumenkohl 145
Blumenkrone 66
Blumenladen 479
Bluse, klassische 276
Blutbestandteile 117
Blutdruckmessgerät 505
Blüte 57, 61, 66
Blütenblatt 66
Blütenboden 64, 66
Blütenkelch 66
Blütenknospe 61
Blütenständen, Arten 66
Blütenstandstiel 58
Blütenstiel 66
Blutgefäß 117
Blutkörperchen, rotes 117
Blutkörperchen, weißes 117
Blutkreislauf 114
Blutorange 150
Blutplasma 117
Blutpumpe 511
Blutwurst 171
BMX-Rad 412
Boa 87
Bockmühle 454
Bocksfuß 228
Bockshornkleesamen 154
Bodenbalken 215
Bodenbewegungen 42
Bodendiele 218
Bodendüse 237
Bodenkriechen 42
Bodenstaubsauger 237
Bodenturnfläche 534
Bodenverschmutzung 53
Body 280, 284
Bodyshirt 276
Bogen 319, 333, 336, 345, 470
Bogenfeld 317
Bogengang 315
Bogengang, äußerer knöcherner 129
Bogengang, hinterer knöcherner 129
Bogengang, oberer knöcherner 129
Bogenminute 468
Bogenreihe 315
Bogensekunde 468
Bohne, Flageolet 147
Bohne, grüne 147
Bohne, römische 147
Bohne, schwarzäugige 146
Bohne, schwarze 147
Bohnen 146, 147
Bohnenkraut 156
Bohranlage 444
Bohrer 252
Bohrerstellung 537
Bohrfutter 249, 252
Bohrfutterschlüssel 252
Bohrkopf 444
Bohrkragen 444
Bohrloch 447
Bohrmaschine, elektrische 252
Bohrschiff 422
Bohrturm 444, 445
Bolero 278
Bolivien 490
Bongos 341
Boot 290
Boote und Schiffe 422
Bordcomputer 392
Bordeauxglas 188
Bordunpfeife 344
borealer Wald 49
Boretsch 156
Borke 68
Borste 300
Borsten 243, 257, 301
Böschung im Auftrag 380
Bosnien und Herzegowina 492
Botswana 494
Bottich 242
Bottnischer Meerbusen 27
Boulevard 30, 475
Boulevardblatt 350
Bowlingbahn 478
Boxen 544, 554
Boxer 544
Boxerhose 544
Boxershorts 270
Boxhandschuh 544
Brachacker 137
Brailleschrift 349
Brandbekämpfung 498
Brandungspfeiler 36
Brasilien 490
Bratenthermometer, digitales 198
Bratentopf, flacher 203
Bräter 202, 207
Bratpfanne 203
Bratsche 333
Bratschen 332
Bratwurst 171
Brauenbürstchen 295
Braunalge 59
brauner Reis 177
brauner Zucker 179
Brauner Zwerg 12
Brause 261
Brausenkopf 224
Brauseschlauch 224
Breiapfel 153
Breitengrade 20
Breitenkreis 20
breiter Rückenmuskel 109
Breitfußgeschoss 477
Bremsanlage 389
Bremsbelag 395
Bremse 81, 508, 552, 555, 571
Bremsen 395
Bremsgriff 411, 552
Bremshebel 553
Bremskraftverstärker 388, 395
Bremskreis 395
Bremsleitung 388
Bremsleuchte 390
Bremspedal 388, 392, 395, 408
Bremssattel 395, 407
Bremsscheibe 395
Bremstrommel 395
Bremswagen 416
Brenner 202, 219, 238, 568
Brennholzstauraum 220
Brennspiritus 446
Brennstabbündel 451
Brennstoff 450
Brennstofftablette 451
Brett 542
Brett, schwarzes 486
Brettspiele 573
Brettspitze 561
Brie 175
Brieföffner 376
Brieftasche 303
Briefwaage 376
Brille 302, 552, 561
Brille, Teile 302
Brillenband 302
Brillenetui 302
Brillenputztuch 302
Brioche 173
Broccoli 145
Brombeere 148
Brot 172
Brotbackautomat 207
Brotform 201
Brothalter 206
Brotmesser 196
Brotteller 194, 195
Browser 374
Bruch 469
Brücken, bewegliche 382
Brücken, starre 382
Brückenlift 421
Brunei 495
Brunnen für rituelle Waschungen 488
Brunnenkresse 141
Brust 89, 99, 104, 106, 127, 166, 167, 168
Brustbein 110
Brustbeine 77
Brustdrüse 127
Brustfell 118
Brustflosse 82, 84, 102
Brustknorpelstück 166
Brustkorb 104, 106
Brustleistentasche 266
Brustlymphgang 124
Brustmuskel, großer 108
Brustrollbraten 168
Brustschlagader 114
Brustschutz 524
Brustschwimmen 539
Brusttasche 267, 271
Brustwarze 104, 106, 127
Brustwirbel 111
Brutzwiebel 58
Bube 572
Buche 69
Buchecker 149
Bücherregal 217, 486
Buchhandlung 478
Buchsenhalter 226
Büchsenöffner 197
Buchstützen 379
Bucht 11, 23
Bucht, Große Australische 30
Buchweizen 72, 157
Buchweizenmehl 172
Buckel 320
Buckelwal 102
Büfett 231
Buffet 186
Bug 424, 427, 432, 540, 542
Bügel 250, 302, 333, 360
Bügel, verstellbarer 250
Bügelende 302
Bügelfalte 268
Bügelhorn 337
Bügelriemen 548
Bügelsäge 250
Bügelsohle 236
Bugfahrwerk 432
Bugpropeller 424
Bugstrahler 427
Bugwulst 425, 427
Bühne 310, 330, 331
Bühnenhaus 310
Bühnenhintergrund 330
Bulbospongiosus 125
Bulgarien 492
Bullauge 426
Bulldogge 95
Bund 144, 272, 334, 335
Bund, elastischer 272
Bündchen 270
Bundesstaat 31
Bundverlängerung 268
Bunker 550
Bunkeröl 446
Buntstifte 326
Burg 314
Bürgersteig 476
Burggraben 314
Burghof 314
Burkina Faso 493
Büro 376
Bürogebäude 474, 477
Büroklammerhalter 379
Büroklammern 379
Büroturm 477
Bürste 237, 243
Burundi 493
Bürzel 89
Bus 400
Busbahnhof 474
Büsche 49
Bus für Spezialtransporte 401
Bushaltestelle 476
Büstenhalter, trägerloser 281
Büstenschale 281
Butter 174
Butterdose 192
Butterfach 239
Buttermesser 190
Buttermilch 174
Butterroller 199
Button-down-Kragen 267

C

C 346
Cabanjacke 279
Café 474, 479
Cafeteria 487
Cajun-Gewürzmischung 155
Callisto 8
Camcorder 358
Camcorder mit Festplatte 358
Camembert 175
Camisol 280
Camping 566
Campingausrüstung 568
Candela 467
Cannelloni 176
Cañon, unterseeischer 34
Cape 279
Caprihose 277
Carapax 77
Cardigan 278
Cargohose 277
Carina 84
Carpentariagolf 30
Casabamelone 151
Cashewkern 149
Cassegrain-Fokus 13
Casting 570
Cayennepfeffer 155
CD 354
CD-/DVD-Laufwerk 342, 367, 368
CD-/DVD-ROM-Laufwerk 366
CD-Laufwerk 354
CD-Spieler 360, 361, 362
CD-Spieler, tragbarer 361
Celli 332
Cello 333

Celsius-Temperatur, Maßeinheit 467
Cembalo 339
Cent 484
Center 527
Centre 523
Cephalica 115
Cephalothorax 80
Ceres 8
Chac-Mool 321
Chaiselongue 228
Challa 173
Chamäleon 88
Chapati 172
Charlestonmaschine 340
Charlottenform 201
Charon 9
Chateaubriand 166
Chatroom 375
Chayote 143
Check-in-Automat 430
Check-in-Schalter 430
Cheddar 175
Chef-Kameramann 329
Chefmaschinist 328
Chemie 456, 468
chemische Bindung 456
chemische Formel 468
chemische Reinigung 479
Chesterfieldsofa 228
Chiasma opticum 123
Chicorée 141
Chiffonière 231
Chile 490
Chili, Jalapeño 155
Chilipulver 155
Chilisoße 181
China 495
Chinakohl 140
chinesische Dattel 153
chinesische Schriftzeichen 349
Chip 485
Chipolata 171
Chirimoya 152
Chloroplast 56
Chokerkette 294
Chor 316, 317
Chorhaupt 317
Chorizo-Wurst 171
Chorlampe 489
Chorscheitelkapelle 316, 317
Chorumgang 317
Chow-Chow 94
Chow-Mein-Nudeln 177
Chrom 42
Chromosphäre 10
Chutney 181
Clementine 150
Climber 547
Clip 348
Clownfisch 82
Clubsessel 228
Cockpit 19, 425, 432, 540, 543, 555
Cocktailbar 231
Cocktailglas 188
Cocktailkleid 274
Cocktailtomate 142
Cocos-Platte 34
Collie 95
Commonwealth 496
Compact-Flash-Karte 351
Compluvium 312
Computer-Ausrüstung 366
Conchiglie 176
Containerauflieger 403
Containerflachwagen 416
Containerschiff 421, 422
Controller 574
Cookinseln 496
Cookstraße 30
Cornwall-Huhn 165
Costalschild 86
Costa Rica 490
Coudé-Fokus 13
Coulomb 467
Coulommiers 175
Coupé 385
Couscous 172
Couscoustopf 203
Cowboystiefel 290
Cricket 517
Cricketball 517
Cricketschuh 517
Crochetwinkel 266
Croissant 173
Crossover-Fahrzeug 385
Crottin de Chavignol 174
CRT-Fernseher 355
Crźpe-Pfanne 203
Cubiculum 312
Curry 154
Curryklemme 541
Cursor an Zeilenende 371

D

D 346
Dach 211, 321, 387
Dachfenster 211, 217
Dachkranz, vorkragender 321
Dachluke 405
Dachrinne 210
Dachs 97
Dachträger 399
Dachziegel 321
Dalmatiner 95
Dame 572, 573
Damebrett 573
Damenhandschuhe 293
Damenkleidung 274
Damenkopfbedeckungen 289
Damenschuhe 291
Damespielstein 573
Damm 448
Dampf 457
Dampfbügeleisen 236
Dampfdüse 236
Dämpfeinsatz 203
Dämpfer 337
Dampfgargerät 207
Dampfgenerator 450
Dampfkochtopf 203
Dänemark 492
Dänemarkstraße 24
Dänische Dogge 95
dänisches Roggenbrot 172
Danish Blue 175
Darmbein 110
Darreichungsformen, Arzneimittel 506
darstellende Künste 327
Dartscheibe 575
Dartspiel 575
Datei 374
Datenbank 375
Dattel 148
Dattel, chinesische 153
Datumstempel 376
Dauerbrand 220
Daumen 131
Daumen, opponierbarer 103
Daumenteil 504
Daunendecke 232
Davidstern 488
Deckblatt 63
Decke 232
Deckel 202, 239, 240, 243, 244
Deckenbalken 215, 218
Deckendurchführung 221
Deckenleuchte 234
Deckenventilator 223
Deckfeder 89
Defibrillator 504
Deflektor 222
Deimos 8
Deinking 73
Dekorateur 329
Delle 551
Delphin 102
Delphin, äußere Merkmale 102
Delphinsprung 537
Delta 35, 36
Deltamuskel 108
Dendrit 121
Dentin 113
Deodorant 297
Derrickkran 422
Dessertgabel 189
Dessertlöffel 191
Dessertmesser 190, 194, 195
Destruent 51
Deutscher Schäferhund 95
deutscher Senf 180
deutsches Roggenbrot 173
Deutschland 492
diagonaler Schlittschuhschritt 564
Dialysat 511
Dialysator 511
Dickdarm 119
Dickemessung 465
Didgeridoo 344
Diele 216, 218
Dienstgürtel 497
dieselelektrische Lokomotive 416
Dieselkraftstoff 446
Dieselmotor 416, 423
Dieselmotorraum 438, 440, 441
Dieseltriebwerk 423
Differenzial 389
Diffusor 299
Digital-Analog-Umsetzer 355
digitale Bildverwaltung 354
digitaler Anrufbeantworter 365
digitaler Belichtungsmesser 351
digitaler Bilderrahmen 351
digitaler Rekorder/Receiver 356
digitales Bratenthermometer 198
digitales Buchlesegerät 373
digitale Spiegelreflexkamera 353
Digitalfernsehen 356
Digitalkamera 354
Digitalkamera ohne Spiegelreflex 353
Digitalthermometer 506
Digitaluhr 464
Digitus 93
Dijon-Senf 180
Dill 156
Dimmerschalter 226
Dinkel 157
Dione 9
Dirigent(in) 332
Dirigentenpult 332
Dirndl-BH 281
Diskantsteg 338
Diskanttastatur 344
Diskusbuntbarsch 83
Diskus- und Hammerwerfen 513
Display 222, 352, 357, 359, 360, 361, 362, 364, 365, 368, 482, 483
Distel 67
Disziplinen 563
Ditali 176
divergierende Plattengrenzen 34
Division 469
Divisionstaste 377
Djembe 345
DJ-Mischpult 343
Dnjepr 27
Dobok 545
Dockingstation für MP3-Spieler 361
Dogge, Dänische 95
Dokumentaufbewahrung 378
Dokumentenablage 376
Dokumentenmappe 378
Dolde 66
Doldentraube 66
Dollar 484
Dollbord 543
Dolly 328
Dom, gotischer 316
Domainname 374
Dominica 490
Dominikanische Republik 491
Dominosteine 572
Donau 27
Doppel-B 347
Doppelbett 480
Doppelblatt 336
Doppeldecker 434
Doppeldeckerbus 401
Doppelfenster 315
Doppelhaus 325
Doppelklappbrücke 383
Doppelkreuz 347
Doppelmaulschlüssel 246
Doppelpaddel 543
Doppelriegel 215
Doppelringschlüssel 246
Doppelringschlüssel, offener 246
Doppelsäule 318
Doppelschlag 347
Doppelsitz 420
doppelt gesägt 62
Doppelverglasung 453
Doppelzimmer 480
Dorf 472, 560
dorische Halbsäule 313
Dorn 268
Dornablage 379
Dornfortsatz 124
Dornhai 84
Dose 183
Dosenfisch 164
Dosenöffner 183, 208, 568
Dosier-Aerosol 506
Downhillrad 552
Down-Quark 456
Drachen 576
Drachenspitze 576
Draht 459
Drahtbesen 204
Drahtbürste 298
Drahtschneider 255
Drahtschneidezange 255
Drakestraße 24, 26
Drehbrücke 382
Drehfeststeller 403
Drehflügel nach außen 323
Drehflügel nach innen 323
Drehflügeltür 322
Drehgestell 417
Drehgestellflachwagen 416
Drehkartei 376
Drehknopf 571
Drehkuppel 13
Drehleiterfahrzeug 499
Drehscheibe 499
Drehtür 322
Drehzahlmesser 393, 408
Dreieck 471, 549
Dreieckfenster 387
dreieckiger Ziergiebel 318
Dreiecktuch 507
dreiflügeliger Propeller 434
dreiköpfiger Armstrecker 109
Dreipass 317
dreipoliger, amerikanischer Stecker 226
Dreirad 412
Dreirad für Erwachsene 413
Dreisprung 512
dreitürige Kombilimousine 385
dreiviertellange Jacke 271
dreizählig 62
Dressiernadel 199
Dribbling 520
Drilling 572
Drillingshaken 571
Drillschraubenzieher 249
dritte Hirnkammer 123
dritter Malspieler 514
drittes Mal 514
dritte Zehe 89
Drohne 79
Dromedar 101
Drosselvene, äußere 115
Drosselvene, innere 115
Druck, Maßeinheit 467
Druckbleistift 349
Druckerglas 372
Druckerteil 377
Druckkammer 383
Druckknopf 272
Drückknopf 348
Druckluft 384
Druckluftflasche 498, 536
Druckluftnagler 248
Druckmessgerät 505
Druckminderer 536
Druckregler 447
Druckregulierung 536
Druckschalter 251, 252, 253, 263
Drumcomputer 343
Drumlin 37
Dschibuti 493
Ducht 543
Dudelsack 344
Dufflecoat 272, 278
Dulse 138
Düne 36, 39
Dünenformen 39
Düneninsel 36
Dünenzug 39
Düngerstreuer 264
dunkles Roggenbrot 173
Dünndarm 119
Dunst 48
Dunstabzugshaube 187, 238
Durchgrifftasche 279
Durchlaufträger 382
Durchmesser 470
Durchschnitt, Erdatmosphäre 43
durchsichtiger Reiter 378
Durchziehschnur 272
Durianfrucht 153
Dusche 217, 480, 501
Duschgel 297
Duschkabine 224
Düse 254, 257
Düsenflugzeugbenzin 446
Düsenreiniger 256
DVD 357
DVD-Brenner 373
DVD-Camcorder 358
DVD-Einschub 574
DVD-Lade 357
DVD-Recorder 357
Dynamo 410
Dysnomia 9

E

E 346
Eau de parfum 297
Eau de toilette 297
Ebene 23
ebener Spiegel 13
echte Teilmenge von 469
Eckfenster 320
Eckhocker 544
Eckschrank 231
Eckzahn 113
E-Commerce 375
Ecuador 490
Edamer 175
Edelgas 227
Edelpilzkäse 175
Edelreizker 138
Effektpedal 335
Effiliermesser 299
effusiver Vulkan 40
Egerling 138
Ehemalige Jugoslawische Republik Mazedonien 492
Ehering 294
Ehrensessel, steinerner 488
Eiche 69
Eichel 125
Eichelhäher 90
Eichelkürbis 143
Eichhörnchen 93
Eidechse 88
Eier 164
Eier, Karton 182
Eierkarton 182
Eierschneider 199
Eierstock 126, 127
Eiertomate 142
Eieruhr 198
eiförmig 62
Eigentumswohnungen 325
Eileiter 126
Eileiterampulle 127
Eileiterenge 127
Eileitertrichter 127
Eimer 243
Eimer, Abfall 243
Ein-/Ausschalter 208, 234, 236, 237, 239, 253, 256, 257, 301, 342, 366, 367, 368
Ein-/Aus-Taste 353, 355, 356, 357, 360, 361, 362, 363, 365, 367, 369
Einatmungsventil 500
Einbauwaschtisch 224
einfache Blätter 62
einfache Pflanzen 58
einfaches Auge 75
Einfahrt 381
einfallendes Neutron 457
Einfassband 288
Einfassung, seitliche 220
einflammiger Gasbrenner 568
Einfügen 371
Einfügetaste 371
Einfüllschacht 205, 208
Einfüllstutzen 389
Eingabe 371
Eingabegeräte 369
Eingabegerät für persönliche Identifikationsnummer (PIN) 483
Eingabetaste 371
Eingang 418
Eingangsbuchse 255, 343
Eingangshalle 216, 477
Eingangssperre 418
eingehängte Spannweite 382
eingenähter Boden 567
eingerollter junger Wedel 59
eingesetzter Ärmel 267
eingliedrige Trugdolde 66
Einhand-Rohrzange 254
Einkaufsstraße 474
Einkaufstasche 306
Einkaufstasche, große 306
Einkaufswagen 185
Einkaufszentrum 473, 478
Einlage 334
Einlegegurke 142
Einmachglas 183
Einmachthermometer 198
ein Pärchen 572
Einpersonenzelt 567
Einreiher 266
einreihiger Sakko 266
Einreißhaken 498
Einrumpfboote 541
Eins 469
Einsätze 207
Einsatz für Inbusschrauben 249
Einsatz für Kreuzschlitzschrauben 249
Einsatz für Schlitzschrauben 249
einschalige Muschel 76
einschalige Muschel, äußere Merkmale 76
Einschalter 241
Einspritzdüse 396
Einstecktuch 266
Einstiegsluke 445
einstöckiges Haus 325
einteilige Klappbrücke 383
Eintrittskante 433
Ein- und Ausschalter 205, 209
Einwärtsdreher, runder 108
Einweg-Brennstoffflasche 256
Einwegkamera 352
Einwegkontaktlinse 301
Einwegrasierer 300
Einwegwindel 285
Einzelbett 480
Einzelsitz 420
Einzelzimmer 480
Einzugschnecke 404
Eipochierer 203
Eis 51
Eisbär 98
Eisbehälter 208
Eisbein 169
Eisbergsalat 140
Eisbrecher 424
Eisen 42
Eisenbahnlinie 473
Eisenschläger 551
Eisfläche 556, 559
Eishockey 556
Eishockeyschläger 556
Eishockeyspieler 556
Eiskappe 45
Eiskratzer 399
Eiskunstlauf 559
Eiskunstlaufkufe 559
Eiskunstlaufstiefel 559
Eislaufplatz 560
Eismaschine 208
Eisportionierer 199
Eisschelf, Amery 24
Eisschnelllauf 558
Eisschnelllaufbahn 558
Eisschnellläufer 558
Eisschnelllauf-Schlittschuhe 558
Eistanzkufe 559
Eisvogel 92
Eizelle 126
elastischer Bund 272
Elch 100
Elefant 101
Elektrikerwerkzeug 255
elektrische Heckenschere 263
elektrische Kaffeemühle 208
elektrischer Golfwagen 551
Elektrischer Tischgrill 207
elektrischer Widerstand, Maßeinheit 467
elektrische Schaltung 458
elektrisches Fahrrad 413
elektrisches Potential, Maßeinheit 467
elektrische Stromrichtung 458
elektrische Stromstärke, Maßeinheit 467
elektrische Zahnbürste 301
Elektrizität 226
Elektrizität aus Wasserkraft 448
Elektrizitätserzeugung 455
Elektrizitätsmenge, Maßeinheit 467
Elektrizität und Magnetismus 458
Elektrode 227
Elektrofahrzeug 394
Elektroherd 238
Elektrokonvektor 222
Elektrolytkondensatoren 459
elektromagnetisches Spektrum 460
Elektromesser 205
Elektromobil mit vier Rädern 508
Elektromotor 263, 264, 394, 398
Elektron 456
Elektronenbeschleuniger 511
Elektronenblitz 351
Elektronenkanone 355
Elektronik 459
elektronische Musik 342
Elektrorasierer 300
Elektrotechnik 255
Element 469
Elemente einer Hose 268
Elemente einer Socke 269
Elemente eines Hemdes 267
Elemente eines Rades 398
Element von 469
Elfeck, regelmäßiges 471
Elfenbeinküste 493
Elfmeter 520
Ellbogen 94, 99, 105, 107
Ellbogenfortsatz 111
Ellbogenpolster 524
Ellbogenschützer 565
Elle 110
Ellenarterie 114
Ellennerv 122
ellenseitiger Handbeuger 109
ellenseitiger Handstrecker 109
elliptischer Schneeschuh 564
El Salvador 490
Elsässer Weinglas 188
Elternschlafzimmer 217
E-Mail-Software 374
Embryosack 57
Emmentaler 175
Empfang 480
Empfangsebene 480
Empfangslinse 465
Empfindlichkeit 352
Endivie, krause 140
Endknospe 61
Endlosperlenkette 294
Endmoräne 38
Endokarp 65
endoplasmatisches Retikulum 56, 74
Endoskop 510
Endoskopie 510
Energie, Maßeinheit 467
englischer Senf 180
Englischhorn 332, 336
Enoki 138
Ente 92, 165
Entenei 164
Entfernungsmessgeräte 465
Entfernungsmessung 465
Entklammerer 379
Entladungsröhre 227
Entleerungsschlauch 240
Entlüfter 223
Entrinden 73
Entsafter 208
Entsteiner 199
Entwaldung 53
Entwässerung 73
Entwässerungsrinne 380
Epizentrum 41
Erbse 63
Erbsen 146
Erdatmosphäre im Querschnitt 43
Erdaufbau 33
Erdaufschüttung 380
Erdbeben 41
Erdbeere 148
Erdbeere im Querschnitt 64
Erde 8, 9
Erdeaufbau 33
Erde im Querschnitt 33
Erdgas 444, 447
Erdgasleistungssystem 447
Erdgasleitung 447
Erdgas und Abfallstoffe 447
Erdgeschoss 211, 216
Erdkröte, gemeine 85
Erdkruste 33
Erdkruste im Querschnitt 33
Erdkugel, Koordinatensystem 20
Erdnuss 146
Erdnussöl 178
Erdoberfläche 22, 35
Erdöl 443, 444, 446
Erdöleruptionskreuz 445
Erdrutsch 42
Erdungsklemme 226
Erdungsstift 226
Erhu 345
Eris 9
Eritrea 493
Ernte 136
Ersatzbürste 301
Erstarren 456
Erste-Hilfe-Kasten 497, 507
erste Holzlage 215
erster Schiedsrichter 523, 525
erster Stock 211, 217
erstes Mal 514
Eruptivgesteine 33
erwärmtes Kühlmittel 442
Erwärmung, globale 52
Erweiterungskartei 378
Erythrozyt 117
Escapetaste 370
Esche 70
Esel 100
Eskariol 140
Espadrille 291
Espressokocher 209
Espressomaschine 209
Essecke 187
Essig 181
Esskastanie 149
Esslöffel 191, 194, 195
Essstäbchen 193, 195
Essstäbchenablage 195
Esstablett 233
Esszimmer 216
Estland 492
Estragon 156
Etui 377
EU 496
Eurasiatische Platte 34
Eurasien 22
Euro 484
Europa 8, 22, 27, 491
Europäische Union 496
Eustachi-Röhre 129
Euthynterie 311
Exokarp 64, 65
Exosphäre 43
Expander 343, 546
Expertenpiste 560
explosiver Vulkan 40
externe Festplatte 373
Extrakt, Vanille 180
Exzenterschleifer 253
Eyeliner, flüssiger 295
Eyresee 30

F

F 346
Fabrik 472
Facettenauge 78, 79
Fach 231
Facharzt 501
Fächerpinsel 295
Fächerscheibe, außengezahnte 245
Fächerscheibe, innengezahnte 245
Fach für Molkereiprodukte 239
Fackeln 10
fadenförmige Papille 135
Fadenkreuz 462
Fagott 336
Fagotte 332
Fahne 75, 520
Fahrbahn 380, 382, 383, 476
fahrbares Röntgengerät 502
Fahrer 552, 555
Fahrerfußraste 408
Fahrerhaus 439
Fahrersitz 406, 409
Fahrgastanlage 421
Fahrkartenkontrolleur 414
Fahrkorb 323
Fahrkran 437
Fahrmotor 417
Fahrrad 410
Fahrrad, Teile 410
Fahrradanhänger für Kinder 412
Fahrräder 412
Fahrradhelm 412
Fahrrad-Kinder-Tandem 412
Fahrradkorb 413
Fahrradträger 399
Fairway 550
Fakultät 469
Falke 91
Falkland-Inseln 26
Falle 214
Falltür 313
Faltfenster 323
Faltgrill 569
Falttür 322
Falz 214
Familie 74
Familie der Blechbläser 332
Familie der Holzblasinstrumente 332
Familienzelt 567
Fangen 573

Fänger 514, 515
Fanghandschuh 557
Farbabbrennervorsatz 256
Farben 572
Farbfilter 351
Farbmasse 348
Farbmischung 460
Farbmischung, additive 460
Farbmischung, subtraktive 460
Farbroller 257
Farn 59
Farn, Aufbau 59
Farne 59
Farnspitze 144
Fasan 91, 165
Fasanenei 164
Fase 252
Faserpflanzen 72
Faserwurzel 61
Fassung 226
Fassungen 302
Fastfood-Restaurant 479
Fäustling 284, 293
Feder 305, 349
Federball 529
Federball, Kunststoff 529
Federflügel 249
Federkiel 348
Federkranz 529
Federring 245
Federung 420
Federwaage 466
Fehlstartleine 538
Feige 153
Feile 568
Feineinstellung 466
feine Salami 171
Feinmahlanlage 443
Feinripphemd 269
Feinsäge 250
Feld, magnetisches 458
Feldbett 566
Feldlinse 462
Feldmaus 93
Feldsalat 141
Felge 407, 411
Felgenbremse, hintere 410
Felgenbremse, vordere 411
Fell 341
Fellmütze 288
Felsen 11
Felsenbecken 38
Felssäule 36
Fels und Eis 49
Fenchel 144
Fenster 214, 323, 390, 432
Fensterladen 214
Fermate 347
Fernbedienung 356, 357
Fernerkundung 32
Fernlicht 390
Fernmeldeantenne 426
Fernsehen 355
Fernsprechwesen 375
Ferse 105, 107
Fersenbein 111
Fersenhalter 290
Fersenrand 286
Fersenriemen 291
Fessel 99
feste Backe 246, 247
Festkörper 456, 457
Feston 318
Feststellspitze 340
Feta 174
Fette 178, 446
Fettgewebe 127, 130
Fettgießer 199
Fett-Tröpfchen 56
Fettuccine 176
feuchte Subtropen 45
Feuchtigkeitscreme 297
feucht-kontinental - heißer Sommer 45
feucht-kontinental - warmer Sommer 45
Feuerbecken 321
Feuerbock 221
Feuerbohne 147
feuerfester Rennanzug 554
Feuerkammer 220
Feuerland 26
Feuerlöscher 497
Feuerschutzhelm 498
Feuerschutztür 322
Feuerstätte 220
Feuerstein 256
Feuerwache 475
Feuerwehrmann 498
Feuerzange 221
Fiale 314, 316
Fichte 71
Fichtennadeln 70
Fidschi 495
Fidschiinseln 30
Fieberthermometer 464
Fieder 59
fiederteilig 62
Filament 57
Filchner-Schelfeis 24
Filet 164, 169
Filetbraten 166
Filetscheibe 170
Filiermesser 196
Filmkamera 328
Filmset 329
Filo 173
Filter 212, 219, 236, 238, 453, 569
Filzhut 288
Filzstift 326
Finanzwesen 482
Finger 85, 131
Finger, kleiner 131
Fingerendglied 131
Fingerhut 376
Finger im Querschnitt 131
fingerloser Spitzenhandschuh 293
Fingernagel 131
Fingernerv 122
Fingerstrecker, gemeinsamer 109
Fink 90
Finnland 24, 492
Finsternis, partielle 10, 11
Finsternis, ringförmige 10
Finsternis, totale 10, 11
Finsternisarten 10, 11
Firn 38
Firstpfette 215
Fischerei 136
Fischformen 164
Fischgabel 189, 194
Fischkochtopf 202
Fischkorb 570
Fischmesser 190, 194
Fischnetz 309
Fischplatte 193
Fischschupper 568
Fischsteak 164
Fischstück 164
Fitnessball 546
Fitnessgeräte 546
Fjordküste 36
Flachdach 320
flache Frisierbürste 298
flacher Absatz 292
flacher Bratentopf 203
flacher Teller 192
Flachfeile 253
Flachfräsbohrer 252
Flachkollektor 452
Flachland 35
Flachs 72
Flachsilo 137
Flachwurzel 68
Flageolet-Bohne 147
Flagge, umsetzbare 550
Flaggen der Beobachter der Vereinten Nationen 496
Flaggen der Mitgliedsstaaten der Vereinten Nationen 490
Flaggen internationaler Organisationen 496
Flamingo 92
Flanke 89, 99, 166, 169
Flankensteak 166
Flare 10
Flasche 297, 307, 569
Flasche, Glas 183
Flaschenöffner 197, 568
Flechte 60
Flechte, Aufbau 60
Flechten 60
Fleece-Jacke 287
Fleisch 165
Fleischformen 170
Fleischfresser 50
fleischige Apfelfrucht 65
fleischige Frucht 64
fleischige Steinfrucht 65
Fleischklößchen 170
Fleischstücke 166, 167, 168, 169
Fleischthermometer 198
Fleisch- und Wurstfach 239
Fleischwolf 197
flexibler Schlauch 237
Fliege 81, 267
Fliegender Fisch 83
Fliegenfischen 571
Fliegengittertür 405
Fliegenpilz 58
Fliegenrolle 571
Fliegenrute 571
Fliegenschnur 571
Flip 559
Flipper 576
Flipperautomat 576
Floh 81
Flosse 434, 536
Flossenstrahl 82
Flügel 78, 79, 89, 214, 322, 332, 434, 454
Flügel, oberer 434
Flügel, unterer 434
Flügelader 78
Flügelmutter 246
Flügelrahmen 214
Flügelspieler 527
Flügelstrebe 434
Flügeltasche 268
Fluggastbrücke 429
Fluggastbrücke, ausziehbare 429
Flughafen 428, 472
Flugtasche 304
Flugzeug, Bewegungen 435
Flugzeuge 434
Flugzeugwartungshalle 429
Flunder 162
Flusensieb 240
Flush 572
Fluss 23, 35
Flussbarsch 82, 163
flüssige Grundierung 295
flüssiger Eyeliner 295
flüssiges Mascara 295
Flüssigkeit 456, 457
Flüssigkeit, antiseptische 507
Flüssigkristallanzeige 464
Flusskrebs 160
Flusslandschaft 35
Fock 540
Folie 182
Folie, Aluminium 182
Fön 299
Fonduegabel 189
Fondue-Set 202
Fonduetopf 202
Fontanelle, hintere 112
Football 524
Football, American 522
Footballspieler 524
Foramen caecum 135
Förderanlage 443
Förderband 430
Förderplattform 445
Förderwagen 414
Forelle 163
Formel-1-Auto 555
Formel-1-Rennstrecke 554
Formel-Indy-Auto 554
Fortepedal 338, 342
Fortpflanzungssystem 125
Fortpflanzungszyklus 57
Forum 375
fossile Energie 443
Fotograf 478
Fotografie 351
fotografisches Zubehör 351
Fotosynthese 51
Fotozelle 351
Foxterrier 94
Foyers 331
Frachtflugzeug 434
Frachtraum 425, 433
Frachtschiff 422
Frankfurter Würstchen 171
Frankreich 492
Frau 106
Free Safety 522
Freestyleboard 561
freie Rippen 110
freilaufender Sitz 547
Freisaiten 344
Freisprechanlage 363
freistehendes Schwimmbecken 212
Freistoß 520
Freiwange 218
Freizeit in der Natur 566
Freizeitkanu 543
Freizeittrampolin 536
Frequenz, Maßeinheit 467
Fresko 312
Frettchen 97
Friedhof 30, 475
Fries 311, 319
Frischkäse 174
Friséesalat 140
Friseur 328, 478
Frisierbürste, flache 298
Fritteuse 206
Frittierkorb 198
Fritzstock 507
Frontallappen 123
Frontblech 409
Frontgitter 223
Frontscheibe 238
Frontscheinwerfer 390, 508
Frontstoßdämpfer 409
Frontstoßfänger 386
Frosch 85, 333
Frosch, äußere Merkmale 85
Frucht 63
Fruchtbecher 63
Fruchtblatt 63
Fruchtfach 64
Fruchtfleisch 64, 65
Fruchtgemüse 142
Fruchtkapsel 63
Fruchtknoten 57, 66
Fruchtknotenfach 65
Fruchtkörper 60
Fruchtwand 63, 64
Frühling 44
Frühlingsäquinoktium 44
Frühlingszwiebel 139
Frühstücksbeutel 183
Fuchs 97
Fuchsschwanz 250
Fugendüse 237
Fugenkelle 254
Führerhaus 441
Führerkabine 437, 438, 440, 441
Führerpult 416
Führerraum 435
Führerstand 416, 417
Führungsgriff 253
Führungsgruppe 552
Führungsrille 562
Fullback 523
Füllfederhalter 349
Full House 572
Fülltür 220
Füllung 213
Fumarole 40
Fundament 215
Fundamentstreifen 215
Fünf 469
Fünfeck, regelmäßiges 471
Fünfhundert 469
Fünf-Kräuter-Gewürz 155
Fünfzig 469
Fungizid 53
Funkantenne 422, 424, 426, 427, 555
Funkmaus 369
Funknetzwerk, Basisstation 372
Funknetzwerkkarte, wireless-LAN-Karte 372
Fusilli 176
Fuß 76, 103, 104, 105, 106, 107, 232, 234, 253
Fuß, geschwungener 228
Fuß-/Handgelenksgewicht 546
Fußball 518
Fußballfeld 518
Fußballschuh 518
Fußballspieler 518
Fusselfilter 241
Fußende 232
Fußgängerbrücke 415, 419
Fußgängerüberweg 476
Fußgelenk 94
Fußgelenkgewicht 536
Fußgestell 229
Fußholz 213
Fußnagelschere 296
Fußplatte 251
Fußraste für Beifahrer 406, 408
Fußraummatte 399
Fußriemen 547
Fußschlaufe 542
Fußstütze 233, 508, 547
Fußteil 536
Fußtritt 339
Fußweg 478
Futter 266, 267, 286, 290, 559
Futtergetreide 137
Futterspender 309

G

G 346
Gabel 189, 436, 555
Gabelbaum 542
Gabeln 189
Gabelstapler 436
Gabun 493
Galaxie 13
Galerie 317, 330, 454
Galerie, Große 310
Gallenblase 119
Galopp 99
Gambia 493
Gammastrahlen 460
Ganasche 99
Gang 40, 184, 310
Gang, absteigender 310
Gang, aufsteigender 310
Gangarten 99
Gans 91, 165
Gänseblümchen 67
Gänseei 164
Ganymed 8
ganze Note 347
ganze Pause 347
Ganzjahresreifen 398
ganzrandig 62
Garage 210
Garam Masala 155
Garderobe 216, 331
Garderobier 328
Garnele 160
Garnierspritze 200
Garten 258, 312
Gartenerbse 146
Gartenhandschuhe 259
Gartenheidelbeere 148
Gartenkresse 141
Gartenkreuzspinne 80
Gartenkürbis 143
Garten-Sauerampfer 141
Gartenschlauch 261
Gartenspritze 261
Gartenweg 258
Gärtnergeräte 259
Gas 227, 446, 456
gasbefeuerter Boiler 219
Gasbehälter 568
Gasbrenner 219
Gashebel 408
Gasherd 238
Gasmaske 500
Gasöl 446
Gaspedal 392
Gasse 475, 529, 530
Gasstromregulierung 568
Gaststätte 478
Gaszähler 447
Gattung 74
Gaumenmandel 135
Gebälk 213, 311, 319
Gebärmutter 126, 127
Gebärmutterhals 126, 127
Gebärmutterschleimhaut 127
Gebirge, Transantarktisches 24
Gebirgsbach 37
Gebirgskette 23, 33
Gebiss, menschliches 113
Gebläse 219, 241
Gebläsemotor 219
geboren 468
gebuchtet 62
Gecko 88
gedeckter Tisch 194
Gedränge 521, 522, 523
gedruckte Schaltung 459
Geflügel 165
Geflügelschere 199
Gefrierbeutel 183
gefrierender Regen 48
Gefrierfach 239
Gefrierschrank 184, 186, 187
Gefriertruhe 239
Gegenausleger 437
Gegengewicht 323, 383, 437
Gegenleiste 128
Gegenlichtblende 351
Gehäuse 76, 222, 240, 241, 265, 338, 355, 366, 464
Gehäuse, hinteres 16
Gehäuselüfter 367
Gehgestell 507
Gehhilfen 507
Gehirn 121, 123
Gehirnfurchen 123
Gehirn-Rückenmark-Flüssigkeit 124
Gehkrücke 507
Gehörknöchelchen 129
Gehrungssäge 250
Gehrungsschmiege 250
Gehrungsschneidlade 250
Gehweg 211
Geier 91
Geigenfamilie 332
gekerbt 62
gekochter Schinken 171
Gekröse 170
gekrümmte Greifbacke 245
Gel 510
Geländefahrzeug 385, 554
Geländemotorrad 409
Geländemotorrad, 4x4 409
Geländer 217, 218, 320, 382
Geländewagen 385
gelappter Zeh 89
Gelb 460
gelber Fleck 132
gelber Paprika 142
gelbe Zucchini 143
Geld 484
Geldbeutel für Münzen 303
Geldgürtel 306
Gelenk 290, 563
Gelenkbus 401
Gelenkschäkel 541
gemahlener Kaffee 158
gemahlener Pfeffer 155
gemäßigter Wald 49
gemäßigtes Grasland 49
Gemeiner Putzerfisch 83
Gemüsebeutel 183
Gemüsebürste 199
Gemüsegarten 137, 210
Gemüseterrine 193
Gemüsezwiebel 139
Generator 394, 442, 455
Generatoreinheit 449
Genickstück 548
Geographie 20
Geologie 33
geologische Phänomene 40
Geometrie 468
Georgien 494
Geothermie 442
geothermische Energie, Elektrizitätserzeugung 442
geothermisches Haus 442
Gepäck 304
Gepäckanhänger 304
Gepäckcontainer 423
Gepäckraum 400, 417, 435
Gepäckroller 304
Gepäckschließfächer 414
Gepäckträger 405, 409, 410
Gepard 98
gerade Greifbacke 245
gerader Bauchmuskel 108
gerader Oberschenkelmuskel 108
gerader Rock 275
Geranie 67
Geräteschuppen 137
Geräteturnanlage 534
Geräteturnen 534
geräucherter Vorderschenkel 169
geräumige Tasche 306
Gericht 481
Gerichtsgebäude 474
Gerichtssaal 481
geröstete Kaffeebohnen 158
Gerste 72, 157
Geruchssinn 133
Geruchsverschluss 225
gesägt 62
Gesäß 105, 107, 125, 126
Gesäßmuskel, großer 109
Gesäßspalte 107
Gesäßtasche 268
Geschäft 474
Geschäftsviertel 474
Geschirr 192
Geschirrschrank 216
Geschirrspüler 187
Geschirrspülmaschine 242
Geschirrtuch 243
Geschirr und Besteck 188
Geschlechtsorgane, männliche 125
Geschlechtsorgane, weibliche 126
geschlossener Gesichtsschutz 498
geschlossene Traube 66
Geschmacksrezeptoren 135
Geschmackssinn 133
geschnittener Nagel 248
geschütztes Leerzeichen 370
geschwungener Fuß 228
Gesicht 103, 104
Gesichtsmaske 517, 524
Gesichtsschutz 256, 556
Gesichtsschutz, geschlossener 498
Gesichtsschutzmaske 557
Gesichtsstück 500
Gesims 211, 213
gespaltene Zunge 86
gespreizter Kragen 267
gestanztes Loch 268
Gestell 257
gestorben 468
Gesundheit 501
Getränkedose 183
Getränkekarton 183
Getränkekarton, kleiner 183
Getreide 157
Getreideindustrie 72
Getreideprodukte 172
getrennte Sammlung 55
Getriebe 240, 388, 394
getrockneter Chili 155
Gewände 317
Gewicht 466, 546
Gewichte 547
Gewichtheben 546
Gewichtheber 546
Gewichthebergürtel 546
Gewichtheberschuh 546
gewimpert 62
Gewinde 227, 249, 549
Gewindegang 252
Gewindeschaft 246
gewöhnlicher Nagel 248
gewöhnlicher Würfel 572
Gewölbe 316
gewölbter Zentralbereich 13
Gewürz, Fünf-Kräuter 155
Gewürze 154
Gewürzmischung, Cajun 155
Gewürznelke 154
Geysir 40
gezahnte Greifbacke 245
Ghana 493
Ghee 174
Gibbon 103
Gibraltar, Straße 27
Giebel 183, 210
Giebeldreieck 311, 319
Giebelpfeiler 318
Giebelständer 215
Gierbewegung 435
Gießbrause 261
Gießkanne 261
Gießpistole 261
Giftdrüse 86
giftige Pilze 58
Giftklaue 80
Giftschlange, äußere Merkmale 86
Giftzahn 86
Gimpel 90
Ginkgonuss 149
Gipfel 37, 560
Giraffe 101
Gitarre, akustische 334
Gitarre, elektrische 335
Gitter 223, 311, 355
Gitterbett 233
Gittereinsatz 202
Glas 302, 568
Glasabdeckung 452
Glasdach 216, 477
Gläser 188
Glasflasche 183
Glaskörper 132
Glasmalerei 317
Glasnudeln 177
Glasscheibe 463
gleich 469
gleich oder größer als 469
gleich oder kleiner als 469
Gleichstrom-Netzkabel 368
Gleichtaste 377
Gleis 418, 474
Gleiskette 438
Gleiskreuzung 415
Gleitfuge 245
Gleitschuh 251
Gletscher 38
Gletschersee 35
Gletscherspalte 38
Gletscherzunge 38
globale Erwärmung 52
globales Navigationssystem 32
Globus 486
Glockenband 341
Glockenstube 316, 317
Glockenturm 317, 489
Glottis 86
Glühbirne 227
Glühfaden 227
Glühlampe 227
Glukose 56
Gnocchi 176
Gnomon 464
Go 573
Gojibeere 148
Gold 42
Goldbrasse 161
Golden Retriever 95
Goldfisch 82
Goldmakrele 161
Goldzeisig 90
Golf 23
Golf, Persischer 29
Golfball 551
Golfhandschuh 551
Golfplatz 472, 550
Golfschuhe 551
Golfspiel 550
Golftasche 551
Golf von Aden 28, 29
Golf von Alaska 25
Golf von Bengalen 29
Golf von Guinea 28
Golf von Kalifornien 25
Golf von Mexiko 25
Golf von Oman 29
Golf von Panamá 26
Golfwagen 551
Golgi-Apparat 56, 74
Gong 332, 341
Gorgonzola 175
Gorilla 103
Gorilla, äußere Merkmale 103
gotischen Doms 317
gotischer Dom 316
Gottesanbeterin 80
Gouachefarbe 326
Gouda 175
GPS 32
GPS-Empfänger 32
GPS-Navigationssatellitennetz 32
GPS-Satellit 32
Grabgabel 260
Grabschaufel 260
Grad 468
Grad Celsius 464, 467
Grad Fahrenheit 464
Gradnetz 20
Grafiktaschenrechner 377
grafische Darstellung 470
Granatapfel 152
Grand Canyon 25
Grand Prix-Motorrad 555
Granitschicht 33
Granne 72
Granulation 10
Grapefruit 150
Grapefruitmesser 196
Graphikdesign-Software 354
Graphitstift 348
Graphosfeder 326
Grasfang 265
grasgrüner Täubling 138
Grat 37
graue Substanz 123, 124
Greifbacke, gekrümmte 245
Greifbacke, gerade 245
Greiffinger 103
Greifvogel 89
Grenada 491
Griechenland 492
griechischen Tempels 311
griechischer Tempel 311
griechisches Brot 173
griechische Schriftzeichen 349
griechisches Theater 310
Grieß 172
Griff 189, 190, 197, 204, 205, 206, 207, 208, 220, 230, 232, 236, 237, 238, 239, 243, 244, 245, 246, 250, 251, 253, 255, 257, 259, 261, 263, 265, 300, 303, 304, 305, 307, 333, 528, 532, 533, 547, 551, 562, 571, 575
Griff, isolierter 255
Griff, wärmeisolierter 207
Griff, zusätzlicher 252
Griffbrett 333, 335, 344
Griffel 63, 65, 66
Griffelfortsatz 112

Griffkamm 298
Grifftechniken 533
Grillfläche 207
Grillplatte 207
Grillrost 238
Gripzange 245
grobe Salami 171
grobes Salz 181
Grönland 24, 25
Grönlandsee 24
Großbildfernseher 358
Große Australische Bucht 30
große Einkaufstasche 306
Große Galerie 310
größer als 469
großer Blutkreislauf 116
großer Kopfwender 108, 109
großer
Oberschenkelanzieher 108
große Rosenvene 115
Großes Barrierriff 30
Große Seen 25
Große Victoriawüste 30
Großformatkamera 352
Großfrüchtige Moosbeere 148
groß gefleckter Katzenhai 160
Großhirn 123
Großrad 508
Großraumlimousine 385
Großraumwagen 417
Großschot 540
Großschriftfeststellung 370
Großschriftfeststellungstaste 370
Großschriftumschaltung 370
Großsegel 540
Grün 460, 550
Grünalge 59
Grundierung, flüssige 295
Grundlinienrichter 531
Grundmoräne 38
Grundwasserspiegel 54
grüne Bohne 147
grüner Paprika 142
grüner Pfeffer 154
grüner Tee 158
Grünkohl 140
Gruppenwahl 370
Gruyèrekäse 175
Guatemala 490
Guave 153
Guinea 493
Guinea, Golf 28
Guinea-Bissau 493
Gummiband 232
Gummihandschuhe 243
Gummipfropfen 504
Gummischlauch 510
Gummistiefel 498
Gurke 142
Gurt 259, 307, 399, 551
Gurtbogen 316
Gürtel 268, 545
Gürtelschlaufe 268, 271
Gürtelschnalle 268
Gürteltasche 306
Gurtschließe 391
Gurtschnalle 548
Gurtwerk 536
Gusserker 314
Gutenberg-Diskontinuität 33
Güterbahnhof 415, 472
Güterwagen 416
Güterwaggon 416
Guyana 490
Guyot 34
Gyrus 123

H

H 346
Haar 105, 107, 333
Haaraufrichtemuskel 130
Haarband 293
Haarbürsten 298
Haarclip 298
Haarfollikel 130
Haarglätter 299
Haarklemme 298
Haarkutikula 130
Haarliftkamm 298
Haarpflege 298
Haarschaft 130
Haarschneidekamm 298
Haarschneider 299
Haarschneideschere 299
Haarspange 298
Haarspülung 297
Haarwurzel 130
Hackfleisch 170
Hackschnitzel 73
Hafen 421, 473
Hafenfähre 426
Hafer 72, 157
Hafermehl 172
Haferwurz 145
Haftnotiz 376
Haftorgan 59
Haftscheibe 85
Haftwurzeln 61
Hahn 91
Hahnenfuß 67
Hai 84
Hai, äußere Merkmale 84
Haiti 490
Haken 404, 437, 466
Hakenhalteöse 571
Hakenspitze 571
Halbbrille 302
halbe Note 347
halbe Pause 347
halbes Heft 196
Halbinsel 23
Halbinsel, Arabische 29
Halbinsel, Iberische 27
Halbinsel, Kamtschatka 29
Halbinsel, Kola 27
Halbinsel, Skandinavische 27
Halbkreis 470, 526
Halbkugel 471
Halbmond (erstes Viertel) 11
Halbmond (letztes Viertel) 11
Halbmumienschlafsack 566
halbrunder Ziergiebel 318
Halbsäule, dorische 313
Halbsäule, ionische 313
Halbsäule, korinthische 313
Halbschale 281
Halbsehnenmuskel 109
Halbspieler 514
Halbstiefel 290
Halbvolleyball 530
Halfback 523
Halm 299
Halo 13
Halogen-Tischleuchte 234
Hals 61, 86, 99, 105, 106, 107,
113, 333, 334, 335, 345
Halsausschnitt 270
Halsband 308
Halskette, mehrreihige 294
Halskette in Matineelänge 294
Halskette in Opernlänge 294
Halsketten 294
Halsschlagader 114
Halstalje 540
Halswärmer 293
Halswirbel 111
Haltebügel 508
Haltegriff 401, 405, 499
Halter 267
Halterung 411
Haltestange 402
Hammer 129, 338
Hämmer 248
Hammerhalter 244
Hamster 93
Hand 103, 105, 107, 131
Handballenauflage,
abnehmbare 370
Handbandage 544
Handblasebalg 505
Handbrause 224
Handbremse 388
Handbremshebel 392
Handfeuerlöscher 498
Handfläche 131
handförmig 62
Hand-Funksprechgerät 497
Handgabel 259
Hand-Gehrungssäge 250
Handgelenk 105, 107, 131
Handgelenkpolster 524
Handgelenksbandage 546
Handgelenkschützer 565
Handgriff 253, 322
Handhabung 436
Handkaffeemühle 197
Handkreissäge 251
Handkultivator 260
Handkurbel 261
Handlauf 218, 323
Handmuskeltrainer 546
Handrührgerät 204
Handschlaufe 562, 564
Handschuh 517, 552, 555, 556,
558, 561, 564
Handschuh der Feldspieler 516
Handschuhe 293
Handschuhfach 392
Handschutz 263, 555
Handstandsprung 537
Handstaubsauger 237
Handtaschen 306
Handtuch 297
Handtuchhalter 224
Handwaage 466
Handwagen 436
Handy 363
Handzahnbürste 301
Hanf 72
Hängebrücke 382
Hängeleuchte 234
Hängemappe 378
Hänger 382
HANS-System 554
Hantel 546
Hardboots 561
Harfe 332, 334
Harissasoße 181
Harmonikatür 322
Harnapparat 120
Harnblase 120, 125, 126
Harnleiter 120
Harnröhre 120, 125, 126
Harnröhrenöffnung 125
harte Kontaktlinse 301
harter Gaumen 133, 134
harte Rückenmarkshaut 124
Hartgelatinekapsel 506
Hartkäse 175
Hartplatz 532
Hase 93, 165
Haselnuss 149
Haselnuss, Längsschnitt 63
Hasentiere 93
Haube 237, 454
Haumea 9
Hauptapsis 315, 317
Hauptarterien 114
Hauptband 564
Hauptbronchus 118
Hauptdeck 425
Hauptfahrwerk 433
Hauptfeld 552
Hauptgenerator 416
Hauptlinienrichter 523
Hauptnerven 122
Hauptträume 216
Hauptreihenstern 12
Hauptschiedsrichter 515
Hauptschlot 40
Hauptschwert 542
Hauptspiegel 13, 15
Hauptspielzüge 573
Hauptspuren 381
Hauptstadt 31
Haupttransformator 417
Hauptvenen 115
Hauptvorhang 330, 331
Hauptwurzel 61
Hauptzeitnehmer 538
Hauptzylinder 395
Haus, einstöckiges 325
Haus, zweistöckiges 325
Hausboot 425
Häuser 324
Häuserformen in der Stadt 325
Hausflur, äußerer 312
Haushaltsgegenstände 243
Haushaltsgeräte 236
Haustiertoilette 308
Haustierzubehör 308
Haustür 213
Hauszelt 567
Haut 58, 64, 65, 130
HDMI-Anschluss 359
Hebel 206, 245, 408
Hebeleisen 248
Hebel für Vorderbremse 407
Hebel-Korkenzieher 197
Heber 440
hebräische Schriftzeichen 349
Hecht 163
Hechtabwehr 525
Hechtsprungstellung 537
Heck 426, 433, 542, 543
Hecke 211, 258
Heckenschere 262
Heckleuchten 390
Heckpropeller 424
Heckrotor 435
Hecksporn 435
Heft 249
Heft, halbes 196
Hefter 379
Heftklammern 379
Heilbutt 162
Heimkino 358
Heimtrainer 547
Heißluftpistole 257
heißversiegelte Folie 182
Heißwasserbereiter 453
Heizelement 219, 241, 242
Heizkessel, elektrischer 219
Heizlüfter 222
Heizöl 446
Heizstrahler 222, 568
Heizung 219
Helix 471
Helm 17, 516, 517, 552, 554,
555, 561, 565
Helmbohne 146
Hemd 267, 513
Hemdblusenkleid 274
Hemdchen 285
Hemdhose 270
Hemisphäre, nördliche 21
Hemisphäre, östliche 21
Hemisphäre, südliche 21
Hemisphäre, westliche 21
Hemisphären 21
Henkel 243
herausklappbare
Schreibplatte 230
herausnehmbarer Topf 207
Herbizid 53
Herbst 44
Herbstäquinoktium 44
Herd 41
Herdkante 238
Hering 161, 567
Heringskönig 162
Herkunft der Nahrungsmittel 136
Herrenhandschuhe 293
Herrenkleidung 266
Herrenkopfbedeckungen 288
Herrenring 294
Herrenschuhe 290
Hertz 467
Herz 117, 170, 572
herzförmig 62
Herzkammer, linke 117
Herzkammer, rechte 117
Herzmuschel 159
Herzmuskel 117
Herzschrittmacher 511
Herzwandschicht 117
heterotrophe Organismen 50
Heuboden 137
HiFi-System 361
Hijiki 138
Hilfsbatterie 394
Hilfsschwert 542
Hilus 58
Himalaja 29
Himbeere 148
Himbeere im Querschnitt 64
Himmel, stürmischer 48
Himmelskörper 8
Hindernislaufhürde 512
Hinterbein 78, 79, 85, 229
Hinterbühne 331
hintere Blinkleuchte 406, 408
hintere Querleiste 564
hinteres Bremspedal 406
Hinterflügel 78
Hinterhauptbein 112
Hinterhauptmuskel 109
Hinterhauptsbein 111, 112
Hinterkappe 286
Hinterkeule 167, 168, 169
Hinterleib 77, 78, 79, 80
Hinterzehe 89
Hinterzwiesel 548
Hippe 262
Hirn 170
Hirnnerven 121, 122
Hirnrinde 123
Hirnstamm 123
Hirse 72, 157
Hitzeschild 16, 19
Hi'iaka 9
Hobel 253
Hobeleisen 253
Hobelschar 441
Hobelzahn 263
Hochaltar 489
Hochdruckgebiet 44
Hochebene 37

Hochgebirge 45
Hochgeschwindigkeitszug 417
Hochland 11
Hochlandklimate 45
Hochschrank 187
Hochsilo 137
Hochsprung 513
höchste Karte 572
Hochstuhl 233
Hochtöner 360
Hochwasserentlastungswehr 448
Hochwasserentlastungswehr, Verschluss 448
Hocker 187, 229
Höcker 113
Hoden 125
Hodensack 104, 125
Hof 137
Höhenflosse 433, 435
Höhenruder 433
hohe Rippe 166
hohe Wolken 46
Höhle 36
Hohlvene, obere 115, 117
Hohlvene, untere 115, 117, 120
Hoisinsoße 180
Holländerwindmühle 454
Holm 257, 432
Holzbeheizung 220
Holzblasinstrumente 332
Holzhammer 248
Holzkiste 182
Holzleibung 214
Holzschläger 551
Holzträger 221
Holzunterbau 218
homogenisierte Milch 174
Honduras 490
Honig 179
Honigbiene 79
Honigbiene, äußere Merkmale 79
Honigmelone 151
Hörer 363, 364
horizontales Schiebefenster 323
Hörmechanismus 129
Hörmuschel 364
Horn 499
Hörnchennudeln 176
Hörnerv 129
Hornhaut 132
Hornisse 81
Hornschnabel 86
Hornschuppe 89
Hörschnecke 129
Hors-d'Oeuvre-Schale 193
Hose 99, 268, 287, 518, 546, 556
Hose, kurze 521, 526
Hosen 269, 277
Hosenbluse 276
Hosenbund 268
Hosenrock 275
Hosenschlitz 268
Hosenträger 268
Hotel 474, 480
Hotelzimmer 480
Hubble-Weltraumteleskop 16
Hubbrücke 383
Hubschrauber 435
Hubwinde 437
Hubzylinder 404, 499
Hudson Bay 25
Huf 99
Hüftarterie, gemeinsame 114, 120
Hüftarterie, innere 114
Hüft-Becken-Nerv 122
Hüfte 105, 107
Huftiere 99, 100
Hüft-Leisten-Nerv 122
Hüftlochnerv 122
Hüftpolster 524
Hügel 37
Huhn 91, 165
Hühnerei 164
Hühnerstall 137
Hülsenfrucht (Erbse) im Querschnitt 63
Hülsenfrüchte 146
Hummel 81
Hummer 77, 160
Hummer, äußere Merkmale 77
Hummus 180
Hund 94
Hund, äußere Merkmale 94
Hunde 94
Hundert 469
Hundertfüßer 75
Hundshai 160
Hupe 392, 408
Hürde 512
Hürdenlauf 512
Hurrikan 47
Hut 58
Hutband 288
Hutmutter 246
Hüttenkäse 174
Hyäne 97
Hybridboot 565
Hybridfahrzeug 394
Hybridschläger 551
Hydrant 476
Hydraulik-Hochlöffelbagger 440
hydraulischer Motor 439
hydraulische Scheibenbremse 552
Hydrosphäre 50
Hygrostat 223
Hyperlinks 374
Hypokotyl 58
Hypophyse 123
Hypothalamus 123

I

Iapetus 9
Iberische Halbinsel 27
identisch 469
Identitätsband 294
Iglu 324
Igluzelt 567
Impluvium 312
Impressum 350
Impulslaser, Rubin 462
Inbusschrauben 249
in den Boden eingelassenes Schwimmbecken 212
Indien 495
Indisch-Australische Platte 34
Indischer Ozean 22, 24, 28, 29, 30
Indonesien 29, 495
Infiltration 51
Infrarotsensor 372
Infrarotstrahlung 460
Infusionsständer 501
Ingwer 155
Inhalt 350
Injektionsbohrung 442
Inlineskating 565
Innenfeld 514
Innengewinde 570
innengezahnte Fächerscheibe 245
Innenohr 128
Innenohrvorhof 129
Innenstadt 473, 474
Innensteckhülse 571
Innenstiefel 563
Innentür 239
Innenverteidiger 519
innere Drosselvene 115
innere Hüftarterie 114
Innereien 170
innere Planeten 9
innerer Kern 33
innerer Oberschenkelmuskel 108
Insekten 78, 80
Insektenfresser 89
Insel 23, 381
Instrumente 553
Instrumententafel 393, 407, 408
Integral 469
Integralhelm 555
integrierte Schaltung 459
integrierte Schaltung mit Gehäuse 459
Intensivstation 501
Interdentalbürste 301
Interlobärspalt, schräger 118
Internationale Organisation der Frankophonie 496
internationale Raumstation 18
Internationales Einheitensystem 467
Internationales Olympisches Komitee 496
interne Festplatte 373
Internet 374
Internet-Nutzer 374
Internet-Nutzungen 375
Internetstick 372
Intervalle 346
Intrusivgesteine 33
Io 8
IOC 496
ionische Halbsäule 313
ionische Säule 319
Irak 494
Iran 494
Iris 132
irisches Brot 173
Irische See 27
Irisch Moos 138
Irland 492
Isba 324
Ischiasnerv 122
Island 24, 27, 492
Isobare 44
Isolator 397
Isolierraum 502
Isolierstoff 218
isolierte Klinge 255
isolierter Griff 255
isolierte Zehenkappe 17
Isolierung 452
Israel 494
ist annähernd gleich 469
ist äquivalent mit 469
ist gleich 469
ist gleich oder größer als 469
ist gleich oder kleiner als 469
ist größer als 469
ist identisch mit 469
ist kleiner als 469
ist nicht identisch mit 469
ist nicht parallel zu 468
ist parallel zu 468
ist senkrecht zu 468
ist ungleich 469
Italien 492

J

Jaboticaba 153
Jacke 279, 545
Jacke, dreiviertellange 271
Jacken 271, 278
Jackett 266
Jackfrucht 152
Jagd 136
Jagdkappe 288
Jaguar 98
Jahreszahl 484
Jahreszeiten 44
Jakobsmuschel 159
Jalapeño-Chili 155
Jalousie 214
Jalousiefenster 323
Jalousieschweller 339
Jalousieverschluss 223
Jamaika 490
Jamaikapfeffer 154
James-Webb-Weltraumteleskop 16
Japan 29, 495
japanischer Rettich 139
Japanisches Meer 29
japanische Wollmispel 149
Jarlsberg 175
Jazzbesen 341
Jeans 269, 277
Jemen 494
Jetski 553
Jicama 139
Jochbein 110, 112
Jochweite 382
Joggingschuh 286
Joghurt 174
Johannisbeere 148
Johannisbeere, schwarze 148
Joker 572
Jolle 541
Jordanien 494
Joule 467
Joysticks 574
Judo 545
Judogi 545
Judokämpfer Wettkampfteilnehmer 545
Jupiter 8
Jurte 324
Justiz 481
Juweliergeschäft 478

K

Kabel 399
Kabel, Anschluss 251
Kabel der Schnittstelle für digitale Musikinstrumente (MIDI) 343
Kabeljau, atlantischer 162
Kabelleitung 375
Kabelmodem 375
Kabeltülle 255
Kabine 426, 439, 483
Kabriolett 385
Kaffee 158
Kaffeebohnen, geröstete 158
Kaffee-Filterkanne 209
Kaffeelöffel 191
Kaffeemaschine 209
Kaffeemaschinen 209
Kaffeetisch 230
Käfig 313
Kai 421
Kaianlage 472
Kai-lan 145
Kaiman 88
Kaisergranat 160
Kaiserling 138
Kajak 543
Kakadu 91
Kakao 179
Kaki 153
Kaktusfeige 153
Kalahari 28
Kalandrieren 73
Kalb 101
Kalbsfleisch 167
Kalbsnuss 170
Kaldaune 170
Kalifornien, Golf 25
Kalmar 159
kaltes Kühlmittel 442, 450
kaltgemäßigte Klimate 45
Kambium 68
Kambodscha 495
Kameragehäuse 352
Kameramann 328
Kamerun 493
Kamille 158
Kamin 216, 220, 221
Kaminabdeckung 221
Kaminabdichtung 221
Kaminbesteck 221
Kamineinfassung 220, 221
Kamingitter 221
Kaminsims 220
Kamisol 276
Kamm 37
Kämme 298
Kammerseptum 117
Kammerwasser 132
Kammmuschel 159
Kämpfer 545
Kampfrichter 534, 535, 544, 545, 559
Kampfsportarten 544
Kamtschatka-Halbinsel 29
Kanada 24, 490
kanadischer Bacon 171
Kanalschleuse 421
Kandare 548
Kandarenkette 548
Kandarenzügel 548
Kandiszucker 179
Kaninchen 93, 165
Kanne 209
Kannelierung 320
Kante 561, 569
Kantenschiene 565
Kantenstecher 260
Kanu 543
Kanüle 504
Kanzel 489
Kap 23
Kapaun 165
Kap der Guten Hoffnung 28
Kapelle 314
Kaper 180
Kap Horn 26
Kapillaren 116
Kapillarröhrchen 464
Käppchen 288
Kappe 226, 289, 349
Kapsel 60
Kapsel (Mohn) im Querschnitt 63
Kapuze 272, 278, 284, 285, 558
Kapuzenmuskel 108, 109
Kapuzenshirt 287
Kapuzineraffe 103
Kap Verde 493
Kar 11, 38
Karabinerhaken 541
Karaffe 188
Karaffe, kleine 188

Karasee 24
Karate 545
Karategi 545
Karateka 545
Kardamom 154
Kardinal 90
Kardone 144
Karibik 22, 25
Karibische Inseln 490
Karibische Platte 34
Karikatur 350
Karo 572
Karosserie 386, 405
Karotte 145
Karpaten 27
Karpfen 163
Karteiregister 378
Kartendarstellungen 21
Kartoffel 139
Kartoffelstampfer 201
Karton 183
Kartusche 254, 500
Kartuschenpistole 254
Kasachstan 494
Käsemesser 190
Käseplatte 193
Käsereibe 197
Käseschachtel 183
Kaspisches Meer 22, 29
Kasse 185, 327, 576
Kassen 185
Kasserolle aus Gusseisen 203
Kassiererin 185
Kastagnetten 332, 341
Kasten 79
Kastenbrot 173
Katamaran 541
Katar 494
Kathode 459
Kathodenstrahlröhren-
Fernseher 355
Katze 96
Katzen 96
Katzenhai, groß gefleckter 160
Kegel 205, 471
Kegelprojektion 21
Kehldeckel 118, 135
Kehle 89
Kehlkopf 118
Kehlriemen 548
Kehrbesen 404
Kehrschaufel 243
Keil 306
Keilabsatz 292
Keilbein 112
Keilbeinhöhle 134
Keilriemen 240
Keim 57, 72
Keimling 58
Keimung 57
Keimwurzel 58
Kelch 63, 64, 489
Kelchblatt 64, 66
Keller 211
Kellner 186
Kellnerbesteck 197
Kelvin 467
Kenia 493
Keramikkondensator 459
Kerbe 549
Kerbel 156
Kern 12, 13, 64, 65, 72
Kern, äußerer 33
Kern, innerer 33
Kern, spaltbarer 457
Kernenergie 450
Kernenergie,
Elektrizitätserzeugung 450
Kerngehäuse 65
Kerngehäuseausstecher 199
Kernholz 68
Kernkörperchen 56, 126
kernlose Salatgurke 142
Kernmembran 56
Kernreaktor 451
Kernspaltung 457
Kernspaltung des
Uranbrennstoffs 450
Kerosin 446
Kerze 489
Kessel 37, 340
Kesselpauke 340
Kesselwagen 416
Ketchup 181
Kette 225, 410, 547, 553
Kettenblattumwerfer 410
Kettenrad 552
Kettensäge 263
Keule 94
Keule auf französische Art 168
Keulensteak 166, 167, 170
Kibla 488
Kichererbse 146
Kidneybohne, rote 147
Kiebitz 90
Kiefernnadeln 70
Kiefertaster 80
Kielboot 541
Kiemendeckel 82
Kiesbett 554
Kilogramm 467
Kilometerzähler 393
Kinderbekleidung 284
Kinderfahrrad 412
Kindermöbel 233
Kindersessel 233
Kindersitz 307, 399, 412
Kinderwagen 307
Kinderzubehör 307
Kinn 89, 106
Kinnriemen 524
Kinnschutz 407, 552
Kinnstütze 333
Kino 327, 474, 478
Kinoleinwand 327
Kinosaal 327
Kippanhänger, aufgesattelter 403
Kipper 404
Kippermulde 441
Kipplader 403
Kipppritsche 404
Kirche 489
Kirchenbank 489
Kirchenfenster 489
Kirgisistan 494
Kiribati 495
Kirsche 148
Kirschtomate 142
Kissen, kleines 232
Kiste 182, 308
Kittelbluse 276
Kitten-Heel-Absatz 292
Kiwano 152
Kiwi 152
Klampe 540, 541
Klangfell 345
klappbare Nagelfeile 296
Klappbrücke, einteilige 383
Klappe 253, 266, 329, 336
Klappentasche 266, 271
Klapperschlange 87
Klappsäge 569
Klappschlittschuh 558
Klappstufe 405
Klappstuhl 229
Klapptisch 230
Klarinette 336
Klarinetten 332
Klarsichtscheibe 553
Klasse 74
Klassenzimmer 486, 487
klassische Bluse 276
Klaue 77, 93, 248
Klavier 338
Klebeband 379
Klebebandabroller 379
Klebefilmspender 379
Klebestift 379
Klebfaden 80
Klebstoff 218
Kleeblatt 380, 381
Kleid, mit angesetztem
Schoß 274
Kleider 274
Kleidersack 304
Kleiderschrank 230, 231, 480
Kleid in Trapez-Form 274
Kleid mit angesetztem Schoß 274
Kleidungszubehör 293
kleine Chirurgie 502
kleine Haushaltsgeräte 204
kleiner als 469
kleine Rosenvene 115
kleine Säule 315
kleine Sterne 12
Kleinflügel 339
Kleinhirn 123
Kleintierkäfig 308
Kleinwagen 385
Klemmbrett 376
Klemmbügel 299
Klemme 465
Klemmmutter 465
Klemmspot 234
Klempnerei und
Maurerhandwerk 254
Klempnerwerkzeug 254
Klettenwurzel 145
Kletterpflanze 258
Klettverschluss 565
Klickpedal 552
Kliff, Klippe 36
Klimageräte 223
Klimate, kaltgemäßigte 45
Klimate, tropische 45
Klimate, warmgemäßigte 45
Klimate der Welt 45
Klinge 190, 196, 205, 249, 300
Klinge, isolierte 255
Klinge, zweischneidige 300
Klingenarten 249
Klingendose 300
Klinke 362
Klips 268, 294
Klistierspritze 504
Klitoris 126
Klosettbecken 225
Klubhaus 550
Knäckebrot 173
Knarre 246, 571
Knauf 229, 230
Knebelbolzen 249
Knebelverschluss 272
Knethaken 204
Knie 94, 99, 104, 106
Kniebandage 546
Kniebundhose 277
Kniekehlenvene 115
Kniepolster 524
Kniescheibe 99, 110
Knieschützer 565
Kniestrumpf 269, 282
Knoblauch 139
Knoblauchpresse 197
Knöchel 104, 106
knöchelhohe Stiefelette 291
Knöchelsocke 269
Knochenfische 82
Knolle 144
Knollenblätterpilz 58
Knollengemüse 139
Knollensellerie 145
Knollenziest 139
Knopf 227, 344
Knopflasche 268
Knopfleiste 273
Knopfleiste, verdeckte 279
Knopfloch 267, 271
Knopfzelle 351
Knorpel 134
Knorpelfische 84
Knorrenmuskel 109
Knospe 58
Knoten 458
Knurrhahn 161
Kobra 87
Kochfeld 207, 238
Kochgeräte 202
Kochmesser 196
Kochmulde 187, 238
Koffer 304
Kofferauflieger 402
Kofferradio 361
Kofferraum 387
Kognakschwenker 188
Kohl 141
Kohle 326
Kohlekraftwerk 443
Kohlendioxid 51
Kohlenschaufel 221
Kohlenstoff-Sauerstoff-Zyklus 51
Kohlestab (Kathode) 459
Kohle-Zink-Zelle 459
Kohlrabi 144
Kohlrübe 145
Kokosnuss 149
Kola-Halbinsel 27
Kolanuss 149
Kolben 66, 72, 227, 396
Kolibri 90
Kollegmappe 303
Kollegmappe mit Griff 303
Koller 271
Kollimator 509
Kolumbien 490
Kolumnen 350
Koma 12
Kombi 385
Kombihacke 260
Kombilimousine, dreitürige 385
Kombi-Pflegelösung 301
Kombipumpe 566
Kombizange 245, 255
Kombu 138
Komet 12
Kommandobrücke 423
Kommode 230
Kommunikationsprotokoll 374
Kommunionbank 489
Komoren 494
Kompaktkamera 353
Kompaktleuchtstofflampe 227
Kompaktpuder 295
Kompaktspeisesystem 356
Kompostkiste 259
Kondensation 51
Kondensationskammer 442
Kondensatorventilator 223
Kondensieren 456
Kondensmilch 174
Kondensor 442, 443, 463
Kondor 91
Kongo 28, 493
Kongresszentrum 475
König 572, 573
Königin 79
Königin-Maud-Land 24
königliche Vene 115
Königsbaum 454
konkave Linse 461
konkavkonvexe Linse 461
Konsole 321
Konstruktion eines Hauses 215
Kontakt 227
Kontaktelemente 226
Kontaktlinse, harte 301
Kontaktlinse, weiche 301
Kontaktlinsen 301
Kontaktlinsenbehälter 301
kontinentale Kruste 33
Kontinentalhang 34
Kontinentalschelf 34
Kontinente, Lage 22
Kontrabass 333
Kontrabasse 332
Kontrafagott 332
Kontrollleuchte 236, 242
Kontrollraum 428
Kontrolltower 428
Konvektion 457
Konvektionsströmung 457
Konvektor 222
konvergierende
Plattengrenzen 34
konvexe Linse 461
konvexkonkave Linse 461
Konzertflügel 339
Konzerthalle 475
Koordinatensystem der
Erdkugel 20
Kopf 76, 78, 105, 107, 249
Kopfarten 249
Kopfaufsatz 576
Kopfball 520
Kopfband 500
Kopfbedeckungen 288, 289
Kopfbruststück 77
Kopf einer Katze 96
Kopfende 232
Kopfhörer 360, 361, 362
Kopfhöreranschlussbuchse 342,
343
Kopfhörerbuchse 359, 362
Kopfkissen 232
Kopfkissenbezug 232
Kopfkissenschonbezug 232
Kopfriegel 213
Kopfsalat 140
Kopfschutz 544
Kopfsprung rückwärts 537
Kopfsprung vorwärts 537
Kopfstütze 391, 399, 508
Kopfteil 218, 233, 288, 289
Kopf-und-Nacken-
Stützsystem 554
Koppen 235
Kora 345
Korallenmeer 30
Korallennatter 87
Korb 239, 242, 527
Korbanlage 527
Korbbrett 527
Körbchen 66
Korbring 527
Kordilleren, Australische 30
Korea 29
Koriander 156
korinthische Halbsäule 313
korinthischer Pilaster 313
Kork 564

Korkenzieher 568
Körner 248
Körnerfresser 89
Kornett 337
Korona 10
Körper 471
Körper, menschlicher 104
Körperpflege 297
Korpus 335
Korpus, massiver 335
Korrekturband 379
Korselett 280
Korsett 281
Kosakenmütze 288
Kostüm 279, 328
Köte 99
Kotelett 167, 169
Kötengelenk 99
Kotflügel 386, 402
Kotflügel, hinterer 409
Krabbe 160
Krabbenspinne 80
Kraft, Maßeinheit 467
Kraftfahrzeuganlagen 389
Kraftfahrzeuge:
Hauptbauteile 388
Kraftsport 546
Kraftstoffanlage 389
Kraftstofftank 389, 402, 406, 409, 416
Kragen 266, 267, 271
Krägen 267
Kragen, gespreizter 267
Kragstein 220, 314
Kragträger 382
Krakauer 171
Krake 159
Kralle 86, 89, 259
Krallenschere 308
Kran 437
Kranführerkabine 437
Krankenhaus 475, 501
Krankenhausbett 501
Krankenschwester 501
Krankentisch 501
Krankentrage 505
Krankenzimmer 501
Kranzgesims 311, 319
Kranznaht 112
Kranzprofil 230
Krater 11, 40
Kraterwall 11
Kraulen 539
krause Endivie 140
Krause-Endkolben 130
Kräuselfalte 276
Kräuter 156
Kräutertees 158
Krawatte 267
Krawattenschal 267
Krebs, Wendekreis 20, 28
Krebstiere 160
Kreditkarte 485
Kreditkartenetui 303
Kreide 549
Kreis 470
Kreisdiagramm 470
Kreislauf, elektrischer 227
Kreisregner 261
Kreissägeblatt 251
Kremaster 78
Kreolen 294
Krepis 311
Kreuz 347, 572
Kreuzaussteifung 215
Kreuzbein 110, 111
Kreuzgeflecht 122
Kreuzhacke 260
Kreuzkümmel 154
Kreuzmuster-
Teppichmuschel 159
Kreuzrippe 316
Kreuzschlitzschrauben 249
Kreuzschlitzschraubenzieher 568
Kreuzschlüssel 399
Kreuztisch 463
Kringel 173
Kristallisation 456
Kristalltropfen 235
Kristallzucker 179
Kroatien 492
Krokodil 88
Krokus 67
Krone 68, 99, 113, 190, 196, 321, 334
Kronleuchter 235
Krummhalskürbis 143
Krümmling 218
Kruppe 99
Kruste, kontinentale 33
Kruste, ozeanische 33
Krustenflechte 60
Kruzifix 489
Kuba 490
Küche 187, 216, 312
Küchenbeil 196
Kuchenform 201
Kuchengabel 194, 195
Kücheninsel 187
Küchenmaschine 205
Küchenmesser 196
Kuchenpinsel 200
Küchenreibe 197
Küchenschere 199
Kuchenteller 192
Küchenutensilien 196
Küchenwaage 198
Küchenzubehör 196
Küchenzubehörsatz 201
Kufe 435, 553, 556, 559
Kugel 348, 471
Kugelfisch 83
Kugelschreiber 348
Kugelstoßen 512
Kuh 101
Kühlabteilung 184, 185
Kühlbox 569
Kühler 388, 398
Kühleranlage 389
Kühlergrill 386, 402
Kühlergruppe 416
Kühlerhaube 402
Kühlfach 239
Kühlmittel 450
Kühlmittel, erwärmtes 450
Kühlmittel, kaltes 450
Kühlsattelanlieger 403
Kühlschrank 186, 187, 239
Kühlschränke 186
Kühlturm 442, 443
Kühlwagen 416
Kühlwassertank 450
Kuhmilch 174
Kuhstall 137
Kuiper-Gürtel 8
Küken 91
Kulissen 330
Kulturbeutel 304
Kümmel 154
Kumquat 150
Kumulonimbus 46
Kumulus 46
Kundenbetreuung 483
Künste, bildende 326
Künste, darstellende 327
Kunstfliege 571
künstlerischer Leiter 328
künstlich angelegter Teich 258
künstlicher See 35
Kunstschwamm 295
Kunstspringen 537
Kunststoffboden 532
Kunststoff-Federball 529
Kunststoffkondensator 459
kunststoffummantelter
Stoßfänger 386
Kunstturnen 534
Kupfer 42
Kuppe 549
Kuppel 319, 434
Kuppelspaltabdeckung 13
Kuppelzelt 567
Kuppenring 549
Kupplung 388
Kupplungsbügel 416
Kupplungshebel 408
Kupplungspedal 392
Kurbel 197, 399, 570
Kurbelwelle 396
Kürbis 143
Kurkuma 154
Kurtine 314
kurze Hose 269, 521, 526, 552
kurzer
Großzehenstreckermuskel 108
kurzer Hohlhandmuskel 108
kurzer speichenseitiger
Handstrecker 109
kurzer Wadenbeinmuskel 109
Kurzhaarkatze, Amerikanische 96
Kurzhandschuh 293
Kurzmeldungen 350
Kurzsocke 282
Kurzstrecke 558
Kurzstreckenschlittschuh 558
Kurzzeitwecker 198
Küstenformen 36
Küstenformen, typische 36
Kuttelwurst 171
Kuwait 494
kyrillische Schriftzeichen 349

L

Labrador Retriever 94
Labradorsee 24
Lachs, atlantischer 162
Lachs, pazifischer 162
Ladebagger 443
Ladebaum 424, 425
Ladegerät 252
Lademast 425
Laden 312
Ladevorrichtung 404
Ladogasee 27
Ladung, negative 468
Ladung, positive 468
Lage der Kontinente 22
Lagergang 40
Lagerhaus 472
Lagerholz 215
Lagertank 446
Lagune 36, 57
Lakkolith 40
Lama 100
Lambdanaht 112
Lamelle 58
Lammfelljacke 272
Lammfleisch 168
Lampe 17, 568
Lampen 234
Lampenfassung 226
Lampenfassung, Teile 226
Lampenreihe 235
Land 31, 473
Landenge 23
Landenge von Panama 25
Landescheinwerfer 435
Landkarte 486
Landspitze 36
Landvögel 90
Landzunge 36
Länge, Maßeinheit 467
lange Handmuskeln 108
Längengrade 20
Längenmessung 465
langer Abendhandschuh 293
langer speichenseitiger
Handstrecker 109
langer Wadenbeinmuskel 108
langer Zehenstreckermuskel 108
lange Unterhose 270
Langhaarschneider 300
Langhandschuh 293
Langläufer 564
Langlaufloipe 560
Langlauf-Rattenfallbindung 564
Langlaufski 564
Längsdünen 39
Längsfurche 123
Längsschnitt durch eine
Haselnuss 63
Längsschnitt durch eine
Walnuss 63
Längsschnitt durch ein
Weizenkorn 72
Langstrecken-
Düsenflugzeug 432
Languste 160
lanzettförmig 62
Laos 495
Lappenbronchus 118
Laptewsee 24
Laptop 368
Lärche 71
Lasagne 176
Lasche 272
Lasche, selbstklebende 376
Lasermaus 369
Lasersensor 369
Laserstrahl 462
Lastkraftfahrzeuge 402
Lastkraftwagen 404
lateinische Schriftzeichen 349
Laterne 258
Laternenfisch 83
Latexhandschuh 505
Latrinen 312
Lätzchen 284, 285
Latzhose 277, 285
Latzhose mit gekreuzten
Rückenträgern 285
Latzhose mit hohem
Rückenteil 284
Laub 68
Laubbläser 259
Laubflechte 60
Laubfrosch 85
Laubheuschrecke 80
Laubhölzer 69
Laubsäge 250
Laubwerk 228
Lauch 139
Lauf 89
Laufband 547
Laufbein 78, 80
Laufbrett 416
Laufbrücke 425
Läufer 513, 573
Lauffläche 547
Laufgewicht 466
Laufkatze 437
Laufkran 449
Laufrad 308
Laufrad, pneubereiftes 420
Laufrolle 233
Laufschuh 513
Laufsohle 286, 290, 562
Laugenbottich 240
Laus 81
Lautsprecher 327, 343, 356, 358, 361, 362, 363, 365, 368
Lautsprecherbox 360
Lavastrom 40
LCD-Fernseher (Liquid-Crystal-
Display-Fernseher) 356
Lebenserhaltungssystem 17
Lebensmittelindustrie 136
Leber 119, 170
Lederhaut 130, 131, 132
Lederstrippe 268
Lederwaren 303
Lederwarengeschäft 478
LED-Lampe 227
leere Menge 469
Leertaste 370
Leerzeichen 370
Leerzeichen, geschütztes 370
Leguan 88
Lehmhütte 324
Lehnstuhl, kleiner 228
Lehrer/Lehrerin 486
Leichtathletik 512
leichte Atemschutzmaske 500
leichtes Sonnenkleid 274
Leichtflugzeug 434
Leine 308
Leinen 576
Leinenspanner 567
Leiste 104, 106
Leistentasche 266
Leistung, Maßeinheit 467
Leiter 212
Leiter, künstlerischer 328
Leiterbaum, ausfahrbarer 499
Leitern 257
Leiterplatte 459
Leiterstrahlrohr 499
Leitöse 541
Leitrad, pneubereiftes 420
Leitspruch 485
Leitwerk 433, 448
Lemure 103
Lende 99, 105, 107, 166, 167, 168, 169
Lendengeflecht 122
Lendenpolster 524
Lendensteak 166
Lendenstück 167, 168
Lendenwirbel 111
Lenkanlage 389
Lenker 508, 547, 553
Lenkerbügel, angehobener 552
Lenkergriff 407, 409
Lenkrad 388, 392, 555
Lenkrolle 237
Lenksäule 388
Lenkzylinder 440
Leopard 98
Leopardfrosch 85
Leselampe 501
Leseleuchte 234
Lesotho 494
Lettland 492
Leuchtanzeige 206, 207, 208, 209
Leuchtrakete 497
Leuchtstoffröhre 227
Leuchtturm 421
Leukoplast 56

Leukozyt 117
Libanon 494
Libanonzeder 71
Libelle 80
Liberia 493
Libero 525
Libyen 493
Licht, sichtbares 460
lichtbrechende Oberfläche 461
Lichtbrechung 461
Lichtleiste 497
Lichtmaschine 388, 396
Lichtreflexion 461
Lichtschutzschirm 16
Lichtsensor 351
Lichtstärke, Maßeinheit 467
Lichttechniker 329
Lidschatten 295
Liebstöckel 156
Liechtenstein 492
Liegerad 413
Liegestuhl 229
Likörglas 188
Lilie 67
Limabohne 147
Limette 150
Limonadenlöffel 191
Limousine, viertürige 385
Linde 70, 158
Lineal 465, 568
linealisch 62
Linienbus 400
Liniendiagramm 470
Linienrichter 519, 523, 525, 528, 530, 534, 557
Liniensystem 346
linke Großhirnhemisphäre 123
linke Herzkammer 116
linke Lungenarterie 117
linke Lungenvenen 117
linker Abwehrspieler 525
linker Außenfeldspieler 514
linker äußerer Linebacker 522
linker Corner Back 522
linker Defensive End 522
linker Defensive Tackle 522
linker Guard 523
linker Stürmer 557
linker Tackle 523
linker Verteidiger 519, 556
linker Vorhof 116
linkes Aufschlagfeld 531
linkes Feld 515
links 331
Linse 132, 146
Linse, bikonkave 461
Linse, bikonvexe 461
Linse, konkave 461
Linse, konkavkonvexe 461
Linse, konvexe 461
Linse, konvexkonkave 461
Linse, plankonkave 461
Linse, plankonvexe 461
Linsen 461
Linsenfernrohr 14
Linsenfernrohr im Querschnitt 14
Linsenkopf mit Schlitz 249
Linsensystem 462
Lipgloss 295
Lippe 96, 99, 541
Lippenkonturenstift 295
Lippenpflegestift 297
Lippenpinsel 295
Lippenstift 295
Liquidation 51
Litauen 492
Lithosphäre 33, 50
Litschi 153
Lob 531
Loch 550
Loch, gestanztes 268
Loch, Par-5 550
Locher 379
Lockennadel 298
Lockenstab 299
Lockenwickler 298
Löffel 191, 440, 571
Loge 331
Lokomotive 417
Lokomotive, dieselelektrische 416
Longanfrucht 152
Longdrinkglas 188
Lorbeer 156
Löschen 371
löschender Rückschritt 371
Löschfahrzeuge 499
Löschmittelbehälter 498
Löschtaste 371
loser Puder 295
Löten 256
Lötkolben 256
Lötlampe 256
Lötpistole 256
Lötspitze 256
Lötzinn 256
Lötzubehör 256
Löwe 98
Löwenzahn 67, 141
Luchs 97
Luffaschwamm 297
Luftaufbereitung 222
Luftaustrittsöffnung 222
Luftblase 59
Luftdruck 44
Luftdüse 392
Lufteinlass 405
Luftentfeuchter 223
Lüfter 388, 394, 396, 398
Luftfilter 223, 388
Luftkissenfahrzeug 423
Luftmatratze 566
Luftmatratze, selbstaufblasbare 566
Luftpolsterumschlag 376
Luftpropeller 423
Luftpumpe 309, 410
Luftreiniger 223
Luftröhre 118
Lüftung 453
Lüftungsschlitz 223
Luftverkehr 428
Luftverschmutzung 53
Luftwege 118
Lumineszenzdiode 227
Lunge 116
Lunge, linke 118
Lunge, rechte 118
Lungen 118
Lungenarterie 114
Lungenarterien 116
Lungenfisch 83
Lungenkreislauf 116
Lungenmittellappen 118
Lungenoberlappen 118
Lungenstamm 117
Lungenunterlappen 118
Lungenvene 115
Lungenvenen 116
Lupe 462, 568
Lupine 146
Lutz 559
Luxemburg 492
lymphatisches System 124
Lyra 345

M

Mäander 35
Macadamianuss 149
Mackenzie 25
Madagaskar 28, 494
Magazin 248
Magen 119
Magenstütze 281
Magenta 460
Magma 34, 40
Magnesia 535
Magnet 388, 458
Magnetband 357
magnetisches Feld 458
Magnetismus 458
Magnetkompass 569
Magnetresonanztomographie 509
Magnetstreifen 485
Mähne 99
Maiglöckchen 67
Maikäfer 81
Maine Coon 96
Mais 72, 157
Maisbrot 173
Maismehl 172
Maisöl 178
Maissirup 179
Makak 103
Makemake 9
Make-up 295
Makrele 161
Makroobjektiv 351
Mal 517
Mal, drittes 514
Mal, zweites 514
Malawi 494
Malawisee 28
Malaysia 495
Malediven 494
Malen 326
Malerpinsel 257
Malerwerkzeug 257
Mali 493
Malspachtel 326
Malspieler, dritter 514
Malspieler, erster 514
Malspieler, zweiter 514
Malta 492
Malzessig 181
Mammutbaum 71
Mandarine 150
Mandel 133, 149
Mandeln 124
Mandoline 345
Manganmischung (Kathode) 459
Mango 153
Mangochutney 181
Mangold 144
Mangostane 152
Maniküre 296
Maniok 139
Mann 104
männlich 468
männliche Blütenstände 70
männliche Geschlechtsorgane 125
Mannschaftszelt 567
Mansardenfenster 210
Manschette 267
Mantel 77, 271, 279
Mäntel 271, 278
Mantel, oberer 33
Mantel, unterer 33
Mantelkleid 274
Manuale 339
Manual für das Hauptwerk 339
Manual für das Oberwerk 339
Manual für das Rückpositiv 339
manueller Beatmungsbeutel 504
Manxkatze 96
Marcato-Zeichen 347
Marder 97
Margarine 178
Marginalschild 86
Marie-Byrd-Land 24
Marienkäfer 81
Marine-Dieselkraftstoff 446
Mariniergewürze 155
marinierter Fisch 164
maritim 45
Mark 68, 170, 180
Marke 308
Marker 349
Markierschnur 244
Markscheide 121
Marokko 493
Mars 8, 9
Marshallinseln 495
Mary Jane 291
Mascara, flüssiges 295
Mascarabürstchen 295
Mascarastein 295
Maschinist 328
Maske 536
Maskenbildner 328
Maskendichtung 500
Maß 198
Massagebürste 297
Massagehandschuh 297
Maßband 244
Masse, Maßeinheit 467
Masseelektrode 397
Maßeinheit der Celsius-Temperatur 467
Maßeinheit der elektrischen Ladung 467
Maßeinheit der elektrischen Spannung 467
Maßeinheit der elektrischen Stromstärke 467
Maßeinheit der Energie 467
Maßeinheit der Frequenz 467
Maßeinheit der Kraft 467
Maßeinheit der Länge 467
Maßeinheit der Leistung 467
Maßeinheit der Lichtstärke 467
Maßeinheit der Masse 467
Maßeinheit der Radioaktivität 467
Maßeinheit der Stoffmenge 467
Maßeinheit der thermodynamischen Temperatur 467
Maßeinheit des Drucks 467
Maßeinheit des elektrischen Widerstands 467
massereiche Sterne 12
massiver Korpus 335
Maßwerk 317
Mast 540, 542
Mastdarm 119, 125, 126
Masthalterung 356
Materie 456
Mathematik 469
Matratze 232, 233
Matratzenauflage 232
Matrosenbluse 276
Matte 544, 545
Matten 534
Mauernagel 248
Mauersegler 90
Mauerstrebe 315
Mauerturm 314
Mauertürmchen 314
Maul 84, 102
Maulkorb 308
Maul-Ringschlüssel 246
Maultier 100
Maultrommel 345
Maurerhammer 254
Maurerkelle 254
Maurerwerkzeug 254
Mauretanien 493
Mauritius 494
Mauspad 369
Medaillon 294
Medaillons 170
Medikamentenraum 502
mediterrane Subtropen 45
medizinische Ausrüstung 504
Meer 23
Meer, Arabisches 29
Meer, Japanisches 29
Meer, Kaspisches 29
Meer, Mare 11
Meer, Ostchinesisches 29
Meer, Rotes 28, 29
Meer, Schwarzes 27, 29
Meer, Südchinesisches 29
Meerbarbe, rote 161
Meerbusen, Bottnischer 27
Meerenge 23
Meeresalgen 138
Meeresfische 160
Meeresfrüchteplatte 164
Meeressäugetiere 102
Meerkohl 140
Meerohr 159
Meerrettich 145
Meersalat 138
Meersalz 181
Meerschweinchen 93
Mehl 172
Mehlsieb 198, 200
Mehrfachklingenrasierer 300
Mehrkornbrot 173
mehrreihige Halskette 294
Mehrrumpfboote 541
Mehrstückpackung 183
Mehrzweckzange 255
Meissner-Körperchen 130
Melanesien 30
Melasse 179
Melodiepfeife 344
Melodiesaiten 344
Melone 288
Melonen 151
Melonenlöffel 199
Membran 360
Memory-Stick-Karte 351
Mengenschnitt 469
Mengenvereinigung 469
Menora 488
menschlicher Körper 104
menschliches Gebiss 113
Menügabel 189
Menümesser 190
Merkur 8, 9
Mesenterialarterie, obere 114, 120
Mesenterialvene, obere 115
Mesokarp 64, 65
Mesopause 43
Mesosphäre 43
Mesothorax 78
Messband 244
Messbecher 198
Messer 190, 208, 263

Messermuschel 159
Messerschutz 204
Messinstrumente 464
Messkabel 255
Messlöffel 198
Messspitze 255
Mess- und Markierungswerkzeuge 244
Metallaufsatz 568
Metallfeder, römische 348
Metallwinkel 244
metamorphe Gesteine 33
Metathorax 78
Meteorologie 43
Meter 467
Mexikanische Rotknievogelspinne 80
Mexiko 490
Mexiko, Golf 25
MIDI (Schnittstelle für digitale Musikinstrumente), Kabel 343
Mieder 281
Miederhose 281
Miesmuschel 159
Mihrab 488
Mikrofilament 74
Mikrofon 363, 365, 369, 497
Mikrofonanschlussbuchse 343
Mikrometerschraube 465
Mikronesien 495
Mikroskope 463
Mikrotubulus 74
Mikrowellen 460
Mikrowellengerät 206
Mikrowellenherd 187
Milch 174
Milch, homogenisierte 174
Milcharten 174
Milchbecher 183
Milchgang 127
Milchkammer 137
Milchkännchen 192
Milchprodukte 174
Milchpulver 174
Milchsäckchen 127
Milchschokolade 179
Milchstraße 13
Militärarchitektur 314
Milz 124
Mimas 9
Minarett 488
Minbar 488
Mine 348
Minerale 42
Mini-Backofen 206
MiniDV-Camcorder 358
Mini-Halogenlampe 227
Mini-HiFi-System 361
Mini-Joystick 343
Minislip 270
Minuskontakt 452
Minuspol 459
Minustaste 377
Minutenzeiger 464
Minze 156, 158
Miranda 9
Mischkammer 219
Miso 180
Mississippi 25
Mitnehmerrippe 241
Mitochondrium 56, 74
Mitralklappe 117
Mitte 331
Mittelamerika 22, 25
Mittelangreifer 525
Mittelarmnerv 122
Mittelbein 78, 79
Mittelelektrode 397
Mittelfeld 515
Mittelfeldspieler, linker 519
Mittelfeldspieler, rechter 519
Mittelfeldspieler, zentraler 519
Mittelfinger 131
Mittelfuß 99
mittelhohe Wolken 46
Mittelkielschwein 425
Mittelmeer 22, 27, 28
Mittelmoräne 38
Mittelohr 128
Mittelpaneele 213
Mittelpunkt 470, 549
Mittelrippe 62, 63
Mittelsäule 235
Mittelschiff 317, 488
mittelschwere Piste 560
Mittelspur 381
Mittelsteg 281
Mittelstreifen 381, 476
Mitteltasche 549
Mitteltöner 360
Mittelwagen 417, 420
mittlerer Gelenkknorren 111
mittlerer Gelenkknorren des Oberschenkelknochens 111
mittlerer Linebacker 522
Mixer 204
Möbel 228
Mobilitätshilfen 508
Modem 372, 374
Moderator 450
Moderatorpedal 338
moderne Schreibgeräte 348
Mofa 409
Mohn 67
Mohnsamen 155
Mohorovicic-Diskontinuität 33
Mohrenhirse 72
Mokassin 292
Mokkatasse 192
Mol 467
Molar im Querschnitt 113
Molch 85
Moldawien 492
Molekül 456
Mollusken 159
Monaco 492
Monarchfalter 81
Mond 8, 11
Mondfinsternis 11
Mondfisch 82
Mondphasen 11
Mondsichel (abnehmender Mond) 11
Mondsichel (zunehmender Mond) 11
Mongolei 495
monokulares Mikroskop 463
Montenegro 492
Moos 60
Moos, Aufbau 60
Moose 60
Mopp 243
Morchel 138
Mordent 347
Mörser 197
Mortadella 171
Mosaik 312
Mosambik 494
Moschee 488
Moschuskürbis 143
Moskito 81
Motocross- und Supercross-Motorrad 555
Motor 223, 240, 241, 242, 251, 253, 265, 407, 444
Motorblock 204, 205, 208, 236, 396
Motorboot 425
Motorhaube 386
Motorjacht 425
Motorrad 406
Motorrad, Touring 409
Motorräder 409
Motorradhelm mit Visier 407
Motorradsport 555
Motorrasenmäher 265
Motorraum 436, 441
Motorroller 409
Motorsport 553
Mountainbike 413, 552
Möwe 92
Mozambique, Straße 28
Mozzarella 174
MP3-Spieler 362
MRT 509
Mu-Err 138
Muffinform 201
Mufflon 100
Mufftasche 272, 279
Mulde 259
Muldenkipper 441
Müllabfuhrwagen 404
Mülldeponie 53, 473
Mülltrennung 55
Mullverbände 507
Multifunktionsmesser 568
Multilamellenkollimator 511
Multimeter 255
Multiplikation 469
Multiplikationstaste 377
Multirolle 570
Mumienschlafsack 566
Mund 76, 85, 106, 133
Mundharmonika 344
Mundhöhle 118, 119
Mundringmuskel 108
Mundschutz 289, 524, 544
Mundspeicheldrüse 119
Mundstück 336, 337, 342
Mündung 23, 36
Mundwasser 301
Mundwinkel 133
Mungo 97
Mungobohne 147
Mungobohne, schwarze 147
Munster 175
Münze 484
Muschel 228
Muschel, einschalige 76
Musculus plantaris 109
Musculus semispinalis 109
Museum 475
Musik 332
Musikinstrumente, traditionelle 344
Musiknotation 346
Muskatnuss 154
Muskatnussreibe 197
Muskel, oberer gerader 132
Muskeln 108
Musselin 198
Mutter 246
Muttern 246
Mütze 497, 536
Mützenschirm 288
Myanmar 495
Myometrium 127
Myzel 58

N

Nabe 80, 411, 455, 508
Nabel 104, 106
Nabelschwein 100
Nabelstrang 63, 64
Nachfüllmine 348
nächster Titel/Vorspultaste 362
Nachtbekleidung 283
Nachthemd 283
Nachtigall 90
Nachtigall-Grashüpfer 81
Nachttisch 231, 480, 501
Nachttischlampe 480
Nacken 89, 105, 107, 169
Nackenrolle 232
Nackenrolle, große 232
Nackenschutz 524
Nackenstütze 504
Nadel 39, 75
Nadelbaum 70
Nadelblätter 70
Nadelhölzer 71
Nagel 248
Nägel 248
Nagel, geschnittener 248
Nagel, gewöhnlicher 248
Nagelfeile 296
Nagelfeile, klappbare 296
Nagelhalbmond 131
Nagelhautentferner 296
Nagelhautschaber 296
Nagelhautschere 296
Nagelhautschieber 296
Nagelknipser 296
Nagellack 296
Nagellackentferner 296
Nagelnecessaire 296
Nagelreiniger 296
Nagelschere 296
Nagelweißstift 296
Nagelzange 296
Nagelzieher 568
Nagetiere 93
Nahrungskette 50
Nahrungspyramide 50
Naht 63, 286, 290
Nahttasche 279
Nahverkehrszug 415
Namaka 9
Namib 28
Namibia 494
Nan 172
Naos 311
Napf 308
Napfschnecke 159
Narbe 63, 66
Narwal 102
Narzisse 67
NASCAR-Auto 554
Nase 84, 93, 99, 106, 133, 565
Nasen-Bartschere 296
Nasenbein 112, 134
Nasenflügel 133
Nasenhöhle 118, 134
Nasenloch 85, 86, 133
Nasenmuschel, mittlere 134
Nasenmuschel, obere 134
Nasenmuschel, untere 134
Nasenöffnung 82
Nasenrachen 134
Nasenriemen 548
Nasenspiegel 96
Nasenspray 506
Nasenstachel 112
Nashorn 101
Nationalpark 31
NATO 496
Natur, Freizeit 566
natürlicher Treibhauseffekt 52
Naturschwamm 297
Nauru 495
Nazca-Platte 34
Neapolitanische Tropfkanne 209
Nebel 48
Nebel, planetarischer 12
Nebelleuchte 390
Nebelscheinwerfer 402
Nebenaltar 489
Nebenhoden 125
Nebenniere 120
negativer Pol 458
negativ geladen 468
Negligé 283
Nehrung 36
Nektarine 148
Nelke 67
Nepal 495
Neptun 8, 9
Nervensystem 121
Nervenzelle 121
Nervus cutaneus femoris lateralis 122
Nerz 97
Nessel 141
Nestfarn 59
Netz 182, 516, 525, 527, 529, 531, 533
Netzanschlussbuchse 366, 367
Netzhaut 132
Netzkabel 205, 300
Netzkabel, Gleichstrom 368
Netzkabel, Wechselstrom 368
Netzstrumpf 282
Netzteillüfter 367
Netzwerk 374
Netzwerkkarte, LAN-Karte 372
neuer Schekel 484
Neufundland 25
Neukaledonien 30
Neumond 11
Neuneck, regelmäßiges 471
Neuseeland 30, 495
Neutron 456
Neutron, einfallendes 457
Neutronenstern 12
Newton 467
Nicaragua 490
nicht Element von 469
nicht identisch 469
Nickbewegung 435
Nickel 42
Nickhaut 96
Niederlande 492
Niederschlag 48, 51
niedriger Absatz 292
Niere 170
Niere, linke 120
Niere, rechte 120
Nieren 120
Nierenarterie 114, 120
Nierenbecken 120
nierenförmig 62
Nierenkelch 120
Nierenmark 120
Nierenpyramide 120
Nierenrinde 120
Nierenvene 115, 120
Niger 28, 493
Nigeria 493
Nil 28
Nilpferd 101
Nimbostratus 46
Nische 318
Niue 496
Nivellierfuß 240, 241, 242

Nockenwelle 396
Nodium 61
Nonius 465
Nordamerika 22, 25
Nordamerikanische Platte 34
Nordkaper 102
Nord-Korea 495
nördliche Hemisphäre 21
nördlicher Polarkreis 20, 24, 25, 27, 29
Nordmeer 22, 24, 27
Nordpol 20, 458
Nordpolarmeer 22, 24
Nordsee 22, 27
Nori 138
normale Pokerblätter 572
Norwegen 24, 492
Norwegische Waldkatze 96
Notbremse 420
Note 535
Note, ganze 347
Note, halbe 347
Notenablage 339, 342
Notenlinie 346
Notenschlüssel 346
Notenwerte 347
Notizblock 376
Nova 12
Nowaja Semlja 24
Nudelholz 200
Nudelmaschine 197
Nullmeridian 20
numerischer Block 370
numerisches Tastenfeld 371, 466
numerische Tastatur 365
Nummerierstempel 376
Nummernschildbeleuchtung 390
Nussknacker 197
Nüster 99
Nut 218
Nutzer, Internet 374
Nutztierhaltung 136
Nylonschnur 264

O

Oase 35, 39
Oberarm 105, 107
Oberarmarterie 114
Oberarmknochen 110
Oberarmspeichenmuskel 108, 109
Oberbau 414
Oberbeleuchter 329
Oberdeck 401
obere Hohlvene 116
oberer Bildschirm 574
obere Schale 563
obere Schwanzdeckfedern 89
obere Tasche 549
Oberflächenerkundung 443
Oberflächenisolierung 19
oberflächlicher Wadenbeinnerv 122
Oberfräse 253
Oberhaut 130, 131
oberirdischer Abfluss 51
Oberkellner 186
Oberkiefer 82, 110, 112, 134
Oberkiefer, beweglicher 86
Oberkiefer, vorderer 82
Oberleitung 417, 420
Oberlid 132
Oberlippe 133
Oberlippenrinne 133
Obermaschinerie 330
Oberon 9
Oberschenkel 105, 107, 166, 168
Oberschenkelanzieher, großer 109
Oberschenkelarterie 114
Oberschenkelknochen 110
Oberschenkelnerv 122
Oberschenkelpolster 524
Oberschenkelvene 115
Oberschiedsrichter 559
Oberschrank 187
Oberteile 276
Oberwasser 448
Obi 545
Objektiv 14, 351, 352, 363, 369, 372, 462, 463, 510
Objektive 351
Objektivlinse 363
Objektivrevolver 463
Objektklammer 463
Objekttisch 463
Oboe 336
Oboen 332
Obst 148
Obstbaum 137
Obstgarten 137
Obstkuchenform 201
Obst- und Gemüseschubfach 239
Ochse 101
Ochsenfrosch 85
Ofen 220
offener Doppelringschlüssel 246
Öffner, Dosen 183
Offshore-Erkundung 443
Ogenmelone 151
Ohm 467
Ohr 104
Ohr, Aufbau 129
Ohr, äußeres 128
Ohrenbedeckung 293
Ohrenklappe 288
Ohrenschützer 293, 500
Ohrgehänge 294
Ohrläppchen 128
Ohrmuschel 93, 128, 129, 360
Ohrmuschelhöcker 128
Ohrmuschelhöhlung 128
Ohrmuschelrand, äußerer 128
Ohrringe 294
Ohrringe mit Schraubverschluss 294
Ohrstecker 294
Ohrstöpsel 363
Ohrthermometer 506
Ohrtrompete 134
Oka-Käse 175
Okapi 100
Okraschote 142
Oktaeder, regelmäßiges 471
Oktave 346
Okular 14, 15, 462, 463, 510
Okulartubus 463
Okzipitallappen 123
Öle 178
Ölfarbe 326
ölgefüllter Heizkörper 222
Olive 142
Olivenbaum 70
Olivenöl 178
Ölpastell 326
Ölwanne 396
Oman 494
Oman, Golf 29
Online-Spiel 375
Oolong-Tee 158
Oortsche Wolke 8
Operationsabteilung 501
Operationsmaske 505
Operationssaal 501
Operationstisch 501
Opernglas 302
Opernhaus 474
Opferstein 321
Opisthodomos 311
opponierbarer Daumen 103
Optik 460
Optiker 479
Optikuspapille 132
optische Instrumente 462
Orange 150
Orange im Querschnitt 64
Orang-Utan 103
Orchester 310
Orchestergraben 330
Orchidee 67
Ordinatenachse 470
Ordner, Verzeichnis 374
Ordnung 74
Oregano 156
Organisation der Vereinten Nationen für Erziehung, Wissenschaft und Kultur 496
Organisation des Nordatlantikvertrags 496
Organisation für Islamische Zusammenarbeit 496
Organismen, autotrophe 50
Organismen, heterotrophe 50
Orgelspieltisch 339
orientalische Schabe 81
Orinoko 26
Orion 19
Öse 286
Ostchinesisches Meer 29
Österreich 492
östliche Hemisphäre 21
östlicher Meridian 20
Ostsee 27
Ostsibirische See 24
Osttimor 495
Ottomotor 396
Outhole 576
Overall 277
Overknee 291
Overknee-Strumpf 282
Oxford-Schuh 290
Ozean 11, 23
Ozean, Atlantischer 24, 27, 28
Ozean, Indischer 24, 28, 29, 30
Ozean, Pazifischer 24, 29, 30
Ozeanien 22, 30, 495
ozeanische Kruste 33
ozeanischer Rücken 34

P

Paar 559
paarig gefiedert 62
Packung 183
Pagode 321
Pak-Choi 140
Pakistan 494
Palästina 496
Palau 495
Palette 201
Palette mit Palettstecker 326
Palette mit Vertiefungen 326
Palettenhubwagen 436
Palettstecker 326
Palisade 314
Palme 69
Palmenhain 39
Palmette 228
Pampelmuse 150
Panama 490
Panamahut 288
Panflöte 345
Paniermehl 173
Panoramafenster 217, 477
Pantoffel 292
Pantolette 291
Panty-Korselett 280
Panzerfahrzeugen, Transport 403
Papageienfisch 83
Papaya 153
Papier 349
Papierausgabe 372
Papierclip 379
Papierfabrik 73
Papierherstellung 73
Papierindustrie 73
Papierkassette 372
Papierkorb 379
Papiermaschine 73
Papierrolle 73
Papier und Folien 182
Papierzuführung 365
Papillarmuskel 117
Papille, fadenförmige 135
Pappel 69
Paprika 155
Paprika, gelber 142
Paprika, grüner 142
Paprika, roter 142
Papua-Neuguinea 30, 495
Papyrus 348
Par-5-Loch 550
Parabeldüne 39
Parabolantenne 356
Paraffine 446
Paraguay 490
parallel 468
Parallelepiped 471
Parallelogramm 471
Parallelschaltung 458
Paramecium 75
Paraná 26
Paranuss 149
Parboiled Reis 177
Parfümerie 478
Parietallappen 123
Park 30, 475
Parka 272, 278
Parkettboden 218
Parkplatz 472, 477
Parmesan 175
Parterre 331
partielle Finsternis 10, 11
Pascal 467
Paspel 284
Paspeltasche 273
Pass 37
Passagierdampfer 426
Passagierraum 435
Passagierterminal 429, 430
Passagiertransferfahrzeug 431
Passbildautomat 479
Passgang 99
Passiergerät 197
Passiersieb 198
Passierte Tomaten 180
Passionsfrucht 152
Paste 181
Pastell 326
Pastinake 145
Patagonien 26
Patent-Strickbündchen 273
Patera 228
Patient 501
Patisson 143
Patte 266
Pattentasche 272
Pattentasche, schräge 271, 279
Pauken 332
Pausche 548
Pause 370
Pause, ganze 347
Pause, halbe 347
Pausenzeichen 347
Pausetaste 360
Pavian 103
Pavillon 258, 474
Pazifik 22
Pazifische Platte 34
pazifischer Lachs 162
Pazifischer Ozean 24, 29, 30
Pecannuss 149
Pechnase 314
Pecorino Romano 175
Pedal 334, 340, 410, 547, 552
Pedalhaken 410
Pedalklaviatur 339
Peeling 297
Peildeck 422, 426, 427
Peilstableuchte 402, 403
Pelerine 279
Pelikan 92
Penholdergriff 533
Penis 104, 125
Penne 176
Pepperoniwurst 171
Pergola 258
peripheres Nervensystem 121
Peristyl 311, 312
Perlhuhn 90, 165
Perlzwiebel 139
Perserkatze 96
Persischer Golf 29
Personenbahnhof 415
Personenwaage 466
Personenzüge 417
Persönliche Artikel 300
persönliche Identifikationsnummer (PIN), Eingabegerät 483
Peru 490
Peso 484
Pestizid 53, 54
Petersilie 156
Petroleum 446
Pfahlbau 324
Pfahlwurzel 68
Pfännchen 207
Pfanne 203
Pfannenwender 201
Pfau 90
Pfeffer, gemahlener 155
Pfeffer, grüner 154
Pfeffer, rosa 154
Pfeffer, schwarzer 154
Pfeffer, weißer 154
Pfeffermühle 197
Pfefferschote 142
Pfefferstreuer 192
Pfeifhase 93
Pfeiler 313, 316, 317, 321, 382
pfeilförmig 62
Pfennigabsatz 292
Pferd 99, 100
Pferd, äußere Merkmale 99
Pfifferling 138
Pfirsich 148
Pfirsich im Querschnitt 65
Pflanze 61
Pflanze, Aufbau 61
Pflanzenaufbau 61
Pflanzendusche 261
Pflanzenfresser 50
Pflanzenwachstum 58
Pflanzenwelt 56
Pflanzenzelle 56
Pflanzholz 264
Pflanzkelle 259
Pflanzkübel 258
Pflanzlochstecher 264
Pflanzschnur 264
Pflanztopf 258
Pflaster 507

Pflaume 148
Pflaumensoße 181
Pflegelösung 301
Pfosten 215
Pfund 484
Philippinen 29, 495
Philippinen-Platte 34
Phobos 8
Photon 462
Photosphäre 10
Photosynthese 56
Physalis 148
Physik 458, 460
Physiotherapeut 527
Phytoplankton 50
Pi 468
Pia mater 124
Piano, elektronisches 342
Pianopedal 338, 342
Pickup 385
Pik 572
Pikkoloflöte 332, 336
Piktogramme 370
Pilaster, korinthischer 313
Pillbox 289
Pillendreher 81
Pilz 58
Pilz, Aufbau 58
Pilzbürste 199
Pilze 138
Pilzfaden 58
pilzförmige Papillen 135
Pinguin 92
Pinie 71
Pinienkern 70, 149
Pinne 540
Pinnwand 379
Pinsel 326
Pinseläffchen 103
Pintobohne 147
Pinzette 507
Pipeline 445
Pipeline, überirdische 445
Piranha 82
Pistazie 149
Piste, Anfänger 560
Piste, Experte 560
Piste, mittelschwere 560
Piste, schwere 560
Pistenraupe 560
Pistole 254, 497
Pistolengriff 252, 256
Pitot-Rohr 555
Pittabrot 172
Pizzablech 203
Pizzaschneider 199
planetarischer Nebel 12
Planeten 8
Planeten, äußere 8
Planeten, innere 9
Planierraupe 438
Planierschild 438
Planierwalze 439
plankonkave Linse 461
plankonvexe Linse 461
Planspiegel 461
Plantainbanane 152
Planum 380
Plasmabrücke 56
Plasmafernseher 356
Plastikbehälter 182
Plastikfolie 182
Plateau, Hochebene 23
Platin 42
Platte 206, 341, 373
Platte, Cocos 34
Platte, Eurasiatische 34
Platte, Indisch-Australische 34
Platte, Nazca 34
Platte, Nordamerikanische 34
Platte, Pazifische 34
Platte, Philippinen 34
Platte, Scotia 34
Platte, Südamerikanische 34
Platten, tektonische 34
Plattenbindung 561
plattenförmiger
Wärmetauscher 219
Plattengrenzen, divergierende 34
Plattengrenzen,
konvergierende 34
Plattformpedal 552
Plattsehnenmuskel 109
Platysma 108
Platzset 194, 195
Platzset aus Bambus 195
Play-Taste 357, 360
Play-Taste/Pausetaste 362
Plektron 345
Pleuelstange 396
Plunger 576
Pluskontakt 452
plus oder minus 469
Pluspol 459
Pluto 9
Plutoiden 8
pneubereiftes Laufrad 420
pneubereiftes Leitrad 420
Podcasting 375
Podest 218, 224, 257
Podium 321, 486
Pokerwürfel 572
Pol, negativer 458
Pol, positiver 458
Polarisationsfilter 351
Polarklimate 45
Polarkreis, südlicher 24
Polarlicht 43
Polartundra 45
Polen 492
Poleposition 554
Politik 490
politische Kartografie 31
politischen Karte 31
Polizeibeamter 497
Polizeifahrzeug 497
Polizeirevier 475
Poller 425
Polohemd 276, 532
Poloshirt 273
Polster 517
Polsterdüse 237
Pomeranian 95
Poncho 279
Pont-l'Évêque 175
Pore 56, 63
Porro-Prisma 462
Portal 315, 317
Portikus 319
Portionspackung 183
Portugal 491
Portulak 141
Portweinglas 188
Porzellanlöffel 195
Posaune 337
Posaunen 332
Positionsleuchte 417
Positionslicht 423, 433, 435
positiver Pol 458
positiv geladen 468
Post, elektronische 375
Postamt 475, 479
Poterne 314
Pottwal 102
Power Forward 527
Präger 378
Prärie 23
Präzisionssport 549
Prellbock 415
Pressen 73
Pressfilterkanne 209
Presshebel 197
Primärfokus 13
Primärkonsumenten 50
Primärspiegel 16
Primaten 103
Prime 346
primitive Lebewesen 75
Prinzesskleid 274
Prismenfernglas 462
Privatflugzeug 434
Probierlöffel 199
Produktionsbohrung 442
Produzent 329
programmierbarer
Thermostat 222
Programmwähler 240, 241
Projektor 327, 372
Promenadendeck 426
Pronaos 311
Propan- oder Butangas-
Geräte 568
Propeller, dreiflügeliger 434
Propeller, zweiflügeliger 434
Propellerummantelung 423
Prospektzug 330
Prostata 125
Prothorax 78
Proton 456
Prototyp-Sportauto 554
Protuberanz 10
Provinz 31
Provinzgrenze 31
Prozent 469
Prozenttaste 377
Prüflampe 255
Puck 557
Pudel 94
Puder, loser 295
Puderdose 295
Puderkissen 295
Puderpinsel 295
Puderrouge 295
Puderzucker 179
Puff 229
Puffer 323
Pullman Limousine 385
Pullover 273, 278
Pullunder 273
Pulmonalklappe 117
Pulpa 113
Pulsar 12
Pulsmesser 547
Pult 489
Puma 97
Pumpe 240, 242, 568
Pumpfahrzeug 447
Pumplöschfahrzeug 499
Pumps 291
Punchingball 544
Punktauge 78
Punktbrenner 256
Pupille 96, 132
Pupille, senkrechte 86
Puppe 78
Pürierstab 204
Puter 165
Putter 551
Putzkelle 254
Putzschwamm 243
Pygalschild 86
Pyjama 285
Pylon 382
Pyramide 310, 471
Pyrenäen 27
Python 87

Q

Quadrant 470
Quadrat 471
Quadratwurzel 469
Quadratwurzel aus 469
Quadratwurzeltaste 377
Qualle 75
Quark 456
Quarte 346
Quarterback 523
Quartier 286, 290
Quecksilber 42
Quecksilberkolben 464
Quecksilberthermometer 506
Quelle 35
Quellwolken 46
Querdünen 39
Querfeldeinrad 552
Querflöte 336
Querflöten 332
Querfortsatz 124
Querholz 229
Querriegel 213
Querrippe 166
Querruder 432
Querschiff 315, 317
Querschnitt, Himbeere 64
Querschnitt, Orange 64
Querschnitt, Pfirsich 65
Querschnitt, Weintraube 64
Querschnitt, Zwiebel 58
Querstraße, Allee 475
Querstrebe 508
Querstück 230
Quetschfuß 227
Quinte 346
Quitte 149

R

Rabatte 210
Rabe 91
Rachen 118, 119
Raclette 175
Raclette-Grill 207
Rad 402, 508, 552, 555
Radar 422, 423, 426, 427
Radarmast 424
Radbefestigungsbolzen 395
Rädelung 246
Radgabel 552
Radhose 286
radialer Handgelenkbeuger 108
Radialkapelle 316, 317
Radiator 18
Radicchio 140
Radiergummi 379
Radieschen 145
Radioaktivität, Maßeinheit 467
Radiorekorder 362
Radiowellen 460
Radius 470
Radkappe 387
Radlader 438
Rad-Schneeschläger 200
Radsport 552
Raffinerie 445, 473
Raffinerieerzeugnisse 446
Raffrock 275
Raglanärmel 271, 279, 284
Raglanmantel 279
Rahmen 215, 220, 232, 290,
406, 454, 528, 532, 552, 564
Rambutan 153
Ramen 177
Rampe 311, 381
Rampenlicht 331
Rand 484, 536
Rändelbolzen 257
Rang, erster 331
Ränge 310, 313
Rankgitter 258
Ranviersche Schnürringe 121
Ras-El-Hanout 155
Rasen 211, 258, 532
Rasenbesen 264
Rasenpflege 264
Rasentrimmer 264
Rasiermesser 300
Rasierpinsel 300
Rasierschaum 300
Rasterleiste 239
Rasthebel 263
Raststütze 409
Rasur 300
Rathaus 474
Ratsche 249, 345
Ratschenringschlüssel 246
Ratte 93
Ratte, äußere Merkmale 93
Raubtiere 94, 97
Raubvogel 89
Räucherfisch 164
Räucherschinken 169
Rauchklappe 220
Rauchmantel 220
Rauchmelder 498
Rauke 141
Raumanzug 17
Raumfähre 19
Raumfahrt 17
Raumklimaanlage 223
Raumlaboratorium 19
Raumstation, internationale 18
Raumthermostat 222
Raupe 78
Raupenschere mit
Teleskopstiel 262
Raureif 48
Raute 380
Ravioli 176
Reaktion, reversible 468
Reaktionsrichtung 468
Reaktor 450
Reanimationsraum 502
Rebhuhn 91, 165
Receiver: Vorderansicht 359
Rechen 260, 449
Rechteck 471
Rechteckschlafsack 566
rechte Großhirnhemisphäre 123
rechte Herzkammer 116
rechte Lungenarterie 117
rechte Lungenvenen 117
rechter Außenfeldspieler 514
rechter äußerer Linebacker 522
rechter Corner Back 522
rechter Defensive End 522
rechter Defensive Tackle 522
rechter Guard 523
rechter Lymphgang 124
rechter Stürmer 557
rechter Tackle 523
rechter Verteidiger 556
rechter Vorhof 116
rechtes Aufschlagfeld 531
rechtes Feld 515
rechts 331
Reck 534
Recycling 55
redaktioneller Beitrag 350
Redaktionsteil 350
Redingote 278
Refiner 73
reflektierende Oberfläche 461

Reflektor 255, 356
Regal 185
Regelschalter 238
Regelungszylinder 439
Regen 48
Regen, gefrierender 48
Regen, saurer 53, 54
Regenbogen 48
Regenhut 289
Regenleiste 387
Regenmantel 271
Regenstiefel 292
Regenwald, tropischer 45, 49
Regenwurm 75
Regieraum 331
Regiestuhl 228
Regisseur 329
Registratoren 545
Registriereinlagen 378
Registrierkasse 185
Regnerschlauch 261
Reibe 197
Reibefläche 256
Reich 74
Reif 48
Reifen 387, 398, 402, 411, 552, 555
Reifenarten 398
Reifenflanke 398
Reihe 331
Reihenhaus 325
Reiher 92
Reinigung, chemische 479
Reinigungsbürste 300
Reinigungswelle 254
Reis 72, 157, 177
Reis, weißer 177
Reisebett mit Wickelauflage 233
Reisebus 400
Reisessig 181
Reisetasche 304, 305
Reisezug 414
Reisfadennudeln 177
Reisfeld 53
Reismelde 157
Reisnägel 379
Reisnudeln 177
Reispapier 177, 348
Reisschüssel 193, 195
Reißen 546
Reißverschluss 272, 278, 304
Reiten 548
Reiter 378
Reiter, durchsichtiger 378
Reitsport 548
Reliefpfeiler 318
Religion 488
Reling 424, 425
Renaissance-Villa 319
Rennanzug 555, 558
Rennanzug, feuerfester 554
Rennbügel 411
Rennfahrer 554
Rennrad 413
Rentier 100
Reportage 350
Reptilien 86, 87
Republik Kongo 493
Requisiteur 329
Reserverad 405
Resettaste 367
Resonanzboden 338
Resonanzdecke 333, 334, 344, 345
Resonanzfell 340
Resonanzkasten 334
Resonanzkörper 334, 345
Resonanzröhren 341
Ressourcenzugriff, vereinheitlichter 374
Restaurant 186, 474, 478
Retikulum, endoplasmatisches 56, 74
Rettich 145
Rettich, japanischer 139
Rettungsboot 422, 426
Rettungsfloß 423
Rettungsring 427, 497
Rettungsstation 383
Rettungswagen 502
Revers 266
Revers, abfallendes 271
Revers, steigendes 266
reversible Reaktion 468
Rhabarber 144
Rhea 9
Rhesusfaktor negativ 468
Rhesusfaktor positiv 468
Rhizoid 60
Rhizom 59, 61
Rhombus 471
Riasküste 36
Ribosom 56, 74
Ricotta 174
Riechepithel 134
Riechkolben 134
Riechnerv 134
Riechschleimhaut 134
Riegel 38, 214, 271
Riemen 244, 291
Riemenmuskel 109
Riemenscheibe 396
Ries 73
Riese, Roter 12
Riesenslalom 563
Riesenslalomski 562
Riffküste 36
Rigatoni 176
Rillettes 171
Rindfleisch 166
Ring 58, 337, 464, 544
Ringbuch 378
Ringe 294, 534, 535
Ringelnatter 87
Ringfinger 131
ringförmige Finsternis 10
Ringmuskel des Auges 108
Ringumrandung 544
Rippe 144, 166, 167, 168, 222
Rippe, hohe 166
Rippen 110
Rippenbraten 168
Rippenbündchen 284
Rippenpolster 524
Rippenstück 167, 168
Roboterarm 19
Robotersystem 18
Rochen 84, 160
Rock 279, 532
Rock, gerader 275
Röcke 275
Rocky Mountains 25
Rodehacke 260
Roggen 72, 157
Roggenknäckebrot 173
roher Schinken 171
Rohkaffee 158
Rohöl 446
Rohölpipeline 445
Rohrblatt 336
Röhre 464
Röhrenglocken 332, 341
Röhrenhose 277
Röhrenkessel 446
Rohrfeder 348
Rohrschneider 254
Rohrschraubstock 247
Rollbahn 428, 429
Rollbewegung 435
Rolle 304, 565
Rollen 565
Rollenhalterung 570, 571
Rollgabelschlüssel 246
Rollkragen 564
Rollkragenpullover 273
Rollschuh 565
Rollschweller 339
Rollsport 565
Rollstuhl 508
Rollstuhllift 401
Romagna-Salat 140
romanische Kirche 315
romanischen Kirche 315
Römerpantolette 292
Römertopf 203
römische Bohne 147
römische Metallfeder 348
römisches Amphitheater 313
römisches Wohnhaus 312
römische Ziffern 469
Röntgengerät, fahrbares 502
Röntgenstrahlen 460
Röntgenuntersuchung 509
Roquefort 175
rosa Pfeffer 154
Rose 67
Rosenkohl 140
Rosette 214, 334
Rosmarin 156
Ross-Schelfeis 24
Rost 238
Rot 460
Rotalge 59
Rotbarsch 162
rote Beete 145
rote Heidelbeere 148
rote Kidneybohne 147
rote Meerbarbe 161
Roter Halbmond 496
roter Paprika 142
Roter Riese 12
Rotes Kreuz 496
Rotes Meer 22, 28, 29
rote Zwiebel 139
Rotini 176
Rotkehlchen 90
Rotknievogelspinne, Mexikanische 80
Rotkohl 141
Rotor 454, 455
Rotorblatt 435, 455
Rotorgondel im Querschnitt 455
Rotunde 477
Rotweinglas 188, 194, 195
Rougepinsel 295
Roulade 170
Router 375
Royal Flush 572
RS-Anschluss 359
Ruanda 493
Rübe 145
Rübenhacke 260
Rübenspross 145
Rubin-Impulslaser 462
Rückbank 391
Rücken 89, 94, 99, 105, 107, 252
Rücken, ozeanischer 34
Rückenflosse 102
Rückenflosse, erste 84
Rückenflosse, zweite 84
Rückenlehne 228, 229, 233, 391, 409, 508, 547, 553
Rückenmark 121, 124
Rückenmarkshaut, harte 124
Rückenmuskel, breiter 109
Rückenpanzer 86
Rückenschwimmen 539
Rückenteil 284
Rückenträger, gekreuzt 285
Rückenverstärkung 559
Rückfahrscheinwerfer 390
Rucksack 305
Rucksackbiwak 566
Rückschläger 529, 530
Rückspiegel 392, 407, 553
Rücksprungpalette 436
Rückspultaste 356
Rückstrahler 403, 410, 553
Ruder 423, 424, 426, 540
Ruderblatt 424
Rudergerät 547
Ruderhaus 424, 425
Ruffini-Körperchen 130
Rugby 520
Rugbyball 521
Rugby-Feld 520
Rugbyspieler 521
Rührbesen 204
Rührschüssel 204
Rührschüsseln 200
Rumänien 492
Rumpf 85, 105, 107, 433, 540, 543, 553
rund 62
Rundbogenfenster 315, 318
Rundbürste 298
runder Einwärtsdreher 108
Rundfenster 315
Rundkopf mit Schlitz 249
Rundmuskel, großer 109
Rundmuskel, kleiner 109
Rupie 484
Rüssel 78
Russisch Blau 96
russischer Pumpernickel 172
Russland 24, 492
rutschfester Fuß 257

S

Sackkarren 436
Safarijacke 278
Safran 154
Sägeblatt 250, 251
Sägekauz 91
Sägekette 263
Sägen 250
Sägerochen 84
Sägewerk 73
Sahara 28
Sahne 174
Sahne, saure 174
Sahnebecher 183
Saint Kitts und Nevis 490
Saint Vincent und die Grenadinen 491
Saite 333, 334
Saiten 345
Saitenbezug 338
Saitenhalter 333
Saitenhalterung 345
Saiteninstrumente 333
Säkelle 264
Sakristei 489
Salamander 85
Salami, feine 171
Salami, grobe 171
Salatgabel 189
Salatgurke, kernlose 142
Salatschale 193
Salatschleuder 198
Salatschüssel 193
Salatteller 192
Salbe 506
Salbei 156
Salchow 559
Saling 540
Salomoninseln 495
Salonflügel 339
Saltostellung 537
Salz, grobes 181
Salzsee 39
Salzstreuer 192
Sambal Oelek 181
Sambia 494
Samen 63, 64, 65
Samenanlage 57, 66
Samen im Querschnitt 58
Samenleiter 125
Samenschale 58, 72
Sammellinsen 461
Sammlung, getrennte 55
Samoa 495
Sampler 343
Samtkropfband 294
Sand 532
Sandale 286, 292
Sandale mit Zehenriemchen 292
Sandalette 291
Sandblattfeilen 296
Sandinsel 36
Sandkasten 416
Sandklaffmuschel 159
Sandpapier 253
Sandsack 544
Sandwüste, Große 30
Sanitärinstallation 224
Sankt-Lorenz-Strom 25
San Marino 492
São Tomé und Príncipe 493
Saphena-Nerv 122
Sardelle 161
Sardine 161
Sarong 275
Satansröhrling 58
Satellitenradioempfänger 362
Satellitenterminal 429
Sattel 267, 272, 276, 333, 334, 335, 410, 547, 548
Sattelgurt 548
Sattelkraftfahrzeuge 402
Sattelkupplung 402
Sattelpritschenanhänger 403
Sattelrock 275
Sattelschlepper 402
Satteltasche 412
Satteltiefladeanhänger 403
Saturn 8, 9
Satz 532
Sauciere 192
Saudi-Arabien 494
Sauerstoff 51
Sauerstoff-Atemmaske 504
Saugarm 440
Saugbürste 237
Saugnapf 77
Saugrohr 449, 499
Saugvorrichtung 307
Säule 311
Saumlatte 454
saurer Regen 53, 54
saurer Schnee 54
saure Sahne 174
Savanne 45, 49
Saxhorn 337
Saxophon 336
S-Bogen 336
Scanner 185, 369
Scanner-Glas 369
Schabe, orientalische 81

Schaber 257
Schach 573
Schachbrett 573
Schachfiguren 573
Schachtel, Käse 183
Schachteltisch 230
Schädel 104, 112
Schädel eines Kindes 112
Schaf 100
Schäferhund, Deutscher 95
Schafstall 137
Schaft 249, 252, 528, 532, 551, 556, 575
Schäkel 541
Schal 293
Schale 63, 64, 65, 183, 407
Schalensitz: Seitenansicht 391
Schalensitz: Vorderansicht 391
Schäler 199
Schälerbse 146
Schallbrett 317
Schalldämpfer 389
Schallplattenladen 478
Schälmesser 196
Schalotte 139
Schalter 226, 248, 251, 299, 300, 458, 483
Schalterabdeckplatte 226
Schalthebel 388, 392, 408, 409, 411, 552
Schaltung, gedruckte 459
Schaltung, integrierte 459
Scham 106
Schamfuge 125, 126
Schamgegend 104
Schamhügel 106, 126
Schamlippe, große 126, 127
Schamlippe, kleine 126, 127
Schamottestein 220
Schardrehzylinder 441
Scharhubzylinder 441
Scharnier 206, 213, 214, 230, 242, 303, 462
Scharwachturm 314
Schatten 464
Schaufel 308, 438, 562, 564
Schaufel, hintere 438
Schaufelzylinder 440
Schaukelstuhl 228, 229
Schaum 41
Schaumbad 297
Schaumgummimatratze 566
Schauspieler 328
Schauspielerin 329
Scheck 484
Scheckhülle 303
Scheckkarte 485
Scheibe 13, 214, 546
Scheiben 205
Scheibenbremse 388, 395, 407, 555
Scheibenbremse, hydraulische 552
Scheibenhantel 546
Scheibenwaschdüse 386
Scheibenwischer 386, 393
Scheide 58, 126, 127
Scheider 397
Scheidewand 63, 64, 133
Scheinfüßchen 74
Scheinwerfer 328, 331, 386, 402, 407, 408, 411, 416, 417, 439, 499, 553
Scheitelbein 111, 112
Scheitelrippe 316
Schekel, neuer 484
Schelfeis, Filchner 24
Schelfeis, Ross 24
Schelle 341
Schellen 341
Schellfisch 162
Schenkel 89, 99, 166, 571
Schenkelbein 111
Schenkelbindenspanner 108
Schere 77, 507, 568
Scherenleuchte 235
Scherenstromabnehmer 417, 420
Scheuerleiste 398
Scheune 137
Schiebedach 387
Schiebefenster, horizontales 323
Schiebefenster, vertikales 323
Schiebegriff 508
Schieber 305
Schieberad 508
Schiebetastatur 363
Schiebetür 224, 322
Schiebetür, automatische 322
Schieblehre, Messschieber 465
Schiedsrichter 514, 517, 519, 521, 526, 529, 537, 538, 544, 545, 557
Schiedsrichtersitz 530
Schiefer 447
Schiefergasförderung 447
Schienbein 110
Schienbeinarterie, vordere 114
Schienbeinnerv 122
Schienbeinschützer 518, 561
Schiene 235, 242
Schienen 507
schienengleicher Bahnübergang 415
Schienenräumer 416, 417
Schienenverkehr 414
Schifffahrt 421
Schiffsschraube 424
Schikane 554
Schildbogen 316
schildförmig 62
Schildkröte 86
Schildkröte, äußere Merkmale 86
Schimpanse 103
Schinken, gekochter 171
Schinken, roher 171
Schinkenmesser 196
Schirm 75, 234, 305, 517
Schirmmütze 288
Schirmständer 305
Schlafanzug 283, 284
Schlafcouch 232
Schläfe 104
Schläfenbein 110, 112
Schlafhaus 308
Schlafkabine 402
Schlafplatz 417
Schlafsack 285
Schlafsäcke 566
Schlafwagen 417
Schlafzimmer 217
Schläge 530
Schlägel 340, 341, 345
Schlägerabdeckung 551
Schlagfläche 551
Schlaghandschuh 516
Schlagholz 517
Schlaghose 277
Schlaginstrumente 332, 340
Schlagmal 515
Schlagmann 515, 516, 517
Schlagpolster, elektronisches 342
Schlagsahne 174
Schlagstockhalter 497
Schlagturm 576
Schlagzeile 350
Schlagzeug 340
Schlammfluss 42
Schlammgrube 444
Schlammpumpe 444
Schlange 86
Schlangenbohrer mit doppeltem Gewindegang 252
schlanker Muskel 109
Schlauch, flexibler 237
Schlauchkleid 274
Schlauchleitung 498
Schlauchwagen 261
Schlaufe 286, 381
Schleifblatt 253
Schleife 288
Schleifmaschinen 253
Schlepper 424
Schleppkahn 425
Schlepplift 560
Schließfach 483
Schließklappe 453
Schlittschuh 556
Schlittschuhe, Eisschnelllauf 558
Schlittschuhschritt 564
Schlittschuhschritt, diagonaler 564
Schlitz 189, 206, 249, 270
Schlitzschrauben 249
Schloss 214, 239, 412
Schlossbrett 213
Schlucht 35
Schlüssel 246
Schlüsselbein 110
Schlüsselbeinschlagader 114
Schlüsselbeinvene 115, 124
Schlüsselblume 67
Schlüsseletui 303
Schlüsselschild 214
Schlussleuchte 390, 406, 408
Schlussstein 316
Schmelz 113
Schmelzen 456
Schmetterball 531
Schmetterling 78
Schmetterling, äußere Merkmale 78
Schmetterlingsstil 539
Schmieröle 446
Schminktisch 231
Schmorpfanne 203
Schmuck 294
Schmuck und Schönheitspflege 294
Schmutzfänger 387, 402, 403
Schnabel 89
Schnalle 306
Schnappschloss 303
Schnauze 85, 96
Schnauzer 95
Schnecke 76, 129, 159, 333
Schnecke, äußere Merkmale 76
Schneckenbohrer 252
Schneckenpfännchen 193
Schneckenzange 199
Schnee 48
Schnee, saurer 54
Schneeanzug 285
Schneebesen 200
Schneefeger 399
Schneefräse 404
Schneemobil 553
Schneeräumgerät 265
Schneeräumgeräte 265
Schneeregen 48
Schneesack 284
Schneeschaufel 265
Schneeschieber 265
Schneeschuh, elliptischer 564
Schneeschuhwandern 564
Schneewanne 265
Schneidbrett 199
Schneide 190, 196, 249, 299, 559
Schneiderkragen 279
Schneidermuskel 108
Schneidezahn, äußerer 113
Schneidezahn, mittlerer 113
Schneidezähne 113
Schneidkante 440
Schneidlade, Gehrung 250
Schneidmesser 204, 205
Schnellhefter 378
Schnellkochtopf 202
Schnellspannbohrfutter 252
Schnellstraße 381
Schnellvorlauf 356
Schnittfläche 263
Schnittlauch 139
Schnittstelle, USB 367
Schnorchel 536
Schnuller 307
Schnur 244
Schnürband 516
Schnürloch 290
Schnürlochteil 290
schnurloses Telefon 364
Schnüröse 559
Schnurrhaare 96
Schnürringe, Ranviersche 121
Schnürschuh 290
Schnürsenkel 286, 290, 559
Schnürsenkelende 286, 290
Schnürverschluss 565
Schokolade 179
Schokolade, weiße 179
Scholle 162
Schollenmuskel 108
Schöpflöffel 201
Schöpfteil 191
Schornstein 211, 422, 426, 443
Schornsteinabdeckung 211
Schoß 267
Schössling 61, 68
Schote 63
Schote (Senf) im Querschnitt 63
Schottenrock 275
Schräge 504
schräge Pattentasche 271, 279
schräger Interlobärspalt 118
Schräggeison 311
Schrägmaß 244
Schrank 217
Schrankteil 231
Schrapper 440
Schraube 249, 424, 426, 427
Schrauben 246
Schraubenbolzen 246
Schraubenbolzen mit Ansatz 246
Schraubendreher 249
Schraubenzieher 249, 568
Schraubfassung 226
Schraubstock 247
Schraubstollen 518
Schraubverschluss 183
Schreibmappe 303
Schreibpinsel 348
Schreibplatte, herausklappbare 230
Schreibtisch 217
Schreibtischleuchte 234
Schreibwaren 376
Schrift 348
schriftliche Kommunikation 348
Schriftsysteme 349
Schritt 99, 270, 276
Schrittzähler, Pedometer 465
Schubkarre 259
Schubkasten 233
Schublade 187, 230, 231
Schuh 290, 526, 536, 552, 554
Schuhe 290, 291
Schuh mit Stoßplatten 521, 524
Schukosteckdose 226
Schukostecker 226
Schulbus 400
Schule 486
Schülerspinde 487
Schulhof 487
Schulter 94, 99, 104, 106, 166, 167, 168, 169, 334
Schulterblatt 105, 107, 110, 111
Schultergurt 391
Schulterklappe 271, 497
Schulterpolster 524
Schulterriemen 304, 306
Schulterstück 167, 169
Schulterstück ohne Knochen 167, 168
Schultertasche 306
Schuppe 82, 86, 130
Schuppen 210, 258
Schuppennaht 112
Schürfkübel 440
Schürhaken 221
Schüssel 205
Schüttelsieb 444
Schutzanzug 555
Schutzausrüstung 500, 524
Schutzbezug 232
Schutzblech 410, 553
Schutzblech, vorderes 407
Schutzbrille 256, 552, 555
Schutzdeckel 367
Schützer, Schienbein 561
Schutzgeländer 416
Schutzgitter 233, 482
Schutzhaube, obere 251
Schutzhaube, untere 251
Schutzhelm 500, 524, 556
Schutzkäfig 513
Schutzkante 304
Schutzkontaktbügel 226
Schutzmaske 500
Schutzraum 383
Schwadenblech 265
Schwalbe 90
Schwamm 75, 243
Schwan 92
Schwanenhals 440
Schwanz 77, 86, 93, 94, 102, 571, 576
Schwanzfächer 77
Schwanzfeder 89
Schwanzflosse 82, 84, 102
Schwarz 460
schwarzäugige Bohne 146
Schwarzbär 98
schwarze Bohne 147
schwarze Johannisbeere 148
schwarze Mungobohne 147
schwarzer Pfeffer 154
schwarzer Stein 573
schwarzer Tee 158
Schwarzer Zwerg 12
schwarzes Brett 486
schwarze Senfkörner 154
Schwarzes Loch 12
Schwarzes Meer 22, 27, 29
Schwarze Witwe 80
Schwarzrettich 145
Schwarzwurzel 145
Schwebebalken 534, 535
Schweden 24, 492

Schweif 99
Schwein 100
Schweinefleisch 169
Schweinespeck 178
Schweinestall 137
Schweißband 532
Schweiz 492
Schwelle 213
schwere Piste 560
Schwerfahrzeugen, Transport 416
Schweröl 446
Schwert 263, 540
Schwertfisch 161
Schwertwal 102
Schwimmbecken 212
Schwimmbrille 538
Schwimmdach 445
Schwimmdachtank 445
Schwimmen 538
Schwimmer 225
Schwimmfuß 85
Schwimmhaut 85, 89
Schwimmhautzeh 89
Schwimmkörper 434
Schwimmkran 421
Schwimmstile, verschiedene 539
Schwingflügel 323
Schwinggaragentor 322
Schwinghebel 396
Schwungrad 396
Scotia-Platte 34
Scratchrad 343
Scriptgirl 329
Scrollen 371
Scrollrad 369
SD-Karte 351
Sechseck, regelmäßiges 471
Sechskantmutter 246
Sechzehntelnote 347
Sechzehntelpause 347
Sedimentgesteine 33
See 11, 23, 35
See, Irische 27
See, künstlicher 35
See, tektonischer 35
See, vulkanischer 35
Seebarsch 162
Seegurke 75
Seehund 102
Seeigel 75
Seelachs 162
Seelöwe 102
Seen 35
Seen, Große 25
Seeotter 97
Seepferdchen 83
Seeschwalbe 92
Seestern 75
Seeteufel 161
Segel 542, 576
Segelboot 540
Segelkleid 540
Segellatte 540, 542
Segelsport 540
Segelstange 454
Segeltuchbespannung 454
Sehnerv 132
Seifenbecher 300
Seiher 198
Seil 544
Seilbahn 560
Seilzug 257
seismische Welle 41
Seitenairbag 392
Seitenfach 390
Seitenfenster 387
Seitenflosse 433, 435
Seitenfontanelle, hintere 112
Seitenfontanelle, vordere 112
Seitenkapelle 316
Seitenkästen 555
Seitenkoffer 409
Seitenluke 19
Seitenmoräne 38
Seitenöffnung 382
Seitenrad 454
Seitenrichter 521
Seitenruder 433
Seitenschiff 317
Seitenspiegel 386, 402, 408
Seitenständer 406
Seitenstängel 61
Seitensteg 302
Seitenstück 229
Seitenteil 271
Seitenventrikel 123
Seitenwurzel 61
seitliche Einfassung 220
seitlicher Aufprallsensor 392
seitlicher Gelenkknorren 111
seitlicher Gelenkknorren des Oberschenkelknochens 111
seitlicher knöcherner Bogengang 129
Seitpferd 534, 535
Sekretär 230
Sekretariat 487
Sektionalgaragentor 322
Sektkelch 188
Sektor 470
Sektschale 188
Sekundant 544
Sekundärkonsumenten 50
Sekundärspiegel 13, 15, 16
Sekundenzeiger 464
selbstaufblasbare Luftmatratze 566
Selbstklebeetiketten 378
selbstklebende Lasche 376
Senegal 28, 493
Senf 180
Senf, amerikanischer 180
Senf, deutscher 180
Senf, englischer 180
Senfkörner 180
Senfkörner, schwarze 154
Senfkörner, weiße 154
Senfpulver 180
Senkblei 244
Senkkopf mit Inbus 249
Senkkopf mit Kreuzschlitz 249
Senkkopf mit Schlitz 249
senkrechte Pupille 86
Sense 262
Sepalum 65
Separator 459
Sequencer 343
Serac 38
Serbien 492
Server 374, 375
Servierplatte 193
Serviertisch 186
Servierwagen 230
Serviette 194, 195
Sesamöl 178
Sessellift 560
Setzstufe 218
Sexte 346
Seychellen 494
Shake-Hands-Griff 533
Shaker 200
Shampoo 297
Shiitake 138
Shirt im Empirestil 276
Shorts 277, 286
SI 467
Siamkatze 96
Sichel 262
Sicheldüne 39
Sicherheit 497
Sicherheitsbindung 562, 563
Sicherheitsgurt 391
Sicherheitsholm 257
Sicherheitsnetz 536
Sicherheitsschuh 500
Sicherheitsventil 202
Sicherungsautomat 449
Sicherungsknopf 390
Sicherungskopf 249
Sicherungsstift 498
sichtbares Licht 460
Sichtfenster 206, 207, 238
Sieb 73, 205, 208
Siebeneck, regelmäßiges 471
Sierra Leone 493
Signal 415
Signalhorn 416
Signalleiste 499
Silber 42
Silos 421
Simbabwe 494
Sinfonieorchester 332
Singapur 495
Sinnesorgane 128, 130, 132
Sinushaar 93
Sirup 506
Sistrum 341
Sitz 225, 228, 229, 233, 391, 409, 508, 553
Sitz, verstellbarer 417
Sitzbank 229, 391, 553
Sitzbein 111
Sitzecke 186
Sitzliege 228
Sitzmöbel 229
Sitzplatz 327
Sitzsack 229
Sitzstange 309
Sitztruhe 229
Skala 244, 464, 465, 504
Skandinavische Halbinsel 27
Skateboarder 565
Skateboarding 565
Skaterin 565
Skeg 543
Skelett 110
Skelettbürste 298
Ski 562
Skianzug 561, 562, 564
Skiboard 562
Skibremse 563
Skibrille 561, 562
Skier 562
Skigebiet 560
Skihandschuhe 562
Skilanglauf 564
Skilangschuh 564
Skimmer 212
Skimütze 564
Skipiste 560
Skispringen 561
Skispringer 561
Skisprunganzug 561
Skisprungschuh 561
Skistiefel 562, 563
Skistock 562, 564
Skiträger 399
Skorpion 80
Skort 275
Skulptur 319
Slalomski 562
Slingpumps 291
Slip 270, 281
Slipper 292
Slowakische Republik 492
Slowenien 492
Smartphone mit Tastatur 363
Smartphone mit Touchscreen 363
Smog 53
Snackbeutel 183
Sneakersocke 269
Snowboard 561
Snowboarden 561
Snowboarder 561
Soba 177
Söckchen 282
Socke 269, 282, 521, 524, 532
Sockel 227, 234, 321, 334
Sockelleiste 218
Sockelprofil 230
Socken 269
Sofa 228
Soffitte 331
Soffitten 330
Sofortbildkamera 352
Softball 516
Softballhandschuh 516
Softballschläger 516
Softbindung 561
Softboots 561
Software, E-Mail 374
Sohle 253, 269, 559, 563
Sojabohnen 178
Sojamilch 178
Sojaöl 178
Sojaprodukte 178
Sojasoße 180
Sojasprossen 178
Sojus 19
Solarhaus 453
Solarzelle 452
Solarzellengenerator 18
Solitärring 294
Somalia 493
Somennudeln 177
Sommer 44
Sommerkürbisse 143
Sommersonnenwende 44
Sonde 510, 511
Sonne 8, 10
Sonne, Aufbau 10
Sonnenblende 392, 405
Sonnenblume 67
Sonnenblumenöl 178
Sonnenbrille 302
Sonnenbrillen-Clip 302
Sonnendeck 425
Sonnenenergie 452
Sonnenfinsternis 10
Sonnenfleck 10
Sonnenkleid, leichtes 274
Sonnenkollektor 453
Sonnenrollo 399
Sonnenschutz 307
Sonnenschutz, Windschutzscheiben 399
Sonnenschutzschicht 17
Sonnensegel 16
Sonnensystem 8
Sonnenuhr 464
Sonografie 510
Sortieranlage 55
Sorus 59
Souffléform 200
Souveräner Malteserorden 496
Spaghetti 176
Spaghettikürbis 143
Spaghettini 176
Spaghettizange 199
Spalierbogen 258
Spalt 64
spaltbarer Kern 457
Spalte 350
Spangang 252
Spange 271
Spaniel 95
Spanien 491
Spann 104
Spannbetttuch 232
Spannkabel 455
Spannrad 438
Spannschraube 247
Spannungsprüfer 255
Spannungsstift 226
Spannweite, eingehängte 382
Spareribs/Schälrippchen 169
Spargel 144
Spargelbohne 146
Spargelsalat 140
Sparren 215
spatelförmig 62
Spaten 260
Spazierstock 305
Specht 91
Speerwurf 513
Speiche 80, 110, 411
Speicheldrüse 135
Speichenarterie 114
Speichennerv 122
Speichergeräte 373
Speicherkarte 353, 354
Speicherkarten 351
Speicherkartenlesegerät 367, 373
Speicherkartenleser 354, 366
Speicherkartenschacht 372
Speicherkraftwerk 448
Speichersoftware 354
Speichertelefon 364
Speisekammer 216
Speiseraum 417
Speiseröhre 119
Speisesaal 186, 480
Speiseteller 194, 195
Speisewagen 417
Spektrum, elektromagnetisches 460
Spenzer 278
Sperling 90
Spermium 125
Sperre 476
Spezialflachwagen 416
Spezialitäten 171
Spezialkleidung 284
Spezialslalom 563
Sphynx 96
Spicknadel 199
Spiegel 224, 309, 392, 409, 461, 463, 508
Spiegel, ebener 13
Spiegel, teilreflektierender 462
Spiegel, vollreflektierender 462
Spiegelteleskop 15
Spiegelteleskop im Querschnitt 15
Spielanzug 285
Spielbereich 575
Spielbrett 573
Spiele 572
Spielekonsole 574
Spiele mit Schlägern 528
Spieler 575
Spielerpositionen 514, 517, 519, 527
Spielfeld 517
Spielfeldbeläge 532
Spielkarten 572
Spielpfeife 344

Spike 513
Spikereifen 398
Spikulen 10
Spinalganglion 121
Spinalnerv 121, 124
Spinalnerven 121
Spinat 141
Spinattagliatelle 176
Spindel 76
Spinne 80
Spinne, äußere Merkmale 80
Spinnennetz 80
Spinnentiere 78, 80
Spinnerschachtel 570
Spinnrute 570
Spinnwarze 80
Spiralarm 13
Spiralbohrer 252
Spirale 252
Spiralheftung 378
Spiralkneter 204
Spiralnagel 248
Spiralringbuch 376
Spiralspindel 249
Spirulina 138
Spitze 37, 144, 248, 249, 348, 562, 571, 575
Spitze im Querschnitt 348
Spitzenhandschuh, fingerloser 293
spitzer Winkel 468, 470
Spitzsieb 198
Spitzzange 255
Splintholz 68
Spoiler 407, 555
Sporen 58
Sportanlagen 473
Sportbekleidung 286
Sportfischerei 570
Sportflasche 569
Sporthose 287, 513
Sportreifen 398
Sportwagen 385
Spot 235
Sprecher 537
Sprechmuschel 364
Sprechtrommel 345
Spreite 59, 62
Spreizdübel 249
Springeinrichtungen 537
Springer 573
Springform 201
Springseil 546
Sprinkler 450
Spritzbeutel 200
Spritze 504
Spritzenkolben 504
Spritzloch 102
Spritzschutz 543
Sprossachsen 61
sproßbürtige Wurzeln 59
Sprosse 233, 257
Sprosse, obere 229
Sprüharm 242
Sprühflasche 261
Sprungbein 111
Sprungbrett 212, 535
Sprünge 559
Sprungfederrahmen 232
Sprungfiguren 537
Sprunggelenk 94, 99
Sprungrichter 537
Sprungski 561
Sprungtisch 534, 535
Sprungtuch 536
Spule 357, 570, 571
Spüle 187
Spülkasten 224
Spülkopf 444
Sri Lanka 495
St. Lucia 490
Staatsgrenze 31
Stab 258, 281
Stäbchen 132
Stabhochsprung 512
Stabilisator 426, 553
Stabkranz 126
Stablampe 497
Stachel 79
Stachelbeere 148
Stachelschwein 93
Stadion 473, 512
Stadt 472
städtischer Schienenverkehr 418
Stadtplans 30
Stadtrad 413
Stadtteil 30
Staffelstab 512
Stahlkante 562
Stahlschreibfeder 349
Stall 137
Stamm 59, 68, 74
Stämmchen 60
Ständer 304, 551
Standfotograf 329
Standhahn-Mutternschlüssel 254
Standleuchte 234
Standmixer 204
Standtom 340
Stange 144, 305, 333, 567
Stängel 61
Stängelglied 61
Stängel- und Sprossengemüse 144
Stangensellerie 144
Stapelstühle 229
Star 91
Stärke 72
starre Brücken 382
Startaufstellung 554
Startblock 513, 538
Starter 538
Starthilfekabel 399
Startmenütaste 370
Startnummer 513
Startpistole 512
Startpositionen 537
Start- und Landebahn 430
Statistik 470
Stativ 14, 463
Statue 489
Staub, aufgewirbelter 47
Staubbeutel 66
Staubblatt 65, 66
Staubfaden 66
Staubsaugerzubehör 237
Staubwedel 243
Staumoräne 38
Stausee 448, 449
Steak 170
Steakmesser 190
Stechhilfe 504
Stechpaddel 543
Steckbuchse 226
Steckdose 394
Steckdosenprüfer 255
Stecker 360
Stecker, dreipoliger, amerikanischer 226
Steckschlüsselsatz 246
Steert 454
Steg 229, 277, 302, 314, 333, 334, 335, 345, 549
Steghose 277
Stegspangenschuh 291
Stehleiter 257
Stehleitern 257
Steigbügel 129
Steigeisen 564
steigendes Revers 266
Steilhang 37
Steilküste 36
Steilwandzelt 567
Stein 65
Steinbock, Wendekreis 20, 28
Steinbohrer 252
Steinbutt 162
steinerner Ehrensessel 488
Steinfrucht, fleischige 65
Steinfrüchtchen 64
Steinfrüchte 148
Steingarten 258
Steinmarder 97
Steinpilz 138
Steinschlag 42
Steißbein 111
Stellschraube 247
Stemmeisen 253
Stempel 57, 66, 376
Stempelkissen 376
Steppe 45
sterile Wundauflagen 507
Sterilisationsraum 501
Stern 12
Sterndüne 39
Sternfrucht 153
Sternwarte 13
Stert 454
Stethoskop 504
Steuerbordseite 427
Steuerfeder 575
Steuerknüppel 435
Steuerkreuz 574
Steuerung 370
Steuerungstaste 370
Stichsäge 250, 251
Stiefel 17, 291, 555, 559
Stiefelette, knöchelhohe 291
Stiefmütterchen 67
Stiel 58, 60, 64, 65, 144, 191, 243, 248, 549
Stielgrund 144
Stielkamm 298
Stielkasserolle 203
Stift 226, 227, 574
Stifthalter 303
Stiftsockel 227
Stigma 57, 78
Stillkissen 307
Stilton 175
Stilus 348
Stimmband 118
Stimmnagel 338
Stimmwirbel 334
Stimmzug 337
Stinkschirmling 58
Stinktier 97
Stinkwanze 81
Stint 161
Stirn 104, 108
Stirnbalken 215
Stirnband 293
Stirnbein 110, 112
Stirnfontanelle 112
Stirnhöhle 134
Stirnlampe 569
Stirnriemen 548
Stirnschopf 99
Stirnwand 441
Stirnziegel 311
Stock 257, 305
Stock, vierfüßiger 507
Stöcke 341
Stockfisch 164
Stockgriff 564
Stockschaft 564
Stockteller 562
Stoffmenge, Maßeinheit 467
Stollen 286, 517
Stollenreifen 409, 555
Stollenschuh 516
Stopfleber 171
Stoppball 531
Stopptaste 356, 357, 360
Stoppuhr 464
Stör 160
Storch 92
Störklappe 432
Stoßdämpfer 389, 553
Stoßdämpfer hinten 552
Stößel 197
Stoßen 546
Stoßfänger 402, 409
Stoßfänger, kunststoffummantelter 386
Stoßfänger vorne 508
Stoßleiste 237
Stoßstange 553
Strafraum 518
Strahlenkörper 132
Strahlentherapie 511
Strahler 411
Strahlung, ultraviolette 460
Strähnenkamm 298
Straight Flush 572
Strampelhöschen 284
Strand 36
Strandschnecke 159
Strang 542
Straße 30, 31, 472, 475, 476, 572
Straße, Bass 30
Straße im Querschnitt 380, 476
Straßenbahn 420
Straßenbau 380
Straßenhobel 441
Straßenkarte 31
Straßenkehrbesen 404
Straßenkehrmaschine 404
Straßenlaterne 235, 476
Straßenradrennen-Wettbewerbe 552
Straßenradsport 552
Straßenrennrad 552
Straßenschuh 291
Straßentransport 384
Straßentunnel 383
Straßenverkehr 380
Straße von Gibraltar 27
Straße von Mozambique 28
Stratokumulus 46
Stratopause 43
Stratosphäre 43
Stratus 46
Strauch 258
Strauchflechte 60
Strauß 90
Straußenei 164
Strebe 215
Strebebogen 316, 317
Streben, hinterer 410
Strebepfeiler 316
Strecke 554
Streichkäse 174
Streifen 322
Streifennägel 248
Streifenvorhang 322
Streu 308
Streuscheibe 328
Streuzucker 179
Strickjacke 273
Strickjacke mit V-Ausschnitt 273
Strickmütze 289
String-Tanga 281
Strohhalm 183
Strohhut 288
Strohhütte 324
Stromanschluss 219
Stromkabel 236, 252, 253, 256, 263, 264, 299
Strong Safety 522
Strukturformel 468
Strumpf 281, 282
Strümpfe 282
Strumpfhalter 281
Strumpfhaltergürtel 281
Strumpfhose 282
Stufe 218, 257
Stufenbarren 534
Stufenrock 275
Stuhl 229
Stühle 229
Stulp 214
Stulpe 293
Stulpen 518
Stulpenhandschuh 293
Stummtaste 357
Stumpf 68
stumpfer Winkel 468, 470
Stürmer 519
Sturmhaube 289
stürmischer Himmel 48
Sturmlampe 569
Sturmspitze 557
Sturz 213, 215, 220
Sturzhelm 561, 562
Stützarm 437
Stützausleger 499
Stütze 259, 405, 427
Stutzen 516, 556
Stützfuß 403, 405
Stützrad 412
Stützvorrichtung, ausklappbare 403
Stylobat 311
Stylus 64
subarktisch 45
Subduktionszone 34
Subkutis 130, 131
Sublimation 456
Subtraktion 469
subtraktive Farbmischung 460
Subtropen, feuchte 45
Subtropen, mediterrane 45
Subwoofer 358
Suche 375
Sucherokular 353
Suchfernrohr 14, 15
Südafrika 494
Südamerika 22, 26
Südamerikanische Platte 34
Sudan 493
Südchinesisches Meer 22, 29
Südfrüchte 152
Südgeorgien 26
Süd-Korea 495
südliche Hemisphäre 21
südlicher Polarkreis 20, 24
Südpol 20, 24, 458
Südsudan 493
Südwester 289
Süllrand 543
Sumach 155
Summe 469
Super-G 563
Superjumbo 434
Supermarkt 136, 184, 475, 479
Supernova 12
Superriesenslalom 563
Suppenlöffel 191

Suppenschale 192
Suppenteller 192
Suppenterrine 193
Suppentopf 203
Surfbrett 542
Surinam 490
Surround-Lautsprecher 358
Sushi-Satz 193
Suspensorium 524, 557
Süßkartoffel 139
Süßwasserfische 163
Swasiland 494
Sweatshirt 287
Symbole, wissenschaftliche 467
Synagoge 488
synaptisches Endknöpfchen 121
Synthesizer 342
Syrien 494

T

Tabasco®-Soße 180
Tabernakel 489
Tablet-Computer 373
Tablette 506
Tablinum 312
Tabulator nach links 370
Tabulator nach rechts 370
Tabulatortaste 370
Tachometer 393, 408
Tackling 520
Tadschikistan 494
Taekwondo 545
Tafel 486
Tafelberg 39
Tafelgabel 194, 195
Tafelmesser 194, 195
Tafelsalz 181
Tahinisoße 180
Taifun 47
Taille 105, 107
Tajine 202
Taktarten 346
Taktstrich 346
Tal 35, 37
Talg 130
Talgdrüse 130
Tamarin 103
Tamarindenmark 180
Tamburin 341
Tandem 413
Tanga 281
Tanganjikasee 28
Tank 223, 404, 425
Tankauflieger 402
Tankdeckel 387
Tanker 424
Tanklastzug 402
Tankstelle 384, 475
Tankwagen 404
Tanne 71
Tannennadeln 70
Tansania 493
Taro 139
Tasche 244, 303
Tasche, aufgesetzte 266, 284
Tasche, blinde 279
Tasche, geräumige 306
Taschenrechner 377
Taschenträger 551
Tasmanien 30
Tasmansee 30
Tasse 192, 195
Tastatur 338, 342, 368, 370
Tastatur, alphanumerische 363, 370, 482, 483
Taste 338, 344
Taste Cursor an Zeilenanfang 371
Taste löschender Rückschritt 371
Tasten 342, 364
Tastenfeld, numerisches 371, 466
Tasteninstrumente 338, 339
Tastentelefon 364
Taste numerischer Block 371
Tau 48
Taube 91, 165
Täubling, grasgrüner 138
Tauchanzug 536
Tauchen 536
Taucher 536
Taucherhandschuh 536
Taufbecken 489
Tausend 469
Taxispur 428
T-Bone-Steak 166
Techniken 520, 525
Teddy 280
Tee 158, 551
Tee, grüner 158
Tee, Oolong 158
Tee, schwarzer 158
Teebeutel 183
Tee-Ei 199
Teekanne 192, 195
Teelöffel 191
Teflonband® 254
Teigmischer 200
Teigrädchen 200
Teigwaren 176
Teigwaren, asiatische 177
Teile eines Beistellstuhls 229
Teile eines Betts 232
Teile eines Sessels 228
Teilmenge, echte 469
teilreflektierender Spiegel 462
Teilungsnaht 266
tektonische Platten 34
tektonischer See 35
Telefaxgerät 365
Telefone 364
Telefonie 363
Telefonleitung 374
Telekommunikationsantenne 427
Teleobjektiv 351
Teleskop 13
Teleskopantenne 361
Teleskopgabel 409
Teleskopgriff 305
Teleskopschlagstock 497
Teller 235, 564
Teller, flacher 192
Telson 77
Tempel, aztekischer 321
Tempel, griechischer 311
Temperaturfühler 398
Temperaturmessung 464
Temperaturregler 239
Tempomat 392
Temporallappen 123
Tennis 530
Tennisball 532
Tennisplatz 530
Tennisschläger 532
Tennisschuh 292, 532
Tennisspielerin 532
Tentakel 77
Tentakel, kleiner 76
Teppich-/Hartbodendüse 237
Teppichmuschel, Kreuzmuster 159
Terminalbronchiole 118
Terminkalender 376
Termite 81
Terrasse 210, 258
Terrassentür 187, 216
Terrine 202
Tertiärkonsumenten 50
Terz 346
Teufelsdreck 155
Textilindustrie 72
Textmarker 349
Thailand 495
Thallus 59, 60
Theater 330, 474
Theater, griechisches 310
thermische Solaranlage 453
thermodynamische Temperatur, Maßeinheit 467
Thermometer 464, 506
Thermopause 43
Thermoschutzhaube 554
Thermoskanne 569
Thermosphäre 43
Thermostat 206, 207
Thermostat, programmierbarer 222
Thetys 9
Thorarollen 488
Thorax 78, 79
Thrombozyt 117
Thunfisch 162
Thymian 156
Thymus 124
Ticketschalter 430
Tiefdruckgebiet 44
tiefer Wadenbeinnerv 122
tiefe Wolken 46
Tiefsee-Anglerfisch 83
Tiefseeberg 34
Tiefsee-Ebene 34
Tiefseegraben 34
Tiefseehügel 34
Tieftöner 360
Tierceron 316
tierische Zelle 74
Tiger 98
Tigerhai 84
Tight End 523
Tilapia 163
Tinte 326
Tintenfisch 77, 159
Tintenfisch, äußere Merkmale 77
Tintenpatrone 372
Tintenstrahldrucker 372
Tipi 324
Tisch 230
Tischcomputer 374
Tische 230
Tischfußball 575
Tischklammer 463
Tischleuchte 234
Tischleuchte, Halogen 234
Tischplatte 230
Tischrechner mit Druckerteil 377
Tischtennis 533
Tischtennisball 533
Tischtennisschläger 533
Tischtennistisch 533
Titan 9, 42
Titania 9
Titelseite 350
Titelzeile 350
Titicacasee 26
TL-Triebwerk 433
Toaster 206
Todesanzeigen 350
tödlich giftige Pilze 58
Toeloop 559
Tofu 178
Togo 493
Toilette 216, 224, 225
Toiletten 479
Toilettenbrille 224
Toilettenpapierhalter 224
Toilettenseife 297
Tomate 142
Tomatenmark 180
Tomatillo 142
Tomtom 340
Tonabnehmer 335
Tonarm 343
Tonassistent 329
Tonga 495
Tonleiter 346
Tonmeister 329
Tonnengewölbe 313
Tonwiedergabesystem 359
Tonwiedergabesysteme, tragbare 361
Topfhut 289
Topinambur 139
Toplader-Waschmaschine 240
topografische Kartografie 23
topografischen Karte 23
Toque 289
Tor 421, 518, 520, 523, 557, 575
Toranzeige 575
Torbereich 521
Torfmoos 60
Torhüter 517
Tornado 47
Torresstraße 30
Torrichter 556
Torselett 281
Tortellini 176
Tortilla 172
Torus 471
Torwart 519, 556, 557
Torwarthandschuhe 518
Torwartschläger 557
Torwartschlittschuh 557
totale Finsternis 10, 11
Touchpad 368
Touchscreen 363, 373
Toulouser Wurst 171
Toupierkamm 298
Tourenrad 412
Touring-Motorrad 409
Touringreifen 398
Tournedos 170
Tourniquet 504
Tower-Computer 367
Towergehäuse: Rückansicht 367
Towergehäuse: Vorderansicht 367
Trab 99
traditionelle Musikinstrumente 344
traditioneller Schneeschuh 564
traditionelle Wohnhäuser 324
tragbarer CD-Spieler 361
tragbarer DVD-Spieler 356
tragbarer Verdunster 223
tragbare Spielkonsole 574
tragbare Tonwiedergabesysteme 361
Trage 505
Tragegriff 237
Träger 215, 281
Träger, verstellbarer 284
Trägerhemd 270, 286
trägerloser Büstenhalter 281
Träger mit Knopf 285
Trägerrock 274
Tragetuch 307
Tragflügel 19, 433, 434
Tragflügelschiff 427
Tragkabel 382
Tragschicht, obere 380
Tragschicht, untere 380
Tragseil 323
Tragus 128
Trainer 527, 544, 557, 559
Trainingsanzug 287
Trampeltier 101
Trampolin 536
Tranchiergabel 199
Tranchiermesser 196
Tränenkarunkel 132
Transantarktisches Gebirge 24
transdermales Pflaster 506
Transformator 235, 449
Transformstörungen 34
Transpiration 51
Transportbox 308
Transporter 404
Transportgriff 505
Transportmischer 404
Transport mit Fahrrad 410
Traube, geschlossene 66
Trauerweide 69
Traveller 540, 541
Travellerscheck 484
Traverse 230
Trawler 424
Treibhaus 137
Treibhauseffekt, anthropogener 52
Treibhauseffekt, natürlicher 52
Treibhausgas 52
Treibscheibe 323
Treibstofftank 435
Trenchcoat 271
Trennlinie 350
Trennvorhang 501
Trense 548
Trensenzügel 548
Treppe 216, 218
Treppenabsatz 217
Treppenhaus 217
Treppenlauf 218
Treppenvorbau 211
Tresor 483
Tresorraum 483
Triageraum 503
Triangel 332, 341
Trichter 77, 198, 336, 337, 355
Triebdrehgestell 417
Trikot 516, 518, 521, 524, 526, 552
Trikuspidalklappe 117
Triller 347
Trimaran 541
Trinidad und Tobago 491
Trinkflasche 411
Trinkpackung 183
Triticale 157
Triton 9
Tritt 257
Tritthocker 229, 257
Trittleiter 257
Trittstufe 218, 402
Trivialname 468
Trockenelemente 459
Trockenfrüchte 63, 149
Trockenklimate 45
Trocknen 73
Trog 44
Trolley 305
Trommel 197, 240, 241, 261
Trommel, kleine 332, 340
Trommelbremse 395
Trommelfell 85, 129, 340, 345
Trompete 337, 380
Trompeten 332
Tropfen für trockene Augen 301
tropische Klimate 45
tropischer Regenwald 45, 49
tropischer Wirbelsturm 47

tropische Wirbelstürme, Bezeichnungen 47
tropisch feucht und trocken 45
Tropopause 43, 52
Troposphäre 43
Trüffel 138
Trugdolde, eingliedrige 66
Trugdolde, zweigliedrige 66
Truhe 230
Truhenkörper 239
Truthahn 90
Tschad 493
Tschadsee 28
Tschechische Republik 492
Tschuktschensee 24
Tsetsefliege 81
T-Shirt 286
Tsunami 41
Tuba 332, 337
Tube 183
Tubus 463
Tubusträger 463
Tuch, Geschirr 243
Tukan 90
Tülle 208, 209
Tüllen 200
Tulpe 67
Tümmler 102
Tundra 49
Tunesien 493
Tunikakleid 274
Tunnel 418
Tüpfelfarn, gemeiner 59
Tür 241, 323, 387
Tür, automatische 430
Turban 289
Turbine 442
Turbinengenerator 443
Türen 322
Türgriff 214, 387
Türkei 494
Turkmenistan 494
Türknopf 213
Turm 316, 454, 455, 573
Turmkran 437
Turmmast 437
Turmspitze 315, 316
Turmwindmühle 454
Turnhalle 486
Türpfosten 213
Türschloss 213, 387, 390
Türsturz 317
Türzapfen 213
Tuvalu 495
Twinset 278
Tympanon 311, 319
typische Küstenformen 36

U

U-Bahn 418
U-Bahn-Station 418, 474
U-Bahn-Zug 418
Überbau 383
Überbluse 276
Überdach 567
Überfallschloss 304
Überflurhydrant 498
Überhang 320
Überholspur 381
überirdische Pipeline 445
Überlauf 224, 225
Überriese 12
Überschwemmungsebene 35
Überseekoffer 304
überstumpfer Winkel 470
Überziehschuh 290
Udon 177
Uganda 493
Uhrband 464
Uhrenradio 361
Uhu 91
Ukraine 492
Ulme 70
Ultrakompaktkamera 353
Ultraschall 510
Ultraschallgerät 510
ultraviolette Strahlung 460
Umbriel 9
Umfang 470
Umgehungsstraße 30, 473
Umhängetasche mit Dehnfalte 306
Umhängetasche mit Reißverschluss 306
Umkehrlinsen 462
Umkleideraum 486
Umschalttaste 370
umsetzbare Flagge 550
Umwälzpumpe 219, 453
Umwelt 49
Umwerfer 552
Umwerfer, hinterer 410
UN 496
unabhängige Geothermie 442
unbemanntes Versorgungsfahrzeug 18
unechte Rippen 111
unendlich 469
UNESCO 496
Unfallstation 502
Ungarn 492
ungesäuertes Brot 172
ungleich 469
Uniform 497
Unisex-Kleidung 273
Unisex-Kopfbedeckungen 289
Unisex-Schuhe 292
Universität 474
Unkrautstecher 259
unpaarig gefiedert 62
unregelmäßiges Trapez 471
Unterarm 94, 105, 107
Unterarmmappe 303
Unterboden 215, 218
Unterbrechung 371
Unterbruststäbchen 281
Unterbühne 330
untere Eingeweidearterie 114
untere Hohlvene 116
unterer Touchscreen 574
untere Schale 563
untere Schwanzdeckfedern 89
untere Tasche 549
Unterfangkescher 570
Untergeschoss 477
Untergrätenmuskel 109
Untergrund 380
Unterhemd 516
Unterhose 269
Unterhose, lange 270
Unterkiefer 78, 82, 110, 112
Unterkleid 274, 280
Unterkühlen 456
Unterlegscheibe 245
Unterlegscheiben 245
Unterlid 132
Unterlippe 133
Unterrock 280
Unterschrank 187
unterseeischer Cañon 34
Unterstock 305
Untertasse 192, 195
Untertitel 350
Unterwäsche 270, 280, 554
Unterwasserpipeline 445
Up-Quark 456
Ural 27
Uran 42
Uranbrennstoff, Kernspaltung 450
Uranus 8, 9
URL-Adresse 374
Uruguay 490
USB-Anschluss 363
Usbekistan 494
USB-Kabel 354, 377
USB-Schnittstelle 342, 354, 361, 362, 367, 372, 373
USB-Schnittstellen 366, 368
USB-Speicher 354
USB-Stecker 373
USB-Stick 373
USB-Turntable 343

V

Vakuole 56, 74
Vakuum-Kaffeemaschine 209
Vanille-Extrakt 180
Vanillinzucker 179
Vanuatu 495
Vater-Pacini-Körperchen 130
Vatikanstaat 496
V-Ausschnitt 266, 273
Vegetationszonen 49
Veilchen 67
Velarium 313
Vene 116
Vene, königliche 115
Venenblut 116
Venezuela 490
Ventil 225, 337, 411
Venus 8, 9
Venusmuschel 159
Verarbeitung zu Holzstoff 73
Verarbeitung zu Zellstoff 73
Verbene 158
Verbindung 573
Verbindungsgeräte 372
verbrauchtes Dialysat 511
Verbrechensbekämpfung, vorbeugende 497
Verbrennen 55
Verbrennungsraum 396
Verdampfen 456
Verdampfer 223
Verdampfergebläse 223
Verdampfungsgitter 223
Verdauungsapparat 119
verdeckte Knopfleiste 279
Verdichter 404, 447
Verdünnung 73
Verdunstung 51
Veredelungsmesser 262
Vereinigte Arabische Emirate 494
Vereinigtes Königreich von Großbritannien und Nordirland 491
Vereinigte Staaten von Amerika 490
Vereinte Nationen 496
Verengung 464
Vergaser 406
Verhol-Winde 425
Verkehrsampeln 476
Verkleidung 215, 406
Verklicker 540
Verlobungsring 294
Verschlagwagen 416
Verschluss 183, 563, 569
Verschluss des Hochwasserentlastungswehrs 448
Versenknagel 248
Versenkpodium 330
Versetzungszeichen 347
Versorgungsstraße 428
Verstärker 343
Verstärker/Tuner 361
verstellbarer Bügel 250
verstellbarer Sitz 417
verstellbarer Träger 284
verstellbares Kopfteil 505
Versteller 268
Verstrebung 455
Vertebralschild 86
Verteidiger, rechter 519
Verteidigung 522
Verteiler 380
vertikales Schiebefenster 323
Vertikutierer 264
verwelkendes Keimblatt 58
Verwerfung 41
Verzierungen 347
Vestibularnerv 129
Victoriasee 28
Victoriawüste, Große 30
Videokassette 357
Videorecorder 357
Videospiel 574
Videospiele 574
Videospielsystem 574
Vielecke 471
Vielfraß 97
Viereck 471
Viereckregner 261
vierfüßiger Stock 507
Vierling 572
Viertelnote 347
Viertelpause 347
vierte Zehe 89
viertürige Kombilimousine 385
viertürige Limousine 385
Vierundsechzigstelnote 347
Vierundsechzigstelpause 347
Vierung 316, 317
Vierungsturm 315
Vietnam 495
Violine 333
Violinen, erste 332
Violinen, zweite 332
Violinfamilie 333
Violinschlüssel 346
Viper 87
Visier 407, 500, 555, 569
Vitrine 231
Vitrinenschrank 231
Vogel 89
Vögel 89
Vogel, äußere Merkmale 89
Vogelaugenchili 155
Vogelfüße 89
Vogelkäfig 309
Vogelschnäbel 89
Volant 232
Vollachsel-Unterkleid 280
Volleyball 525, 530
Volleyball-Platz 525
Volleyballspiel 525
Vollkornbrot 173
Vollkornmehl 172
Vollmond 11
vollreflektierender Spiegel 462
Volt 467
Voltaire-Sessel 228
Volute 228, 318
Vorbau 211, 411
vorbeugende Verbrechensbekämpfung 497
Vorbühne 330
Vordach 405
Vorderairbag 392
Vorderbein 78, 79, 85, 168, 229
Vorderblatt 286, 290
Vorderbremse 408
vordere Blinkleuchte 407, 408
vordere Querleiste 564
vorderer Schienbeinmuskel 108
vordere Teleskopgabel 407
Vorderflügel 78
Vordergabel 411
Vorderkeule 166, 167, 168
Vordermast 425
Vorderrad 441, 508
Vordersteven 543
Vorderstrahler 411
Vorderzwiesel 548
Vorführraum 327
Vorhalle 480, 481
Vorhaut 125
Vorhof, linker 117
Vorhof, rechter 117
vorkragender Dachkranz 321
Vorliek 542
Vorort 30
Vorratsdosen 182
Vorschlag 347
Vorschneider 252
Vorschot 540
Vorsprung 37
Vorstadt 473
Vorstag 540
Vortitel 350
Vulkan 40
Vulkan, effusiver 40
Vulkan, explosiver 40
vulkanische Insel 34
vulkanischer See 35
Vulkantypen 40

W

Waage, elektronische 466
Waagschale 466
Wache 314
Wacholderbeere 154
Wachs 564
Wachsausrüstung 564
Wachsbohne 147
Wachsfarbstifte 326
Wachskürbis 142
Wachspapier 182
Wachstafel 348
Wachtel 91, 165
Wachtelei 164
Wade 105, 107
Wadenbein 110
Wadenbeinarterie 114
Wadenbeinnerv 122
Wadenstrumpf 269
Wadi 39
Waffeleisen 206
Wagen 185, 541
Wagenheber 399
Wagenradhut 289
Wagentür 390
Wagentypen 417
Währungsabkürzungen 484
Wakame 138
Wald, borealer 49
Wald, gemäßigter 49
Waldfrosch 85
Waldheidelbeere 148
Waldhorn 337
Waldhörner 332
Waldmurmeltier 93
Wallpapille 135
Wallpapillen 135
Walnuss 69, 149
Walnuss, Längsschnitt 63
Walross 102
Walze 257, 439
Walzenbefestigung 257
Wanderschuh 286

Wandlaterne 235
Wandleuchte 235
Wandsäule 318
Wand-Untergurt 403
Wandwange 218
Wange 106
Wanne 257
Want 540
Wan Tan 177
Wantenspanner 541
Wantenverklicker 540
Wapitihirsch 100
Waran 88
Wärmeenergie 443
Wärmeenergie, Elektrizitätserzeugung 443
wärmeisolierter Griff 207
Wärmeleitung 457
Wärmepumpe 442
Wärmetauscher 219, 223, 453
Wärmeübertragung 457
warmgemäßigte Klimate 45
Warmluftklappe 220
Warnblinklicht 432
Warnleuchten 393
Wartehäuschen 476
Warteraum 503
Warzenfortsatz 112
Warzenhof 127
Wasabipaste 181
Waschbär 97
Waschbecken 224
Wascherarm 242
Wäscherei 480
Wäschetrockner 241
Wäschetrockners 241
Waschhandschuh 297
Waschküche 216
Waschlappen 297
Waschmaschine (Frontlader) 240
Waschtisch 480
Wasser 468
Wasseraufbereiter 569
Wasserautomat 239
Wasserbadtopf 203
Wasserbehälter 223
Wasserdruckanzeiger 499
Wasserfall 35
Wasserflugzeug 434
Wasserfrosch 85
Wasserglas 188, 194, 195
Wasserhahn 224
Wasserhose 47
Wasserkanister 569
Wasserkanone 499
Wasserkocher 208
Wasserkraftwerk 448
Wasserkraftwerk im Querschnitt 449
Wasserkreislauf 51
Wasserkrug 192
Wasserläufer 81
Wassermelone 151
Wassernuss 139
Wasserpumpenzange 245
Wasserspender 308, 309
Wasserspinne 80
Wassersport 536
Wasserstoffperoxid 507
Wasser- und Watvögel 92
Wasserverschmutzung 54
Wasservogel 89
Wasserwaage 244
Wasserzeichen 485
Wassily-Stuhl 228
Watstiefel 570
Watt 467
Watteträger 507
Wattetupfer 507
Watvogel 89
WC 217, 480, 501
Webcam 369
Wechselstrom-Netzkabel 368
Weddellmeer 24
Wedel 59
Wedel, eingerollter junger 59
Wehrgang 314
Wehrmauer 314
weiblich 468
weibliche Blütenstände 70
weibliche Geschlechtsorgane 126
Weiche 415
weiche Kontaktlinse 301
weicher Gaumen 133, 134
Weichgelatinekapsel 506
Weichkäse 175
Weichsel 27
Weichstrahl 82
Weideland 137
Weihgabe 489
Weihrauchkessel 489
Weihwasserbecken 489
Weinblatt 141
Weinessig 181
Weinkellner, Sommelier 186
Weinschrank 231
Weintraube 148
Weintraube im Querschnitt 64
Weisheitszahn 113
Weiß 460
Weißbrot 173
weißer Balsamessig 181
Weißer Hai 84
weißer Pfeffer 154
weißer Reis 177
weißer Stein 573
Weißer Zwerg 12
weiße Schokolade 179
weiße Senfkörner 154
weiße Substanz 123, 124
weiße Zwiebel 139
Weißfisch 162
Weißkohl 141
Weißrussland 492
Weißwal 102
Weißwedelhirsch 100
Weißweinessig 181
Weißweinglas 188, 194, 195
Weißwurst 171
Weitsprung 512
Weitwinkelobjektiv 351
Weitwinkelspiegel 400, 401
Weizen 72, 157
Weizengrütze 172
Weizenkeime 172
Weizenkorn, Längsschnitt 72
Welle 460
Wellenberg 460
Wellenhöhe 41
Wellenkamm 41
Wellenlänge 41, 460
Wellenrichtung 41
Wellental 460
Wellhornschnecke 159
Welsartiger 83
Weltraum, Beobachtung 13
Weltraumteleskop 16
Wendeflügel 323
Wendekragen 271
Wendekreis des Krebses 20, 25, 28, 29
Wendekreis des Steinbocks 20, 26, 28, 30
Wendewand 539
Werfer 514, 515, 517
Werftkran 421
Werkbank mit Schraubstock 247
Werkzeugfutter 253
Werkzeuggürtel 244
Werkzeugkasten 244
Werkzeugsatz 412
Wertangabe 484, 485
Wertstoff-Sammelbehälter 55
Wespe 81
Weste 266, 278
Westen 278
Westindien 25
westliche Architektur 315
westliche Hemisphäre 21
westlicher Meridian 20
Wetterkarte 44
Wetterradar 432
Wettkampfbecken 538
Wettkampfbereich 545
Wetzstahl 199
Wetzstein 199
Weymouthskiefer 71
Whirlpool 212
Whiskyglas 188
wichtige Getreidepflanzen 72
Wickelauflage 233
Wickelbluse 276
Wickelkleid 274
Wickelkommode 233
Wickelrock 275
Wickeltasche 307
Wickler 298
Wide Receiver 523
Widerhaken 571
Widerlager 316, 382
Widerrist 94, 99
Widerstände 459
Widertonmoos, gemeines 60
wiederbeschreibbare DVD 373
Wiedergabetaste 357
Wiederholungszeichen 346
Wiegeetikett 466
Wiegefläche 466
Wiegen 466
Wiegeplattform 466
Wiese 137
Wiesel 97
Wigwam 324
Wild 165
Wildreis 157
Wildschwein 100
Wildwasserkajak 543
Wildwasserkanu 543
Wilkesland 24
Wimper 132
Wimperg 317
Wimpern 96
Wimpernkämmchen 295
Wimpernzange 295
Windabweiser 402
Windbrett 454
Winde 404
Windel 285
Windenergie 454
Windenergie, Elektrizitätserzeugung 455
Windfahne 455
Windhund 95
Windjacke 272
Windkraftwerke 455
Windkraftwerk mit horizontaler Achse 455
Windkraftwerk mit vertikaler Achse 455
Windlaufquerteil 386
Windmühlen 454
Windmühlenhaube 454
Windrute 454
Windsack 344
Windschutzscheibe 386, 402, 407, 409, 432
Windschutzscheiben-Sonnenschutz 399
Windsor-Stuhl 229
Winglet 433
Winkel 470
Winkel, rechter 468, 470
Winkel, spitzer 468, 470
Winkel, stumpfer 468, 470
Winkel, überstumpfer 470
Winsch 541
Winter 44
Winterkürbisse 143
Winterreifen 398
Wintersonnenwende 44
Wintersport 556
Wipfel 68
Wirbel 333, 334, 571
Wirbelkasten 333
Wirbelkörper 124
Wirbelsäule 110, 124
Wirbelsturm 47
Wirbelsturm, tropischer 47
Wirsing 141
Wirtschaft 482
Wischgummi 393
wissenschaftliche Symbole 467
Wohnblock 325, 475
Wohnhaus 137
Wohnhaus, römisches 312
Wohnhäuser, traditionelle 324
Wohnküche 216
Wohnmobil 405
Wohnwagen 405
Wohnzimmer 216
Wok 202
Wok-Set 202
Wolf 98
Wolfram-Halogenlampe 227
Wolframwendel 227
Wolga 27
Wolke 48
Wolke, Oortsche 8
Wolken 46
Wolken, hohe 46
Wolken, mittelhohe 46
Wolken, tiefe 46
Wolkentrichter 47
Worcestershire-Soße 180
Wulst 398
Wurf 515, 517
Würfel 170, 471, 572
Wurfhügel 515
Wurfpfeil 575
Würger 91
Wurmfortsatz 119
Wurst, Chorizo 171
Wurst, Toulouser 171
Würstchen, Frankfurter 171
Würze 180
Wurzel 58, 113, 189
Wurzelausläufer 61
Wurzelfaser 68
Wurzelgemüse 145
Wurzelhaarzone 68
Wurzelhaube 61
Wurzelhaut 113
Wurzelkanal 113
Wurzeln 61
Wurzeln, sproßbürtige 59
Würzen 180
Wüste 39, 45, 49
Wüste, Atacama 26
Wüste Gobi 29
Wüstenfuchs 97
Wüstenspringmaus 93

X

xD-Karte 351
Xylophon 332, 341

Y

Yak 101
Yen 484
Yorkshireterrier 94
Ysop 156
Yuan 484
Yukatan 25

Z

Zahlenschloss 303
Zahlungsmodalitäten 484
Zahlungsterminal, elektronisches 185, 483
Zahn 84, 86, 250, 251
Zähne 113
Zahnfach 113
Zahnfleisch 113, 133
Zahnpasta 301
Zahnpflege 301
Zahnreihe, obere 133
Zahnreihe, untere 133
Zahnseide 301
Zahnseidenhalter 301
Zander 163
Zange 199
Zangen 245
Zangen und Schlüssel 245
Zäpfchen 133, 134, 506
Zapfen 70, 132
Zapfhahn 384
Zapfsäule 384
Zapfschlauch 384
Zarge 228, 229, 230, 333, 334
Zaumzeug 548
Zaun 137, 210, 258
Zebra 100
Zecke 80
Zeh 94, 104, 106
Zehe 89
Zehe, dritte 89
Zehe, vierte 89
Zehe, zweite 89
Zehenriemchen 292
Zehenschützer 500
Zehn 469
Zehneck, regelmäßiges 471
Zehn Gebote 488
Zeichnen 326
Zeigefinger 131
Zeiger 466
Zeiteinstellung 206, 208
Zeitmesser, automatischer 539
Zeitmessung 464
Zeitnehmer 526, 544, 545, 559
Zeitschalter 206
Zeitschaltuhr 207
Zeitschrift 350
Zeituhr 206
Zeitung 350
Zeitungskopf 350
Zelle 313, 394, 455, 458
Zelle, tierische 74
Zellen 481
Zellkern 56, 74
Zellstofffabrik 73
Zellwand 56
Zelte 567
Zeltspannleine 567
Zeltwagen 405
Zement 113

Zementestrich 218
Zenitprisma 14
Zentralafrikanische Republik 493
Zentralbereich 10
Zentralbereich, gewölbter 13
Zentralnervensystem 121
Zentrierspitze 252
Zentriol 74
zerkleinerter Chili 155
Zerkleinerungswerk 443
zerlappte Projektion 21
zersetzende Organismen 50
Zerstreuungslinsen 461
Zeugenberg 39
Zeugenstand 481
Ziege 100
Ziegel 311, 312
Ziegenkäse 174
Ziegenmilch 174
Ziehhacke 260
Ziehharmonikafach 303
Zielfernrohr 462
Zielscheibe 576
Zierbaum 137, 210, 258
Ziergarten 258
Zierkohl 140
Zier-Steppnaht 284
Zifferblatt 464
Ziffern, römische 469
Zikade 81
Zimmerei 244
Zimmermannshammer 248
Zimtstangen 154
Zink 42
Zinke 189
Zink-Elektrolytmischung (Anode) 459
Zink-Mangan-Zelle, alkalische 459
Zinkzylinder (Anode) 459
Zinn 42
Zinnenkranz 314
Zip-Off-Hose 269
Zirrokumulus 46
Zirrostratus 46
Zirrus 46
Zither 344
Zitronatzitrone 150
Zitrone 150
Zitronenmelisse 156
Zitronenpresse 197
Zitronenschaber 196
Zitrusfrucht 64
Zitrusfrüchte 150
Zitruspresse 205
Zitteraal 83
Zöliaka 114
Zona pellucida 126
Zoomobjektiv 351
Zooplankton 50
Zubehör, fotografisches 351
Zubehör und Mischpulte 343
Zubringer 473
Zucchini 143
Zucchini, gelbe 143
Zuchtchampignon 138
Zucker 179
Zucker, brauner 179
Zuckerdose 192
Zuckererbse 146
Zuckermelone 151
Zufahrtsweg 211
Zufallswiedergabetaste 360
Zufluss 35
Zufuhrtrichter 439
Zugangsserver 374
Zugarten 573
Zugbrücke 314
Zugküche 417
Zugmaschine 439
Zugrichter 538
Zugriemen 304
Zugsattelzapfen 403
Zündkerze 396, 397
Zündschalter 408
Zündschloss 392
Zündverteiler 388, 396
zunehmender Mond 11
Zunge 119, 133, 134, 135, 170, 286, 290, 559, 563
Zunge, gespaltene 86
Zungenmandel 135
Zusammenfassung 350
Zusammenfluss 35
zusammengesetzte Blätter 62
Zusatzheizung 222
zusätzlicher Griff 252
Zusatzsteckdose 255
Zuschauer 481
Zuschauerraum 331
Zuschneiden 73
Zwecke 248
zweiflammiger Gasbrenner 568
zweiflügelige Ausgangstür 400
zweiflügeliger Propeller 434
Zweig 68
zweigliedrige Trugdolde 66
zweiköpfiger Armstrecker 108
zweiköpfiger Muskel des Oberschenkels 109
Zweimann-Seekajak 543
zwei Pärchen 572
Zweipersonenzelt 567
Zweireiher 266
zweireihig 271
zweireihiger Sakko 266
zweischneidige Klinge 300
zweiseitige Haustierbürste 308
Zweisitzer 228
zweistöckiges Haus 325
Zweitbelegung 370
zweiter Schiedsrichter 523, 525
zweites Mal 514
Zweiunddreißigstelnote 347
Zweiunddreißigstelpause 347
Zwerchfell 118
Zwerg, Brauner 12
Zwerg, Weißer 12
Zwiebel, rote 139
Zwiebel, weiße 139
Zwiebelgemüse 139
Zwiebel im Querschnitt 58
Zwiebelschuppe 58
Zwillingswadenmuskel 108, 109
Zwinge 247
Zwischengeschoss 211, 217
Zwischenraum 346
Zwischenrippenbraten 166
Zwischenrippennerv 122
Zwischensohle 286
Zwischentitel 350
Zwölfeck, regelmäßiges 471
Zyan 460
Zylinder 288, 471
Zylinderprojektion 21
Zypern 492
Zypresse 71
Zypressennadeln 70
Zytoplasma 56, 74, 126
Zytoplasmamembran 56

English Index

A

a 346
abalone 159
abdomen 77, 78, 79, 80, 89, 104, 106
abdominal aorta 114, 120
abdominal cavity 125, 126
abdominal rectus 108
aboveground pipeline 445
abscissas, axis 470
absorber, shock 389
abutment 316, 382
abyssal hill 34
abyssal plain 34
Abyssinian 96
acanthus leaf 228
acceleration lane 381
accelerator pedal 392
accent mark 347
access road 381
access server 374
accidentals 347
accordion 344
accordion bag 306
accumulator 395
ace 572
acetylsalicylic acid 507
achene 64
Achilles tendon 109
acid rain 53, 54
acid snow 54
acorn squash 143
acoustic guitar 334
acoustic meatus, external 112, 128, 129
acromion 111
acroterion 311
actor 328
actress 329
acute angle 468, 470
Adam's apple 104
adapter, plug 300
adapter, power 368
addition 469
addition key 377
additive colour synthesis 460
adductor, long 108
Aden, Gulf of 28, 29
adhesive disc 85
adipose tissue 127
adjustable frame 250
adjustable lamp 234
adjustable seat 417
adjustable spanner 246
adjustable strap 284
adjustment slide 268
adobe house 324
adrenal gland 120
Adriatic Sea 27
adventitious roots 59
adzuki bean 147
Aegean Sea 27
aerial 362, 363, 364, 387, 409, 432, 435
aerial, parabolic 356
aerial, telescopic 361
aerial ladder truck 499
aerocyst 59
aerodynamic brake 455
affluent 35
Afghanistan 494
Africa 22, 28, 493
African Plate 34
African Union 496
Afro pick 298
after-bay 448, 449
aftershave 300
aft shroud 16
agar 138
agitator 240
aiguillette 170
aileron 432
airbag 392
airbag, curtain 392
air bag restraint system 392
air conditioning 222
air conditioning appliances 223
aircraft 434
aircraft, amphibious firefighting 434
aircraft, business 434
aircraft, cargo 434
aircraft, light 434
aircraft, movements of 435
air filter 223, 388
air mattress 566
air pollution 53
airport 428, 472
air-pressure pump 505
air purifier 223
air transport 428
aisle 184, 317
ajowan 155
ala 133
Alaska 24
Alaska, Gulf of 25
Albania 492
albatross 92
alcohol bulb 464
Aleutian Islands 25
alfalfa 146
alga 59
alga, brown 59
alga, green 59
alga, red 59
alga, structure of 59
algae 59
Algeria 493
A-line dress 274
alkaline manganese-zinc cell 459
alley 529, 530
alligator 88
all-season tyre 398
allspice 154
all-terrain bicycle 413
alluvial deposits 35
almond 149
alpine skier 562
alpine skiing 562
alpine ski trail 560
Alps 27
altar, high 489
altar, secondary 489
altarpiece 489
alternate 370
alternating-current power cord 368
alternator 388, 396, 455
alto clef 346
altocumulus 46
altostratus 46
aluminium 42
aluminium foil 182
aluminium frame 564
aluminium recycling container 55
alveolar bone 113
amaranth 157
Amazon River 26
amble 99
ambulance 502
ambulatory 317
America, Central 25
American bacon 171
American football 522
American football field 522
American football player 524
American goldfinch 90
American mustard 180
American plug 226
American shorthair 96
Americas 490
Amery Ice Shelf 24
amoeba 75
amorphous solid 456
amount of substance, measurement of 467
ampere 467
amphibians 85
amphitheatre, Roman 313
amplifier 343
amplitude 460
ampli-tuner 361
ampli-tuner: back view 359
ampli-tuner: front view 359
ampoule 506
anaconda 87
anaesthesia room 501
anal fin 82, 84
analogue watch 464
anal proleg 78
anatomy 108
anchor 513
anchovy 161
anconeus 109
Andes Cordillera 26
andirons 221
Andorra 491
andouillette 171
anemometer 455
anemone 75
angle 470
angle, acute 470
angle, obtuse 470
angle, right 470
anglerfish, deep-sea 83
Angola 494
animal cell 74
anise 156
ankle 104, 106
ankle/wrist weight 546
ankle boot 291
ankle sock 269, 282
ankle-strap 291
annular eclipse 10
anorak 287
ant 81
Antarctica 22, 24
Antarctic Circle 20, 24
Antarctic Peninsula 24
Antarctic Plate 34
antefix 311
antelope 100
antenna 16, 77, 78, 79, 497, 525
antenna, radio 555
antennule 77
anterior fontanelle 112
anterior nasal spine 112
anterior tibial artery 114
anther 57, 66
anticline 444
anticollision light 432
anticyclone 44
Antigua and Barbuda 490
antihelix 128
antilock braking system (ABS) 395
antiseptic 507
anti-slip foot 257
anti-torque tail rotor 435
antitragus 128
anus 119, 125, 126
aorta 116
aorta, arch 117
aorta, thoracic 114
apartment building 475
apex 76
Apollo 19
apothecium 60
Appalachian Mountains 25
apple 149
apple, section of 65
apple corer 199
appliance, home 236
appliances, air conditioning 223
appoggiatura 347
appointment book 376
approach ramp 382
approach runs 534
apricot 148
apron 228, 229, 230, 409, 544
apse 315, 317
apsidiole 316, 317
aquarium 309
aquatic bird 89
aquatic sports 536
aqueous humour 132
Arabian Peninsula 29
Arabian Plate 34
Arabian Sea 29
Arabic script 349
arachnids 80
arachnids, insects and 78
arachnoid 124
Aral Sea 29
arame 138
arc 470
arcade 313, 316
arcature 315
arch 319
arch, blind 315
arch, open 315
archipelago 23
architecture, ancient 310
architecture, Asian 321
architecture, military 314
architecture, pre-Columbian 321
architecture, Western 315
architrave 311, 319
arch of aorta 114
Arctic 22, 24
Arctic Circle 20, 24, 25, 27, 29
Arctic Ocean 22, 24
area, contest 545
arena 313, 512
areola 127
Argentina 490
Ariel 9
arm 75, 99, 103, 228, 234, 463, 508
arm, crossing 400
arm, upper 105, 107
armchair 228
armchairs 228
arm cylinder 440
Armenia 494
arm guard 524
armhole 270
armoire 230
armpit 104, 106
armrest 233, 390, 391, 508
arm slit 279
arpeggio 347
arrays, photovoltaic 18
art deco 320
art director 328
artery 114, 116
artery, carotid 114
artery, dorsal 114
artery, fibular 114
artery, mesenteric 114
artery, pulmonary 116, 117
artery, radial 114
artery, subclavian 114
artery, ulnar 114
artichoke 145
article 350
articulated bus 401
articulated trucks 402
artificial fly 571
artificial lake 35
artist, make-up 328
arts, fine 326
arts, performing 327
asafoetida 155
asbestos 42
ascending passage 310
ash tree 70
Asia 22, 29, 494
Asian noodles 177
Asian pear 153
asparagus 144
asphalt 446
ass 100
assistant referee 559
association football 518
asteroid belt 9
asthenosphere 33
astrakhan cap 288
astronautics 17
astronomical observation 13
astronomical observatory 13
astronomical unit 9
astronomical units 8
asymmetrical bars 534
Atacama Desert 26
Atlantic cod 162
Atlantic Ocean 22, 24, 27, 28
Atlantic salmon 162
atlas moth 81
Atlas Mountains 28
ATM 482, 483
atmosphere 50
atoll 36
atom 456
atoms 456
atrium 312, 315
atrium, left 116
atrium, right 116
attaché case 303
attacker, left 525
attacker, middle 525
attacker, right 525
ATV 18
aubergine 142
audience 481
audio jack 367
auditory ossicles 129
auger 404
auk 92
auricle 129
auricle, ear 128
Australia 495
Australian-Indian Plate 34
Austria 492
autoclave 501
auto-injector 506
automated teller machine 482, 483
Automated Transfer Vehicle 18
automatically-controlled door 430
automatic electronic timer 539
automatic filter coffee maker 209
automatic sliding door 322
automobile road transport 384
autotrophs 50
autumn 44
autumnal equinox 44

auxiliary battery 394
auxiliary handle 252
auxiliary heating 222
avenue 30, 475
avocado 142
awl 568
axe 262
Axel 559
axillary artery 114
axillary bud 61
axillary vein 115
axon 121
axon terminal button 121
Azerbaijan 494
Aztec temple 321

B

b 346
baboon 103
baby carrier, cloth 307
baby carrier, wrap 307
baby doll 283
baby grand 339
back 89, 94, 99, 105, 107, 229, 233, 508
back, middle 525
back, right 519, 525
backboard 527
backbox 576
back brush 297
back crossbar 564
backdrop 330
backguard 240
backhoe loader 438
backpack 305
backpack bivvy 566
back panel 241
back pocket 268
backrest 409, 547, 553
backrest, adjustable 505
back ribs 166
backspace 371
backspace key 371
backstay 559
backstop 527
backstroke 539
back suspension 552
backward bucket 438, 440
bacon, American 171
bacon, Canadian 171
badge 497
badger 97
badminton 528
badminton court 528
badminton racket 528
Baffin Bay 24
Baffin Island 25
bag, duffel 305
bag, mesh 182
bag, mummy 566
bag, rectangular 566
bag, sandwich 183
bag, semi-mummy 566
bag, snack 183
bag, vegetable 183
bagel 173
baggage check-in counter 430
baggage compartment 400
bagpipes 344
baguette 173
bag well 551
Bahamas 490
Bahrain 494
Baikal, Lake 29
bailey 314
baitcasting reel 570
baize 549
baking sheet 200
baking utensils 200
balaclava 289, 554
balalaika 345
balance beam 534
balcony 217, 318
Balkan Peninsula 27
ball 348, 575
ball, stability 546
ball boy 530
ballpoint pen 348
ball sports 514
balm, lemon 156
balmoral 290
balsamic vinegar 181
Baltic Sea 27
baluster 218, 318
balustrade 318, 321
bamboo shoot 144
banana 152
band, wrist 546
bandage, adhesive 507
bandage, gauze roller 507
band ring 294
Bangladesh 495
bangle 294
banister 218
banjo 344
bank 380, 474, 479
bank branch 482
banknote: back 485
banknote: front 485
banner 350
banquette 229
baobab 70
baptismal font 489
bar 186, 302, 341, 474, 478
bar, horizontal 534
barb 571
Barbados 491
barbell 546
barber comb 298
barbican 314
Barents Sea 24, 27
barge, self-propelled 425
bark 68
barley 72, 157
bar line 346
barmaid 186
barn 137
barometric pressure 44
Baroque 318
barrel vault 313
barrier 233, 476
barrier beach 36
barrow 436
bars, asymmetrical 534
bars, parallel 535
bar stool 229
bartizan 314
basaltic layer 33
base 227, 234, 251, 253, 321, 355
baseball 514, 516
baseball field 514
base cabinet 187
base course 380
basement 211
base plate 251
basil 156
basilic vein 115
basket 239, 413, 527, 562, 564
basket, steamer 203
basketball 526
basketball court 526
basketball player 526
basmati rice 177
bass 163
bass, sea 162
bass bridge 338
bass clarinet 332
bass clef 346
bass drum 332, 340
bass guitar 335
bass keyboard 344
bassoon 336
bassoons 332
Bass Strait 30
baster 199
bat 517
bat, softball 516
bath 217, 224
bath and shower 480
bath brush 297
bath platform 224
bathrobe 283
bathroom 217, 224, 480, 501
bathroom scale 466
bath sheet 297
bath towel 297
baton 512
baton, expandable 497
baton holder 497
batsman 517
batten 330, 540, 542
batter 515, 516
batteries, traction 394
batter skin 345
battery 249, 388, 394, 397, 413, 458
battery, auxiliary 394
battery charger 363
battery pack 252
batter's helmet 516
batting glove 516
battlement 314
baulk line spot 549
bay 11, 23, 156
Bay, Hudson 25
bay filler panel 367
Bay of Bengal 29
bayonet cap 226
beach 36
bead 398
beaker, measuring 198
beam 321, 466
beam, balance 534, 535
beam, laser 462
beam balance 466
beam bridge 382
bean, black 147
bean, broad 146
bean, lablab 146
bean, Lima 147
bean, mung 147
bean, pinto 147
bean, roman 147
bean, scarlet runner 147
bean, wax 147
bean, yard-long 146
beanbag chair 229
beans 147
beans, dolichos 146
beans, green coffee 158
bean thread 177
bear, black 98
bear, polar 98
beater 204, 341
beaters 204
Beaufort Sea 24, 25
beaver 93
becquerel 467
bed 232, 380
bed, double 480
bed, hospital 501
bed, single 480
bed and mattress 566
bed chamber 312
bed lamp 234
bed linen 232
bedroom 217
bedside lamp 480, 501
bedside table 480, 501
beech 69
beechnut 149
beef 166
beehive 137
beer glass 188
beetle, scarab 81
beetroot 145
beginners' slope 560
begonia 67
Belarus 492
Belgium 492
Belize 490
bell 336, 337
bell bottoms 277
bellows 344
bell tower 317, 489
belly 99
belongs to 469
below-stage 330
belt 244, 268, 545
belt, Kuiper 8
belt, money 306
belt, tool 244
belt loader 443
belt loop 268, 271
bench 229
bench, storage 229
bench seat 391
Bengal, Bay of 29
Benin 493
beret 289
bergamot 150
bergère 228
bergschrund 38
Bering Sea 22
Bering Strait 24, 25
Bermuda shorts 269, 277
Bernard, Saint 95
berries 148
berry, juniper 154
berth 417
bevel 504
bevel square 244
beverage can 183
Bhutan 495
bib 284, 285
bib necklace 294
biceps 109
biceps of arm 108
biconcave lens 461
biconvex lens 461
bicycle 410
bicycle, all-terrain 413
bicycle, child's 412
bicycle, city 413
bicycle, electric 413
bicycle, parts of a 410
bicycle, recumbent 413
bicycle, road 413
bicycle, touring 412
bicycles 412
bidet 224
Bight, Great Australian 30
bike, BMX 412
bike, quad 409
bike, trailer 412
bike carrier 399
biking, mountain 552
bikini 281
bilberry 148
bill 89
billhook 262
billiard cue 549
billiards 549
billiard spot 549
bills 89
bimah 488
bin, recycling 55
binding 288, 561, 564
binding, comb 378
binding, plate 561
binding, soft 561
binocular microscope 463
biological classification 74
biology 468
biomass 51
biosphere, structure of 50
biparous cyme 66
biplane 434
birch 69
bird 89
bird, aquatic 92
bird, morphology of 89
bird, terrestrial 90
birdcage 309
bird of prey 89
birds 89
bird's eye chilli 155
bird's nest fern 59
biscuit cutters 200
Bishop 573
bison 101
bit 444
bits 252
bitt 425
bitter melon 142
black 460
black bean 147
black bear 98
blackberry 148
blackboard 486
black bread 173
blackcurrant 148
black dwarf 12
black-eyed pea 146
black gram 147
black hole 12
black mustard 154
black pepper 154
black pudding 171
black radish 145
black salsify 145
Black Sea 22, 27, 29
black stone 573
black tea 158
black widow 80
blade 59, 62, 190, 196, 205, 208, 223, 249, 250, 251, 253, 257, 263, 299, 300, 438, 441, 455, 533, 536, 556, 559, 571
blade, dance 559
blade, free skating 559
blade, rudder 424
blade dispenser 300
blade lift cylinder 441
blade roast 167
blade rotation cylinder 441
blanket 232
blazer 278
bleaching 73
blender 204
blender, immersion 204
blender, pastry 200
blending attachment 204
blind spot mirror 400, 401
blinking lights 400
block 513
blocking glove 557
blog 375

blood, arterial 116
blood, composition of 117
blood, venous 116
blood circulation 114
blood pressure monitor 505
blood vessel 117
blower 219, 404
blower motor 219
blowfish 83
blowhole 102
blowpipe 344
blowtorch 256
blue 460
Blue, Danish 175
blueberry 148
bluefish 161
blue line 557
blue mussel 159
bluestreak cleaner wrasse 83
blue-veined cheeses 175
blusher brush 295
BMX bike 412
boa 87
boar, wild 100
board 542, 573
board, bulletin 486
board games 573
boarding walkway 429
boards 556
boat, centreboard 541
boat, keel 541
boater 288
boats 422
body 276, 335, 386, 405, 553
body, packer 404
body care 297
bodysuit 280, 284
bogie tank wagon 416
boiler, gas-fired 219
bole 68
bolero 278
Bolivia 490
bolster 190, 196, 232
bolt 246
bolts 246
bond, chemical 456
bone, frontal 112
bone, nasal 112, 134
bone, occipital 112
bone, parietal 112
bone, sphenoid 112
bone, temporal 112
bone, zygomatic 110, 112
bongos 341
boning knife 196
bonnet 386, 402
bookcase 217, 486
bookends 379
bookshop 478
boom 438, 440, 540
boom box 362
boom cylinder 440
boom operator 329
boom vang 540
booster seat 233
boot 17, 291, 387, 536, 555, 559
boot, cowboy 290
boot, cross-country skiing 564
boot, football 518
boot, hard 561
boot, hiking 286
boot, hybrid 565
boot, ski-jumping 561
boot, thigh 291
boot, wellington 292
boot, work 290
bootee 290
bootees 284
booth 186
booth, coupon 483
booth, photo 479
booth, projection 327
borage 156
bordeaux glass 188
border 210, 331
borders 330
boreal forest 49
born 468
Bosnia-Herzegovina 492
bosses 320
Bothnia, Gulf of 27
Botswana 494
bottle 297, 307, 569
bottle, baby 307
bottle, glass 183
bottle, sport 569
bottle, thermos 569
bottle opener 197, 568
bottom face 562
bottom-fold document case 303
bottom pocket 549
bottom rail 213
boudoir grand 339
boulevard 30, 475
bow 288, 333, 345, 427, 540, 542
bowl 191, 205, 208, 308
bowl, rice 193, 195
bowler 288, 517
bowling 478
bowl with serving spout 205
bow thruster 427
bow tie 267
bow-winged grasshopper 81
box 220, 308, 331
box, cheese 183
box, sound 345
boxer 544
boxer shorts 270
boxing 544
boxing trunks 544
box office 327
bra 281
brace 215, 257
brace clip 268
bracelets 294
braces 268
brachial 108
brachial artery 114
brachial plexus 122
brachioradial 108, 109
bracket 321
bracket base 230
bract 63
Braille 349
brain 121, 123
brains 170
brain stem 123
brake 508, 552
brake, heel 565
brake booster 388, 395
brake caliper 407
brake handle 553
brake lever 407, 411
brake lever and shifter 552
brake light 390
brake pad 395
brake pedal 388, 392, 395, 406
brakes 395
brake van 416
braking circuit 388, 395
braking system 389
branch 68, 70, 144
branches 68
brandy glass 188
brass family 332
brassiere cup 281
brattice 314
brazier 321
Brazil 490
Brazil nut 149
bread 172
bread, batch 173
bread, egg 173
bread, multigrain 173
bread, white 173
breadcrumbs 173
bread guide 206
bread knife 196
bread maker 207
break 371
bream, sea 161
breast 89, 104, 106, 127, 167, 168
breast, rolled 168
breast pocket 267, 271
breaststroke 539
breast welt pocket 266
breech 336
brick carton 183
bricklayer's hammer 254
bridge 333, 334, 335, 345, 549
bridging 215
bridle 548
Brie 175
briefcase 303
briefs 270, 281
brisket 166
bristle 300, 301
bristles 257
broadleaved trees 69
broad welt side pocket 271, 279
broccoli 145
broccoli raab 145
bronchus, lobe 118
bronchus, main 118
brook 35
brook char 163
broom 221, 243
broom, gutter 404
broom, pickup 404
browband 548
brow brush and lash comb 295
brown alga 59
brown dwarf 12
brown rice 177
brown sugar 179
browser 374
Brunei Darussalam 495
brush 72, 243, 326
brush, back 297
brush, interdental 301
brush, lip 295
brush, mushroom 199
brush, two-sided 308
brushhead 301
Brussels sprout 140
bubble bath 297
bucket 223, 243, 438
bucket cylinder 440
bucket seat: front view 391
bucket seat: side view 391
buckle 268, 306, 391, 563
buckwheat 72, 157
bud 58
bud, flower 61
buffalo, Cape 101
buffer 323
buffers 415
buffet 186
bug, stink 81
bugle 337
building, office 474
bulb 144, 227
bulb, section of 58
bulb dibber 264
bulblet 58
bulbocavernous muscle 125
bulb vegetables 139
bulgar 172
Bulgaria 492
bulge 13
bulk carrier 422
bulldog 95
bulldozer 438
bulletin board 486
bullfinch 90
bullfrog 85
bumbag 306
bumblebee 81
bump 525
bumper 237, 402, 409, 508, 576
bumper, rear 409
bumper moulding 386
bunch 552
bunch, leading 552
bundle 144
bunker, sand 550
bunker oil 446
bunker silo 137
bun tin 201
buoyancy compensator 536
burdock 145
bureau 230
burgundy glass 188
Burkina Faso 493
burner 202, 219, 238, 568
burner, gas 219
burner control knobs 238
burner ring 202
Burundi 493
bus 400
bus, articulated 401
bus, city 400
bus, double-decker 401
bus, school 400
bus, specialised transportation 401
bush 258
business aircraft 434
business district 474
bus shelter 476
bus station 474
bus stop 476
butt 169
butte 39
butter 174
butter compartment 239
buttercup 67
butter cup 183
buttercup squash 143
butter curler 199
butter dish 192
butterfly 78
butterfly, monarch 81
butterfly, morphology of 78
butterfly stroke 539
butterhead lettuce 140
butter knife 190
buttermilk 174
buttock 105, 107, 125, 126
button 227, 344
button, power 367, 368
button cell 351
button facing 273
buttonhole 271
button loop 268
button placket 267
button strap 285
button-through smock 276
buttress 315, 316, 318
buttress, flying 316, 317

C

c 346
cab 438, 439, 440, 441
cabbage, red 141
cabbage, savoy 141
cabin 426, 435
cabinet 239, 240, 241, 355
cabinet, base 187
cabinet, wall 187
cable 399
cable line 375
cable modem 375
cabriole chair 228
cabriole leg 228
caecum 119
cafeteria 487
cafetière with plunger 209
cage 313
cage, animal 308
caiman 88
cajun spice seasoning 155
cake mascara 295
cake tin 201
calcaneus 111
calculator, graphing 377
calculator, pocket 377
calendering 73
calf 101, 105, 107
California, Gulf of 25
caliper 395
caliper, vernier 465
Callisto 8
calyx 63, 64, 66
calyx, renal 120
cambium 68
Cambodia 495
camcorder 358
camcorder, miniDV 358
camel, Bactrian 101
Camembert 175
camera 328
camera, digital 353, 354
camera, film 352
camera, reflex 352, 353
camera body 352
camera operator 328
Cameroon 493
camisole 276, 280
camp bed 566
camping 566
camping equipment 568
camshaft 396
can, beverage 183
Canada 24, 490
Canadian bacon 171
Canadian elk 100
canal lock 421
Cancer, Tropic of 28
candela 467
candle 489
candy, rock 179
cane, Fritz 507
cane pen 348
canine 113
canisters 182
cannelloni 176
cannon 99
canoe 543
canoe, recreational 543
canoe, whitewater 543
canopy 305, 405, 434, 441
cantaloupe 151
cantilever bridge 382
cantilever span 382
cantle 548
canvas 544
Canyon, Grand 25

cap 58, 218, 226, 227, 288, 289, 349, 454, 497, 538
cap, distributor 388
cap, screw 183
cap, stocking 289
cap, swim 286
capacitor, ceramic 459
capacitor, plastic film 459
capacitors, electrolytic 459
cape 23, 279
Cape Horn 26
Cape of Good Hope 28
caper 180
Cape Verde Islands 493
capillary 116
capillary tube 464
cap iron 253
capital 31
capitals lock 370
capitals lock key 370
capitulum 66
cap nut 246
capon 165
Capricorn, Tropic of 28
capsule 60, 63
capsule, gelatin 506
caption 350
capture 573
capuchin 103
car 385, 541
car, electric 394
car, Formula 1 555
car, hybrid 394
car, Indy 554
car, lift 323
car, Micro Compact 385
car, NASCAR 554
car, police 497
car, rally 554
car, sport prototype 554
carafe 188
carambola 153
carapace 77, 86
caravan 405
caraway 154
carbon cycle 51
carbon dioxide 51
carbon rod (cathode) 459
carbon-zinc cell 459
carburettor 406
car coat 279
car cover 399
card, credit 485
card, debit 485
card, playing 572
cardamom 154
car dealer 475
cardigan 273, 278
cardinal 90
cardoon 144
care, body 297
cargo aircraft 434
cargo hold 425, 433
cargo rack, rear 409
cargo trousers 277
Caribbean Islands 490
Caribbean Plate 34
Caribbean Sea 22, 25
carina 84
carnation 67
carnivore 50
carnivorous mammals 94, 97
carp 163
Carpathian Mountains 27
Carpentaria, Gulf of 30
carpentry 244
carpet and floor brush 237
carrier 409, 410
carrier, bike 399
carrier, bulk 422
carrier, child 412
carrot 145
car seat, infant 307
car systems 389
car systems: main parts 388
cartilage 134
cartography, physical 23
cartography, political 31
carton 183
carton, brick 183
carton, egg 182
carton, small 183
cartoon 350
car transporter 402
cartridge 254, 348, 500
cartwheel hat 289
carving fork 199
carving knife 196
car wash 384
casaba melon 151
case 338, 377, 464
case, lens 301
case fan 367
casement 214
casement window 323
casement window opening inwards 323
cashbox 576
cashew 149
cashier 185
cash register 185
casing 214, 222, 265, 366
Caspian Sea 22, 29
cassava 139
Cassegrain focus 13
casserole 203
cassette, video 357
castanets 332, 341
caster 233, 237
castes 79
casting 570
castle 314
Castle 573
casual shoe 291
cat 96
cat, leopard 96
cat, Norwegian forest 96
catamaran 541
catch 305, 571
catcher 514, 515
catching glove 557
caterpillar 78
catfish 83
cathedral, Gothic 317
catwalk 330
caudal fin 82, 84, 102
cauliflower 145
caulking gun 254
cave 36
cavity, nasal 134
cayenne pepper 155
CD/DVD-ROM drive 342, 366, 367, 368
cedar of Lebanon 71
ceiling collar 221
ceiling fan 223
ceiling fitting 234
ceiling joist 215
celeriac 145
celery 144
celestial bodies 8
cell 313, 394, 458
cell, alkaline manganese-zinc 459
cell, carbon-zinc 459
cell, red blood 117
cell, white blood 117
cell membrane 56
cell nucleus 74
cello 333
cellos 332
cells 481
cells, dry 459
cell wall 56
Celsius, degree 464, 467
Celsius temperature, measurement of 467
celtuce 140
cement screed 218
cementum 113
cemetery 30, 475
censer 489
cent 484
centipede 75
Central African Republic 493
Central America 22, 25
central incisor 113
central nave 488
central reservation 381, 476
centre 331, 470, 523, 527, 557
centre, convention 475
centreboard 540
centreboard boat 541
centre electrode 397
centre field 515
centre fielder 514
centre half 519
centre Keelson 425
centre lane 381
centre pocket 549
centre span 382
centre spot 519, 549
centring point 252
centriole 74
cephalic vein 115
cephalothorax 77, 80
ceramic capacitor 459
cereal products 172
cereals 157
cerebellum 123
cerebro-spinal fluid 124
cerebrum 123
Ceres 8
cervical collar 504
cervix of uterus 126, 127
Chac-Mool 321
Chad 493
Chad, Lake 28
chain 410, 547
chain of dunes 39
chainsaw 263
chainsaw chain 263
chain wheel 552
chair, high 233
chair, side 229
chair, squat 228
chair, Voltaire 228
chair, Windsor 229
chair bed 228
chairlift 560
chairs 229
chaise longue 228
chalice 489
chalk 549
chalk line 244
challah 173
chameleon 88
chamomile 158
champagne flute 188
champagne glass 188
chandelier 235
changing pad, contour 233
changing room 486
changing table 233
Channel, English 27
Channel, Mozambique 28
chanter 344
chanterelle 138
chapati 172
chapel 314
char, brook 163
charcoal 326
charger 252
charging plug 394
Charleston cymbal 340
charlotte mould 201
charm bracelet 294
Charon 9
chart, circular 470
chart, line 470
Chateaubriand 166
chat room 375
chayote 143
check-in kiosk 430
checkout 185
checkouts 185
Cheddar 175
cheek 99, 106
cheese, cottage 174
cheese, cream 174
cheese box 183
cheese knife 190
cheeses, blue-veined 175
cheeses, fresh 174
cheeses, goat's-milk 174
cheeses, pressed 175
cheeses, soft 175
cheetah 98
chemical bond 456
chemical formula 468
chemistry 456, 468
cheque 484
cheque, traveller's 484
cheque book cover 303
chequer 573
chequerboard 573
cherimoya 152
cherry 148
chervil 156
chess 573
chessboard 573
chess pieces 573
chest 99
chesterfield 228
chest expander 546
chest freezer 239
chestnut 149
chestnut, water 139
chest of drawers 230
chest protector 524
chevet 317
chèvre 174
chicane 554
chick 91
chicken 165
chickpea 146
chicory 141
chief timekeeper 538
chiffonier 231
childcare 307
child carrier 412
children's clothing 284
children's furniture 233
child's tricycle 412
Chile 490
chili 155
chilli 142
chilli, bird's eye 155
chilli, jalapeño 155
chilli powder 155
chilli sauce 181
chimney 211, 221
chimney cap 211
chimpanzee 103
chin 89, 106
China 495
chin bar 407
Chinese character 349
Chinese soup spoon 195
chinois 198
chin rest 333
chin strap 524, 552
chip 485
chipmunk 93
chipolata 171
chips 73
chive 139
chloroplast 56
chocolate 179
chocolate, dark 179
chocolate, milk 179
chocolate, white 179
choir 316, 317
choir organ manual 339
choker 294
chop 167, 168
chop, loin 169
chopstick 193, 195
chopstick rest 195
chord 347
chorizo 171
choroid 132
Chow Chow 94
chow mein noodle 177
Christmas tree 445
chromium 42
chromosphere 10
chrysalis 78
chuck 166, 249, 252
chuck key 252
Chukchi Sea 24
chukka 290
church 489
church, Baroque 318
church, romanesque 315
chutney, mango 181
cicada 81
cider vinegar 181
ciliary body 132
ciliate 62
cinema 327, 474, 478
cinnamon 154
circle 470
Circle, Antarctic 24
circuit, braking 388, 395
circuit, electrical 458
circuit, integrated 459
circuit, parallel 458
circuit, printed 459
circuit board, printed 459
circuit breaker 449
circular saw 251
circular saw blade 251
circulating pump 453
circulation, pulmonary 116
circulation, systemic 116
circumference 470
circumvallate papilla 135
cirque 11
cirrocumulus 46
cirrostratus 46
cirrus 46
cistern 224
cistern ball 225
citron 150
citrus fruits 150
city 472
city bicycle 413
city bus 400
city centre 473, 474

clam 159
clam, hard-shell 159
clam, soft-shell 159
clam cleat 541
clamp 299
clamp, pipe 247
clamp binder 378
clamping screw 247
clamp spotlight 234
clapper 329
clapskate 558
clarinet 336
clarinets 332
clasp 303
clasper 61
class 74
classic blouse 276
classroom 486, 487
clavicle 110
claw 77, 86, 89, 93, 248
claw-hammer 248
clay 532
clean and jerk 546
cleaner, dry 479
cleaning brush 300
cleat 540, 541
cleated shoe 524
cleaver 196
clefs 346
clementine 150
cliff 11, 36, 37
cliff, shore 36
climates, cold temperate 45
climates, dry 45
climates, warm temperate 45
climates of the world 45
climbing plant 258
cling film 182
clinical thermometer 464
clip 348, 379, 465
clipboard 376
clip earrings 294
clipless pedal 552
clippers 299
clitoris 126
cloakroom 216
cloche 289
clock radio 361
clock timer 206
clog 291
cloth, lens cleaning 302
clothing, children's 284
clothing, specialty 284
clothing, unisex 273
cloud 46, 48
cloud, funnel 47
cloud, Oort 8
clouds 46
clove 154
cloverleaf 380, 381
clown fish 82
club chair 228
clubhouse 550
clubs 572
clutch 388
clutch lever 408
clutch pedal 392
coach 400, 527, 557
coaches 559
coal-fired thermal power
station 443
coarse salt 181
coastal features 36
coat, duffel 278
coat dress 274
coating 73
coats 271, 278
cob 72
cobra 87
coccyx 111
cochlea 129
cochlear nerve 129
cockatoo 91
cockchafer 81
cockle 159
cockleshell 228
cockpit 540, 543, 555
cockpit coaming 543
cockroach, oriental 81
cocktail cabinet 231
cocktail glass 188
cocoa 179
coconut 149
Cocos Plate 34
cod, Atlantic 162
code, time 329
coffee 158
coffee and infusions 158
coffee beans, roasted 158
coffee grinder 208
coffee maker 209
coffee mug 192
coffee shop 474, 479
coffee spoon 191
coin 484
coin purse 303
colander 198
cola nut 149
cold coolant 450
cold storage chamber 184, 185
cold temperate climates 45
collar 61, 266, 267, 271, 286,
308
collar, button-down 267
collar, cervical 504
collards 140
collection, separate 55
collection truck 404
collie 95
collimator 509, 511
Colombia 490
colonette 315
colour filter 351
colouring pencils 326
colour synthesis 460
colour synthesis, additive 460
colour synthesis, subtractive 460
columella 76
column 235, 311, 350
column, projecting 318
column, renal 120
column, twin 318
coma 12
combat sports 544
comb binding 378
combination lock 303
combination pliers 255
combinations 270
combination spanner 246
combs 298
combustion chamber 396
comet 12
commandments, ten 488
commissure of lips of mouth 133
common coastal features 36
common extensor of fingers 109
common frog 85
common hair cap moss 60
common iliac artery 114, 120
common nail 248
common name 468
common periwinkle 159
common plaice 162
common polypody 59
common toad 85
Commonwealth 496
communication, written 348
communication protocol 374
Communion rail 489
commuter train 415
Comoros 494
compact 295
compact camera 353
compact disc 354
compact disc player 360, 361,
362
compact disc player,
portable 361
compact disc reader 354
compact flash card 351
compass bridge 422, 426, 427
compass saw 250
competitive course 538
compluvium 312
composition of the blood 117
compost bin 259
compound eye 78, 79
compound leaves 62
compound notation 468
compressed-air cylinder 498,
536
compressor 447
computer, all-in-one 366
computer, desktop 374
computer, laptop 368
computer, onboard 392
computer, tablet 373
computer, tower case 367
computer equipment 366
concave lens 461
concave primary mirror 15
concealer 295
concert grand 339
concert hall 475
concertina file 378
concertina-type folding door 322
concha 128
conchiglie 176
condensation 51, 456
condenser 442, 443, 463
condenser coil 223
condenser fan 223
condiments 180
conditioner, hair 297
condor 91
conduction 457
conductor's podium 332
condyle 111
cone 70, 132, 471
confessionals 489
configuration of the
continents 22
confluent 35
Congo 493
Congo River 28
conic projection 21
conifer 70
conifers 71
conjunctiva 132
connecting rod 396
connection 573
connection device 372
connection pin 459
connector 363
connector, HDMI 359
connector, RS 359
connector, USB 363
console, game 574
constriction 464
consumer, primary 50
consumer, secondary 50
consumer, tertiary 50
contact 227, 573
contact devices 226
contact lens, disposable 301
contact lens, hard 301
contact lens, soft 301
contact lenses 301
container 182, 204, 259
container, aluminium
recycling 55
container, glass recycling 55
container, refuse 243
containers, recycling 55
container ship 421, 422
container truck 403, 416
containment basin 447
contestant 545
contest area 545
continental crust 33
continental shelf 34
continental slope 34
continents, configuration 22
continuity person 329
continuous beam 382
contrabassoon 332
control 370
control, remote 356
control, temperature 239
control: group select 370
control deck 423
control key 370
control knob 240
control knobs, burner 238
controller 574
control room 331
control stand 416
control stick 435
control tower 428
conurbation 472
convection 457
convection current 457
convector heater 222
convenience outlet 255
conventional door 322
convention centre 475
convergent plate boundaries 34
converging lenses 461
convertible 385
convex lens 461
conveyor 443
conveyor belt 430
cooked ham 171
cooker, gas 238
cooker, slow 207
cooker hood 187
cooking dishes 207
cooking plate 207
cooking surface 207
cooking unit 238
cooking utensils 202
Cook Islands 496
Cook Strait 30
cook's knife 196
coolant 442, 450
coolant, cold 450
coolant, hot 450
cooler 569
cooling fan 388, 394, 396, 398
cooling system 389
cooling tower 442, 443
Coon, Maine 96
coping 565
coping saw 250
copper 42
Coral Sea 30
coral snake 87
cor anglais 336
corbeille 331
corbel 220, 314
cord, power 205, 251
cordate 62
Cordillera, Andes 26
cordless screwdriver 249
core 10, 65
corer, apple 199
coriander 156
Corinthian column, engaged 313
Corinthian pilaster 313
cork 564
corkscrew 568
corn 157
corn: cob 72
cornbread 173
cornea 132
corner cupboard 231
corner stool 544
cornet 337
corn-flour 172
cornice 211, 213, 230, 311, 319
Cornish hen 165
corn oil 178
corn salad 141
corn syrup 179
corolla 66
corona 10
coronal suture 112
corona radiata 126
coronet 99
corpus callosum 123
corpuscle, bulboid 130
corpuscle, Meissner's 130
corpuscle, Pacinian 130
corpuscle, Ruffini's 130
corselette 280
corset 281
cortex, cerebral 123
cortex, renal 120
corymb 66
cos lettuce 140
costal shield 86
Costa Rica 490
costume 328
cot 233
cottage cheese 174
cotton bud 507
cotton plant 72
cotton wool ball 507
cotyledon 58
coudé focus 13
coulis, tomato 180
coulomb 467
Coulommiers 175
counter 286, 483
counter, score 575
counterjib 437
countersunk head 249
counterweight 323, 383, 437
country 31, 473
coupé 385
coupling 416
coupon booth 483
courgette 143
court 291, 481, 572
courthouse 474
courtroom 481
couscous 172
couscous kettle 203
cover, seat 224
coveralls 561
covert, under tail 89
covert, upper tail 89
cow 101
cowboy boot 290
cowshed 137
crab 160
crab spider 80
crampon system 564
cranberry 148
crane 437

cranial nerves 122
crank 197, 570
crank, hand 261
crankshaft 396
crash helmet 554
crash sensor 392
crash sensor, primary 392
crate, small 182
crate, small open 182
crater 11, 40
cravat 267
crawl stroke 539
crayfish 160
crayons, wax 326
cream 174
cream, sour 174
cream, whipping 174
cream cheese 174
cream jug 192
crease 268
credit card 485
credit card wallet 303
creel 570
creep 42
cremaster 78
cremini mushroom 138
crenate 62
crepidoma 311
crescendo pedal 339
crescentic dune 39
cress, garden 141
crest 37, 41, 460
crevasse 38
crevice tool 237
crew neck sweater 273, 278
cricket 517
cricket, players 517
cricket ball 517
cricket shoe 517
crime prevention 497
crispbread 173
Croatia 492
crockery 192
crocodile 88
crocus 67
croissant 173
crook 336
crookneck squash 143
cropped trousers 277
crosne 139
cross brace 508
cross-country bicycle and
cyclist 552
cross-country ski 564
cross-country skier 564
cross-country skiing 564
cross-country ski trail 560
cross head 249
cross-headed tip 249
crossing 316, 317
crossing, motorway 415
crossing arm 400
crossover 415
crossover vehicle 385
crosspiece 230
cross rail 229
cross-tip screwdriver 568
crotch 270
crotchet 347
crotchet rest 347
crotch piece 276
Crottin de Chavignol 174
croup 99
crowbar 248
crown 68, 113, 288, 289, 334
crownpiece 548
CRT television 355
crucifix 489
crude oil 446
cruise control 392
cruiseliner 426
crusher 443
crust, continental 33
crust, oceanic 33
crustaceans 160
crustose lichen 60
crystal button 235
crystal drop 235
crystallization 456
Cuba 490
cube 170, 471
cucumber 142
cucumber, seedless 142
cuff 267
cuff, pneumatic 505
culottes 275
cultivated mushroom 138
cultivation 136
cumin 154
cumulonimbus 46
cumulus 46
cup 182, 569
cupboard 187
cup gasket 500
cupule 63
curb bit 548
curb chain 548
curb rein 548
curling iron 299
curly endive 140
curly kale 140
currency abbreviations 484
current, convection 457
current, conventional
direction 458
curry 154
curtain, privacy 501
curtain, stage 330
curtain wall 314
curved jaw 245
cusp 113
customer service 483
cuticle 130
cuticle nippers 296
cuticle pusher 296
cuticle scissors 296
cuticle trimmer 296
cutlery 188
cutlery basket 242
cutlet 167
cut nail 248
cutter, pipe 254
cutter link 263
cut-throat razor 300
cutting 73
cutting blade 204
cutting board 199
cutting edge 190, 196, 299, 440
cuttlefish 159
cyan 460
cycle lock 412
cycling 552
cycling helmet 412
cycling road transport 410
cyclone 47
cyclone, tropical 47
cylinder 439, 471
cylinder, elevating 404
cylinder, master 395
cylinder vacuum cleaner 237
cylindrical projection 21
cymbal 340
cymbals 332, 341
cypress 71
Cyprus 492
Cyrillic character 349
cytoplasm 56, 74, 126
Czech Republic 492

D

d 346
daffodil 67
daggerboard 542
daikon 145
dairy 137
dairy compartment 239
dairy products 174
daisy 67
Dalmatian 95
dam 448
dance blade 559
dandelion 67, 141
Dane, Great 95
Danish Blue 175
Danish rye bread 172
Danube River 27
dark chocolate 179
dart 575
dartboard 575
dashboard 408
database 375
data panel 352
data storage devices 373
date 148, 484
date stamp 376
David, star of 488
davit 424
dead bolt 214
debarking 73
debit card 485
debris 47
decagon, regular 471
decanter 188
deceleration lane 381
deck 350, 382, 564
deck, end 543
deck, sun 425
deck, upper 401
décolleté bra 281
decomposer 50, 51
deep fryer 206
defibrillator 504
deflector 222, 265, 404
deforestation 53
degree 468
degree Celsius 464, 467
degree Fahrenheit 464
dehumidifier 223
dehydration 73
Deimos 8
deinking 73
delete 371
delete key 371
delicatessen 171
delivery 517
delta 35, 36
deltoid 108
demisemiquaver 347
demisemiquaver rest 347
demitasse 192
Democratic People's Republic of
Korea 495
Democratic Republic of
Congo 493
dendrite 121
Denmark 492
Denmark Strait 24
denomination 484, 485
dental alveolus 113
dental care 301
dental floss 301
dental floss holder 301
dentin 113
deodorant 297
departure lounge 431
deposits, alluvial 35
depression 44
derailleur 552
dermis 130, 131
derrick 422, 425, 444, 445
derrick mast 425
descending passage 310
desert 39, 45, 49
Desert, Atacama 26
Desert, Gobi 29
Desert, Great Sandy 30
Desert, Great Victoria 30
Desert, Kalahari 28
Desert, Namib 28
Desert, Sahara 28
designer, production 328
desk 217
desk, front 480
desk lamp 234
desk lamp, halogen 234
desktop computer 374
desk tray 376
dessert fork 189
dessert knife 190
dessert spoon 191
destroying angel 58
detachable palm rest 370
detector, motion 322
detector, smoke 498
devices, contact 226
dew 48
diable 203
diagonal buttress 316
diagonal step 564
dial 464
dialysate 511
dialyzer 511
diameter 470
diamond interchange 380
diamonds 572
diaphragm 118
dibber 264
dice and dominoes 572
didgeridoo 344
died 468
diesel-electric locomotive 416
diesel engine 416
diesel engine compartment 438,
440, 441
diesel lift engine 423
diesel oil 446
diesel propulsion engine 423
differential 389
difficult slope 560
diffuser 299, 328
dig 525
digestive system 119
digging fork 260
digit 85, 93
digit, prehensile 103
digital answering machine 365
digital audio player, portable 362
digital book reader 373
digital camera 353
digital nerve 122
digital photo 354
digital thermometer 506
digital-to-analogue converter
box 355
digital versatile disc (DVD) 357
digital watch 464
Dijon mustard 180
dill 156
dilution 73
dimmer switch 226
dimple 551
dinette 187
dining room 186, 216, 312, 480
dining section 417
dinner fork 189
dinner knife 190
dinner plate 192
Dione 9
dipped beam headlight 390
dipper 326
direct-current power cord 368
director 329
director, art 328
director of photography 329
directory 374
director's chair 228
disc 395, 546
disc, sanding 253
disc brake 388, 395, 407, 555
disc brake, hydraulic 552
discharge tube 227
discs 205
disc tray 357
discus 83
discus throw 513
dish 207, 356
dish, soufflé 200
dishes, cooking 207
dishwasher 187, 242
disk 13, 373
display 222, 342, 353, 356, 357,
359, 360, 361, 362, 363, 364,
365, 366, 368, 372, 377, 466,
482, 483, 505, 509, 574
display cabinet 231
disposable camera 352
disposable contact lens 301
disposable gas cylinder 256
disposable razor 300
dissolution 51
distal phalanx 131
distance measurer 465
distributor 396
distributor cap 388
district 30
district, business 474
ditali 176
ditch 380
dive, armstand 537
dive, backward 537
dive, forward 537
dive, inward 537
dive, reverse 537
divergent plate boundaries 34
diverging lenses 461
dividers 378
diving 537
diving, positions 537
diving apparatus 537
diving board 212
diving glove 536
division 469
division key 377
DJ console 343
djembe 345
Djibouti 493
Dnieper River 27
dobok 545
dock 361
docking station 363
doctor, junior 501
document folder 378
dodecagon, regular 471
does not belong to 469
dog 94
dog, morphology of 94
dogfish, larger spotted 160
dogfish, spiny 84
dolichos beans 146
dollar 484
dolly 328
dolphin 102

dolphin, morphology of 102
domain name 374
dome 205, 319
dome shutter 13
dome tent 567
Dominica 490
Dominican Republic 491
dominoes, dice and 572
dominos 572
door 238, 241, 323, 387, 390
door, fire 322
door, patio 187
door, screen 405
door, strip 322
door, two-leaf 400
door handle 213, 387
doorknob 214
door lock 387
door pocket 390
doors 322
dorado 161
Doric column, engaged 313
dormer window 210
dorsal fin 102
double bass 333
double basses 332
double bed 480
double-bladed paddle 543
double boiler 203
double-breasted buttoning 271
double-breasted jacket 266
double-decker bus 401
double drop lowbed truck 403
double-edged razor blade 300
double flat 347
double glazing 453
double-leaf bascule bridge 383
double plate 215
double reed 336
double room 480
double seat 420
double sharp 347
doubles service court 529
double-twist auger bit 252
doubly toothed 62
dough hook 204
dousing water tank 450
downhill 563
downhill bicycle and cyclist 552
d quark 456
drag 571
dragonfly 80
drain hose 240, 242
draining spoon 201
Drake Passage 24, 26
draught arm 440
draughts 573
draught tube 449
drawbridge 314
drawer 187, 230, 231, 233, 238
draw hoe 260
drawing 326
drawing pin 379
drawstring 272
drawstring bag 306
drawstring hood 285
draw tube 463
dress 274
dress, A-line 274
dress, cocktail 274
dress, shift 274
dress accessories 293
dress circle 331
dresser 328
dresser, set 329
dressing room 328, 331
dribbling 520
drill 252
drill, masonry 252
drill, twist 252
drill collar 444
drilling rig 444
drilling tool 252
drills 252
drill ship 422
drink box 183
drip moulding 387
drive belt 240
driver 252, 554
driver's cab 416, 417
driveshaft 389
drive shaft 435
driveway 211
driving glove 293
driving propeller 423
driving wheels 441
dromedary 101
drone 79
drone pipe 344
drop earrings 294
drop-leaf 230
droplight 255
drop shot 531
drop waist dress 274
drum 197, 240, 241, 395, 439
drum, talking 345
drum brake 395
drumhead 340
drum kit 340
drumlin 37
drum machine 343
drumstick 341
drupelet 64
dry cells 459
dry cleaner 479
dry climates 45
dryer 241
dry fruits 149
drying 73
duck 92, 165
duck egg 164
duct, deferent 125
duct, lymphatic 124
duct, thoracic 124
duffel coat 278
duffle coat 272
dulse 138
dumbbell 546
dummy, baby's 307
dumper body 403, 404
dumper truck 403
dune 36, 39
dune, star 39
dunes 39
dungarees 277, 285
dungarees with crossover back straps 285
dura mater 124
durian 153
dusting brush 237
dustpan 243
Dutch oven 203
duty belt 497
DVD burner 373
DVD camcorder 358
DVD player 574
DVD player, portable 356
DVD recorder 357
dwarf, black 12
dwarf, brown 12
dwarf, white 12
dyke 40
dynamo 410
Dysnomia 9

E

e 346
eagle 91
ear 104, 229
ear, auricle 128
ear, structure of 129
ear covering 293
eardrum 129
ear drum 129
ear flap 288
ear loaf 173
earlobe 128
earmuffs 293
earphone 360, 363
earphone, portable 363
earphones 361, 362
earpiece 302, 363
earring, screw-back 294
earrings 294
ear studs 294
earth 8, 9
Earth 33
earth, structure of 33
earth coordinate system 20
Earth features 35
earthflow 42
earthing pin 226
earthquake 41
earth terminal 226
earthworm 75
earth's atmosphere, profile 43
earth's crust 33
earth's crust, section of 33
East China Sea 29
Eastern hemisphere 21
East Siberian Sea 24
East Timor 495
eau de parfum 297
eau de toilette 297
eave 321
eclipses, types of 10, 11
ecological pyramid 50
e-commerce 375
economy and finance 482
Ecuador 490
Edam 175
edge 484, 559, 561, 562, 569
editorial 350
education 486
eel 163
eel, electric 83
effects pedal 335
effluent 35
effusive volcano 40
egg 126
egg, duck 164
egg, goose 164
egg, hen 164
egg, ostrich 164
egg, pheasant 164
egg, quail 164
egg beater 200
egg carton 182
egg poacher 203
eggs 164
egg slicer 199
egg timer 198
Egypt 493
Egyptian reed pen 348
eiderdown 232
elastic 232
elastic waistband 272
elbow 94, 99, 105, 107
elbow pad 524, 565
elbows 176
electrical box 226
electrical system 389
electric car 394
electric charge, measurement of 467
electric circuit 227
electric cooker 238
electric current, measurement of 467
electric drill 252
electric fan motor 398
electric furnace 219
electric golf cart 551
electric guitar 335
electricity 226, 255
electric knife 205
electric motor 263, 264, 394
electric motor/generator 394
electric potential difference, measurement of 467
electric razor 300
electric resistance, measurement of 467
electric steamer 207
electrode 227
electrolytic capacitors 459
electromagnetic spectrum 460
electron 456
electron accelerator 511
electron gun 355
electronic drum pad 342
electronic flash 351
electronic music 342
electronic payment terminal 185, 483
electronic piano 342
electronics 459
electronic scale 466
electronic timer, automatic 539
elephant 101
elevating cylinder 404, 499
elevation 211
elevator 323, 433, 440
elk 100
elliptical snowshoe 564
elm 70
El Salvador 490
email 375
email software 374
embankment 380
embryo 58
embryo sac 57
emergency brake 420
emergency department 502
emergency station 383
emery boards 296
Emmenthal 175
emptying hose 240
empty set 469
enamel 113
enclosure 137
end 371
end joist 215
end moraine 38
endocardium 117
endocarp 65
endometrium 127
endoplasmic reticulum 56, 74
endoscope 510
endoscopy 510
endosperm 58
energy, measurement of 467
energy, thermal 443
engaged Corinthian column 313
engaged Doric column 313
engaged Ionic column 313
engagement ring 294
engine 407, 444
engine, diesel 438
engine, outboard 425
engine, petrol 389, 394
engine block 396
engine compartment 436, 441
engineer, sound 329
engines, fire 499
English Channel 27
English mustard 180
enhanced greenhouse effect 52
enoki mushroom 138
entablature 213, 311, 319
enter key 371
entire 62
entrance hall 216
entrance turnstile 418
envelope, padded 376
environment 49
epaulet 271
epicalyx 64
epicentre 41
epicondyle 111
epidermis 130, 131
epididymis 125
epiglottis 118, 135
epithelium, olfactory 134
equals key 377
equator 20, 26, 28
Equatorial Guinea 493
equestrian sports 548
equipment, household 243
eraser 379
erecting lenses 462
erhu 345
Eris 9
Eritrea 493
escape 370
escape key 370
escarole 140
escutcheon 214
escutcheon plate 226
espadrille 291
espresso machine 209
espresso maker 209
estate car 385
Estonia 492
estuary 23, 36
Ethiopia 493
EU 496
Eurasia 22
Eurasian Plate 34
euro 484
Europa 8
Europe 22, 27, 491
European outlet 226
European plug 226
European robin 90
European Union 496
eustachian tube 129
Eustachian tube 134
euthynteria 311
evaporated milk 174
evaporation 51, 456
evaporator blower 223
evening glove 293
event platform 534
events, technical 563
exercise cycle 547
exfoliant 297
exhalation valve 500
exhaust pipe 389
exhaust stack 402, 441
exhaust system 389
exit 381
exit turnstile 418
exocarp 64, 65
exosphere 43
expandable baton 497
expandable file pouch 303
expander 343

expansion bolt 249
expansion chamber 464
expert slope 560
explosive volcano 40
exposure adjustment knob 352
exposure meter 351
extending table 230
extension 230
extension ladder 257
extension tube 237
extensor, long 108
extensor, radial 109
extensor, short 108
extensor, ulnar 109
exterior door 213
exterior of a house 210
external ear 128
external jugular vein 115
external tooth spring washer 245
extinguisher, fire 497
extractor hood 238
ex-voto 489
eye 47, 76, 77, 80, 86, 102, 106, 132
eyeball 85, 132
eyebrow 320
eyebrow pencil 295
eyebrow tweezers 296
eye drops, lubricant 301
eyelash 132
eyelash curler 295
eyelashes 96
eyelet 286, 290, 559
eyelet tab 290
eyelid 86
eyepiece 14, 15, 462, 463, 510
eyeshadow 295
eyespot 75
eyestalk 76

F

f 346
face 103, 104, 248, 551
face flannel 297
face mask 289, 517, 524, 557
facepiece 500
faceplate 214
face shield 555
factorial 469
factory 472
faculae 10
Fahrenheit, degree 464
fairing 406, 553
fairings, side 555
fairlead 541
fairway 550
falcon 91
Falkland Islands 26
fall front 230
fallopian tube 126, 127
fallow land 137
false start rope 538
false tuck 284
family 74
family tent 567
fan 80, 241
fan, case 367
fan, cooling 388, 394
fan brush 295
fang 86
fan heater 222
fantail 454
farmhouse 137
farmhouse loaf 172
farmstead 137
farmyard 137
fascia, front 386
fastener, hook-and-loop 565
fastener binder 378
fast-forward button 356
fast rewind button 356
fats and oils 178
fault 41
fax machine 365
feather crown 529
feather duster 243
feathered shuttlecock 529
feeder 309
feeder lane 381
feedhorn 356
feed tube 205, 208
feet 89
feijoa 153
female 468
female cone 70
female ferrule 570, 571
female genital organs 126
femoral artery 114
femoral vein 115
femur 110
fence 137, 210, 250, 258
fennec 97
fennel 144
fenugreek 154
fermata 347
fern 59
fern, bird's nest 59
fern, fiddlehead 144
fern, structure of 59
fern, tree 59
ferns 59
ferret 97
ferrule 257, 549
ferrule, female 570
ferrule, male 570
ferry boat 426
fertilization 57
festoon 318
feta 174
fetlock 99
fetlock joint 99
fettucine 176
fibres 243
fibula 110
fibular, long 108
fibular, short 109
fiddlehead 59
fiddlehead fern 144
field, magnetic 458
field, paddy 53
field, track and 512
fielder 514
field lens 462
field mouse 93
fifth 346
fifth wheel 402
fifty 469
fig 153
figure skate 559
figure skating 559
Fiji 495
Fiji Islands 30
filament 66, 227
Filchner Ice Shelf 24
file 253, 374, 568
file guides 378
filiform papilla 135
filing box 378
filler neck 389
fillet 164
filleting knife 196
film, heat-sealed 182
film camera 352
filo 173
filter 212, 219, 236, 238, 453, 569
filter, air 388
fin 222, 536
fin, anal 84
fin, caudal 84, 102
fin, dorsal 102
fin, first dorsal 84
fin, pectoral 84, 102
fin, pelvic 84
fin, second dorsal 84
final drive 438
finance, economy and 482
finch 90
finderscope 14, 15
fine arts 326
finger 131
fingerboard 333, 335, 344
finger cone 376
fingerless mitt 293
fingernail 131
finial 321
finishing nail 248
Finland 24, 492
fir 71
firebox 220
firebrick 220
fire engines 499
fire extinguisher 497
firefighter 498
fire hose 498
fire hydrant 476, 498
fire irons 221
fireplace 216, 220
fireplace screen 221
fire prevention 498
fire station 475
firing, wood 220
fir needles 70
first aid kit 497, 507
first base 514
first baseman 514
first floor 211, 217
first molar 113
first premolar 113
first quarter 11
first violins 332
fish, bony 82
fish, cartilaginous 84
fish, clown 82
fish, flying 83
fish, freshwater 163
fish, lantern 83
fish, marinated 164
fish, parrot 83
fish, salted 164
fish, sea 160
fish, smoked 164
fish, tinned 164
fish dish 193
fish fork 189
fishhook 571
fishing 136, 570
fishing clothing and accessories 570
fishing jacket 570
fish kettle 202
fish knife 190
fish net 309
fishnet stocking 282
fish presentation 164
fish scaler 568
fish steak 164
fission, nuclear 457
fissionable nucleus 457
fission of uranium fuel 450
fissure, longitudinal 123
fissure, oblique 118
fitness equipment 546
fitted sheet 232
five 469
five hundred 469
five spice powder 155
fixed bridges 382
fixed jaw 246, 247
fjords 36
flag 490, 496, 520
flageolet 147
flag pole, removable 550
flagstone 258
flame-resistant driving suit 554
flame spreader 256
flamingo 92
flank 89, 99, 166
flanking tower 314
flank steak 166
flannel, face 297
flap 266, 548
flap, self-sealing 376
flap pocket 266, 271
flare 10
flare, road 497
flare nut spanner 246
flashing 221
flashlight 497
flashtube 351
flat 347, 416
flat-back brush 298
flatbed truck 403
flat mirror 13
flat-plate solar collector 452
flat sheet 232
flat tip 249
flat washer 245
flea 81
fleece jacket 287
flesh 64, 65
fleshy fruit: berry fruit 64
fleshy fruit: citrus fruit 64
fleshy pome fruit 65
fleshy scale leaf 58
fleshy stone fruit 65
flex 255, 300
flexible boot 561
flexible hose 237
flexor, radial 108
flexor, ulnar 109
flies 330
flight 575
flight bag 304
flight deck 19, 432, 435
flight of stairs 218
flint 256
flip 559
flip-flop 292
flipper 576
float 434
float ball 225
floating crane 421
floating roof 445
floating-roof tank 445
floatplane 434
floodplain 35
floor, mezzanine 211
floor brush 237
floor exercise area 534
flooring strip 218
floor joist 215
floor-level electric convector 222
floor mat 399
floor mats 534
florist 479
flour, buckwheat 172
flour, oat 172
flour, whole wheat 172
flour and semolina 172
flower 57, 61, 66
flower, structure of 66
flower bed 258
flower bud 61
flower container 258
flowers 67
fluff trap 241
fluid, cerebro-spinal 124
fluorescent tube 227
flush 572
flute 252
fluted land 252
flutes 332
fluting 320
fly 81, 268, 270
fly, tsetse 81
fly agaric 58
flyfishing 571
fly front closing 279
flying line 576
fly line 571
fly reel 571
fly rod 571
flywheel 396
foam 41
foam, shaving 300
foam pad 566
focus 41
focus, Cassegrain 13
focus, coudé 13
fodder corn 137
fog 48
fog lamp 390
fog light 402
foie gras 171
foil, aluminium 182
folder 378
folding chair 229
folding door 322
folding grill 569
folding nail file 296
foliage 68
foliose lichen 60
follicle 63
follicle, hair 130
fondue fork 189
fondue pot 202
fondue set 202
font, baptismal 489
font, holy water 489
fontanelle, anterior 112
fontanelle, mastoid 112
fontanelle, posterior 112
fontanelle, sphenoidal 112
food, origin 136
food business 178
food chain 50
food container 182
food industry 136
food mill 197
food processor 205
food tray 183
foot 76, 103, 104, 105, 106, 107
foot, tube 75
football 518, 524
football, American 522
football boot 518
footballer 518
football pitch 518
football techniques 520
footboard 232
footbridge 314, 415, 419
foot fault judge 531
footing 215

footlights 331
foot pocket 536
footrest 233, 406, 408, 508, 547
footstool 187, 229
footstrap 547
foot strap 277, 542
foramen caecum 135
force, measurement of 467
fore-and-aft passage 425
forearm 94, 105, 107
forearm crutch 507
forearm pad 524
forehead 104
foreleg 78, 79
forelimb 85
forelock 99
foremast 425
foreskin 125
forest, boreal 49
forest, temporal 49
forest, tropical rain 49
forestay 540
forestem 543
forewing 78
fork 189, 407, 411, 436, 552, 555
fork, dessert 194, 195
fork, dinner 194, 195
fork, fish 194
fork, front 552
forked tongue 86
forklift truck 436
forks 189
formeret 316
Former Yugoslav Republic of Macedonia 492
forming fabric 73
Formula 1 car 555
Formula 1 circuit 554
forward, power 527
forward, small 527
fossil energy 443
foundation 215
foundation slip 280
fountain for ritual ablutions 488
fountain pen 349
four-blade beater 204
four-door saloon 385
four of a kind 572
fourth 346
four-way lug wrench 399
fowl, guinea 90, 165
fox 97
fox terrier 94
foyers 331
fraction 469
fracturing 447
frame 220, 232, 250, 257, 406, 528, 532, 552, 564
frame, aluminium 564
frames 302
France 492
Francophonie 496
frankfurter 171
freehold flats 325
free kick 520
freestyle snowboard 561
freezer 186, 187
freezer, chest 239
freezer, reach-in 184
freezer bag 183
freezer compartment 239
freezing 456
freezing rain 48
freight van 416
freight wagons 416
French bread 173
French horn 337
French horns 332
frequency, measurement of 467
fresco 312
fresh cheeses 174
fret 334, 335
friction strip 256
frieze 311, 319
frog 85, 272, 333
frog, common 85
frog, morphology of 85
frog, northern leopard 85
frog, wood 85
frond 59
frontal 108
frontal bone 110, 112
frontal sinus 134
front beam 466
front brake 411
front brake lever 408
front crossbar 564
front derailleur 410
front desk 480
front fork, telescopic 409
frontier 31
front lamp 411
front leg 229
front lights 390
front-load washing machine 240
front mudguard 407
front pipe 388
front top pocket 268
front wheel 441, 508
fruit 63
fruit, dry 63
fruit, fleshy: berry fruit 64
fruit, fleshy: citrus fruit 64
fruit, fleshy pome 65
fruit, fleshy stone 65
fruit, passion 152
fruits 148
fruits, citrus 150
fruits, dry 149
fruits, pome 149
fruits, stone 148
fruit tree 137
fruit vegetables 142
fruticose lichen 60
frying basket 198
frying pan 203
fuel 450
fuel bundle 451
fuel injector 396
fuel oil 446
fuel pellet 451
fuel supply system 389
fuel tank 394, 402, 406, 409, 416, 435
fuel tank flap 387
fullback 523
full face mask 498
full house 572
full moon 11
fumarole 40
function selection switch 255
fungicide 53
funiculus 63, 64
funnel 198, 355, 422, 426
funnel cloud 47
fur 93, 103
furnishing, house 228
furniture, children's 233
fuselage 433
fusilli 176
futon 232

G

g 346
gable 210, 317
gable stud 215
gabletop 183
gable vent 210
Gabon 493
gaffer 329
gai lan 145
gaits, horse 99
galaxy 13
gall-bladder 119
gallery 317, 454
Gallery, Grand 310
gallop 99
galosh 290
Gambia 493
game 165
game, online 375
game console 574
game console, portable 574
game of darts 575
games 572
gamma rays 460
ganglion, spinal 121
Ganymede 8
garage 210
garage door, sectional 322
garage door, up-and-over 322
garam masala 155
garden 258, 312
garden arch 258
garden cress 141
garden hose 261
gardening 259
gardening gloves 259
garden line 264
garden shears 262
garden sorrel 141
garden spider 80
garlic 139
garlic press 197
garter snake 87
gas 227, 446, 456
gas, greenhouse 52
gas, natural 444, 447
gas, shale 447
gas container 568
gas cooker 238
gaskin 99
gas meter 447
gastrocnemius 108, 109
gate 421, 449
gateleg 230
gather 276
gathering 136
gauntlet 293
gauze roller bandage 507
gazebo 258
G-clamp 247
gear, landing 403, 405
gearbox 388
gear lever 388, 392, 409, 411
gearshift lever 408
gecko 88
generator 442
generator unit 449
Genoa salami 171
genus 74
geographical map 486
geography 20
geological phenomena 40
geology 33
geometry 468
Georgia 494
geothermal energy 442
geothermal heating 442
geothermal house 442
geranium 67
germ 72
German mustard 180
German rye bread 173
German salami 171
German shepherd 95
Germany 492
germination 57
geyser 40
Ghana 493
ghee 174
gherkin 142
giant, red 12
giant slalom 563
gibbon 103
Gibraltar, Strait of 27
gill 58
ginger 155
ginkgo nut 149
giraffe 101
girder 215
girdle 281
girth 548
girth buckle 548
glacial cirque 38
glacial lake 35
glacier 38
glacier tongue 38
gland, pituitary 123
gland, salivary 135
gland, sebaceous 130
gland, suprarenal 120
glans penis 125
glass 452
glass, platen 372
glass, scanning 369
glass, wine 194, 195
glass bottle 183
glass collection unit 55
glasses case 302
glasses retainer 302
glass-fronted display cabinet 231
glass recycling container 55
glass roof 216, 477
glass slide 463
glassware 188
glazed frost 48
global positioning system 32
global warming 52
globe 486, 568
glottis 86
glove 517, 552, 555, 556, 558, 561, 564
glove, boxing 544
glove, catching 557
glove, fielder's 516
glove, latex 505
glove, rubber 243
glove, softball 516
glove compartment 392
gloves 293
gloves, gardening 259
gloves, goalkeeper's 518
gloves, men's 293
gloves, women's 293
glucose 56
glue 218
glue stick 379
gluteus maximus 109
gnocchi 176
gnomon 464
go 573
goal 518, 520, 523, 557, 575
goal judge 556
goalkeeper 519, 556, 557
goalkeeper's gloves 518
goalkeeper's pad 557
goalkeeper's skate 557
goalkeeper's stick 557
goat 100
goatfish 161
goat's milk 174
goat's-milk cheeses 174
Gobi Desert 29
goblet, water 194, 195
goggles 256, 552, 561
goggles, protective 552, 555
goggles, swimming 538
gold 42
golden retriever 95
goldfish 82
golf 550
golf bag 551
golf ball 551
golf course 472, 550
golf glove 551
golf shoes 551
golf trolley 551
Golgi apparatus 56, 74
gondola 185, 560
gong 332, 341
Good Hope, Cape of 28
goods station 415
goose 91, 165
gooseberry 148
gooseberry, Cape 148
goose egg 164
gooseneck 440
goose-neck 218
gored skirt 275
gorge 35
Gorgonzola 175
gorilla 103
gorilla, morphology of 103
Gothic cathedral 316
gouache 326
Gouda 175
goundsheet 567
gourd, wax 142
GPS 32
GPS navigation satellite network 32
GPS receptor 32
GPS satellite 32
grab handle 402, 405, 499
gracilis 109
grader 441
grafting knife 262
grain industry 72
grain of wheat, section 72
gram, black 147
grand, boudoir 339
grand, concert 339
Grand Canyon 25
Grand Gallery 310
granitic layer 33
granivorous bird 89
granulated sugar 179
granulation 10
grape 148
grape, section of 64
grapefruit 150
grapefruit knife 196
graphic representation 470
grass 532
grassbox 265
grasshopper, bow-winged 81
grassland, temperate 49
grate 238
grater 197
grater, nutmeg 197
grater, rotary cheese 197
gravel bed 554
gravy boat 192
greases 446

great, lateral 108
great, medial 108
great adductor 109
Great Australian Bight 30
Great Barrier Reef 30
Great Dane 95
Great Dividing Range 30
greater pectoral 108
greater trochanter 111
great green bush-cricket 80
great horned owl 91
Great Lakes 25
great organ manual 339
Great Sandy Desert 30
great scallop 159
Great Victoria Desert 30
Greece 492
Greek bread 173
Greek character 349
Greek temple 311
Greek theatre 310
green 460, 550
green alga 59
green bean 147
green cabbage 141
green coffee beans 158
greenhouse 137
greenhouse effect, enhanced 52
greenhouse effect, natural 52
greenhouse gas 52
Greenland 25
Greenland 24
Greenland Sea 24
green onion 139
green pepper 154
green russula 138
green sweet pepper 142
green tea 158
green walnut 63
Grenada 491
greyhound 95
grey matter 123, 124
grid 355
grid, starting 554
griddle 207
grid system 20
grill, indoor electric 207
grille 223, 311, 386
grille, front 223
grille, security 482
grinder, coffee 197
grip 328, 551
grip handle 250
gripping tool 245
groin 104, 106
groove 562
ground, teeing 550
ground floor 211, 216
groundhog 93
ground moraine 38
ground pepper 155
Gruyère 175
G-string 281
guard, mouth 524
guard, point 527
guard, shin 561
guard, shooting 527
guard, wrist 565
guardhouse 314
guardrail 424
Guatemala 490
guava 153
guide bar 263
guide handle 253
Guinea 493
Guinea, Gulf of 28
Guinea-Bissau 493
guinea fowl 90, 165
guinea pig 93
guitar, bass 335
gulf 23
Gulf, Persian 29
Gulf of Aden 28, 29
Gulf of Alaska 25
Gulf of Bothnia 27
Gulf of California 25
Gulf of Carpentaria 30
Gulf of Guinea 28
Gulf of Mexico 25
Gulf of Oman 29
Gulf of Panama 26
gull 92
gum 113, 133
gumshield 544
gun 254
gun, heat 257
gun flap 271
gunwale 543
gurnard 161
gusset 306
gusset pocket 278
Gutenberg discontinuity 33
gutter 210
Guyana 490
guy line 567
guyot 34
guy wire 455
gymnasium 486
gymnastics 534
gyratory system 380
gyrus 123

H

hacksaw 250
haddock 162
hair 105, 107, 130, 333
hairbrushes 298
hair clip 298
hair conditioner 297
haircutting scissors 299
hairdresser 478
hairdressing 298
hair dryer 299
hair grip 298
hairpin 298
hair roller 298
hair slide 298
hair stylist 328
Haiti 490
halfback 523
half-glasses 302
half handle 196
half-mask respirator 500
half-slip 280
half-volley 530
halibut 162
hall 216
hall, entrance 216
hall, town 474
halo 13
halogen desk lamp 234
ham 169
ham, cooked 171
ham, smoked 169
ham knife 196
hammer 338
hammer loop 244
hammer throw 513
hamster 93
hand 103, 105, 107, 131
handbags 306
handbrake 388
handbrake lever 392
hand fork 259
handgrip 407, 409
hand grip 571
handgrips 546
handle 189, 190, 191, 197, 204, 205, 206, 207, 208, 220, 230, 232, 236, 237, 238, 239, 243, 244, 245, 246, 248, 249, 250, 251, 253, 255, 257, 259, 261, 263, 265, 300, 303, 304, 305, 307, 333, 399, 508, 528, 532, 533, 547, 562, 571, 575
handle, insulated 207
handle, retractable 305
handle, starter 259
handle, transport 505
handlebar 547, 553
handlebar, raised 552
handlebars 411, 508
handlebar stem 411
handling 436
hand mitre saw 250
hand mixer 204
hand protector 263, 555
handrail 218, 323, 401, 425
handsaw 250
handset 364
hand vacuum cleaner 236
hand warmer pocket 279
hand-warmer pocket 272
hand wrap 544
hanger bracket 508
hanging basket 258
hanging cupboard 231
hanging pendant 234
hanging stile 213, 214
hank 541
HANS system 554
hapteron 59
harbour 421
hard boot 561
hard contact lens 301
hard disk drive camcorder 358
hard drive, external 373
hard drive, internal 373
hard hat 500
hard-shell clam 159
hard surface 532
hare 93, 165
harissa 181
harmonica 344
harness 259, 307, 399, 536, 551, 564
harp 332, 334
harpsichord 339
hasp 304
hastate 62
hat, newborn 284
hat, sailor's 289
hatband 288
hatch, side 19
hatchback 385
hatchback, four-door 385
hatchet 498, 569
Haumea 9
hawk 254
hawse pipe 423, 427
hayloft 137
hazelnut 149
hazelnut, section of 63
head 76, 78, 105, 107, 144, 249, 341
head and neck support system 554
headband 293, 360, 500
headbay 448
headboard 232, 233
head cover 551
headgear 288, 544
headgear, men's 288
headgear, unisex 289
headgear, women's 289
heading 350, 520
headland 36
headlight 386, 402, 407, 408, 416, 417, 439, 508, 553
headline 350
head linesman 523
headphone jack 342, 343, 359, 362
headphones 360
headrest 391, 508
heads 249
head support 399
health 501
hearing 128, 129
heart 117, 170
hearts 572
heartwood 68
heater 568
heat exchanger 219, 453
heat exchanger, plate-type 219
heat gun 257
heating 219
heating element 219, 241, 242
heating oil 446
heat pump 442
heat-sealed film 182
heat shield 16, 19
heat transfer 457
heavy petroleum 446
Hebrew character 349
hedge 211, 258
hedge trimmer 263
heel 105, 107, 286, 290, 291, 292
heel, flat 292
heel, kitten 292
heel, low 292
heel, spike 292
heel, wedge 292
heel grip 290
heel-piece 563
helicopter 435
helix 128, 471
helmet 17, 256, 517, 524, 552, 555, 556, 561, 562, 565
helmet, fire 498
helmet, full-face 407, 555
hemidemisemiquaver 347
hemidemisemiquaver rest 347
hemisphere 471
hemisphere, cerebral 123
hemispheres 21
hemlath 454
hemp 72
hen 91
hendecagon, regular 471
hen egg 164
henhouse 137
heptagon, regular 471
herbal teas 158
herbicide 53
herbivore 50
herbs 156
heron 92
herring 161
hertz 467
heterotrophs 50
hexagon, regular 471
hexagon nut 246
high altar 489
high-back dungarees 284
high card 572
high chair 233
high clouds 46
high jump 513
highland 11, 45
highland climates 45
highlighter 349
high-rise block 325
high-speed train 417
high wing 434
hijiki 138
hill 37
hilum 58
Himalayas 29
hind leg 78, 79
hind limb 85
hind toe 89
hind wing 78
hinge 206, 213, 214, 230, 242, 303, 462, 563
hip 105, 107
hip pad 524
hippopotamus 101
histogram 470
hitch ball 399
Hi'iaka 9
hob 187, 238
hob edge 238
hock 94, 99, 169
hock glass 188
hoe 260
hoe-fork 260
hoisin sauce 180
hoisting block 437
hoisting rope 323, 437
holdall 306
holder, baton 497
hole 550
hole, black 12
holothurian 75
holy water font 489
home gym 547
home key 371
home plate 515
home theatre 358
homogenized milk 174
Honduras 490
honey 179
honeybee 79
honeydew melon 151
hood 220, 237, 272, 278, 284, 307, 536, 558
hood, cooker 187
hooded towelling robe 284
hoof 99
hook 404, 437, 466
hoop earrings 294
hopper 439
hopper, loading 404
horizontal-axis wind turbine 455
horizontal bar 534
horizontal pivoting window 323
horn 392, 408, 416
Horn, Cape 26
horn, English 332
horned melon 152
hornet 81
horny beak 86
hors d'oeuvre dish 193
horse 99, 100
horse, gaits 99
horse, morphology of 99
horse, pommel 534
horsefly 81
horseradish 145
hose 282
hose reel cart 261
hospital 475, 501
hospital bed 501
hot coolant 450
hotel 474, 480
hotel room 480
hot tub 212

hound, smooth 160
house 213, 331
house, exterior 210
house, one-storey 325
house, structure of 215
house, two-storey 325
houseboat 425
household equipment 243
housing 324
hovercraft 423
hub 80, 411, 455, 508
Hubble Space Telescope 16
Hudson Bay 25
hull 63, 540, 543, 553
human body 104
human denture 113
humerus 110
humid continental - hot summer 45
humid continental - warm summer 45
humidifier, portable 223
humidistat 223
humid subtropical 45
hummingbird 90
hummus 180
Hungary 492
hunting 136
hunting cap 288
hurdle 512
hurricane 47
hurricane lamp 569
husbandry, animal 136
hybrid 551
hybrid car 394
hydraulic disc brake 552
hydraulic shovel 440
hydroelectric complex 448
hydroelectricity 448
hydrofoil boat 427
hydrologic cycle 51
hydrosphere 50
hyena 97
hyperlinks 374
hypha 58
hypocotyl 58
hypothalamus 123
hyssop 156

I

Iapetus 9
Iberian Peninsula 27
ice 49, 51
iceberg lettuce 140
icebreaker 424
ice cream container 208
ice-cream maker 208
ice-cream scoop 199
ice hockey 556
ice hockey player 556
Iceland 24, 27, 492
ice rink 560
Ice Shelf, Amery 24
Ice Shelf, Filchner 24
Ice Shelf, Ross 24
icing syringe 200
icon, application 363
identity bracelet 294
identity tag 304
igloo 324
igloo tent 567
igneous rocks 33
ignition switch 392, 408
iguana 88
ilium 110
image editor 354
impluvium 312
incandescent light bulb 227
incident neutron 457
incineration 55
incisors 113
incus 129
index 350
index finger 131
India 495
Indian Ocean 22, 24, 28, 29, 30
indicator 390, 508
indicator light 206, 207, 208, 209, 236, 242
Indonesia 29, 495
indoor electric grill 207
Indy car 554
inert gas 227
inferior dental arch 133
inferior nasal concha 134
inferior vena cava 115, 117, 120
infield 514
infiltration 51
infinity 469
inflated carrying tyre 420
inflated guiding tyre 420
inflator 536, 566
inflator-deflator 566
infrared radiation 460
infraspinatus 109
infusions, coffee and 158
in goal 521
inhalation valve 500
inhaler, metered dose 506
injection well 442
ink 326, 348
ink cartridge 372
inkjet printer 372
inline skating 565
inner boot 563
inner core 33
inner planets 9
inner string 218
inner toe 89
input devices 369
input jack 343
input paper tray 372
input terminal 255
insectivorous bird 89
insects 80
insects and arachnids 78
insert 207, 371
insert key 371
instant-read thermometer 198
instep 104
instrument cluster 392, 407
instrument panel 393
insulated blade 255
insulated handle 207, 255
insulating material 218
insulation 452
insulator 397
integral 469
integrated circuit 459
integrated circuit, packaged 459
intensive care unit 501
interchange 473
interchanges 380
intercostal nerve 122
interior door lock button 390
intermediate slope 560
intermodal car 416
internal boundary 31
internal ear 128
internal iliac artery 114
internal jugular vein 115
internal tooth spring washer 245
International Olympic Committee 496
international organisation 496
international space station 18
International System of Units 467
Internet 374
Internet stick 372
Internet user 374
Internet uses 375
internode 61
interrupted projection 21
intersection 469
intervals 346
interventricular septum 117
intestine, large 119
intestine, small 119
intravenous stand 501
intrusive rocks 33
Io 8
IOC 496
Ionic column 319
Ionic column, engaged 313
Iran 494
Iraq 494
Ireland 492
iris 132
Irish moss 138
Irish Sea 27
Irish soda bread 173
iron 42, 551
iron, straightening 299
is approximately equal to 469
isba 324
ischium 111
is contained in 469
is equal to 469
is equal to or greater than 469
is equal to or less than 469
is equivalent to 469
is greater than 469
is identical with 469
Islamic Cooperation, Organisation 496
island 23, 187, 381
Island, Baffin 25
island, barrier 36
Islands, Aleutian 25
Islands, Falkland 26
Islands, Fiji 30
is less than 469
is not equal to 469
is not identical with 469
is not parallel to 468
isobar 44
isolation room 502
is parallel to 468
Israel 494
isthmus 23
Isthmus of Panama 25
Italy 492
Ivory Coast 493

J

jaboticaba 153
jack 399, 437, 440, 499, 572
jack, stabilizer 405
jacket 279, 545
jacket, double-breasted 266
jacket, fleece 287
jacket, single-breasted 266
jackets 266
jackfruit 152
jaguar 98
jalapeño chilli 155
jalousie 214
Jamaica 490
jamb 213, 220
James Webb Space Telescope 16
Japan 29, 495
Japan, Sea of 29
Japanese persimmon 153
Jarlsberg 175
javelin 513
jaw 247, 249, 252, 255
jaws 247
jay 90
jeans 269, 277
jelly 510
jellyfish 75
jerboa 93
jersey 516, 518, 521, 524, 526, 552
Jerusalem artichoke 139
jet fuel 446
jewellery 294
jewellery shop 478
Jew's harp 345
jib 437, 540
jibsheet 540
jicama 139
jigsaw 251
jingle 341
John dory 162
joint 549
joint filler 254
joist 218
joker 572
Jordan 494
joule 467
joystick 343
joysticks 574
judge 544, 545
judge, centre line 530
judge, line 534
judge, side 523
judges 534, 535, 537, 559
judo 545
judogi 545
jug 209
jug, measuring 198
juice extractor 208
juice sac 64
jujube 153
jumper, ski 561
jumper cables 399
jumping, ski 561
jumping ski 561
jumps 559
jumpsuit 277
junior doctor 501
juniper berry 154
Jupiter 8
justice 481

K

Kalahari Desert 28
kale, ornamental 140
kale, sea 140
Kamchatka Peninsula 29
Kara Sea 24
karate 545
karategi 545
karateka 545
kayak 543
kayak, sea 543
kayak, whitewater 543
Kazakhstan 494
keel boat 541
keep 314
keeper 267
keeper ring 571
kelvin 467
Kenya 493
kernel 65, 72
kerosene 446
ketchup 181
kettle 37, 208
kettledrum 340
key 336, 338, 344
keyboard 338, 342, 363, 368
keyboard, alphanumeric 482, 483
keyboard and pictograms 370
keyboard instruments 338, 339
key case 303
key grip 328
keyless chuck 252
keypad 365
keypad, alphanumeric 363, 370
keys 342
keystone 316
kicker 350
kickstand 406, 409
kidney 120, 170
kidney bean, red 147
kielbasa 171
killer whale 102
kilogram 467
kilt 275
king 572
King 573
kingdom 74
kingfisher 92
kingpin 403
Kiribati 495
kit, first aid 497
kit, tool 412
kit, waxing 564
kitchen 187, 216, 417
kitchen appliance 204
kitchen-diner 216
kitchen equipment 196
kitchen knife 196
kitchen knives 196
kitchen scale 198
kitchen shears 199
kitchen timer 198
kitchen towel 243
kitchen utensils 196
kite 576
kiwi 152
knee 94, 99, 104, 106
knee-length sock 269
knee pad 524, 565
knee sock 282
knee wrap 546
knickerbockers 269, 277
knife 190
knife, dessert 194, 195
knife, dinner 194, 195
knife, electric 205
knife, fish 194
knife, multipurpose 568
Knight 573
knives 190
knob 230, 253
knobby tyre 409
knurled bolt 257
kohlrabi 144
Kola Peninsula 27
kombu 138
kora 345
Korean Peninsula 29
Kuiper belt 8
kumquat 150
Kuwait 494
Kyrgyzstan 494

L

label maker 378
labium majus 126, 127
labium minus 126, 127
lablab bean 146
Labrador retriever 94
Labrador Sea 24
laccolith 40
lace 516, 559
lace-up 290
lachrymal caruncle 132
lacing 564
lacing closure 565
lactiferous duct 127
ladder 212
ladder pipe nozzle 499
ladders 257
ladle 201
Ladoga, Lake 27
ladybird 81
Lady chapel 316, 317
lagomorphs 93
lagomorphs, rodents and 93
lagoon 36, 57
lake 11, 23, 35
lake, artificial 35
lake, glacial 35
lake, oxbow 35
lake, tectonic 35
lake, volcanic 35
Lake Baikal 29
Lake Chad 28
Lake Eyre North 30
Lake Ladoga 27
Lake Malawi 28
Lakes, Great 25
Lake Tanganyika 28
Lake Titicaca 26
Lake Victoria 28
lamb, cuts 168
lamb, pieces 168
lamb, rack 168
lambdoid suture 112
lamina 59
lamp, bedside 480, 501
lamp, compact fluorescent 227
lamp, halogen 227
lamp, LED 227
lamp, light-emitting diode 227
lamp-holder 226
lamp socket, parts of 226
lanceolate 62
lancing device 504
land 252
landfill 473
landfill site, authorized 53
landing 217, 218
landing gear 403, 405
landing light 435
landing net 570
land pollution 53
landslides 42
lane 475, 512, 538
lane timekeeper 538
langoustine 160
lantern 258, 568
Laos 495
lap belt 391
lapel 266
Laptev Sea 24
laptop computer 368
lapwing 90
larch 71
lard 178
larding needle 199
larger spotted dogfish 160
large wheel 508
larynx 118
lasagne 176
laser, pulsed ruby 462
laser beam 462
laser sensor 369
last quarter 11
latch bolt 214
lateral incisor 113
lateral moraine 38
lateral semicircular canal 129
latex glove 505
Latin character 349
latissimus dorsi 109
latrines 312
Latvia 492
laundry 480
laundry room 216
lava flow 40
lawn 211, 258
lawn aerator 264
lawn care 264
lawn edger 260
lawn rake 264
LCD 464
lead 42, 308, 350
leading bunch 552
leading edge 433
lead pencil 348
leaf 60, 61, 62, 144
leaf, structure of 62
leaf blower 259
leaf lettuce 140
leaf margin 62
leaf vegetables 140
League of Arab States 496
leather end 268
leather goods 303
leather goods shop 478
leaves 70
Lebanon 494
Lebanon, cedar of 71
lectern 489
LED 227
ledger board 215
leek 139
left atrium 117
left back 519, 525
left cornerback 522
left defence 556
left defensive end 522
left defensive tackle 522
left field 515
left guard 523
left kidney 120
left lung 118
left service court 531
left tackle 523
left ventricle 117
left wing 557
leg 86, 103, 105, 107, 167, 168, 230, 232, 259
leg, upper 168
leg, walking 80
leg roast 168
legume 63, 146
legumes 146
leisure, outdoor 566
lemon 150
lemon balm 156
lemon squeezer 197, 205
lemur 103
length, measurement of 467
lens 132, 302, 351, 352, 363, 369, 372, 463, 510
lens, macro 351
lens, reception 465
lens case 301
lenses 351, 461
lenses, contact 301
lens hood 351
lens system 462
lentil 146
leopard 98
leopard cat 96
Lesotho 494
letter opener 376
letter scale 376
lettuce, butterhead 140
lettuce, iceberg 140
lettuce, leaf 140
lettuce, sea 138
leucoplast 56
levelling foot 240, 241, 242
lever 206, 245
lever, gear 388, 409
lever corkscrew 197
Liberia 493
libero 525
library 475, 486
Libya 493
lichen 60
lichen, crustose 60
lichen, foliose 60
lichen, fruticose 60
lichen, structure of 60
lichens 60
lid 202, 239, 240, 243, 244
Liechtenstein 492
lierne 316
lifeboat 422, 426
lifebuoy 497
life buoy 427
life raft 423
life support system 17
lift 313, 323
lift, wheelchair 401
lift bridge 383
lift car 323
lift chain 225
lift span 383
light 17
light, traffic 476
light, visible 460
light aircraft 434
lightbar 497
light bar 499
light-emitting diode 227
lighthouse 421
lighting 227
lighting grid 329
lighting technician 329
lightning 48
lightning conductor 211, 449
lightning rod 455
lights 234
lights, blinking 400
light shield 16
light wave, trajectory 461
lily 67
lily of the valley 67
Lima bean 147
limb 68
limb top 463
lime 150
limpet 159
linden 70, 158
line 244, 346
line, telephone 374
linear 62
linebacker 522
line judge 523, 534
linen 72
linen chest 230
linesman 519, 525, 528, 530, 557
lines of latitude 20
lines of longitude 20
line tightener 567
lingual tonsil 135
lining 182, 266, 267, 286, 290, 559
lintel 213, 215, 220, 317
lint filter 240
lion 98
lip 96, 99
lip balm 297
lip gloss 295
lipid droplet 56
lip liner 295
lipstick 295
liqueur glass 188
liquid 456, 457
liquid crystal display 464
liquid crystal display (LCD) television 356
liquid eyeliner 295
liquid foundation 295
liquid mascara 295
lithosphere 33, 50
Lithuania 492
litter 308
litter box 308
little finger 131
liver 119, 170
livestock van 416
living room 216
lizard 88
lizard, monitor 88
llama 100
loading bridge 421
loading door 220
loading hopper 404
loaf pan 207
lob 531
lobate 62
lobby 477, 480, 481
lobe, frontal 123
lobe, lower 118
lobe, occipital 123
lobe, parietal 123
lobe, temporal 123
lobe, upper 118
lobe bronchus 118
lobster 77, 160
lobster, morphology of 77
lock 213, 214, 239, 390
lock, capitals 370
lock, numeric 370
lock, twist 403
lockers, students' 487
locket 294
locknut 465
lock rail 213
locomotive 417
loculus 65
log 73
log carrier 221
loin 99, 105, 107, 167, 168, 169
loin chop 167, 169
longan 152
longitudinal dunes 39
long johns 270
long jump and triple jump 512
long-range jet airliner 432
long track 558
loofah 297
loop 286, 381
loop, toe 559
loose powder 295
loose powder brush 295
lopping shears 262
loquat 149
loudspeaker 343, 360, 361
loudspeaker, surround 358
lounge 480
louse 81
louvre 223
louvre-board 317
louvred window 323
lovage 156
low clouds 46
lower blade guard 251
lower eyelid 85, 96, 132
lower lip 133
lower lobe 118
lower mantle 33
lower shell 563
lower wing 434
lubricant eye drops 301
lubricating oils 446
luff 542
luggage 304
luggage compartment 417, 435
luggage lockers 414
luggage rack 405, 409
luggage racks 423
luggage trolley 304, 414
lumbar pad 524
lumbar plexus 122
luminous intensity, measurement of 467
lumisphere 351
lunar eclipse 11
lung 116
lungfish 83
lungs 118
lunula 131
lupine 146
Lutz 559
Luxembourg 492
lychee 153
lymphatic system 124
lynx 97
lyre 345

M

macadamia nut 149
macaque 103
macaw 91
machicolation 314
machine, espresso 209
machine, snow-grooming 560
machinery shed 137
Mackenzie River 25
mackerel 161
macro lens 351
macular area 132
Madagascar 28, 494
magazine 248, 350
magenta 460
magma 34, 40
magnesium powder 535
magnet 388, 458
magnetic compass 569
magnetic field 458
magnetic resonance imaging 509
magnetic strip 485
magnetic tape 357
magnetism 458
magnifier 568
magnifying glass 462
main beam headlight 390
main bronchus 118
main deck 425
Maine Coon 96
main generator 416
main landing gear 433
main road 381
main rooms 216
mainsail 540
mains connection 219

main-sequence star 12
mainsheet 540
maintenance hangar 429
main transformer 417
main vent 40
maître d'hôtel 186
major motions 573
Makemake 9
make-up 295
make-up artist 328
malanga 139
Malawi 494
Malawi, Lake 28
Malaysia 495
Maldives 494
male 468
male cone 70
male ferrule 570, 571
male genital organs 125
male grounding pin 226
Mali 493
mallet 248, 340, 345
mallets 341
malleus 129
Malta 492
Malta, Sovereigh Military Order 496
malt vinegar 181
mammals, carnivorous 94
mammals, marine 102
mammals, ungulate 99
mammary gland 127
man 104
mandarin 150
mandible 78, 82, 110, 112
mandolin 345
mandoline 197
mane 99
manganese mix (cathode) 459
mango 153
mango chutney 181
mangosteen 152
manhole 445
manicure 296
manicure set 296
mantelpiece 220
mantid 80
mantle 77, 220
manual revolving door 322
manuals 339
Manx 96
map, geographical 486
map, physical 23
map, political 31
map, road 31
map, urban 30
maple 69
maple syrup 179
map projections 21
margarine 178
marginal shield 86
Marie Byrd Land 24
marinade spices 155
marine 45
marine diesel 446
marine mammals 102
maritime transport 421
marker 349
marking tool 244
marlin, blue 82
marmoset 103
marrow 170
marrow squash 143
Mars 8, 9
Marshall Islands 495
marten 97
marten, stone 97
Mary Jane shoe 291
mascara brush 295
mask 536
mask, operating 505
mask, oxygen 504
mason jar 183
masonry 254
masonry drill 252
masonry nail 248
mason's trowel 254
mass, measurement of 467
massage glove 297
mast 313, 540, 542
master cord 564
master cylinder 395
masthead 350
mastoid fontanelle 112
mastoid process 112
mat 545
mat, jumping 536
mathematics 469
matinee-length necklace 294
matter 456
matter, states of 456
matter, white 123, 124
mattress 232, 233
mattress cover 232
Mauritania 493
Mauritius 494
maxilla 82, 110, 112, 134
meadow 137
meander 35
measurement of distance 465
measurement of length 465
measurement of temperature 464
measurement of thickness 465
measurement of time 464
measurement of weight 466
measuring beaker 198
measuring cups 198
measuring devices 464
measuring jug 198
measuring spoons 198
measuring tool 244
meat 165
meat, minced 170
meatballs 170
meat keeper 239
meat presentation 170
meat thermometer 198
mechanical stage 463
médaillon 170
medial moraine 38
median nerve 122
medical equipment 504
medical examination 509
medical treatment 511
Mediterranean Sea 22, 27, 28
Mediterranean subtropical 45
medulla, renal 120
Melanesia 30
melody strings 344
melon, bitter 142
melon, Canary 151
melon, casaba 151
melon, honeydew 151
melon, horned 152
melon, Ogen 151
melon baller 199
melons 151
melting 456
memo pad 376
memory card 351, 353, 354
memory card reader 354, 366, 367, 373
memory card slot 372
Memory Stick 351
menorah 488
men's clothing 266
men's gloves 293
men's headgear 288
men's shoes 290
mercury 42
Mercury 8, 9
mercury bulb 464
mercury thermometer 506
merguez 171
meridian, eastern 20
meridian, western 20
meridienne 228
mesa 39
mesh bag 182
mesh strainer 198
mesocarp 64, 65
mesopause 43
mesosphere 43
mesothorax 78
metamorphic rocks 33
metathorax 78
meteorology 43
methylated spirits 446
metre 467
Mexico 490
Mexico, Gulf of 25
mezzanine floor 211, 217
Micro Compact Car 385
microfilament 74
micrometer caliper 465
Micronesia 495
microphone 363, 365, 369, 497
microphone jack 343
microscope 463
microscope, monocular 463
microtubule 74
microwave oven 187, 206
microwaves 460
mid-calf length sock 269
middle back 525
middle clouds 46
middle ear 128
middle finger 131
middle leg 78, 79
middle linebacker 522
middle lobe 118
middle nasal concha 134
middle panel 213
middle sole 286
middle toe 89
midfielder, central 519
midfielder, left 519
midfielder, right 519
mid-ocean ridge 34
midrange speaker 360
midrib 62, 63
midriff band 281
Mihrab 488
mileometer 393
milk 174
milk, cow's 174
milk, evaporated 174
milk, goat's 174
milk, homogenized 174
milk, powdered 174
milk, soybean 178
milk/cream cup 183
milk chocolate 179
Milky Way 13
mill, food 197
mill, smock 454
mill, tower 454
millet 72, 157
Mimas 9
minaret 488
Minbar 488
mincer 197
minerals 42
mini briefs 270
minim 347
minim rest 347
mini stereo sound system 361
minivan 385
mink 97
mint 156, 158
minute 468
minute hand 464
Miranda 9
mirror 224, 309, 407, 408, 409, 461, 463, 508, 553
mirror, blind spot 400, 401
mirror, concave primary 15
mirror, outside 400
mirror, partially reflecting 462
mirror, plane 461
mirror, primary 16
mirror, secondary 13, 15, 16
mirror, totally reflecting 462
mirror, trail-view 401, 402
miso 180
Mississippi River 25
mist 48
mitochondrion 56, 74
mitre box 250
mitten 293
mittens 284
mixer, table 204
mixing 343
mixing bowl 204
mixing bowls 200
moat 314
mobile X-ray unit 502
mobility aid 508
moccasin 292
mock pocket 279
modem 372, 374
modem, cable 375
moderator 450
Mohorovicic discontinuity 33
moisturiser 297
molar 113
molars 113
molasses 179
Moldova 492
mole 467
molecule 456
mole wrench 245
molluscs 159
Monaco 492
monarch butterfly 81
money and modes of payment 484
Mongolia 495
mongoose 97
monitor 367
monitor lizard 88
monkfish 161
mono-hulls 541
mons pubis 106, 126
Montenegro 492
moon 8, 11
moon, phases 11
mooring winch 425
mop 243
moped 409
moraine, end 38
moraine, terminal 38
mordent 347
morel 138
Morocco 493
morphology of a honeybee: worker 79
morphology of a venomous snake: head 86
mortadella 171
mortar 197
mosaic 312
mosque 488
mosquito 81
moss 60
moss, common hair cap 60
moss, Irish 138
moss, structure of 60
mosses 60
moth, atlas 81
motion detector 322
motor 223, 240, 241, 242, 251, 253, 265
motor, electric 394
motor, hydraulic 439
motor/generator, electric 394
motor bogie 417
motorcycle 406
motorcycle, Grand Prix 555
motorcycle, motocross and supercross 555
motorcycle, off-road 409
motorcycle, touring 409
motorcycles 409
motorcycling 555
motor home 405
motor racing 554
motor scooter 409
motor sports 553
motor unit 204, 205, 208, 236, 417
motorway 30, 31, 381, 473
motor yacht 425
motto 485
mouflon 100
mould, charlotte 201
moulding, bumper 386
mountain 37
mountain biking 552
mountain range 11, 23, 33
Mountains, Appalachian 25
Mountains, Atlas 28
Mountains, Carpathian 27
Mountains, Rocky 25
Mountains, Transantarctic 24
Mountains, Ural 27
mountain slope 37
mountain torrent 37
mouse, cordless 369
mouse, field 93
mouse, laser 369
mouse pad 369
moutain, base 560
mouth 76, 85, 102, 106, 133
mouthpiece 336, 337, 342
mouthwash 301
movable bridges 382
movable jaw 246, 247
movable maxillary 86
movements of aircraft 435
Mozambique 494
Mozambique Channel 28
mozzarella 174
MRI 509
mud flap 387, 402, 403
mudflow 42
mudguard 410
mud hut 324
mud pit 444
mud pump 444
mule 100, 292
multigrain bread 173
multi-hulls 541
multimeter 255
multipack 183
multiple exposure mode 352
multiple light fitting 235
multiplication 469
multiplication key 377

multi-purpose solution 301
multipurpose tool 255
mung bean 147
Munster 175
muscle, arrector pili 130
muscle, straight 108
muscles 108
museum 475
mushroom 58
mushroom, deadly poisonous 58
mushroom, enoki 138
mushroom, poisonous 58
mushroom, structure of 58
mushrooms 138
music 332
musical instrument digital interface (MIDI) cable 343
musical notation 346
music rest 339, 342
muskmelon 151
muslin 198
mustard 63, 180
mustard, American 180
mustard, black 154
mustard, Dijon 180
mustard, English 180
mustard, German 180
mustard, white 154
mustard, wholegrain 180
mute 337, 357
muzzle 96, 308
Myanmar 495
mycelium 58
myelin sheath 121
myocardium 117
myometrium 127

N

nacelle 455
nail 248
nail, common 248
nail, masonry 248
nail, spiral 248
nail, strip 248
nail cleaner 296
nail clipper 308
nail clippers 296
nailer 248
nail file 296
nail groove 568
nailing tool 248
nail polish 296
nail polish remover 296
nails 248
nail scissors 296
nail set 248
nail shaper 296
nail whitener pencil 296
Namaka 9
names, tropical cyclone 47
Namib Desert 28
Namibia 494
nan 172
naos 311
nape 89, 105, 107
napkin 194, 195
nappy 285
nappy, disposable 285
nappy bag 307
narwhal 102
nasal bone 112
nasal cavity 118
NASCAR car 554
nasopharynx 134
national park 31
NATO 496
natural 347
natural greenhouse effect 52
natural sponge 297
Nauru 495
nautical sports 536
nave 317
navel 104, 106
navigation light 423, 433
Nazca Plate 34
Neapolitan coffee maker 209
nebula, planetary 12
neck 86, 99, 105, 106, 107, 113, 333, 334, 335, 345
neck-hole 270
necklaces 294
neck pad 524
neckroll 232
necktie 267
neck warmer 293
nectarine 148
needle 39, 504
needle, larding 199
needle, spruce 70
needle, trussing 199
needle-nose pliers 255
negative charge 468
negative contact 452
negative meniscus 461
negative terminal 458, 459
negligee 283
Nepal 495
Neptune 8, 9
nerve 122
nerve, axillary 122
nerve, cochlear 129
nerve, cranial 121
nerve, cutaneous 122
nerve, femoral 122
nerve, fibular 122
nerve, iliohypogastric 122
nerve, ilioinguinal 122
nerve, olfactory 134
nerve, saphenous 122
nerve, sciatic 122
nerve, spinal 121, 124
nerve, tibial 122
nerve, ulnar 122
nervous system 121
nervous system, central 121
nervous system, peripheral 121
net 525, 527, 529, 531, 533
net, safety 536
Netherlands 492
nettle 141
network access point transceiver 372
networking 374
network interface card 372
neuron 121
neutron 456
neutron, incident 457
neutron star 12
névé 38
New Caledonia 30
new crescent 11
newel post 218
Newfoundland, Island 25
new moon 11
newsgroup 375
newspaper 350
newt 85
newton 467
New Zealand 30, 495
next/fast-forward button 362
nib 349
Nicaragua 490
niche 318
nickel 42
nictitating membrane 96
Niger 493
Nigeria 493
Niger River 28
nightcloth 283
nightgown 283
nightingale 90
Nile River 28
nimbostratus 46
nipple 104, 106, 127, 307
Niue 496
node 61, 458
node of Ranvier 121
nonagon, regular 471
non-breaking space 370
noodle, chow mein 177
noodles, Asian 177
noodles, rice 177
noodles, somen 177
nori 138
North America 22, 25
North American Plate 34
North Atlantic Treaty Organisation 496
Northern hemisphere 21
northern leopard frog 85
northern saw-whet owl 91
north pole 458
North Pole 20
North Sea 22, 27
Norway 24, 492
Norwegian Sea 22, 24, 27
nose 93, 99, 106, 133, 432, 561, 565, 576
noseband 548
nose landing gear 432
nose leather 96
nose pad 302
nosepiece, revolving 463
nostril 82, 84, 85, 86, 99, 133
notch 266, 549
notched lapel 271
note values 347
noticeboard 379
nova 12
Novaya Zemlya 24
nozzle 236, 237, 254, 257
nozzle cleaners 256
nubby tyre 555
nuclear energy 450
nuclear fission 457
nuclear membrane 56
nuclear reactor 451
nucleolus 56, 126
nucleus 12, 13, 56, 456
nucleus, fissionable 457
number 513
numbering stamp 376
number plate light 390
numerals, Roman 469
numeric keyboard 466
numeric keypad 371
numeric lock 370
numeric lock key 371
nurse 501
nursery 233
nut 246, 333, 334, 335
nut, cola 149
nut, ginkgo 149
nut, hexagon 246
nut, macadamia 149
nutcracker 197
nutmeg 154
nutmeg grater 197
nuts 246

O

oak 69
oasis 35, 39
oat flour 172
oats 72, 157
Oberon 9
obi 545
obituary 350
objective lens 14, 462
oblique, external 108, 109
oblique fissure 118
oboe 336
oboes 332
observation room 502
obturator nerve 122
obtuse angle 468, 470
occipital 109
occipital bone 111, 112
ocean 11, 23
Ocean, Atlantic 24, 27, 28
Ocean, Indian 24, 28, 29, 30
Ocean, Pacific 22, 24, 29, 30
Oceania 22, 30, 495
oceanic crust 33
octagon, regular 471
octahedron, regular 471
octave 346
octopus 77, 159
octopus, morphology of 77
oculus 315
odd pinnate 62
oesophagus 119
offal 170
office 376
office, school secretary's 487
office building 474, 477
officer, police 497
office tower 477
off-road motorcycle 409
off-road vehicle 385
offshore prospecting 443
Ogen melon 151
ohm 467
oil 443, 444
oil, corn 178
oil, olive 178
oil, peanut 178
oil, sesame 178
oil, soybean 178
oil, sunflower-seed 178
oil-filled radiator 222
oil paint 326
oil pastel 326
oils, fats and 178
ointment 506
Oka cheese 175
okapi 100
okra 142
old crescent 11
olecranon 111
olfactory bulb 134
olfactory mucosa 134
olfactory nerve 134
olive 142
olive oil 178
olive tree 70
Oman 494
Oman, Gulf of 29
on/off switch 237
one 469
one hundred 469
one pair 572
one-person tent 567
one-storey house 325
one thousand 469
one way head 249
onion, green 139
onion, red 139
onion, white 139
online game 375
on-off button 355, 356, 357, 360, 362, 363, 365, 367, 369
on-off switch 205, 208, 209, 234, 236, 237, 239, 253, 256, 257, 299, 300, 301, 342, 353, 361
oolong tea 158
Oort cloud 8
open-ended spanner 246
opening, twin 315
open-plan coach 417
open strings 344
opera 474
opera glasses 302
opera-length necklace 294
operating mask 505
operating suite 501
operating table 501
operating theatre 501
operator, boom 329
operator station 439
operator's cab 437
operculum 82
opisthodomos 311
opposable thumb 103
opposite prompt side 331
optical device 462
optical scanner 185, 369
optic chiasm 123
optic disk 132
optician 479
optic nerve 132
oral arm 75
oral cavity 118, 119
orange 150
orange, blood 150
orange, section of 64
orangutan 103
orbicular of eye 108
orbicular of mouth 108
orbiculate 62
orchard 137
orchestra 310
orchestra pit 330
orchid 67
order 74, 317
ordinary die 572
ordinates, axis 470
oregano 156
organ console 339
organs, sense 128
oriental cockroach 81
orifice, urethral 125
Orinoco River 26
Orion 19
ornamental kale 140
ornamental tree 137, 210, 258
ornaments 347
oscillating sprinkler 261
ossicle, auditory 129
ostrich 90
ostrich egg 164
otter, river 97
ottoman 229
outboard engine 425
outdoor leisure 566
outer core 33
outer planets 8
outer ring 484
outer string 218
outer toe 89
outhole 576
outlet, American 226
outlet, European 226
outlet grille 222
output devices 372
output jack 335
output tray 372

outside mirror 386, 400
outside ticket pocket 266
outsole 286, 290
ovary 57, 66, 126, 127
ovate 62
oven 187, 238
oven, microwave 187
oven thermometer 198
overbed table 501
overblouse 276
overcoat 271, 279
overflow 224
overflow pipe 225
overhead wires 417, 420
overshirt 276
overtaking lane 381
ovule 57, 66
owl, great horned 91
owl, northern saw-whet 91
ox 101
oxbow 35
oxbow lake 35
oxygen 51
oxygen cycle 51
oxygen mask 504
oyster 159
oystercatcher 92
oyster fork 189
oyster knife 196
oyster mushroom 138

P

pacemaker, artificial 511
Pacific Ocean 22, 24, 29, 30
Pacific Plate 34
Pacific salmon 162
package 183
packaged integrated circuit 459
packer body 404
pad 517
pad, directional 574
pad, scouring 243
pad, sterile 507
padded envelope 376
paddle, double-bladed 543
paddle, single-bladed 543
paddy field 53
page, front 350
pagoda 321
paintbrush 257
painting 257, 326
painting knife 326
paint roller 257
pair 559
pak-choi 140
Pakistan 494
palate, hard 133, 134
palate, soft 133, 134
palatine tonsil 135
Palau 495
Palestine 496
palette with dipper 326
palette with hollows 326
pallet truck 436
palm 131
palmar, long 108
palmar, short 108
palmate 62
palmette 228
palm grove 39
palm rest, detachable 370
palm tree 69
pam, tart 201
pan 466
pan, bread 201
pan, drip 202
pan, loaf 207
pan, pizza 203
panama 288
Panama 490
pancake pan 203
pancetta 171
pancreas 119
pane 214
panel 213, 281
panel, bay filler 367
pannier bag 412
panoramic window 477
panpipe 345
pansy 67
pantograph 417, 420
pantry 216
pants, cigarette 277
panty corselette 280
panty girdle 281
papaya 153
paper 349
paper, parchment 182
paper, rice 348
paper, waxed 182
paper-clip holder 379
paper clips 379
paper collection unit 55
paper fasteners 379
paper industry 73
paper machine 73
papermaking 73
paper mill 73
paper punch 379
paper recycling container 55
papers, rice 177
paper shredder 379
paper tray 365
papilla, circumvallate 135
papilla, filiform 135
papilla, fungiform 135
papillary muscle 117
paprika 155
Papua New Guinea 30, 495
papyrus 348
par 5 hole 550
parabolic dune 39
paraffin 446
paraffins 446
Paraguay 490
parallel 20
parallel bars 535
parallelepiped 471
parallelogram 471
paramecium 75
Paraná River 26
parapet 382
parapet walk 314
parboiled rice 177
parcel tape dispenser 379
parchment paper 182
parfum, eau de 297
parietal bone 111, 112
paring knife 196
paripinnate 62
park 30, 475
parka 272, 278
parking 472, 477
Parmesan 175
parsley 156
parsnip 145
parterre 331
partial eclipse 10, 11
partially reflecting mirror 462
partition 63
partridge 91, 165
parts of spectacles 302
pascal 467
pass 37
passage, ascending 310
passage, descending 310
Passage, Drake 24, 26
passage, fore-and-aft 425
passenger car 417, 420
passenger platform 414
passenger station 414, 415
passenger terminal 421, 430
passenger train 414
passenger transfer vehicle 431
passion fruit 152
pasta 176
pasta maker 197
paste, tomato 180
pastern 99
pastry bag and nozzles 200
pastry blender 200
pastry brush 200
pastry cutting wheel 200
pasture 137
Patagonia 26
patch, transdermal 506
patch pocket 266, 284
patella 110
patera 228
path 258
patient 501
patient room 501
patio 210, 258
patio door 187, 216
pattypan squash 143
paupiette 170
pause 370
pause key 360
pavement 211, 476
paver, asphalt 439
pavilion 474
Pawn 573
payment terminal, electronic 483
pea 63
pea, black-eyed 146
pea, green 146
pea, snow 146
pea, split 146
peach 148
peach, section of 65
peacock 90
pea jacket 279
peak 37, 288
peaked lapel 266
peanut 146
peanut oil 178
pear 149
pear, Asian 153
pear, prickly 153
peas 146
pecan nut 149
peccary 100
pectoral fin 82, 84, 102
pedal 334, 340, 410, 547, 552
pedal, clipless 552
pedal keyboard 339
pedal pushers 277
pedal with wide platform 552
pedestal 334
pedestrian crossing 476
pedicel 64
pediment 311, 318, 319
pedipalp 80
pedometer 465
peduncle 64, 65, 66
peel 64
peeler 199
peg 333, 334, 567
pegbox 333
pelerine 279
pelican 92
peltate 62
pelvic fin 82, 84
pelvis, renal 120
pen, felt-tip 326
penalty area 518
penalty kick 520
pencil 349
pencil point tip 256
pencil sharpener 379
pendant 294
penguin 92
pen holder 303
penholder grip 533
peninsula 23
Peninsula, Antarctic 24
Peninsula, Arabian 29
Peninsula, Balkan 27
Peninsula, Iberian 27
Peninsula, Kamchatka 29
Peninsula, Kola 27
Peninsula, Korean 29
Peninsula, Scandinavian 27
penis 104, 125
penne 176
pentagon, regular 471
pepino 153
pepper, black 154
pepper, green 154
pepper, ground 155
pepper, pink 154
pepper, white 154
pepper mill 197
pepperoni 171
pepperpot 192
percent 469
per cent key 377
perch 82, 163, 309
perch, morphology of 82
perch, pike 163
perching bird 89
percolator 209
percussion instruments 332, 340
performance tyre 398
performing arts 327
perfume shop 478
pergola 258
pericarp 63
periodontal ligament 113
peripheral 473
peristyle 311, 312
peritoneum 125, 126
peroxide, hydrogen 507
perpendicular 468
Persian 96
Persian Gulf 29
personal adornment 294
personal articles 300
personal identification number (PIN) pad 483
personal watercraft 553
Peru 490
peso 484
pesticide 53, 54
pestle 197
petal 66
pet care 308
pet carrier 308
petiole 59, 62
petrol 446
petrol engine 389, 394, 396
petroleum 446
petrol pump 384
petrol pump hose 384
petrol tank 389
pe-tsai 140
pew 489
pharmaceutical forms of medication 506
pharmacy 478, 502
pharynx 118, 119
phases of the moon 11
pheasant 91, 165
pheasant egg 164
Philippine Plate 34
Philippines 29, 495
philtrum 133
phloem 68
Phobos 8
photo booth 479
photoelectric cell 351
photo frame, digital 351
photographer 478
photographer, still 329
photographic accessories 351
photography 351
photography, director of 329
photon 462
photosphere 10
photosynthesis 51, 56
photovoltaic arrays 18
phylum 74
physician 501, 544
physics: electricity and magnetism 458
physics: optics 460
phytoplankton 50
pi 468
pia mater 124
piano 332
piccolo 332, 336
pick 260
pickling onion 139
pickup 335
pickup truck 385
picnic 169
picnic roast 169
picture tube 355
pier 317, 382
pig 100
pigeon 91, 165
pigsty 137
pika 93
pike 163
pike perch 163
pike pole 498
pike position 537
pilaster, Corinthian 313
pilaster, projecting 318
pile dwelling 324
pillar 316, 321
pillbox hat 289
pillow 232
pillow, nursing 307
pillowcase 232
pillow cover 232
pilot house 425
pin 226, 227, 498
pin, connection 459
pin, male grounding 226
pinafore 274
pinball machine 576
pin base 227
pinch 227
pine, Eastern white 71
pineapple 152
pine needles 70
pine nut 149
pine seed 70
pink pepper 154
pinna 59, 93
pinnacle 314, 316, 317
pinnatifid 62
pinto bean 147
pip 64, 65
pipe clamp 247
pipeline 445
pipeline, gas 447
pipe wrench 254
piranha 82
pistachio nut 149
pistil 57, 66
pistol 497
pistol, starting 512

pistol grip handle 252, 256
pistol nozzle 261
piston 396
pit, orchestra 330
pitch 435, 515, 517
pitcher 514, 515
pitcher's mound 515
pitchfork comb 298
pith 68
Pitot tube 555
pits 554
pitta bread 172
pizza cutter 199
place mat 194, 195
place mat, bamboo 195
place setting 194
plaice, common 162
plain 23, 35
plane 253
plane projection 21
planetary nebula 12
planets, inner 9
planets, outer 8
planisphere 22
plano-concave lens 461
plano-convex lens 461
plan reading, elevation 211
plant 61
plant, fibre 72
plant, grain 72
plant, simple 58
plant, sorting 55
plant, structure of 61
plantain 152
plantaris 109
plant cell 56
planter 258
plant growth 58
plant life 56
plasma 117
plasma television 356
plasmodesma 56
plastic film capacitor 459
plastron 86
plate 206
Plate, African 34
Plate, Antarctic 34
Plate, Australian-Indian 34
plate, bread and butter 194, 195
Plate, Cocos 34
plate, cooking 207
plate, dessert 192
plate, dinner 194, 195
Plate, Eurasian 34
Plate, Nazca 34
Plate, North American 34
Plate, Pacific 34
Plate, Philippine 34
plate, pie 201
Plate, Scotia 34
Plate, South American 34
plateau 23, 37
plate binding 561
plate boundaries, convergent 34
plate boundaries, divergent 34
plate boundaries, transform 34
platelet 117
plates, tectonic 34
platform 419, 430, 466, 537
platform, event 534
platform, production 445
platform ladder 257
platform trolley 436
platinum 42
platter, cheese 193
platysma 108
play 357
play/pause button 362
play button 357
player 575
player, basketball 526
player, rugby 521
player positions 514, 519, 527
player's stick 556
playground 487
playing area 575
playing surfaces 532
play key 360
pleasure garden 258
plectrum 345
plenum 219
pleura 118
plexus, sacral 122
pliers 245
pliers, groove joint 245
plimsoll 292
plug 360, 362
plug, charging 394
plug, power cable 367
plug adapter 226, 300
plum 148
plumber's snake 254
plumbing 224, 254
plumbing wrench 254
plumb line 244
plum sauce 181
plumule 58
plunger 254, 504, 576
plus or minus 469
Pluto 9
plutoid 8
pocket 244, 303
pocket, flap 272
pocket handkerchief 266
podcasting 375
podium 321, 477, 486
podium and basements 477
point 348, 571, 575
pointed tab end 267
pointer 466
point guard 527
points 415
poker 221
poker die 572
Poland 492
polar bear 98
polar climates 45
polar ice cap 45
polarizing filter 351
polar lights 43
Polaroid® Land camera 352
polar tundra 45
pole 356, 567
pole, north 458
Pole, North 20
pole, ski 564
pole, south 458
Pole, South 20, 24
pole grip 564
pole position 554
pole shaft 564
pole vault 512
police car 497
police officer 497
police station 475
politics 490
pollack 162
pollination 57
pollution, air 53
pollution, land 53
pollution, water 54
polo neck 564
polo-neck sweater 273
polo shirt 273, 276, 532
polygons 471
polypody, common 59
pome fruits 149
pomegranate 152
pomelo 150
Pomeranian 95
pommel 548
pommel horse 534, 535
poncho 279
pond, artificial 258
Pont-l'Évêque 175
poodle 94
pool 212
poplar 69
poppy 63, 67
poppy seeds 155
porch 211, 315, 317
porcini 138
porcupine 93
pore 56, 63
pork 169
porpoise 102
Porro prism 462
port 473
port, USB 367
portable fire extinguisher 498
portable radio 361
portable shower head 224
portable sound systems 361
portal 317
port glass 188
port hand 427
porthole 426
portico 319
portobello 138
Portugal 491
position, pole 554
position light 417, 435
positive charge 468
positive contact 452
positive meniscus 461
positive terminal 458, 459
post 454
posterior fontanelle 112
posterior rugae 105, 107
posterior semicircular canal 129
postern 314
post lantern 235
post mill 454
post office 475, 479
potato 139
potato, sweet 139
potato masher 201
pouch 182
poultry 165
poultry shears 199
pound 484
pouring spout 243
powder, chilli 155
powder blusher 295
powdered milk 174
powdered sugar 179
powder puff 295
power, measurement of 467
power adapter 368
power button 366, 367, 368
power cable plug 367
power cord 205, 236, 251, 252, 253, 256, 263, 264, 299
power cord, alternating-current 368
power cord, direct-current 368
power mower 265
power outlet 366
power sation, hydroelectric 449
power station 448
power supply fan 367
prairie 23
pram 307
prawn 160
precipitation 48, 51
precision and accuracy sports 549
prehensile digit 103
premaxilla 82
premolars 113
pressed cheeses 175
pressed powder 295
pressing 73
pressure, measurement of 467
pressure cooker 202
pressure gauge 505
pressure regulator 447, 568
pressurized refuge 383
prickly pear 153
primary crash sensor 392
primary mirror 13, 16
primary root 61
primate 103
primates 103
prime focus 13
prime meridian 20
primitive animal 75
primrose 67
princess dress 274
printed circuit 459
printed circuit board 459
printer 377
printer, inkjet 372
printing calculator 377
printout 466
prism binoculars 462
privacy curtain 501
probe 255, 510, 511
proboscis 78
process, mastoid 112
process, styloid 112
producer 329
production designer 328
production of electricity from geothermal energy 442
production of electricity from nuclear energy 450
production of electricity from thermal energy 443
production of electricity from wind energy 455
production well 442
profile of the earth's atmosphere 43
programmable thermostat 222
program selector 241
projection booth 327
projection room 327
projection screen 327
projector 327, 372
proleg 78
promenade deck 426
prominence 10
prompt side 331
pronaos 311
propane or butane appliances 568
propeller 424, 426, 427
propeller, rear 424
propeller, stem 424
propeller, three-blade 434
propeller, two-blade 434
propeller duct 423
propelling pencil 349
property man 329
proscenium 330
prosciutto 171
prospecting, offshore 443
prospecting, surface 443
prostate 125
protective cup 524, 557
protective equipment 500, 524
protective goggles 552, 555
protective suit 555
protector, hand 555
prothorax 78
protocol, communication 374
proton 456
province 31
pruning knife 262
pruning saw 262
pseudopodium 74
pubic region 104
pubic symphysis 125, 126
puck 557
pudding, black 171
pulley 257, 396
pullover 278
pull strap 304
pulmonary artery 114
pulmonary vein 115
pulp 64, 113
pulping 73
pulpit 489
pulp mill 73
pulsar 12
pulsed ruby laser 462
pulse monitor 547
pulverizer 443
puma 97
pump 240, 242, 291, 568
pump, air 309
pump, blood 511
pump, circulating 219
pumper 499
pumpkin 143
pump nozzle 384
pump sprayer 261
punchbag 544
punchball 544
punch hole 268
pupil 96, 132
pure alcohol 507
purfling 334
purslane 141
push bar 322
push button 348
push buttons 364
push-button telephone 364
pusher 197
push rim 508
push-up bra 281
putter 551
pygal shield 86
pyjamas 283, 285
pyramid 310, 471
pyramid, renal 120
pyramid spot 549
Pyrenees 27
python 87

Q

Qatar 494
Qibla wall 488
quad bike 409
quadrant 470
quadrilateral 471
quadruped stick 507
quail 91, 165
quail egg 164
quarter 286, 290
quarterback 523
quarter window 387
quaver 347
quaver rest 347
quay 421, 472
quayside crane 421
queen 79, 572
Queen 573
queen, honeybee 79
Queen Maud Land 24
quill 348
quill brush 298
quince 149
quinoa 157

R

raab, broccoli 145
rabbit 93, 165
rabbi's seat 488
raccoon 97
raceme 66
racing, motor 554
racing, road 552
racing suit 555, 558
rack 168, 202, 238, 242, 549
rack, luggage 409
rack, roof 399
racket sports 528
Raclette 175
raclette grill 207
radar 422, 423, 426, 427
radar mast 424
radial nerve 122
radial thread 80
radiant heater 222
radiation, infrared 460
radiation, ultraviolet 460
radiator 388, 398, 416
radiator grille 402
radiators 18
radicchio 140
radicle 58, 61
radio, clock 361
radio, portable 361
radioactivity, measurement of 467
radio aerial 422, 424, 426, 427
radio antenna 555
radiotherapy 511
radio waves 460
radish 145
radish, black 145
radius 110, 470
rafter 215
raglan 279
raglan sleeve 271, 279, 284
rail 536
railing 217, 320
rail transport 414
rail transport, urban 418
railway station 415, 472, 474
railway track 414, 473, 474
rain 48
rain, freezing 48
rainbow 48
rain cap 221
raincoat 271
rain fly 567
raised handlebar 552
raised head 249
rake 260
rake comb 298
rally car 554
rambutan 153
ramekin 192
ramen 177
ramp 311
rampart 314
random orbit sander 253
Range, Great Dividing 30
ras el hanout 155
raspberry 148
raspberry, section of 64
rat 93
rat, morphology of 93
ratchet 249, 345
ratchet ring spanner 246
ratchet socket wrench 246
rattlesnake 87
raven 91
ravioli 176
rays, gamma 460
razor, multi-edge 300
razor clam 159
reach-in freezer 184
reaction direction 468
reactor 450
ream 73
rear beam 466
rear brake 410
rear brake pedal 408
rear bumper 553
rear derailleur 410
rear leg 229
rear light 390, 406, 408
rear lights 390
rear seat 391
rearview mirror 392
receiver 363, 364, 529, 530
receiver, wide 523
receptacle 64, 66
reception level 480
receptors, taste 135
recliner 229
record button 356, 357
recorder 545
recorder, DVD 357
record shop 478
recovery room 501
rectangle 471
rectum 119, 125, 126
recycling 55
recycling bin 55
recycling containers 55
red 460
red alga 59
red blood cell 117
red cabbage 141
Red Crescent 496
Red Cross 496
redcurrant 148
redfish 162
red giant 12
red kidney bean 147
red-kneed tarantula 80
red onion 139
Red Sea 22, 28, 29
red sweet pepper 142
red whortleberry 148
redwood 71
reed 336
Reef, Great Barrier 30
reel 261, 357
reel, baitcasting 570
reel seat 570, 571
re-entrant angle 470
referee 519, 521, 523, 525, 526, 537, 538, 544, 545, 557, 559
refill 348
refiner 73
refinery 445, 473
refinery products 446
reflecting surface 461
reflecting telescope 15
reflector 255, 403, 410, 411, 553
reflexion, light 461
refracting surface 461
refracting telescope 14
refraction, light 461
refrigerated semi-trailer 403
refrigerator 186, 187, 239
refrigerator compartment 239
refrigerators 186
refrigerator van 416
refuge, pressurized 383
refuse container 243
regions, vegetation 49
regulator first stage 536
regulator second stage 536
reindeer 100
reinforced edging 304
religion 488
relish 180
remote control 356, 357
remote manipulator system 18, 19
remote sensing 32
remote sensor 372
removable-bottomed tin 201
removable flag pole 550
Renaissance 319
renal artery 114, 120
renal vein 115, 120
reniform 62
repeat sign 346
reproductive cycle 57
reproductive system 125
reptiles 86, 87
Republic of Korea 495
Republic of South Sudan 493
reservoir 448, 449
reservoir-nib pen 326
reset button 367
resistors 459
resonator 341, 360
resort, ski 560
respiration 51
respirator 500
respiratory system 118
restaurant 186, 474, 478
restaurant, fast-food 479
restaurant car 417
rest values 347
resuscitation room 502
reticle 462
retina 132
retractable handle 305
retractable step 405
return 371
reversible reaction 468
reversing light 390
revolving door, manual 322
revolving nosepiece 463
revolving sprinkler 261
rewritable DVD disc 373
Rhea 9
Rhesus factor 468
rhinoceros 101
rhizoid 60
rhizome 59, 61
rhombus 471
rhubarb 144
rias 36
rib 144, 166, 167, 305, 333, 334
rib, false 111
rib, floating 110
ribbing 273, 284
rib chop 167, 168
ribosome 56, 74
rib pad 524
rib roast 166
ribs 110
ribs, back 166
rice 72, 157, 177
rice, basmati 177
rice, brown 177
rice, parboiled 177
rice, white 177
rice, wild 157
rice noodles 177
rice papers 177
rice vermicelli 177
rice vinegar 181
ricotta 174
rider 555
ridge 37
ridge tent 567
riding 548
riding coat 278
riegel 38
rigatoni 176
right angle 468, 470
right atrium 117
right back 519, 525
right cornerback 522
right defence 556
right defensive end 522
right defensive tackle 522
right field 515
right guard 523
right kidney 120
right lung 118
right service court 531
right tackle 523
right ventricle 117
right wing 557
rillettes 171
rim 407, 411, 527
rime 48
rim soup bowl 192
rinceau 228
rind 64
ring 58, 305, 337, 464, 544
ring binder 378
ring pull 183
ring road 30
rings 294, 534, 535
ring spanner 246
rink 556, 559
rink, ice 560
ripper cylinder 438
riser 218
river 23, 35
River, Amazon 26
River, Congo 28
River, Danube 27
River, Dnieper 27
River, Mackenzie 25
River, Mississippi 25
River, Niger 28
River, Orinoco 26
River, Paraná 26
River, Saint Lawrence 25
River, Senegal 28
River, Vistula 27
River, Volga 27
river otter 97
road 31, 380, 472
road bicycle 413
road flare 497
road racing 552
road-racing bicycle and cyclist 552
road system 380
road tanker 402
road transport 380
road tunnel 383
roadway 380, 383, 476
roast 167, 168
roast, rib 166
roasted coffee beans 158
roasting pans 202
robin, European 90
rock 49
rock basin 38
rock candy 179
rocker arm 396
rocket 141
rock garden 258
rocking chair 228, 229
rockslide 42
Rocky Mountains 25
rod 132
rodent 93
rodents and lagomorphs 93
roll 435
roller 298
roller, road 439
roller frame 257
roller shade 399
roller skate 565
roller sleeve 257
rolling pin 200
Roman amphitheatre 313
roman bean 147
romanesque 315
Roman house 312
Romania 492
Roman metal pen 348
Roman numerals 469
Romano 175
rompers 284, 285
roof 211, 321, 387
roof, flat 320
roof timber 311
roof vent 405
room, double 480
room, isolation 502
room, patient 501
room, projection 327
room, recovery 501
room, single 480
room, triage 503
room air conditioner 223
room thermostat 222
rooster 91
root 58, 61, 113, 189
root, buttress 61
root canal 113
root cap 61
root-hair zone 68
rootlet 68
roots, adventitious 59
root vegetables 145
rope 294, 544
Roquefort 175
rose 67, 214, 261
rosemary 156
rosette 334
Ross Ice Shelf 24
rotary cheese grater 197
rotary file 376
rotating dome 13
rotating light 499
rotini 176
rotor 454, 455
rotor blade 435
rotunda 477
round 166
round brush 298
round head 249
round pronator 108
round steak 166, 167, 170
router 253, 375
row 331
rowing machine 547
royal agaric 138
royal flush 572
rubber boot 498
rubber bulb 504
rubber stamp 376
ruck 521
rudder 423, 424, 426, 433, 540
rudder blade 424
ruffled skirt 275
rugby 520
rugby ball 521
rugby pitch 520
rugby player 521
rule 350
ruler 465, 568
rump 89
run 218
runabout 425

rung 257
runner 513
running shoe 286, 513
running shorts 286
running surface 547
run-up 513
runway 430
rupee 484
Russia 24
Russian black bread 172
Russian blue 96
Russian Federation 492
Rwanda 493
rye 72, 157

S

sacristy 489
sacrum 110, 111
saddle 410, 547, 548
saddlebag 409
safari jacket 278
safe 483
safe deposit box 483
safety 497
safety, free 522
safety, strong 522
safety binding 562, 563
safety boot 500
safety cage 513
safety earmuffs 500
safety goggles 500
safety rail 257, 416
safety scissors 296
safety valve 202
saffron 154
saffron milk cap 138
sage 156
Sahara Desert 28
sail 454, 542
sailbar 454
sailboard 542
sailcloth 454
sailing 540
sailing boat 540
sailor tunic 276
sail panel 540
Saint Bernard 95
Saint Kitts and Nevis 490
Saint Lawrence River 25
Saint Lucia 490
Saint Vincent and the Grenadines 491
salad bowl 193
salad crisper 239
salad dish 193
salad fork 189
salad plate 192
salad spinner 198
salamander 85
salami, Genoa 171
salami, German 171
Salchow 559
salivary gland 135
salivary glands 119
salmon, Atlantic 162
salmon, Pacific 162
salsify 145
salt, coarse 181
salt, sea 181
salt, table 181
saltcellar 192
salt lake 39
sambal oelek 181
Samoa 495
sampler 343
sanctuary lamp 489
sandal 286, 292
sandbox 416
sand bunker 550
sander, random orbit 253
sanding disc 253
sand island 36
sandpaper 253
sand shoe 403
San Marino 492
Sao Tome and Principe 493
sapodilla 153
sapwood 68
sardine 161
sarong 275
sartorius 108
sash frame 214
sash window 323
Satan's mushroom 58
satchel bag 306
satellite 8
satellite radio receiver 362
Saturn 8, 9
sauce, hoisin 180
sauce, plum 181
sauce, soy 180
sauce, Tabasco® 180
sauce, Worcestershire 180
saucepan 203
saucepan, small 203
saucer 192, 195
Saudi Arabia 494
sausage, Toulouse 171
sauté pan 203
savannah 49
savoury 156
Savoy cabbage 141
saw, back 250
saw, compass 250
saw, coping 250
saw, folding 569
saw, hand mitre 250
sawfish 84
sawing tool 250
sawmill 73
saxhorn 337
saxophone 336
scale 82, 86, 89, 244, 346, 464, 465, 504
scale-like leaves of the cypress 70
scallop 159
Scandinavian Peninsula 27
scanner, optical 185
scapula 105, 107, 110, 111
scarab beetle 81
scarf 293
scatter cushion 232
scene 310
schnauzer 95
school 486
school bus 400
school secretary's office 487
scientific symbols 467
scissors 507, 568
sclera 132
sconce 235
scoop 308
scooter, four-wheel 508
scooter, motor 409
score 535
scoreboard 513, 532, 535, 545
score counter 575
scorer 525, 526
scorers and timekeepers 545
scorpion 80
Scotia Plate 34
scouring pad 243
scraper 257, 440, 564
scratch jog wheel 343
screed 439
screen 355, 356, 517, 574
screen, backlight 377
screen, fireplace 221
screen, projection 327
screen, touch 363, 574
screen door 405
screw 249
screw, clamping 247
screw cap 183, 226
screwdriver 249, 568
screwdriver, cordless 249
screwdriving tool 249
scrimmage: defence 522
scrimmage: offence 523
scroll 333
scroll foot 228
scrolling 371
scrolls, Torah 488
scroll wheel 369
scrotum 104, 125
scrub 49
scuba diver 536
scuba diving 536
scuffle hoe 260
scuff rib 398
sculpture 319
scuttle panel 386
scythe 262
sea 11, 23, 35
Sea, Adriatic 27
Sea, Aegean 27
Sea, Arabian 29
Sea, Aral 29
Sea, Baltic 27
Sea, Barents 27
Sea, Beaufort 25
Sea, Black 27, 29
Sea, Caribbean 25
Sea, Caspian 29
Sea, Coral 30
Sea, East China 29
Sea, Irish 27
Sea, Mediterranean 27, 28
Sea, North 27
Sea, Norwegian 27
Sea, Red 28, 29
Sea, South China 29
Sea, Tasman 30
Sea, Weddell 24
sea bass 162
sea bream 161
seafood 164
sea horse 83
sea kale 140
seal 102
sea lettuce 138
sea lion 102
seaming 266
seamount 34
seam pocket 279
Sea of Japan 29
search 375
sea salt 181
seasoning, cajun spice 155
seasons of the year 44
seat 225, 228, 229, 233, 327, 391, 406, 409, 508, 553
seat, car 399
seat back 391
seat belt 391
seats 229
seat stay 410
sea urchin 75
seaweed 138
sebum 130
secateurs 262
second 468, 544
secondary mirror 16
secondary root 61
second base 514
second baseman 514
second hand 464
second molar 113
second premolar 113
second violins 332
section 350
sectional garage door 322
sector 470
Secure Digital card 351
security grille 482
security trigger 263
sedimentary rocks 33
seed 57, 58, 63, 64, 65
seed coat 58, 72
seeder 264
seedless cucumber 142
seeds, poppy 155
segment 64
seismic wave 41
self-adhesive labels 378
self-inflating mattress 566
self-sealing flap 376
self-stick note 376
semaphore signal 415
semibreve 347
semibreve rest 347
semicircle 470
semi-circle 526
semi-detached houses 325
semimembranous 109
semiquaver 347
semiquaver rest 347
semispinalis 109
semitendinous 109
semolina 172
semolina, flour and 172
Senegal 493
Senegal River 28
sense organs 128
sensing, remote 32
sensitivity 352
sensor, remote 372
sepal 64, 65, 66
separate collection 55
separator 397, 442, 459
septum 133
sequencer 343
serac 38
Serbia 492
serrate 62
serve 525, 530
server 374, 375, 528, 531
service judge 528, 530
service road 428
service station 384, 475
service table 186
service zones 529
serving dish 193
serving trolley 230
sesame oil 178
set 329, 532
set, socket 246
set dresser 329
set-in sleeve 267
set of bells 341
setsquare 244
sewer 476
Seychelles 494
shackle 541
shad 161
shade 234
shade, roller 399
shadow 464
shaft 310, 528, 532, 549, 551, 556, 575
shake-hands grip 533
shaker 200
shale 447
shallot 139
shallow root 68
sham 232
shampoo 297
shank 166, 167, 168, 249, 252, 299, 571
shaping tool 253
shapka 288
shark 84
shark, morphology of 84
shark, tiger 84
shark, white 84
sharp 347
sharpening steel 199
sharpening stone 199
shaving 300
shaving brush 300
shaving foam 300
shaving mug 300
sheath 62
sheath dress 274
sheathing 215
shed 210, 258
sheep 100
sheep shelter 137
sheepskin jacket 272
sheet lead 541
sheet protector 378
shekel, new 484
shelf 231, 238, 239, 257
shelf channel 239
shell 63, 76, 340, 407
shell, univalve 76
shelter 308, 383
shift 370
shift: level 2 select 370
shiitake 138
shin guard 518, 561
ships 422
shirt 267, 285, 513
shirt, polo 273
shirttail 267
shirtwaist dress 274
shock absorber 389, 553
shock absorber, front 409
shoe 290, 291, 526, 552, 554
shoe, cleated 521
shoe, mary jane 291
shoe, parts 290
shoelace 286, 290
shoes 290
shoes, golf 551
shoes, men's 290
shoes, unisex 292
shoes, women's 291
shoot 61, 68
shoot, bamboo 144
shooting stage 328
shop 312, 474
shop, jewellery 478
shop, leather goods 478
shop, perfume 478
shop, record 478
shopping bag 306
shopping centre 473, 478
shopping street 474
shopping trolleys 185
shore cliff 36
shorelines 36
shortening 178
short glove 293
shorthair, American 96
short loin 166
short plate 166

shorts 269, 277, 286, 350, 513, 518, 521, 526, 546, 552
shorts, running 286
short sock 282
shortstop 514
short track 558
short track skate 558
shot clock operator 526
shot put 512
shoulder 94, 99, 104, 106, 167, 168, 246, 334, 380
shoulder, rolled 168, 169
shoulder bag 306
shoulder bag with zip 306
shoulder belt 391
shoulder bolt 246
shoulder pad 524
shoulder roast 167
shoulder strap 281, 304, 306, 497
shovel 221, 260, 562, 564
shovel, mountain mover 265
shovel, snow 265
shower 217, 501
shower, bath and 480
shower cubicle 224
shower gel 297
shower head 224
shower hose 224
shredder, paper 379
shrike 91
shroud 540
shuffle play button 360
shutoff valve 225
shutter 214, 453
shutter release button 352
shutting stile 213
shuttlecock, feathered 529
shuttlecock, synthetic 529
SI 467
Siamese 96
sickle 262
side 169
sideboard 216, 231
side chair 229
side chapel 316
side electrode 397
side fairings 555
side footboard 416
side hatch 19
side judge 523
side marker light 390, 402, 403
side panel 271
sidepiece 302
side rail 257, 403
side span 382
side vent 405
sidewall 398
Sierra Leone 493
sieve 198
sifter 200
sight 132, 569
signet ring 294
silencer 389, 406, 408, 409, 435
silencer stack 438
silique 63
silk 72
sill 40
sill plate 215
silos 421
silver 42
simple eye 78
simple leaves 62
Singapore 495
single bed 480
single-bladed paddle 543
single-breasted jacket 266
single-burner camp stove 568
single-leaf bascule bridge 383
single reed 336
single room 480
single seat 420
singles service court 529
singlet 546
sink 187, 480
sinus, lactiferous 127
siphon 77
siren 499
sirloin 166, 167, 168
sirloin steak 166
sistrum 341
sitting room 216
sixth 346
skate 84, 160, 556
skate, goalkeeper's 557
skate, short track 558
skateboarder 565
skateboarding 565
skater 558, 565
skates, speed 558
skating, figure 559
skating, inline 565
skating, speed 558
skating step 564
skeg 542, 543
skeleton 110
skerry 36
ski 553, 562
ski, alpine 562
ski, downhill 562
ski, giant slalom 562
ski, jumping 561
ski, slalom 562
ski, super-G 562
skiboard 562
ski boot 562, 563
skid 435
ski glove 562
ski goggles 562
ski hat 564
ski jumper 561
ski jumping 561
ski-jumping boot 561
ski-jumping suit 561
skimmer 201, 212
skin 64, 65, 130
skip 440
ski pants 277
ski pole 562
skipping-rope 546
ski rack 399
ski resort 560
skirt 275, 279, 532
skirt, gathered 275
skirt, pencil 275
skirt, spray 543
skirting board 218
skirt steak 166
skis 562
ski stop 563
ski suit 562, 564
ski trail, alpine 560
ski trail, cross-country 560
skort 275
skull 104, 112
skullcap 288
skunk 97
skylight 211, 217
slalom, giant 563
slalom, special 563
slalom, super giant 563
slalom ski 562
slat 233
slate 329
sleeper cab 402
sleeping bag 566
sleeping car 417
sleep sack 285
sleepsuit 284
sleet 48
sleeve 266
sleeve strap 271
sleeve strap loop 271
sleigh bells 341
slice 201
slide 242
slide, glass 463
sliding door 224, 322
sliding door, automatic 322
sliding folding window 323
sliding seat 547
sliding weight 466
sliding window 323
slingback shoe 291
slip 280
slip joint 245
slip joint pliers 245
slip-on 292
slipover 273
sliproad 381
slope 380
slope, difficult 560
slope, expert 560
slope, intermediate 560
sloping cornice 311
slot 189, 206, 249
Slovakia 492
Slovenia 492
slow-burning stove 220
small carton 183
small crate 182
small drawstring bag 306
small hand cultivator 259
small open crate 182
small saucepan 203
smartphone 363
smash 531
smell and taste 133
smelt 161
smock 276
smog 53
smoke baffle 220
smoke detector 498
smoked ham 169
smooth hound 160
snaffle bit 548
snaffle rein 548
snail 76, 159
snail, morphology of 76
snail dish 193
snail tongs 199
snake 86
snake, coral 87
snake, garter 87
snap fastener 272
snap shackle 541
snare drum 332, 340
snare head 340, 345
snatch 546
snorkel 536
snout 84, 85
snow 48
snowblower 404
snowboard 561
snowboard, alpine 561
snowboard, freestyle 561
snowboarder 561
snowboarding 561
snow brush with scraper 399
snow-grooming machine 560
snow guard 553
snowmobile 553
snow pusher 265
snow removal 265
snow scoop 265
snowshoe, elliptical 564
snowshoe, traditional 564
snowshoeing 564
snowsuit 285
snuggle suit 284
soap, toilet 297
soba 177
soccer table 575
sock 269, 282, 518, 521, 524, 532
sock, ankle 269
socket 226
socket-contact 226
socket head 249
socket set 246
socket tester 255
sofa 228
softball 516
softball glove 516
soft binding 561
soft cheeses 175
soft contact lens 301
soft pastel 326
soft pedal 338, 342
soft ray 82
software, email 374
software, graphic design 354
software, storage 354
solar air heater 453
solar array 16
solar cell 452
solar eclipse 10
solar energy 452
solar house 453
solar panel 16
solar panel, thermal 453
solar shield 17
solar system 8
solder 256
soldering 256
soldering gun 256
soldering iron 256
sole 162, 253, 269, 559, 563
soleplate 236
soleus 108
solid 456, 457
solid, amorphous 456
solid body 335
solid centre auger bit 252
solids 471
solitaire ring 294
Solomon Islands 495
Somalia 493
somen noodles 177
sorghum 72
sorting plant 55
sorus 59
sostenuto pedal 338
soufflé dish 200
soundboard 333, 334, 338, 344, 345
soundbox 334, 345
sound engineer 329
soup bowl 192
soup spoon 191, 194, 195
soup tureen 193
sour cream 174
South Africa 494
South America 22, 26
South American Plate 34
South China Sea 22, 29
Southern hemisphere 21
South Georgia 26
south pole 458
South Pole 20, 24
sou'wester 289
soybean 178
soybean sprouts 178
soy sauce 180
Soyuz 19
space 346, 370
space, non-breaking 370
space bar 370
spacelab 19
spaceship 19
space shuttle 19
spacesuit 17
spade 260
spade bit 252
spades 572
spadix 66
spaghetti 176
spaghettini 176
spaghetti squash 143
spaghetti tongs 199
Spain 491
spaniel 95
spar 432
spareribs 169
spare tyre 405
spark plug 396, 397
sparrow 90
spatula 201
spatulate 62
speaker 327, 356, 362, 363, 365, 368, 537
speaker cover 360
spear 144
special slalom 563
species 74
spectacles 302
spectrum, electromagnetic 460
speedometer 393, 408
speed skates 558
speed skating 558
spelt wheat 157
spencer 278
spermatozoon 125
sperm whale 102
sphagnum 60
sphenoidal fontanelle 112
sphenoidal sinus 134
sphenoid bone 112
sphere 471
sphynx 96
spices 154
spices, marinade 155
spicule 75
spicules 10
spider 80
spider, crab 80
spider, garden 80
spider, morphology of 80
spider, water 80
spider web 80
spike 66, 513
spiked shoe 516
spike file 379
spillway 448
spillway gate 448
spinach 141
spinal column 110, 124
spinal cord 121, 124
spindle 205, 229
spine, anterior nasal 112
spinner 571
spinneret 80
spinning rod 570
spinous process 124
spiny lobster 160
spiny ray 82
spiracle 78
spiral 249
spiral arm 13
spiral beater 204

spiral binder 376
spiral nail 248
spiral screwdriver 249
spiral thread 80
spire 315, 316
spirit level 244
spirulina 138
spit 36
splat 228
splay 317
spleen 124
splenius of head 109
splints 507
spoiler 407, 432, 555
spoke 411
sponge 75
sponson 553
spool 570, 571
spoon 191
spoon, soup 191, 194, 195
spoon, tasting 199
spoons 191
spores 58
sports, motor 553
sports, precision and accuracy 549
sports, strength 546
sports car 385
sports complex 473
sports on wheels 565
sportswear 286
sport-utility vehicle 385
spot 235
spotlight 328, 499
spotlights 331
spout 208, 209
spout, pouring 243
spray 236
spray, nasal 506
spray arm 242
sprayer 261
spray nozzle 261
spray skirt 543
spread collar 267
spreader 264, 540
spring 35, 44
spring balance 466
springboard 535
springboard, 1 m 537
springboard, 3 m 537
spring onion 139
spring toggle 249
spring washer 245
sprinkler hose 261
sprinklers 450
sprocket 553
sprouts, soybean 178
spruce 71
sprung base 232
spur 37, 252, 340
squame 130
squamous suture 112
square 471
square-headed tip 249
square root key 377
square root of 469
square trowel 254
squash, acorn 143
squash, buttercup 143
squash, crookneck 143
squash, pattypan 143
squash, spaghetti 143
squash, straightneck 143
squash, summer 143
squash, winter 143
squid 159
squirrel 93
Sri Lanka 495
stabilizer 412, 426
stabilizer jack 405
stable 137
stack 36, 443
stacking chairs 229
stadium 473
staff 346
stage 310, 330, 331, 463
stage, shooting 328
stage clip 463
stage curtain 330, 331
stained glass 317
stained-glass window 489
stairs 218
stairwell 217
stake 258, 264
stalk 60, 64, 65, 144
stalk vegetables 144
stamen 65, 66
stamp pad 376
stand 234, 304, 551
standard lamp 234
standard poker hands 572
stapes 129
stapler 379
staple remover 379
staples 379
star 12
star, main-sequence 12
star, neutron 12
star anise 63
starboard hand 427
starch 72
star dapperling 58
star diagonal 14
starfish 75
starling 91
star of David 488
starter 265, 538
starter button 408
starting block 513, 538
starting grid 554
starting pistol 512
starting positions 537
start key 370
start switch 241
state 31
states of matter 456
station, bus 474
station, emergency 383
station, fire 475
station, international space 18
station, police 475
station, railway 472, 474
station, service 475
station, underground railway 474
station concourse 414
station entrance 418
stationery 376
station platform 415
statistics 470
statue 489
steak 166, 167, 170
steak knife 190
steamer 203
steamer, electric 207
steamer basket 203
steam iron 236
steel 281
steel pen 349
steelyard 466
steeplechase 512
steeplechase hurdle 512
steering column 388
steering cylinder 440
steering system 389
steering wheel 388, 392, 555
stem 58, 60, 61, 424, 464
stem, lateral 61
stem, underground 58
stem bulb 425, 427
stem propeller 424
step 257, 402
step, skating 564
step chair 229
step groove 218
stepladder 257
stepladders 257
steppe 45
stepper 547
steps 216
step stool 257
stereo sound system 359
stereo sound system, mini 361
sterilization room 501
stern 426, 542
sternocleidomastoid 108, 109
sternum 110
stethoscope 504
stick 237, 305, 333
stifle 99
stigma 57, 63, 66
stile 229
stile groove of sash 214
still photographer 329
Stilton 175
sting 79
stink bug 81
stipule 62
stirrup leather 548
stirrup sock 516
stitch 290
stitching 286
stock 454
stockade 314
stocking 281, 282, 556
stocking cap 289
stock pot 203
stolon 61
stomach 119
stone 65
stone, projecting 320
stone, sharpening 199
stone deflector 416, 417
stone for sacrifice 321
stone fruits 148
stone marten 97
stoner 199
stone steps 211
stop 357
stop button 356, 357
stop key 360
stopper 569
stopwatch 464
storage door 239
storage furniture 230
storage tank 446
stork 92
storm collar 221
stormy sky 48
straight 572
straightening iron 299
straight flush 572
straight jaw 245
straightneck squash 143
straight position 537
straight ribbed top 269
straight skirt 275
strainer 202, 205, 208
strainer, mesh 198
strait 23
Strait, Bass 30
Strait, Bering 25
Strait, Cook 30
Strait, Torres 30
Strait of Gibraltar 27
strap 291, 464
strap, shoulder 497
strapless brassiere 281
stratocumulus 46
stratopause 43
stratosphere 43
stratus 46
straw 183
strawberry 148
strawberry, section of 64
straw hut 324
street 30, 475, 476
street, shopping 474
streetcar 420
street light 476
street sweeper 404
strength sports 546
stretcher 230, 505
stretcher, pole 505
stretch-limousine 385
strider, water 81
striker 256, 519
string 333, 334
string, nylon 264
stringed instruments 333
stringing 528, 532
strings 338, 345
strip 322
strip, magnetic 485
strip door 322
strip sirloin 168
stroke judge 538
strokes 530
strut 215, 427, 455
strut, wing 434
stud 215, 286, 395, 517
stud, interchangeable 518
studded tyre 398
students' lockers 487
study 217
stump 68
sturgeon 160
style 63, 64, 65, 66
stylist, hair 328
stylobate 311
styloid process 112
stylus 348, 574
subarctic 45
subbase 380
subduction 34
subfloor 215, 218
subgrade 380
subhead 350
sublimation 456
submarine canyon 34
submarine pipeline 445
subtraction 469
subtraction key 377
subtractive colour synthesis 460
suburb 30, 473
subwoofers 358
sucker 77
suction hose 499
Sudan 493
sugar 179
sugar, brown 179
sugar, caster 179
sugar, granulated 179
sugar, powdered 179
sugar, vanilla 179
sugar bowl 192
sugar thermometer 198
suit 279, 572
suit, ski-jumping 561
suit carrier 304
suitcase 304
suitcase, upright 305
suite, operating 501
sulcus 123
sum 469
sumac 155
summer 44
summer solstice 44
summit 37, 560
sump 396
sun 8, 10
sun, structure of 10
sundae spoon 191
sun deck 425
sundial 464
sundress 274
sunfish 82
sunflower 67
sunflower-seed oil 178
sunglasses 302
sunglasses, clip-on 302
sun roof 387
sunspot 10
sun visor 392, 399, 405
supercooling 456
supergiant 12
super giant slalom 563
superior dental arch 133
superior mesenteric artery 114, 120
superior mesenteric vein 115
superior nasal concha 134
superior rectus muscle 132
superior semicircular canal 129
superior vena cava 115, 117
superjumbo 434
supermarket 136, 184, 475, 479
supernova 12
support 229
suppository 506
suqash, marrow 143
surface, cooking 207
surface, synthetic 532
surface insulation 19
surface prospecting 443
surface run-off 51
surfaces, playing 532
surgery room 502
Suriname 490
surround loudspeaker 358
sushi set 193
suspended span 382
suspender 281, 382
suspender belt 281
suspension 420
suspension, back 552
suspension bogie 417
suspension bridge 382
suspension cable 382
suspension file 378
suspension system 389
suspensory ligament 132
sustaining pedal 338, 342
suture 63
suture, coronal 112
suture, lambdoid 112
suture, squamous 112
SUV 385
swallow 90
swan 92
Swaziland 494
sweater, crew neck 278
sweaters 273, 278
sweatpants 287
sweatshirt 287
sweatshirt, hooded 287
swede 145
Sweden 24, 492
sweeper, street 404
sweetbreads 170
sweet corn 72
sweet pepper, green 142
sweet pepper, red 142
sweet pepper, yellow 142
sweet potato 139
swell organ manual 339

swell pedals 339
swift 90
swimming 538
swimming goggles 538
swimming pool, above-ground 212
swimming pool, in-ground 212
swimming trunks 286
swimsuit 286, 538
swing bridge 382
Swiss chard 144
switch 226, 458
switch, on/off 237
switch, on-off 205
switch, trigger 251, 252, 253
Switzerland 492
swivel 444, 571
swivel wall lamp 235
swordfish 161
symbols, scientific 467
symphony orchestra 332
synagogue 488
synthesis, colour 460
synthesizer 342
synthetic shuttlecock 529
synthetic sponge 295
synthetic surface 532
Syria 494
syringe 504
syringe, irrigation 504
syrup 506
syrup, corn 179
syrup, maple 179
system, braking 389
system, fuel supply 389
system, suspension 389

T

tab 271, 378
Tabasco® sauce 180
tabernacle 489
table 230
table, bedside 231, 480, 501
table, billiards 549
table, coffee 230
table, dressing 231
table, gatelog 230
table, nesting 230
table, operating 501
table, overhead 501
table, service 186
table, soccer 575
table, tennis 533
table, water 54
table lamp 234
tables 230
table salt 181
tablespoon 191
tablet 506
tablet, wax 348
table tennis 533
table tennis, grips 533
table tennis ball 533
table tennis bat 533
tablinum 312
tabloid 350
tabulation key 370
tabulation left 370
tabulation right 370
tachometer 393, 408
tack 248
tackle box 570
tackling 520
taekwondo 545
taekwondo, competition area 545
tag 286, 290, 308
tagliatelle 176
tahini 180
tail 77, 86, 93, 94, 99, 102, 433, 571, 576
tail assembly 433
tail comb 298
tail feather 89
tail fin 433, 435
tailored collar 279
tailpiece 333, 345
tail pipe 389
tailplane 433, 435
tail pole 454
tailrace 449
tail skid 435
Tajikistan 494
tajine 202
talking drum 345
tall tumbler 188
talon 89
talus 111
tamarillo 152
tamarin 103
tamarind paste 180
tambourine 341
tandem 413
tang 190, 196, 254
tanga 281
Tanganyika, Lake 28
tangerine 150
tank 425, 498
tank, water-heater 453
tanker 404, 424
tanker body 402, 404
Tanzania 493
tap 224
tape 244, 379
tape, correction 379
tape, magnetic 357
tape dispenser 379
tape measure 244
taproot 68
tarantula, red-kneed 80
target 576
taro 139
tarragon 156
tarsus 89
Tasmania 30
Tasman Sea 30
taste receptors 135
tasting spoon 199
taxiway 428, 429
taxiway, bypass 428
T-bar 560
T-bone steak 166
tea 158
tea, black 158
tea, green 158
tea, oolong 158
teabag 183
teacher 486
teacup 195
tea cup 192
tea infuser 199
teapot 192, 195
teas, herbal 158
teaser comb 298
teaspoon 191
technical events 563
technician, lighting 329
techniques 525
tectonic lake 35
tectonic plates 34
teddy 280
tee 551
teeing ground 550
teeth 113
Teflon® tape 254
telecommunication aerial 426, 427
telephone, cellular 363
telephone, cordless 364
telephone, memory 364
telephone line 374
telephones 364
telephony 363, 375
telephoto lens 351
telescope 13
telescope, reflecting 15
telescope, refracting 14
telescope, space 16
telescopic aerial 361
telescopic boom 437, 499
telescopic corridor 429
telescopic front fork 409
telescopic sight 462
television 355
television, analogue 355
television, cathode ray tube 355
television, digital 356
television, wide-screen 358
telltale 540
telson 77
temperate forest 49
temperature control 239
temperature sensor 398
temple 104
temple, Aztec 321
temple, Greek 311
temporal bone 110, 112
ten 469
ten commandments 488
tenderloin 169, 170
tenderloin roast 166
tennis 530
tennis ball 532
tennis court 530
tennis player 532
tennis racket 532
tennis shoe 532
tenor drum 340
tensor of fascia lata 108
tent, trailer 405
tentacle 76, 77
tents 567
tepee 324
teres major 109
teres minor 109
terminal 226
terminal, air 429
terminal, electronic payment 185
terminal, negative 458, 459
terminal, positive 458, 459
terminal, satellite 429
terminal bronchiole 118
terminal bud 61
terminal moraine 38
termite 81
tern 92
terraced houses 325
terrine 202
tester screwdriver 255
testicle 125
test-lamp 255
Tethys 9
textile industry 72
Thailand 495
thallus 59, 60
theatre 330, 474
theatre, Greek 310
theatre, home 358
theatre, operating 501
thermal energy 443
thermodynamic temperature, measurement of 467
thermometer 464, 506
thermometer, alcohol 506
thermometer, ear 506
thermometer, instant-read 198
thermometer, oven 198
thermometer, sugar 198
thermopause 43
thermos bottle 569
thermosphere 43
thermostat 206, 207
thermostat, programmable 222
thick rib 166
thigh 89, 94, 99, 105, 107
thigh pad 524
thigh stocking 282
thinning razor 299
third 346
third base 514
third baseman 514
third finger 131
thistle 67
thoracic legs 77
thorax 78, 79, 104, 106
thread 249
thread, radial 80
thread, spiral 80
threaded rod 246
three-blade propeller 434
three of a kind 572
three-quarter coat 271
threshold 213
throat 89
throat lash 548
throttle, twist grip 408
thumb 131
thumb, opposable 103
thumb rest 504
thumbscrew 246
thwart 543
thyme 156
thymus 124
tibia 110
tibial, anterior 108
tick 80
ticket collector 414
ticket counter 430
tie 347
tie beam 215
tier 313
tierceron 316
Tierra del Fuego 26
tiers 310
tiger 98
tight end 523
tightening tool 245
tights 282
tilapia 163
tile 311, 312, 321
tiller 540
timber 312
timber frame 215
time code 329
timekeeper 526, 544, 545, 559
timekeepers, scorers and 545
timer 206, 207, 208
time signatures 346
timpani 332
tin 42, 183
tine 189
tin opener 197, 208, 568
tip 144, 248, 249, 256, 549, 562
tipper body 441
tipper truck 404, 441
tips 249
tip section 571
tissue, adipose 130
tissue, connective 130
tissue, subcutaneous 130, 131
tissue holder 224
Titan 9
Titania 9
titanium 42
Titicaca, Lake 26
toad, common 85
toaster 206
toaster oven 206
toe 89, 94, 104, 106
toe, lobed 89
toe cap, insulated 17
toe clip 410
toe guard 500
toe loop 559
toenail scissors 296
toe pick 559
toe-piece 563
toe piston 339
toe-strap 292
tofu 178
toggle 272
toggle bolt 249
Togo 493
toilet 216, 217, 224, 225, 479, 480, 501
toilet bag 304
toilet bowl 225
toilet soap 297
toilette, eau de 297
tomatillo 142
tomato 142
tomato, cherry 142
tomato, Italian 142
tomato, vine 142
tomato coulis 180
tomato paste 180
tombolo 36
tom-tom 340
tone arm 343
Tonga 495
tongs 199, 221
tongue 119, 133, 134, 135, 170, 268, 286, 290, 559, 563
tonsil 124, 133
tool belt 244
toolbox 244
tool holder 253
tool kit 412
tooth 84, 86, 250, 251, 263
toothbrush, manual 301
toothbrush, power 301
toothed jaw 245
toothpaste 301
top 68, 230, 257, 276
top hat 288
top lift 290
top pocket 549
top rail 213, 229
top stitching 284
toque 289
Torah scrolls 488
torch, head 569
tornado 47
tornado and waterspout 47
Torres Strait 30
tortellini 176
tortilla 172
torus 471
total eclipse 10, 11
totally reflecting mirror 462
tote bag 306
toucan 90
touch 130
touch judge 521
touch pad 368
touch screen 363, 373, 574
Toulouse sausage 171
touring bicycle 412
touring motorcycle 409
touring tyre 398
tournedos 170
tourniquet 504
tow bar 405
towel, bath 297
towel rail 224

tower 316, 382, 454, 455
tower, crossing 315
tower case: back view 367
tower case: front view 367
tower control room 428
tower crane 437
tower mast 437
tower silo 137
towing hitch 405
town hall 474
town houses 325
tow truck 404
tracery 317
trachea 118
track 418, 438, 512, 553, 554
track, long 558
track, railway 474
track, short 558
track and field 512
track equipment 512
track frame 235
track idler 438
track lighting 235
traction batteries 394
tractor 439
tractor unit 402
traditional dwellings 324
traditional musical instruments 344
traffic lanes 381
tragus 128
trailer, child bike 412
trailer caravan 405
trailer tent 405
trailing edge 432
trail-view mirror 401, 402
trainer 527, 544
training suit 287
training wall 448
trampoline 536
trampoline, leisure 536
Transantarctic Mountains 24
transept 315, 317
transfer, heat 457
transformer 235, 449
transform plate boundaries 34
transmission 240, 394
transmission system 389
transmitter 364
transpiration 51
transverse dunes 39
transverse process 124
tranverse flute 336
trap 225, 330
trapdoor 313
trapezius 108, 109
trapezoid 471
travel bag 304
traveller 540, 541
traveller's cheque 484
travelling crab 437
travelling crane 449
traverse arch 316
trawler 424
tray 233, 257
tray, food 183
tread 218
treadmill 547
treble bridge 338
treble clef 346
treble fishhook 571
treble keyboard 344
tree 68, 548
tree, ornamental 210
tree, palm 69
tree, structure of 68
tree, trunk 68
tree fern 59
tree frog 85
tree pruner 262
trefoil 317
trellis 258
trench 34
trench coat 271
triage room 503
triangle 332, 341, 471
triangular bandage 507
triceps of arm 109
tricycle 413
tricycle, child's 412
trifoliate 62
trigger 263, 498
trigger switch 248, 251, 252, 253
trilby 288
trill 347
trimaran 541
trimmer 264, 300
Trinidad and Tobago 491
tripe 170
tripod 14
triticale 157
Triton 9
trolleys, shopping 185
trombone 337
trombones 332
tronçon 164
tropical climates 45
tropical cyclone 47
tropical cyclone names 47
tropical fruits 152
tropical rain forest 45, 49
tropical wet-and-dry (savannah) 45
Tropic of Cancer 20, 25, 28, 29
Tropic of Capricorn 20, 26, 28, 30
tropopause 43, 52
troposphere 43
trot 99
trough 44, 460
trousers 268, 269, 277, 287, 556
trousers, cargo 277
trousers, convertible 269
trousers, cropped 277
trout 163
trowel 259
truck, cement mixer 404
truck, collection 404
truck, container 403
truck, double drop lowbed 403
truck, dumper 403
truck, flatbed 403
truck, pump 447
truck, tow 404
truck, van body 402
truck crane 437
trucking 402
trucks 404
truffle 138
trumpet 337
trumpet interchange 380
trumpets 332
trunk 59, 68, 85, 105, 107, 304
trunk, celiac 114
trunk, cross section 68
trunk, pulmonary 117
trunks, boxing 544
trussing needle 199
tsetse fly 81
T-shirt 286
T-strap shoe 291
tsunami 41
tub 240, 242
tuba 332, 337
tube 183
tube, flexible 510
tube, Pitot 555
tube foot 75
tuber vegetables 139
tubular bells 332, 341
tubular heater 446
tuck position 537
tugboat 424
tulip 67
tuna 162
tundra 49
tungsten filament 227
tungsten-halogen bulb 227
tunic 58
tunic dress 274
tuning peg 334
tuning pin 338
tuning slide 337
Tunisia 493
tunnel 418
tunnel, road 383
turban 289
turbine 442
turbo-alternator unit 443
turbojet engine 433
turbot 162
turkey 90, 165
Turkey 494
Turkmenistan 494
turmeric 154
turn 347
turnbuckle 541
turn indicator 406, 407, 408
turning wall 539
turnip 145
turntable, USB 343
turntable mounting 499
turn-up 268
turret 314
turtle 86
turtle, morphology of 86
Tuvalu 495
tweeter 360
tweezers 507
twig 68
twinset 278
twist 252
twist bit 252
twist drill 252
twist lock 403
two-blade propeller 434
two-burner camp stove 568
two-leaf door 400
two pairs 572
two-person tent 567
two-seater settee 228
two-storey house 325
two-way collar 271
tympanum 85, 311, 317, 319
types of golf club 551
types of inflorescence 66
types of move 573
types of passenger coach 417
types of stroke 539
typhoon 47
tyre 387, 398, 402, 411, 552, 555
tyre, all-season 398
tyre, knobby 409
tyre, nubby 555
tyre, performance 398
tyre, spare 405
tyre, studded 398
tyre, touring 398
tyre, winter 398
tyre inflator 384
tyre pump 410
tyres 398
tyre valve 411

U

udon 177
Uganda 493
Ukraine 492
ulna 110
ultracompact camera 353
ultrasonograph 510
ultrasonography 510
ultraviolet radiation 460
umbel 66
umbrella 75, 305
umbrella pine 71
umbrella stand 305
Umbriel 9
umpire 514, 515, 517, 523, 525, 529, 530
UN 496
underarm briefcase 303
underarm crutch 507
undergarment 554
underground railway 418
underground railway station 474
underground station 418
underground stem 58
underground train 418
undershirt 516
underwear 270, 280
underwiring 281
UNESCO 496
ungulate mammals 99, 100
uniform 497
union 469
uniparous cyme 66
unison 346
unit, glass collection 55
unit, paper collection 55
unit, turbo-alternator 443
United Arab Emirates 494
United Kingdom of Great Britain and Northern Ireland 491
United Nations 496
United States of America 490
univalve shell 76
univalve shell, morphology of 76
university 474
unleavened bread 172
UN members 490
UN observers 496
up-and-over garage door 322
uphaul 542
upholstery nozzle 237
uplong 454
upper blade guard 251
upper eyelid 85, 96, 132
upper lip 133
upper lobe 118
upper mantle 33
upper shell 563
upperworks 541
upright piano 338
upstage 330, 331
u quark 456
Ural Mountains 27
uranium 42
Uranus 8, 9
urchin, sea 75
ureter 120
urethra 120, 125, 126
urinary bladder 120, 125, 126
urinary system 120
URL 374
URL (uniform resource locator) 374
uropod 77
Uruguay 490
USB cable 354, 377
USB connector 373
USB key 354, 373
USB port 342, 354, 361, 362, 366, 367, 368, 372, 373
user, Internet 374
uses, Internet 375
utensil, kitchen 201
uterus 126, 127
uvula 133, 134
Uzbekistan 494

V

vacuole 56, 74
vacuum cleaner, upright 237
vacuum cleaner accessories 237
vacuum coffee maker 209
vagina 126, 127
valance 232
valley 35, 37
valve 63, 337
valve, aortic 117
valve, mitral 117
valve, pulmonary 117
valve, tricuspid 117
vamp 286, 290
van 404
van body truck 402
vane 241
vanilla extract 180
vanity cabinet 224
vanity mirror 392
Vanuatu 495
vaporizer 223
vaporizing grille 223
vapour 457
Vatican City State 496
vault 316, 483
vaulting table 534, 535
veal 167
vegetable, inflorescence 145
vegetable brush 199
vegetable dish 193
vegetable garden 137, 210
vegetation regions 49
vein 62, 115, 116
vein, iliac 115
vein, popliteal 115
vein, pulmonary 116, 117
vein, saphenous 115
vein, subclavian 115, 124
velarium 313
velvet-band choker 294
vena cava, inferior 116
vena cava, superior 116
Venezuela 490
venom gland 86
vent 223, 392
vent brush 298
ventilation 453
ventilation bag, manual 504
ventricle, lateral 123
ventricle, left 116
ventricle, right 116
ventricle, third 123
Venus 8, 9
verbena 158
vermicelli, rice 177
vermiform appendix 119
vernal equinox 44
vernier 465, 466
vernier caliper 465
vertebra, cervical 111
vertebra, lumbar 111
vertebra, thoracic 111
vertebral body 124
vertebral shield 86
vertical-axis wind turbine 455
vertical pivoting window 323
vertical pupil 86

vessel, blood 117
vest 270, 286
vestibular nerve 129
vestibule 129, 312
vibrating mudscreen 444
vibrissa 93
vice 247
Victoria, Lake 28
video cassette 357
videocassette recorder 357
video entertainment system 574
video game 574
videophony 375
video recorder/receiver 356
Vietnam 495
view camera 352
viewfinder 353
villa, Renaissance 319
village 472, 560
vinegar, balsamic 181
vinegar, cider 181
vinegar, malt 181
vinegar, rice 181
vinegar, white 181
vinegar, wine 181
vine leaf 141
viola 333
violas 332
violet 67
violin 333
violin family 332, 333
viper 87
visible light 460
visor 500, 556
visor 407
visor, sun 399
Vistula River 27
vitreous body 132
V-neck 266, 273
V-neck cardigan 273
vocal cord 118
volcanic island 34
volcanic lake 35
volcano 40
volcano, effusive 40
volcano, explosive 40
volcanoes 40
Volga River 27
volley 530
volleyball 525
volleyball court 525
volt 467
volute 228, 318
volva 58
vulture 91
vulva 106

W

wader 92
waders 570
wadi 39
wading bird 89
waffle iron 206
wagon tent 567
waist 105, 107, 290, 333
waistband 268, 270, 272
waistband extension 268
waistcoat 266, 278
waistcoats and jackets 278
waiter 186
waiter, wine 186
waiting room 503
wakame 138
walk 99
walkie-talkie 497
walking aids 507
walking frame 507
walking leg 78, 80
walking stick 305
walk-in wardrobe 217
walkway 478
wall 11, 64
wall cabinet 187
wallet 303
wall lantern 235
wall light 235
wall tent 567
walnut 69, 149
walnut, section of 63
walrus 102
waning gibbous 11
wardrobe 217, 231, 480
warehouse 472
warm-air baffle 220
warming, global 52
warm temperate climates 45
warning lights 393
wasabi 181
washbasin 224
washer, top-loading 240
washer nozzle 386
washers 245
washing machine, front-load 240
wash tower 242
wasp 81
wasp-waisted corset 281
Wassily chair 228
waste, selective sorting of 55
wastepaper basket 379
wastewater 54
water 468
water bottle 411
water bottle clip 411
water cannon 499
water carrier 569
water chestnut 139
watercolour 326
watercourse 35
watercraft, personal 553
watercress 141
water dispenser 239, 308, 309
waterfall 35
water goblet 188
water-heater tank 453
watering can 261
watering wand 261
water jug 192
watermark 485
watermelon 151
water pollution 54
water pressure gauge 499
water purifier 569
water spider 80
waterspout 47
water strider 81
water table 54
water tank 223
watt 467
wave 460
wave, direction 41
wave clip 298
wave height 41
wavelength 460
wave length 41
waves, radio 460
wax 564
wax bean 147
wax crayons 326
waxed paper 182
wax gourd 142
waxing gibbous 11
waxing kit 564
weasel 97
weather map 44
weather radar 432
web 73, 85, 89, 516
web, spider 80
webbed foot 85
webbed toe 89
webcam 369
Weddell Sea 24
wedding ring 294
weeder 259
weeding hoe 260
weeping willow 69
weight 466, 546, 547
weight, ankle 536
weight belt 536
weighting platform 466
weightlifter 546
weightlifting 546
weightlifting belt 546
weightlifting shoe 546
well 447
welt 266, 290
welt pocket 266, 273
Western hemisphere 21
West Indies 25
wetsuit 536
whale, humpback 102
whale, killer 102
whale, northern right 102
whale, sperm 102
whale, white 102
wheat 72, 157
wheat, grain 72
wheat, spelt 157
wheatgerm 172
wheel 304, 402, 508, 552, 555, 565
wheel, chain 552
wheel, drive 439
wheel, exercise 308
wheel, steering 388, 555
wheelbarrow 259
wheelchair 508
wheelchair lift 401
wheelhouse 424, 425
wheels, sports on 565
wheel trim 387
whelk 159
whipping cream 174
whisk 200
whiskers 96
whisky tumbler 188
white 460
white blood cell 117
white bread 173
white cabbage 141
white chocolate 179
white dwarf 12
white mustard 154
white onion 139
white pepper 154
white pudding 171
white rice 177
white stone 573
white-tailed deer 100
white whale 102
white wine glass 188
whiting 162
wholegrain mustard 180
wholemeal bread 173
whole wheat flour 172
whortleberry, red 148
wicket 517
wicketkeeper 517
wide-angle lens 351
wide receiver 523
wigwam 324
wild boar 100
wild rice 157
Wilkes Land 24
willow, weeping 69
winch 323, 404, 541
windbag 344
windboard 454
windcheater 272
wind deflector 402
wind energy 454
wind indicator 540
wind instruments 336
windmill 454
window 206, 207, 214, 238, 387, 390, 432
window, corner 320
window, dormer 210
window, French 217
window, picture 217
window, round-arched 315, 318
window, stained-glass 489
windows 323
window tab 378
windscreen 386, 402, 407, 409, 432, 553
windscreen wiper 386, 393
wind synthesizer controller 342
wind turbines and electricity production 455
wind vane 455
wine cabinet 231
wine vinegar 181
wine waiter 186
wine waiter corkscrew 197
wing 19, 78, 79, 89, 322, 386, 402, 433, 576
wing, lower 434
wing, upper 434
wing covert 89
winglet 433, 434
wing nut 246
wing pallet 436
wings 330, 434
wing strut 434
wing vein 78
winter 44
winter precipitation 48
winter solstice 44
winter sports 556
winter tyre 398
wiper blade rubber 393
wire 459
wire beater 204
wire brush 341
wire cutter 255
wire frame 568
wireless network interface card 372
wire nut 255
wire stripper 255
wisdom tooth 113
wishbone boom 542
withers 94, 99
witness stand 481
wok 202
wok set 202
wolf 98
wolfberry 148
wolverine 97
woman 106
women's clothing 274
women's gloves 293
women's headgear 289
women's shoes 291
wonton 177
wood 551
wood chisel 253
wood ear 138
wood firing 220
wood flooring 218
wood flooring on cement screed 218
wood flooring on wooden base 218
wood frog 85
woodpecker 91
wood storage space 220
woodwind family 332
woofer 360
Worcestershire sauce 180
workbench and vice 247
worker 79
worker, honeybee 79
wrap 182
wrap-over dress 274
wrap-over skirt 275
Wrap-over top 276
wrench, four-way lug 399
wrench, ratchet socket 246
wrenches 246
wrist 94, 105, 107, 131
wristband 524, 532
wrist band 546
wrist guard 565
wrist-length glove 293
wrist strap 562, 564
writing 348
writing brush 348
writing case 303
writing instruments 348
writing system 349

X

xD-Picture card 351
X-ray 509
X-rays 460
X-ray unit, mobile 502
xylophone 332, 341

Y

yacht, motor 425
yak 101
yard 472
yard-long bean 146
yaw 435
yellow 460
yellow onion 139
yellow sweet pepper 142
Yemen 494
yen 484
yogurt 174
yoke 267, 272, 276
yoke skirt 275
Yorkshire terrier 94
yuan 484
Yucatan Peninsula 25
yurt 324

Z

Zambia 494
zebra 100
zester 196
Zimbabwe 494
zinc 42
zinc can (anode) 459
zinc-electrolyte mix (anode) 459
zip 278, 304
zip fastener 272
zither 344
zona pellucida 126
zoom lens 351
zooplankton 50